LES
GRANDS ÉCRIVAINS
DE LA FRANCE

NOUVELLES ÉDITIONS

PUBLIÉES SOUS LA DIRECTION

DE M. AD. REGNIER

membre de l'Institut

SUR LES MANUSCRITS, LES COPIES LES PLUS AUTHENTIQUES
ET LES PLUS ANCIENNES IMPRESSIONS
AVEC VARIANTES, NOTES, NOTICES, LEXIQUES, PORTRAITS, ETC.

J. DE LA FONTAINE

TOME I

PARIS
LIBRAIRIE HACHETTE ET Cie
BOULEVARD SAINT-GERMAIN, 79

M DCCC LXXXIII

LES GRANDS ÉCRIVAINS
DE LA FRANCE

NOUVELLES ÉDITIONS

PUBLIÉES SOUS LA DIRECTION

DE M. AD. REGNIER

Membre de l'Institut

OEUVRES
DE
J. DE LA FONTAINE

TOME I

AVERTISSEMENT[1].

Le tome I des *Fables de la Fontaine*, sauf la *Notice biographique*, était déjà tiré, et le commencement du second en épreuves, quand les funestes événements de 1870-71 sont venus tout interrompre et suspendre. Si nous n'avons pas, comme pour d'autres écrivains de la Collection, repris avec courage, dès le lendemain de nos désastres, la tâche commencée, c'est qu'il ne suffisait pas de publier le premier volume, il fallait aussi se préoccuper de la suite ; or, pour cette suite, nous nous étions trouvés arrêtés, même avant la guerre, par un empêchement qui nous a causé et nous laisse de vifs regrets : notre collaborateur si distingué, M. Julien Girard, aujourd'hui proviseur du lycée Condorcet, qui, il y a bien longtemps, du vivant de M. Louis Hachette, s'était chargé d'éditer le *la Fontaine*, avait été enlevé à ce travail par d'autres devoirs, inconciliables, à la façon dont il les remplit, avec les soins d'une édition telle

---

1. Cet *Avertissement* ne se rapporte qu'aux tomes I et II, contenant les *Fables*. Les autres parties des *OEuvres* seront précédées chacune du leur ou d'une Notice qui y suppléera.

AVERTISSEMENT.

qu'il l'entendait faire. Heureusement il avait achevé déjà son annotation des *Fables :* elle forme le fond de notre commentaire. Je dis le fond, parce que M. Girard a bien voulu accepter, pour les notices et les notes des six premiers livres, mainte addition proposée par le directeur de la Collection, qui a pensé que, dans la notice dont est précédée chacune des fables, il convenait de développer l'indication des sources, les rapprochements intéressants, d'y joindre les appréciations et les réflexions les plus remarquables, soit d'ensemble, soit de détail, dont beaucoup de fables avaient été l'objet chez tel ou tel de nos bons auteurs. De même, dans le commentaire proprement dit, dans les notes au bas des pages, si, pour les livres de lecture plutôt que d'étude approfondie, le bon goût impose grande sobriété, il a paru qu'on pouvait, qu'on devait ici, vu le caractère de la Collection, se renfermer dans de moins étroites limites pour les explications de choses et de mots, la langue, le style, les imitations voulues, et même les ressemblances fortuites, quand elles offrent quelque intérêt. Dans les livres vii et viii, l'extension, au sens qui vient d'être dit, est, en grande partie, l'œuvre de M. Desfeuilles; dans les quatre derniers, ix à xii, celle du signataire de cet *Avertissement*, qui a de plus revu, avec la constante assistance de son père, tout l'ensemble de cette seconde moitié.

J'ai dit à quoi se réduit mon travail dans les deux premiers volumes : si l'on ne trouve pas cependant les noms de MM. Girard et Desfeuilles au titre des *OEuvres*, c'est que, me sachant seul chargé de continuer l'édition, ils ont été d'avis qu'il n'y eût que moi de nommé.

AVERTISSEMENT.

Ce qui m'a décidé à ne pas refuser cet honneur, c'est l'impossibilité d'attribuer, dans le titre, à chacun sa part. Je viens d'ailleurs de la faire ici.

Nous expliquons plus loin (page 57, note 2, de ce tome I) de quelle manière sont disposées les notices des *Fables*. On s'est attaché à les ranger dans un ordre clair et commode, permettant de les consulter avec choix, en se bornant à ce qu'on y veut trouver.

Comme l'impression du tome I était achevée avant l'année 1870, le lecteur ne s'étonnera pas qu'il n'y soit pas fait mention, dans les notes et notices, de publications postérieures qu'il eût été parfois opportun de citer, entre autres, de la très-intéressante édition de M. Moland, publiée de 1872 à 1876. Un certain nombre de cartons ont été faits; mais naturellement on s'est borné au strict nécessaire.

Notre texte est la reproduction, scrupuleusement exacte, en tenant compte des *errata*, du dernier texte des *Fables* publié du vivant de l'auteur et sous ses yeux, c'est-à-dire des impressions successives de 1678-1679-1694. Seulement, au lieu de suivre la division très-confuse, très-arbitraire, de ces impressions, nous avons adopté celle de l'édition de 1705 (Paris, H. Charpentier), où les livres furent pour la première fois numérotés depuis I jusqu'à XII. (Voyez Brunet, tome III, col. 752.) Walckenaer explique bien l'impossibilité de suivre le singulier mode de division de la Fontaine :

« Pour concevoir, dit-il[1], combien ce changement était nécessaire, il faut savoir de quelle étrange manière

---

1. *Préface sur les Fables de la Fontaine* (tome I, p. CXL et CXLI, de l'édition de 1827).

AVERTISSEMENT.

l'ouvrage était divisé dans la dernière édition donnée par l'auteur. Les deux premiers volumes contiennent les six premiers livres, et forment la première et la seconde partie; et les trois derniers livres, que renferme la deuxième partie, sont intitulés livres IV, V et VI : de sorte que, pour cette partie du recueil, les numéros des livres se suivent. Dans les deux volumes suivants, qui forment la troisième et la quatrième partie, la série des nombres recommence; dans le troisième volume ou la troisième partie sont les (nouveaux) livres I et II, et dans le quatrième volume ou la quatrième partie sont les (nouveaux) livres III, IV et V : de sorte que la série des chiffres ne correspond ni à l'ensemble du recueil, ni à chacune des parties; car pour cela on aurait dû recommencer à compter livre I au commencement de chaque partie. Le fait est que la Fontaine avait publié deux recueils de fables à un assez long intervalle de temps, et le numérotage des livres se rapportait à cette division en deux recueils; mais, quand il les fit réimprimer ensemble, il ne fit mention de cette division en deux recueils que dans sa préface du second; il ne l'indiqua point sur les titres et dans la table, et tout fut brouillé. Ce fut encore bien pis lorsque le cinquième ou le dernier volume parut longtemps après. La Fontaine le destinait sans doute à former un sixième livre à son second recueil, afin de le rendre, sous ce rapport, égal au premier, qui était aussi divisé en six livres; mais, par une distraction inconcevable, il intitula ce nouveau livre *livre septième*, au lieu de *livre sixième;* et cette erreur de *livre* VII se retrouve à chaque page dans le titre courant. »

AVERTISSEMENT.

Les variantes qu'on peut attribuer à l'auteur lui-même, c'est-à-dire que fournit la comparaison des éditions venant de lui, antérieures à sa dernière, sont peu nombreuses, et, la plupart, peu importantes. Si, avant la publication première, il corrigeait très-soigneusement ses fables, s'appliquait à faire disparaître jusqu'aux moindres fautes typographiques, substituant même des cartons aux pages qui en offraient de trop choquantes, il ne leur a fait subir que peu de changements après qu'elles eurent vu le jour.

Voici une indication sommaire, suffisante ici, des éditions que nous avons rapprochées, en relevant les différences, du texte définitif (la *Notice bibliographique* donnera les titres complets et les détails utiles sur chacune d'elles) :

Pour les six premiers livres, les deux éditions de Paris, 1668, l'une in-4°, en 1 volume, l'autre in-12, en 2 volumes; et une réimpression, 1669, de cette seconde.

Pour les huit fables suivantes : vii, 8, viii, 3, viii, 9, ix, 4, ix, 9, ix, 16, ix, 17, ix, 18, l'édition de Paris, 1671, où elles parurent pour la première fois avec un grand nombre d'autres morceaux.

Pour tout l'ensemble des onze premiers livres, à l'édition définitive de Paris, dont les tomes I à III sont de 1678, le tome IV de 1679, nous avons comparé la réimpression de Paris, 1682, et une autre de 1692, faussement datée de 1678-1679. Afin de distinguer la véritable édition de 1678 de la réimpression avec fausses dates, nous avons désigné la première par 1678 A, la seconde par 1678 B.

AVERTISSEMENT.

Pour le livre XII, nous n'avons pas de texte antérieur à comparer à celui de Paris, 1694.

Outre ces textes, les seuls dont la minutieuse comparaison fût nécessaire, nous avons collationné, toutes deux à cause de leurs dates anciennes, et de plus la seconde pour le soin avec lequel elle a été exécutée, l'édition d'Amsterdam, 1679, et celle de la Haye, 1688, avec annexe d'un tome de 1694 contenant le livre XII.

Au siècle suivant, nous avons tenu compte de l'édition de Londres, 1708; et de celle de Paris, 1729, de la Compagnie des libraires, qu'il ne faut pas confondre, comme on pourrait le faire malgré le titre, avec le recueil des *OEuvres diverses* publié la même année par les mêmes éditeurs, et qui ne contient ni les *Fables* ni les *Contes*.

Enfin nous avons marqué çà et là des différences relevées dans telle ou telle autre édition postérieure à la mort de l'auteur, lorsqu'il nous a paru qu'il y avait quelque intérêt à les signaler.

On sait quelles sont les règles d'orthographe suivies dans la Collection. Nous nous bornerons à dire un mot de notre emploi des majuscules dans les *Fables*. Nous écrivons par une capitale, comme formant une sorte de nom propre, tout nom qui désigne un acteur de la fable, homme, animal, plante, etc., soit acteur principal, soit y jouant un rôle quelconque et ayant une personnalité individuelle et distincte; dans tout autre cas, les noms d'animaux, etc., demeurent noms communs, et naturellement nous les commençons par des minuscules.

Nous sommes heureux d'avoir, en terminant cet *Aver-*

AVERTISSEMENT.

tissement, à remercier, pour la *Notice biographique* qui le suit, notre ancien maître M. Paul Mesnard. C'est ce que nous faisons, non pas seulement en notre nom, mais encore au nom de MM. Hachette et du directeur de la Collection. Le lecteur pourra reconnaître dans ces pages l'auteur de la biographie de Mme de Sévigné, de l'édition de Racine, et des Notices que doit déjà à M. Mesnard notre édition de Molière, en attendant qu'il y ajoute une Vie de notre grand comique, telle que nous nous la promettons de lui.

Henri REGNIER.

NOTICE BIOGRAPHIQUE

SUR

LA FONTAINE

NOTICE BIOGRAPHIQUE

SUR LA FONTAINE

Lorsque Charles-Louis de la Fontaine, petit-fils du grand poëte, faisait le projet, qu'il n'exécuta pas, d'une nouvelle édition des œuvres de son aïeul, il écrivait à Fréron : « J'y joindrai une *Vie* aussi simple que lui-même[1]. » Ne semble-t-il pas avoir indiqué à tout biographe de la Fontaine ce qui répondrait le mieux à l'idée que l'on a de son caractère et des longues années qu'il a vécues sans grands événements ? Avant le petit-fils de la Fontaine, Charles Perrault avait à peu près parlé comme lui : « Si, a-t-il dit dans sa petite notice sur notre poëte[2], il y a beaucoup de simplicité et de naïveté dans ses ouvrages, il n'y en a pas eu moins dans sa vie et dans ses manières. Il n'a jamais dit que ce qu'il pensoit, et il n'a jamais fait que ce qu'il a voulu faire. Il joignit à cela une humilité naturelle, dont on n'a guère vu d'exemple; car il étoit fort humble, sans être dévot ni même régulier dans ses mœurs jusqu'à la fin de sa vie, [fin] qui a été toute chrétienne. » Voilà encore de justes paroles qui pourraient paraître nous donner le conseil d'une notice très-simple et très-brève. Il ne nous coûtera pas de reconnaître, si l'on veut, qu'elles n'omettent pas un trait essentiel de l'histoire peu compliquée de ce beau génie, de cette âme sans plus de replis que celle d'un enfant.

1. Voyez l'*Année littéraire* (1758), tome II, p. 19.
2. *Les Hommes illustres qui ont paru en France pendant ce siècle* (1696), tome I, p. 83.

Mais, quoique le portrait semble ainsi achevé en quelques lignes, et que d'ailleurs les grands écrivains vivent surtout par leurs écrits et dans leurs écrits, on est devenu aujourd'hui curieux des moindres particularités de leur histoire. Si cette curiosité n'est pas sans quelque excès, nous avons cependant le devoir ici d'essayer de la contenter. Elle n'est pas du reste entièrement vaine : une biographie développée des grands écrivains jette sur leurs ouvrages mêmes quelque lumière.

Ainsi pensait sans doute Walckenaer, lorsque, sans craindre que l'on tournât contre lui ce vers de la Fontaine :

Les longs ouvrages me font peur [1],

il a donné beaucoup d'étendue à son *Histoire de la vie et des ouvrages de Jean de la Fontaine*, et y a rassemblé patiemment tant de détails curieux. Seul, nous pourrions nous plaindre que, dans son agréable et savant ouvrage, il ait épuisé à ce point le sujet, puisqu'il ne nous a laissé qu'à glaner derrière lui; mais nous aimons mieux le remercier d'avoir bien autrement élargi la voie que ne l'avaient fait les précédents biographes. En repassant sur ses traces, nous aurons encore à faire quelques rencontres, qui ne se sont pas offertes à ses investigations; et, sur quelques points, des travaux plus récents et nos propres recherches nous rendront possible ou de le compléter ou de le rectifier.

L'acte de baptême [2] de Jean de la Fontaine, que nous ont conservé les registres de la paroisse Saint-Crépin, à Château-Thierry, atteste qu'il fut levé sur les fonts, le 8 juillet de l'an 1621, qui fut probablement le jour même ou le lendemain de sa naissance. Dans sa ville natale, au pied de la montagne que couronnait le vieux château fort, dont les ruines restent imposantes, la maison où le charmant poëte entra dans la vie [3] est toujours là, assez respectée par le temps, un peu moins, nous le regrettons, par la main des hommes. Entre cour et jardin, avec ses deux ailes, sa tourelle, en partie détruite aujourd'hui, et son petit jardin, c'était une assez élégante habita-

---

1. *Épilogue* du livre VI des *Fables*, vers 2.
2. Voyez aux *Pièces justificatives*, n° 1.
3. On peut consulter la *Notice historique sur la maison natale de*

tion, dont la construction paraît remonter à la seconde moitié
du seizième siècle, et qui ne pouvait appartenir qu'à des gens
aisés, tenant, dans leur petite ville, un bon rang[1]. Telle était
en effet la situation des parents de la Fontaine. Son père,
Charles de la Fontaine, était maître particulier des eaux et
forêts au duché de Château-Thierry, conseiller du Roi. Le père
de celui-ci, Jean de la Fontaine, avait possédé la même maîtrise dans la juridiction des eaux et forêts, après avoir été
marchand, peut-être marchand drapier, comme l'avait été son
bisaïeul, Pierre de la Fontaine. Charles de la Fontaine, dans son
contrat de mariage (13 janvier 1617), est dit « écuyer, fils de
noble homme Jean de la Fontaine[2]. » Les gros bourgeois prenaient souvent la qualité de *noble homme*. Les anoblis avaient
droit au titre, moins insignifiant, d'*écuyer*. Appartenait-il vrai-

Jean de la Fontaine, par Alphonse Barbey, brochure de 20 pages,
in-8º, Paris, 1870. — Cette maison, que la Société historique et
archéologique de Château-Thierry avait songé la première à acquérir, a été achetée, en 1875, par le conseil municipal de Château-Thierry : voyez le *Journal officiel* du 27 mai 1875. Elle est
dans la rue dite anciennement *de Beauvais*, puis *des Cordeliers* au
temps du poëte, plus tard *du District*, aujourd'hui enfin *de Jean
de la Fontaine*, nom qu'elle porte depuis 1792.

1. Walckenaer, aux *Pièces justificatives* de son *Histoire de la Fontaine* (tome II, p. 291-293, 4ᵉ édition, 1858), établit ainsi la généa-
logie de notre poëte : PIERRE DE LA FONTAINE, marchand drapier
à Château-Thierry, a eu pour fils PIERRE DE LA FONTAINE, qui eut
de *Martine Josse*, son épouse, NICOLAS DE LA FONTAINE, Jean de la
Fontaine, Barbe de la Fontaine, Marie de la Fontaine, et Louis de la
Fontaine. L'aîné de ses fils, NICOLAS DE LA FONTAINE, contrôleur des
aides et tailles à Château-Thierry, eut pour fils JEAN DE LA FON-
TAINE, marchand, puis maître particulier des eaux et forêts, qui
épousa Catherine Longval et eut pour fils CHARLES DE LA FONTAINE,
lequel succéda à sa charge et fut père du fabuliste. — Parmi les
fermes appartenant aux la Fontaine, on en trouvé une nommée
la Fontaine-Regnaud (paroisse de Chierry dans le canton de Château-Thierry). Quelques-uns ont pensé que le nom de la Fontaine
en vient.

2. Ce contrat de Charles de la Fontaine et de Françoise Pidoux
appartient à M. le vicomte Héricart de Thury, qui a bien voulu
le mettre sous nos yeux.

ment à Charles de la Fontaine et à son fils? Ce que nous savons, c'est qu'il causa à notre poëte un chagrin, que, pour sa part, il était bien incapable de s'être volontairement attiré. Peu de temps après l'ordonnance du 8 février 1661 contre les faux nobles, les traitants découvrirent qu'il avait été qualifié d'écuyer dans deux contrats et le firent condamner, pour usurpation de titre, à une amende de deux mille livres. Cette malheureuse *écurie* (c'est son expression[1]) le ruinait. Dans une jolie épître en vers, il supplia le duc de Bouillon de solliciter la remise de la peine. Il avait signé, sans les lire, les deux maudits contrats :

> La cour, Seigneur, eût pu considérer
> Que j'ai toujours été compris aux tailles,
> Qu'en nul partage, ou contrat d'épousailles,
> En jugements intitulés de moi,
> . . . .
> Je n'ai voulu passer pour gentilhomme[2].

Il n'était certes pas un escroqueur de titres,

> *Lui* le moins fier, *lui* le moins vain des hommes,
> Qui n'a jamais prétendu s'appuyer
> Du vain honneur de ce mot d'écuyer,
> Qui rit de ceux qui veulent le parêtre,
> Qui ne l'est point, qui n'a point voulu l'être[3].

C'est donc lui-même qui passe condamnation sur sa noblesse, ne regrettant que de payer l'amende. Nous prendrions avec la même facilité notre parti de l'en croire. Toutefois, au siècle suivant, sa famille protestait, disant qu'il était réellement gentilhomme d'extraction, et que sa paresse seule l'avait empêché de rassembler et de produire ses titres, au temps de la recherche des nobles par la généralité de Soissons[4]. Peut-être

---

1. Épître *A M. le duc de Bouillon*, vers 23. — Voyez le *Dictionnaire de Littré*, à l'article ÉCURIE. — Le mot est employé dans la scène que nous citons ci-après de la comédie de Claveret.
2. Même épître, vers 70-75.
3. *Ibidem*, vers 48-52.
4. Voyez les *Mémoires de Trévoux* (juillet 1755, p. 1717). La lettre datée du 15 juin 1755, qui y est insérée, est probablement de son petit-fils. Voyez aussi les mêmes *Mémoires*, février 1759, p. 393.

avait-il en effet renoncé trop facilement à l'honneur de l'écurie. Il est certain que les partisans ne se faisaient aucun scrupule de chercher alors de mauvaises chicanes à des familles dont les titres n'étaient point faux. Cela est assez plaisamment exprimé dans ce passage d'une comédie du temps [1] :

> Il se trouve assigné parmi les Écuyers,
> Et l'on croit que les rats ont mangé ses papiers.
> Comment prouvera-t-il sa gentilhommerie,
> Parmi des éveillés venus de Barbarie,
> Qui s'inscrivent en faux, pour tourmenter les gens,
> Contre de bons contrats faits depuis trois cents ans;
> Qui les trouvent tous chauds, qui blâment l'écriture,
> La marque du papier, l'encre, la signature,
> . . . .
> Flairent le parchemin d'une mine rebelle,
> Contestant chaque mot, une virgule, un point?
> . . . .
> . . . Si le prince à Bousseau ne s'oppose,
> Écuyer et Phénix vont être même chose.

Ce Bousseau, avocat des fermiers généraux, est précisément celui que la Fontaine nomme comme ayant obtenu contre lui un arrêt par défaut :

> Sa vigilance en tels cas est extrême [2].

Mais, attendu que celle de la Fontaine ne l'était pas, on s'est cru en droit de penser qu'il eût pu se défendre autrement qu'en déclinant toute prétention à quelque gentilhommerie, et qu'il était en mesure, s'il avait voulu en prendre la peine, de fournir des preuves de la légitimité de cette prétention.

Sa mère était Françoise Pidoux, sœur de maître Valentin Pidoux, bailli de Coulommiers. Il y avait en Poitou une branche de la famille des Pidoux qui n'était pas sans quelque illustration. Elle avait donné au roi Henri II un médecin, dont, à son tour, le fils, Jean Pidoux, fut médecin de Henri III et de Henri IV, et acquit de la célébrité par ses études sur « la

---

1. *L'Écuyer ou les faux nobles mis au billon...*, par le sieur de Claveret (Amsterdam, 1665, sur l'Imprimé à Paris), acte II, scène 1.
2. *Épître A M. le duc de Bouillon*, vers 64.

vertu et les usages des fontaines de Pougues », objet d'un de ses traités. Parmi ses savants travaux, il avait quelque commerce avec les Muses. Il eut un fils, François Pidoux, médecin aussi, se mêlant de même de faire des vers [1]. Celui-ci, qui mourut en 1662, à l'âge de soixante-dix-huit ans, avait été maire de Poitiers. On peut voir, dans l'*Histoire du Poitou* de Thibaudeau [2], que la mairie de Poitiers était, depuis l'an 1575, comme héréditaire dans cette famille. Ces Pidoux étaient une forte race, d'une rare longévité, la Fontaine en a fait la remarque [3], et elle se trouve confirmée par Thibaudeau, dans une *Liste historique des maires de Poitiers* [4].

La Fontaine savait que les Pidoux de Poitiers étaient ses parents; il les connaissait peu, se souvenant seulement de l'un d'entre eux, son cousin germain, qui l'avait « plaidé [5] ». Dans son voyage de Paris en Limousin (1663), il rencontra un Pidoux à Châtellerault. Il y en avait eu un, du prénom de Pierre (nous ne savons si c'est le même), qui avait été lieutenant général au siége royal de cette ville [6]. Ce que la Fontaine nous dit du parent dont il fit la connaissance n'est pas sans intérêt. C'était un vigoureux octogénaire, qui se plaisait encore aux violents exercices de corps et savait écrire; « l'homme le plus gai..., et qui songe le moins aux affaires, excepté celles de son plaisir.... Il y a ainsi d'heureuses vieillesses, à qui les plaisirs, l'amour et les grâces tiennent compagnie jusqu'au bout [7] ». Quand il faisait ce portrait anacréontique, pouvait-il ne pas se dire : « J'ai de qui tenir »? Il a laissé à sa correspondante le soin de noter la ressemblance. Mais il en avait

---

1. *Biographie universelle*, article Pidoux, de Tabaraud.
2. Tome III, p. 404-422. — Voyez encore la *Bibliothèque historique et critique du Poitou* de Dreux du Radier (3 vol. in-8°), tome II, p. 316-324. On y cite, à la page 317, des vers où Scévole de Sainte-Marthe célébrait, en 1606, le médecin de Henri IV, Jean Pidoux, et surtout la découverte, qu'on lui attribuait, des eaux de Pougues.
3. *Lettre à Mlle de la Fontaine*, du 19 septembre 1663.
4. Aux pages citées ci-dessus.
5. Même *Lettre à Mlle de la Fontaine*.
6. *Histoire du Poitou*, tome III, p. 416.
7. Même *Lettre à Mlle de la Fontaine*.

sans doute été frappé lui-même, tout autant que de celle-ci, qui se marquait dans les visages de cette famille : « Tous les Pidoux, dit-il[1], ont du nez, et abondamment. » Il savait bien qu'il avait hérité du grand nez des Pidoux ; et quand, à Châtellerault, il s'amusait à reconnaître ce trait héréditaire, on peut croire qu'il n'aimait pas seulement à se retrouver par les côtés extérieurs dans ses parents maternels. C'est aujourd'hui une théorie en faveur, que tout homme de génie est surtout *le fils de la mère*. Nous ignorons si elle serait facile à démontrer, ni comment on s'y prendrait pour l'expliquer. Ceux qui cherchent à l'appuyer par des exemples auront du moins celui-ci à recueillir, comme assez vraisemblable.

Il est à regretter que, parmi ces renseignements sur les Pidoux, nous ne sachions à peu près rien de la mère de la Fontaine elle-même, et que, tout en croyant reconnaître ce qu'elle lui avait transmis avec le sang de sa race, nous ne puissions dire ce qu'il lui dut pour les soins donnés à ses premières années, pour l'éducation. Il était jeune quand il la perdit ; mais nous ne trouvons pas une date précise. Elle vivait encore en 1634. Dans le registre des baptêmes de cette année, au dernier jour de mars, « Françoise Pidoux, femme de M. Charles de la Fontaine, maître des eaux et forêts, capitaine des chasses, » a signé comme marraine. C'est le dernier en date des actes de ces registres de Saint-Crépin qui la nomment. La Fontaine avait alors près de treize ans. Il reste beaucoup de place entre 1634 et la fin de 1647, où, par le contrat de mariage de la Fontaine, nous apprenons que sa mère n'était plus. Tout ce que nous avons à dire d'elle, et ce que les précédents biographes n'ont pas su, c'est qu'elle était veuve lorsqu'elle épousa le maître des eaux et forêts de Château-Thierry. Dans leur contrat de mariage, elle est nommée « dame Françoise Pidoux, veuve de feu honorable homme Louis de Jouy[2], vivant marchand et demeurant à Coulommiers, »

1. Même. *Lettre à Mlle de la Fontaine.*
2. Ce nom, dont la lecture est, dans le contrat, un peu douteuse, se lit tel que nous l'avons écrit, dans un *factum*, imprimé sous ce titre : « Pour M^tre Charles de la Fontaine, tuteur d'Anne de Jouy, fille mineure de deffunt Louis de Jouy et de Françoise Pidoux..., contre Jeanne Mondollot. »

et son nouvel époux est, conjointement avec elle, chargé de la tutelle des personne et biens d'Anne de Jouy, fille mineure de la dame Pidoux. Cette demi-sœur de la Fontaine est restée dans l'ombre, si l'on refuse de voir en elle, suivant la conjecture que nous proposons plus loin, Mme de Villemontée.

L'enfance de la Fontaine et sa vie de petit écolier n'ont laissé que peu de traces, et toutes ne sont pas certaines. Nous sommes loin des faits positifs et de l'intérêt qu'offre l'histoire de Racine dans les écoles de Port-Royal. D'Olivet a dit : « Il étudia sous des maîtres de campagne, qui ne lui enseignèrent que du latin[1]. » Mais quoi? des maîtres de campagne, lorsqu'il paraît si naturel de croire que ses parents le confièrent aux régents du collége de Château-Thierry, qui avait la réputation de rivaliser avec ceux de Reims et de Paris[2]! Il n'est pas sans vraisemblance qu'il fit là ses classes, et que nous avons un souvenir de ce collége dans le précieux petit volume dont la découverte est due à M. Rathery, et qui avait appartenu aux Pintrel. C'est un exemplaire de *Lucien* (*August. Picton.* 1621), au haut de la première garde intérieure duquel on lit : *de la Fontaine, bon garçon, fort sage et fort modeste.* « Et sur le titre, à travers un bâtonnage postérieur, on distingue le nom de *Ludovicus Maucroix*[3]. » Ce Louis de Maucroix était frère aîné de François de Maucroix, l'ancien et très-intime ami de la Fontaine. « A l'intérieur, p. 89 et 151, on rencontre [le nom] de la Fontaine, tracé négligemment et incomplètement, en caractères majuscules se rapprochant de ceux de l'imprimerie[4]. » Nous pouvons conclure de ce témoignage que la Fontaine eut pour condisciples les deux Maucroix, plus âgés que

---

1. *Histoire de l'Académie françoise* (3ᵉ édition, in-12, 1743), tome II (par d'Olivet), p. 321.
2. Voyez la biographie de Maucroix par M. Louis Paris, intitulée : *Maucroix, sa vie et ses ouvrages*, au tome I, p. XVIII, de son édition des *OEuvres diverses* de Maucroix, 2 vol. in-12, Paris, 1854.
3. *Ibidem*, p. XIX.
4. *Ibidem*. — Nous avons vu, dans les registres de baptême de Château-Thierry (17 janvier 1630), une signature de *Jehan de la Fontaine*, qui donne lieu à la même observation sur l'écriture imitant la lettre moulée. Le signataire avait huit ans et demi.

lui[1]. Ce ne serait pas à Château-Thierry, mais à Reims, si l'on s'en rapportait à Fréron, qui a dit dans sa *Vie de la Fontaine*[2] : « On croit qu'il fit ses premières études à Reims, ville qu'il a toujours extrêmement chérie. » Quand on admettrait que Fréron tenait ce renseignement, comme il paraît en avoir tenu quelques autres, de Charles-Louis de la Fontaine, il se pourrait que celui-ci n'eût nommé Reims, sous forme dubitative d'ailleurs, que parce qu'il savait que son grand-père avait étudié avec l'un des deux futurs chanoines de cette ville, peut-être avec l'un et l'autre.

A Reims, ou à Château-Thierry, le bon et sage garçon la Fontaine fut-il un studieux écolier, et, dès le collége, un brillant humaniste? Le *Lucien*, et le *satisfecit* donné par le camarade, ne nous l'apprennent pas. Goûta-t-il beaucoup les leçons de ses maîtres? Sans être en droit d'affirmer qu'il ait gardé d'eux un médiocre souvenir, on le supposerait, si l'on ne voyait pas simplement une boutade de poëte dans ces vers d'une de ses fables[3] :

> Certain enfant qui sentoit son collége,
> Doublement sot et doublement fripon
> Par le jeune âge et par le privilége
> Qu'ont les pédants de gâter la raison.
>
> . . . . Ne sais bête au monde pire
> Que l'écolier, si ce n'est le pédant.

1. François de Maucroix était né le 7 janvier 1619. Nous ne trouvons pas la date de la naissance de Louis de Maucroix; mais, comme il fut pourvu d'un canonicat à Reims le 16 février 1637 (*Maucroix, sa vie et ses ouvrages*, p. LI, à la note), il semble bien qu'il faille lui donner quelques années de plus qu'à son frère; et, si c'est lui qui a écrit la note sur la garde du *Lucien*, étant alors au collége avec la Fontaine, celui-ci devait alors être bien enfant. Mais ne pourrait-elle être de François de Maucroix, dans les mains de qui le livre aurait passé, après avoir été dans celles de son aîné?

2. En tête des *Fables choisies mises en vers...*, Paris, Barbou, 1806, p. VI. — Nous citons, d'après cette édition, la *Vie de la Fontaine* par Fréron; mais elle a été imprimée d'abord en 1743, dans les *Observations sur les écrits modernes*, au tome XXXII, p. 74-90.

3. La Ve du livre IX.

Il ne serait pas étonnant, après tout, que déjà rêveur et savourant la félicité de ne faire nulle chose, il eût mal apprécié les mérites de ses pédagogues. Ces natures de génie se développent surtout par leur sève intérieure, sans qu'il faille trop se demander ce que, dans leur première croissance, elles ont pu devoir à la culture.

Arrivé à la fin de ses études de collége, la Fontaine dut se diriger vers une carrière. Il en choisit d'abord une, ou peut-être on la choisit pour lui, à laquelle il n'était certes pas appelé par une vocation très-sûre. « A l'âge de dix-neuf ans, dit d'Olivet[1], il entra dans l'Oratoire, et dix-huit mois après, il en sortit. Quand on aura vu quel homme c'étoit, on sera moins en peine de savoir pourquoi il en sortit, que de savoir comment il avoit songé à se mettre dans une maison où il faut s'assujettir à des règles. » Cette entrée de la Fontaine au noviciat des oratoriens, lorsqu'il était plus près de vingt ans que de dix-neuf, n'est pas un fait douteux. Il se trouve ainsi constaté dans les Annales manuscrites de la maison de l'Oratoire établie rue Saint-Honoré : « Le 27 (avril 1641), M. Jean de la Fontaine, âgé de vingt ans, a été reçu pour faire les exercices de piété de nos confrères. Il est de Château-Thierry et fils de Charles, conseiller du Roi et maître des eaux et forêts de ce duché[2]. » Adry, qui fut bibliothécaire de l'Oratoire (son témoignage a donc ici de l'autorité), complète cette mention authentique, bien connue de lui assurément (il est d'accord sur la date du 27 avril 1641) : « Son exemple, dit-il[3], y attira, au mois d'octobre, son frère puîné[4], qui ne sortit de l'Oratoire qu'en 1650[5]. Jean fut envoyé au séminaire de Saint-

---

1. *Histoire de l'Académie*, p. 314.
2. *Annales de la maison de l'Oratoire...*, tome I, p. 212, *Archives nationales*, M. M. 623.
3. Dans la note 2 des pages XXII et XXIII de la *Vie de la Fontaine*, déjà citée, qui est en tête de l'édition de 1806 des *Fables choisies*.
4. Voyez aux *Pièces justificatives*, n° II, l'acte de baptême de ce frère puîné.
5. En effet, dans les *Catalogues alphabétiques* (dressés en 1710), des *Noms des prêtres et confrères reçus dans la Congrégation de l'Oratoire* (*Archives nationales*, M. M. 207), on lit au feuillet 29 r° du second catalogue : « Claude de la Fontaine de Château-Thierry, 1641 ;

Magloire le 28 octobre, et il y resta environ un an, après lequel il n'est plus fait mention de lui dans les registres de cette congrégation. » Jusqu'ici rien qui ne soit d'accord avec les documents les plus certains. Mais Adry ajoute : « Ce goût passager pour l'état ecclésiastique pouvoit lui avoir été inspiré par G. Héricart, chanoine de Soissons, qui à cette époque lui fit présent, entre autres livres de piété, d'un *Lactance* de l'édition de Tournes, Lyon, 1548, exemplaire que je possède. » Cette explication d'une ferveur d'un moment, qui n'est présentée qu'à titre de conjecture, Walckenaer et Sainte-Beuve l'ont admise [1]. Moralement, et à n'en juger que sur la connaissance du caractère de la Fontaine, elle est loin d'être invraisemblable. Il ne faudrait pas trop s'étonner que, de l'auteur des *Contes* et de l'élève de M. Hamon, qui a écrit *Esther*, le plus enflammé de zèle pour l'état ecclésiastique, à une heure fugitive, il est vrai, de jeunesse, et celui qu'on pourrait le moins soupçonner de s'y être laissé engager par l'espoir d'un bénéfice, c'eût été le premier plutôt que le second. La bizarrerie ne serait qu'apparente. L'imagination et l'âme naïve de la Fontaine étaient ouvertes à tous les enthousiasmes, de quelque côté qu'en soufflât le vent ; il n'y avait rien dont il ne fût prêt à s'éprendre, pas une voix qui ne trouvât en lui un facile écho, sans qu'il y ait à excepter celle de la dévotion. On sait à quel point le charma, bien des années plus tard, le prophète Baruch : pourquoi, dans sa jeunesse, des lectures chrétiennes, faites dans des livres que l'on pouvait lui avoir prêtés, n'auraient-elles pas, les pieux conseils aidant, exercé sur lui la même séduction ? Nous n'aurions donc aucune objection à ce que suppose le bibliothécaire de l'Oratoire, s'il ne s'en rencontrait une, la plus sérieuse qu'il puisse y avoir, une objection de date. Guillaume Héricart, docteur en Sorbonne, chanoine de la cathédrale de Soissons, était neveu de Marie Héricart, qui devint la femme de la Fontaine. Son père, Louis Héricart, était né en 1629[2], et lui-même ne vint au

---

sort 1650 » ; et au feuillet 10 v° du *premier catalogue* : « Jean de la Fontaine, 1641 ».

1. *Histoire de la vie.... de la Fontaine*, tome I, p. 4, et *Causeries du lundi*, tome VII, p. 520.

2. Nous devons ces renseignements sur le chanoine de Soissons

monde que bien après le mariage de sa tante. Il fut baptisé le 5 février 1664, et eut pour parrain un Jacques Jannart, second fils du substitut de Foucquet. On voit qu'il n'était pas encore question du chanoine en 1641. Le don du *Lactance* n'a donc pu être fait « à cette époque », comme le veut Adry; et celui-ci n'a eu aucune raison d'attribuer aux Héricart l'éphémère vocation religieuse de la Fontaine. C'est à l'entrée d'une autre voie, où il s'engagea quelques années plus tard, et qui n'était pas mieux faite pour lui, que nous rencontrerons cette famille.

Dans des Mémoires manuscrits de l'Oratoire, différents de ceux que nous avons cités tout à l'heure, le P. Adolphe Perrand[1], historien de cette congrégation, a trouvé une note qui, en confirmant ce que nous savons déjà de la courte durée de la vocation de la Fontaine, fait voir qu'il ne s'y prit pas très-bien pour y persévérer : « Le confrère Jean de la Fontaine resta peu de temps au noviciat. Plus tard il avouoit à son ami Boileau qu'il s'occupoit plus volontiers à lire des poëtes que Rodriguez[2]. » S'il y eut jamais un esprit que, dans ses libres et variables fantaisies, rien ne put enchaîner, ce fut le sien.

Avant l'admission à l'Oratoire de Paris, la Fontaine était-il entré au séminaire de l'abbaye oratorienne de Juilly ? On raconte dans les *Annales de la Société historique et archéologique de Château-Thierry*[3] qu'il fut mis à Juilly, où l'on croit encore à cette tradition, pour y étudier les dogmes, mais qu'il y étudiait davantage Marot et autres rimeurs : « De la fenêtre de sa cellule, que l'on montre encore à Juilly, il lançait sa

à M. l'abbé Hazard, curé de la paroisse Saint-Nicolas de la Ferté-Milon, aussi bien que tous les autres détails sur la famille Héricart, qu'on trouvera aux *Pièces justificatives*, n° III, dans la note qui suit l'acte de baptême de la femme de la Fontaine.

1. Aujourd'hui évêque d'Autun, et membre de l'Académie française.

2. *L'Oratoire de France au XVIIe et au XIXe siècle* (2de édition), Paris, 1866, p. 207, note 2. — Le jésuite espagnol Alphonse Rodriguez est l'auteur de la *Pratique de la perfection chrétienne* (1614), dont il parut, dès 1621, une traduction française, par le P. Paul Duez; une autre, vers le même temps, par Pierre d'Audiguier.

3. Année 1874, p. 24 et 25.

barrette dans la basse-cour du couvent, après l'avoir attachée à une ficelle, et faisait ainsi la chasse aux volatiles. » Le voilà peint très-plaisamment; mais c'est probablement une légende. Le tableau et le lieu même de la scène auront été imaginés d'après ce que l'on connaît plus certainement des dix-huit mois passés chez les oratoriens de la rue Saint-Honoré et du séminaire de Saint-Magloire. La note écrite par ceux-ci est suffisante pour que nous nous représentions l'inconstant novice s'abandonnant aux distractions de la poésie.

Nous savons donc que, dès l'âge de vingt ans, le confrère Jean de la Fontaine n'aimait rien tant que les poëtes, et laissait là pour eux la dévotion et la théologie. Il ne peut être tout à fait exact de dire, comme l'a fait d'Olivet[1], qu'à vingt-deux ans « il ne se portoit encore à rien, lorsqu'un officier, qui étoit à Château-Thierry en quartier d'hiver, lut devant lui, par occasion, » l'Ode de Malherbe sur la mort de Henri IV. On ne refusera pas de croire, avec d'Olivet, que cette lecture le transporta d'admiration, qu'il voulut étudier l'excellent poëte, « et s'y attacha de telle sorte qu'après avoir passé les nuits à l'apprendre par cœur, il alloit de jour le déclamer dans les bois, » enfin qu'il fit alors quelques essais dans le goût de Malherbe[2]. Mais il ne fallait pas donner à entendre que ces essais furent les premiers de son jeune talent. Les vers harmonieux et nobles de la fameuse ode purent être pour lui la révélation d'une grande poésie qu'il n'avait pas jusque-là soupçonnée, et faire, pour la première fois, vibrer une corde de la lyre intérieure qui n'avait pas encore été touchée. Quelque autre cependant, beaucoup moins grave sans doute, n'avait pas attendu d'être éveillée par Malherbe. Loin qu'il soit vrai que la Fontaine ne se portât encore à rien, il avait goûté, dans sa cellule de l'Oratoire, d'autres poëtes, ses plus anciens initiateurs ; il avait même, dès ce temps peut-être, certainement avant d'avoir entendu la récitation de l'officier, commencé bien jeune, comme Maucroix, dont l'exemple dut être contagieux, à écrire de petits vers légers.

Si l'on voulait, la chronologie en main, suivre chez la Fon-

1. *Histoire de l'Académie*, p. 321 et 322.
2. *Ibidem*, p. 322.

taine le premier développement de son amour pour la poésie, ce ne serait pas facile avec les vagues indications des précédents biographes. Charles Perrault dit que son père « exigea de lui.... qu'il s'appliquât à la poésie.... Quoique ce bonhomme n'y connût presque rien, il ne laissoit pas de l'aimer passionnément, et il eut une joie inconcevable, lorsqu'il vit les premiers vers que son fils composa[1]. » On n'est pas habitué à voir d'honnêtes et prudents bourgeois user de l'autorité paternelle pour pousser leurs fils vers ce chemin du Parnasse, plus semé de fleurs que d'or, et se réjouir de l'envie qu'ils ont d'y courir. Nous croyons que le père de la Fontaine songea pour lui à des occupations plus solides, quand il le vit renoncer à l'état ecclésiastique. La pensée de lui transmettre son office date probablement de cette époque, et il dut lui faire faire quelques études de jurisprudence, chercher ainsi à l'initier aux affaires. Notre la Fontaine administra fort mal les siennes ; mais il est certain qu'il a, dans l'occasion, parlé affaires pertinemment. Il eut de bonne heure le titre d'avocat au Parlement[2]. Il y avait donc eu un temps où, avec plus ou moins de succès, on lui avait fait étudier Cujas et Bartole. C'est, il nous semble, de ces études de droit qu'a voulu parler M. Louis Paris, quand il a dit que la Fontaine avait, de même que François de Maucroix, terminé à Paris ses études commencées à Château-Thierry[3]. Maucroix eut, comme avocat, des débuts assez heureux, et que fit surtout remarquer la grâce de son débit[4] ; mais, se sentant trop timide, il renonça au barreau, où il n'avait « plaidé, a-t-il dit lui-même[5], que

1. *Les Hommes illustres*, tome I, p. 83.
2. Il le porte dans l'acte de cession du 21 janvier 1649, consenti par son frère Claude. Voyez Walckenaer, aux *Pièces justificatives* de son *Histoire de la Fontaine*, p. 586 et 587.
3. *Maucroix, OEuvres diverses*, tome I, p. xx.
4. *Vie de François de Maucroix*, par Walckenaer, dans le volume intitulé *Poésies diverses de.... la Sablière et de François de Maucroix*, Paris, 1825, in-8°, p. 169.
5. Lettre du 29 avril 1706, à un Père de la compagnie de Jésus, sans doute d'Olivet, qui, entré, au sortir de ses classes, chez les jésuites, les quitta vers 1715 (*Maucroix, OEuvres diverses*, tome II, p. 244).

cinq ou six fois[1]. » Ce sont probablement cinq ou six plaidoyers de plus que n'en essaya la Fontaine.

Laissons, quel qu'il ait été, son apprentissage d'avocat au Parlement, pour revenir à son apprentissage de poëte, plus intéressant à connaître, et commencé au plus tard, nous l'avons vu, pendant son noviciat d'oratorien. Sous quels maîtres il le fit, on l'apprend par son propre témoignage.

Qu'il ait d'abord connu Malherbe, dans l'occasion qui nous a été contée, ou tout autrement, il comptait parmi les plus anciennes les leçons qu'il avait reçues de lui :

Je pris certain auteur autrefois pour mon maître,

dit-il, au vers 46 de son épître *A Monseigneur l'évêque de Soissons* (Pierre-Daniel Huet), écrite en 1687. Ce n'est pas de Voiture qu'il parlait, comme l'ont cru quelques-uns[2], ayant sans doute peine à admettre que, s'il s'agissait de Malherbe, il ait pu dire qu'il pensa le gâter, et lui reprocher « son trop d'esprit. » Cela d'abord déroute un peu ; mais rapportons-nous-en au plus fin juge du bon goût et au plus sûr interprète de la pensée de la Fontaine, c'est-à-dire à lui-même : la note qu'il a faite sur les vers 52-54 de la même épître :

.... Ses traits ont perdu quiconque l'a suivi, etc.,

ne laisse place à aucune équivoque : « Quelques auteurs de ce temps-là affectoient les antithèses, et ces sortes de pensées qu'on appelle *concetti*. Cela a suivi immédiatement Malherbe. » Voici qui n'est pas moins décisif : reprochant à son ancien maître de s'épandre « en trop de belles choses, » il dit (vers 54):

Tous métaux y sont or, toutes fleurs y sont roses,

et c'est un vers de Malherbe dans le *Récit d'un berger au ballet de Madame, princesse d'Espagne*[3]. Tout en corrigeant,

---

1. La Fontaine, dans une chanson, a dit de lui :
   Tandis qu'il étoit avocat,
   Il n'a pas fait gain d'un ducat.
2. Voyez l'article JEAN DE LA FONTAINE dans la *Biographie générale*.
3. *OEuvres de Malherbe*, tome I, p. 232, poésie LXXII, vers 68 :
   Tous métaux seront or, toutes fleurs seront roses.

par quelques réserves, certaines imprudences de sa vieille admiration, il ne la reniait pas, puisque, un peu plus loin, dans cette epître, regrettant les beaux temps de l'Ode, qui « baisse un peu, » il s'écriait (vers 93-96) :

> Malherbe, avec Racan, parmi les chœurs des anges,
> Là-haut de l'Éternel célébrant les louanges,
> Ont emporté leur lyre ; et j'espère qu'un jour
> J'entendrai leur concert au céleste séjour.

Il ne pouvait être ingrat pour celui dont il a été certainement le disciple, un disciple qui a surpassé le maître dans un grand nombre de vers où, quelque simple que soit le genre de ses ouvrages, il s'est élevé jusqu'à la haute poésie.

Si l'on s'est trompé en cherchant Voiture où il fallait reconnaître Malherbe, ce n'est pas à dire que la Fontaine n'ait pas dû quelque chose aussi au spirituel écrivain cher à l'hôtel de Rambouillet. On ne peut oublier que, parmi ceux dont il n'a pas négligé les traces, notre poëte, dans une lettre à Saint-Évremond, de la même année que l'épître à Huet, a donné place à maître Vincent aussi bien qu'à maître Clément, ajoutant à ces noms, avec une courtoisie qui n'était pas imméritée, le nom de son correspondant :

> J'ai profité dans Voiture,
> Et Marot, par sa lecture,
> M'a fort aidé, j'en conviens.
> Je ne sais qui fut son maître ;
> Que ce soit qui ce peut être,
> Vous êtes tous trois les miens.

« J'oubliois, continue-t-il, maître François (*Rabelais*), dont je me dis encore le disciple. »

Quand il mettait tant de bonne grâce à ne pas désavouer ses premiers modèles, il n'était plus jeune, et se rendait compte assurément des défauts mêlés aux agréments de Voiture, de bien des traits recherchés, plus encore chez lui que chez Malherbe ; mais il ne serait pas surprenant qu'il eût toujours gardé un faible pour l'agréable badinage de ce bel esprit. Au temps où il commença à aimer les vers, la séduction qu'exerça sur lui Voiture s'explique encore mieux. Voiture était alors de l'Académie, et il n'était pas contesté qu'il y fût, parmi ses confrères, un des plus illustres. Beaucoup plus tard, Boileau semblait le mettre au rang d'Horace[1]; et même à une époque où, avec un goût plus sévère, il lui fit une plus juste part, il l'appelait encore

> . . . . Cet auteur si charmant
> Et pour mille beaux traits vanté si justement[2].

Il y a une petite comédie, ou plutôt églogue, de la Fontaine, intitulée : *Clymène*, et peu lue aujourd'hui, quoique maints vers en soient fort jolis. Elle a été publiée en 1671, mais écrite beaucoup plus tôt, avant la chute de Foucquet, comme le prouve un de ses vers[3] qui rend hommage aux surintendants. Nous en rapporterions volontiers la composition aux premiers temps des relations du poëte avec l'opulent Mécène; elle porte, ainsi que l'a bien remarqué Walckenaer[4], d'évidentes marques de jeunesse. Elle nous apprend, plus certainement encore par sa date que les vers de 1687, tout à l'heure cités, parmi quels auteurs la Fontaine chercha de bonne heure ses modèles. Cette comédie de *Clymène* mettant tout d'abord Apollon en scène avec les Muses, l'occasion s'offrait de faire louer par ce dieu les poëtes qui lui plaisent. « Essayez, dit-il à Calliope,

> Un de ces deux chemins qu'aux auteurs ont frayés
> Deux écrivains fameux : je veux dire Malherbe,
> Qui louoit ses héros en un style superbe,
> Et puis maître Vincent, qui même auroit loué
> Proserpine et Pluton en un style enjoué; »

ce maître Vincent, ajoute-t-il,

> . . . . dont la plume élégante
> Donnoit à son encens un goût exquis et fin,
> Que n'avoit pas celui qui partoit d'autre main.

Il donne à Érato un conseil à peu près semblable :

> . . . . Chantez-nous
> Non pas du sérieux, du tendre, ni du doux,

---

1. Satire IX, vers 27.
2. Satire XII, vers 43 et 44.
3. Le vers 10.
4. *Histoire de la vie.... de la Fontaine*, tome I, p. 225.

> Mais de ce qu'en françois on nomme bagatelle :
> Un jeu, dont je voudrois Voiture pour modèle.
> Il excelle en cet art. Maître Clément et lui
> S'y prenoient beaucoup mieux que nos gens d'aujourd'hui.

Marot, que la Fontaine associait ainsi à Voiture, était encore mieux fait pour l'inspirer, avec sa grâce plus naïve; et l'on se trouvait, avec lui, à meilleure école. Un passage cependant de la même comédie nous avertit dans quelle mesure discrète il avait entendu mettre ses leçons à profit. Il savait le danger de trop s'éloigner de la langue de son temps : « N'allez pas, dit Apollon à Clio,

> . . . . . . chercher ce style antique
> Dont à peine les mots s'entendent aujourd'hui.
> Montez jusqu'à Marot, et point par delà lui.
> Même son tour suffit. »

Avec ces poésies de Malherbe, de Voiture, de Marot, qu'aimait-il encore le plus à lire? Les romans. Dans sa *Ballade* dont le refrain est :

> Je me plais aux livres d'amour,

il n'oublie, parmi ces livres, ni le roman d'Héliodore, si goûté du jeune Racine, ni le *Polexandre* de Gomberville, ni la *Cléopatre* et le *Cassandre* de ce la Calprenède qui amusait aussi Mme de Sévigné, malgré son style « maudit en mille endroits, » ni le *Cyrus* de Mlle de Scudéry; mais il a un souvenir tout particulier pour l' « œuvre exquise » de d'Urfé, qui a été un livre favori de sa jeunesse :

> Étant petit garçon je lisois son roman,
> Et je le lis encore ayant la barbe grise.

« C'est d'où il tiroit, dit d'Olivet, ces images champêtres qui lui sont familières et qui font toujours un si bel effet dans la poésie[1]. » D'Olivet aurait dû indiquer ces images empruntées à l'*Astrée;* nous ne savons s'il l'aurait pu facilement. Il faut peut-être se contenter de penser que dans ces imaginations ingénieuses, délicates et fleuries de d'Urfé, le penchant de la Fontaine vers les fictions, les douces rêveries, la

1. *Histoire de l'Académie*, p. 325.

galanterie fine, et son goût pour les riants paysages, ont trouvé leur compte, et qu'à cette source son talent a puisé, à défaut d'imitations directes, une nourriture appropriée.

Voilà, à peu près aussi complète qu'elle s'offre à nous, l'histoire de l'éducation du génie de notre poëte. Nous savons bien que, dans son épître *A l'évêque de Soissons*, il parle d'autres précepteurs encore qu'il aurait eus, et ce ne sont point les moins bons, les moins grands :

> Térence est dans mes mains, je m'instruis dans Horace ;
> Homère et son rival sont mes dieux du Parnasse.
> . . . .
> Je chéris l'Arioste, et j'estime le Tasse ;
> Plein de Machiavel[1], entêté de Boccace,
> J'en parle si souvent qu'on en est étourdi.
> . . . .
> Quand notre siècle auroit ses savants et ses sages,
> En trouverai-je un seul approchant de Platon?

Mais l'étude des beaux modèles de l'antiquité, dont il parlait avec tant d'enthousiasme, en 1687, lorsqu'il prenait part aux querelles déchaînées par Charles Perrault dans l'Académie, à quel moment, dans quelles années avait-elle commencé pour lui? Si l'on en place ici le souvenir, que ce ne soit pas sans avertir que l'on croit devancer l'ordre des temps. Le biographe de Maucroix l'a très-bien fait remarquer : si celui-ci a encouragé son ami à prendre des leçons des anciens, ce ne peut être lorsque lui-même, presque aussi jeune, n'en avait pas encore le goût[2]. A la vérité, ce n'est pas Maucroix que d'Olivet cite comme un initiateur de la Fontaine aux chefs-d'œuvre de la Grèce et de Rome : « Un de ses parents, dit-il[3], nommé Pintrel, homme de bon sens, et qui n'étoit pas ignorant, lui fit comprendre que, pour se former, il ne devoit pas se borner à nos poëtes françois; qu'il devoit lire, et lire sans cesse, Horace, Virgile, Térence. Il se rendit à ce sage conseil. »

---

1. Le Machiavel surtout de la *Mandragore*, de la *Clytie* et de *Belphégor*, comme l'a bien dit Auger, OEuvres de la Fontaine (édition de 1814), tome I, p. VIII.
2. Maucroix, OEuvres diverses, tome I, p. XXXVI.
3. Histoire de l'Académie, p. 323.

Il se peut que l'historien de l'Académie ait moins positivement connu que supposé ces exhortations, et qu'il ait tiré ses conjectures de ce seul fait que le traducteur des *Épîtres de Sénèque*, publiées, après sa mort, par la Fontaine, était habile latiniste. Admettons cependant le bon avis donné par Pintrel. Il en faudrait connaître la date. Rien n'autorise à la faire remonter très-haut, beaucoup avant cette année 1654, où la Fontaine, âgé de trente-trois ans, fit imprimer sa comédie de *l'Eunuque*, imitée de Térence. Dans l'avertissement *Au lecteur*, qui précède cette comédie, notre poëte dit que ce qu'il avait témérairement commencé, quelques-uns de ses amis avaient voulu qu'il l'achevât. Peut-être avaient-ils fait plus, et l'avaient-ils engagé dans cette voie. Il n'est pas invraisemblable que ces amis aient été Maucroix et Pintrel. Mais, dans ce rôle d'introducteurs près de Térence et des autres anciens, nous ne voudrions pas les mettre en scène trop tôt. D'Olivet a parlé comme si la Fontaine, au temps des doctes conseils de son parent, en était encore à « se former. » Il semble bien qu'il se soit formé d'abord à une école différente de celle où la plupart des génies du dix-septième siècle ont reçu leurs premières leçons. Il a gardé plus qu'eux la marque de tout autres maîtres. Toutefois, si des modèles que ses illustres amis avaient suivis, il approcha plus tardivement, et (disons-le des modèles grecs) d'un peu moins près et avec une imparfaite connaissance de leur langue[1], il s'y attacha cependant avec la sympathie naturelle de son génie, et leur déroba bien des trésors pour composer son miel. « Il faisoit, dit d'Olivet[2], ses délices de Platon et de Plutarque. J'ai tenu les exemplaires qu'il en avoit; ils

---

1. Louis Racine, dans ses *Mémoires sur la vie de Jean Racine*, dit que la Fontaine, qui « vouloit toujours parler de Platon, » en « avoit fait une étude particulière dans la traduction latine, » et que c'était aussi dans une version en cette langue que Racine lui faisait lire quelquefois des morceaux d'Homère. Voyez au tome I, p. 326, des *OEuvres de J. Racine*. — Pour confirmer ce témoignage, il serait intéressant que d'Olivet, dans le passage que nous allons citer, nous eût dit si les notes de la Fontaine qu'il a vues se rapportaient au texte grec ou, ce qui est plus probable, à des traductions, soit françaises, soit latines.
2. *Histoire de l'Académie*, p. 325 et 326.

sont notés de sa main, à chaque page ; et j'ai pris garde que la plupart de ses notes étoient des maximes de morale ou de politique, qu'il a semées dans ses fables. »

Ce que nous venons de dire d'une étude un peu différée des auteurs grecs et latins, probablement s'appliquerait mal aux auteurs italiens que nous avons entendu la Fontaine nommer à côté d'eux. La lecture d'Arioste et de Boccace doit avoir été un des premiers aliments de son esprit, et du temps même où a commencé son commerce familier avec nos vieux poëtes et nos romanciers.

A ce même temps-là nous placerions déjà son goût pour ce maître François, qu'il a eu soin, comme nous l'avons noté, de ne pas omettre dans sa lettre à Saint-Évremond. Ce fut un goût passionné, durable aussi ; car il était loin d'être jeune, quand il le témoignait, à ce que l'on rapporte, par le plus étrange propos, où il faut faire une part égale à la naïveté et à la malice : toutes deux, on n'y a pas toujours assez pris garde, allaient chez lui si volontiers ensemble. Le génie de Rabelais a souvent été loué avec enthousiasme, jamais à la façon de la Fontaine, si les anecdotes de d'Olivet et de Brossette ont quelque vérité. « Peu de jours avant sa dernière maladie, raconte celui-ci[1], [la Fontaine,] étant à dîner chez M. de Sillery, évêque de Soissons, comme le discours tomba sur le goût de ce siècle : « Vous trouverez encore parmi nous, « dit-il de tout son sérieux, une infinité de gens qui estiment « plus saint Augustin que Rabelais. » Si ce n'est pas là une version défigurée, et moins piquante, moins fine, de l'historiette que nous allons emprunter à d'Olivet, faudrait-il donc supposer que, par deux fois, le rêveur, entraîné par nous ne savons quelle bizarre association d'idées, serait tombé dans le même puits, ouvert aussi bien sous les pas des poëtes que sous ceux des astrologues ? La récidive paraîtrait bien étonnante. Dans le récit de d'Olivet, la scène se passe chez Boileau Despréaux, où se trouvaient son frère le docteur Jacques Boileau, Racine, Valincourt ; c'est de celui-ci que d'Olivet

---

1. Dans une note sur un passage de la lettre de Boileau à Maucroix, du 27 avril 1695 : voyez les *OEuvres de M. Boileau Despréaux* (2 vol. in-4°, Genève, 1716), tome II, p. 317, *Remarque* 1.

semble avoir tenu l'anecdote. On parla de saint Augustin. La Fontaine laissait dire, comme un homme dont l'esprit était ailleurs. Tout à coup « il se réveilla comme d'un profond sommeil, et demanda d'un grand sérieux au docteur s'il croyoit que saint Augustin eût eu plus d'esprit que Rabelais. Le docteur l'ayant regardé depuis la tête jusqu'aux pieds, lui dit pour toute réponse : « Prenez garde, Monsieur de la Fon- « taine, vous avez mis un de vos bas à l'envers; » et cela étoit vrai en effet[1]. » La réponse du docteur était la meilleure à faire. Ne nous récrions pas plus pesamment que lui sur la trop légère parole. Qu'elle nous serve seulement à remarquer, n'y eût-il dans ce récit qu'une légende, que le souvenir s'était conservé d'une singulière obsession de son esprit par l'admiration pour l'auteur de *Pantagruel*. La profondeur dans les contes bleus, toutes les finesses et toutes les richesses de la langue au milieu de tant de folies, où elles font l'effet de fleurs tombées là, on ne sait comment, sous la baguette d'une fée, quel attrait pour un génie si ami du caprice, toutes les fois surtout que la forme en était belle!

Furetière a dit de la Fontaine : « Toute sa littérature consiste dans la lecture de Rabelais, de Pétrone, de l'Arioste, de Boccace et de quelques autres semblables[2]. » C'était ne vouloir reconnaître en lui que l'auteur des *Contes*. A l'époque où un ressentiment furieux dictait à Furetière ce dénombrement satirique des modèles de la Fontaine, rien de plus incomplet, rien de plus faux. Mais notre poëte avait certainement commencé par ces lectures; et, lorsque plus tard il avait cherché ailleurs de plus hautes inspirations, il aima toujours à regarder encore de ce côté.

Si peu fertiles en événements que s'offrent à nous ses jeunes années, entre sa sortie de l'Oratoire et son mariage, ne s'en fait-on pas cependant une image suffisante, lorsqu'on peut se représenter dans quelle société d'auteurs favoris il passait un temps que sans doute remplissait beaucoup aussi la rêverie? Les plus grandes aventures d'un poëte ne sont-elles pas ces

1. *Histoire de l'Académie*, p. 324.
2. *Nouveau recueil des factums* (Amsterdam, 1694), *Second factum*, p. 294.

aventures de l'intelligence, moins fortuites que cherchées d'instinct, par lesquelles se fait l'éducation de son génie?

On peut regarder comme certain que, dès ce temps, la Fontaine, tout paresseux qu'il s'est toujours dit, ne se contentait pas de lire, mais que sa veine poétique commençait à couler, quoique d'un cours encore modeste. Dans les manuscrits du chanoine Favart, ami de Maucroix, où ont été recueillies plusieurs bluettes de celui-ci, M. L. Paris en a trouvé quelques-unes aussi de la Fontaine, qu'il rapporte à sa première jeunesse[1]. Les muses fraternelles des deux camarades rivalisèrent sans doute dans ces légers, souvent trop légers, badinages; car il y eut toujours entre eux de grandes sympathies d'humeur et de goût, et il est probable que de bonne heure, tout autant que par la suite, ils entretinrent d'agréables relations, soit par l'échange de lettres, soit lorsqu'à Château-Thierry[2], à Reims ou à Paris, ils allaient se visiter.

Tallemant des Réaux nous fournit quelques autres traits, qui vont achever le portrait du jeune la Fontaine. Il nous paraît avoir tiré ses anecdotes de bonne source : il est probable qu'il les devait à Maucroix, avec qui sa liaison était intime, et qui lui avait appris tant de choses et sur lui-même et sur ses entours. Il les écrivait en 1657; les quatre premières, que nous allons d'abord citer, n'en doivent pas moins être placées, dans la vie du poëte, à une date très-antérieure, et rapportées au temps dont nous avons eu à parler jusqu'ici; car l'auteur des *Historiettes* les fait suivre de ces mots : « Depuis son père l'a marié. » En voici deux qui, non-seulement nous apprennent que la Fontaine faisait des voyages à Paris, où il avait des amis qu'il accompagnait au théâtre, mais, ce qui a plus d'intérêt, nous le montrent déjà renommé pour les incroyables distractions, dont il a donné, toute sa vie, de si amusants exemples :

« Un garçon de belles-lettres, et qui fait des vers, nommé la Fontaine, est.... un grand rêveur. Son père, qui est maître

---

1. *Maucroix, Œuvres diverses*, tome I, p. xxxvii.
2. M. L. Paris (*Maucroix, Œuvres diverses*, tome I, p. xxxiv) parle d'un voyage de Maucroix à Château-Thierry, lorsque la Fontaine avait vingt-deux ans : ce doit être en 1643.

des eaux et forêts de Château-Thierry, en Champagne, étant à Paris, pour un procès, lui dit : « Tiens, va vite faire telle « chose, cela presse. » La Fontaine sort et n'est pas plus tôt hors du logis qu'il oublie ce que son père lui avoit dit. Il rencontre de ses camarades, qui lui ayant demandé s'il n'avoit point d'affaires : « Non, » leur dit-il, et alla à la comédie avec eux.

« Une autre fois, en venant à Paris, il attacha à l'arçon de la selle un gros sac de papiers importants. Le sac étoit mal attaché et tombe. L'ordinaire passe, ramasse le sac, et ayant trouvé la Fontaine, il lui demande s'il n'avoit rien perdu. Ce garçon regarde de tous côtés : « Non, ce dit-il, je n'ai rien « perdu. » — « Voilà un sac que j'ai trouvé, » lui dit l'autre. — « Ah! c'est mon sac, s'écria la Fontaine; il y va de tout mon « bien. » Il le porta entre ses bras jusqu'au gîte[1]. »

Ainsi, dès sa jeunesse, il s'était fait la réputation d'un vrai Ménalque. On a plus tard recueilli beaucoup de traits semblables de sa rêverie. Peut-être s'est-on amusé à lui en prêter quelques-uns. Il n'est pas toujours facile de savoir à quelle date les placer; et, puisque l'occasion s'en présente, rapprochons de l'anecdote que Tallemant vient de nous raconter celles qui se trouvent dans le *Livre sans nom*, petit ouvrage anonyme[2], imprimé en 1695 : « Au sortir du dîner avec ses amis, il ne les connoît pas dans la rue. Un soir, lui et moi fûmes au convoi du pauvre Miton; huit jours après, il alla chez lui demander à sa nièce des nouvelles de sa santé. Bien davantage : il avoit un procès assez considérable qu'on devoit juger un certain jour. M. de M.... (*de Maucroix?*), son ami, lui envoya, à la campagne où il étoit, un cheval, pour venir solliciter les juges. En chemin, il oublia son procès, s'arrêta à une lieue de Paris, chez un de ses amis, où il parla de vers toute la nuit. Le lendemain, il n'arriva qu'à dix heures du matin que les juges étoient au Palais; il n'en trouva pas un. Comme M. de M.... lui reprochoit sa négligence, il répondit qu'il étoit bien

---

1. *Les Historiettes de Tallemant des Réaux* (Paris, Techener, 1854), tome II, p. 368 et 369.
2. On l'a attribué à Cotolendi; il est de Bordelon.

aise de n'avoir trouvé personne, qu'aussi bien il n'aimoit point à parler ni à entendre parler d'affaires[1]. »

Dans le dialogue cité, l'interlocuteur de celui qui dépeint ainsi la Fontaine a certainement tort de lui dire : « Je l'ai trouvé autrefois d'assez bon sens, et il n'avoit point ces abstractions que vous lui donnez[2]. » Elles étaient, au contraire, très-anciennes; nous venons de l'apprendre de Tallement.

Revenons à celui-ci et à ses anecdotes; elles vont nous faire connaître un autre défaut de la Fontaine, dont jamais il ne s'est mieux corrigé que de l'autre, nous voulons parler de son humeur trop galante :

« Ce garçon alla une fois, durant une forte gelée, à une grande lieue de Château-Thierry, la nuit, en bottes blanches et une lanterne sourde à la main[3]. » Dans un commentaire un peu naïf, dont le malin Tallement s'est dispensé, Walckenaer ajoute : « Cet incident donna lieu à bien des suppositions[4]. » Il est assez clair que cette promenade nocturne, en élégant équipage, n'est pas seulement citée comme un trait de rêveur. Si la clarté s'y faisait désirer, on en trouverait davantage dans la petite histoire qui suit immédiatement[5]; elle eût été digne d'avoir place parmi les contes de notre poëte : aussi n'est-il pas nécessaire de l'emprunter textuellement aux *Historiettes*. C'est encore une aventure de nuit, où est mise en scène la lieutenante générale de Château-Thierry, qui, surprise par une visite de la Fontaine, ne fut que médiocrement cruelle. Le charitable chroniqueur des scandales n'a mis en doute que ce qui atténuait celui-ci dans le récit qui lui en avait été fait[6].

Nous n'avons pas à écrire les *vies parallèles* de la Fontaine et de Maucroix. Remarquons seulement combien, à ce moment

1. *Le Livre sans nom*, divisé en cinq dialogues (Paris, 1695, in-12), p. 130.
2. *Ibidem.*
3. *Les Historiettes*, tome II, p. 369.
4. *Histoire de la vie.... de la Fontaine*, tome I, p. 7.
5. *Les Historiettes*, tome II, p. 369 et 370.
6. Tallement n'a pas donné le nom de la lieutenante générale. S'il n'y a pas beaucoup d'intérêt à chercher à le connaître, il n'y a pas non plus beaucoup d'indiscrétion aujourd'hui. Elle devait être la femme d'un Claude Rosselet qui est dit « lieutenant

de leur jeunesse, il y avait entre eux de ressemblances, non-seulement dans leurs amusements poétiques, mais dans leur ardeur à se jeter dans des intrigues galantes. C'est le temps où Maucroix se livre à sa passion pour Mlle de Joyeuse, avant qu'elle eût été promise au marquis de Lénoncourt, en 1643, et aussi depuis ces fiançailles et après la mort du fiancé. Maucroix eut le chagrin de la voir mariée, le 24 juin 1646, au marquis de Brosses. Quoique la profondeur de son désespoir ait, par quelques bonnes raisons, été jugée douteuse[1], il put entrer un peu de dépit dans le parti qu'il prit, dix mois après, d'accepter un canonicat à Reims. Ceci est à peine une digression, si l'on adopte la conjecture qui, à cette heure de la vie de Maucroix, et à l'occasion du nouvel état qu'il choisit, nous ferait retrouver la Fontaine, et, ce qui serait, à cette date, singulièrement intéressant, la Fontaine, composant déjà une excellente fable, *le Meunier, son Fils et l'Ane*[2]. Publiée en 1668, dans le premier recueil des *Fables choisies*, elle est dédiée à Maucroix[3]. Elle se propose d'enseigner que, dans le choix

---

général au siége présidial de Château-Thierry, » dans l'acte de baptême de deux fils jumeaux de M. Hilaire de la Barre, en 1642. Le lieutenant général est parrain de l'un des deux enfants; Pierre Jannart, contrôleur au grenier à sel, est parrain de l'autre. — De 1623 à 1678, dans des actes de baptême ou dans des actes notariés, nous avons souvent rencontré ce nom de Claude Rosselet, porté par le lieutenant général; mais il y eut successivement plusieurs lieutenants généraux des mêmes nom et prénom. L'écriture différente des signatures suffirait pour les faire distinguer. Plusieurs des actes dont nous venons de parler ont, à côté du nom de Rosselet, celui de la Fontaine ou de quelqu'un des siens; notamment l'acte de baptême du frère de notre poëte (26 septembre 1623), où Claude de la Fontaine a pour parrain « Claude Rosselet, écuyer, conseiller du Roi et président au siége de Château-Thierry. » C'est probablement le même qui, dans un acte de 1626, est dit neveu du lieutenant général, le même aussi que nous avons trouvé revêtu, à son tour, de cette charge, en 1642, et de la femme duquel nous supposons qu'il s'agit dans l'anecdote.

1. Voyez *Maucroix, OEuvres diverses*, tome I, p. xlvii.
2. Livre III, fable 1re.
3. *A M. D. M.*, dans l'impression de 1668 et dans les suivantes; les trois initiales signifient assez clairement : *Monsieur de Mau-*

d'une carrière, il ne faut pas espérer d'être approuvé de tout le monde, mais faire à sa tête.

> Prenez femme, abbaye, emploi, gouvernement,
> Les gens en parleront, n'en doutez nullement.

On est assez tenté de croire que, sous le nom de Malherbe, qu'il introduit parlant ainsi à Racan, le fabuliste a voulu faire allusion à quelque circonstance présente ; et quelle serait cette circonstance, sinon l'entrée de Maucroix au chapitre de Reims? Tel fut bien, suivant Brossette[1], l'événement qui inspira l'apologue. Walckenaer regarde cette opinion comme probable[2]. M. Louis Paris n'exprime aucun doute[3] : le jeune mondain, sollicité de devenir chanoine, demanda, selon lui, conseil à la Fontaine, qui, de son côté, avait aussi, dans le même temps, une détermination très-grave à prendre. Elle pouvait même lui paraître plus effrayante que le canonicat à son ami : il s'agissait de mariage ; et pour se résoudre à prendre femme, il devait fermer l'oreille à des avis contraires, sans doute à quelques propos railleurs. Sa fable aurait donc été écrite pour s'encourager lui-même, en encourageant son ami : « Tous deux, laissons dire, et sautons le pas. » Voilà, nous le reconnaissons, une explication, qu'il coûterait beaucoup de rejeter, de l'origine et de l'occasion de cette petite pièce si parfaite. Que la Fontaine cependant se soit montré, dès 1647, un aussi admirable fabuliste qu'il le fut plus tard, cela renverse un peu les idées reçues. Il faut peut-être, malgré tout, ne pas trop s'obstiner dans les objections. Le recours à l'autorité de Malherbe, une des premières admirations de la Fontaine, est un argument (de petite valeur sans doute) à l'appui de l'opinion que nous avons là une œuvre de sa jeunesse. On pourrait seulement croire qu'il l'aurait, depuis, un peu remaniée.

Avec le canonicat de Maucroix et la fable tirée de la *Vie*

---

croix. Dans le manuscrit autographe, Walckenaer dit avoir lu : *A mon amy M. de Maucroy.*

1. *OEuvres de M. Boileau Despréaux*, tome II, p. 324, Remarque I.
2. *Histoire de la vie,... de la Fontaine*, tome I, p. 205.
3. *Maucroix, Œuvres diverses*, tome I, p. LII.

de Malherbe par Racan[1], nous sommes arrivé au mariage de la Fontaine. Dans sa vie de rêveur, de poëte, et d'ami des libres plaisirs, c'est un événement qui n'a pas pris une grande place ni apporté un changement très-appréciable : il n'a guère fait que mettre plus en relief les singularités de sa physionomie. « Quoiqu'il eût, dit d'Olivet[2], peu de goût pour le mariage, il s'y détermina par complaisance pour ses parents. » Tallemant parle à peu près de même[3] : « Son père l'a marié, et lui l'a fait par complaisance. » S'il en fut ainsi, lui, qui déclarait peu sage de prétendre « contenter tout le monde et son père, » voulut au moins contenter celui-ci. Il se peut que ce père, ayant l'intention de transmettre à son fils la charge de maître particulier des eaux et forêts, qu'il lui assura en effet à ce moment, ait craint de l'y établir moins respectablement s'il le laissait dans le célibat. On croit entrevoir d'ailleurs que le conseil de prendre femme doit avoir été donné aussi par des amis, que par eux surtout le choix à faire fut indiqué. La famille à laquelle il allait s'allier était déjà unie, par un mariage, à celle des Jannart, lesquels, d'autre part, étaient liés, depuis longtemps, avec les familles paternelle et maternelle de la Fontaine. Les traces de cette liaison sont sous nos yeux, dans des actes de baptême de 1624[4]. Il y en a un du mois d'avril de cette année-là, où Marguerite Jannart, fille de noble homme, Nicolas Jannart, élu de Château-Thierry, est marraine, et un Pierre Pidoux parrain. Dans un autre, plus remarquable encore ici, et qui est du mois de novembre suivant, la Fontaine lui-même lève un enfant sur les fonts : il n'était âgé que d'un peu plus de trois ans; c'est bien lui ce-

---

1. Voyez cette *Vie*, dans les Œuvres *de Malherbe*, aux pages LXXXI et LXXXII du tome Ier.
2. *Histoire de l'Académie*, p. 315.
3. *Les Historiettes*, tome II, p. 370.
4. Ce ne sont pas les plus anciennes. Jean de la Fontaine, frère de Pierre, trisaïeul de notre poëte (voyez ci-dessus, p. v, note 1), avait épousé une Marie Jannart. Louise de la Fontaine, née de ce mariage et baptisée le 10 juillet 1549, eut deux marraines : Jeanne Guérin, femme de Charles Jannart, et Jeanne Jannart, femme de Pierre Chéron. Voyez Walckenaer, aux *Pièces justificatives* de son *Histoire de la vie.... de la Fontaine*, tome II, p. 292.

pendant, « Jean de la Fontaine, fils de Charles de la Fontaine, maître des eaux et forêts. » Naturellement il n'a pas signé, mais un Jannart a signé pour lui. Voici bientôt paraître les Héricart. En 1636[1], le fils de Nicolas Jannart, Jacques Jannart, substitut du procureur général au parlement de Paris, et seigneur de Thury[2], celui-là même qui, par la suite, devint comme un second père pour la Fontaine, épouse Marie Héricart, fille de Guillaume Héricart, conseiller du Roi, lieutenant civil et criminel à la Ferté-Milon. Cette famille Héricart avait donné, à la fin du seizième siècle, des gouverneurs au château de la Ferté. La femme de Jacques Jannart avait un frère du nom de Louis, lieutenant criminel à la Ferté-Milon, comme son père Guillaume, et maire perpétuel de cette ville. Ce fut la fille de ce Louis Héricart qui devint la femme de notre poëte. N'est-il pas assez vraisemblable que la Fontaine céda surtout aux exhortations de Jacques Jannart en épousant sa nièce? Celle-ci était bien jeune quand on la maria; Walckenaer a cru qu'elle avait un peu moins de seize ans : elle n'en avait pas quinze, étant née le 26 avril 1633[3]. Son âge doit être remarqué : il rendait peu sage une alliance, d'ailleurs fort honorable. On mettait en ménage deux enfants; car la Fontaine fut enfant toute sa vie; et, quoiqu'il eût douze ans de plus que sa femme, étant dans sa vingt-septième année, il était aussi incapable de la diriger, de la gouverner, que de se gouverner lui-même. Il eût fallu qu'il fût pour elle presque un père, en même temps qu'un mari ; pour ni l'un ni l'autre de ces devoirs il n'avait la moindre vocation.

Nous n'avons pas la date précise de la célébration du mariage. Le contrat, passé à la Ferté-Milon, porte la date du

1. Le contrat de mariage de Jacques Jannart passé devant maître Vol, notaire à la Ferté-Milon, est en date du 6 janvier 1636. Le mariage fut célébré le lendemain.
2. Il est ainsi qualifié dans un acte de baptême du 14 janvier 1659, que nous avons relevé sur les registres de la Ferté-Milon.
3. Voyez aux *Pièces justificatives*, n° III, son acte de baptême. — Nous en avons fait suivre la transcription d'une note sur la famille Héricart.

10 novembre 1647[1]. Il en ressort que les deux époux, si l'on a égard à la valeur de l'argent à cette époque, allaient être, comme on disait alors, *très-accommodés*. Guillaume Héricart, aïeul de Marie, lui donnait, en avancement d'hoirie, vingt mille livres, moitié en argent comptant, moitié en héritages[2] ou en rentes. Elle recevait de sa mère, Agnès Petit[3], dix mille livres en héritages. De ces trente mille livres, dix mille entraient dans la communauté; le reste devait demeurer en propre à la future épouse et aux siens. La Fontaine apportait les biens qui lui venaient de sa mère, qu'il avait alors perdue. Son père lui donnait une somme de dix mille livres, dont cinq mille entraient dans la communauté; en outre, il lui transmettait l'office de maître des eaux et forêts. On a cru voir dans quelques-unes des clauses de ce contrat des indices de la médiocre confiance que la Fontaine aurait inspirée dès lors en son aptitude à administrer sa fortune avec prévoyance et économie. Contre les erreurs poétiques de sa gestion des précautions semblaient être prises. Elles n'étaient pas inutiles et ne suffirent même point pour lui épargner des embarras, qui ne pesèrent pas trop, il est vrai, à son insouciance.

Notre poëte, il l'a dit lui-même, était « chose légère[4]. » Ce que devint son ménage, où il n'y eut rien qui ait ressemblé à une véritable union, on le sait, ou, du moins, à peu près; car il n'est point aisé de bien connaître l'étendue et les

---

1. Le notaire de la Ferté-Milon qui a dressé ce contrat était Thierry François. M. Médéric Lecomte a trouvé, en 1858, ce contrat, déjà signalé par Walckenaer, et en a communiqué un fac-similé à la Société archéologique de Soissons : voyez le *Bulletin* de cette société, tome XIII (année 1859), p. 41 et 42. C'est de là que nous avons tiré les détails que nous allons donner. — Il semble que le mariage a dû être célébré à la Ferté-Milon; mais on a en vain cherché l'acte sur les registres des églises de cette ville. On ne l'a pas trouvé non plus sur ceux de Château-Thierry; ils n'ont qu'un très-petit nombre d'actes de mariage au dix-septième siècle; ceux de 1647 et de 1648 manquent.

2. C'est-à-dire en immeubles réels, soit terres, soit maisons.

3. Agnès Petit, devenue veuve peu après le mariage de sa fille, vint habiter avec elle Château-Thierry.

4. *Discours à Mme de la Sablière*, vers 69.

circonstances du désaccord, de faire, d'un côté et de l'autre, la part des reproches mérités.

La femme de la Fontaine, suivant d'Olivet[1], « ne manquoit ni d'esprit, ni de beauté, mais, pour l'humeur, tenoit fort de cette Mme Honesta qu'il dépeint dans sa nouvelle de *Belphégor*. » Un peu plus loin, il insiste[2], appliquant à Marie Héricart ces vers du portrait de Mme Honesta :

. . . . . D'un orgueil extrême,
Et d'autant plus que de quelque vertu
Un tel orgueil paroissoit revêtu.

Où d'Olivet avait-il pris de la femme de la Fontaine une idée si opposée à celle que nous donnent d'elle de plus irrécusables témoignages? Pourquoi dans un conte, qui n'était qu'une imitation de Machiavel, supposer quelque allusion du poëte à ses griefs domestiques? Dès qu'on voulait qu'il y en eût une, autant valait la chercher dans le dernier vers, où serait la place assez naturelle du venin :

N'a pas pourtant une Honesta qui veut.

Mais ce serait beaucoup hasarder encore, quoique l'on pût s'expliquer ce trait beaucoup mieux que les allusions à une vertu farouche, si l'on écoutait Tallemant[3] : « C'est une coquette qui s'est assez mal gouvernée depuis quelque temps : il ne s'en tourmente point. On lui dit : « Mais un tel cajole « votre femme. — Ma foi! répond-il..., je ne m'en soucie « point. Il s'en lassera comme j'ai fait. » Cette indifférence a fait enrager cette femme; elle sèche de chagrin; lui est amoureux où il peut. » Donnant matière aux discours par ses légèretés, en même temps séchant de jalousie, telle aurait donc été Mlle de la Fontaine. Si elle fut, pour la vertu, si peu comparable à Mme Honesta (il faudrait sans doute, pour se prononcer là-dessus, ce démon Belphégor,

Grand éplucheur, clairvoyant à merveilles),

au moins n'eut-elle pas la pruderie hérissée, orgueilleuse, de la

1. *Histoire de l'Académie*, p. 315.
2. *Ibidem*, p. 319.
3. *Les Historiettes*, tome II, p. 370.

méchante diablesse du conte. Elle était, tout au contraire, « du caractère le plus doux, le plus complaisant et le plus liant. » Quoique ses descendants, qui ont ainsi parlé d'elle[1], soient des panégyristes suspects, on verra tout à l'heure combien il est probable qu'ils ont été plus près de la vérité que d'Olivet.

Qu'elle n'ait pas été à l'abri des conjectures de la malignité et des entreprises des galants, quoi d'étonnant, lorsqu'elle y était si exposée par les écarts, fort peu dissimulés, de son mari, et par l'abandon imprudent où, de bonne heure, il laissa une jeune femme? On a un exemple de ces mauvais bruits et de ces périls (car pourquoi penser que ce ne furent pas seulement des périls?) dans une anecdote recueillie par d'Olivet[2], et que le grave Louis Racine certifie « très-véritable, » la tenant vraisemblablement de Boileau. Elle peint s parfaitement la Fontaine qu'il faut, bien que très-connue, la citer d'après les *Mémoires sur la vie de Jean Racine*[3] : « M. Poignan, ancien capitaine de dragons, étoit de la Ferté-Milon, et ami de mon père dès l'enfance[4].... Voici comme j'ai entendu raconter l'affaire singulière qu'eut avec lui la Fontaine. Quelqu'un s'avise de lui demander pourquoi il souffre que M. Poignan aille chez lui tous les jours : « Eh! pour« quoi, dit la Fontaine, n'y viendroit-il pas? C'est mon meil« leur ami. — Ce n'est pas, répond-on, ce que dit le public : « on prétend qu'il n'y va chez toi que pour Mme de la Fon« taine. — Le public a tort, reprend-il; mais que faut-il « que je fasse à cela? » On lui fait entendre qu'il faut deman-

---

1. Voyez la lettre insérée dans les *Mémoires de Trévoux*, juillet 1755, p. 1718.
2. *Histoire de l'Académie*, p. 319 et 320.
3. *OEuvres de Jean Racine*, tome I, p. 327 et 328.
4. Antoine Poignant, né le 27 avril 1628, et dont parle ici Louis Racine, n'était pas seulement ami, mais parent de son père. Il était fils de Nicolas Poignant et de Jeanne Chéron. Celle-ci était sœur de Marguerite Chéron, grand'mère de Jean Racine. Le père de Jeanne et de Marguerite était Émery Chéron, qui, du côté maternel, descendait de Pierre Drouart, un ancêtre de notre Marie Héricart. Poignant était donc, quoique à un degré éloigné, parent aussi de Mlle de la Fontaine.

der satisfaction, l'épée à la main, à celui qui nous déshonore :
« Eh bien! dit la Fontaine, je la demanderai. » Il va le lendemain, à quatre heures du matin, chez M. Poignan, et le trouve au lit : « Lève-toi, lui dit-il, et sortons ensemble. » Son ami lui demande en quoi il a besoin de lui, et quelle affaire pressée l'a rendu si matineux : « Je t'en instruirai, répond la Fontaine, quand nous serons sortis. » Poignan se lève, s'habille, sort avec lui, et le suit jusqu'aux Chartreux[1], en lui demandant toujours où il le mène : « Tu vas le savoir, » répondit la Fontaine, qui lui dit enfin, quand ils furent derrière les Chartreux : « Mon ami, il faut nous battre. » Poignan surpris lui demande en quoi il l'a offensé, et lui représente que la partie n'est pas égale : « Je suis un homme de « guerre, et toi tu n'as jamais tiré l'épée. » — « N'importe, « dit la Fontaine, le public veut que je me batte avec toi. » Poignan, après avoir résisté inutilement, tire son épée par complaisance, se rend aisément le maître de celle de la Fontaine, et lui demande de quoi il s'agit. « Le public prétend, « lui dit la Fontaine, que ce n'est pas pour moi que tu viens « tous les jours chez moi, mais pour ma femme. — Eh! « mon ami, répond Poignan, je ne t'aurois pas soupçonné « d'une pareille inquiétude, et je proteste que je ne mettrai « plus les pieds chez toi! — Au contraire, reprend la Fon- « taine en lui serrant la main, j'ai fait ce que le public vou- « loit : maintenant je veux que tu viennes chez moi tous les « jours, sans quoi je me battrai encore avec toi. »

La scène est excellente, et n'eût-on pas la caution de Louis Racine, on y croirait encore. Furetière (nous sommes presque honteux de parler des calomnies de ses haineux factums) a voulu faire de la Fontaine un mari qui, non content de souffrir avec patience les coquetteries de sa femme, y trouvait peut-être avantage. Il insinue que, dans le conte de *la Coupe enchantée*, il vante si bien ce que les maris trompés peuvent gagner à leur malheur, qu'il y a apparence que du sien il a tiré bon parti[2]. C'était lui faire payer un peu cher un badinage

---

1. Cette désignation du lieu de la rencontre suppose, si nous ne nous trompons, que la scène se passa à Paris. On en est un peu étonné.

2. *Second factum* (Amsterdam, 1694), p. 292.

trop gaulois que d'y chercher matière à une si odieuse et si absurde accusation. Dans l'anecdote du plaisant duel nous avons le vrai la Fontaine, non certes un jaloux, il n'en avait pas l'étoffe; pas davantage, si débonnaire qu'il fût, un homme sans honneur. Quant à sa femme, elle n'est pas là sérieusement compromise; on voit seulement qu'il lui manque d'être protégée contre les méchantes langues par ce respect dont l'affection fidèle du mari entoure le foyer domestique. Cette protection eût mieux valu que celle de l'épée, si étonnée d'être à la main du bonhomme.

Essayons de connaître un peu Mlle de la Fontaine. Nous avons entendu d'Olivet dire qu'elle « ne manquoit ni d'esprit, ni de beauté[1]. » Fréron lui donne la même louange[2]. De sa beauté nous jugerions difficilement par le portrait que l'on attribue au pinceau de Mignard[3]. Nous n'en connaissons pas la date; mais il ne semble pas celui d'une jeune femme. Il ne serait donc pas étonnant que les attraits vantés ne s'y trouvassent plus guère. Quelques personnes ont cru y reconnaître la désagréable dame Honesta; ce ne serait pas du moins en se rappelant que la Fontaine a dit de celle-ci qu'elle était belle. Au reste il ne nous paraîtrait pas équitable de concevoir, à la vue de cette image retracée trop tard, et qui semble un peu maussade, aucun préjugé contre la beauté que la tradition attribue à Mlle de la Fontaine, ni contre l'agrément de son caractère dans ses jeunes années.

Quant à ce caractère, dont il est surtout intéressant de tâcher de se faire une juste idée, on ne saurait mieux s'adresser qu'à la Fontaine lui-même, pour en trouver quelques traits. Il nous les fournit dans les lettres qu'il adressait à sa femme, en 1663, après quinze ans de mariage.

On y chercherait en vain quelque indice de cette vertu acariâtre, qui expliquerait, à en croire d'Olivet, l'éloignement de son mari. Ce qu'il lui reprochait, c'était d'avoir les goûts

1. Voyez ci-dessus, p. xxxiii.
2. *Vie de la Fontaine*, p. ix.
3. Ce portrait, et celui de la Fontaine, peint par Hyacinthe Rigaud, appartiennent à M. le vicomte Héricart de Thury, qui a permis aux éditeurs des *OEuvres de la Fontaine* de les faire copier et graver. On les trouvera dans notre *Album*.

frivoles, de négliger les soins d'une bonne ménagère, et, dans ses lectures mêmes, de ne prendre plaisir à rien de sérieux : « Vous n'avez jamais voulu lire d'autres voyages que ceux de la table ronde.... Vous ne jouez, ni ne travaillez, ni ne vous souciez du ménage ; et, hors le temps que vos bonnes amies vous donnent par charité, il n'y a que les romans qui vous divertissent[1]. » Il devait savoir qui lui en avait donné le goût, avec celui de la paresse. S'il semble exprimer quelque regret de ne l'avoir pas plus sagement dirigée, c'est beaucoup moins parce que de meilleurs conseils auraient formé son âme aux devoirs, que parce qu'ils l'eussent préservée de l'ennui d'être souvent à sec, quand elle avait épuisé son fonds de vieux romans et n'en trouvait plus d'intéressants parmi les nouveaux[2]. Il pensait donc qu'il eût été préférable de l'avoir accoutumée, tout en badinant, à l'histoire : ce qui la désennuierait, « pourvu que ce soit sans intention de rien retenir, moins encore de rien citer. Ce n'est pas une bonne qualité pour une femme d'être savante, et c'en est une très-mauvaise d'affecter de paroître telle[3]. » A la bonne heure ; ses idées cependant sur ce dernier point ne paraissent pas avoir valu celles du bonhomme Chrysale, étroitement bourgeoises, et qui sacrifiaient trop la culture de l'esprit, mais la remplaçaient du moins par quelque chose de meilleur encore :

> Former aux bonnes mœurs l'esprit de ses enfants,
> Faire aller son ménage, avoir l'œil sur ses gens,
> Et régler la dépense avec économie[4].

Chez les femmes, la Fontaine cherchait avant tout l'agrément. S'il avait dégoûté la sienne des pédanteries, c'était sans doute en lui apprenant que les « galanteries, » c'est-à-dire les jolis riens, ont meilleure grâce. Elle n'avait pas été indocile. Ayant, dans la description du château de Richelieu[5], à lui en faire connaître quelques singularités : « Ce ne sont peut-être pas, lui dit-il, les plus remarquables ; mais que vous

1. Lettre du 25 août 1663.
2. *Ibidem.*
3. *Ibidem.*
4. *Les Femmes savantes*, acte II, scène VII.
5. Lettre du 12 septembre 1663.

importe ? de l'humeur dont je vous connois, une galanterie sur ces matières vous plaira plus que tant d'observations savantes et curieuses. » Mlle de la Fontaine connaissait un peu Tibère et Livie, dont il lui parle à propos de leurs bustes, mais c'était seulement par M. de la Calprenède[1]. Il n'échappait pas à la Fontaine que toutes ces lectures romanesques, sans correctifs sérieux, pouvaient, outre les dangers de l'ennui, en avoir d'une autre nature; mais s'il l'avertissait qu'il les soupçonnait, c'était pour en rire. Il lui racontait[2] qu'il avait trouvé à Châtellerault une jeune parente qu'il aurait voulu mieux connaître, si le temps ne lui avait pas manqué. « J'aurois découvert ce qu'elle a dans l'âme, et si elle est capable d'une passion secrète. Je ne vous en saurois apprendre autre chose, sinon qu'elle aime fort les romans; c'est à vous, qui les aimez fort aussi, de juger quelle conséquence on en peut tirer. » Voilà prévoir la conséquence en mari très-philosophe. Il montre très-bien cette philosophie dans un autre passage des mêmes lettres. A propos des deux captifs de Michel-Ange, dans le château de Richelieu, il lui dit : « Je pense bien qu'il y a eu autrefois des esclaves de votre façon qu'on a estimés ; mais ils auroient de la peine à valoir autant que ceux-ci.[3] » On ne saurait parler avec plus de désintéressement des soupirants de sa femme. Était-ce simple habitude de flatter les belles en leur parlant des fers qu'elles avaient donnés, et simple jeu d'esprit? Il se peut; mais oublier si parfaitement à qui et de qui il parlait, la distraction ou l'insouciance étaient fortes.

On dira que dans des lettres où il se jouait à la façon de Voiture il doit y avoir parfois quelque chose de plus impersonnel qu'on ne le suppose quand on y va chercher des renseignements biographiques et de vivants portraits. Les poëtes ont leurs « Iris en l'air. » Ne se peut-il que ces badinages épistolaires, à la mode du temps, nous donnent aussi, dans leur Demoiselle de la Fontaine, un personnage en l'air ? Admettons-le pour certaines plaisanteries, comme celle des cap-

1. Lettre du 12 septembre 1663.
2. Lettre du 19 septembre 1663.
3. Lettre du 12 septembre 1663.

tifs. Mais ce qui, sans nul doute, ne saurait être pris pour un simple jeu d'esprit, c'est le tableau que l'on entrevoit là de ce ménage très-léger, où la Fontaine avait fait entrer le nonchaloir et la frivolité ; c'est la physionomie de cette jeune femme désœuvrée, presque toujours délaissée, qui ne prend plaisir, quand ce n'est pas ennui, que dans les bavardages des caillettes, ou dans la lecture de fadaises.

Il nous semble que ces lettres nous apprennent sur elle autre chose encore : qu'elle était femme d'esprit, tout au moins d'esprit assez orné, quelle que fût la qualité de cet ornement, et avec qui ce n'était point peine perdue de se mettre en frais de traits piquants, d'élégantes descriptions, de prose agréablement tournée et de jolis vers. Quoique cette correspondance fût apparemment destinée à passer de mains en mains dans les cercles lettrés, et que, sous le couvert de sa femme, la Fontaine l'adressât à toute la nation du Parnasse, il fallait qu'il y eût au moins quelque vraisemblance à parler à Mlle de la Fontaine la langue des beaux esprits, et qu'elle fût connue pour être en état de l'entendre. C'était en effet, nous en avons des preuves, l'idée que l'on avait d'elle. Un an avant ces lettres du voyage dans le Limousin, Racine qui, d'Uzès, en écrivait à la Fontaine de non moins littérairement ornées, lui disait, après l'avoir prié de lui renvoyer ses *Bains de Vénus* et de lui mander en même temps quel jugement il en portait : « Je fais la même prière à votre académie de Château-Thierry, surtout à Mlle de la Fontaine. Je ne lui demande aucune grâce pour mes ouvrages ; qu'elle les traite rigoureusement [1]. » Quand on supposerait un peu de politesse à reconnaître pour arbitre du goût une compatriote de la Ferté-Milon [2], il y devait cependant avoir quelque prétexte. Il n'est pas à présumer que personne eût fait de ces politesses-là à Mme Racine. Le rapprochement de la mention de l'académie de Château-Thierry et du nom de Mlle de la Fontaine nous paraît avoir ce sens, que celle-ci avait sa place dans ce bureau d'esprit, où l'on doit supposer que les femmes étaient admises aussi bien que les

---

1. Lettre du 4 juillet 1662 : voyez au tome VI, p. 494, des *OEuvres de J. Racine*.
2. Elle était même sa parente : voyez ci-après, p. LXX.

hommes. La Fontaine, dans une lettre écrite de Château-Thierry à son oncle Jannart[1], pour le prier, comme substitut du procureur général, d'interpréter les lois en faveur d'une dame de Pont-de-Bourg, lui disait : « Vous en aurez des remerciements de l'académie, » c'est-à-dire, si nous ne nous trompons, de Mlle de la Fontaine, peut-être aussi de la solliciteuse. N'est-il pas probable qu'elles en étaient toutes deux? Ces dames n'y lisaient-elles pas quelques petites nouvelles, ou même, qui sait? quelques vers, fruits de leurs loisirs?

Nous ne trouvons, en vérité, entre la Fontaine et sa femme, aucune incompatibilité apparente de caractère ni de goûts, trop de ressemblance, au contraire, sur bien des points. Quoi qu'il en soit, ils s'ennuyèrent vite l'un de l'autre, et le lien fut fragile, n'ayant jamais été resserré par des sentiments assez sérieux; mais une vraie discorde, nous ne la voyons guère. Les lettres de 1663, tout à l'heure citées, la démentiraient ; celle de 1662, écrite par Racine, ne la suppose pas davantage. Leurs dates méritent attention, parce qu'elles sont postérieures à celle de la lettre adressée le 1er février 1659 à Jannart, où la Fontaine lui parle de la séparation qui venait d'avoir lieu. Ce n'était pas, selon lui, un événement qu'il fût besoin de juger très-grave : « Notre séparation peut avoir fait quelque bruit à la Ferté, mais elle n'en a pas fait beaucoup à Château-Thierry, et personne n'a cru que cela fût nécessaire. » Il ne faudrait pas se faire une idée fausse de cette séparation, ni songer à celle que l'on appelait alors d'*habitation*. Celle-ci n'eût été possible que s'ils avaient voulu entrer, chacun de son côté, dans un monastère, ce dont ils n'avaient pas envie, ou si le juge l'avait prononcée contre eux comme une peine : ils n'étaient pas dans ce cas. Il n'y eut donc qu'une séparation de biens[2]. On l'avait sans doute conseillée à Marie Héricart, son mari étant en train de manger « le fonds avec le revenu : » c'est lui-même qui s'impute le tort de cette déplorable administration dans la fameuse épitaphe qu'il composa en ce temps-là même, très-

---

1. En date du 26 mars 1658.
2. Dans des actes de 1676, l'un du 2 janvier, l'autre du 9 novembre, Marie Héricart est dite séparée de son mari « quant aux biens. »

évidemment pour être la sienne[1]. Que cependant ils aient été autrement séparés, on peut le dire, pourvu qu'on ne prenne pas l'expression à la rigueur. D'Olivet nous paraît avoir exactement défini cette vie à part : « Il s'éloignoit de sa femme le plus souvent et pour le plus longtemps qu'il pouvoit, mais sans aigreur et sans bruit. Quand il se voyoit poussé à bout, il prenoit doucement le parti de s'en venir seul à Paris, et il y passoit les années entières, ne retournant chez lui que pour vendre quelque portion de son bien [2]. » Il ne serait pas juste de parler de rupture, quand l'union avait toujours été si relâchée ; nous disons toujours, car ce sont les premiers temps du mariage dont Tallemant nous donne l'idée que voici : « Sa femme dit qu'il rêve tellement qu'il est quelquefois trois semaines sans croire être marié [3]. »

Il ne lui cachait pas ses infidélités. Tallemant, avec des licences d'expression familières à sa plume, en raconte une qu'elle surprit, à peine à temps, et pour laquelle son mari ne lui donna d'autre satisfaction que de lui faire une grande révérence et de sortir. La galante était certaine abbesse, retirée à Château-Thierry, et que la Fontaine avait logée. On croit bien reconnaître l'abbesse bénédictine,

> Très-révérente mère en Dieu,
> Qui révérente n'êtes guère,

de l'épître écrite en 1657, alors que les Espagnols de la garnison de Rocroi ravageaient nos provinces du Nord [4]. Elle est adressée A. M. D. C. A. D. M. (à Mme de Coucy [5], abbesse de Mouzon). Le poëte lui explique comment, n'ayant d'autre passe-port que celui d'Amour, il n'ose aller la trouver dans son séjour de Mouzon [6], qui sent un peu trop la poudre. Nous ne saurions dire si la trop complète hospitalité racontée dans *les Historiettes* précéda ou suivit cette épître, qui est

1. Elle est dans ses *OEuvres* sous ce titre : « Épitaphe d'un paresseux. »
2. *Histoire de l'Académie*, p. 315 et 316.
3. *Les Historiettes*, tome II, p. 370.
4. Voyez la *Muse historique* de Loret, lettre du 28 avril 1657.
5. Claude-Gabrielle-Angélique de Coucy-Mailly.
6. Mouzon est un chef-lieu de canton des Ardennes.

de l'année même où l'on dit que fut écrit le récit de Tallemant : l'épître et le récit, en tout cas, paraissent concorder.
La scabreuse anecdote semble aussi confirmée par la Fontaine
dans son *Élégie à l'Amour* : « Amour, que t'ai-je fait ? »
dans laquelle il se souvient d'une certaine Phyllis, belle, mais
légère, qui, un jour, ne lui résistait que bien faiblement :

> On me vint interrompre au plus beau de mon conté.
> Iris entre, et depuis je n'ai pu retrouver
> L'occasion d'un bien tout près de m'arriver.

On reconnaît sans peine quelle était cette fâcheuse Iris.

Que d'étranges confidences la Fontaine fait à sa femme dans les lettres de son voyage en Limousin ! Tantôt il s'est trouvé, dans le carrosse, avec une comtesse poitevine assez jeune et spirituelle, et qui venait de plaider en séparation avec son mari ; il était donc fort disposé à la cajoler, « si la beauté s'y fût rencontrée ; mais sans elle rien ne me touche.... Je vous défie de me faire trouver un grain de sel dans une personne à qui elle manque [1] : » défi original, s'adressant à sa femme. Tantôt il a su qu'à Poitiers il y a nombre de belles : « J'eus quelque regret de n'y point passer ; vous en pourriez aisément deviner la cause [2]. » Ou bien c'est une plaisanterie, qui accuse encore plus sa légèreté, sur la jolie fille de l'hôte de la petite ville de Bellac [3].

Voilà une franchise naïve. Mais des naïvetés de la Fontaine, ce n'est peut-être pas la plus involontaire, ni certainement la plus innocente. Comme nous aurions cependant peu de goût à trop prêcher contre un pécheur à qui l'on a toujours trouvé un air si candide, nous sommes bien aise qu'il nous en ait épargné la peine, en se chargeant lui-même du sermon. Il a reconnu humblement ses torts dans le conte des *Aveux indiscrets*, où un certain Damon, qu'il nomme « un pauvre sire, » se rend coupable de la même imprudence :

> . . . . . Imprudence est un terme
> Foible à mon sens, pour exprimer ceci.
> . . . .
> Le nœud d'hymen doit être respecté,

1. Lettre du 30 août 1663.
2. Lettre du 19 septembre 1663. — 3. *Ibidem*.

Vent de la foi, vent de l'honnêteté.
Si, par malheur, quelque atteinte un peu forte
Le fait clocher d'un ou d'autre côté,
Comportez-vous de manière et de sorte
Que ce secret ne soit point éventé.
. . . .
Je donne ici de bons conseils sans doute :
Les ai-je pris pour moi-même? Hélas! non[1].

D'autres vers de lui nous désarment et nous touchent encore plus, parce que le repentir qu'ils expriment ne porte pas seulement sur l'indiscrète divulgation de la faute, mais sur la faute elle-même, et qu'une émotion vraie donne au regret un accent presque pathétique. Quand il composa ce délicieux poëme du fidèle amour conjugal, *Philémon et Baucis*, il ne put s'empêcher de jeter un regard mélancolique sur le bonheur qu'il n'avait pas su réserver à ses vieux jours :

Ils s'aiment jusqu'au bout, malgré l'effort des ans.
Ah! si.... Mais autre part j'ai porté mes présens[2].

On n'oserait pas dire qu'une larme soit tombée sur la page; nous entendons du moins le soupir, et il nous reste seulement le regret que le pénitent l'étouffe aussitôt avec un peu trop de résignation.

C'est que sa contrition ne fut jamais parfaite. En dépit de quelques *mea culpa*, il demeura toujours hérétique dans ses sentiments sur le mariage. Il avait soixante-huit ans, lorsque, dans une lettre du mois de juillet 1689 au prince de Conti, il faisait sa profession de foi sur l'hymen,

. . . . . bon seulement
Pour les gens de certaines classes.

Quant à lui, qu'y voulait-il?

. . . De l'argent sans affaire;
Ne me voir autre chose à faire,
Depuis le matin jusqu'au soir,
Que de suivre en tout mon vouloir;

1. Vers 105-117.
2. *Philémon et Baucis*, vers 151 et 152.

Femme, de plus, assez prudente
Pour me servir de confidente.

Est-ce un programme qu'on ne doit pas prendre au mot et qu'il affiche en badinant? Non, c'est la véritable histoire de son mariage. N'en a-t-on pas reconnu tous les traits? Nous ne nous étonnons pas que M. Saint-Marc Girardin, sans vouloir trop examiner les fautes réciproques, ait dit[1] : « Je mets, sans hésiter, les plus gros torts sur le compte du mari. »

Vivre ensemble aux conditions que la Fontaine y aurait voulues, eût été difficile. Sur une mésintelligence que le mari lui-même n'a jamais dissimulée, l'auteur de la lettre de 1755, insérée dans les *Mémoires de Trévoux*[2], essaye de donner le change : « Si, dit-il de Mlle de la Fontaine[3], elle n'a pas suivi ce mari dans la capitale..., c'est la dissipation qu'ils avoient mise l'un et l'autre dans leurs biens qui a occasionné cette séparation. » Faut-il donc croire que, sans le mauvais état de leurs affaires, ils ne se fussent jamais éloignés l'un de l'autre? C'est nier bien vainement « le nœud d'hymen » mal respecté, d'un côté tout au moins ; c'est prétendre supprimer les témoignages les plus certains d'une séparation d'un tout autre caractère. Voici celui de Louis Racine, qui contredit aussi la lettre de 1755 sur un autre point de moindre importance, sur la petite phrase qui pourrait faire entendre que la femme de la Fontaine ne l'avait jamais suivi dans aucun de ses voyages à Paris[4]. Elle y avait, au contraire, demeuré quelque temps avec lui, et ne

1. *La Fontaine et les fabulistes*, tome I, p. 279.
2. Voyez ci-dessus, p. vi, note 4.
3. *Mémoires de Trévoux*, juillet 1755, p. 1718.
4. Elle dut être de celui de 1658. La Fontaine écrivait à Jannart, le 25 février 1658 : « Nous avons résolu (*sa femme et lui*) d'aller incontinent après Pâques à Paris, pour accommoder notre affaire » ; et le 26 mars suivant : « J'irai à Paris devant la fin du carême.... Mlle de la Fontaine ne veut pas faire à Paris un long séjour. » La Fontaine, en 1658, logea chez Jacques Jannart, quai des Augustins, nous l'avons pu constater dans trois actes, l'un du 12 juin, les autres du 21 et du 23 décembre 1658. Louis Racine veut parler (cela est clair) d'un temps beaucoup moins ancien, où les deux époux se seraient encore trouvés ensemble à Paris. Ce ne fut pas en 1658 que les deux sages conseillers de la Fontaine l'ex-

s'en était pas bien trouvée. « Lorsque Mme de la Fontaine, dit Louis Racine[1], ennuyée de vivre avec son mari, se fut retirée à Château-Thierry, Boileau et mon père dirent à la Fontaine que cette séparation ne lui faisoit pas honneur, et l'engagèrent à faire un voyage à Château-Thierry, pour s'aller réconcilier avec sa femme. Il part dans la voiture publique, arrive chez lui, et la demande. Le domestique, qui ne le connaissoit pas, répond que Madame est au salut. La Fontaine va ensuite chez un ami qui lui donne à souper et à coucher, et le régale pendant deux jours. La voiture publique retourne à Paris ; il s'y met, et ne songe plus à sa femme. Quand ses amis de Paris le revoient, ils lui demandent s'il est réconcilié avec elle : « J'ai été pour la voir, leur dit-il, mais je ne l'ai pas trouvée : elle étoit au salut. » Le domestique qui le prend pour un étranger est un assez bon trait de l'histoire du singulier ménage.

hortèrent à un rapprochement : Boileau avait alors vingt-deux ans, Racine dix-neuf.

1. *Mémoires sur la vie de Jean Racine*, au tome I des OEuvres de J. Racine, p. 328 et 329. — Ajoutons, pour amener la citation d'un sous-seing, d'un petit intérêt, un commentaire naïf : c'en est peut-être le lieu. Mlle de la Fontaine ne put rester au salut pendant deux jours ; et si d'ailleurs la Fontaine, sans tarder, eût été la chercher à l'église, il l'y aurait trouvée sans peine. Elle y avait une place que désigne la pièce suivante, produite dans l'inventaire fait après le décès de son mari : « Je soussigné, cède et transporte à M. Pintrel, gentilhomme de la vénerie, demeurant à Château-Thierry, le droit et propriété, telle qu'il me peut appartenir, au banc, place et cabinet que j'ay dans l'église de Chasteau-Thierry, sous le jubé, pour en jouir par luy, toutefois après le decedz de demoiselle Héricart ma femme, et ce pour des raisons et considérations qui sont particulières entre nous. — Fait à Chasteau-Thierry ce deuxiesme janvier mil-six-cent-soixante et seize. (*Signé*) DE LA FONTAINE. » — A en croire une *Lettre sur la Fontaine*, insérée dans l'*Esprit des journaux* (décembre 1774, p. 158-165), on n'aurait pas exactement raconté les circonstances de la visite manquée, afin d'y donner un tour plus piquant. Au sortir de sa maison, où il avait su que sa femme était au salut, la Fontaine avait rencontré un ami qui le força à venir souper. Un des convives exigea, à son tour, que, le lendemain, il dînât chez lui, à deux lieues de là. Il y avait une conspiration pour s'amuser

Le soin que prenait la Fontaine d'éviter les rencontres avec sa femme, même encore au temps où tous deux avaient atteint l'âge qui doit laisser la sagesse reprendre son empire, était si bien connu de tout le monde, que Vergier pouvait lui en parler à lui-même dans la réponse qu'il faisait, en 1688, à une de ses lettres. Il l'y comparait à Ulysse, à propos de ses aventures qui auraient mérité le nom d'Odyssée : « Je ne trouverois, ajoutait-il, qu'une différence entre Ulysse et vous :

> Ce héros s'exposa mille fois au trépas;
> Il parcourut les mers presque d'un bout à l'autre,
> Pour chercher son épouse et revoir ses appas.
>   Quel péril ne courriez-vous pas,
>   Pour vous éloigner de la vôtre?

Dans un ménage où l'union et la sagesse ont toujours manqué à ce point, les enfants semblent de trop. La Fontaine, à qui, trop jalouses de lui, la Muse et la Rêverie ont, parmi leurs précieux dons, joué de bien mauvais tours, n'était pas plus fait pour la paternité que pour le mariage. Celui qui, avec les défauts de l'enfance, en a toujours gardé les grâces, ne paraît cependant avoir jamais connu l'amour des enfants. Il en faisait beaucoup trop franchement l'aveu. Lorsqu'il vit, à Châtellerault, ce Pidoux dont la gaieté lui plaisait tant, il prit garde à tout dans sa maison, excepté à sa nombreuse progéniture, et il écrivait à sa femme : « De vous dire quelle est la famille de ce parent et quel nombre d'enfants il a, c'est ce que je n'ai pas remarqué, mon humeur n'étant nullement de

du bonhomme. Un nouvel amphitryon l'entraîna à six lieues, sur la route de Paris. Un temps affreux survint; puis il devait y avoir une assemblée solennelle à l'Académie. Une occasion s'offrit pour le retour à Paris. La Fontaine dut en profiter, bien qu'à regret. Le signataire de la lettre tenait ces détails d'une petite-fille de la Fontaine. Naturellement elle plaidait les circonstances atténuantes. C'était elle qui disait que son grand-père avait toujours aimé sa femme, laquelle était « très-douce, très-honnête, spirituelle et jolie. » Au fond, l'anecdote est confirmée par cette explication. Ce qu'il y faut surtout remarquer, c'est que le mémorable voyage à Château-Thierry aurait eu lieu lorsque la Fontaine était déjà de l'Académie, où il n'entra qu'en 1684.

m'arrêter à ce petit peuple¹. » Beaucoup plus tard il n'avait pas changé d'humeur, et s'écriait dans une de ses fables² :

> Toi donc, qui que tu sois, ô père de famille,
> Et je ne t'ai jamais envié cet honneur....

Il avait fini par beaucoup oublier que, sans l'envier, il l'avait eu. Cette paternité est de 1653³. On trouve, pour le fils qui lui naquit alors, un tout petit souvenir dans la première des lettres à sa femme. Le petit Charles de la Fontaine avait dix ans : « Faites bien mes recommandations à votre marmot, et dites-lui que peut-être j'amènerai de ce pays-là (*du Limousin*) quelque beau petit chaperon pour le faire jouer et lui tenir compagnie⁴. » Nous ne croyons pas que les *recommandations* du père doivent s'entendre de ses exhortations à la sagesse (il n'aurait eu garde), mais de ses civilités, qui sont ici assez plaisantes. S'il a la politesse, à la fin de sa lettre, de penser un peu au marmot, n'est-il pas trop probable qu'il y pensait encore plus aux « chaperons de drap rose sèche sur des cales de velours noir⁵, » c'est-à-dire aux jeunes limousines, dont il eût volontiers ramené au logis quelque échantillon ?

Que la Fontaine se soit en aucun temps beaucoup occupé de son fils, il n'est pas facile de le croire. Si l'on s'en rapporte à Mathieu Marais, il avait laissé à François de Maucroix le soin de l'élever⁶. Peut-être ne s'agit-il que de quelques leçons données à l'écolier par le chanoine de Reims. Sans dire que

---

1. Lettre du 19 septembre 1663.
2. Fable III du livre XI, *le Fermier, le Chien et le Renard*, vers 60 et 61.
3. Voyez, aux *Pièces justificatives* (n° IV), l'acte de naissance de Charles de la Fontaine. Fréron (p. XIV) date, par erreur, cette naissance de l'année 1660.
4. Lettre du 25 août 1663. — 5. *Ibidem*.
6. *Histoire de la vie et des ouvrages de M. de la Fontaine* (Paris, 1811), p. 1. — Cette *Vie de la Fontaine* a été écrite vers 1725, avant même la Notice de d'Olivet (1729). — Walckenaer (*Histoire de la vie.... de la Fontaine*, tome II, p. 84) répète ce que dit Mathieu Marais ; mais, à la note 2 de la même page, au lieu de citer celui-ci, il renvoie à la lettre d'une des petites-filles de la Fontaine à Fréron (*Année littéraire*, 1758, tome II, p. 10-17). Là, pourtant, il n'est pas question de l'éducation de Charles de la

ce soit au sortir des mains de Maucroix, Fréron veut que Charles de la Fontaine ait été élevé par M. de Harlay : « [La Fontaine] eut un fils.... qu'il garda fort peu de temps auprès de lui. A l'âge de quatorze ans, il le remit entre les mains de M. de Harlay, depuis premier président, et lui recommanda son éducation et sa fortune[1]. » Si l'on supposait Fréron bien informé, le temps où la Fontaine fut confié aux soins de M. de Harlay ne pourrait être loin de l'année 1668, indiquée dans plusieurs biographies plus récentes de notre poëte, qui probablement n'ont fait que répéter le témoignage de Fréron. Achille de Harlay, âgé alors de vingt-neuf ans[2], était depuis peu procureur général. Nous ne lui trouvons pas, dans ces hautes fonctions, l'air d'un gouverneur ou d'un instituteur d'adolescent. Si le jeune Charles de la Fontaine entra réellement chez lui, ne fut-ce pas comme une sorte de secrétaire, un apprenti dans la science des lois et de la procédure? On parle cependant comme si M. de Harlay, grand admirateur du poëte, dont la renommée de fabuliste était encore bien récente, et pour obliger Mme de la Sablière, qui le lui recommandait, avait comme adopté son fils. Tout cela, fort invraisemblable, manque de preuves. On a, comme pour en faire supposer une, rapproché du prétendu bienfait de M. de Harlay, l'épître, en vers et en prose, par laquelle la Fontaine lui dédia, en 1685, deux volumes de ses ouvrages et de ceux de Maucroix[3]. Elle nous paraîtrait plutôt confirmer les doutes que nous laisse le récit de Fréron. Cette dédicace avait été conseillée par Mme de la Sablière :

> Iris m'en a l'ordre prescrit[4].

Si elle avait fait entendre à la Fontaine, comme le veut Walckenaer, « qu'il devait un hommage public à un homme

Fontaine : le seul mot que sa fille y dise de lui, c'est que ses enfants étaient en bas âge quand ils le perdirent.
1. *Vie de la Fontaine*, p. xiv.
2. Il était né le 1er août 1639. Il fut nommé conseiller au Parlement le 3 août 1657, procureur général le 4 juin 1667. Voyez le P. Anselme, *Histoire généalogique...*, tome VIII, p. 800.
3. Walckenaer, *Histoire de la vie.... de la Fontaine*, tome II, p. 83.
4. Épître *A Monseigneur le procureur général du Parlement*, vers 9.

aussi généreux envers lui, » il faudrait s'étonner que, prétendant rapporter les « propres paroles » d'Iris, il dît seulement qu'elle lui avait représenté quel prix sans égal avait pour un poëte le suffrage de Harlay :

. . . . . lui seul est un théâtre[1].

Il n'y a pas, dans l'épître, un mot de la dette particulière de reconnaissance. Pour expliquer chez la Fontaine, que l'on nous dit redevable au procureur général de l'éducation de son fils, la plus étrange des omissions, suffirait-il de penser qu'il ne se souvenait guère de ce fils ? Mme de la Sablière était là pour réveiller sa mémoire.

Il avait grand besoin qu'à l'endroit de son fils on la tirât du sommeil, si l'on tient pour véritables les anecdotes contées par Titon du Tillet et par Fréron. Le premier avait entendu dire au docteur Ellies du Pin que, reconduisant la Fontaine qui était venu le voir, ils rencontrèrent sur l'escalier son fils qui le montait. Le docteur dit à celui-ci : « Monsieur, vous voilà en pays de connoissance. Allez dans mon appartement ; je reconduis Monsieur votre père. » La Fontaine demanda quel était ce jeune homme. « Quoi ? lui dit du Pin, vous n'avez pas reconnu votre fils ? » La Fontaine, après avoir un peu réfléchi, lui répliqua, d'un air tout embarrassé : « Je crois l'avoir vu quelque part[2]. » Walckenaer suppose que l'escalier pouvait être mal éclairé[3]. Nous pensons surtout, avec lui, qu'on a pris plaisir à faire de bons contes sur les distractions de la Fontaine. Fallût-il admettre ici un certain fond de vérité, on a sans doute, pour être plus piquant, beaucoup embelli les choses, si *embelli* est le mot. Quant à Fréron, son historiette[4] risque fort de n'être qu'une variante de celle de du Pin, plus ou moins heureusement refondue. On avait, selon lui, fait rencontrer dans une maison la Fontaine et son fils, qu'il

---

1. Même épître à Harlay, vers 15.
2. *Le Parnasse françois....* par M. Titon du Tillet, Paris, MDCCXXXII (in-folio), p. 461.
3. *Histoire de la vie.... de la Fontaine*, tome II, p. 85.
4. Pages XIV et XV. — Montenault, *Vie de la Fontaine*, au tome I, page XIX, des *Fables choisies* (Paris, 1755, in-folio), a copié Fréron.

ne reconnut pas. Il trouva qu'il parlait avec esprit, et en fit la remarque. On lui apprit alors qui il était. « Ah! dit-il, j'en suis bien aise. » Ne sont-ce pas là des légendes? Mais la Fontaine a dû y donner quelque prétexte par cet oubli de son fils, trop semblable à celui où il mettait sa femme.

Une histoire manuscrite de Château-Thierry, qu'un abbé Hébert écrivait au commencement de ce siècle, cite un mauvais couplet de chanson sur le fils de la Fontaine :

> L'héritier d'un si grand nom,
> Déshérité du Parnasse,
> Ne connoît que son flacon.

Les méchancetés des vaudevilles ne sont pas articles de foi; mais il est à croire tout au moins qu'une éducation fort négligée, malgré la prétendue tutelle de M. de Harlay, avait fait de « l'héritier d'un si grand nom » un homme assez inutile. Au témoignage d'Adry[1], « les amis que la Fontaine avait à Troyes procurèrent à ce fils, vers 1700, un emploi dans les Aides, qui fut entre ses mains, dit M. Grosley, précisément ce qu'il auroit été entre les mains du père. » Charles de la Fontaine fut aussi greffier du prévôt de la connétablie[2].

La chronique, qu'il n'y avait ni à taire, ni à colorer, du ménage de la Fontaine, nous a paru devoir être donnée tout d'une suite. La place naturelle en était indiquée au moment où nous l'avons vu se marier. Il faut revenir au temps de sa vie qui suivit immédiatement ce mariage. Nous avons là des années qui, jusqu'au jour du patronage de Foucquet, ne sont pas celles qui offrent de lui les plus intéressants souvenirs : nous l'y trouvons surtout aux prises avec les embarras d'argent; et nous manquons d'informations suffisantes sur ses essais poétiques de cette époque.

Un an après son mariage, et en faveur de ce mariage, son frère, le 21 janvier 1649, lui fit donation de tous ses biens présents et à venir, à la condition qu'il lui payerait, après la

---

1. Note 13, à la page xxvi de la *Vie de la Fontaine*, par Fréron.
2. Le brevet de Charles de la Fontaine en cette qualité, daté du 4 décembre 1714 et scellé du grand sceau, appartient à M. le vicomte Héricart de Thury.

mort de leur père, une rente viagère de onze cents livres[1]. Le généreux donateur, qualifié dans l'acte de cession « confrère de l'Oratoire de Jésus », est ce Claude de la Fontaine que nous avons vu à l'Oratoire[2], avec le confrère Jean, dont il était le puîné, étant né en 1623[3]. Sorti de l'Oratoire de Paris en 1650, et devenu prêtre oratorien de Reims, il finit par se retirer à Nogent-l'Artaud, village voisin de Château-Thierry. S'il nous a tout à l'heure paru généreux, il ne tarda pas beaucoup à se raviser, à refaire ses calculs. Le contrat de mariage de son frère, qu'il devait cependant avoir lu avant sa donation de 1649, lui sembla décidément avoir fait de trop grands avantages à celui-ci. Dès 1652, il fallut transiger avec ses repentirs et le laisser atténuer la donation. Six ans après, lorsque fut ouverte la succession paternelle, il ne confirma sa cession qu'à la charge d'un payement de huit mille deux cent vingt-cinq livres, que lui ferait son frère Jean, après l'avoir acquitté de toutes les dettes des héritages de leur mère et de leur père. Celui-ci était mort au mois d'avril 1658[4]. Sa succession laissait peser sur notre poëte un passif de trente-deux mille huit cent quatre-vingt-douze livres ; nous ne connaissons pas bien la valeur des propriétés qui formaient l'actif. En tout cas, il y avait là bien des tracas d'affaires pour un homme qui n'en avait pas le goût : des ventes de biens immeubles étaient devenues nécessaires. Déjà du vivant de son père, en 1656, la Fontaine avait été forcé de vendre à Louis Héricart[5], frère de

1. Walckenaer, aux *Pièces justificatives* de l'*Histoire de la vie....* *de la Fontaine*, tome II, p. 296 et 297, a donné l'acte de cession. — Il faut y lire : « et de présent à *Raroy* », au lieu de : « et à présent à *Razoy*. »
2. Voyez ci-dessus, p. XII.
3. Voyez son acte de baptême aux *Pièces justificatives*, n° II.
4. Nous avons à peu près la date de sa mort par cette circonstance que les scellés furent mis le 19 avril 1658, à la requête de M. de Maucroix, sur les armoires et coffres de sa maison de la rue des Cordeliers. Ils furent levés le lendemain 20 avril.
5. Walckenaer dit « à son beau-frère M. de la Villemontée, » c'est-à-dire au frère de sa sœur. (*Histoire de la vie.... de la Fontaine*, tome I, p. 56.) C'est une erreur, que prouve la lettre de la Fontaine à Jannart, en date du 14 février 1656.

sa femme, une ferme de Damart, près de la Ferté-Milon. Jacques Jannart fut d'un grand secours à son neveu, au milieu des difficultés de son administration ; sa bourse lui fut souvent ouverte, et la Fontaine reconnaît dans ses lettres les obligations qu'il a à sa bonté. Mais cette bonté ne put suffire à mettre assez d'ordre dans une gestion qui, même en de meilleures mains, eût encore été difficile. Le mauvais tour que prenaient les affaires de la Fontaine est attesté par cette séparation de biens, dont nous avons parlé[1], entre sa femme et lui, et qui suivit d'assez près la mort de son père. Le gouffre une fois ouvert, la négligence du poëte le creusa de plus en plus. Voici qu'un jour ses pénates même déménagent, comme ceux de Jean lapin, trop occupé de ses promenades parmi le thym et la rosée. Sa maison natale de la rue des Cordeliers, que la postérité reconnaissante a voulu rendre à sa mémoire, fut vendue le 2 juin 1676, à Antoine Pintrel[2]. Le prix de onze mille livres servit à payer des dettes contractées envers le même Pintrel et envers Jannart. Dans l'acte de vente, Claude de la Fontaine, « ecclésiastique, demeurant à Nogent-l'Artaud, » est mentionné ; il n'y est pas question de la sœur dont la Fontaine parle dans ses lettres, comme mariée à M. de Villemontée. Il y a plus encore : dans les affaires de la succession de Charles de la Fontaine, ses fils Jean et Claude sont seuls nommés ; et, quand les scellés, mis après la mort de leur père, vont être levés, Jean de la Fontaine, se présentant comme héritier, demande qu'on attende son frère Claude, alors absent; mais il n'est point parlé de leur sœur. N'est-il pas vraisemblable que Mme de Villemontée, dont l'acte de baptême d'ailleurs n'a pas été trouvé sur les registres de Château-Thierry, était tout simplement cette demi-sœur, Anne de

1. Voyez ci-dessus, p. XL.
2. Voyez un extrait de l'acte de vente aux *Pièces justificatives* de l'*Histoire de la vie.... de la Fontaine*, par Walckenaer, tome II, p. 299-301. Nous avons eu nous-même cet acte sous les yeux à Château-Thierry. Depuis la vente, on trouve Mlle de la Fontaine domiciliée sur la paroisse du château; elle paraît avoir été logée, non, comme on l'a dit, au château même, mais dans une maison de la rue du Château, que ses petites-filles habitaient encore au siècle suivant.

Jouy, encore mineure quand Françoise Pidoux, sa mère, épousa en secondes noces Charles de la Fontaine[1]?

Quelques mots n'ont pas été de trop peut-être sur la famille de la Fontaine, quoiqu'elle ne fasse pas grande figure dans son histoire. Nous ne la connaissons guère que par les papiers d'affaires, et lui-même, dans ses lettres, ne nous la montre, exception faite de sa femme et de l'oncle Jannart, qu'à l'occasion des prosaïques difficultés contre lesquelles il se débattait avec plus d'ennui que d'active sollicitude.

Cette incurie, dans l'administration de sa fortune, signifiait-elle qu'il n'y entendit rien? Nous ne le pensons pas. Ses quelques lettres à Jannart ne donnent pas, il s'en faut, cette idée d'une incapacité, qui ne serait pas cependant très-étonnante

---

1. Voyez ci-dessus, p. x. — Nous ne savons si la découverte de quelque acte démentira notre conjecture. Nous ne la donnons pas pour très-importante; elle est du moins nouvelle. — M. le vicomte Héricart de Thury a mis sous nos yeux une lettre autographe inédite, signée *De la Fontaine*, et commençant par les mots: « Ma chère sœur. » La suscription est : « A Mademoiselle de la Fontaine, à Château-Thierry ». Il n'y a pas d'autre date que « Ce mardi au soir. » Ce qu'elle a de plus remarquable, c'est cette phrase: « Mes respects à ma chère mère. » Si l'on admet, comme c'est, depuis longtemps, une tradition dans la famille Héricart de Thury, que la lettre a été écrite par notre poëte, si l'on veut en même temps que la suscription ne puisse s'appliquer qu'à une sœur consanguine de la Fontaine, cette sœur, n'étant plus alors un enfant, n'aurait pas été d'un âge très-différent de celui de son frère, et il deviendrait plus inexplicable que son acte de baptême ne se trouve pas dans les registres où la suite des actes de baptême n'a pas de lacunes dans les années auxquelles on peut penser. Il y aurait à remarquer aussi qu'il faudrait que la mère de la Fontaine eût vécu bien après 1634 (voyez ci-dessus, p. ix), puisque la Fontaine voyageant seul, au temps de la lettre, avait certainement beaucoup plus de treize ans. La suscription, sans doute, ne fournit aucune preuve. Il n'y aurait rien eu d'insolite à donner à Anne de Jouy le nom du mari de sa mère, qui l'avait comme adoptée; mais nous croyons la lettre écrite par un la Fontaine qui n'est pas le nôtre. Nous faisons suivre la transcription que nous en donnons, aux *Pièces justificatives*, n° v, de quelques remarques dans le sens qui vient d'être indiqué.

chez un poëte, même décoré du titre d'avocat. Il y paraît
assez fort sur le grimoire des procureurs et des notaires.
M. Paul Lacroix a publié[1] un contrat qu'il déclare avoir été
écrit tout entier de la main de la Fontaine, et par conséquent,
pense-t-il, rédigé par lui-même. C'est un accord sous seing
privé, en date du 10 mars 1659, entre Jacques Jannart, dont il
était le fondé de pouvoir, et un vigneron demeurant au village
de Chierry[2]. Nul besoin même d'aller chercher là les preuves
de son incontestable sapience. Jusque dans son épître de 1662
Au duc de Bouillon, il a très-doctement mêlé la langue du
greffe à celle du Parnasse. Il ne péchait donc point par ignorance des affaires, bien plus insouciant qu'inhabile, et en sachant assez pour se ruiner en fort bon style de praticien. Fréron dit que, voulant faire servir à quelque chose ses voyages
annuels à Château-Thierry, « il vendait à chaque voyage quelque portion de son bien, qui se trouva entièrement dissipé ; »
il ajoute : « il ne passa jamais de bail de maison, et il ne renouvela jamais celui d'une ferme[3] » : ce qui est assurément
inexact. Mais il est certain qu'il vit de bonne heure sa petite
fortune fondre, fragments par fragments, dans ses mains. Il
serait peut-être malaisé, même aux experts dans le débrouil-
lement des comptes et contrats, de reconstituer complètement
l'histoire de cette ruine progressive, à l'aide des lettres de la
Fontaine à Jannart et des pièces, nombreuses aujourd'hui encore, qui sont conservées dans les études de Château-Thierry.
Nous en avons vu quelques-unes, plus ou moins respectées
par le temps et difficiles à déchiffrer. Si nous étions hors d'état
d'en tirer grand parti, il nous en est du moins resté l'impression que la Fontaine a été forcé de donner bien du temps à
des règlements d'intérêts, grands ou petits, et que la prose
signée par lui chez les notaires, si l'on pouvait la retrouver
toute, formerait sans doute un plus gros volume que celui de
ses poésies, sans avoir le même agrément. Ce que, dans tout

1. *Nouvelles œuvres inédites de Jean de la Fontaine* (Paris, Lemerre, 1869, in-8º), p. 92 et 93.
2. Dans l'arrondissement et le canton de Château-Thierry, à deux kilomètres de cette ville.
3. *Vie de la Fontaine*, p. xi.

cela, Walckenaer, s'aidant des lumières de Monmerqué, a éclairci, nous a été utile pour les détails donnés tout à l'heure, et suffit à notre curiosité. Il s'y trouve bien assez de chiffres, et nous ne voudrions pas en faire lourdement peser plus encore sur l'aimable mémoire du poëte, qui, de son vivant, n'en a été que trop accablé. Il se peut que les reproches de négligence et de mauvaise économie, qui lui ont été faits, doivent, en bonne justice, être atténués, comme le veut Walckenaer[1], par les embarras de sa succession et par quelques autres circonstances, fâcheuses aussi pour tout autre; mais il y aurait trop de complaisance à l'absoudre tout à fait, ce que personne n'a tenté. S'il eut souvent le sort contraire, il ne laissa pas de se faire complice de sa malignité.

N'insistons pas, et tirons notre charmant rêveur de ces luttes antipoétiques contre la mauvaise fortune, comme, de fait, il s'en tira lui-même, sans avoir eu besoin d'obtenir la faveur des quatre places à l'hôpital, qu'il songeait, disait-il, à s'assurer pour lui, sa femme, son fils et son frère[2]. Dans son travail, ou, disons comme lui, dans les amusements de sa paresse, il aurait dû trouver un trésor; mais les plus belles poésies, en ce temps-là, n'enrichissaient pas beaucoup; et il paraît avoir, beaucoup moins que ses libraires, tiré profit des siennes. Elles lui donnèrent du moins, en tout temps, des protecteurs; mieux encore, des amitiés qui veillèrent sur lui.

A l'époque que ce récit n'a pas encore dépassée, c'était à Reims surtout qu'il rencontrait une agréable distraction à ses odieuses affaires, quoiqu'elles l'y poursuivissent bien un peu, et que Maucroix dut prendre sa part des soins qu'elles réclamaient. Un séjour chez cet ami dans l'hiver de 1656, et ce ne peut avoir été le premier[3], est constaté par ses lettres à Jannart. Il est certain que les deux camarades, le chanoine et notre poëte, ne passèrent pas là tout leur temps à rédiger des contrats de vente ou bien des obligations qu'ils envoyaient au

---

1. *Histoire de la vie.... de la Fontaine*, tome I, p. 55.
2. Epître *A M. le duc de Bouillon*, vers 106-112.
3. Les mêmes lettres en indiquent un autre dans l'été de 1658. Celui-ci est d'un temps que nous connaissons mieux, du temps du patronage de Foucquet.

plus secourable des oncles. Ce sont d'autres souvenirs qui ont fait dire à la Fontaine dans le conte des *Rémois* :

Il n'est cité que je préfère à Reims.

Son goût si vif pour cette ville, il le devait aux charmes de l'amitié, à ses joyeux entretiens, et, qui ne le penserait ? aux « charmants objets, » c'est-à-dire aux gentilles Rémoises. La société des deux amis était sans doute égayée par plus d'un bon compagnon. Parmi eux il faudrait compter le peintre Hélart, qui serait, suivant M. Louis Paris [1], le héros de ce conte des *Rémois*. On se hasarderait beaucoup, et peut-être plus qu'on ne l'a fait pour la date de la fable du *Meunier, son Fils et l'Ane*, si l'on plaçait à ce temps la composition du conte. Le souvenir de la très-égrillarde anecdote pourrait remonter jusque-là et les vers avoir été écrits plus tard. Nul doute d'ailleurs que, dès lors, la Fontaine et Maucroix prissent plaisir à une sorte de concours, plus gai que sérieux, de leurs muses fraternelles. M. Louis Paris a trouvé dans les manuscrits de Favart une petite chanson, très-libre et de mince valeur, faite par notre poëte pour son ami, et qui serait de cette époque [2]. Mais on ne s'imaginera pas que la Fontaine ne fût pas déjà occupé de travaux poétiques plus dignes de sa prochaine célébrité. Dans l'*Avertissement* de son poëme d'*Adonis*, écrit à une date dont nous ne sommes pas éloignés, il dit : « Quand j'en conçus le dessein,... je m'étois, toute ma vie, exercé en ce genre de poésie que nous nommons héroïque. » Par ces mots « toute ma vie, » il fait remonter très-haut, et l'on doit s'en rapporter à lui, ses études sérieuses de poëte. Ce qu'il entend par le « genre héroïque » (celui qu'admet l'églogue quand elle élève la voix) nous est expliqué dans l'*Adonis* même, et par ces vers du début :

Je n'ai jamais chanté que l'ombrage des bois,
Flore, Écho, les Zéphyrs, et leurs molles haleines,
Le vert tapis des prés et l'argent des fontaines.

Bien des essais tentés par lui dans ce sens sont donc à suppo-

1. *Maucroix, OEuvres diverses*, tome I, p. CXI-CXIV.
2. *Ibidem*, p. CXVI. — Voyez ci-dessus, p. XVII, note 1, deux vers que nous avons cités de cette chanson.

ser. Rappelons que, dès l'année 1654 [1], il avait publié la comédie de *l'Eunuque*; et, sans doute, c'est en pensant à cette imitation, quel qu'en ait été le succès, d'un des plus purs modèles de l'antiquité, que Boileau nommait l'auteur de *Joconde* « un homme formé, comme je vois bien qu'il l'est, au goût de Térence ; » il ajoutait même : « et de Virgile [2]. » Voilà pourquoi nous ne devons pas croire qu'au milieu des dissipations de Reims, la Fontaine fût aussi paresseux qu'il se plaisait à le dire, ou qu'il n'exerçât son talent que dans des bagatelles. Il est vrai que, dans les fragments du *Songe de Vaux*, de la composition desquels nous approchons aussi, il dit, se souvenant du *Semper ego auditor tantum?* de Juvénal :

> Hélas !... pour moi, je n'ai rien fait encor :
> Je ne suis qu'écoutant parmi tant de merveilles.
> Me sera-t-il permis d'y joindre aussi mes veilles ?

Il pouvait ne se compter que parmi les simples écoutants, puisque, à un âge où d'ordinaire les poëtes ont conquis la renommée, il n'avait guère eu que quelques confidents de ses *veilles*. Mais tenons pour certain que ceux-ci connaissaient déjà bien des essais de son génie encore hésitant ; et il est vraisemblable que plusieurs de ses tentatives étaient dirigées, comme l'*Adonis*, du côté de la poésie lyrique et de la poésie héroïque, qui alors, dit-il dans l'*Avertissement* du *Songe de Vaux*, étaient en vogue.

Plutôt entrevue et comme devinée jusqu'ici que bien connue (si l'on excepte la publication de *l'Eunuque*), l'histoire des premiers écrits de la Fontaine va sortir de ce demi-jour, du moment où la protection de Foucquet aura commencé à la mettre en pleine lumière. Le libéral surintendant n'avait qu'à choisir entre tous les écrivains en renom. Pour que la Fontaine soit devenu son pensionné, à titre de bel esprit, il faut donc que de bons garants aient pu dès lors répondre du talent qu'ils lui avaient reconnu. Une de ces cautions, son premier introducteur même dans la faveur de l'opulent Mécène, dut être Jannart. Nicolas Foucquet, en même temps que surinten-

---

1. Voyez ci-dessus, p. XXII.
2. *Dissertation sur la Joconde*, OEuvres de Boileau (édition de Berriat-Saint-Prix), tome III, p. 16.

dant des finances, était procureur général au parlement de Paris, et l'oncle de la Fontaine était son substitut. Quelque sûreté et finesse de goût que l'on prête au protecteur de tant de gens de lettres et d'artistes, il n'y a aucune raison de croire qu'il ait sur-le-champ pressenti le génie du garçon de Champagne (pour parler à la façon de Tallemant) qui lui était présenté. Il ne l'avait sans doute adopté d'abord qu'à la recommandation de Jannart et sur parole ; mais il est vraisemblable que, par lui-même, il l'apprécia vite comme un versificateur ingénieux, peut-être comme quelque nouveau Voiture, qui ferait honneur à son patronage.

Nous placerions en 1657 l'admission de la Fontaine à la faveur de la cour de Vaux. Si elle avait été antérieure, elle aurait, ce semble, engagé Tallemant à parler de notre poëte, en passe dès lors de devenir célèbre, autrement qu'il n'a fait dans les pages que nous avons citées, et que l'on dit avoir été écrites en 1657. C'est de cette année-là, au plus tard de la suivante, que l'on date l'épître *A Foucquet*, que la Fontaine avait mise en tête du manuscrit de l'*Adonis*[1]. Ce manuscrit offert au surintendant marque probablement la première démarche que les amis du poëte lui conseillèrent pour se donner accès. Le ton de la courte épître est celui d'un respect auquel ne se mêle encore aucune familiarité. Quant au poëme d'*Adonis* même, il doit sans doute avoir été écrit plus tôt et lorsque la Fontaine ne songeait pas à s'en faire un titre à la bienveillance du puissant protecteur. Quoiqu'il soit d'une élégance qui put bientôt paraître un peu fanée, beaucoup de vers charmants y révélaient assez déjà les dons propres de l'imagination de l'auteur pour lui mériter un favorable accueil et justifier le bon témoignage que Jannart avait rendu de lui.

La date de 1658 donnée par Mathieu Marais[2] à la composition du *Songe de Vaux* peut être admise. Lorsque la Fontaine publia, en 1671[3], les fragments de sa description inachevée,

---

1. Walckenaer a publié en 1825 l'*Adonis* d'après ce manuscrit in-4° (aux armes de Foucquet), chef-d'œuvre calligraphique de Jarry.
2. *Histoire de la vie et des ouvrages de M. de la Fontaine*, p. 3.
3. L'achevé d'imprimer est du 12 mars 1671.

il dit, dans son *Avertissement*, l'avoir entreprise « il y a environ douze ans. J'y consumai près de trois années. Il est depuis arrivé des choses qui m'ont empêché de continuer. » Trois années avant la chute de Foucquet, ce serait bien en 1658. Quelques-uns des fragments de ce *Songe de Vaux* sont dans la manière du poëme d'*Adonis*. La poésie lyrique et l'héroïque, la Fontaine le dit lui-même, y devaient régner; non partout cependant : il y aurait eu variété de ton. Des vers sur la métempsycose ont déjà le caractère qui sera celui du style de la Fontaine, devenu maître de son génie; et Mathieu Marais a eu raison de nommer l'aventure du Saumon et de l'Esturgeon « une préparation aux fables que nous avons vues.... depuis. » On y pourrait relever des traits comme celui-ci :

> Si les gens nous mangeoient, nous mangions les petits,
> Ainsi que l'on fait en France.

A la même année appartient incontestablement la Ballade sur le siége soutenu par les Augustins le 23 août 1658. Brossette, dans sa *Remarque* sur le vers 48 du premier chant du *Lutrin*[1], où il donne de curieux détails sur l'histoire de ce siége, cite le commencement et la fin de la Ballade, que Boileau avait assez goûtée pour en garder quelques vers dans la mémoire, et qui, depuis seulement, a été retrouvée tout entière. Dans cette querelle du Couvent et du Parlement, la Fontaine était trop ami du procureur général et de son substitut, pour être favorable aux moines : il ne leur épargne pas, dans ses vers, une raillerie mordante. Mathieu Marais[2] avait entendu conter qu'il avait été rencontré sur le Pont-Neuf, quand il courait voir la bagarre, et qu'il répondit à ceux qui lui demandaient où il allait : « Je vais voir tuer des Augustins. » Il y aurait dans ce mot, dont l'authenticité n'est pas certaine, plus de dureté que de naïveté piquante. En tout cas, la Ballade vaut mieux.

La Fontaine, en 1659, n'était pas seulement bien reçu à Vaux; il en était devenu le poëte attitré. Ne nous armons

---

1. *OEuvres de M. Boileau-Despréaux* (Genève, 1716), tome I, p. 361.
2. Page 13.

pas contre lui, avec une rigueur injuste, des vers où Boileau
a stigmatisé

> . . . cet amas d'ouvrages mercenaires,
> Stances, odes, sonnets, épîtres liminaires,
> Où toujours le héros passe pour sans pareil[1].

Il y a vraiment assez de ces hyperboles dans le tribut poétique
dont la Fontaine avait, à cette époque, très-volontiers accepté
la charge ; mais tels étaient encore les us et coutumes du Parnasse. Un traité fut passé entre la Fontaine et son protecteur. Pellisson, premier commis de Foucquet, et avec qui le
poëte s'était lié d'amitié, en fut comme le garant. Familier lui-
même avec les Muses, il avait qualité pour leur donner acquit
de leurs hommages. Nous avons l'épître que la Fontaine lui
adressa pour le prendre à témoin de ses engagements. Il n'y
parle d'autre payement que de celui qu'il fera lui-même en
monnaie du Dieu des vers. Quant aux conditions du marché,
du côté de Foucquet, deux lignes de prose, qui précèdent
l'épître à Pellisson, les colorent avec délicatesse : « M*** (Foucquet[2]) ayant dit que je lui devois donner pension pour le soin
qu'il prenoit de faire valoir mes vers, j'envoyai, quelque temps
après, cette lettre à M*** (Pellisson). » Il a volontairement
laissé dans l'expression assez de vague pour qu'il fût possible d'entendre que faire valoir ses vers, ce n'était pas leur
procurer un bon placement, les bien renter, mais, par son
suffrage, les recommander à la renommée ; et il semblerait, à
l'entendre, que le protégé, non le protecteur, payât une pension. Il promettait de servir exactement sa rente annuelle, en
quatre termes égaux, style de bail : pour la Saint-Jean madrigaux, en octobre petits vers, en janvier une ballade, à Pâques
quelque sonnet dévot. Les articles sont rédigés, dans l'épître à
Pellisson, avec toute la gentillesse de maître Clément, dont on

---

1. Épître IX, vers 143-145.
2. Rien de plus clair, et Walckenaer n'aurait pas dû s'y tromper. Ne voulant voir dans les deux M*** qu'une même personne,
il a supposé (tome I, p. 52) que c'était Pellisson qui avait réclamé
de la Fontaine une pension pour lui-même, en récompense de la
peine qu'il prenait d'appeler l'attention de Foucquet sur les vers
du poëte. Le contre-sens est évident.

reconnaît l'élève et déjà l'égal en ces fins badinages. La ballade *A Madame Foucquet*, dont le refrain est :

> En puissiez-vous dans cent ans autant faire!

acquitta, suivant Mathieu Marais, le premier terme de 1659. Pour le second, autre ballade, celle-ci *A Foucquet* :

> Promettre est un, et tenir est un autre.

Pour le troisième, une ballade encore, dont le sujet avait été donné, sur la paix des Pyrénées et le mariage du Roi.

Il paraît qu'un des termes de 1660, payé en courts madrigaux, ne fit pas tout à fait le compte du créancier ; mais le débiteur, qui prétendait que ses vers fussent pesés, et non comptés, se justifia par un agréable dizain. Il s'acquitta d'un autre des termes de la même année 1660, celui d'octobre un peu anticipé, en adressant à Foucquet la relation en vers de l'entrée de la Reine dans Paris, le 26 août. Il devenait poète gazetier de grand seigneur : c'était alors la mode. Dans une lettre qui accompagnait l'envoi à Foucquet de l'ode *Pour Madame* (Henriette d'Angleterre), à l'occasion de son mariage avec Monsieur, frère du Roi, il nous fait savoir que cette ode satisfit au terme de Pâques 1661. Du côté de ses payements poétiques, voilà une comptabilité bien tenue, avec pièces à l'appui, qui ne devait pas être perdue pour les âges futurs. Il n'a pas pris le même soin de leur laisser le compte de ses recettes, qu'il n'a cependant pas encaissées seulement en monnaie d'approbation et de bon accueil. D'Olivet parle de gratifications[1] ; Perrault[2], Mathieu Marais[3] et Fréron[4] d'une pension. Il est plaisant qu'à écouter la Fontaine (et n'avait-il pas raison ?) il n'y eût là d'autre pensionné que Foucquet, dont l'or avait moins de valeur que les louanges du poëte, si bien assaisonnées et si ingénieuses. C'était tantôt l'esprit de Voiture, tantôt la grâce et le tour naïf de Marot.

Nous n'avons pas cité toutes les petites pièces que la demi-

---

1. *Histoire de l'Académie*, p. 316.
2. *Les Hommes illustres*, tome I, p. 83.
3. *Histoire de la vie et des ouvrages de M. de la Fontaine*, p. 3.
4. *Vie de la Fontaine*, p. x.

royauté de Vaux inspira à son poëte en ces années ; il ne faudrait pourtant oublier ni sa ballade au surintendant, sollicité d'ouvrir sa bourse pour la reconstruction du pont de Château-Thierry, ni surtout la jolie épître où il se plaint à lui d'avoir vainement, pendant une heure, fait le pied de grue pour être admis à son audience, et où il demande que le suisse fasse passer, avant tous autres, les amants des Muses. Tout en plaisantant, il sait, avec une juste fierté, réclamer ce qui est dû au talent, se mettre, comme il convient, au-dessus de la clientèle vulgaire, et presque traiter de seigneur à seigneur :

> Je ne serai pas importun,
> Je prendrai votre heure et la mienne[1].

Marot n'aurait pas badiné avec une plus aimable liberté.

Mme Foucquet n'était pas oubliée dans les hommages de la Fontaine. A elle aussi il adressait odes et épîtres, galamment tournées. Dans une de celles-ci, où il la complimente sur sa jeune famille qui vient de s'accroître par la naissance d'un poupon, il est tombé dans une de ses plaisantes distractions, qui, cette fois, n'est pas une invention de la légende :

> Or vous voilà mère de deux Amours[2],

lui disait l'épître écrite de sa main. Erreur de compte : il y en avait trois, comme on le lit dans la même pièce imprimée[3]. L'amusante rectification avait été promise dans la lettre écrite à Foucquet en lui envoyant l'ode *Sur le mariage de Monsieur* : « J'ai corrigé les derniers vers que vous avez lus, et qui ont eu l'honneur de vous plaire.... Entre autres fautes, j'y avois mis un deux pour un trois, ce qui est la plus grande rêverie dont un nourrisson du Parnasse se pût aviser. La bévue ne vient que de là ; car je prends trop d'intérêt en tout ce qui regarde votre famille pour ne pas savoir de combien d'Amours et de Grâces elle est composée. » La vérité est que toujours peu soucieux de « ce petit peuple, » un Amour de plus ou de moins, il n'y tenait guère. A Vaux, où l'on

1. Vers 72 et 73.
2. Vers 11.
3. Elle ne le fut qu'en 1721, dans les *OEuvres diverses*.

savait sans doute ce que pèse la fumée de l'encens des poëtes, on avait dû beaucoup rire.

Du même temps où la Fontaine s'acquittait envers Foucquet par ces légères productions, on en a de lui quelques autres. La comédie de *Clymène*, dont nous avons déjà tiré quelques citations, met, au début, ces vers dans la bouche d'Apollon :

> . . . . . . Je garde mon emploi
> Pour les surintendants sans plus, et pour le Roi.

Il est clair qu'ils ont été écrits de 1658 à 1661. La Fontaine, sous le nom d'Acaste, y est amoureux ; Clymène, objet de sa passion, est une belle de province, de Château-Thierry, ou de Reims? il ne le dit pas. Plus intéressant nous paraît le ballet des *Rieurs du Beau-Richard*[1], qui fut écrit, deux de ses vers le prouvent, en 1659, quand se préparait le mariage de Louis XIV et de l'Infante. C'est une jolie bluette qui, par le style et par la forme des vers, ainsi que par la naïveté narquoise du dialogue, va rejoindre et continue nos anciennes *Farces*, et, si peu de prétention qu'elle ait, vaut mieux que tout le reste du théâtre de la Fontaine. L'anecdote, qui en est le sujet, a été plus tard reprise par lui dans son conte du *Savetier*[2], avec plus d'esprit encore, plus de fin agrément ; il y en a pourtant aussi dans le ballet. La plume qui l'a écrit en se jouant y paraît déjà taillée pour les *Contes*. Curieux surtout comme une preuve du goût de la Fontaine pour notre vieux théâtre et de sa facilité à l'imiter, sans air de pastiche, ce n'était qu'un amusement de société. Il fut représenté, à Château-Thierry, par des amis de l'auteur, les de la Haye[3], les

---

1. Le carrefour de *Beau-Richard*, à Château-Thierry, où venaient les gens du marché. Il existe encore aujourd'hui, sous le même nom.

2. Le titre était d'abord *Conte d'une chose arrivée à C.* (Château-Thierry) ; ce fut seulement en 1685 qu'un libraire d'Amsterdam le remplaça par celui du *Savetier*.

3. Sur Charles de la Haye, prévôt à Château-Thierry, voyez la lettre à Jannart du 29 février 1656, et surtout la lettre à la duchesse de Bouillon de juin 1671. Sa femme Françoise Contesse fut marraine de Claude de la Fontaine. On constate l'amitié des familles, sans pouvoir dire si l'acteur dans le ballet fut ce Charles

de Bressay [1], les de la Barre [2], dont nous trouvons les noms dans ses lettres, ou dans des actes de baptême qui attestent les relations intimes des familles.

Ce moment de la vie de la Fontaine, qui nous rapproche de celui où son talent, après s'être fait connaître près de Foucquet, en dehors du cercle de ses premiers amis, va se montrer enfin tout entier, est très-digne d'être observé. Le caractère de ce talent se prononce. Le poëte se souviendra toujours de l'*héroïque* et du *lyrique*, dans lesquels il s'était formé par l'étude de Malherbe et même des anciens, et dont il s'est inspiré dans l'*Adonis* et dans quelques parties de ses odes et du *Songe de Vaux*; mais quand il s'amusait à faire revivre nos premiers essais comiques, ou que, dans ses épîtres familières, ses ballades, ses dizains, ou sizains, il suivait Marot, et revenait, avec une prédilection dont les exemples étaient de jour en jour plus rares, à la forme même des poésies d'un autre siècle, il montrait quel attrait avait pour lui tout ce qui, dans notre littérature, est d'origine, comme on dit, gauloise, avec la gaieté, la malice et la naïveté de style de nos vieux auteurs. Nous voyons ainsi deux traditions littéraires, deux sources d'inspiration se mêler en lui et se réunir à sa veine originale. Ce double courant poétique, qu'il laissa de bonne heure couler tour à tour, cessera d'être divisé et n'en formera plus qu'un seul dans les plus achevées de ses œuvres, dans ses fables.

Une lettre adressée à Maucroix, le lundi 22 août 1661 [3], et faite évidemment pour être répandue, est le dernier écrit que nous ayons de la Fontaine, au temps de sa faveur à la cour

de la Haye, alors bien vieux, ou si ce ne fut pas plutôt quelqu'un des siens.

1. Voyez la lettre à Jannart du 5 janvier 1658. M. de Bressay, cousin de la Fontaine, était Josse de son nom de famille. La marraine de la Fontaine était une dame Claude Josse; celle du fils de la Fontaine était mariée à Jean Josse.

2. Dans un acte de baptême du 5 août 1633, où la Fontaine est parrain, sa commère est une Marie de la Barre. Au baptême (1642) de deux fils de M. Hilaire de la Barre, élu en l'élection de Château-Thierry, un des parrains est Pierre Jannart.

3. Maucroix était alors à Rome, chargé d'une mission que lui avait confiée Foucquet.

de Foucquet. Elle marquait, sans qu'il s'en doutât, l'heure de l'adieu qu'il allait falloir dire à cette faveur. Sa lettre est une relation de la fameuse fête de Vaux, donnée, le mercredi précédent, au Roi par le fastueux surintendant. « Je ne croyois pas, dit la Fontaine, en achevant son récit, que cette relation dût avoir une fin si tragique. » Paroles bien plus vraies qu'il ne pensait; car il n'avait en vue, quand il les écrivait, que deux chevaux d'un des carrosses de la Reine, qui, effrayés par le fracas du feu d'artifice, étaient tombés dans un fossé du château; et il ne prévoyait pas une tout autre fin tragique, une tout autre chute au fond de l'abîme qu'allait ouvrir la foudre royale dans la même magnifique demeure.

Un critique, presque toujours clairvoyant, a pris facilement son parti pour la fortune de notre poëte du terrible coup d'autorité qui l'arracha aux loisirs faits à sa muse, en frappant son protecteur : « Il fut bon pour la Fontaine, a dit Sainte-Beuve[1], que la faveur de Foucquet l'initiât à la vie du monde.... Il lui fut bon aussi que ce cercle trop libre ne le retînt pas trop longtemps. » Jusque-là, ce point de vue peut ne pas être sans vérité. Mais il ne fallait pas aller trop loin, et ajouter : « Les *Contes* lui seraient aisément venus dans ce lieu-là, non pas les *Fables*; les belles fables de la Fontaine, très-probablement, ne seraient jamais écloses dans les jardins de Vaux et au milieu de ces molles délices[2]. » Qui le sait? Pourquoi faire de cette cour spirituelle et lettrée de Foucquet une si énervante Capoue? On parle comme si la Fontaine, lorsqu'il en sortit, avait échappé aux *molles délices* et commencé à vivre en ermite. Croit-on, d'autre part, que, s'il y fût demeuré, il aurait été tenu loin du commerce des beaux génies qui, par leurs exemples et leurs conseils, l'ont porté, au jugement de Sainte-Beuve, à élever le sien? Ce fut justement pendant ces années de la puissance de Foucquet qu'il eut l'occasion de se lier avec ses illustres amis. Quelques-uns de ceux-ci, il est vrai, étaient encore trop jeunes pour que l'on fasse remonter jusqu'à ce temps leur salutaire influence; mais, préparée dès lors, elle devait agir un peu plus tard, et nous ne voyons pas

---

1. *Causeries du lundi*, tome VII, p. 522.
2. *Ibidem*, et p. 523.

bien ce qui eût pu la gêner, si la fortune du surintendant était restée debout et avait continué à protéger le poëte.

Pour bien faire connaître quelle fut, de 1659 à 1661, la vie de la Fontaine, il y a quelques souvenirs encore à recueillir de cette époque, avant de prendre congé des prospérités de Vaux. Parmi ceux que nous ne devons pas omettre, nous trouvons une tendre liaison et une rupture originale avec a femme de Guillaume Colletet. Servante d'abord du poëte académicien, et la troisième que de cette humble condition l avait fait passer au rang de son épouse, la belle Claudine avait séduit la Fontaine par ses jolis vers, plus encore par sa jolie figure. Nous avons de lui un sonnet et un madrigal fort galants sur le portrait de Mlle Colletet, peint par Sève, un autre madrigal où il trouve à ses productions poétiques un prix que rien ne surpasse. Il y a quelque ressemblance entre sa plaisante erreur et celle du Damis de *la Métromanie*. Lorsqu'il trouvait si adorable l'auteur de ces vers charmants, c'était (comment ne s'en doutait-il pas?) à l'esprit du mari que s'adressaient ses adorations. Celui-ci mourut le 11 février 1659. Il avait eu la prévoyance délicate de préparer, avant de mourir, une explication poétique du silence que désormais sa femme serait forcée de garder. Il lui laissait des vers dans lesquels il se faisait dire par la veuve éplorée :

J'ensevelis mon cœur et ma plume avec vous.

Naturellement la plume ne sortit plus de cette sépulture; les illusions et l'amour de la Fontaine y restèrent aussi. Il ne pouvait plus croire aux vers de Claudine : ce qui peut-être ne l'aurait pas beaucoup refroidi, s'il avait encore beaucoup cru à ses autres attraits. Ce fut alors qu'il chanta la gaie palinodie qui commence par ce vers :

Les oracles ont cessé.

Un de ses amis ayant paru s'étonner qu'il se fût laissé duper, il lui écrivit : « D'où venez-vous de vous étonner ainsi? Savez-vous pas bien que pour peu que j'aime, je ne vois dans les défauts des personnes non plus qu'une taupe qui auroit cent pieds de terre sur elle? Si vous ne vous en êtes aperçu, vous êtes cent fois plus taupe que moi. Dès que j'ai un grain d'amour, je ne manque pas d'y mêler tout ce qu'il y a d'encens dans mon magasin.... Je dis des sottises en vers et en prose, et serois fâché d'en avoir dit une qui ne fût pas solennelle.... Ce qu'il y a, c'est que l'inconstance remet les choses en leur ordre. » Voilà se peindre soi-même. A de tels aveux surtout la petite comédie de ce désenchantement d'amour doit son intérêt et son sel.

Mais ce qui est plus curieux à connaître dans ces années de la protection de Foucquet, ce sont les relations où elles mirent la Fontaine avec ce que les lettres comptaient alors de célébrités déjà reconnues ou naissantes. Sous l'influence de ce milieu, sa paresse put recevoir une utile secousse et son génie prendre une plus claire conscience de soi-même.

Il avait d'abord, à la cour de Vaux, trouvé un ami dans Pellisson, académicien depuis la fin de 1652, écrivain élégant en prose, et même en vers à ses heures, qui donnait dignement la réplique, comme secrétaire de Foucquet, à quelques-uns des vers adressés au surintendant par notre poète. Les amis de Pellisson, au premier rang desquels nous voyons Mlle de Scudéry, étaient nombreux parmi les écrivains; on ne saurait douter qu'il n'ait introduit la Fontaine auprès d'eux.

Une des personnes que Foucquet aimait le plus, qu'il aurait même voulu aimer un peu trop, était Mme de Sévigné. Le monde admirait dès lors l'esprit de l'aimable veuve, et croyait son suffrage un des plus glorieux à gagner. En plein *consistoire*, dit la Fontaine[1], tenu chez lui par Phébus, c'est-à-dire dans un cercle de beaux esprits, le surintendant fit lire à Mme de Sévigné l'épître à l'abbesse de Mouzon[2], qui lui plut beaucoup. Le poëte la remercia de ses éloges par le dizain qui commence ainsi :

> De Sévigné, depuis deux jours en çà,
> Ma lettre tient les trois parts de sa gloire.

Entre deux imaginations si charmantes la sympathie était naturelle; bientôt elle devait s'accroître par une commune fidélité au malheur. Toute sa vie, nous le verrons, Mme de Sévigné fut constante dans son goût pour l'esprit de la Fontaine, dont

1. Dizain *Pour Mme de Sévigné*, vers 4.— 2. Voyez ci-dessus, p. XLI.

elle a si bien loué et les fables et les contes. On a, dans les premiers vers du *Lion amoureux*, une preuve qu'après le temps de Foucquet elle n'avait pas seulement continué à reconnaître le prix des ouvrages de notre poëte, mais qu'il s'était établi d'agréables relations personnelles. Cette première fable du livre IV, publiée en 1668, composée au plus tard en 1667, est dédiée à Mlle de Sévigné, la future Mme de Grignan, alors âgée de dix-neuf ans. Les gracieux vers qui mettent le fabuliste aux pieds de la belle indifférente,

> Par zèle et par reconnoissance,

ne témoignent-ils pas de l'accueil qu'il recevait à cette date chez la mère et chez la fille ? Nous devançons les temps, voulant montrer comment s'était resserré un premier lien formé à la cour de Vaux.

Là aussi commença entre la Fontaine et Molière une amitié durable. Les deux poëtes qui, au dix-septième siècle, continuèrent le mieux, en la portant à son point de perfection, la tradition du génie français, tel qu'il s'était manifesté dans les âges précédents, avaient, presque en même temps, passé, de la province, sur le seul véritable théâtre de la renommée : les premiers débuts de Molière à Paris sont de 1658. Le 11 février 1661, une représentation de sa comédie de *L'École des maris*, encore dans sa nouveauté, fut donnée à Vaux. Le mois suivant, *les Fâcheux*, joués pour la première fois, et précédés d'un prologue fort bien tourné, dont l'auteur était Pellisson, furent, dans les jardins de la même magnifique demeure, un des divertissements de cette journée mémorable dont nous avons vu la Fontaine écrire la relation pour Maucroix. Il n'avait eu garde d'y oublier la pièce de Molière, et voici comment il en parlait :

> C'est un ouvrage de Molière.
> Cet écrivain par sa manière
> Charme à présent toute la cour.
> De la façon que son nom court,
> Il doit être par delà Rome[1].
> J'en suis ravi car c'est mon homme.
> Te souvient-il bien qu'autrefois

1. Où, comme nous l'avons dit, était alors Maucroix.

Nous avons conclu d'une voix
Qu'il alloit ramener en France
Le bon goût et l'air de Térence?
. . . .
Et maintenant il ne faut pas
Quitter la nature d'un pas.

On a pu remarquer qu'il date d'*autrefois* (il faut seulement entendre d'un peu plus loin que ce jour-là) son admiration pour le poëte comique. Ainsi prévenu en sa faveur, nul doute qu'il ne soit promptement entré avec lui dans une étroite confraternité.

Il n'avait rien fait encore qui le pût faire aller de pair avec Molière pour la renommée. On lui reconnaissait cependant une belle place déjà dans les lettres, comme l'atteste une lettre que Conrart, ce « père de l'Académie françoise[1], » lui écrivait le 1ᵉʳ mai 1660. La Fontaine l'avait complimenté sur une ballade qu'il avait faite, et lui avait envoyé quelques-unes des siennes. Conrart le trouva trop indulgent pour sa petite pièce[2] : « Comment, disait-il, seroit-elle digne de votre approbation et de celle de M. de Maucroix ? C'est à vous autres, Messieurs, à prétendre de faire aller votre nom jusqu'à la postérité.... Je ne me sens pas capable de vous suivre. C'est assez que je vous regarde de loin.... Toute la grâce que je vous demande est que vous ne m'oubliiez pas par le chemin, encore que vous m'ayez laissé bien loin derrière vous. » On peut faire la part de la modestie ou de la politesse, il restera là encore une preuve que, dès ce temps, la Fontaine était fort en vue, et très-apprécié par les hommes estimés alors bons juges.

Racine, très-jeune encore (il avait dix-huit ans de moins que notre poëte), mais trop heureusement doué pour ne pas déjà bien choisir ses modèles, voyait en lui un guide à suivre, à consulter. Cette déférence, mêlée à la familiarité, se montre dans es lettres qu'il lui adressait d'Uzès. La première en date est du 11 novembre 1661[3]. Il l'y fait souvenir d'un temps

---

1. D'Olivet, *Histoire de l'Académie françoise*, p. 158.
2. Voyez Walckenaer, tome I, p. 235 et 236. — M. Paul Lacroix a donné cette curieuse lettre de Conrart tout entière aux pages 340-342 des *OEuvres inédites de J. de la Fontaine*.
3. *OEuvres de Racine*, tome VI, p. 412-416.

où ils se voyaient tous les jours, et qu'il ne suffit sans doute pas de faire remonter à l'année 1660. Les relations entre leurs familles étaient anciennes, la Fontaine s'étant allié aux Héricart de la Ferté-Milon. Ces Héricart n'étaient pas seulement compatriotes de Racine; il y avait entre eux et lui un lien de parenté par les femmes [1]. Il est à remarquer aussi que le père de Racine avait eu pour parrain un Pintrel [2]. Ainsi la connaissance des deux poëtes était d'avance toute faite; mais, n'en eût-il pas été ainsi, ils étaient destinés à se rencontrer en ces années où la Fontaine devenait célèbre à Paris, dans le monde des lettres, et où le jeune élève du Port-Royal montrait déjà l'ambition de s'y faire, à son tour, un nom. Avec un semblable amour de la poésie, ils eurent encore, pour premier lien de leur amitié, le même goût du plaisir. A la fin de la lettre, dont nous venons de parler, Racine, à propos de la sagesse dont il devait garder au moins les apparences dans la pieuse maison de son oncle, disait à la Fontaine : « Il faut être régulier avec les réguliers, comme j'ai été loup avec vous et avec les autres loups vos compères. » Ce témoignage jetterait quelque jour, s'il en était besoin, sur les amusements de la Fontaine à Paris, et sur sa joyeuse société. Heureusement son intimité avec Racine a laissé d'autres souvenirs; et, dès cette première liaison même, ils ne furent pas seulement loups ensemble; un échange du feu sacré commença entre eux, qui valait mieux que cette émulation dans la vie légère. Une autre lettre, que, l'année suivante, la Fontaine reçut de Racine, encore à Uzès [3], nous montre qu'ils prenaient plaisir tous deux à une de ces correspondances littéraires, moitié prose, moitié vers, qui étaient à la mode. Le jeune Racine, exilé en province, aimait

---

1. Ce fait curieux, et que nous croyons avoir été négligé jusqu'ici, de la parenté de Mlle de la Fontaine avec Racine est prouvé par le petit tableau généalogique que nous donnons ci-après aux *Pièces justificatives*, n° VI. Nous l'avons dressé sur les indications de M. l'abbé Hazard, qui a droit à tous nos remerciements pour bien des renseignements précieux (voyez ci-dessus, p. XIII, note a).

2. Voyez au tome I des Œuvres de J. Racine (*Pièces justificatives* de la *Notice*), p. 173 et 174.

3. Œuvres de J. Racine, tome VI, p. 487-494, lettre du 4 juillet 1662.

à se faire décrire par la Fontaine tout ce qui se passait de plus mémorable sur le Parnasse et à soumettre à son jugement de petits essais poétiques; l'aimable correspondant lui mandait force nouvelles de poésies et de théâtre [1].

Quand on rencontre Racine, on se dit aussitôt que Boileau ne peut être loin; mais il ne faut pas oublier que leur connaissance ne se fit que vers la fin de 1663 [2]. Est-ce plus tôt que la Fontaine connut Boileau? Ce n'est pas impossible; on devrait même dire que c'est certain, si l'on croyait Brossette bien informé lorsqu'il a dit que Racine avait été présenté à son futur Aristarque, non par l'abbé le Vasseur, mais par la Fontaine [3]. Quoi qu'il en soit, pour être alors ignoré de celui-ci, il eût fallu ne s'être pas fait beaucoup distinguer encore par les amis des vers. Il est vrai que Boileau ne fit rien imprimer avant l'année 1663; mais, en 1661, ses *Satires* I et VI, et quelques-unes de ses petites poésies, avaient été déjà lues dans les cercles; et son rôle d'arbitre du goût commença de bonne heure. Nous le rencontrerons, peu d'années après, prenant parti pour la Fontaine dans la querelle des deux contes de *Joconde*; il n'y a pas de doute, à ce moment-là, sur leur étroite liaison.

On verra bientôt que l'amitié la plus intime ne tarda pas à unir la Fontaine avec les trois illustres dont nous venons de parler, Molière, Racine et Boileau.

Nous avons maintenant à le suivre après la catastrophe de son protecteur.

Trois semaines après avoir envoyé à Maucroix la description de cette fête de Vaux, dont les splendeurs cachaient une ruine prochaine, il lui adressa une lettre bien différente [4] : « Je ne puis te rien dire de ce que tu m'as écrit sur mes affaires... Elles

---

1. *OEuvres de J. Racine*, tome VI, p. 484 et 485, lettre de Racine à le Vasseur, du 4 juillet 1662.
2. Voyez, au tome I des *OEuvres de Racine*, la *Notice biographique*, p. 59.
3. *Mémoires de Brossette sur Boileau*, dans la *Correspondance entre Boileau Despréaux et Brossette*, publiée par A. Laverdet, p. 519.
4. Elle a pour toute date : « Ce samedi matin. » C'est le samedi 10 septembre. Foucquet avait été arrêté, comme nous allons le dire, le lundi précédent.

me touchent, pas tant que le malheur qui vient d'arriver au surintendant. Il est arrêté, et le Roi est violent contre lui.... Mme de B...[1] a reçu un billet où on lui mande qu'on a de l'inquiétude pour M. Pellisson : si ça est, c'est encore un grand surcroît de malheur. » L'arrestation de Foucquet, à qui la liberté ne fut plus rendue, avait eu lieu le lundi 5 septembre 1661, à Nantes. Que l'inflexible rigueur déployée contre lui n'ait été qu'un acte de justice, malgré la passion qu'y mêlèrent les justiciers, laissons à l'histoire le soin de le dire ; mais quand, simple biographe de la Fontaine, on se sent comme séduit et gagné par ses sentiments, comment ne pas se mettre du côté de la pitié, qu'il a su faire parler avec l'éloquence la plus touchante ? C'est l'honneur des lettres qu'à l'heure où la disgrâce éloigne les amis, elle les ait trouvées si fidèles à payer noblement la dette de la reconnaissance. On ne se souviendra jamais des prisons d'État qui se fermèrent sur Foucquet, sans que, devant leurs inexorables portes, on entende les voix de Sévigné, de Pellisson, de la Fontaine. Celui-ci n'avait pas encore fait de vers comparables en beauté à ceux par lesquels il invita les Nymphes de Vaux à gémir. Il n'était jusque-là qu'un des plus remarqués entre les beaux esprits ; une généreuse émotion du cœur le sacra poëte.

Outre cette noble élégie[2], le malheur de Foucquet inspira,

1. Mme du Plessis Bellière.
2. M. Paul Lacroix (*OEuvres inédites de Jean de la Fontaine*, p. 95-106) attribue à la Fontaine une autre élégie : *Sur la prison de Foucquet*, qui a été imprimée dans les *OEuvres diverses de Pellisson*. La nouvelle attribution lui paraît justifiée par le fait que Varin a mis l'une et l'autre élégie sous le nom de la Fontaine dans la table du Recueil des manuscrits de la famille Arnauld, parmi lesquels se trouve la copie des deux pièces. Une autre raison très-forte, à ses yeux, de rendre à la Fontaine les vers que l'on a crus de Pellisson, c'est qu'ils seraient supérieurs à ceux de l'élégie *Aux Nymphes de Vaux*. Si l'on doit se servir de cette pierre de touche, une indication contraire sortirait pour nous de l'épreuve. Le style de celle des deux pièces qui est certainement de notre poëte porte, à notre sentiment et en nous défendant de toute prévention, la marque d'un bien autre génie. L'autre, dans son ampleur un peu délayée, n'est pas sans un certain mérite. Pellisson, qui maniait bien la langue poétique, était fort capable de

mais un peu plus tard, à la Fontaine une ode *Au Roi*, qui est loin de la valoir, mais dont quelques vers cependant ne manquent pas de souffle lyrique. Composée en 1663, elle est un témoignage de la constance du poëte dans son dévouement à l'infortune. Foucquet, en recevant cette ode dans sa prison, y fit des apostilles, par lesquelles il réclamait quelques changements. Il y avait, selon lui, des passages trop poétiques pour plaire au Roi ; mais ce qu'il voulait surtout, c'était plus de fierté. Il croyait qu'il n'eût pas fallu demander « si humblement, » il disait même : « si bassement, » que sa vie fût épargnée. La Fontaine, dans une lettre où nous trouvons ces détails, lui répondit que la poésie de son ode était moins pour le Roi que pour le Parnasse, très-attentif au sort du prisonnier ; et, quant à la grâce sollicitée, qu'il avait parlé en son nom, et ne mettrait jamais dans la bouche du surintendant que des paroles dignes de sa grandeur d'âme. Il promettait cependant quelques corrections ; nous ignorons s'il les fit, il ne s'en trouve pas de traces.

A l'histoire des malheurs de Foucquet se rattache le voyage qu'en 1663, l'année même de l'ode, la Fontaine fit, avec son oncle Jannart, dans le Limousin, et dont nous avons la relation dans les lettres à sa femme. Ce voyage doit être expliqué. Remarquons d'abord quelques vers de l'épître *Au duc de Bouillon*, écrite par la Fontaine en 1662, à propos de l'affaire d'usurpation de noblesse dont nous avons parlé[1], et de cette condamnation à une forte amende, où il peut être permis de soupçonner une intention de punir trop d'attachement à Foucquet. La Fontaine énumère là tous ses chagrins :

> L'ennui me vient de mille endroits divers :
> Du Parlement, des Aides, de la Chambre,

s'élever jusque-là. Mais nous cherchons en vain dans l'élégie dont la paternité donne lieu à contestation, un vers, un seul vers qui soit vraiment beau ; et l'on en citerait tant de l'autre élégie ! L'auteur des vers sur la prison de Foucquet annonce, dans un passage, l'ambition d'écrire un jour les merveilles de l'histoire du Roi, qu'il égalera « à celle des Césars. » Or, la Fontaine n'a jamais dû rêver un semblable dessein ; mais Pellisson, après la campagne de 1667, fut pensionné comme historiographe de Louis XIV.

1. Voyez ci-dessus, p. vi.

LXXIV   NOTICE BIOGRAPHIQUE

Du lieu fameux par le sept de septembre[1],
De la Bastille, et puis du Limosin[2].

La Bastille était alors la prison de Pellisson ; et quant au Limousin, voici de quoi il s'agissait : le surintendant, dans un passage de ses *Mémoires et Remarques*[3], à la suite de quelques détails sur son arrestation, en 1661, ajoute : « et incontinent ma femme reçut un commandement de partir et de s'en aller à Limoges. » A son tour, Jannart y alla au mois d'août 1663 ; non, comme on pourrait le croire d'abord, pour y voir Mme Foucquet et concerter avec elle la défense de son mari, mais, dit Walckenaer[4], exilé aussi par une lettre de cachet, que Colbert avait obtenue. Voici, en effet, un passage de la première des lettres de la Fontaine à sa femme (25 août 1663) qui montre bien que Jannart ne voyageait pas volontairement : « Nous partîmes.... de Paris le 23 du courant, après que M. Jannart eut reçu les condoléances de quantité de personnes de condition et de ses amis.... Quand il eût été question de transférer le quai des Orfévres, la cour du Palais et le Palais même, à Limoges, la chose ne se seroit pas autrement passée. Enfin ce n'étoit chez nous que processions de gens abattus.... Avec tout cela, je ne pleurai point, ce qui me fait croire que j'acquerrai une grande réputation de constance dans cette affaire. La fantaisie de voyager m'étoit entrée, quelque temps auparavant, dans l'esprit, comme si j'eusse eu des pressentiments de l'ordre du Roi. » On ne sauroit mettre plus de bonne grâce dans le dévouement et moins chercher à le faire valoir. De Paris, il n'avait songé jusqu'alors qu'au voyage de Saint-Cloud, ou de Charonne[5], et voilà qu'il s'agit de se faire le fidèle compagnon d'un disgracié, de le suivre dans une province éloignée. C'est avec un gai courage, et même avec son ordinaire malice, qu'il paraît ne raconter qu'une partie de

---

1. De Nantes, où Foucquet fut arrêté. La Fontaine n'a-t-il pas voulu écrire « le cinq de septembre » ?
2. Vers 38-41.
3. Dans la *Conclusion des défenses de M. Fouquet* (1 vol. in-12, 1668), p. 261.
4. *Histoire de la vie.... de la Fontaine*, tome I, p. 116.
5. *Lettre à Mlle de la Fontaine*, du 25 août 1663.

plaisir, pour laquelle le Roi avait eu la bonté de donner aux voyageurs un de ses valets de pied, chargé de les accompagner jusqu'à Limoges. Ce valet de pied, du nom de Châteauneuf, a toute la mine d'un exempt. Après les quelques mots que la Fontaine a dits de la triste occasion du départ et de la fermeté qui arrêta ses larmes, nous le voyons tout à l'enjouement : on dirait une promenade de plaisir ; et, de Paris à Limoges, il semble avoir plus souvent ri que pleuré. Ce n'était pas seulement sa gaieté naturelle qui prenait le dessus : il y avait sagesse à ne pas laisser un libre cours à ses plaintes dans une lettre écrite moins encore pour sa femme que pour les cercles où elle devait être répandue. Toutefois, dans cette correspondance d'une prudence forcée, un soupir en passant, une larme vite essuyée ont suffi pour montrer qu'il était resté sensible aux peines de ses amis. On le sent bien lorsqu'il raconte que, arrivé à Amboise, il fut attendri à la vue de la prison où Foucquet avait été enfermé dans une chambre murée et à peine visitée par la faible lumière qui n'y entrait que par un trou. N'ayant pas eu permission de pénétrer dans le sombre lieu, il s'arrêta longtemps devant la porte : « Sans la nuit, dit-il[1], on n'eût jamais pu m'arracher de cet endroit. » Il ne prolonge pas le discret gémissement, ne voulant pas faire pleurer celle à qui il écrit : c'est le prétexte ; il est plutôt vrai qu'il se gardait d'irriter les hommes puissants qui prenaient note des marques de sympathie.

Les lettres de la Fontaine à sa femme, indépendamment de ce qui se rapporte à sa conduite dans la disgrâce de Foucquet, ont, comme on l'a déjà vu, un intérêt biographique, par les traits qu'elles nous offrent de son caractère. Nous n'avons pu les relever tous, et il n'y avait pas à raconter d'après lui les petits incidents de son voyage, quelque piquants qu'ils soient. Qu'on nous passe seulement une anecdote qui le peint dans ses célèbres distractions. Il était à Cléry-sur-Loire, et avait été visiter l'église. Quand il en sortit, il entra, l'esprit trop occupé sans doute du tombeau de Louis XI, dans une hôtellerie qui n'était pas la sienne. « Il s'en fallut peu, dit-il[2], que je n'y commandasse à dîner ; et m'étant allé promener dans le jardin, je

---

1. Lettre du 5 septembre 1663.
2. Lettre du 3 septembre 1663.

m'attachai tellement à la lecture de Tite-Live, qu'il se passa plus d'une bonne heure sans que je fisse réflexion sur mon appétit. Un valet de ce logis m'ayant averti de cette méprise, je courus au lieu où nous étions descendus, et j'arrivai assez à temps pour compter. » Cette rêverie sur le monument du « bon apôtre de roi », puis cette docte lecture, à laquelle son esprit s'appliquait avec ardeur, prouvent que ses distractions avaient ordinairement pour cause l'intensité de sa pensée. Mathieu Marais ne les a pas mal nommées *philosophiques*. Il en donne un autre exemple intéressant : « La Fontaine étoit à Antony avec ses amis.... Il ne se trouva point à dîner, un jour; on l'appela, on le sonna, il ne vint point. Enfin il parut après le dîner; on lui demanda d'où il venoit. Il dit qu'il venoit de l'enterrement d'une fourmi; qu'il avoit suivi le convoi dans le jardin, qu'il avoit reconduit la famille jusqu'à la maison (qui était la fourmilière), et fit là-dessus une description naïve du gouvernement de ces petits animaux[1]. » N'est-ce pas bien là celui qui, grimpé sur un arbre, pour y foudroyer les lapins, s'oubliait à observer leurs mouvements et leurs mœurs[2] ?

Dans la dernière lettre écrite pendant son voyage et datée de Limoges, qui en était le terme, le 19 septembre 1663, la Fontaine disait : « Il ne reste à vous apprendre que ce qui concerne le lieu de notre retraite : cela mérite une lettre entière. » A-t-il écrit cette lettre? Elle ne s'est pas retrouvée. Il semble qu'il se proposait de partager, au moins pendant quelque temps, l'exil de son oncle. Quant à le croire relégué lui-même, il n'y a pas la moindre apparence :

> Les petits en toute affaire
> Esquivent fort aisément[3].

Il n'a jamais été grand que sur les domaines poétiques; il n'avait pas l'embarras d'*une tête empanachée*.

L'indication du moment précis de son retour nous manque. Ce fut sans doute à la fin de 1663 ou au commencement de 1664. Walckenaer dit[4] que ce retour le ramena d'abord à Châ-

---

1. *Histoire de la vie et des ouvrages de J. de la Fontaine*, p. 122 et 123.
2. *Les Lapins*, fable xv du livre X.
3. Fable vi du livre IV.
4. Tome I, p. 137.

teau-Thierry, « où se trouvait la duchesse de Bouillon. » Il n'y a rien là que de fort probable. Il ne restait jamais très-longtemps sans venir faire quelque séjour dans sa ville natale. Déjà, depuis la chute de Foucquet, il y était rentré en 1662, année où, pour usurpation de noblesse, il fut en butte aux persécutions du partisan Cornay [1] :

> . . . . . J'étois lors en Champagne,
> Dormant, rêvant, allant par la campagne [2].

Dès lors, et sans avoir attendu son retour du Limousin, il avait pu voir, à Château-Thierry, la jeune femme qui, le 20 avril 1662, était devenue duchesse de Bouillon. Dans son épître au duc, dont il demandait la protection contre Cornay, il souhaitait aussi l'entremise de la duchesse, dont il vantait le cœur, l'esprit, le don de charmer [3]. Nous supposerions volontiers qu'avant même son mariage elle le connaissait. De très-bonne heure elle rechercha les beaux esprits, qui la louaient à l'envi comme une petite Muse : c'est le nom que lui donne Bensserade dans le *Ballet des Saisons*, dansé en 1661. Loret, dans une lettre en vers du 22 avril 1662, se glorifiait d'avoir eu d'elle maint doux regard, qu'il savait n'être point pour sa personne, mais « pour sa rime. » La Fontaine, dont la rime était un peu meilleure, avait probablement rencontré un de ces coups d'œil favorables, dans les années de sa renommée poétique à la cour de Vaux. A quelque moment qu'il ait été admis près de la spirituelle duchesse, il la trouva bientôt très-gracieuse pour lui. Il ne manqua pas de lui offrir son encens. Il le lui devait, comme à la protectrice naturelle de Château-Thierry, qui reconnaissait pour ses seigneurs les ducs de Bouillon, depuis que Frédéric-Maurice de la Tour, frère de

---

1. M. Louis Moland (*OEuvres de la Fontaine*, tome VII, p. xxxii) dit qu'il y eut deux factums pour la Fontaine contre Cornay, et que M. Benjamin Fillon a donné (nous ignorons où) le titre du second : *Deuxième factum pour Mtre Jean de la Fontaine, maistre particulier des eaux et forests de Chasteau-Thierry, ou Response aux dits du sieur Cornay de la Vallée*, in-4° de 7 pages (sans nom de lieu ni d'imprimeur et sans date). Nous n'avons pu trouver ce factum que M. Fillon semblerait avoir eu sous les yeux.

2. Épître *Au duc de Bouillon*, vers 55 et 56. — 3. Vers 140-142.

Turenne, avait reçu (1651) les duchés de Château-Thierry et d'Albret en échange de sa principauté de Sedan. De nouvelles provisions de l'acte d'échange avaient été données à son fils Godefroy-Maurice, en 1662, l'année même où il épousa une des nièces de Mazarin, Marie-Anne Mancini, la jeune duchesse dont nous parlons. Cette signora Anna avait aux hommages de la Fontaine d'autres titres encore que ceux de sa seigneurie de Champagne. Nous avons dit qu'elle aimait les vers; et puis, notons ces deux points auxquels notre poëte n'était point indifférent, elle était jolie et sans pruderie. On sait que le temps ne se fit pas beaucoup attendre où elle n'en eut vraiment pas assez. Il y avait plaisir à lui faire sa cour. Dans une lettre mêlée de vers, que lui écrivit la Fontaine en 1671[1], le poëte vantait familièrement sa vivacité aimable, son « pied *blanc et mignon*, » sa « brune et longue tresse, » qui lui paraissait « un charme. » La dédicace à la même duchesse des *Amours de Psyché* (1669) est d'un autre style tout à fait respectueux, le seul assurément qui là ne fût pas déplacé. On pourrait cependant aussi avoir à tenir compte de la différence des deux dates et croire que le poëte ne fut pas tout d'abord au degré de faveur qui, plus tard, en 1671, autorisait ce langage de la galanterie :

> La mère des Amours et la reine des Grâces,
> C'est Bouillon, et Vénus lui cède ses emplois[2].

[1]. Elle fut publiée à la Haye en 1694. Ces vers de la lettre :

> Peut-on s'ennuyer en des lieux
> Honorés par les pas, éclairés par les yeux
> D'une aimable et vive princesse...,

ont été répétés par la Fontaine dans la fable des *Deux Pigeons* :

> . . . . . . les lieux
> Honorés par les pas, éclairés par les yeux
> De l'aimable et jeune bergère
> Pour qui, sous le fils de Cythère,
> Je servis engagé par mes premiers serments.

Là, si on lit tout le passage, la Fontaine, dans un langage ému, parle (chose rare chez lui) d'un sérieux amour. Mais, de l'emprunt qu'il s'est fait à lui-même, il ne faudrait pas conclure que la bergère, si tendrement aimée, ait été la duchesse de Bouillon. Aucun fait connu ne justifierait cette supposition.

[2]. Lettre à Mme la duchesse de Bouillon, juin 1671.

Voilà tout ce que l'on peut recueillir de certain sur les premières relations de la Fontaine avec le château voisin de son logis. Il faut s'y tenir, et se garder des fables dont le retour du voyage de Limoges a été l'occasion. Fréron, par exemple, que Montenault a eu soin de copier, parle ainsi[1] : « La fameuse duchesse de Bouillon..., ayant été exilée à Château-Thierry, voulut connoître la Fontaine.... Comme elle avoit l'esprit badin et enjoué, elle l'engagea à composer des poésies dans le genre qui la flattoit le plus. Telle fut, dit-on, l'origine des *Contes*. Rappelée à Paris, elle y amena la Fontaine, qui trouva dans cette ville un de ses parents..., favori de M. Foucquet. » Ce sont des anachronismes ridicules. Quand Fréron n'eût pas placé avant la présentation du poëte à Foucquet l'histoire qu'il a imaginée, que signifie cet exil de la duchesse de Bouillon ? La première fois qu'il fallut prendre une mesure de sévérité contre elle, ce fut en 1675, lorsqu'on l'enferma dans un couvent à Montreuil. Cinq ans plus tard, au temps de l'affaire des poisons, elle fut exilée à Nérac, puis, en 1686, à l'abbaye de Saint-Martin-de-Pontoise ; elle ne le fut jamais dans son duché. De ces erreurs, si faciles à reconnaître, il est resté dans beaucoup d'esprits l'assertion sur l'origine des *Contes*. Elle soutient mal l'examen. Pour mettre au plus tard la composition des contes de la Fontaine, ils furent écrits peu après son retour de Limoges, lorsque la duchesse de Bouillon n'était pas encore âgée de quinze ans. Au mois d'avril 1662, date de son mariage, elle n'avait guère que douze ans et demi. Saint-Simon la fait naître en 1646[2] ; mais un témoignage de grande autorité[3] nous apprend qu'elle fut baptisée à Rome le 13 septembre 1649. Loret est d'accord : il annonce dans sa lettre en vers du 29 janvier 1656 que Marie-Anne Mancini vient d'arriver d'Italie à la cour de France,

> N'ayant.... atteint que l'âge
> De six ans, et pas davantage.

Ce serait une femme encore si jeune au retour du voyage de la Fontaine, qui lui aurait alors demandé ses premiers contes !

1. *Vie de la Fontaine*, p. IX et X.
2. *Mémoires*, tome X, p. 191 (édition de 1873).
3. Celui du P. Anselme, tome V, p. 464.

Plus tard, mais seulement plus tard, il n'y a pas de doute que cette poésie si libre ne lui déplut pas, obtint son suffrage et ses encouragements ; de là même est peut-être venue l'idée de l'honneur invraisemblable qu'on a voulu lui faire. En le lui refusant, nous ne prenons soin que de l'exactitude, non d'une réputation qui, par la suite, devint impossible à défendre. Si la duchesse de Bouillon n'a pas conseillé à la Fontaine ses premiers contes, nous ne croyons pas qu'elle ait toujours été innocente des écarts de sa conduite. Le jour viendra où ce sera autour d'elle, dans sa cour, aussi déréglée qu'elle-même, que se formeront les liaisons les plus dangereuses de notre poëte.

Les prodigieuses bévues de Fréron ne pouvaient égarer Walckenaer ; mais il a paru croire qu'à la condition de les amender, on en pouvait tirer quelques renseignements. Il n'est plus question chez lui de l'exil de la duchesse de Bouillon à Château-Thierry ; mais elle a ordre de s'y retirer, ordre donné par son mari sans doute, lorsque celui-ci, au printemps de 1664, partit pour la Hongrie, afin de secourir l'empire contre les Turcs. Parmi les jeunes guerriers engagés dans cette croisade, Loret n'omet pas

> Le duc de Bouillon et son frère....
> L'aîné surtout qui chez le Roi
> Possède un glorieux emploi[1],
> Est époux d'une aimable femme
> Qui l'aime de toute son âme[2].

Pendant cette absence du mari, continue Walckenaer, la Fontaine désennuie la duchesse ; elle le prend si bien en goût que, lorsqu'elle quitte Château-Thierry, elle l'emmène avec elle à Paris, et l'admet dans sa société[3]. Ce sont tous les traits du récit de Fréron, ingénieusement corrigés et ramenés à la vraisemblance : ce qui ne suffit pas pour en établir la vérité. Walckenaer, en côtoyant le récit de Fréron, n'oublie même pas le conseil d'écrire des *Contes*. Il est vrai qu'il ne parle pas expressément des premiers, mais seulement des « plus jolis,... malheureusement aussi les plus licencieux[4], » que le désir de

1. Il était grand chambellan de France.
2. Lettre en vers du 26 avril 1664.
3. *Histoire de la vie.... de la Fontaine*, tome I, p. 137.
4. *Ibidem*, p. 116.

plaire à la duchesse de Bouillon « inspira, dit-on. » C'est laisser moins de prise aux objections. Comme cependant, d'autre part, il donne vingt-deux ans à la duchesse, quand la Fontaine lui fut présenté, il semble permettre à qui voudra de croire que les contes dont elle fut l'inspiratrice peuvent être les premiers. Or on ne peut admettre les vingt-deux ans de la duchesse de Bouillon, qui, fallût-il la croire née en 1646, nous mèneraient jusqu'en 1668. Il y avait longtemps que la Fontaine lui avait été présenté, longtemps aussi que *Joconde* et un autre conte, celui du Mari trompé, *battu et content*, avaient été publiés. Ils furent composés bien peu après le retour de Limoges, sinon avant; car si le petit in-douze[1] qui contient les deux nouvelles, avec la traduction de *la Matrone d'Éphèse*, par Saint-Évremond, porte le millésime de 1665, l'achevé d'imprimer est du 10 décembre 1664; et le privilége fut donné beaucoup plus tôt, le 14 janvier de la même année. La publication suivit de près l'achevé d'imprimer; en effet, dès le 26 janvier 1665, le *Journal des Savants* en rendit compte[2] et put faire l'histoire de la querelle qu'un des deux contes, celui de *Joconde*, avait soulevée sur le Parnasse.

Cette querelle est célèbre. M. de Bouillon, secrétaire du cabinet de feu M. le duc d'Orléans (Gaston), avait, avant la Fontaine, imité en vers la nouvelle de l'Arioste dont Joconde est le héros. Son imitation fut imprimée en 1663, l'année qui suivit sa mort. Brossette dit que ce fut parce que la Fontaine trouva le conte « fort mal bâti » qu'il le mit en vers à sa fantaisie et à sa manière[3]. Serait-ce donc ainsi, et comme par hasard, qu'il aurait pris goût aux *Contes?* Lorsqu'il fit paraître celui-ci, on se disputa beaucoup sur la préférence à donner à la plus ancienne ou à la plus récente des deux imitations du conteur italien, et il se fit des gageures considérables. On a nommé le chevalier de Saint-Gilles comme ayant

---

1. *Nouvelles en vers tirées de Boccace et de l'Arioste*, par M. D. L. F., Paris, Claude Barbin, 1665.
2. Pages 39-41.
3. *Mémoires de Brossette sur Boileau*, à la suite de la *Correspondance de Boileau Despréaux et Brossette*, publiée par A. Laverdet, p. 523.

parié pour Bouillon, l'abbé le Vayer[1] pour la Fontaine. Molière, choisi pour être un des juges, se récusa, dit-on, malgré son amitié pour notre poète : il voulait ménager Saint-Gilles, dont il était aussi l'ami[2]. Ce même Saint-Gilles serait pourtant, suivant Brossette[3], le Timante du *Misanthrope*, l'homme « tout mystère. » Il faudrait donc croire que Molière se fit moins de scrupule de s'amuser à ses dépens, sans, il est vrai, le nommer, que de lui faire perdre les cinquante pistoles dont parle Brossette[4]. Une autre explication a été donnée de sa neutralité dans la querelle des deux Jocondes, c'est qu'il aurait craint de condamner un auteur qui avait appartenu à la maison du protecteur de sa troupe[5].

Ce qui est plus intéressant que ces traditions incertaines, c'est que Boileau plaida la cause de la Fontaine, non-seulement en ami, mais en homme dont le jugement était déjà sûr. Prendre la défense du bon goût n'était pas, en cette occasion, un soin superflu. Non-seulement Bouillon avait ses partisans; mais, parmi ceux mêmes qui n'étaient pas de ce nombre, il y en

1. Brossette, en tête de la *Dissertation* de Boileau sur *Joconde*, a mis : *A M. l'abbé le Vayer;* mais dans le texte de 1669 il y a : « *A Monsieur B...* ». Saint-Marc croit qu'il s'agit plutôt de François le Vayer de Boutigny, cousin de l'abbé.
2. *Mémoires de Brossette sur Boileau*, p. 523. Voyez aussi le *Nouveau Dictionnaire historique et critique* de Chaufepié (1750), tome II, à l'article FONTAINE (JEAN DE LA), p. 67, note D.
3. A la page déjà citée de ses *Mémoires*.
4. *Ibidem*. — Boileau, dans la *Dissertation*, dont il va être question, dit cent pistoles.
5. Voyez l'*Histoire de la vie et des ouvrages de Molière* par Taschereau (5ᵉ édition), p. 130. « M. de Bouillon, y est-il dit, était mort secrétaire de MONSIEUR. » Il eût mieux valu dire : « de feu MONSIEUR. » On pourrait croire qu'il s'agit du frère de Louis XIV, d'autant plus que Taschereau continue ainsi : « en cette qualité, il avait été à même de rendre plus d'un service à Molière et à sa troupe. Il n'était probablement pas étranger aux nombreux témoignages d'intérêt.... que le prince, leur patron, leur avait prodigués. » Cela ne semblerait-il pas s'appliquer à Philippe de France plutôt qu'à Gaston? Celui-ci toutefois avait entretenu et protégé la troupe de l'Illustre Théâtre. Voyez les *Recherches sur Molière*, par Eud. Soulié, p. 39.

avait qui prétendaient tenir égale leur balance dédaigneuse entre ses vers très-plats et les vers charmants de la Fontaine. « Il est à craindre, disait le *Journal des Savants*[1], qu'il n'arrive à ces deux pièces la même chose qui est arrivée à ces deux sonnets qui divisèrent le Parnasse en deux factions si célèbres sous les noms de Jobelins et d'Uranins. Car étant examinés de plus près, ils perdirent beaucoup de leur prix et de leur estime. » Quelle judicieuse impartialité! Boileau ne l'entendait pas ainsi. Non content de montrer qu'il n'y avait nulle comparaison entre les deux ouvrages, il déclara celui de la Fontaine excellent, malgré quelques négligences, et supérieur même au modèle italien. Sa *Dissertation* fut imprimée, pour la première fois, en 1669 seulement, dans une édition des *Contes de la Fontaine*, publiée à Leyde[2]; mais il est évident qu'elle avait été écrite et répandue par des copies, dès le temps où la nouvelle de la Fontaine venait de paraître; car Boileau nous y apprend que la gageure attendait encore des arbitres. Il ne les nomme pas; mais c'étaient, dit-il, « trois des plus galants hommes de France. »

Outre l'appréciation littéraire, ce que la *Dissertation* a de remarquable, c'est que son auteur ne paraît voir dans la Nouvelle qu'une narration fleurie et enjouée, dont la naïveté inimitable lui rappelle Horace et Térence, sans qu'il ait un mot de blâme pour le caractère licencieux de l'ouvrage. Nous ne cherchons pas pour la Fontaine une autorité qui le justifie; mais le silence de Boileau sur la question morale ne fait-il pas comprendre comment notre poëte n'eut pas la crainte de trop choquer et scandaliser son époque? Ce silence indulgent étonnerait chez un sage[3], si l'on oubliait qu'alors on était habitué à passer aux rimeurs de grandes légèretés. Ne donnons pas cependant à Boileau un brevet de sagesse antidaté. Dans son

---

1. Ces petits articles du 26 janvier 1665 ont été attribués à Denis de Sallo, le fondateur du *Journal*. Quelques-uns pensent qu'ils pourraient bien être de Chapelain, un de ses collaborateurs.
2. Voyez les *OEuvres de Boileau*, édition de Berriat-Saint-Prix, tome I, p. cxxxviii, et tome III, p. 3, note 2.
3. Boileau, il est vrai, n'avoua pas publiquement son petit écrit, qui a été inséré, pour la première fois, dans ses *OEuvres*, par Brossette.

Art poétique, il n'a pas été doux pour les auteurs qui, *déserteurs infâmes de l'honneur* dans leurs vers,

Aux yeux de leurs lecteurs rendent le vice aimable[1];

et Brossette a même cru qu'il avait dirigé ces traits impitoyables contre les contes de la Fontaine. Pour que nous l'admettions, ses expressions sont trop injurieuses. Il est clair toutefois qu'alors il devait voir *Joconde* et tous les *Contes* d'un œil plus sévère. Mais, assez jeune en 1665, il n'était pas encore l'austère moraliste qu'il fut plus tard, et, quelque temps, comme Racine, il hurla plus ou moins avec les loups.

Dans son court *Avertissement* de la première des éditions de 1665, la Fontaine ne s'inquiète, comme Boileau, que de la question littéraire. Il fait observer que ses deux nouvelles sont d'un style bien différent; que dans la seconde seulement, dans celle qui est tirée de Boccace, il a cherché les grâces du vieux langage; qu'il a tenté ainsi « deux voies, sans être certain laquelle est la bonne, » et qu'il attend de connaître le sentiment de ses lecteurs. Il n'a depuis renoncé ni à l'une ni à l'autre voie, et, les voyant bonnes toutes deux, il les a, tour à tour, laissé prendre à sa muse de conteur.

Lorsqu'il fit cette publication de deux premiers contes, comme un essai qui tâterait le goût du public, ce n'étaient pas les seuls qu'il eût déjà composés. Il reconnut bientôt qu'il pouvait faire imprimer ce qu'il avait gardé dans son portefeuille, où, comme il disait, en son cabinet; car « ces bagatelles » avaient eu du succès, et l'on « étoit en train d'y prendre plaisir. » Il ne fallait donc pas laisser refroidir la curiosité de voir la suite, qui était « encore en son premier feu. » Nous savons cela par la préface de la seconde édition, publiée, comme la première, sous la date de 1665 et qui avait été achevée d'imprimer dès le 10 janvier de cette année, c'est-à-dire bien peu de temps après la publication de la première. Cette seconde édition contient dix contes, par conséquent huit nouveaux. Pour grossir le petit volume, il tira de ses papiers une imitation des *Arrêts d'amour*, de Martial d'Auvergne, et un fragment du *Songe de Vaux* sur les amours de Mars et de Vénus.

---

1. *Art poétique*, chant IV, vers 93-96.

Cette fois la *Préface* tentait une réponse à des scrupules que la Fontaine voulait paraître seulement prévoir, mais qui probablement avaient été exprimés déjà. Si l'on trouvait dans ses badinages un peu trop de liberté, « la nature du conte le vouloit ainsi. » Il avouait d'ailleurs qu' « il faut garder en cela des bornes et que les plus étroites sont les meilleures. » Il ne croyait pas mettre la morale en péril, la gaieté ne faisant pas sur les âmes une impression aussi dangereuse que la douce mélancolie des romans les plus chastes et les plus modestes.

C'est à lui-même que nous avons laissé la parole, sans lui accorder le moins du monde que son apologie soit sans réplique. Un des traits les plus plaisants de ce court plaidoyer est celui-ci : « Cicéron fait consister [la bienséance] à dire ce qu'il est à propos qu'on dise eu égard au lieu, au temps et aux personnes qu'on entretient. Ce principe une fois posé, ce n'est pas une faute de jugement que d'entretenir les gens d'aujourd'hui de contes un peu libres. » Voilà bien sa malice piquante, avec un mélange ou sous un air de naïveté.

Longtemps après, et, avec beaucoup d'esprit, dans des vers du premier conte de son troisième livre, il a essayé encore de défendre l'innocence de ses *Contes bleus*, ou comme dans sa *Dissertation*, disait Boileau, de ses *Contes de ma mère l'oie*. Là, en habile avocat, la Fontaine ne disait pas certaines vérités, sans en laisser de côté quelques autres. Mais ce n'est pas à nous, à cette place moins qu'ailleurs, d'ériger un tribunal; nous ne voulons faire froncer le sourcil ni aux Muses indulgentes ni à la sévère sagesse. Remarquons seulement que l'austère Louis Racine lui-même, sans songer, on le pense bien, à une apologie des contes, à laquelle il était moins disposé que personne, n'a pas craint de solliciter du moins quelque indulgence pour les intentions de la Fontaine : « Dans ses écrits licencieux, a-t-il dit[1], on n'aperçoit point cet esprit libertin et ce cœur corrompu, que tant d'écrits du même genre font remarquer dans leurs auteurs. On voit un homme qui se laisse entraîner par un malheureux talent, dont il ne prévoit pas les suites funestes.... Il poussa son étonnante

---

1. *Réflexions sur la poésie*, chapitre v, article II.

simplicité jusqu'à croire que de pareils écrits n'avoient rien de dangereux. » Une faiblesse d'auteur pouvait aider beaucoup à l'illusion de la Fontaine. Il tenait fort à ses *Contes* et n'ignorait pas leur mérite, comme œuvre littéraire. Nous savons, par un intéressant passage d'une lettre de Maucroix[1], quelle opinion il en avait : « Je puis.... vous assurer en général qu'il regardoit ses Fables comme le meilleur de ses ouvrages. Il disoit pourtant qu'il y avoit quelquefois plus d'esprit dans les poésies qui lui ont fait verser des larmes sur la fin de ses jours. » Perrault, admirateur du style des *Contes*, qui sont « de la même force, » disait-il, que les *Fables*, en regrettait la licence, mais savait gré au poëte du voile dont il l'a couverte : « Les images de l'amour y sont si vives qu'il y a peu de lectures plus dangereuses pour la jeunesse, quoique personne n'ait jamais parlé plus honnêtement des choses déshonnêtes[2]. » Qui pourrait trouver trop compromettant de se ranger à l'avis de Louis Racine et de Perrault ? Il faut seulement n'en rien retrancher et maintenir les distinctions et réserves, que leurs justes scrupules ne pouvaient manquer de faire.

Qu'on le juge plus ou moins coupable, la Fontaine était en veine de contes. A la première partie une seconde succéda rapidement, publiée chez Barbin, en 1666[3], imprimée dès le 21 janvier. Dans une nouvelle préface, le poëte se proposa de justifier ses hardiesses et ses licences : lesquelles? des licences de rimes et d'hiatus, permises, pensait-il, dans ce genre de poésies, qu'une affectation de beauté plus régulière aurait rendues moins attrayantes et piquantes. Il défendait, en même temps, la liberté qu'il avait prise de tailler dans le bien d'autrui, retranchant, amplifiant. De la légèreté de ses nouvelles il ne s'excusait plus ; et cependant il annonçait que c'étaient les derniers ouvrages de cette nature qui partiraient de ses mains. Rien n'indique

---

1. *Maucroix, OEuvres diverses*, tome II, p. 233. — Cette lettre du 30 mars 1704 est adressée au Père de la compagnie de Jésus que nous avons dit (p. xvi, note 5) être probablement d'Olivet.

2. *Les Hommes illustres*, tome I, p. 84.

3. Elle porte, par erreur, le millésime de 1646. Une réimpression en fut publiée chez Billaine (1667).

qu'il lui fût venu aucune inquiétude de conscience; mais il avait vu une autre route à suivre; il est certain même qu'il avait commencé dès lors à s'y engager.

Cette route paraissait toute voisine : elle était réellement très-différente et bien meilleure. C'est elle qui l'a conduit à une gloire impérissable. Elle ne défendait pas, comme l'autre, à l'honnête pudeur d'approcher; et de plus elle appartenait à un art bien supérieur. Sans être fermée aux grâces négligées, elle était ouverte à une poésie plus riche, où brilleraient les couleurs les plus variées de l'imagination. La pensée que la Fontaine avait conçue était celle de son *ample comédie à cent actes divers*[1]. Un privilége lui fut donné pour ses *Fables*, le 6 juin 1667. Il devait donc y travailler dès le temps où furent imprimés ses premiers contes, peut-être même plus tôt. Les six premiers livres des *Fables*[2] furent publiés en 1668; l'achevé d'imprimer est du 31 mars.

Mais avant d'aller au delà de cette époque décisive dans la vie littéraire de notre poëte, revenons un peu en arrière; car, en nous arrêtant sur les œuvres des années qui ont suivi son voyage avec Jannart, nous avons différé de dire quels faits de sa vie, en dehors de ces publications, ont, à notre connaissance, rempli les mêmes années.

Nous avions laissé la Fontaine de retour à Château-Thierry, puis bientôt à Paris, où la duchesse de Bouillon, nous a-t-on dit, l'avait ramené. De quelque manière qu'il y fût revenu, ce fut là certainement, non en Champagne, qu'il fit les plus longs séjours, de 1664 à 1668 : le soin de l'impression de ses ouvrages, dont nous avons donné les dates, y exigeait sa présence. Il y était le 14 juillet 1664, lorsqu'il prêta serment comme gentilhomme servant de la duchesse douairière d'Orléans. Son brévet, signé de cette princesse, est daté du 8 juillet précédent.

Il n'y avait pas à confondre ici la veuve de Gaston avec cette plus jeune *Madame* du même temps, cette Henriette d'Angleterre, que la Fontaine avait chantée dans une de ses

---

1. Fable I du livre V, vers 27.
2. *Fables choisies mises en vers par M. de la Fontaine*, Paris, Claude Barbin, ou Denys Thierry, 1 vol. in-4°, 1668.

odes, en 1661. Celle-ci, il est vrai, est restée la plus célèbre des deux par les agréments de son esprit et par la bienveillance éclairée dont les lettres lui furent reconnaissantes; ainsi s'explique l'erreur où sur le nom de la princesse qui s'attacha notre poëte on est souvent tombé. Fréron l'a commise[1], et c'est lui sans doute qui y a induit de plus attentifs que lui.

Nous ignorons si ce fut, comme on l'a cru[2], à la recommandation de la duchesse de Bouillon que la Fontaine obtint la protection de la cour du Luxembourg.

On a dit que le brevet de gentilhomme servant ne lui avait rien valu de plus qu'un titre honorifique; mais les preuves qu'on en a données ne sont pas valables, étant tirées de l'état du payement, en 1668, des gages et pensions de la maison de Henriette d'Angleterre[3]. La vraisemblance reste du côté de ceux qui ont, comme Walckenaer[4], parlé d'une honorable indépendance que la faveur de la duchesse d'Orléans douairière avait rendue au poëte privé des libéralités de Foucquet. Ce qui est certain, c'est que cette nouvelle protection était, autant que la première, une grande marque d'estime pour son talent.

Toutefois ce n'étaient pas les jours brillants de Vaux qui renaissaient pour lui au Luxembourg, où nous ne nous le représentons pas, il est vrai, renfermé par son service, mais où il devait aller assez souvent pour qu'il eût aimé à le trouver plus animé. Dans la froide et triste maison d'une princesse qui n'était guère distraite de ses dévotions que par ses vapeurs et restait d'une sévérité silencieuse avec ses filles, comment retrouver les goûts très-littéraires de la cour du surintendant, et la galanterie qui y régnait? Ce dernier agrément ne fut jamais celui qui toucha le moins la Fontaine. Dans les vers qu'il a écrits en 1667 pour Mignon, le petit chien de sa

---

1. *Vie de la Fontaine*, p. x.
2. *Les Nièces de Mazarin* (1856), p. 365. L'auteur, M. Amédée Renée, n'y a pas évité la confusion de Henriette d'Angleterre avec Marguerite de Lorraine, duchesse douairière d'Orléans.
3. Voyez, au tome II de l'*Histoire de l'Académie* (édition de M. Livet, 1858), la note 2 de la page 299.
4. *Histoire de la vie.... de la Fontaine*, tome I, p. 239.

protectrice, il plaint le gentil animal, parce que l'amour ne trouve un accès facile d'aucun des deux côtés du palais, habités l'un par la duchesse douairière et les jeunes princesses ses filles, l'autre par sa belle-fille, Mademoiselle de Montpensier; et l'on voit bien qu'en plaignant le malheureux Mignon, c'est pour son propre compte qu'il gémit. Il y a surtout l'évêque de Bethléem, dont la sévérité l'empêche de trouver cette cour très-réjouissante. Ce fut seulement lorsque la belle Poussay y arriva qu'il eut la consolation de croire que tout Paphos l'y avait suivie, comme il le dit dans un sonnet composé pour elle :

Que de grâces, bons Dieux ! Tout rit dans Luxembourg [1].

Et, suivant sa mauvaise habitude, le voilà amoureux; on le croirait du moins, si l'on pouvait se fier au langage poétique, qui ne tire pas toujours à conséquence.

Outre l'épître au petit chien Mignon et le sonnet à Mlle de Poussay, nous avons encore, comme souvenirs de son service de gentilhomme de Madame, un autre sonnet à une des filles de cette princesse, Mlle d'Alençon, qui devint duchesse de Guise le 15 mai 1667, et une épître dédicatoire, dont nous parlerons bientôt, au duc de Guise. Le tribut poétique dont il avait autrefois si bien payé les termes à Foucquet fait paraître modeste celui dont il s'acquitta envers le Luxembourg. Ce qu'il faut remarquer dans les quelques vers inspirés par cette cour, plus facile à satisfaire, c'est le même ton d'aimable familiarité, mêlée de respect, qu'il sut toujours avoir avec les grands. Saint-Marc Girardin n'a pas laissé échapper ce trait de son caractère : « Voltaire, dit-il très-bien, n'est pas plus à son aise, et.... Voltaire veut y être. La Fontaine y est sans s'en occuper et s'en enivrer. Il s'entretient de cette manière familière et gracieuse avec Mme la duchesse de Bouillon, avec Mme de Thiange..., avec Turenne, avec le prince de Conti, avec Vendôme.... Quand il écrit aux femmes, princesses ou duchesses, mais surtout belles, son ton est charmant [2]. »

Il demeura attaché à la maison de la douairière d'Orléans jusqu'à la mort de cette princesse (3 avril 1672); et, même

1. Vers 6.
2. *La Fontaine et les fabulistes*, tome I, p. 313 et 314.

depuis, il garda toujours ce titre de son gentilhomme servant, que nous avons trouvé dans des actes de 1676, de 1686, 1687 et 1690.

Cette sinécure (c'en était une sans doute) à la cour du Luxembourg ne lui avait pas fait quitter sa maîtrise des eaux et forêts, avec laquelle aussi il en prenait à son aise. Il était cependant obligé d'aller quelquefois à Château-Thierry remplir les devoirs de sa charge[1]; il y mettait de la négligence, et Colbert, mal disposé probablement pour un rimeur resté fidèle à Foucquet, l'avertissait, dans une lettre sévère du 7 août 1666, de faire une plus exacte recherche des gaspillages de bois et de tous les abus et malversations dont avaient à souffrir les forêts commises à sa surveillance. La Fontaine cependant aimait les arbres :

> . . . . Que de doux ombrages
> Soient exposés à ces outrages,
> Qui ne se plaindroit là-dessus[2]?

Mais il les défendait moins bien en administrateur vigilant qu'il ne les plaignait en poëte touché de leur beauté. Colbert ne lui a pas seul reproché d'avoir mal rempli ses prosaïques fonctions. Il a été fort raillé à ce sujet par Furetière, au temps de leur grande querelle. On lit dans le *Second factum*[3] : « Après avoir exercé trente ans la charge de maître particulier des eaux et forêts, il avoue qu'il a appris dans le Dictionnaire universel ce que c'est que du bois en grume, qu'un bois marmenteau, qu'un bois de touche, et plusieurs autres termes de son métier, qu'il n'a jamais su. » La Fontaine répondit par une épigramme aussi vigoureusement assénée qu'elle devait l'être à un brutal. Furetière riposta en prose et en vers,

---

1. Il n'était en fonctions qu'une année sur trois. Dans un reçu qu'il a signé le 7 février 1656, il prend le titre de « maître particulier et triennal des eaux et forests de Chasteauthierry » (*Annales de la Société historique et archéologique de Château-Thierry*, année 1880, p. 123). La *Revue des autographes*, n° 73 (mai 1882), a publié (p. 12) un autre reçu qu'il a délivré, le 30 octobre 1658, en sa qualité de « maître ancien et triennal, etc. »

2. *La Forêt et le Bûcheron*, fable XVI du livre XII, vers 21-23.

3. Page 294.

ceux-ci d'une insolence qui ne s'attaquait plus seulement au forestier. Comme tel, la Fontaine, avec quelque vivacité qu'il eût rendu coup pour coup, n'avait pas dû se sentir profondément blessé, n'ayant pas la prétention, comme Sganarelle, d'être le premier homme du monde pour faire des fagots, ni pour les surveiller.

Ce n'est ni au Luxembourg, où sa charge à remplir et sa cour à faire ne l'obligeaient sans doute pas à beaucoup d'assiduité, ni à Château-Thierry, dans l'exercice peu diligent de sa juridiction forestière, qu'il faut longtemps le chercher. On l'aurait, à l'époque dont il s'agit, plus souvent trouvé avec les grands poëtes, ses amis. Nous sommes, en effet, au temps où l'on place d'ordinaire, sans qu'il y ait, ce semble, d'erreur à craindre, ces agréables réunions qu'il a si bien célébrées lui-même, au début de ses *Amours de Psyché*. De si brillants esprits auraient formé, comme il l'a dit, une petite Académie, « si leur nombre eût été plus grand, et qu'ils eussent autant regardé les Muses que le plaisir. » Mais ils avaient soin de bannir de leurs entretiens « tout ce qui sent sa conférence académique. » Ce n'est pas qu'on ne voie dans le récit de la Fontaine qu'ils avaient bien quelques regards pour les Muses. Tout d'ailleurs dans les conversations que le conteur prête aux quatre amis ne doit pas avoir l'exactitude d'un procès-verbal. Le roman y a sa part, et il s'y mêle peut-être quelque imitation des dialogues de Platon. C'est dans le ton seulement des aimables propos et dans le caractère donné aux interlocuteurs qu'il doit y avoir un souvenir fidèle. Un passage du *Parnasse françois* de Titon du Tillet peut servir de commentaire à la demi-fiction de la Fontaine. « Il étoit, dit-il[1], intime ami, non-seulement de Molière, mais encore de Racine et de Despréaux.... Despréaux loua, pendant quelques années, un appartement particulier, à Paris, rue du Colombier, au faubourg Saint-Germain, où s'assembloient, deux ou trois fois la semaine, ces quatre excellents hommes, ce qui cessa par un froid qu'il y eut entre Molière et Racine. » Si ces dernières paroles sont exactes, elles indiquent la date qu'il ne faut pas

---

1. Page 412.

dépasser, la brouille de Racine et de Molière étant du mois de
décembre 1665, quand l'*Alexandre* fut joué à l'Hôtel de Bourgogne. Ce serait donc un peu avant cette brouille qu'auraient
eu lieu les réunions de la rue du Colombier. Pour celles des
quatre amis que rassembla la lecture de *Psyché*, la Fontaine
marque à peu près le même temps; car, lorsqu'ils sont ensemble à Versailles, pour entendre le récit, ils vont voir le salon
et la galerie qui avaient servi aux *Plaisirs de l'Ile enchantée*;
et la remarque[1] qu'ils étaient encore debout semble faire entendre que cette fête du 7 mai 1664 était alors récente. D'un
autre côté cependant, Gélaste, dès le premier entretien, parle
des représentations d'*Andromaque*, qui sont de 1667. Mais la
Fontaine (nous l'apprenons de lui au commencement du livre Ier de *Psyché*) travailla longtemps à son roman, et il dut
successivement y ajouter bien des traits, ce qui a introduit
quelque trouble dans la chronologie.

Les noms de deux des amis qu'il met en scène avec lui-
même ne sont pas contestés : Acante est Racine, Ariste est
Boileau, aussi certainement que la Fontaine est Polyphile. Que
Gélaste soit Molière, comme aucuns l'ont dit[2], on ne le veut
pas; on fait observer que, dans ses paradoxes, il y a des plaisanteries un peu triviales, et qu'il se fait justement accuser
par Ariste d'être le plus frivole avocat de la Comédie qu'on
ait vu depuis longtemps. Est-ce bien là le rôle que la Fontaine
aurait voulu donner à Molière? Gélaste serait donc plutôt
Chapelle, dont la familiarité avec nos illustres poëtes est bien
connue, et qui fut certainement un cinquième ami au bon
temps de la rue du Colombier et des joyeux repas dans les
célèbres cabarets. Il est difficile de ne pas se rendre aux
très-fortes raisons dont cette opinion a été appuyée[3]. Mais
que l'on a de peine à ne plus trouver Molière dans la société

---

1. Voyez la fin du livre Ier.

2. Nous l'avons dit nous-même dans la *Notice biographique* qui
est en tête des *OEuvres de Racine*, tome I, p. 63 et 64. L'opinion
contraire paraît assez fondée pour que nous ne fassions pas difficulté de nous y ranger.

3. Voyez les *OEuvres complètes de la Fontaine* (édition de M. Moland), tome VII, p. XXXIX, et tome VI, dans l'*Introduction*, p. X-XIII.

des quatre interlocuteurs des *Amours de Psyché!* Et comme, malgré sa verve spirituelle, Chapelle est loin d'y figurer aussi bien! Si lié que fût la Fontaine avec Racine, il n'eût certes pas, pour lui complaire, rayé Molière du nombre de ses amis. La seule explication de ce qui embarrasse serait que, le grand poëte comique ne pouvant plus alors se trouver avec l'auteur d'*Andromaque*, la Fontaine, en historien exact, n'aurait pa voulu le faire assister à la lecture de son ouvrage, à l'époque où il fut terminé. Nous aimerions à conjecturer que les amis présentés au lecteur, dès le début de *Psyché*, sous des traits qui les mettent de pair, étaient bien tout d'abord la Fontaine, Molière, Racine et Boileau, et que, dans la première rédaction, c'était Molière qui, avec une éloquence digne de lui, défendait la Comédie ; mais qu'achevant l'ouvrage plus tard, l'auteur, pour ne pas mettre en présence ceux qui avaient cessé de se voir, changea les beaux et solides discours du premier Gélaste en frivoles badineries, convenables au second. Si cela est, nous y avons beaucoup perdu.

Racine et Boileau sont peints en traits qui les font merveilleusement revivre sous nos yeux ; et, ce qui n'est pas le moins intéressant, la Fontaine, sous le nom bien justifié de Polyphile, a laissé de lui-même une frappante image. Aussi bien que Racine, il aimait les fleurs, les ombrages ; mais ce qui était son caractère particulier, « il aimoit toutes choses. » Il avait encore cette ressemblance avec Racine, qu'il penchait vers le lyrique ; mais son ami avait quelque chose de plus touchant, lui de plus fleuri. Il mêlait toujours de la gaieté aux choses les plus sérieuses, même aux plus tristes ; de ce défaut il ne parvenait pas à se corriger, en dépit de tous ses efforts. Il achève son propre portrait dans ce passage de l'hymne à la Volupté, qui est à la fin de son récit :

> Volupté, Volupté, qui fus jadis maîtresse
>   Du plus bel esprit de la Grèce,
> Ne me dédaigne pas, viens-t'en loger chez moi ;
>   Tu n'y seras pas sans emploi.
> J'aime le jeu, l'amour, les livres, la musique,
>   La ville et la campagne, enfin tout : il n'est rien
>   Qui ne me soit souverain bien,
>   Jusqu'au sombre plaisir d'un cœur mélancolique.

Si l'on cherche où il nous a donné ses *Mémoires*, c'est ici. Jamais épicurisme ne fut plus aimablement poétique. Lorsque tout charmait ainsi son âme, il n'est pas étonnant que sa lyre ait eu toutes les cordes.

La publication de ces *Amours de Psyché*, où nous avons recueilli de précieux souvenirs d'un temps antérieur, avait été précédée de celle des livres I à VI des *Fables*, que nous n'avons encore fait que mentionner. Ces six premiers livres furent même entièrement achevés avant le petit roman. La Fontaine dit, en effet, dans l'épilogue placé à la fin du livre VI des *Fables* : « Retournons à Psyché. » Et nous maintenant retournons aux *Fables* : nous en avons trop sommairement parlé.

C'est depuis cette première partie de la plus belle de ses œuvres qu'il a donné la véritable mesure de son génie. Pour la postérité, il est surtout le grand fabuliste.

On n'est jamais entré dans la gloire moins ambitieusement qu'il ne l'a fait. Ces six admirables livres, il les annonce comme « quelques essais », qu'il présente à un prince enfant, le Dauphin de France. « C'est, lui dit-il dans son épître dédicatoire, un entretien convenable à vos premières années.... L'apparence en est puérile, je le confesse. » Puérile ? non pas; quoique toujours ces fables, n'en déplaise à Rousseau[1], aient été, chez nous, le livre incomparable à donner au jeune âge. « Nos enfants l'apprennent par cœur, a très-bien dit M. Taine[2], comme jadis ceux d'Athènes récitaient Homère.... Ce sont de petits contes d'enfants, comme l'*Iliade* et l'*Odyssée*, qui sont de grands contes de nourrice. » Ce n'est pas nous qui accuserons le critique d'être ici paradoxal, lorsqu'il voit l'épopée de la France dans cet ensemble de petits poèmes, dont l'enfance est charmée, mais qui font, en même temps, les délices des esprits les plus formés par l'expérience de la vie et les plus sensibles aux beautés poétiques de premier ordre. Quand on leur contesterait le titre d'épopée, qu'on a pourtant donné au *Roman de Renart*, il faudrait leur laisser celui d'œuvre française par excellence : aucune autre n'a mieux reçu l'empreinte de notre génie national, tel que les siècles précédents l'avaient formé.

1. Voyez *Émile*, livre II (Amsterdam, 1763), tome I, p. 187-197.
2. *La Fontaine et ses fables* (6ᵉ édition, 1875), p. 47.

Mais on n'attend pas de nous, simple biographe, que nous commentions ces chefs-d'œuvre. Ce serait d'ailleurs porter du bois à la forêt après tant d'analyses excellentes qui en ont été faites au siècle dernier, et, avec un sens plus profond, dans celui-ci, par les Saint-Marc Girardin et les Taine. Il nous paraîtrait superflu aussi de disserter, à cette place, sur l'apologue dans l'Inde, en Grèce, à Rome et chez nous avant la Fontaine. Il suffit de dire à ce sujet que Pilpay, Ésope, Phèdre, beaucoup d'autres, et les fabliaux de notre moyen âge, comme on le verra dans les notes de notre édition, ont fourni des sujets à la Fontaine, mais que, restant original, il a élevé un genre secondaire à une hauteur où il ne craint la comparaison avec aucune autre poésie. Devant nous renfermer dans l'histoire proprement dite de ses fables, nous n'avons que peu de mots à ajouter sur celles du premier Recueil.

Il parut avec une préface aussi modeste que l'épître *Au Dauphin*; nous y apprenons que quelques fables étaient déjà connues et avaient été jugées avec « indulgence ». Où et quand avaient-elles été publiées? On ne l'a pas encore découvert. Peut-être n'avaient-elles été répandues que par des copies.

« Un des maîtres de notre éloquence », nous dit la Fontaine, avait désapprouvé le dessein de mettre en vers les vieux apologues, auxquels la poésie ferait perdre, selon lui, la brièveté nécessaire. Le conseiller mal avisé était Patru. C'était le cas de dire à celui-ci, comme Boileau, jouant sur son nom, très-voisin du mot latin *patruus*, « un oncle, » personnage parfois sévère et gênant : *Ne sis Patru mihi*[1]. Si ce Quintilien français, cet oracle infaillible du goût (on le tenait pour tel) avait été écouté, nous n'aurions ni l'*Art poétique* de Boileau, ni les *Fables* de la Fontaine[2]. Voilà, s'il en fut jamais, une « serpe, instrument de dommage[3] ».

La paresse de la Fontaine est un lieu commun des mieux établis. Il l'a lui-même fort accrédité, se plaisant à confesser son goût pour « ce pays où l'on dort, » où l'on fait plus, « on n'y fait nulle chose[4]. » Rêveur cependant bien plutôt que

1. *Lettre de Boileau à Brossette*, 2 août 1703.
2. D'Olivet, *Histoire de l'Académie*, p. 178.
3. *Le Philosophe scythe*, fable xx du livre XII, vers 16.
4. *Le Diable de Papefiguière*, vers 6 et 7.

paresseux, nous le trouvons, ce semble, poëte assez fécond dans ces années dont le travail se prouve par la publication d'un si bon nombre de contes et de fables, sans compter *Psyché*. Le temps même de la faveur de Foucquet a-t-il été pour lui, autant qu'on l'a dit, celui d'une regrettable oisiveté, où il se serait contenté d'improviser quelques bluettes? Il est plus vraisemblable que, l'éclosion de ses plus charmants ouvrages n'ayant pu être si subite, son apparente nonchalance les préparait dès lors. S'il n'aimait rien tant que dormir, que de beaux songes poétiques dans ce sommeil, un sommeil qui n'a pas rendu ce siècle *fortuné* moins fameux que les plus *illustres veilles*, célébrées par Boileau[1]!

Avouons toutefois que la Fontaine, entre 1668 et 1671, prit, sans trop se presser, tout son temps pour préparer de nouveaux contes et de nouvelles fables. Ses autres productions, dans cet intervalle, sont peu de chose. Des chefs-d'œuvre sans doute ne mûrissent pas à la hâte; et, quoique la facilité paraisse le caractère des siens, le premier brouillon qu'on dit avoir trouvé d'une de ses fables qu'il a depuis refaite[2] montrerait qu'il n'était pas de ceux qui craignent l'ennui d'une rature. Mais n'exagérons ni la peine qu'il se donnait à remettre ses vers sur le métier, ni sa féconde activité : les loisirs rêveurs lui étaient nécessaires, et, lentement amassé, son miel n'en était que plus doux.

Les six livres de fables terminés, il avait pensé qu'il était temps de reprendre « un peu de forces et d'haleine » et de changer de sujets[3]. Nous avons vu que, pour se délasser, il avait mis la dernière main à *Psyché*, dont l'impression fut achevée le 31 janvier 1669. On a reproché à l'agréable roman trop de longueur, trop d'esprit aussi, qui a semblé à quelques-uns rendre frivole une fable d'un sens profond. La Fontaine n'y a cherché qu'une occasion d'ingénieux badinages, et c'est par là qu'il y est bien lui-même et y a marqué son

---

1. *Épître à Racine*, vers 82 et 83.
2. La fable XIII du livre XII, *le Renard, les Mouches et le Hérisson*. Voyez les *Œuvres inédites de J. de la Fontaine*, p. 32. — Walckenaer ne doutait pas de l'authenticité du brouillon autographe.
3. *Épilogue* du livre VI des *Fables*, vers 6-9.

originalité. Nous doutons fort que la fortune de son spirituel roman ait d'abord été médiocrement heureuse, comme pourrait le faire supposer ce qu'en a raconté Gabriel Gueret : « Sa *Psyché*, dit-il, n'a pas eu le succès qu'il s'en promettoit, et Barbin commence à regretter les cinq cents écus qu'il en a donnés[1]. » A tenir pour vrai que le libraire se soit plaint, pendant que Ribou, de son côté, se plaignait des deux cents pistoles que lui coûtait le *Tartuffe*, il ne voulait probablement que faciliter, dans une autre occasion, quelque marché encore plus avantageux. Il faudrait une meilleure preuve pour faire croire que les *Amours de Psyché* n'aient pas été goûtés, comme ils devaient l'être. Ce qui seul aurait pu inquiéter la Fontaine, c'eût été le mécontentement de Louis XIV, dont une tradition, d'ailleurs peu certaine, veut qu'on lui ait fait peur. Dans un passage du livre Ier, une des sœurs de Psyché se plaint du roi, son mari, qui « a toujours une douzaine de médecins à l'entour de sa personne. » Louis XIV pouvait se reconnaître là ; mais combien plus encore, a-t-on pensé, dans le portrait que l'autre sœur fait de l'autre roi qui l'a épousée ! « Si votre époux a une douzaine de médecins à l'entour de lui, je puis dire que le mien a deux fois autant de maîtresses, qui toutes, grâces à Lucine, ont le don de fécondité. La famille royale est tantôt si ample, qu'il y auroit de quoi faire une colonie très-considérable. » Mais ceux qui ont vu là un exemple amusant des distractions de la Fontaine n'ont pas assez remarqué qu'à cette date Lucine n'avait encore favorisé d'autre maîtresse royale que la Vallière. Il n'y avait pas lieu à une application aussi frappante qu'ils l'ont cru. On n'en prétend pas moins que la malignité releva la prétendue offense, que la Fontaine fut très-effrayé, et que le duc de Saint-Aignan le rassura en lui promettant de le présenter au Roi, auquel il lui conseillait d'offrir un exemplaire de *Psyché*[2]. On ajoute qu'il fut ainsi fait, et que la Fontaine put reconnaître le peu de fondement de ses inquiétudes.

La même année (1669), pour s'acquitter de ce qu'il devait à la maison de ses protecteurs de Château-Thierry, il devient

---

1. *La Promenade de Saint-Cloud* (1751), p. 204.
2. Montenault, *Vie de la Fontaine*, p. XXII.

un moment, suivant une des modes du temps, journaliste en vers, et, ce que surtout on n'attendait guère de lui, nouvelliste politique. Cette complaisance de sa muse avait été demandée par la princesse de Bavière, sœur du duc de Bouillon. Elle n'avait pas mal choisi son Loret, qui, du reste, ne le fut qu'en passant. Tous les Bouillon sont bien loués dans ces vers, et le grand chambellan et ses frères, le comte d'Auvergne et le duc d'Albret, et leur oncle Turenne. La petite gazette, facilement rimée, a quelques jolis traits, qui auraient pu, ce semble, se passer de signature :

> Trouveront-ils en des familles,
> Par les garçons et par les filles,
> Par le père et par les aïeux,
> Un tel nombre de demi-dieux,
> Et de déesses tout entières ?
> Car demi-déesses n'est guères
> En usage, à mon sentiment[1].

C'était là cependant trop modeste besogne pour une telle plume; mais la protection des grands impose des obligations. De tout temps il paya très-volontiers sa dette à cette famille de divinités plus ou moins haut placées dans la céleste hiérarchie. Il y trouvait surtout un vrai héros, Turenne, digne sujet de ses vers. On a deux épîtres qu'il lui adressa en 1674. L'une d'elles, qui, dans sa familiarité spirituelle, rappelle la meilleure manière de Voltaire en ce genre de compliments (et nous les aimons mieux adressés à Turenne qu'à Frédéric), fut écrite après la bataille de Sinzheim (16 juin 1674). Elle commence ainsi :

> Vous avez fait, Seigneur, un opéra [2].

Il l'appelle très-justement « un Mars plein de bonté, » et le félicite de savoir Marot par cœur, ce qui n'est pas ordinaire aux illustres exterminateurs. La seconde épître mêle de beaux accents lyriques au même ton enjoué, qui d'ailleurs y domine.

1. Épître *A S. A. S. Madame la Princesse de Bavière*, vers 97-103.
2. C'était une allusion assez plaisante, qu'il expliquait un peu plus loin, à l'opéra qu'il faisait alors lui-même : celui de *Daphné*. Voyez ci-après, p. cxxxvii-cxxxix.

Grâce à tant de victoires, grâce à Turenne qui veille, la France est en repos :

> Dormez sans crainte à l'ombre de vos bois,
> Poëtes picards, et poëtes champenois.

L'autre grande famille, qui avait droit aussi à sa reconnaissance, n'était pas oubliée. Ce fut à une Altesse chère au Luxembourg que, en 1671, il fit hommage de quelques nouvelles fables[1]. Il les fit paraître, avec une épître en prose au duc de Guise, gendre de la duchesse douairière d'Orléans : dédicace banale, si l'on veut, comme le sont presque toujours les dédicaces, mais où toutefois, dans l'éloge des grands hommes de la maison de Lorraine, la noblesse académique du style est à remarquer. Si l'on a quelque peine à imaginer chez lui ce genre d'éloquence, c'est que volontiers on renferme un écrivain dans le talent où il a excellé. Walckenaer[2] loue, pour de semblables qualités, l'épître dédicatoire du premier Recueil au Dauphin, et rappelle que Richelet, en 1689, l'a insérée, comme un modèle, dans son livre intitulé : *Les plus belles Lettres des meilleurs auteurs françois*.

L'impression des nouvelles fables avait été précédée de celle des *Contes et Nouvelles en vers* de la troisième partie. L'achevé d'imprimer de ces contes est du 27 janvier 1671.

La Fontaine n'avait déjà plus voulu se souvenir que, dans la préface de la seconde partie[3], il avait annoncé que c'en était fini des amusements de cette nature. La tentation fut sans doute trop forte. L'agréable distraction des fables elles-mêmes ne l'avait point chassée. Elle reviendra encore, même beaucoup plus tard :

> . . . . . *Usque recurret.*

Les deux tomes publiés en 1671, l'un de contes, l'autre de fables, charmèrent Mme de Sévigné. Aussitôt parus, elle s'empressa de les envoyer à sa fille, sans se dissimuler que c'était

---

[1]. *Fables nouvelles et autres poésies de M. de la Fontaine*, Paris, D. Thierry, 1671. L'achevé d'imprimer est du 12 mars.
[2]. *Histoire de la vie.... de la Fontaine*, tome I, p. 222.
[3]. Au début même de cette préface.

braver sa méchante humeur[1]; car sur la Fontaine la mère et la fille ne s'entendaient pas; et, dans la crainte de pousser la contradiction trop loin, Mme de Sévigné d'abord se contentait de dire : « Il y a des endroits jolis et très-jolis. » Elle s'enhardit, lorsqu'elle put s'appuyer sur des suffrages de grand poids (ceux, à ce qu'il semble, de la Rochefoucauld et de Mme de la Fayette), et, le 29 avril suivant, elle lâcha moins timidement la bride à son admiration : « N'avez-vous point trouvé jolies les cinq ou six fables de la Fontaine[2] qui sont dans un des tomes que je vous ai envoyés? Nous en étions l'autre jour ravis chez M. de la Rochefoucauld. Nous apprîmes par cœur celle du *Singe et du Chat*.... Cela est peint; et *la Citrouille* et *le Rossignol*, cela est digne du premier tome[3]. » On aime à voir que les louanges données par Mme de Sévigné à ces chefs-d'œuvre naissants trouvaient de l'écho dans la maison de la Rochefoucauld, appréciateur non moins délicat, qui, pour les goûter comme elle, n'avait pas besoin de se souvenir de l'hommage rendu à son livre des *Maximes* dans une des fables de 1668[4].

Mme de Sévigné ne louait pas seulement le tome des *Fables*, mais celui des *Contes* aussi, trouvant les unes ravissantes, les autres charmants, avec une nuance dans l'expression, où l'intention est à supposer; et elle avait bien raison de vanter les *Contes*, dès que son honnêteté, qui aurait craint d'être celle d'une Arsinoé, ne s'effarouchait pas de leur liberté. Elle écrivait donc encore à Mme de Grignan : « Ne jetez pas si loin les livres de la Fontaine. Il y a des fables qui vous raviront et des contes qui vous charmeront. La fin des *Oies de frère Phi-*

---

1. *Lettre* 144, tome II, p. 109. — Il est évident que la fin de lettre, où se trouve le passage que nous avons en vue, n'appartient pas à la lettre du 13 mars (voyez, au tome II des *Lettres*, auquel nous renvoyons, la note 15 de la page 107). L'impression du volume des *Fables* n'ayant été achevée que le 12 mars, on voit l'impossibilité.

2. Il y en avait huit dans le petit volume. Elles se trouvent maintenant dans le *second Recueil*, dont il sera parlé ci-après.

3. *Lettre* 162, tome II, p. 195.

4. *L'Homme et son image*, livre I, fable XI.

lippe, les *Rémois*, *le Petit Chien*, tout cela est très-joli; il n'y a que ce qui n'est point de ce style qui est plat[1]. »

Dans les lettres que nous venons de citer, quelques reproches se mêlent aux éloges, peut-être pour faire accepter ceux-ci au goût dédaigneux de Mme de Grignan. Mme de Sévigné parle d'endroits *ennuyeux*. « Je voudrois, dit-elle, faire une fable qui lui fît entendre combien cela est misérable de forcer son esprit à sortir de son genre, et combien la folie de vouloir chanter sur tous les tons fait une mauvaise musique[2]. » Qu'on ne s'y trompe pas : ce qu'elle condamnait, ce n'était pas cette heureuse variété de ton que l'on ne peut qu'admirer chez le poëte, et qui, au lieu d'une mauvaise musique, produit une si belle harmonie. Un tel contre-sens n'a pas été fait par l'excellent juge, qui n'a eu en vue ni les fables ni les contes; mais, pour grossir les deux tomes, la Fontaine y avait mêlé quelques autres ouvrages. Dans le recueil des *Fables* de 1671, on trouve des fragments du *Songe de Vaux*, quatre *Élégies*, l'*Ode à Madame*, le poëme d'*Adonis* et diverses petites pièces. Le volume des *Contes*, de la même année, contient la petite comédie de *Clymène*, le *Différend de beaux yeux et de belle bouche*. Quelques-unes de ces pièces causaient de l'impatience à Mme de Sévigné, ou lui fournissaient un prétexte pour donner, à qui voulait mordre, quelque os à ronger. On peut admettre que la Fontaine sortait quelquefois de son talent. Mais vouloir enchaîner sa mobilité et lui interdire de *voler à tout sujet*, c'eût été faire violence à ce génie dont la fantaisie était une des forces. Il a dit lui-même :

> J'irois plus haut peut-être au temple de Mémoire,
> Si dans un genre seul j'avois usé mes jours[3].

A-t-il tant perdu à n'avoir pas cette sagesse d'un esprit bien réglé, que n'emportent jamais çà et là ses ailes au gré d'une humeur inconstante? Malgré le regret qu'il exprime, il est probable qu'avec tant d'empire sur les caprices de son imagination il eût pris un bien moindre essor.

1. *Lettre* 164, du 6 mai 1671, tome II, p. 207.
2. *Ibidem.*
3. *Discours à Mme de la Sablière*, vers 72 et 73.

Outre qu'il ne pouvait s'empêcher d'être volage, il avait un caractère facile qui se prêtait à tout ce qu'on lui demandait. C'est de sa complaisance qu'il faut parler, bien plutôt que de son inconstance, lorsque, en la même année 1671, et avant les deux publications dont nous venons de parler, on le voit prêter son nom, rien à peu près, disons-le, que son nom, à un *Recueil de poésies chrétiennes*, auquel il semblait peu préparé à prendre part. Loménie de Brienne, qui eut l'idée de la pieuse anthologie, destinée à être offerte au jeune prince de Conti (Louis-Armand de Bourbon), se disait ami de la Fontaine. Cet ami, d'humeur aussi changeante que notre poëte, et moins innocemment changeante, homme d'esprit d'ailleurs, autant qu'un fou peut l'être par moments, avait alors avec Port-Royal de grandes liaisons, dont la solidité n'était pas à l'épreuve; et depuis sept ans l'Oratoire le comptait parmi ses confrères. Au temps où il préparait son *Recueil*, il n'avait pas encore quitté Saint-Magloire; mais ses escapades l'en firent renvoyer avant même que l'impression des volumes fût achevée[1]. Port-Royal, dont les saints étaient plus sérieux que celui-là, avait mis la main à la publication et l'avait confiée à l'imprimerie de Pierre le Petit, d'où sortaient habituellement ses livres. On a attribué la *Préface* à Lancelot, précepteur des jeunes princes de Conti; il y a plus d'apparence qu'elle est de Nicole. Ce choix de poésies « où le pieux règne, » dit l'épître de la Fontaine, mais sans que l'on en ait banni le mélange « du profane innocent, » ni Brienne, ni les solitaires ne voulurent y attacher leur nom. La Fontaine les laissa, très-obligeamment, se servir du sien. Il donna de plus au recueil l'épître dédicatoire *Au prince de Conti*, une paraphrase du psaume : *Diligam te Domine*, imité aussi par Racine[2], des vers tirés de *Psyché*, quelques-unes de ses fables et de ses poésies déjà publiées.

Si quelque chose pouvait faire regretter à Mme de Sévigné qu'il ne s'en fût pas tenu à son talent de conter, c'était bien

---

1. Sainte-Beuve, *Port-Royal*, tome V, p. 19 et 22. — L'achevé d'imprimer du *Recueil* est du 20 décembre 1670. Le privilége avait été donné le 3 avril 1669.
2. *OEuvres de J. Racine*, tome IV, p. 138-144.

sa paraphrase sacrée. Elle n'a pas besoin d'être comparée à celle de Racine pour paraître faible. C'est à se demander si elle ne serait pas l'œuvre de quelqu'un des Messieurs de Port-Royal, qui se serait contenté de signer, après l'avoir un peu retouchée. Ou bien, en remplissant la pieuse tâche, il rêvait à quelque autre chose, de beaucoup moins édifiant peut-être.

Des trois tomes, le premier seul est intitulé *Recueil de poésies chrétiennes et diverses*, les deux autres simplement *Recueil de poésies diverses*. Dans tous également, le titre est suivi des mots : *par M. de la Fontaine*. Ils contiennent des pièces de Corneille, de Racine, de Boileau et de plusieurs autres poëtes, par exemple de l'ami Maucroix.

Il semblerait que les bons solitaires avaient conçu quelque espoir d'attirer définitivement à eux un homme dont le talent leur aurait fait honneur, et dont l'âme, mobile comme un roseau, leur semblait promettre de ne pas résister beaucoup au souffle de la grâce. On les voit faire effort pour l'engager de plus en plus dans leurs liens. Son nom prêté à leur *Recueil* et quelques strophes d'un psaume, c'était peu. Deux ans après, ils obtinrent de lui davantage. Ils lui firent écrire un petit poëme, qu'il tira d'une lettre de saint Jérôme, traduite par Arnauld d'Andilly[1]. Ce poëme, de *la Captivité de saint Malc*, fut publié chez Barbin, en 1673. Avec une familiarité d'expression peut-être un peu profane, mais non sans connaissance du vrai caractère de la Fontaine, l'historien moderne de Port-Royal a nommé le pieux ouvrage du poëte un *pensum*[2]. On ne peut pas contredire la remarque malicieuse, que lui faire célébrer la virginité et la chasteté, c'était lui imposer une pénitence : elle était appropriée à ses fautes. De cette contre-partie de ses contes, la plus singulière palinodie qu'on lui ait jamais fait chanter, il se tira avec une bonhomie pleine de bonne volonté. L'attrait n'y était pas; mais il fut irréprochable dans la pureté de son récit, n'appuyant point, comme on aurait pu craindre qu'il n'en eût quelque envie, sur la tentation

---

1. Dans la *Vie des Pères des déserts* (1647-1652), et réimprimée dans les *OEuvres diverses d'Arnauld d'Andilly*, in-folio, Paris, 1675, tome II, p. 188-195.
2. *Port-Royal*, tome V, p. 23.

des deux saints personnages, Malc et la jeune dame, époux malgré eux. Il eût été étonnant qu'ainsi dépaysé il eût rencontré l'inspiration poétique. A peine quelques vers sont-ils dignes de lui. Il y en a un qu'on peut noter pour la beauté de l'image :

> . . . . le trésor précieux
> Que nous tenons d'une eau dont la source est aux cieux.

Elle méritait de rester gravée dans la mémoire des solitaires, et sans doute dans celle du duc de Bourgogne, qui lisait souvent le poëme de *Saint Malc*, dit Mathieu Marais[1].

La Fontaine avait très-bien compris l'intention de lui imposer une amende honorable. Il se montra docile. Dans l'invocation à la Vierge, qui est le début de ses vers, il la prie d'en bannir

> . . . ces vains traits, criminelles douceurs
> Que j'allois mendier jadis chez les neuf Sœurs.

Ce *jadis* n'était pas si loin, et s'il se flattait de l'avoir relégué pour toujours, ou même seulement pour longtemps, dans les vieux souvenirs, il se connaissait peu. L'austérité de Port-Royal n'était pas faite pour son libre enjouement. Lorsque, en 1664, il avait écrit sa ballade sur Escobar, il y avait raillé « le chemin de velours; » mais c'était un jeu d'esprit, une boutade satirique : la douceur du velours n'était pas pour lui déplaire. Quoique, dans la même ballade, ce fût par la bouche des Jésuites qu'il eût traité Jansénius d'auteur de vaines disputes, et ses sectateurs de gens fâcheux qui

> . . . nous défendent en somme
> Tous les plaisirs que l'on goûte ici-bas,

il n'aurait guère autrement parlé pour son propre compte. Bien des années après le poëme de *Saint Malc*, dans une lettre à la duchesse de Bouillon (novembre 1687), il se plaignait qu'on ne voulait plus en France que des moralistes sévères :

> Anacréon s'y tait devant les Jansénistes.
> Encor que leurs leçons me semblent un peu tristes,

---

1. *Histoire.... de M. de la Fontaine*, p. 56.

> Vous devez priser ces auteurs,
> Pleins d'esprit et bons disputeurs.

Voilà sur eux sa vraie et définitive pensée. Moins disputeur que la duchesse, c'était surtout comme gens d'esprit, probablement aussi comme amis de Racine et de Boileau, qu'il appréciait les hommes de Port-Royal; mais il regrettait qu'ils fussent aussi peu sages que le philosophe scythe :

> Contre de telles gens, quant à moi, je réclame.
> Ils ôtent à nos cœurs le principal ressort;
> Ils font cesser de vivre avant que l'on soit mort[1].

On aurait de la peine à croire que cette conclusion de sa fable ne les désignât pas, sous le nom d' « un indiscret stoïcien, » aussi clairement que le dervis de la fable du *Rat qui s'est retiré du monde*[2] est un moine.

S'ils le firent un moment renoncer de bonne foi, dans ses vers, aux *criminelles douceurs*, plus tard il oublia si bien la peine qu'elles leur faisaient, qu'il voulut, dit-on, dédier à Arnauld un conte auquel il avait mêlé un souvenir de l'Évangile, et y chanter, dans le prologue, les louanges du grand docteur. Ce jour-là, il avait sans doute mis encore ses bas à l'envers. Voici comment l'incroyable naïveté est racontée dans le *Dictionnaire* de Moréri[3] : « [Il] avoit fait un.... conte dans lequel.... il mettoit dans la bouche d'un moine une allusion fort peu respectueuse à ces paroles : *Decem talenta tradidisti mihi, et ecce alia decem superlucratus sum* [4]; et, par un tour d'imagination dont un poëte seul est capable, il avoit dédié ce conte à M. Arnauld le docteur. Mais, l'ayant récité à M. Despréaux et à un officier qui étoit leur ami commun et celui de M. Arnauld, ils lui firent comprendre qu'après s'être donné la réputation d'homme peu régulier dans ses mœurs, il devoit

---

1. Fable xx du livre XII.
2. Fable III du livre VII.
3. Article LA FONTAINE (JEAN DE).
4. *Saint Matthieu*, chapitre xxv, verset 20. — La Fontaine avait tiré de la fable CIV de Laurent Astemio le conte que, de toute façon, il fit bien de supprimer. Voyez Walckenaer, *Histoire de la vie.... de la Fontaine*, tome II, p. 109.

du moins éviter celle d'impie; que d'ailleurs, en voulant faire une sorte d'honneur à M. Arnauld, il fourniroit aux ennemis de ce docteur matière de le calomnier. La Fontaine convint qu'ils avoient raison, et supprima son conte, quoiqu'il lui parût ce qu'il avoit fait de mieux en ce genre. On tient ce fait de l'officier qu'on vient de citer. »

La Fontaine plaça, par une épître dédicatoire, son poëme de *la Captivité de saint Malc* sous la protection du grand aumônier de France, le cardinal de Bouillon. Cette dédicace ne fut peut-être, dans sa pensée, qu'un témoignage d'attachement à la maison du prélat; il n'est pas cependant trop invraisemblable qu'il ait eu, en même temps, une autre intention, et qu'ayant à nommer d'Andilly, ce qu'il fit seulement à la fin du poëme, comme l'auteur auquel il en avait emprunté le sujet, il ait été bien aise d'abriter sa complaisance pour Port-Royal derrière un hommage au cardinal, qui fut toujours plus ami des Jésuites que des Jansénistes. Il lui avait donné, dans cette dédicace, le titre d'Altesse Sérénissime. Il paraît que cette erreur le força de supprimer l'édition[1].

Nous avons vu la Fontaine, depuis la chute de Foucquet, protégé par les Bouillon et par la veuve du frère de Louis XIII. Une autre protectrice va venir, de bien moins haut parage, mais à qui il devra beaucoup plus encore, et qu'il faudrait nommer incomparable amie plutôt que protectrice. Au mois d'avril 1672, comme nous l'avons dit, il perdit MADAME douairière. On croit que ce fut aussi à peu près le temps où il se débarrassa de sa charge de maître particulier des eaux et forêts[2]. Le voilà libre, mais, ce semble, un peu en peine. On s'accorde à dire qu'avec son imprévoyance incorrigible et sa négligence de ses affaires, il avait alors besoin que la Providence voulût prendre soin de lui, comme elle prend soin des

---

1. Chardon de la Rochette le dit dans une note au bas de la page 56 de l'*Histoire.... de M. de la Fontaine*, par Mathieu Marais. — Nous ignorons si l'on trouverait encore des exemplaires de cette édition.

2. En cette qualité, on a des quittances de lui jusqu'à la date de 1670, dit M. Moland, au tome VII des *OEuvres de la Fontaine*, p. XLI.

petits des oiseaux. Elle veilla sur le poëte en lui envoyant Mme de la Sablière, nous ne dirons pas afin de lui donner « la pâture » (ne rabaissons pas une si délicate amitié[1]), mais afin qu'au milieu des rêves poétiques, où il vivait comme endormi, une douce tutelle le soutînt et le dirigeât : aimable office qui demandait une main de femme.

On risque peu de se tromper en plaçant vers l'époque dont nous venons de parler l'hospitalité que la Fontaine accepta dans la maison de cette secourable amie[2]. Perrault et d'Olivet disent qu'il demeura chez elle près de vingt ans, et, comme il n'en sortit qu'après qu'elle fut morte (6 janvier 1693), on voit à quel moment il est vraisemblable qu'il y entra. Il est facile de s'expliquer comment il fut connu de Mme de la Sablière. Le mari de celle-ci, Antoine Rambouillet de la Sablière, homme de plaisir et d'esprit, fils d'un des titulaires des cinq grosses fermes, avait fait de sa maison un des centres de la société lettrée, galante, épicurienne, dans laquelle la Fontaine avait lui-même tant d'amis. On citait de M. de la Sablière de nombreux madrigaux[3], qui ont mérité d'être loués par Voltaire dans le *Siècle de Louis XIV*. Mme de la Sablière (Marguerite Hessein) avait le goût des lettres et des sciences. « C'est une dame, a dit Bayle[4], qui connoît le fin des choses, et qui est connue partout pour un esprit extraordinaire. » Corbinelli comparait son savoir à celui de la docte et spirituelle abbesse de Fontevrault : « Elles entendent Homère comme nous en-

---

1. D'Olivet cependant a dit (*Histoire de l'Académie*, p. 317) : « Elle pourvoyoit généralement à tous ses besoins, persuadée qu'il n'étoit guère capable d'y pourvoir lui-même. »

2. L'hôtel de M. de la Sablière était situé au hameau de Reuilly (aujourd'hui dans le faubourg Saint-Antoine). On appelait cette belle demeure *la Folie Rambouillet*. Ce doit être là que la Fontaine fut d'abord logé. Après la mort de son mari (1680), Mme de la Sablière alla demeurer rue Saint-Honoré, en face de la rue de la Sourdière, où la Fontaine la suivit. On pense que cette maison de Mme de la Sablière était sur l'emplacement de celle qui porte aujourd'hui le n° 205.

3. Walckenaer les a publiés dans le même volume que les *Poésies diverses de François de Maucroix* (Paris, 1825, in-8°).

4. *Nouvelles de la République des lettres*, septembre 1685, p. 1008.

tendons Virgile[1]. » Bernier fut un de ses amis, et, comme la Fontaine, se retira chez elle; et c'est pour elle qu'il écrivit son *Abrégé de la philosophie de Gassendi*, imprimé en 1678. Les mathématiciens Sauveur et Roberval lui avaient donné des leçons; et c'est pour cela sans doute que Brossette l'a reconnue dans la femme savante du vers 426 de la *Satire* x de Boileau,

> Qu'estime Roberval et que Sauveur fréquente.

Mais ne rangeons pas parmi les pédantes celle dont notre poëte a dit que son esprit avait

> . . . beauté d'homme avec grâce de femme[2].

Le petit-fils de la Fontaine écrivait, en 1758, à Fréron, qu'il avait eu sous les yeux quarante lettres de Mme de la Sablière, « comparables à celles de Mme de Sévigné et plus intéressantes pour le cœur[3]. » Rabattons-en un peu : on a si souvent égalé à l'esprit sans égal de Mme de Sévigné d'agréables esprits de femmes! Mais, pour avoir paru si charmantes, il est du moins probable que ces lettres, dont la perte est fort à regretter, n'étaient pas d'une Philaminte.

Non plus qu'à la justice de la boutade de Boileau, si l'on veut qu'elle désignât Mme de la Sablière, il ne faut croire à la fidélité du portrait qu'avec ses dédains altiers, et peut-être un peu de jalousie, Mademoiselle de Montpensier a fait d'elle dans ses *Mémoires*. Rochefort lui avait conté, c'était en 1670, que Lauzun « alloit quelquefois chez une petite femme de la ville, nommée Mme de la Sablière; .... qu'elle avoit eu force galants et en avoit encore; que c'étoit une paysanne à belle passion, qui étoit fort laide[4]. » Une autre version du même passage[5] dit : « vieille, laide. » Est-ce bien là notre Iris, dont la Fontaine voulait placer l'image dans un temple?

---

1. *Lettre à Bussy* (1677), au tome V des *Lettres de Mme de Sévigné*, p. 250.
2. Fable xv du livre XII, vers 33.
3. *Année littéraire*, 1758, tome II, p. 19.
4. *Mémoires de Mademoiselle de Montpensier* (édition Chéruel), tome IV, p. 121 et 122.
5. Dans l'édition Michaud et Poujoulat, 3º série, tome IV, p. 418.

le croirons-nous? Lorsqu'elle mourut, en 1693, son acte de décès lui donne l'âge d'environ cinquante-trois ans[1]. Elle n'aurait donc eu que trente ans en 1670. Donnons-lui un peu plus, puisqu'il paraît que son fils était né vers 1655[2] : nous serons encore bien loin de la vieillesse au temps des commérages de l'ami de Lauzun, au temps aussi, peu éloigné de là, où la Fontaine entra dans la maison de Mme de la Sablière. L'imputation de laideur n'est vraisemblablement pas plus juste, et doit être au moins très-exagérée. Il est assez remarquable toutefois que la Fontaine, qui ne parle qu'un peu vaguement de « ses traits, son souris, ses appas[3], » ne lui fait, d'une manière plus claire, sur sa beauté aucun de ces compliments dont il était d'ordinaire si prodigue. Était-ce seulement parce qu'elle les lui avait défendus? Mme de Sévigné dit quelque part « la belle Sablière[4] ». Mais *la belle* se dit toujours d'une femme, quand on parle, comme en cet endroit, de ses amours. Le témoignage de Chaulieu laisse aussi place au doute. Parlant de l'amitié que fit naître entre lui et la Fare la conformité des mêmes goûts, il dit que cette liaison se forma, à son retour de Pologne, en 1676, « chez Mme de la Sablière, une des plus jolies et des plus singulières femmes du monde[5] »; mais le mot *jolie*, surtout dans la langue d'alors, peut ne faire penser qu'à la gentillesse et à la vivacité de son esprit. Au surplus, peu nous importe la beauté de Mme de la Sablière. Belle ou non, elle ne fut jamais pour notre poëte qu'une bienfaitrice, à qui il devait une respectueuse reconnaissance. « Ô vous, Iris, lui dit-il,

> Vous que l'on aime à l'égal de soi-même,
> Ceci soit dit, sans nul soupçon d'amour,
> Car c'est un mot banni de votre cour[6]. »

Il ne faudrait pas se la représenter comme en tout temps si

1. Jal, *Dictionnaire critique d'histoire et de biographie*, p. 741.
2. *Ibidem*, p. 742.
3. Fable xv du livre XII, vers 21.
4. *Lettre à Mme de Grignan*, du 4 août 1677, tome V, p. 257.
5. OEuvres de Chaulieu, la Haye et Paris, 1774, 2 vol. in-8°. Voyez, au tome II, la note de Chaulieu, au bas de la page 46.
6. Fable xv du livre XII, vers 37-39.

sévère. Elle n'avait pas été indocile à l'exemple que son mari
lui avait donné d'une conduite légère, et l'on cite d'elle une
réplique plus plaisante que modeste à des reproches qui lui
étaient faits sur ses nombreuses amourettes[1]. On ne croit pas
la voir en très-bonne compagnie de femmes chez la chanteuse
et joueuse de téorbe où Charles de Sévigné la trouve en 1671,
avec Mlle de Lenclos, Mme de Salins, Mlle de Fiennes et
Mme de Montsoreau[2]. La voici encore, en 1672, au témoignage du *Bolæana*[3], dans la société de Ninon, et convive de
ce souper où Molière et Boileau fabriquèrent ensemble le latin
du *Malade imaginaire*. Le marquis de la Fare et l'abbé de
Chaulieu, ces deux francs épicuriens, étaient de ses plus intimes amis. Mais si elle se trouvait ainsi entourée, la faute en
était aux hantises trop gaies de son mari. Il faut croire que,
dans le temps même de sa plus grande dissipation, elle ne se
rendit pas indigne de respect : l'encens très-pur que la Fontaine savait seul lui plaire n'est pas celui qu'il lui aurait offert, s'il n'y eût eu dans sa vie que légèreté et coquetterie.
Elle eut ses égarements; mais on fut touché de la constance de
son amour pour la Fare; surtout on admira la pieuse charité
qui fut, dans ses années de retraite, la consolation et l'expia-
tion de cet attachement trahi. Nous aurons à revenir sur sa rupture avec le monde, lorsque ce changement de vie la sépara
de la Fontaine. Mme de Sévigné et toute sa société n'ont parlé
du roman de la Fare et de Mme de la Sablière qu'avec une
grande estime pour celle-ci. Avant même qu'elle eût brisé ses
liens, si l'on plaisante sur elle, ce n'est point comme sur une
femme légère : elle est la *tourterelle Sablière*[4]. Un esprit orné,
le goût de la poésie, un cœur ouvert à la vive amitié, une générosité toujours pleine de délicatesse, de sages conseils gen-
timent donnés, des entretiens où, à côté de la science, avait
part « la bagatelle[5] » (entendons par là, comme la Fontaine,

1. Saint-Foix, *Essais historiques sur Paris*, 1676, tome V, p. 186.
2. *Lettres de Mme de Sévigné*, tome II, p. 95 et 96.
3. Page 34.
4. *Lettre de Mme de Sévigné à Mme de Grignan*, du 19 août 1676, tome V, p. 28.
5. Fable 1 du livre X.

l'aimable badinage), voilà ce qui fait comprendre combien elle fut chère au poëte; une flamme de passion dans le cœur, quoique ce cœur fût à un autre, ne put que la rendre plus parfaite encore à ses yeux. Aussi l'a-t-il immortalisée dans quelques-uns de ses plus nobles et plus tendres vers, et a-t-il attaché son nom à plus d'une de ses fables.

Il avait su reconnaître que son nom y était mieux placé que dans ses contes. Il n'y a aucune raison de supposer qu'elle l'ait engagé à en écrire. Elle se contenta, sans doute, de ne point gêner sa liberté, lorsque, en 1674 et 1675, il en laissa paraître de nouveaux.

Mais, avant de parler de cette publication, qui attira sur lui un orage, n'omettons pas un petit fait du commencement de l'année 1675 : Mathieu Marais ne l'a pas négligé. Il s'agit d'un honneur que le génie de la Fontaine reçut à la cour. Il paraît y avoir été très-goûté par la sœur de Mme de Montespan, et vraisemblablement il était redevable aux Mancini de cette bienveillance de la marquise de Thianges, qui avait marié sa fille au duc de Nevers, frère très-aimé de la duchesse de Bouillon. Mme de Thianges avait eu l'idée de donner au duc du Maine, pour ses étrennes de janvier 1675, une sorte de petit théâtre doré, qui fut nommé la *Chambre du sublime*. « Au dedans étoient M. le duc du Maine, M. de la Rochefoucauld, M. Bossuet, alors évêque de Condom, Mme de Thianges et Mme de la Fayette. Au dehors du balustre, Despréaux, avec une fourche, empêchoit sept ou huit méchants poëtes d'approcher. Racine étoit auprès de Despréaux, et un peu plus loin la Fontaine, auquel il faisoit signe d'approcher. Toutes ces figures étoient de cire, en petit, et très-ressemblantes[1]. » Il semble que l'honneur, puisque l'intention était que c'en fût un, aurait pu être un peu moins modeste pour la Fontaine. On le montrait en bon chemin vers ce temple de la gloire, où un jeune prince de sang royal s'entourait d'une cour de grands personnages et d'illustres poëtes contemporains; mais il faut qu'un de ceux-ci encourage les pas un peu lents de celui qui cependant était de force à marcher leur égal. Est-ce donc que l'on hésitait à le mettre à son rang? Une

---

[1]. Mathieu Marais, *Histoire.... de M. de la Fontaine*, p. 67 et 68.

telle hésitation nous rappellerait que le reproche a souvent été fait à Boileau d'avoir omis l'apologue et son admirable poëte dans l'*Art poétique*, publié en 1674. Il serait singulier qu'il n'eût voulu voir dans les fables qu'un genre inférieur, même après que la Fontaine y avait mis l'empreinte de son génie. Louis Racine rapporte[1] que Boileau lui rendit ainsi raison de son volontaire oubli : « Il ne regardoit pas la Fontaine comme original, parce que, me dit-il, il n'étoit créateur ni de ses sujets, ni de son style, qu'il avoit pris dans Marot et Rabelais. C'est pourquoi, m'ajouta-t-il, quand j'ai parlé du style naïf, j'ai nommé Marot :

Imitez de Marot l'élégant badinage. »

Si Boileau a donné en effet cette malheureuse explication, il eût mieux valu pour l'honneur de son jugement, presque toujours si droit, qu'il eût laissé à ses commentateurs le soin d'en imaginer d'autres, celle-ci par exemple que l'on a proposée[2] : les fables des six derniers livres, qui élevèrent le plus haut la réputation de notre auteur, ne furent publiées qu'après l'*Art poétique*. A cela il y aurait encore beaucoup à dire : croirons-nous que le jour de la justice se soit levé si tard ?

En tout cas, Molière ne fut pas lent à le prévoir. Il ne put connaître ces derniers livres des *Fables*; mais il jugea les premiers comme l'a fait la postérité. Nous le savons par des témoignages qui méritent confiance. La Fontaine « étoit, dit Louis Racine[3], l'objet des railleries de ses meilleurs amis, qui, à cause de sa simplicité, l'appeloient *le Bonhomme*. Le souper chez Molière, dont il est parlé dans l'*Histoire de l'Académie françoise* par M. l'abbé d'Olivet, m'a été raconté par des personnes qui devoient en être bien instruites; mais elles m'ont rapporté différemment le mot de Molière. Les illustres convives.... attaquèrent si vivement leur ami la Fontaine, qui se défendoit mal, que Molière, ayant pitié de lui, dit tout bas à son voisin : « Ne nous moquons pas du Bonhomme, il vivra

---

1. *Réflexions sur la poésie*, chapitre XI.
2. Berriat-Saint-Prix, *Essai sur Boileau*, p. LXIX, au tome Ier des *OEuvres de Boileau*.
3. *Réflexions sur la poésie*, chapitre XII, *Conclusion*.

« peut-être plus que nous tous. » Ce n'est, au fond, que la confirmation du récit de d'Olivet; et il n'était pas, ce semble, très-nécessaire de rectifier sa version de la parole de Molière : comme elle est plus vive que celle de Louis Racine, nous la croirions volontiers la plus exacte. Voici l'anecdote du souper dans l'*Histoire de l'Académie françoise*[1] : « Un jour Molière soupoit avec Racine, Despréaux, la Fontaine et Descoteaux, fameux joueur de flûte. La Fontaine étoit ce jour-là, encore plus qu'à son ordinaire, plongé dans ses distractions. Racine et Despréaux, pour le tirer de sa léthargie, se mirent à le railler, et si vivement qu'à la fin Molière trouva que c'étoit passer les bornes. Au sortir de table, il poussa Descoteaux dans l'embrasure d'une fenêtre, et lui parlant de l'abondance du cœur : « Nos beaux esprits, dit-il, ont beau se trémousser, ils « n'effaceront pas le Bonhomme. » Qu'on se souvienne de la Fontaine jugeant Molière après *les Fâcheux*[2]. Qui s'étonnera de cette sympathie entre les deux génies? Elle a inspiré la Fontaine lorsque, ayant perdu son ami en 1673, il lui fit la belle épitaphe qui commence par ces vers :

> Sous ce tombeau gisent Plaute et Térence,
> Et cependant le seul Molière y gît.

La manière dont nous avons proposé de comprendre le signe fait à la Fontaine d'approcher de la *Chambre du sublime* n'est pas la seule vraisemblable. Il se peut aussi que l'on espérât lui faire entendre qu'il n'avait, pour y arriver plus vite, qu'à laisser là ses contes, qui l'obligeaient à faire quarantaine, mais il ne pouvait se décider à y renoncer. Nous avons dit que ceux qui furent publiés en 1674 et 1675 suscitèrent un orage. Il semble l'avoir pressenti, puisqu'il les fit paraître sous la rubrique de Mons, quoique probablement imprimés à Paris. Une sentence rendue, le 5 avril 1675, par le lieutenant de police, la Reynie, en interdit la vente, non-seulement parce que le livre avait été imprimé sans privilége ni permission, mais parce qu'il « se trouve rempli de termes indiscrets et malhonnêtes, et dont la lecture ne peut avoir d'autre effet que celui

1. Pages 327 et 328.
2. Voyez ci-dessus, p. LXVIII et LXIX.

de corrompre les bonnes mœurs et d'inspirer le libertinage [1]. »
Voit-on cependant que la Fontaine y ait cessé d'être l'*admirable enveloppeur* qu'il paraissait à Bussy [2]? Il n'est pas très-clair pour nous que ces contes de la quatrième partie aient rien de plus licencieux que les précédents, publiés avec privilége du Roi. La censure des livres, aujourd'hui taupe, demain lynx, a souvent eu de ces caprices, de ces intermittences de vue perçante et de cécité. Pour faire ouvrir les yeux qu'on avait longtemps fermés, les réclamations de quelques personnes scandalisées avaient sans doute suffi. La sentence de la Reynie n'empêcha pas une nouvelle impression des mêmes contes l'année suivante (1676); cette fois, elle était supposée venir d'Amsterdam.

Moins rigoristes que la Reynie, les amis du plaisir dont la Fontaine était entouré chez M. de la Sablière et chez la duchesse de Bouillon durent lui demander souvent de continuer ses contes. Ce n'était pas chez la Champmeslé qu'on devait le moins l'y encourager. La galante comédienne, si l'on en croyait Furetière, l'aurait même aidé à les répandre : « Il n'en a pu, dit-il [3], infecter le public que par l'entremise d'une comédienne, qui a été la digne commissionnaire pour faire le débit de cette marchandise de contrebande. » Notre poëte était très-assidu dans la maison de la Champmeslé, comme le témoigne une lettre qu'il lui écrivait de Château-Thierry, en 1676 [4]. Cette année est celle de la vente de sa maison natale [5]. Ses affaires l'ennuyaient. « C'est chose de dégoût, disait-il dans son billet, que compte, vente, arrérages; parler votre langage est mieux mon fait. » Et même, « bois, champs, ruisseaux et Nymphes des prés » ne le touchaient plus guère. Il était en

---

1. Cette sentence a été imprimée à la page 543 du tome Ier du *Nouveau recueil des factums* de Furetière (1694) et aux pages 124-126 du tome II.
2. *Lettre de Bussy à l'abbé de Furetière*, 4 mai 1686, tome VII des *Lettres de Mme de Sévigné*, p. 505.
3. *Second factum*, p. 292 et 293.
4. On a, dit Mathieu Marais, p. 70, l'original de ce billet écrit et corrigé de sa main.
5. Voyez ci-dessus, p. iv-v et note 3 de la page iv.

proie à la mélancolie loin de Paris, ou plutôt, prétendait-il,
loin d'elle. Cette gaie compagnie, qu'il regrettait tant, Mme de
Sévigné en a parlé[1], mais dans un temps plus ancien de quelques années, lorsque, chez la Champmeslé, il y avait et les
Racine et les Despréaux. Plus de Despréaux, vraisemblablement, en 1676 : des passages de son *Art poétique*, publié en
1674, nous le montrent devenu moraliste austère. Mais l'amoureux Racine ne s'était pas encore éloigné; la Fare, si cher
à Mme de la Sablière, venait se consoler, près de la comédienne, des disgrâces de la bassette; et c'étaient toujours sans
doute les mêmes « soupers délicieux, c'est-à-dire des diableries[2]. » Après la réforme de Racine, tout alla du même train,
si ce n'est que M. de Tonnerre avait succédé à l'auteur d'*Andromaque*. Demeuré le dernier des trois poëtes amis, la Fontaine était toujours là, ne se fâchant pas des niches et des brocards du nouvel amant favorisé. C'est ce qu'il nous apprend
lui-même dans une autre lettre écrite, en 1678, à la Champmeslé, et pleine également de douceurs. La Fare y est nommé
comme un des habitués de la joyeuse maison, qui lui était
devenue nécessaire pour charmer ses ennuis. La Fontaine dédia, mais un peu plus tard, à la Champmeslé, son conte de
Belphégor, dans des vers qui ne sont pas entre les moins
charmants qu'il ait écrits. Elle n'eut jamais de Racine pareil
hommage poétique, destiné à faire franchir à son *los la nuit
des temps*. Il aurait eu cependant pour célébrer ses attraits
quelques raisons que n'avait pas tout à fait la Fontaine. C'est
celui-ci même qui loyalement fait taire ainsi les indiscrètes
conjectures :

>   De mes Philis vous seriez la première,
>   Vous auriez eu mon âme toute entière,
>   Si de mes vœux j'eusse plus présumé :
>   Mais en aimant, qui ne veut être aimé ?
>   . . . .
>   Je me suis dit seulement votre ami,
>   De ceux qui sont amants plus qu'à demi,
>   Et plût au sort que j'eusse pu mieux faire[3] !

1. *Lettre à Mme de Grignan*, du 1ᵉʳ avril 1671, tome II, p. 137.
2. *Ibidem.*
3. *Belphégor*, vers 21-28.

C'est l'occasion de rendre à la Fontaine cette justice qu'il n'a jamais parlé en homme à bonnes fortunes, ni cherché à faire croire que ses succès, comme galant, n'aient pas été au-dessous de son très-grand zèle. Dans un de ses contes, le premier du IIIe livre, qu'il publia à l'âge de cinquante ans, il a dit ingénument :

> J'ai servi des beautés de toutes les façons.
> Qu'ai-je gagné? Très-peu de chose,
> Rien. Je m'aviserois sur le tard d'être cause
> Que la moindre de vous commit le moindre mal[1] !

Il a mis la même franchise à ne pas laisser supposer qu'il eût eu part, avec beaucoup d'autres, aux bonnes grâces de la Champmeslé. Furetière a prétendu[2] que la manière dont elle fit le payement de *Belphégor* était connu de tout le monde. Mais rien de ce qu'il a dit de notre poëte ne mérite créance. Tenons-nous-en à la déclaration très-nette, au bon certificat, antérieur, il est vrai, en date, que nous venons de trouver chez la Fontaine. Outre ses deux lettres et son « frontispice » de *Belphégor*, il n'y a plus aucune trace de sa liaison avec la séduisante actrice, si ce n'est sa collaboration, telle quelle, à des comédies du mari. Nous en parlerons à propos de son théâtre.

Malgré ses incorrigibles rechutes dans le péché des contes, il n'avait jamais cessé de travailler à ses fables. Mme de Sévigné[3] nous apprend qu'en 1672 on connaissait déjà, par les copies manuscrites qui circulaient, les fables du *Curé et le Mort* et de *la Laitière et le Pot au lait*. Elles ne furent imprimées que dans le premier des cinq livres publiés en 1678 et 1679. Ce Recueil[4] est précédé d'un *Avertissement*, où la Fontaine dit qu'il doit la plus grande partie de ses nou-

---

1. *Les Oies de frère Philippe*, vers 24-27.
2. A la suite du passage du *Second factum* tout à l'heure cité.
3. *Lettre à Mme de Grignan*, du 9 mars 1672, tome II, p. 529 et 530.
4. On y retrouve les huit fables imprimées en 1671, dans le volume des *Poésies diverses* (voyez ci-dessus, p. xcix). Ne tenant pas compte de celui-ci, on a nommé *second Recueil* celui de 1678 et 1679.

veaux apologues au sage indien, Pilpay. Il y annonce, ce qui est d'un plus grand intérêt, quelque changement dans sa manière : moins de traits familiers que dans les Recueils précédents, empruntés à Ésope ; plus d'étendue donnée aux circonstances des récits. Par là, son originalité s'est marquée plus fortement encore. On a rarement contesté que le fabuliste se fût surpassé dans ces nouveaux livres, quelques chefs-d'œuvre qu'il y eût dans les six premiers. Dès la publication, le succès fut grand. Mme de Sévigné écrivait à Bussy, le 20 juillet 1679[1] : « Faites-vous envoyer promptement les *Fables de la Fontaine* : elles sont divines. On croit d'abord en distinguer quelques-unes, et, à force de les relire, on les trouve toutes bonnes. C'est une manière de narrer et un style à quoi l'on ne s'accoutume point. »

Le Recueil de ces fables *divines* est dédié à Mme de Montespan, dans des vers parés de la grâce et de la noblesse qui relèvent toutes les flatteries de la Fontaine, le plus séduisant des distributeurs de louanges, tout bonhomme qu'il était. Tel est son art de préparer, comme un nectar de douce poésie,

Ce breuvage vanté par le peuple rimeur[2],

que, charmés nous-mêmes, nous ne nous sentons plus assez libres de blâmer. Autre flatterie pour Mme de Montespan : une fable de ces nouveaux livres est dédiée au jeune duc du Maine[3]. Là le Roi est Jupiter, qui reconnaît pour son sang le jeune dieu, comblé de tous les dons de l'Olympe. Mme de Thianges, celle qui ouvrait les portes de la *Chambre du sublime*, avait sa part de l'encens que le poëte offrait à sa sœur :

Si le ciel m'eût fait ange,
Ou Thiange,

lui disait-il dans une épître de 1675[4], qu'il terminait en la

---

1. Tome V, p. 552.
2. Fable i du livre X, vers 8.
3. Fable ii du livre XI, *les Dieux voulant instruire un fils de Jupiter*.
4. Walckenaer l'a datée de 1680. Mais Bussy écrivait le 6 février 1675 au P. Bouhours qu'il venait de la recevoir. Voyez les *OEuvres de la Fontaine* (édition de M. Marty-Laveaux, tome V, p. vi et vii).

priant de servir sa Muse auprès du Roi; c'est du Roi que
chacun attend sa gloire :

> . . . . . . , Il sert de règle aux autres,
> Comme maître premièrement,
> Puis comme ayant un sens meilleur que tous les nôtres.

Une autre épître, celle-ci de 1680, est adressée à la belle Fontanges, dans le temps de son court règne de favorite[1]. Mme de Sévigné, qui avait lu cette petite pièce, disait que ceux qui avaient vu cette beauté, nommée dans les vers du poëte :

> Charmant objet, digne présent des Cieux,

avaient peine à se persuader qu'elle vînt directement du troisième ciel[2]. Mais la tentation était grande de diviniser celle de qui la Fontaine espérait aussi qu'elle lui obtiendrait pour ses vers tant de grâce, lui disait-il,

> Que d'être offerts au dompteur des humains,
> Accompagnés d'un mot de votre bouche
> Et présentés par vos divines mains.

Dans cette épître, Louis est aussi grand, mais plus beau qu'Alexandre[3]. Elle contient, avec l'épithalame du Dauphin et de la sœur de l'électeur de Bavière, celui du prince de Conti et de Mademoiselle de Blois, fille de la Vallière. Toutes les maîtresses et leurs enfants sont tour à tour célébrés. La dédicace au Dauphin du premier Recueil de fables a des vers consacrés à la gloire du Roi, de même que l'épilogue du second Recueil. Dès le temps de Foucquet, plusieurs petites pièces payent le même tribut d'éloge au monarque[4]. La Fontaine continuera toujours ainsi : par exemple, dans la dédicace de ses dernières fables au duc de Bourgogne. On a souvent

---

1. Il fit aussi pour elle des vers à la louange du Roi, destinés à l'almanach qu'elle offrit à Mme de Montespan comme étrennes de l'an 1680.
2. *Lettre à Mme de Grignan*, du 22 septembre 1680, tome VII, p. 87.
3. Vers 88-94.
4. Voyez aussi, plus tard, l'épître *A M. de Niert* (1677), vers 39-62.

remarqué que, dans une lettre de janvier 1687, à Bonrepaux, il a loué les conversions dues à « la sagesse de Louis » :

> Vient-il pas d'attirer, et par divers chemins,
> La dureté du cœur et l'erreur envieillie,
> Monstres dont les projets se sont évanouis?

Les « divers chemins » sont un trait qu'il est permis de trouver étonnant : il y aurait trop de finesse peut-être à y supposer quelque malice.

En rappelant tous ces péchés d'adulation, nous n'avons pas voulu dresser contre la Fontaine un acte d'accusation, dans lequel il faudrait envelopper tous les grands hommes de son siècle. Mais la part qu'il a prise aux flatteries courantes était particulièrement à noter pour lui, à qui Louis XIV n'en laissa jamais recueillir autant de fruits qu'à d'autres. Le bonhomme, qui n'avait nul goût à jouer le Caton, faisait, sans songer à mal, les révérences d'usage. On ne l'en comptera pas moins, à bien d'autres égards, parmi les esprits libres de son temps. Après avoir gardé à Foucquet une fidélité compromettante, il ne se recommanda pas mieux, sans doute, par son attachement à la duchesse de Bouillon, comme aux princes de Conti, qui avaient si fort offensé Louis XIV; il fut en relations amicales avec le disgracié et très-indépendant Saint-Évremond. Il s'obstina à écrire des contes, lorsqu'il savait qu'ils avaient déplu. Tout cela M. Taine l'a bien vu : « Il se prosterne, dit-il, devant les bâtards; il adore Mme de Montespan.... Regardez pourtant au fond du cœur, et dites si la vénération l'oppresse.... Il comprend ce qu'est l'égoïsme royal, aussi bien que Saint-Simon lui-même. Il le perce à jour, le raille.... Le poëte au dedans restait libre, et je crois que derrière ce retranchement impénétrable nulle servitude n'eût pu l'envahir[1]. » C'est, à notre avis, un jugement sans complaisance. Maints passages des fables de la Fontaine, où a peint la puissance du maître, ses flatteurs, ses courtisans, le confirment, sans même qu'il faille chercher là des intentions séditieuses qui n'y étaient pas. Ils montrent ses vrais sentiments mieux que ne le font des anecdotes; il y en a une

---

[1]. *La Fontaine et ses fables*, p. 27 et 28.

toutefois très-significative, que nous ne croyons pas qu'on ait pu inventer, celle des prétendues paroles de l'Ecriture : *Tanquam formicæ deambulabitis coram rege vestro* [1], par lesquelles Racine un jour s'amusa à imposer silence à notre poëte, dans une discussion qui s'était élevée entre eux sur l'autorité absolue des rois. En vain Racine avait-il allégué les pouvoirs donnés de Dieu à Saül. La Fontaine refusait de voir dans cet exemple la consécration du despotisme : « Si les rois, disait-il, sont maîtres de nos biens, de nos vies et de tout, il faut qu'ils aient droit de nous regarder comme des fourmis à leur égard, et je me rends si vous me faites voir que cela soit autorisé par l'Écriture. » Le malin Racine s'empara aussitôt de la comparaison des fourmis pour fabriquer son faux texte et fermer ainsi la bouche au naïf contradicteur [2]. La scène n'est pas seulement amusante ; elle fait bien voir que la Fontaine, lorsqu'il puisait pour le maître dans son magasin d'encens, gardait ses *pensées de derrière la tête*.

Les cinq livres de fables furent présentés par la Fontaine au Roi, avec l'épilogue qui le célébrait, comme l'avaient été, il y avait dix ans, *les Amours de Psyché*. Reçu à la cour du Lion, le poëte, après avoir débité son compliment, reçut de lui un bon accueil et des marques de libéralité. Il s'était aperçu cependant, sa harangue finie, d'une petite distraction : il avait oublié le volume qu'il venait offrir[3] ; on ajoute qu'ensuite il oublia aussi sous le coussin de la voiture, qui le ramenait chez lui, la bourse pleine d'or que le Roi lui avait fait remettre[4] : deux étourderies dont n'auraient pas été capables de véritables courtisans.

On s'est quelquefois étonné que Louis XIV, protecteur si déclaré de Molière, de Racine et de Boileau, ait toujours paru médiocrement favorable à la Fontaine. Voltaire a son explication : « Vous me demandez, dit-il, pourquoi Louis XIV ne

---

1. « Vous marcherez comme des fourmis devant votre roi. »
2. *Récréations littéraires*, de Cizeron-Rival (1765), p. 111.
3. *Fables choisies de la Fontaine*, note 15 d'Adry, sur la *Vie de la Fontaine*, p. XXVII. — Adry avertit qu'il avait tiré cette note des manuscrits du président Bouhier.
. Walckenaer, tome I, p. 290.

fit pas tomber ses bienfaits sur la Fontaine.... Je vous répondrai d'abord qu'il ne goûtait pas assez le genre dans lequel ce conteur charmant excella. Il traitait les fables de la Fontaine comme les tableaux de Teniers, dont il ne voulait voir aucun dans ses appartements. Il n'aimait le petit en aucun genre, quoiqu'il eût dans l'esprit autant de délicatesse que de grandeur[1]. » On comprend que la familiarité populaire du peintre flamand, quelque habile et spirituel que fût son pinceau, ait paru au grand Roi déplacée et choquante au milieu des nobles splendeurs de Versailles; mais se peut-il que les fables de la Fontaine, avec leur suprême élégance, aient jamais produit sur lui le même effet que les *Magots* de Teniers? Il n'aimait pas le petit : qu'y a-t-il donc de petit dans ces charmants poëmes, à moins qu'au lieu d'en peser l'or pur, on n'en mesure l'étendue? Nous en croirions plutôt Voltaire, quand il ajoute : « La Fontaine était d'un caractère à ne se pas présenter à la cour de ce monarque. Ses distractions continuelles, son extrême simplicité réjouissaient ses amis, et n'auraient pu plaire à un homme tel que Louis XIV[2]. » Si ce furent cependant certaines œuvres du poëte, plutôt encore que sa personne, qui n'agréèrent pas au Roi, il faut sans doute penser aux contes. Louis XIV n'avait guère le droit d'être rigoriste; mais, quoique Molière ait eu l'heur de lui rendre agréables bien des plaisanteries salées, il pouvait déplaire au héros de l'*Histoire amoureuse des Gaules* que les galanteries, toujours élégantes chez lui, fussent traduites en gaietés gauloises. Du gaulois tout lui était antipathique, même la vieille langue. Racine proposant, dit son fils[3], de lui lire dans Amyot une des *Vies* de Plutarque, il répondit : « C'est du gaulois, » et l'habile récitateur dut traduire en lisant. Il est donc vraisemblable que, chez notre poëte,

---

1. *OEuvres de Voltaire* (édition Beuchot), tome XLVIII, p. 274, *Lettre de M. de la Visclède à Monsieur le secrétaire perpétuel de l'Académie de Pau* (1776).

2. *Ibidem.* — Voltaire, au chapitre XXXII du *Siècle de Louis XIV*, tome XX, p. 321, s'en tient à cette seconde explication : « Tous ces grands hommes furent connus et protégés de Louis XIV, excepté la Fontaine. Son extrême simplicité, poussée jusqu'à l'oubli de soi-même, l'écartait d'une cour qu'il ne cherchait pas. »

3. *Mémoires...*, au tome Ier des *OEuvres de Racine*, p. 291.

il y avait, au goût de Louis XIV, beaucoup trop de tours et d'expressions de Marot. Et d'ailleurs ne nous attachons pas seulement à sa répugnance pour quelques formes de langage; il désapprouvait certainement que l'on s'inspirât de la littérature d'autres siècles que celui dont il était le coryphée : ce qui expliquerait assez qu'il n'ait pas voulu reconnaître la Fontaine pour un des siens, un des génies nés sous l'influence de son astre.

On aura tout à l'heure une preuve de la froideur de Louis XIV pour la Fontaine, lorsque l'Académie française, en 1683, désira se faire l'honneur d'admettre le poëte dans ses rangs. A ses titres, tels dès lors que nul n'en a jamais eu de meilleurs, il n'avait réellement rien ajouté depuis les nouvelles fables de son second Recueil. Il avait seulement produit, de 1679 à 1683, la traduction en vers de plusieurs courts passages d'auteurs anciens, insérée dans la version française des *Épîtres de Sénèque* (1681), et le poëme du *Quinquina* (1682), auquel il joignit, dans le volume où il fut imprimé, deux contes fort jolis et nullement licencieux, *Belphégor* et *la Matrone d'Éphèse*, et deux actes d'un opéra inachevé de *Daphné*. Nous parlerons, en son lieu, de cet opéra, composé huit ans avant sa publication, et qui n'a rien de mémorable que la querelle dont il fut l'occasion avec Lulli. Les quelques vers dont la Fontaine a enrichi le *Sénèque* de Pintrel mériteront toujours d'être lus. Ils montrent, et l'on s'en serait douté, qu'il n'aurait pas traduit Virgile à la façon de Delille, soit dit sans mépris pour l'élégant versificateur, mais qu'il y aurait apporté le sentiment si vrai de l'antique dont s'est plus tard inspiré André Chénier. On doit remarquer aussi deux petits fragments d'Horace, où l'aimable aisance du satirique latin est reproduite à merveille. Il avait voulu s'associer ainsi au travail de son vieil ami Pintrel, après la mort duquel il remplit le pieux devoir de publier son manuscrit. Dans sa première impression, le livre anonyme s'écoulait lentement ; il eut beaucoup de succès, quand on le publia sous ce titre : *les Épîtres de Sénèque, nouvelle traduction par feu M. Pintrel, revue et imprimée par les soins de M. de la Fontaine*[1].

1. Paris, 1681, 2 vol. in-8°.

Le poëme du *Quinquina* serait une fantaisie inexplicable, s'il n'avait été demandé à la Fontaine par la duchesse de Bouillon, qui il fut dédié :

> C'est pour vous obéir, et non point par mon choix,
> Qu'à des sujets profonds j'occupe mon génie.

Il disait sans doute tout bas : à des sujets d'un profond ennui ; mais un désir de la belle duchesse était un ordre. L'Anglais Talbot (ou *Tabor*) avait récemment apporté son remède en France, avec la recommandation de la duchesse de Mazarin. Cette dernière circonstance rendait assez naturel que la sœur d'Hortense Mancini portât au quinquina un vif intérêt; il aurait peut-être même suffi pour elle que la mode y fût. La Fontaine invoque la duchesse de Bouillon, au début de son œuvre, pour qu'elle la favorise :

> . . . . . . Empêchez qu'on ne die
> Que mes vers sous le poids languiront abattus.

Ce qu'elle n'aurait pu empêcher, si Molière eût encore été là, c'eût été qu'il ne se moquât de la Fontaine avec sa poésie médicale, où il étalait, comme un docteur de *Pourceaugnac*, les doctrines de Galien sur la fièvre et la science puisée dans un livre de son ami, le médecin François Monginot. Deux chants sur un tel sujet, quel pensum beaucoup plus dur que celui dont Port-Royal l'avait naguère chargé! Aussi, à la fin du premier chant, paraît-il bien las :

> Allons quelques moments dormir sur le Parnasse.

Le voilà bien avec son assoupissement, qui devançait celui du lecteur. Au milieu de ce sommeil, qu'il ne faut pas prendre au figuré, comme celui du bon Homère, il s'est acquitté de son labeur en conscience, mais malgré Minerve et malgré les Grâces. Il y a cependant, lorsqu'il arrive à sa dernière page, une petite fable sur *Jupiter et les deux Tonneaux* qui nous réveille en même temps que le poëte. Sans que ce soit un de ses meilleurs apologues, on y reconnaît sa plume.

Ces très-petits faits de l'histoire de ses ouvrages nous ont arrêtés devant les portes de l'Académie auxquelles nous avons dit qu'il vint frapper quelques années après que la seconde de ses grandes publications de fables eut mis le sceau à sa renommée. Il avait tenté, dit-on[1], une première candidature, quand fut ouverte la succession de Cotin, en janvier 1682. Il y renonça sans doute, ayant trouvé un concurrent trop redoutable dans l'abbé de Dangeau, qui avait sur lui l'avantage d'être lecteur du Roi et de rendre, dans cette charge, de grands services aux gens de lettres. La place de Cotin ne fut pas longtemps à disputer, puisque Dangeau fut reçu le 26 février 1682. La mort de Colbert (6 septembre 1683) parut offrir une occasion plus favorable. La Fontaine, qui n'aimait pas plus qu'il n'était aimé de lui le sévère ministre, un des principaux auteurs de la disgrâce de Foucquet, s'était mis cependant en règle avec lui dans son poëme du *Quinquina*, où il a célébré ses louanges, promettant même d'y trouver un jour une digne matière de ses chants. Il n'en fit pas moins, à l'occasion de sa mort, une épigramme contre lui, plus sincère que les vers où il l'avait encensé; mais il ne la rendit certainement pas publique; et d'ailleurs l'Académie n'a jamais exigé qu'on fût grand admirateur de l'Immortel dont on brigue la succession : il suffit que, dans son compliment, le récipiendaire ne lui marchande pas trop le panégyrique funèbre. Ce ne fut donc pas de ce côté que vinrent les difficultés auxquelles se heurta la nouvelle candidature de la Fontaine.

Le Roi désirait alors que Boileau entrât à l'Académie, que lui avaient jusque-là fermée les haines soulevées par ses satires. La Fontaine alla demander à son ami, dit Louis Racine[2], « s'il seroit son concurrent. Boileau l'assura que non, et ne fit aucune démarche. » Mais il eut des amis qui en firent contre notre poëte. Le jour où l'on délibéra sur l'élection, l'académi-

---

1. *OEuvres de la Fontaine*, Paris, 1877, 1 vol. grand in-8°. Introduction par Édouard Fournier, p. xxxix. M. Fournier y cite, à l'appui, une lettre de la Monnoye. — Furetière, dont le témoignage contemporain, n'était sa partialité haineuse, aurait de l'autorité, fait remonter plus haut la brigue académique de la Fontaine. « C'est, dit-il, parlant de ses contes, ce qui l'a longtemps éloigné de l'Académie, dont il a brigué une place pendant sept années » (*Second factum*, p. 291 et 292).

2. *Mémoires sur la vie de Jean Racine*, tome I des OEuvres de J. Racine, p. 280.

cien Rose, secrétaire du Roi, dont il croyait sans doute, en bon courtisan qu'il était, ne pas contrarier les intentions, jeta sur la table de la salle des séances un volume des *Contes de la Fontaine*, puis, s'apercevant qu'il n'avait pas produit grand effet, dit avec dépit : « Je vois bien, Messieurs, qu'il vous faut un Marot. » Le président Rose était plaisant ; et c'était évidemment un *maraud* qu'il voulait dire. Bensserade, qui, pour les jeux de mots, n'était jamais en reste, répliqua : « et à vous une *marotte*. » La bouffonnerie de Rose, ainsi comparée à celle d'un fou du Roi, se trouvait bien payée, argent comptant. Le scrutin par billets fut ouvert. La Fontaine eut seize suffrages, Boileau sept. Dans le scrutin par ballottes, où il y eut encore vingt-trois votants, notre poëte ne gagna pas de suffrages ; il y eut contre lui sept boules noires ; et comme la règle était que, s'il se trouvait de celles-ci un nombre égal au tiers de celui des votants, le candidat était à jamais exclu[1], la Fontaine l'aurait été, s'il y avait eu une boule noire de plus. Il avait échappé à ce danger et était élu par les seize boules blanches du premier scrutin par ballottes, qui n'était, comme on va dire, qu'une épreuve préliminaire. Rien n'était fini. « L'Académie, dit d'Olivet[2], par un ancien statut..., ne peut recevoir personne qui ne soit agréable au Protecteur.... L'ordre est qu'il y ait deux scrutins[3] : l'un pour déterminer à la pluralité des suffrages quel sujet elle proposera au Protecteur ; l'autre pour consommer l'élection, après que le Protecteur a répondu en faveur du sujet proposé. »

Le Protecteur fut mécontent de l'échec de Boileau, à qui il avait dit : « Je veux que vous soyez de l'Académie, » mécontent aussi du choix qu'on avait fait de l'auteur des *Contes*. Plus que jamais ces badinages grivois l'indisposaient contre la Fontaine, sa conscience étant devenue scrupuleuse. Lorsque le directeur de l'Académie, Jean Doujat, alla lui demander

1. Voyez d'Alembert, *Histoire des membres de l'Académie françoise*, tome V, p. 388, à la note.
2. *Histoire de l'Académie*, p. 30 et 31.
3. Il y en avait réellement trois, le scrutin par billets, les deux scrutins par ballottes. D'Olivet ne compte que ceux-ci.

son agrément pour l'élection faite par la Compagnie, il répondit : « Je sais qu'il y a eu du bruit et de la cabale dans l'Académie. » Doujat assura que tout s'était passé dans les formes ; mais le Roi coupa court, en disant : « Je ne suis pas encore déterminé ; je ferai savoir mes intentions à l'Académie[1]. » Tout demeura donc en suspens.

Le pauvre la Fontaine était bien embarrassé de ses *Contes*. Il avait, au témoignage de Charles Perrault[2], écrit avant l'élection, à un prélat académicien, qu'il les regrettait et n'y reviendrait plus. Quand il connut le déplaisir persistant du Roi, il tenta de se le rendre plus favorable. Il fit une ballade[3] où il vanta en beaux vers les grandes actions de son règne et dont le refrain était :

> L'événement n'en peut être qu'heureux.

Voici quel en fut l'*Envoi*, que Mme de Thianges se chargea de commenter en le lisant au Roi :

> Cedoux penser, depuis un mois ou deux,
> Console un peu mes Muses inquiètes.
> Quelques esprits ont blâmé certains jeux,
> Certains récits qui ne sont que sornettes.
> Si je défère aux leçons qu'ils m'ont faites,
> Que veut-on plus? Soyez moins rigoureux,
> Plus indulgent, plus favorable qu'eux ;
> Prince, en un mot, soyez ce que vous êtes.
> L'événement n'en peut être qu'heureux.

Pour qu'il le devînt, pour que Louis XIV fût désarmé, il fallut l'élection de Boileau. L'académicien Bezons étant mort le 12 mars 1684, il y eut un nouveau fauteuil à donner. Au premier scrutin, qui eut lieu le 15 avril, pour l'élection de Boileau, celui-ci obtint l'unanimité des suffrages, unanimité vraiment *royale*. Le 20, on rendit compte du vote à Louis XIV, qui déclara que « ce choix lui étoit très-agréable et seroit généralement approuvé. Vous pouvez, ajouta-t-il, recevoir inces-

---

1. *Histoire de l'Académie*, p. 31.
2. *Les Hommes illustres*, p. 84.
3. Elle fut insérée dans le *Mercure* de janvier 1684.

samment la Fontaine ; il a promis d'être sage[1]. » Le 24, on passa au second scrutin, qui devait rendre définitive l'élection du satirique ; il n'y eut pas non plus une seule boule noire : il est doux de voir qu'on a rêvé quand on s'est cru des ennemis.

Le Roi ayant cessé de refuser son agrément à la Fontaine, il fut à son tour nommé, et il n'y avait plus qu'à recevoir les deux élus. Comme l'élection de Boileau avait été ratifiée la première, nous pensons que peut-être sa réception aurait précédé celle de la Fontaine, sans un voyage où l'historiographe avait accompagné le Roi[2], et qui la fit différer jusqu'au 1er juillet[3]. La Fontaine, qui, ce jour-là, lut une fable à la fin de la séance[4], avait lui-même été reçu deux mois avant, le mardi 2 mai 1684. Quoique sa harangue, avec l'éloge de ses confrères, du Roi, de Richelieu, et celui de Colbert, qu'il ne fit pas long, ne sorte pas du moule où étaient alors jetés tous ces compliments, on y peut relever quelques traits. « Vous voyez, Messieurs, dit-il dans son exorde, par mon ingénuité et par le peu d'art dont j'accompagne ce que je dis, que c'est le cœur qui vous remercie, et non pas l'esprit. » Il acceptait très-bien sa réputation d'homme simple, ingénu ; et, modestie à part, il avait sans doute conscience qu'il prononçait en bonhomme son petit morceau d'éloquence. Dans une allusion qu'il fit au refus d'approbation que le Roi avait quelque temps opposé à son élection, il y a peut-être moins d'humilité que de finesse. C'est le plus joli passage de son discours : « Notre

1. D'Olivet, *Histoire de l'Académie*, p. 33.
2. *OEuvres de Boileau* (édition de Berriat-Saint-Prix), tome I, p. CIV, à la note 1.
3. Louis Racine et d'Alembert ont dit à tort le 3 juillet.
4. Registre manuscrit des Procès-verbaux de l'Académie (1er juillet 1684). Voyez aussi, dans l'*Amateur d'autographes* du 16 avril 1867, p. 125, une lettre de Claude Perrault, datée du 2 juillet, qui rend compte de la réception de Boileau, et parle de la nouvelle fable lue par la Fontaine. Nous savons quelle elle était par ce passage du *Mercure galant* (juillet 1684, p. 180) : « M. de la Fontaine régala les auditeurs d'une fable que l'on écouta deux fois avec beaucoup de plaisir. La morale était qu'il y a de la prudence à se défier d'un inconnu. » La fable *le Renard, le Loup et le Cheval*, la XVIIe du livre XII, est par là désignée.

prince ne fait rien qui ne soit orné de grâces, soit qu'il donne, soit qu'il refuse; car, outre qu'il ne refuse que quand il le doit, c'est d'une manière qui adoucit le chagrin de n'avoir pas obtenu ce qu'on lui demande. S'il m'est permis de descendre jusqu'à moi..., un simple clin d'œil m'a renvoyé, je ne dirai pas satisfait, mais plus que comblé. »

C'était un peu comme un pénitent, puisqu'il avait dû promettre d'être bien sage, qu'il venait s'asseoir auprès de ses confrères, moins grands pécheurs, à ce qu'il paraît; du moins il avait l'air de le croire : « Vous savez, Messieurs, également bien, leur dit-il, la langue des Dieux et celle des hommes. J'éleverois au-dessus de toutes choses ces deux talents, sans un troisième qui les surpasse : c'est le langage de la piété.... Les deux autres langues ne devroient être que les servantes de celle-ci. Je devrois l'avoir apprise en vos compositions.... Vous me l'enseignerez beaucoup mieux lorsque vous joindrez la conversation aux préceptes. » Était-ce bien sa pensée? Peut-être, car il était naturellement sincère; mais il faut dire aussi qu'il était obligé de s'exprimer en homme bien chapitré. Parmi les saints de l'Académie, dont il attendait de si bonnes leçons, comptait-il Bensserade, qui n'avait pas à se reprocher de contes, mais bon nombre de péchés de poëte de cour, aussi peu faciles, ce semble, à excuser? Au reste, comme tout le monde dans cette séance, le galant rimeur de ballets fut édifiant : il lut une traduction du *Miserere*, composée pour les *Heures* du Roi.

L'abbé de la Chambre, curé de Saint-Barthélemy, qui recevait la Fontaine, n'était pas l'académicien le mieux préparé à faire valoir les titres poétiques du nouveau confrère. Il paraissait à peine les connaître, avouant que sa profession l'avait « sevré de bonne heure des douceurs de la poésie » et qu'il aurait plus dignement loué le récipiendaire, s'il avait été plus versé dans la lecture de ses fables. Il est évident qu'il s'entendait mieux au devoir de le morigéner; il ne manqua pas de lui adresser cette semonce : « Songez que ces mêmes paroles que vous venez de prononcer, et que nous insérerons dans nos registres, plus vous avez pris peine à les polir et à les choisir, plus elles vous condamneroient un jour, si vos actions se trouvoient contraires, si vous ne preniez à tâche de joindre la pureté des mœurs et de la doctrine, la pureté du cœur et de l'esprit, à la pureté du style et du langage. »

Après toutes les lectures qui furent faites ce jour-là, la Fontaine en fit une d'excellents vers, où, plus explicitement que dans sa harangue, il reconnut et abjura ses erreurs. Ce qui rendit à la fois noble et touchante sa confession, c'est qu'il l'adressa, comme par un doux épanchement, à une amie, qui ne lui donnait plus alors que de bons exemples. Les vers qu'il récita furent ceux du beau *Discours à Mme de la Sablière*. Il n'y oublia aucun des reproches qu'avec justice, il en faisait l'aveu, on ne lui épargnait pas. Il s'entendait condamner ainsi pour son inconstance et ses contes :

«.... Rien de parfait n'est sorti de tes mains.
Eh bien ! prends, si tu veux, encor d'autres chemins....
Tente tout, au hasard de gâter la matière.
On le souffre, excepté tes contes d'autrefois. »

Et il répondait naïvement :

J'ai presque envie, Iris, de suivre cette voix.

S'il n'était pas bien sûr d'en avoir tout à fait envie, s'il ne cachait même pas que « suivre en tout » les leçons d'Iris était au-dessus de ses forces :

. . . . . il faut qu'on se propose
Un plan moins difficile à bien exécuter,

il marquait du moins sa contrition en ces termes :

Des solides plaisirs je n'ai suivi que l'ombre ;
J'ai toujours abusé du plus cher de nos biens.
Les pensers amusants, les vagues entretiens...,
Les romans et le jeu, peste des républiques,...
Cent autres passions, des sages condamnées,
Ont pris, comme à l'envi, la fleur de mes années.
.... Je n'ai pas vécu : j'ai servi deux tyrans ;
Un vain bruit et l'amour ont partagé mes ans.
Qu'est-ce que vivre, Iris? vous pouvez nous l'apprendre....
C'est jouir des vrais biens avec tranquillité,
Faire usage du temps et de l'oisiveté ;
S'acquitter des honneurs dus à l'Être suprême....
Bannir le fol amour et les vœux impuissants,
Comme hydres dans nos cœurs sans cesse renaissants.

Derrière cette résipiscence de la Fontaine, où il déplairait de trop apercevoir le maître qui ouvrait ou fermait les portes de l'Académie, on aime mieux reconnaître l'aimable figure de cette Iris, persuasive sans commander, et sans avoir d'honneurs littéraires à offrir en payement de l'obéissance.

Nous n'avions jusqu'ici introduit Mme de la Sablière dans l'histoire de la Fontaine, que sous les traits d'une gentille tutrice, qui avait pris sur lui un grand empire, non-seulement par ses bienfaits, mais par ses agréments mondains. Les vers lus à l'Académie la font deviner bien changée. Elle l'était en effet, non dans son amitié pour notre poëte, mais dans les pensées qui étaient devenues la règle de sa vie. Une révolution, que Mme de Sévigné aimait à citer comme un des grands coups de la grâce[1], s'était faite dans son âme. Ce fut en 1680. Le marquis de la Fare avait cessé de l'aimer. On disait que, grand joueur, il lui avait donné la bassette[2] pour rivale. Qu'il lui eût préféré cette indigne maîtresse, ou toute autre, dont alors on parla aussi dans un langage moins métaphorique, il avait déchiré le cœur de la délaissée, qui se tourna vers Dieu et vers les malheureux à soulager en son nom. Dans le même temps, M. de la Sablière avait fini dans la tristesse une vie de plaisirs; et peut-être cette mort, sans affliger autant Mme de la Sablière que son amour trahi, avait-elle fait impression sur elle et achevé sa conversion. Elle ne quitta pas tout à fait sa maison; elle y revenait quelquefois; mais presque toute sa vie se passait aux *Incurables*, où ses amis venaient la voir[3]. La Fontaine, qui l'admirait, sans être de force à l'imiter, et conservait pour elle le même attachement, continua de demeurer chez elle, moins choyé nécessairement et plus abandonné à lui-même. N'est-ce pas alors qu'ayant fait maison nette, elle dit (tout au moins on le lui a fait dire) : « Je n'ai gardé avec moi que mes trois animaux, mon chien, mon chat et la Fontaine[4] » ? Si cette parole est bien d'elle,

---

1. *Lettre* du 21 juin 1680, tome VI, p. 476.
2. *Lettre de Mme de Sévigné*, du 14 juillet 1680, tome VI, p. 527.
3. *Ibidem*, p. 528.
4. D'Olivet, *Histoire de l'Académie*, p. 317.

ce n'était certainement par aucun dédain, mais par une amicale plaisanterie, qu'elle mettait ainsi dans sa petite ménagerie, comme une fidèle et bonne bête, l'homme dont le rare esprit ne pouvait lui être caché par sa simplicité. On trouverait ce sentiment bien exprimé dans cet autre mot qu'on lui a prêté aussi : « En vérité, mon cher la Fontaine, vous seriez bien bête, si vous n'aviez pas tant d'esprit[1]. » Ce serait encore elle, suivant quelques-uns, qui aurait nommé la Fontaine *le fablier*[2]. D'autres attribuent le mot à la duchesse de Bouillon[3]; Titon du Tillet à Mme Cornuel, assez mordante pour qu'on le mette plus volontiers dans sa bouche. Le commentaire en est donné par les circonstances que rapporte ce passage du *Parnasse françois :* « Mme Cornuel,... s'étant trouvée deux fois avec la Fontaine, et l'ayant agacé de toute manière, n'en ayant pu tirer quatre paroles, dit que ce n'étoit pas un homme, mais un *fablier,* comme un arbre qui portoit naturellement des fables[4]. » Saillie plus piquante que juste. L'arbre se juge par ses fruits, et, quand il est arrivé que, le voyant en porter de très-beaux, on a cru ne rien trouver en lui qui, sans un jeu du hasard, les ait pu produire, c'est que le jugement de l'observateur a été en défaut. Nous reviendrons sur ces étonnements de quelques-uns, qui ne pouvaient reconnaître dans la personne et dans les entretiens de la Fontaine l'homme de ses vers.

Si ce fut sans arrière-pensée qu'il s'avouait nettement, ce ne fut pas sans prudence que le récipiendaire de la séance académique du 2 mai 1684 laissa percer quelque inquiétude sur la longue persévérance de son repentir. Il tarda bien peu à se laisser entraîner dans une rechute par le démon des contes. En dépit de la sentence de police de 1675, on en vit paraître cinq nouveaux en 1685, non pas imprimés à Mons ou à Amsterdam, mais chez Barbin, avec un privilége du Roi[5], qui avait été, il faut le croire, obtenu par surprise, et

---

1. La Harpe, *Cours de littérature* (1825), tome IX, p. 127.
2. Voltaire, *Dictionnaire philosophique,* au mot FABLE.
3. D'Olivet, *Histoire de l'Académie,* p. 317.
4. *Le Parnasse françois,* p. 462.
5. Ce privilége est daté du 20 juillet 1685 ; l'achevé d'imprimer

sans doute ne l'aurait pas été, s'ils avaient été publiés séparément. Ils se glissèrent, comme à l'ombre d'autres écrits innocents, dans un recueil qui semblait surtout le témoignage d'une fidèle amitié, et qui avait pour titre : *Ouvrages de prose et de poésie des Sieurs de Maucroix et de la Fontaine*[1]. La distribution des écrits qu'il contient est assez curieuse. Nous aurions de la peine à n'y voir que la fantaisie du libraire. Les deux tomes ne mêlent pas les ouvrages des deux auteurs. Le second seul contient ceux de Maucroix[2]. Le premier est tout entier de la Fontaine, et il n'y est question de Maucroix que dans l'*Avertissement*, où notre poëte parle surtout des *Dialogues de Platon*. Le recueil tout d'abord s'annonçait donc docte et grave. Avant l'*Avertissement* est l'épître en vers à M. de Harlay, pleine de la reconnaissance de la Fontaine pour Mme de la Sablière,

> A qui j'ai deux temples bâtis,
> L'un dans mon cœur, l'autre en mon livre.

Puis vient la *Ballade au Roi* avec l'*Envoi*, qui avait dû paraître une promesse de renoncer à

> Certains récits, qui ne sont que sornettes.

Elle est suivie de dix fables nouvelles, qui font maintenant partie du livre XII. Après les *Fables*, ce sont quelques petites pièces au Roi, la *Ballade au duc de Bourgogne*, *Daphnis et Alcimadure*, *Philémon et Baucis*, quelques-unes des poésies composées pour la cour de Vaux ou encore pour le Roi. Que l'exactitude de notre table des matières ne cause pas d'im-

---

est du 28 juillet. — La même année 1685, on publia à Amsterdam, chez Henry Desbordes, une édition des *Contes et Nouvelles de M. de la Fontaine*, enrichie de tailles-douces. Elle est annoncée dans les *Nouvelles de la République des lettres* (avril 1685). Elle ne contient donc pas les *Contes* du recueil de la Fontaine et de Maucroix.

1. Deux volumes in-12.
2. Le titre, qui n'est pas le même que celui du tome Ier, porte : *Traduction des Philippiques de Démosthènes*, d'une *des Verrines de Cicéron*, avec l'*Eutiphron*, l'*Hippias*, du Beau, et l'*Euthydemus de Platon*, par M. de Maucroix.

patience : nous touchons aux pages où elle devient d'un plus grand intérêt. Le *Discours à Mme de la Sablière*, tout rempli de sages résolutions, précède immédiatement, comme pour ne pas éluder la difficulté, les contes de *la Clochette*, du *Fleuve Scamandre*, de *la Confidente sans le savoir*, du *Remède* et des *Aveux indiscrets*. Le tout finit par *les Filles de Minée*, l'*Inscription tirée de Boissard*, et le *Remerciement à l'Académie*, lequel vient là comme la plaisante conclusion d'un volume si bien fait pour répondre aux espérances données, il y avait un an, à la Compagnie par le nouveau confrère.

On pourra trouver là un exemple et de cette franchise, qui était une des vertus de la Fontaine, et de sa naïveté. Nous voulons bien qu'il ait été naïf; mais, avec cet air de bonhomme distrait, inattentif aux inconséquences, ne paraissant pas s'en douter, c'était un ingénu bien malin, et hardiment malin. Nous le voyons saluer très-humblement ceux qui l'avaient prêché, et, cette cérémonie faite, aller son train. Cela ne rappelle-t-il pas la profonde révérence que, dans les Mémoires de Mme de Caylus[1], Louis XIV et Mme de Montespan font aux respectables dames qu'ils avaient prises pour témoins et comme pour cautions de leurs bonnes résolutions, et qui les voient passer tous deux ensemble dans une autre chambre?

Au début du conte de *la Clochette*, le premier de la ve partie, la Fontaine avoue sans détour sa faiblesse :

> Oh! combien l'homme est inconstant, divers,
> Foible, léger, tenant mal sa parole!
> J'avois juré, même en assez beaux vers,
> De renoncer à tout conte frivole;
> Et quand juré? c'est ce qui me confond :
> Depuis deux jours j'ai fait cette promesse.
> Puis fiez-vous à rimeur qui répond
> D'un seul moment! Dieu ne fit la sagesse
> Pour les cerveaux qui hantent les neuf Sœurs.
> Trop bien ont-ils quelque art qui vous peut plaire,
> Quelque jargon plein d'assez de douceurs;
> Mais d'être sûrs, ce n'est là leur affaire.

---

1. *Souvenirs de Mme de Caylus*, édition Michaud et Poujoulat, 3e série, tome VIII, p. 484.

Puis, sa conscience, peu exigeante, espère avoir trouvé un tempérament en réparant par la forme la faute qu'il a faite encore une fois pour le fond et la matière. Il suffira peut-être à ce qu'il pensait, que, dans ses vers, il ait affaibli de son mieux un sel qui n'était pas celui dont on a pu faire le symbole de la sagesse. Il commence ainsi *le Fleuve Scamandre* :

> Me voilà prêt à conter de plus belle :
> Amour le veut, et rit de mon serment.
>
> . . . .
> J'ai désormais besoin, en le chantant,
> De traits moins forts et déguisant la chose ;
> Car, après tout, je ne veux être cause
> D'aucun abus : que plutôt mes écrits
> Manquent de sel, et ne soient d'aucun prix !

Malgré cette petite concession, faite aux scrupules, le Roi ne dut pas être content, ni l'abbé de la Chambre, ni même Mme de la Sablière. Elle fut probablement la plus indulgente, connaissant bien son léger poëte. La Fontaine l'aimait trop pour n'avoir pas quelque regret de l'affliger; mais elle lui inspirait beaucoup moins de crainte que de confiance. Quoique ne vivant plus sous ses yeux, il voulait qu'elle fût toujours la confidente de ses écrits. Lorsque, en 1686, il envoyait de Château-Thierry à Racine, avec sa jolie chanson à la jeune Paule, quelques vers d'une lettre à Conti, il avait soin de lui dire : « Je vous en prie, ne montrez ces derniers vers à personne ; car Mme de la Sablière ne les a pas encore vus[1]. » Il ne se dissimulait cependant pas qu'entre les frivolités peu sages de sa Muse et l'austérité de son amie il y avait maintenant une barrière. C'est ce qu'il fait bien comprendre dans une lettre qu'il écrivait à M. de Bonrépaux le 31 août 1687 :

> J'ai vu le temps qu'Iris, et c'étoit l'âge d'or
>   Pour nous autres gens du bas monde,
> J'ai vu, dis-je, le temps qu'Iris goûtoit encor,
> Non cet encens commun dont le Parnasse abonde...;
>   Mais la louange délicate
>   Avoit auprès d'elle son prix.
> Elle traite aujourd'hui cet art de bagatelle,

1. Lettre à Racine, du 6 juin 1686.

Il l'endort, et, s'il faut parler de bonne foi,
L'éloge et les vers sont pour elle
Ce que maints sermons sont pour moi.

Ne fut-ce pas un malheur pour la Fontaine que Mme de la Sablière fût montée à des hauteurs qu'il trouvait inaccessibles? Restée dans ce « bas monde, » plus près de son ami, sous le même toit que lui, et continuant à partager ses goûts poétiques, elle ne l'aurait peut-être pas laissé trop livré aux sociétés, fort dangereuses pour sa fragilité, où nous allons bientôt le rencontrer.

Dans son volume de 1685, nous avons tout à l'heure nommé le petit poëme de *Philémon et Baucis*; il est dédié au duc de Vendôme. Les vers qui le terminent expriment le vœu et l'espoir d'aller chanter un jour dans les bosquets d'Anet, à l'ombre desquels il voit déjà transporté « tout le sacré vallon. » C'est une perspective qui nous est dès lors ouverte non-seulement sur le beau château de Diane de Poitiers, où Saint-Simon a montré Vendôme dans de moins chastes commerces que celui des Muses, mais sur le Temple aussi, voluptueuse et cynique demeure du Grand Prieur, où nous ne tarderons pas à trouver la Fontaine et quelques-uns de ses amis; il ne faut pas d'ailleurs anticiper les dates. On s'est étonné que le plus charmant tableau du fidèle et pieux amour conjugal et les vers où le poëte regrette de n'avoir pas réglé sa vie sur le modèle du respectable ménage des deux vieux époux, aient été adressés à un débauché tel que Vendôme, et l'on a eu envie de rire de cette dédicace comme d'un des plus singuliers *spropositi* échappés aux distractions du Bonhomme. N'oublions pas cependant que si les deux Vendôme, assez jeunes en 1685 (l'un était né en 1654, l'autre en 1655), menaient déjà une vie dissipée, et préludaient, dans Anet, aux désordres du Temple, ils n'avaient pas encore toute la mauvaise renommée qu'ils allaient si bien mériter. Au surplus, la Fontaine, dans *Philémon et Baucis*, parle au duc de Vendôme avec un respect qui s'est trompé d'adresse, mais ne suppose pas nécessairement une bonne opinion de lui, très-sûre de son fait. Lorsqu'à des éloges acceptables il en mêle qui ont l'air de contre-vérités, proclamant, dans les vers suivants de son poëme, ses vertus sans « nul défaut, » voyons moins là une maladroite adulation que des compliments de cérémonie et la banale révérence que n'aurait plus demandée la familiarité qui s'établit plus tard :

> Ayant mille vertus, vous n'avez nul défaut.
> .... Quel mérite enfin ne vous fait estimer?
> Sans parler de celui qui force à vous aimer.
> Vous joignez à ces dons l'amour des beaux ouvrages;
> Vous y joignez un goût plus sûr que nos suffrages.

Peu d'années après, on trouvera le ton beaucoup plus libre; mais nous ne signalons encore que le premier accès près du Mécène aimable, fin connaisseur des bons écrits, en qui l'on se plaisait à reconnaître bien des traits de son aïeul Henri IV. La Fontaine fut introduit naturellement dans la faveur du duc de Vendôme, étant depuis longtemps dans celle de Madame de Bouillon. Chez elle, il dut souvent être rencontré par les deux Vendôme, neveux de la duchesse[1], par les princes de Conti, ses cousins[2]. De tous côtés, on se tenait comme par la main, dans le monde au milieu duquel la Fontaine a vécu, et dont l'hôtel de Bouillon fut le centre. Dans cet hôtel, notre poëte, avec les Conti et les Vendôme, trouvait Chaulieu et la Fare, qui y étaient sur le pied d'une intimité très-familière. Ils seront l'un et l'autre au Temple, à côté de la Fontaine, de même qu'ils avaient été tous trois ensemble chez Mme de la Sablière.

---

1. Ils étaient fils de Laure de Mancini. — On sait qu'en 1680, dans les interrogatoires de l'Arsenal, la duchesse de Bouillon fut accusée d'avoir voulu empoisonner son mari et épouser son neveu, le duc de Vendôme (*Lettre de Mme de Sévigné à Mme de Grignan*, 31 janvier 1680, tome VI, p. 230). Nous ne citons cette dénonciation de femmes scélérates que parce qu'elle leur fut suggérée par la connaissance des assiduités de Vendôme à l'hôtel de Bouillon. Il est resté un témoignage plus grave des soupçons qu'avait fait naître la trop grande intimité de la duchesse de Bouillon avec ses neveux. Saint-Simon, dans une de ses additions au *Journal de Dangeau* (23 décembre 1690), raconte une scène entre le duc de Bouillon et le chevalier de Bouillon, son fils cadet, dans laquelle celui-ci aurait dit : « Vous mon père! vous savez bien que non, et que c'est M. le Grand Prieur. »

2. Leur père, frère du grand Condé, avait épousé Anne Martinozzi, cousine germaine de la duchesse de Bouillon.

Lorsque nous sommes près d'entamer le chapitre des licencieuses compagnies parmi lesquelles s'égarèrent de plus en plus les dernières années de la Fontaine, le nom de Champmeslé peut revenir à propos. Au moment de cette histoire où nous a amené la récidive des contes en 1685, la Fontaine n'a pas cessé de hanter la maison de la comédienne; nous en avons la preuve dans la camaraderie littéraire qu'il y eut entre lui et le mari de la belle, et qu'on est forcé de s'expliquer autrement que par l'accord des talents. Leurs noms demeurent associés dans la collaboration à plusieurs comédies. C'est l'occasion de tout dire en une fois sur le théâtre de la Fontaine.

On peut n'y pas comprendre trois pièces dont nous avons déjà parlé : *l'Eunuque*, simple exercice de traducteur; *Clymène*, dans laquelle l'auteur lui-même a dit qu'il n'y avait aucune distribution de scènes et qui n'était pas faite pour être représentée; *les Rieurs du beau Richard*, amusement de société. Il faut faire commencer le théâtre proprement dit de la Fontaine à l'opéra de *Daphné*. Le goût, qu'il a toujours avoué, pour le lyrique rend peu surprenant qu'il ait voulu chasser sur les terres de Quinault. Il put y avoir des obsessions de Lulli; mais nous ne croyons pas qu'elles aient eu à vaincre une grande résistance. La Fontaine, dans une petite satire écrite avec verve, sous ce titre : *le Florentin*, et dans une épître à Mme de Thianges, a fait l'histoire des mésaventures de sa *Daphné*, non sans quelque passion peut-être. La satire nous apprend que Lulli, contre qui devait être en garde quiconque travaillait avec lui, tendit des piéges au poëte :

. . . . . . Il me fit travailler.
Le paillard s'en vint réveiller
Un enfant des neuf Sœurs, enfant à barbe grise.
. . . .
Vienne encore un trompeur, je ne tarderai guère.
Celui-ci me dit : « Veux-tu faire
Presto, presto, quelque opéra,
Mais bon ? Ta Muse répondra
Du succès par-devant notaire.
Voici comment il nous faudra
Partager le gain de l'affaire :
Nous en ferons deux lots, l'argent et les chansons,

> L'argent pour moi, pour toi les sons.
>
> Volontiers je paye en gambades. »
>
> . . . . . . Il me persuada,
> A tort, à droit me demanda
> Du doux, du tendre, et semblables sornettes,
> Petits mots, jargons d'amourettes
> Confits au miel ; bref il m'enquinauda.

Tout cela est du plus joli la Fontaine. Ce que la piquante invective ne fait pas clairement connaître, c'est pourquoi le Florentin, non content de s'attribuer les solides profits de la collaboration, n'agréa pas le poëme, qui a de très-agréables vers d'églogue. Mathieu Marais[1] dit que Lulli « rebuta cet ouvrage comme mal propre à la musique. Il y avoit des traits fins, délicats, naïfs, si vous voulez ; mais tout cela n'étoit pas bon pour le chant qui aime à perdre des paroles, et la Fontaine n'en savoit point perdre. » La vérité est que le musicien était sans ménagements pour ses poëtes. Quinault en fit l'épreuve ; mais il s'accommodait de cette tyrannie. Lulli corrigeait ses vers, en condamnait la moitié sans appel. Thomas Corneille, lorsqu'il composa le *Bellérophon*, subit la même censure, qui le mettait au désespoir. Pour faire accepter de Lulli cinq ou six cents vers, il lui fallut en faire deux mille [2]. La Fontaine eut moins de patience. Au bout de quatre mois, il se lassa des exigences de son collaborateur et de ses lanterneries, qui lui parurent calculées pour le décourager. Ses amis le tirèrent d'affaire en envoyant le musicien à tous les diables. Voici ce que l'épître *A Madame de Thianges* ajoute : On avait répandu le bruit que l'opéra de la Fontaine était trop fadement pastoral ; la cour n'en voulut pas. Le poëte pensa qu'il n'eût du moins tenu qu'à Lulli de faire représenter l'œuvre de Quinault à la cour, et la sienne à Paris. Mais Lulli laissa-là *Daphné*, et fit donner la préférence, en avril 1674, à un opéra de Quinault, qu'il avait jugé plus digne de l'inspirer.

1. Pages 65 et 66.
2. *Comparaison de la musique italienne et de la musique françoise*, Bruxelles, 1705 (in-12), seconde partie, p. 214 et 215. L'auteur est Jean-Laurent le Cerf de la Vieuville.

Walckenaer, au lieu de l'*Alceste*, nomme la *Proserpine*, jouée en février 1680[1]. En conséquence, il a daté de cette année 1680 la satire du *Florentin* et l'épître *A Madame de Thianges*. C'est une erreur, où il a été sans doute induit par la *Vie de Philippe Quinault*, qui est en tête de l'édition de son *Théâtre* (1715)[2]. Une copie du *Florentin*, datée de 1674 dans les manuscrits de Trallage, et une lettre de Bussy-Rabutin écrite, le 26 février 1675, au P. Bouhours, dans laquelle il est parlé de l'épître *A Madame de Thianges*, donnent les véritables dates[3]. Quant à la publication de *Daphné*, elle est de 1682 seulement; la pièce a été imprimée à la suite du poëme du *Quinquina*.

La Fontaine avait montré qu'en digne abeille du Parnasse il avait son aiguillon. Mais il était bonne créature : il se laissa réconcilier, et garda si peu de rancune qu'il se chargea de composer les dédicaces au Roi de deux opéras de Quinault et de Lulli, celle d'*Amadis* en 1684, celle de *Roland* en 1685.

En même temps que *Daphné*, il fit imprimer avec le poëme du *Quinquina* des fragments de *Galatée*, qui n'était pas destinée au théâtre, et que l'empêchèrent, dit-il, d'achever son inconstance et son inquiétude naturelles. Mathieu Marais nous apprend[4] que la très-gracieuse chanson, au début de *Galatée* :

> Feuillages verts, naissez;
> Herbe tendre, croissez...,

était, de son temps, dans la bouche de tout le monde. L'air en avait été composé par Lambert, que la Fontaine, dans une

---

1. Tome II, p. 2.
2. Voyez aux pages 44-47 de cette *Vie*, qui est de Boscheron.
3. Voyez les OEuvres de la Fontaine, édition de M. Marty-Laveaux, tome V, p. vi et vii. — A ces preuves ajoutons que dans l'épître déjà citée, *A Turenne*, qui fut écrite en juin ou juillet 1674, la Fontaine, comme nous l'avons dit à la note 2 de la page xcviii, parle de son opéra auquel il travaillait :

> Vous avez fait, Seigneur, un opéra :
> Nous en faisons un nouveau, mais je doute
> Qu'il soit si bon, quelque effort qu'il m'en coûte.

4. Page 73.

de ses fables[1], a nommé à côté de Philomèle. Il y a aussi, dans ces courtes scènes de *Galatée*, un bien joli couplet, celui qui finit ainsi :

> Deux rois sont au monde,
> Pluton et l'Amour;

et quelques heureux souvenirs de Théocrite et de Virgile.

En dépit de la déconvenue de *Daphné*, la Fontaine persistait à sentir en lui une veine de chants lyriques. L'illusion, s'il y en avait une, n'était pas là; mais il y a lyrique et lyrique; et où il se trompait, c'était en ne reconnaissant pas que la poésie du vieil opéra français était un genre faux, dont Boileau a raillé justement les « héros à voix luxurieuse » et les « lieux communs de morale lubrique[2] ». Quinault, il est vrai, y a excellé et beaucoup surpassé la Fontaine, peut-être parce qu'il n'était pas comme lui un grand poëte, mais un très-ingénieux versificateur.

Lorsque la Fontaine fit, de ce côté, sa dernière tentative, il était d'un âge qui la rendrait singulière, si l'on ne savait que, jusqu'à l'heure des cilices, qui se fit attendre, il ne laissa pas la vieillesse lui imposer sa respectable, mais attristante gravité. L'opéra de l'*Astrée*, le seul avec lequel il lui fut permis d'aborder le théâtre, fut représenté à l'Académie royale de musique le 28 novembre 1691. Dès sa jeunesse, nous l'avons dit, il avait beaucoup aimé d'Urfé. Vieux, il eut sans doute grand plaisir à tirer de son roman une tragédie lyrique. Celle-ci n'est pas sans mérite poétique; et peut-être ces amours des rives du Lignon n'auraient pas déplu, si Lulli les avait réchauffés de sa musique[3]. On a lieu de soupçonner que celle de son élève Colasse les refroidit. Le succès fut très-médiocre. On a raconté que la Fontaine, assistant à la représentation, trouva la pièce mauvaise, et qu'ayant demandé quel en était

---

1. Fable v du livre XI, vers 52 et 53.
2. Satire x, vers 134 et 141.
3. Lulli était mort depuis quatre ans, en 1687. — Colasse, un des quatre maîtres de musique de la chapelle du Roi, avait déjà composé trois opéras, lorsqu'il mit en musique celui de la Fontaine. Voyez le *Mercure galant* d'octobre 1691, p. 294.

l'auteur, on le fit souvenir que c'était lui-même; qu'il répondit alors : « Elle n'en vaut pas mieux. » Mathieu Marais a bien raison de traiter cette anecdote de conte [1]. Elle vaut comme absurdité celle que le Sage rapporte ainsi [2] : « Le jour qu'on représenta pour la première fois le ballet d'*Astrée* de M. de la Fontaine, ce fameux poëte sortit de la salle après le premier acte et s'en alla au café de Marion, où il s'endormit dans un coin. Pendant qu'il dormoit, il entra un homme qui le connoissoit et qui fut si surpris de le voir là qu'il ne put s'empêcher de s'écrier : « Comment donc ? M. de la Fontaine ici ? « Ne devoit-il pas être à la première représentation de son « *Astrée?* » A ces mots l'auteur, se réveillant en sursaut et bâillant, répondit : « J'en reviens. J'ai essuyé le premier acte « qui m'a tant ennuyé que je n'ai pas voulu entendre les au- « tres. J'admire la patience des Parisiens. » Outre leur ridicule invraisemblance, ces légendes, et l'on en a fabriqué beaucoup de semblables sur la Fontaine, sont démenties par les faits. On a la preuve qu'il ne fut pas indifférent à la fortune de son ouvrage. Au temps où l'*Astrée* allait être jouée, il écrivait à Mmes d'Hervart, de Virville et de Gouvernet une lettre où il refusait, en termes galants, leur hospitalité dans le château de Bois-le-Vicomte. Après avoir allégué en vers que la liberté de son cœur serait en péril, il ajoutait en prose la vraie raison : « De demeurer tranquille à Bois-le-Vicomte pendant qu'on répétera à Paris mon opéra, c'est ce qu'il ne faut espérer d'aucun auteur, quelque sage qu'il puisse être. » Il ne cachait pas le plaisir que lui ferait le succès :

> O! si le dieu du Parnasse
> Avoit inspiré Colasse,
> Comme l'on dit qu'il a fait,
> La chose iroit à souhait.

Elle n'y alla guère. *Astrée* n'eut que peu de représentations,

1. Page 114.
2. *Meslange amusant de saillies d'esprit....* 1 volume in-12, Paris, M.DCC.XLIII, p. 159 et 160. — La Harpe, *Cours de littérature*, seconde partie, livre I, chapitre XI, tome IX, p. 164, raconte, d'après le Sage sans doute, la même anecdote ; il l'applique à l'opéra de *Daphné*, qui ne fut jamais représenté.

froidement accueillies ; et la Fontaine eut l'ennui d'être chansonné :

> On ne peut trop plaindre la peine
> De l'infortuné Céladon,
> Qui, sortant des eaux du Lignon,
> Vint se noyer en la Fontaine[1].

Linières, avant la représentation, avait fait aussi quelques couplets, celui-ci entre autres :

> Ah! que j'aime la Fontaine
> D'avoir fait un opéra.
> On verra finir ma peine
> Aussitôt qu'on le jouera.
> Par l'avis d'un fin critique,
> Je vais me mettre en boutique
> Pour y vendre des sifflets :
> Je serai riche à jamais[2].

L'histoire des comédies attribuées, pour une part assez mal définie, à la Fontaine, n'est pas aussi certaine que celle de ses opéras. Il n'y a d'incontestable que le fait de quelque collaboration avec le comédien Champmeslé. Sous le nom de *Pièces de théâtre de Monsieur de la Fontaine*, trois comédies furent publiées en 1702, à la Haye[3] : *Ragotin, le Florentin*, qu'il ne faut pas confondre avec la petite satire de 1674, et qui n'a rien de commun avec Lulli, et *Je vous prends sans vert*. L'éditeur mérite d'ailleurs peu de confiance, puisqu'il avait joint à ces comédies la tragédie de *Pénélope*, qui est incontestablement de l'abbé Genest. Dans les *OEuvres diverses de la Fontaine*, dont l'abbé d'Olivet donna l'édition en 1729[4], on trouve *le Florentin* et *Je vous prends sans vert*. Le faux titre de chacune de ces deux comédies porte : *Pièce attribuée à M. de la Fontaine*. Les frères Parfaict ont donné à la Fon-

---

1. Walckenaer, tome II, p. 247. Au tome I, p. 268, il cite un rondeau de Stardin où il y a le même jeu sur le nom du poëte.
2. *La Vie de Philippe Quinault*, p. 44. — On y dit qu'il s'agissait de *Daphné*, mais les autres couplets désignent l'*Astrée*. Voyez les *OEuvres inédites de J. de la Fontaine*, p. 323 et 324.
3. Chez Adrien Moëtjens, 1 vol. in-12. — 4. Trois volumes in-8°.

taine seul *le Florentin, Je vous prends sans vert, la Coupe enchantée* et *le Veau perdu*. Ils se sont ensuite corrigés quelque peu, ayant appris de « personnes dignes de foi » que Champmeslé avait eu beaucoup de part à ces pièces, « quoiqu'elles passent, disent-ils, pour être entièrement de M. de la Fontaine[1]. » Le témoignage qui, par sa date, semble le plus irrécusable, est celui de Furetière. Il porte, ce qui est à remarquer, sur la plus mauvaise de ces comédies, sur *Ragotin*; car il n'a pu parler d'une autre dans ce passage de son *Second factum* (p. 291) daté du 1er janvier 1685 : « Jean de la Fontaine n'a pas été plus heureux que Boyer et que le Clerc. Quand il a voulu mettre quelque pièce sur le théâtre, les comédiens n'en ont pas osé faire une seconde représentation, de peur d'être lapidés. » C'est bien de *Ragotin* qu'il parle, la seule des comédies attribuées à la Fontaine qui ait été jouée avant 1685. Furetière ne doutait pas qu'il n'y eût mis la main, et paraissait ne pas craindre, sur ce point, un démenti de notre poète. Ce témoignage contemporain a de la valeur.

Quant aux preuves intrinsèques, on a peine à les trouver. Il faudrait dire que la Fontaine s'est beaucoup plus trompé en s'essayant dans la comédie que dans l'opéra, et qu'il n'y pouvait faire, suivant l'expression de Mme de Sévigné, que de la mauvaise musique, si l'on ne devait tenir compte de l'extrême faiblesse de son collaborateur, et s'il n'était pas difficile de distinguer le peu qu'il est possible de croire de lui de ce qui est (et c'est à peu près tout sans doute) de Champmeslé.

Ragotin, tiré du *Roman comique*, est vraiment misérable. Scarron y perd tout l'agrément de sa plaisante narration. L'intrigue de la comédie est sans nul intérêt. Walckenaer est d'avis que, dans les récits qui ne tiennent pas à l'action, on peut reconnaître la Fontaine[2] : « Jamais, dit-il, Champmeslé n'eût pu traduire en langage poétique la prose de Scarron avec la précision et l'élégance qu'on remarque dans quelques passages de cette pièce. » Admettons que ce soit souvent mieux que Champmeslé ne pouvait faire; mais il serait trop

---

1. *Histoire du théâtre françois*, tome XIV, p. 527, à la note.
2. *OEuvres de la Fontaine* (1827), tome IV, p. 347, *Avertissement de l'éditeur*.

fort de goûter un style qui est parfois d'un plat et grossier burlesque. Où est la touche fine et délicate de l'auteur des *Contes*? On relèverait bien des sottises qui n'ont pu venir que sous la plume de Champmeslé. *Ragotin* fut représenté pour la première fois le 1ᵉʳ avril 1684, puis quatre fois encore jusqu'au 5 mai, et deux fois le 14 et le 16 juillet. Furetière, dans son *Troisième factum* du 24 décembre 1686, avoue[1] qu'il a été inexact dans ce qu'il avait dit d'abord de la chute de la comédie dès le premier jour; mais sa rectification était encore insuffisante : « Tout ce que M. de la Fontaine peut souhaiter que je réforme en l'article qui le regarde, c'est d'avoir dit que sa pièce de théâtre n'a été jouée qu'une seule fois; car j'ai appris depuis qu'il y en avait eu deux représentations. » Deux, nous l'avons vu, ce n'était pas assez dire.

Il faut parler autrement du *Florentin*, représenté le 23 juillet 1685. La Harpe loue un peu trop cette comédie, qui était restée au répertoire. C'est « un des plus jolis actes, dit-il, qui égaient le théâtre de Thalie. » Thalie en a de moindres, mais aussi beaucoup de meilleurs. Il paraît y avoir quelques souvenirs du *Sicilien* de Molière, surtout de son *École des femmes*. La plus agréable scène (on l'a toujours vantée) est celle[2] où Harpajème, déguisé et s'imaginant n'être pas reconnu, cherche à tirer d'Hortense la confidence de ses vrais sentiments. Là certainement Champmeslé disparaît, et laisse voir mal caché derrière lui quelqu'un qui parle une autre langue, non pas un Molière, mais un homme de beaucoup d'esprit, quoique égaré loin de sa véritable voie. On n'aurait peut-être pas deviné la Fontaine; mais, une fois averti, l'on ne s'étonne pas trop cette fois de sa collaboration. *Le Florentin* eut, dans ses commencements, treize représentations, dont la dernière eut lieu le 20 août 1685; il fut repris en janvier 1686.

La Coupe enchantée fut jouée le 16 juillet 1688. Si la Fontaine en fut le collaborateur, ce fut peut-être seulement en ce sens qu'elle est tirée de deux de ses contes, de celui qui porte le même titre que la pièce, et de celui des *Oies de*

1. Page 498.
2. La scène ix.

frère Philippe. A-t-il mis plus directement la main à cet acte en prose? à le lire, c'est peu vraisemblable.

On n'a du *Veau perdu,* représenté le 22 août 1689, que l'analyse qui en a été faite dans l'*Histoire du Théâtre françois.* Là il est dit que le public l'attribuait à la Fontaine, quoique inscrit sur les registres sous le nom de Champmeslé. Ce sont encore deux contes de notre poëte mis en action : *le Villageois qui cherche son veau,* et *la Servante justifiée,* mais non pas *la Gageure des trois commères,* comme le veulent en outre les frères Parfaict.

La comédie : *Je vous prends sans vert,* malgré son insertion dans les *Pièces de théâtre de M. de la Fontaine,* imprimées en 1702, et dans les *OEuvres diverses* de 1729, a très-probablement été écrite par Champmeslé sans aucun secours de la Fontaine. Nous ne voyons pas ce qui a pu faire penser que notre poëte y ait eu quelque part, si ce n'est que le dénouement en est tiré du conte du *Contrat.* La raison serait fort mauvaise; car ce conte, attribué à la Fontaine par de très médiocres connaisseurs, est de Saint-Gilles. Un des personnages de la petite comédie raconte[1] une fable que l'on pourrait intituler : *la Tourterelle veuve du Hibou et le Moineau.* Il semble que si la Fontaine a écrit là quelques vers, ce doive être ceux de la fable, et que rien ne se peut rencontrer dans la pièce où il dût être plus aisé de le reconnaître. Or rien de plus pauvre, de plus insipide que cet apologue. *Je vous prends sans vert* fut joué pour la première fois le 1ᵉʳ mai 1693. C'est après la conversion de la Fontaine, et, par conséquent, trop tard pour admettre qu'il n'eût pas encore renoncé au très-peu digne ménage littéraire qu'il avait eu la faiblesse de faire quelque temps avec le sieur de Champmeslé.

Au résumé, dans ces comédies, à quelques-unes desquelles on est trop assuré qu'il n'est pas resté tout à fait étranger, il n'y aura jamais moyen de bien savoir où l'on peut à sa plume complaisante attribuer quelques traits, où il a laissé aller seule celle de son collaborateur; il y a seulement certitude en faveur de celui-ci, lorsqu'on rencontre des inepties. Ce prétendu théâtre comique de la Fontaine manque donc même de

---

1. Dans la scène xi.

l'intérêt qu'il pourrait offrir, si, clairement et franchement, il nous mettait à même de mesurer une erreur de son talent; et le seul qui lui reste est un intérêt biographique. Il témoigne des liaisons dans lesquelles il se compromettait.

On a peut-être fait attention que la première en date de ces pièces était dans sa nouveauté tout juste au moment où la Fontaine fut reçu à l'Académie. Il était heureux qu'elle fût donnée sous le nom seul de Champmeslé. Se présenter, escorté de *Ragotin*, dans l'illustre Compagnie, n'eût pas été d'un bon effet pour notre poëte, quand on l'invitait à laisser ses *Contes* à la porte, malgré le charme et le goût si fin de leur style.

La Fontaine, à cela près qu'il était à surveiller dans ses écarts, fut toujours très-aimé de la plupart de ceux qui l'avaient fait siéger au milieu d'eux. Lui-même se plaisait beaucoup dans leurs assemblées. Il trouvait même, et il l'a dit, qu'on s'y amusait[1], bien que l'on y dormît quelquefois :

> Nous.... dormons comme d'autres,
> Aux ouvrages d'autrui, quelquefois même aux nôtres[2].

Cela n'était pas pour lui être désagréable. Pavillon, *crayonnant*, suivant son expression, une de ces assemblées, disait :

> La Fontaine n'y peut parler,
> Il dort[3]. . . . . . .

Il se réveillait pourtant, quand il le fallait. Nous le trouvons même, lui d'ordinaire très-paisible, mêlé à deux querelles de l'Académie, où il fit bien son devoir. Dans l'une d'elles, il lui échut de recevoir tout particulièrement les coups. Ce fut dans celle de Furetière.

Elle éclata très-peu de temps après la réception de la Fontaine. L'abbé Furetière, par son *Dictionnaire*, qui était un attentat contre le privilége de sa compagnie, obtenu le 28 juin 1674, se mit en guerre avec elle. Après avoir en vain négocié avec le confrère révolté, l'Académie décida son exclusion dans

---

1. Lettre à Maucroix, du 10 février 1695.
2. Lettre à M. de Bonrepaux, 31 août 1687.
3. *Lettre à M. l'abbé Furetière*, dans les OEuvres d'Étienne Pavillon, Amsterdam, 1750, in-12, 1ʳᵉ partie, p. 144.

la séance du 22 janvier 1683. La Fontaine y était présent. Il était ami du coupable; mais il sentit très-bien que l'amitié ne devait pas prévaloir contre le droit, plus ou moins fâcheux, mais certain, de son corps; et il eut la fermeté de voter pour l'exclusion. C'est toutefois de faiblesse, si l'on en croyait Brossette[1], que l'aurait accusé Boileau, pour n'avoir pas tenu compte d'une ancienne liaison; et c'est à l'occasion de cet acte de bon académicien, et en pensant à l'esprit de société qu'on s'accordait à refuser au poëte, qu'il aurait dit :

> Que les vers ne soient pas votre éternel emploi;
> Cultivez vos amis, soyez de bonne foi.
> C'est peu d'être agréable et charmant dans un livre,
> Il faut savoir encore et converser et vivre[2].

« On dit pourtant, pour la justification de la Fontaine, ajoute le commentateur dans la même note, qu'il avoit bien résolu d'être favorable à Furetière, mais que, par distraction, il lui avoit donné une boule noire. » Refusons, avec Mathieu Marais[3], d'ajouter foi à ce double conte de la désapprobation de Boileau et de l'erreur sur la couleur de la boule. Furetière ne se serait pas livré à tant de fureurs contre notre poëte, s'il n'avait cru qu'à une maladresse de sa rêverie. Nul doute qu'il n'ait su très-volontaire la boule noire. Nous avons eu déjà plusieurs occasions de citer des passages de ses odieux factums. Il aurait pu être intéressant comme victime d'un ridicule monopole; ses grossières injures n'ont plus laissé voir en lui qu'un Zoïle. La Fontaine se contenta de répondre à l'une des moindres accusations de l'atrabilaire par une épigramme et à un malhonnête sonnet, écrit par lui sur bouts-rimés, par un semblable jeu d'esprit, qui n'était pas plus charitable. Furetière, dans ce duel de satires, trouva des seconds. On cite une épigramme contre la Fontaine où il est comparé à Judas, comme

> . . . . un semblable traître,
> Qui vend son bon ami pour gagner trois jetons[4].

1. Dans sa note sur le vers 121 du chant IV de l'*Art poétique*, OEuvres de M. Boileau-Despréaux.... (Genève, 1716), tome I, p. 346.
2. *Art poétique*, vers 121-124.
3. Page 82.
4. *OEuvres inédites de J. de la Fontaine*, p. 320.

L'amour de ces malheureux jetons était le reproche banal
que volontiers, en ce temps-là, on jetait à la tête des académiciens. Mais la Fontaine, à l'Académie, comme ailleurs, montrait un désintéressement que Louis Racine a loué et dont il a
cité cet exemple : « Il entroit à l'Académie, et la barre étant
tirée au bas des noms, il ne devoit pas, suivant l'usage, avoir
part aux jetons de cette séance. Les académiciens, qui l'ai-
moient tous, dirent d'un commun accord qu'il falloit, en sa
faveur, faire une exception à la règle : « Non, Messieurs, leur
« dit-il, cela ne seroit pas juste. Je suis venu trop tard, c'est
« ma faute. » Ce qui fut d'autant mieux remarqué qu'un moment
auparavant, un académicien extrêmement riche, et qui, logé
au Louvre, n'avoit que la peine de descendre de son appartement pour venir à l'Académie, en avoit entr'ouvert la porte, et,
ayant vu qu'il arrivoit trop tard,... étoit remonté chez lui [1]. »

L'autre querelle académique ne devint pas un scandale comme
celle qu'envenimèrent les factums de Furetière. Charles Perrault, qui la souleva, le 27 janvier 1687, par la lecture de
son poëme du *Siècle de Louis le Grand* dans une séance de
l'Académie, était fort loin d'avoir les emportements du viru-
lent abbé. Son manifeste contre l'antiquité, qui ne fut pas du
goût des plus illustres de ses confrères, appartient à l'histoire
de la guerre des anciens et des modernes. On a souvent raconté la colère de Boileau, les malices de l'ironie de Racine.
Si la Fontaine laissa parler ses amis, il partageait leur sentiment, et ne tarda pas à témoigner qu'il se rangeait sous le
même drapeau. Quelques jours après l'orageuse séance, il écrivit sa belle épître à Daniel Huet, un des académiciens défenseurs déclarés de l'antiquité, en lui envoyant un *Quintilien*
traduit par Toscanella. Les souvenirs de Huet l'ont trompé sur
la date du présent de son confrère [2]; mais il a très-bien dit,
dans ses *Mémoires*, pour la défense de quelle cause avaient été
écrits les charmants vers de la Fontaine. On pourrait traduire

---

1. *Mémoires sur la vie de J. Racine*, dans les OEuvres de Jean
Racine, tome I, p. 326 et 327.
2. Il semble donner pour cette date l'année 1674; mais l'*Épître*
de la Fontaine est adressée *A Mgr l'évêque de Soissons*. Huet ne
fut nommé à cet évêché qu'en 1685. Il devint évêque d'Avranches

ainsi son élégant latin, sans prétendre égaler la justesse de ses expressions[1] : « Jean de la Fontaine, cet auteur de fables pleines de grâce et de finesse, mais parmi lesquelles il y en a d'un peu trop licencieuses[2], ayant appris que je désirais avoir la traduction italienne des *Institutions de Quintilien*, ouvrage d'Orazio Toscanella, ne se contenta pas de m'en faire le don généreux, mais accompagna son présent d'un brillant morceau poétique qu'il m'adressa, et dans lequel il s'élève contre la folie de ceux qui opposent et même préfèrent le siècle présent à l'antiquité. En quoi l'on peut admirer la candeur de la Fontaine; car, bien qu'il se soit placé parmi les plus délicieux écrivains de notre nation, il a mieux aimé plaider contre lui-même que de frustrer les anciens de l'hommage qui leur est dû[3]. »

Il ne nous est pas aussi agréable d'avoir à suivre la Fontaine dans d'autres sociétés que celle de l'Académie, dans des sociétés moins graves, moins sages, et qui ont fait moins d'honneur à son illustre vieillesse. On peut regarder cette vieillesse sous deux aspects différents. Elle a été très-anacréontique, très-semblable à celle qui lui avait autrefois paru si heureuse chez son parent, le Pidoux de Châtellerault. Il faut parler franchement : elle n'a pas été un modèle de dignité, lorsqu'on ne la voit que dans son épicurisme, dans ses faiblesses, dont même les moins inexcusables n'étaient plus de saison, enfin dans la nécessité, où la mit de plus en plus une négligence

---

en 1689. Il est certain que l'épître est de 1687 et que le poëme de Perrault en fut l'occasion. Elle fut imprimée séparément, dans le format in-4°, en 1688.

1. Mathieu Marais (p. 64 et 65) a donné le texte latin de ce passage des *Mémoires* de Huet, intitulés *Petr. Dan. Huetii Commentarius de rebus ad eum pertinentibus* (Amsterdam, 1718, in-12).

2. Sous le nom de *Fables* (*fabularum*) il est clair que Huet entend aussi parler des *Contes*, car il n'y a pas de fables de la Fontaine qui soient licencieuses.

3. On peut voir ce même passage aux pages 194 et 195 de la traduction que M. Charles Nisard a donnée des *Mémoires de Daniel Huet*, 1 vol. in-8°, Paris, Hachette, 1853. Nous regrettons de ne pas l'avoir eue sous les yeux, avant d'avoir fait imprimer cette page.

poétique, mais peu sage, de toute économie, d'accepter, de solliciter trop de patronages secourables. En même temps, ceci en est le beau côté, elle a fait admirer la fraîcheur de ses inspirations, que l'âge n'avait pas fanée, cette jeunesse du génie poétique, la seule qui ait bonne grâce à défier les années; tantôt des fables où l'on ne surprend aucun déclin, tantôt de gracieux badinages qui n'ont pas à souffrir de la comparaison avec ceux de la cour de Vaux. On aimerait mieux que le poëte n'eût jamais reçu le prix de ses louanges aux grands; mais quelle délicate et naturelle aisance dans sa libre familiarité avec ses protecteurs! De même qu'au temps des termes de Foucquet, il est payé, mais il paye; et il a toujours l'air d'un prince du Parnasse, qui distribue autant de grâces aux princes de la naissance ou de la richesse qu'il en accepte d'eux. Ce qu'il fut avec le surintendant, avec les Bouillon, il le fut avec les Hervart, les Vendôme et les Conti.

Nous parlerons d'abord des neveux du grand Condé. De bonne heure, la Fontaine leur fit sa cour. Nous avons dit que, en 1671, il avait dédié à l'aîné, Louis-Armand, prince de Conti, alors âgé de dix ans, le *Recueil de poésies chrétiennes*. Ce fut pour lui que, treize ans plus tard, il écrivit une sorte de petite déclamation, la *Comparaison d'Alexandre, de César et de Monsieur le Prince*. On a toujours compté le héros de Rocroi lui-même parmi ses protecteurs. Il n'est pas douteux que Condé l'accueillait souvent à Chantilly. La Fontaine, dans son opuscule, parle en homme qui avait quelquefois l'honneur de ses entretiens, très-animés par la contradiction. Une faveur assez bien établie pouvait seule l'autoriser à mêler à ses louanges des traits qui ne manquent pas de liberté. Il juge, par exemple, que Monsieur le Prince serait assez comparable à Achille, mais non, à cette date, pour le pied léger : c'était le taquiner familièrement sur sa goutte. Il le peint tel qu'on le connaissait bien dans les disputes, dont il avait le goût autant que Mme de Bouillon, n'ayant jamais plus d'esprit que lorsqu'il avait tort, et prenant la raison, tout comme la victoire, à la gorge, pour la mettre de son côté. C'est ainsi que sa *Comparaison*, qui, dans ses digressions, va souvent au hasard, et, par cela même, n'est jamais pesante, mais souvent originale, a évité l'écueil d'une fade adulation. La Fontaine (ceci est moins bien) n'y est pas toujours un prudent conseiller pour le jeune prince auquel il l'adresse. Il donne raison à César dans son amour pour Cléopatre : « C'est une marque de son bon goût. Je le loue d'avoir été *formarum spectator elegans*. Votre Altesse Sérénissime refuseroit-elle cette louange? Je ne le crois pas. » On ne pouvait le croire en effet. Mme de Sévigné a dit de ce prince de Conti : « Il joue le fou et le débauché[1]. »

Lorsque ce même Conti avait épousé, le 6 janvier 1680, Mademoiselle de Blois, la Fontaine avait célébré son mariage dans l'épître *A Madame de Fontanges* :

> Jeune princesse, aimable autant que belle,
> Jeune héros non moins aimable qu'elle.

C'est pour cette gracieuse princesse de Conti qu'en 1689, dans la petite pièce intitulée *le Songe*, il écrivit, à l'âge de soixante-huit ans, ces vers d'un souffle tout printanier, et dont on aurait envie d'attribuer à une main bien plus jeune la touche si délicate :

> Conti me parut lors mille fois plus légère
> Que ne dansent aux bois la Nymphe et la Bergère,
> L'herbe l'auroit portée, une fleur n'auroit pas
>   Reçu l'empreinte de ses pas.

Louis-Armand de Conti mourut prématurément, le 9 novembre 1685, en donnant des soins à la princesse, atteinte de la petite vérole. Le vœu de la Fontaine :

> Couple charmant, faites durer vos flammes,
> . . . .
> Soyez amants aussi longtemps qu'époux,

ce vœu, exprimé dans son épître de 1680, ne s'était cependant pas réalisé pour les jeunes époux, comme pourrait le faire croire ce dévouement conjugal. On a toujours compris que la Bruyère avait voulu parler du prince de Conti dans ce passage de ses *Caractères* : « Tel vient de mourir à Paris de la fièvre qu'il a gagnée à veiller sa femme, qu'il n'aimoit point[2]. »

---

1. Lettre au président de Moulceau, 24 novembre 1685, tome VII, p. 477.
2. De l'Homme, n° 64, *OEuvres de la Bruyère*, tome II, p. 30 et 31. — Voyez aussi les *Clefs*, ibidem, p. 295.

Quelque temps avant sa mort, l'aîné des Conti avait perdu les bonnes grâces de son auguste beau-père. Pendant la campagne qu'il fit en Hongrie, sans la permission du Roi, avec le prince de la Roche-sur-Yon, son frère, des lettres avaient été interceptées, où ces jeunes étourdis traitaient Louis XIV de « gentilhomme campagnard, affainéanti auprès de sa vieille maîtresse [1]. » La Fontaine, s'il désirait plaire au maître, avait peu de bonheur, nous l'avons déjà remarqué, dans le choix de ceux dont il cultivait la faveur. Une sorte de fatalité l'entraînait toujours du côté où était la disgrâce. Il eut le grand mérite, lorsqu'elle tomba sur ses protecteurs, de ne pas les renier, de ne pas s'éloigner d'eux.

Le prince de la Roche-sur-Yon avait eu à porter, plus encore que son frère, le poids de la colère royale. Quand il perdit ce frère et devint, à son tour, prince de Conti, il était exilé dans son château de l'Ile-Adam. Là il reçut des vers de la Fontaine qui lui apportèrent des consolations sur la mort de son aîné. Un poëte païen n'eût pas autrement consolé quelque épicurien de ses amis. C'est surtout avec ce second Conti que notre poëte paraît avoir été dans une grande familiarité. Brave et plein d'esprit, ce prince était singulièrement séduisant. Pour se faire une véritable idée de l'agrément de son commerce, il faut lire son portrait dans les *Mémoires de Saint-Simon* [2]. Nous n'en pouvons donner que de courtes citations : « Sa figure avoit été charmante. Jusqu'aux défauts de son corps et de son esprit avoient des grâces infinies.... Il fut.... les constantes délices du monde, de la cour, des armées.... C'étoit un très-bel esprit, juste, exact, vaste, étendu, d'une lecture infinie. » Il y a d'autres traits à recueillir : « galant avec toutes les femmes, amoureux de plusieurs, bien traité de beaucoup. » On est forcé de dire plus : ses mœurs étaient très-mauvaises. Saint-Simon parle de certaine ressemblance avec César, où il ne s'agit pas de Cléopâtre, et sur laquelle il faut jeter un voile. On n'a rien de pire à dire des Vendômes en fait de débauches. La plus contagieuse de toutes

---

1. *Mémoires du marquis de la Fare*, collection Michaud et Poujoulat, 3ᵉ série, tome VIII, p. 292.
2. Tome VI, p. 271 et suivantes, édition de 1873.

les corruptions est celle des grands. La Fontaine se trouva exposé, de toutes parts, à cette contagion, contre laquelle, sans être homme, cela va sans dire, à en contracter les pires souillures, il se trouvait mal prémuni, depuis surtout que Mme de la Sablière n'était plus là pour veiller sur ses faiblesses.

On a trois de ses lettres à Conti, moitié prose, moitié vers, qu'il lui adressait, en 1689, pour l'amuser des nouvelles de Paris, dans le temps où il était à l'armée. Sans le suivre dans les détails qu'il donne sur les événements du jour, il suffit de dire qu'elles ont l'agrément de toutes celles de ce genre qu'il a écrites, et que, dans l'une d'elles, datée du 18 août, la manière dont il parle de la maladie du pape Innocent XI fait assez connaître de quel prince, libertin au double sens du mot, il était le correspondant. Ces petites gazettes recevaient, on n'en peut guère douter, leur récompense : payement en or ou de poëte contre payement en plus vulgaire monnaie. Un passage d'une lettre de la Fontaine, écrite en 1692, au chevalier de Sillery, rend grâces aux libéralités de Chantilly, « endroit délicieux. » Là, dans une fête, Monsieur le Duc, l'élève de la Bruyère, le beau-frère du prince de Conti, avait répandu ses largesses et « payé comme les Dieux. »

Moi, j'en tiens cent louis, chacun m'en fait la cour,

dit notre poëte ; « il a déifié ma veine ». Aussi le comble-t-il de louanges sur la valeur qu'il avait déployée dans la bataille de Steinkerque, où se signalèrent aussi Conti et les deux Vendômes. Des largesses de Monsieur le Duc se concluent facilement celles du prince de Conti, sans doute aussi de Monsieur le Prince : la *Comparaison* des trois héros avait bien mérité des marques solides de sa faveur. Il est à remarquer que ce parallèle, les lettres à Conti, la lettre au chevalier de Sillery, peut-être parce que, en haut lieu, on n'en eût pas su gré à la Fontaine, n'ont été publiés que dans ses *OEuvres posthumes*. Là se trouvent encore et la fable *le Roi, le Milan et le Chasseur*, dédiée au second prince de Conti, et l'épithalame de 1688, *l'Hyménée et l'Amour*, qui chante son mariage avec Mademoiselle de Bourbon, petite-fille du grand Condé. La fable fut écrite aussi en 1688, le même hymen y étant célébré au début. Des vers de la lettre du 18 août 1689 à Conti font encore fumer un nouvel encens en l'honneur de la princesse à qui il avait offert celui de l'épithalame.

Lorsque l'on voit la Fontaine si goûté par de tels princes, et généralement par l'élite des esprits aimables et délicats, si recherché dans les sociétés les plus spirituelles et les plus élégantes d'hommes et de femmes; lorsque l'on a les lettres ou épîtres charmantes dans lesquelles il savait louer tout ce beau monde et le divertir de ses badinages avec tant de grâce, on a peine à croire qu'il fût un tout autre homme, dès qu'il n'avait plus la plume à la main. Il y a cependant des témoignages difficiles à récuser. Tel est surtout celui de la Bruyère. Nul mieux placé que lui pour savoir ce qui se disait de la Fontaine dans la maison de Condé. Il semble même probable que lui-même l'y vit, l'y entendit causer. A-t-il donc écrit légèrement ceci en 1691? « Un homme paroît grossier, lourd, stupide; il ne sait pas parler ni raconter ce qu'il vient de voir. S'il se met à écrire, c'est le modèle des bons contes; il fait parler les animaux, les arbres, les pierres, tout ce qui ne parle point : ce n'est que légèreté, qu'élégance, que beau naturel, et que délicatesse dans ses ouvrages[1]. » L'hommage rendu à l'écrivain, avec une admiration si vraie[2], écarte tout soupçon de malveillance. Tout au plus serait-il permis de supposer que l'antithèse a été un peu forcée pour l'effet. Les mots *grossier* et *stupide* sont bien forts. *Lourd* n'aurait-il pas suffi? La Bruyère a raison de nommer incompréhensible une telle bizarrerie. Corneille, qu'au même endroit des *Caractères* il nous peint « simple, timide, d'une ennuyeuse conversation, » n'étonne pas autant, le contraste de l'auteur et de l'homme étant moins marqué. Comment ne serions-nous pas dans l'embarras, dans le doute?

Mais, faisons attention que la Bruyère n'est pas le seul témoin. Louis Racine, dans ses *Mémoires*[3], a dit de la Fontaine :

---

1. *OEuvres de la Bruyère*, tome II, p. 101.
2. Cette admiration, la Bruyère l'a exprimée sans réserve, deux ans plus tard, dans son discours de réception à l'Académie (15 juin 1693).
3. *OEuvres de J. Racine*, tome I, p. 326.

« Autant il étoit aimable par la douceur du caractère, autant il l'étoit peu par les agréments de la société. Il n'y mettoit jamais rien du sien ; et mes sœurs qui, dans leur jeunesse, l'ont souvent vu à table chez mon père, n'ont conservé de lui d'autre idée que celle d'un homme fort malpropre et fort ennuyeux. Il ne parloit point, ou vouloit toujours parler de Platon. » Et dans ses *Réflexions sur la poésie*[1] : « Jamais auteur ne fut moins propre à inspirer du respect par sa présence. Il étoit l'objet des railleries de ses meilleurs amis. » Saint-Simon, qui, il est vrai, n'était déjà plus qu'un écho, a dit aussi : « La Fontaine, si connu par ses fables et par ses contes, et toutefois si pesant en conversation[2]. »

L'auteur du *Portrait de M. de la Fontaine*, dans les *OEuvres posthumes*[3], a voulu réfuter la Bruyère qui, selon lui, « a plutôt songé à faire un beau contraste.... qu'un portrait qui ressemblât. » Il se contente cependant de beaucoup atténuer, sans contredire absolument : « Il étoit semblable à ces vases simples et sans ornements qui renferment au dedans des trésors infinis ; il se négligeoit, étoit toujours habillé très-simplement, avoit dans le visage un air grossier ; mais cependant, dès qu'on le regardoit un peu attentivement, on trouvoit de l'esprit dans ses yeux ; et une certaine vivacité, que l'âge même n'avoit pu éteindre, faisoit voir qu'il n'étoit rien moins que ce qu'il paroissoit.... Dès que la conversation commençoit à l'intéresser et qu'il prenoit parti dans la dispute, ce n'étoit plus cet homme rêveur : c'étoit un homme qui parloit beaucoup et bien.... Il étoit encore très-aimable parmi les plaisirs de la table ; il les augmentoit ordinairement par son enjouement et par ses bons mots ; et il a toujours passé, avec raison, pour un très-charmant convive. » Cette apologie est mesurée et ne semble pas trop complaisante ; on y doit être bien près de la vérité. D'Olivet est d'accord sur beaucoup de points, bien qu'il commence par quelques traits qui rappellent l'excessive dureté des expressions de la Bruyère : « A sa phy-

---

1. Chapitre XII, *Conclusion.*
2. *Mémoires* (édition de M. de Boislisle), tome II, p. 281.
3. A la suite de la *Préface* des *OEuvres posthumes de Monsieur de la Fontaine* (1696). — La *Préface* et le *Portrait* ne sont point paginés.

sionomie.... on n'eût pas deviné ses talents. Un sourire niais, un air lourd, des yeux presque toujours éteints, nulle contenance!. Rigaud et de Troyes l'ont peint au naturel; mais l'estampe que nous avons[2] dans *les Hommes illustres* de Perrault le flatte un peu. » La mesure a peut-être été là dépassée; toutefois n'oublions pas que l'air grossier dans le visage est avoué par l'éditeur même de la publication de 1696. Du côté de la conversation, ce que d'Olivet en dit nous paraît ramener les choses à la vraisemblance : « Rarement il commençoit la conversation; et même, pour l'ordinaire, il y étoit si distrait, qu'il ne savoit ce que disoient les autres. Il rêvoit à tout autre chose, sans qu'il eût pu dire à quoi il rêvoit. Si pourtant il se trouvoit entre amis, et que le discours vînt à s'animer par quelque agréable dispute, surtout à table, alors il s'échauffoit véritablement, ses yeux s'allumoient, c'étoit la Fontaine en personne, et non pas un fantôme revêtu de sa figure. On ne tiroit rien de lui dans un tête-à-tête, à moins que le discours ne roulât sur quelque chose de sérieux et d'intéressant pour celui qui parloit[3]. »

Sainte-Beuve[4] va plus loin dans ses réserves sur les médiocres agréments mondains de la Fontaine que d'Olivet et que l'éditeur des *OEuvres posthumes* : « On a paru s'étonner, dit-il, de ce succès si prompt de la Fontaine dans ce monde de cour. Ceux qui, sur la foi de quelques anecdotes exagérées, se font de lui une sorte de rêveur toujours absent, ont raison de n'y rien comprendre; mais c'est que l'aimable poëte n'était point ce qu'ils se figurent. Il avait certes ses distractions, ses ravissements intérieurs, son doux enthousiasme qui l'enlevait souvent loin des humains.... Mais, quand la Fontaine n'était pas dans sa veine de composition, quand il était arrêté sous le charme auprès de quelqu'une de ces femmes spirituelles et belles qu'il a célébrées et qui savaient l'agacer avec grâce, quand il voulait plaire enfin, tenez pour assuré qu'il avait

---

1. *Histoire de l'Académie*, p. 317 et 318.
2. Elle est d'Edelinck, d'après la peinture de Rigaud. Voyez la notice sur *Les portraits de la Fontaine*, ci-après, p. ccxxi.
3. *Histoire de l'Académie*, p. 318.
4. *Causeries du lundi*, tome VII, p. 521.

tout ce qu'il faut pour y réussir, au moins en causant. » Quiconque sent, comme le pénétrant critique, toute la grâce du charmant écrivain, serait bien tenté de faire, à son exemple, ces habiles corrections aux témoignages les plus anciens et les plus concordants ; mais, quand on les a contre soi sur quelques points, quand, malgré l'emploi des nuances les plus délicates, on ne parvient pas à nous les faire oublier, il faudrait avouer que l'on n'y peut opposer qu'une sorte de divination de psychologue. Elle n'a rien d'absolument sûr. La Bruyère, profond observateur, n'avait-il pas raison d'admettre de prodigieuses contradictions des esprits?

Ne doutons pas que, dans la conversation de la Fontaine, il ne lui échappât souvent des traits heureux, piquants, des saillies à la fois naïves et fines ; mais ne doutons pas non plus qu'après quelques lueurs qui le faisaient reconnaître, il ne s'éteignît bien vite, et que, la plupart du temps, ennuyé des entretiens, il n'y fût ennuyeux. Il causait certainement, et fort bien parfois, mais pour lui-même, et comme avec lui-même, ce qui n'est point la perfection de l'esprit de société. Il semble avoir été peint d'après nature dans une lettre de Vergier, où l'on ne peut soupçonner, comme dans le livre de la Bruyère, le parti pris de mettre en relief une singularité. Vergier, ayant su de la Fontaine qu'il allait faire une visite à Mme d'Hervart et passer six semaines à sa campagne, écrivait à cette dame :

> Je voudrois bien le voir aussi,
> Dans ces charmants détours que votre parc enserre,
> Parler de paix, parler de guerre,
> Parler de vers, de vin et d'amoureux souci,
> Former d'un vain projet le plan imaginaire,
> Changer en cent façons l'ordre de l'Univers ;
> Sans douter, proposer mille doutes divers :
> Puis tout seul s'écarter, comme il fait d'ordinaire,
> Non pour rêver à vous qui rêvez tant à lui,
> Non pour rêver à quelque affaire,
> Mais pour varier son ennui[1].

---

1. OEuvres diverses de Mʳ Vergier, Amsterdam, 1731 (2 vol. in-8°), supplément du tome II, p. 44 et 45.

Le voilà, nous le croyons bien, tel que nous devons nous le représenter. Ce n'est plus cet homme stupidement muet : il parle au contraire sur toutes choses, donne carrière à sa capricieuse imagination, mais comme dans un monologue; et, le monologue fini, il va dans la solitude se livrer à ses songes et, sinon se soustraire à l'ennui, chercher au moins à le « varier ».

Après ces traits qui paraissent avoir été pris sur le vif, nous n'avons rien à apprendre dans le récit qu'a fait Vigneul-Marville (le chartreux Bonaventure d'Argonne) d'un dîner, peut-être imaginaire, où il dit avoir invité la Fontaine avec quelques amis, curieux d'entendre causer un si bel esprit. Le poëte ne souffla mot pendant le repas, et, après avoir bien mangé, s'endormit. « On s'approcha de lui : on voulut le mettre en humeur et l'obliger à laisser voir son esprit; mais son esprit ne parut point. Il étoit allé je ne sais où, et peut-être alors animoit-il une grenouille dans les marais, ou une cigale dans les prés, ou un renard dans sa tanière; car, durant tout le temps que la Fontaine demeura avec nous, il ne nous sembla être qu'une machine sans âme. On le jeta dans un carrosse et nous lui dîmes adieu pour toujours. Jamais gens ne furent plus surpris, et nous nous disions les uns aux autres : « Comment « se peut-il faire qu'un homme qui a su rendre spirituelles les « plus grosses bêtes du monde.... ait une conversation si sèche « et ne puisse pas, pour un quart d'heure, faire venir son es- « prit sur ses lèvres et nous avertir qu'il est là [1]. » Que d'auteurs célèbres ont été aussi muets, lorsqu'on les avait invités à dîner pour les montrer, comme des phénomènes, à la curiosité des convives! L'anecdote, dût-elle être tenue pour vraie, ferait beaucoup moins connaître la Fontaine que la lettre qui nous l'a montré dans les allées du parc de Mme d'Hervart.

Revenons où nous l'avions laissé parmi ses hauts protecteurs, qu'il charmait par ses écrits, sinon par ses entretiens. Rappelons la remarque déjà faite sur ceux-ci que, s'ils méritaient le nom de Mécènes, c'étaient généralement des Mécènes, non pas amis d'Auguste, mais plus ou moins brouillés avec la

---

1. *Mélanges d'histoire et de littérature*, recueillis par M. de *Vigneul-Marville*, Rouen, M.DCC, tome II, p. 355 et 356.

faveur royale : si bien que mieux notre poëte leur faisait sa cour, plus il risquait de la faire mal en plus haut lieu. Ce n'était pas qu'il se souciât peu d'avoir part aux grâces que le Souverain répandait sur les grands poëtes de ce temps et de s'approcher de la source des libéralités royales. Il savait le prix de ses vers et s'était mis dans la nécessité de ne point tenir quittes de leur dette ceux que leur rang et leur fortune obligeaient à protéger les lettres. L'Ile-Adam, Chantilly et Anet ne l'empêchaient pas de tourner ses regards du côté de Versailles; et si lié qu'il demeurât envers les indépendants, de si indépendante humeur qu'il fût lui-même, il ne se fit jamais scrupule, nous l'avons déjà vu, de payer, tout comme un autre, son tribut de louanges au maître. Au commencement de 1687, il y eut une grande explosion de l'amour des sujets pour le Prince, lorsque celui-ci, après l'opération si fameuse dans l'histoire, fut rendu à la santé. La Fontaine se mit en règle dans une lettre qu'il écrivit alors à M. de Bonrepaux, envoyé plénipotentiaire à Londres; il y avait mêlé des vers qu'il désirait certainement faire arriver à une autre adresse, et qu'au reste il prit soin de publier[1]. Il y célèbre le règne de la vertu, laquelle avait pris à ce moment la figure de Mme de Maintenon, et le règne de la piété. Il se mettait au ton du jour, sans qu'il ait paru lui venir à l'esprit que, pour cette tâche édifiante, il n'avait pas tout à fait qualité. Après avoir autrefois si bien chanté les Montespan, les Fontanges, il n'était pas plus embarrassé pour dire de leur amant converti :

> Sa principale favorite
> Plus que jamais est la vertu.

Ce « plus que jamais » est un trait inattendu, et, qu'il y ait eu intention ou distraction, vraiment assez plaisant. Il exaltait ensuite le bienfait de l'hérésie terrassée, et finissait par exprimer la crainte d'avoir touché à des sujets trop hauts :

> Je me tais donc, et rentre au fond de mes retraites.
> J'y trouve des douceurs secrètes.
> La Fortune, il est vrai, m'oubliera dans ces lieux :

---

1. En 1688, à la suite de l'épître *A Mgr l'évêque de Soissons* : voyez ci-dessus, p. CXLVIII et note 2.

NOTICE BIOGRAPHIQUE

> Ce n'est point pour mes vers que ses faveurs sont faites;
> Il ne m'appartient pas d'importuner les Dieux.

C'était cependant frapper à leur porte, avec quelque défiance sans doute dans le succès et en donnant à une supplique, très-claire d'ailleurs, la forme d'un gémissement discret. Walckenaer dit[1] que la porte ne s'ouvrit pas, et que ce fut surtout Mme de Maintenon qui la tint fermée, n'aimant pas à se souvenir du temps où la Fontaine l'avait vue chez le surintendant. Ce ne peut être qu'une conjecture, dans laquelle nous voyons seulement ceci de probable, que le poëte en fut pour ses frais d'encens. Il avait beau faire de son mieux, la royauté le tint toujours, non sans quelque raison, pour un très-imparfait courtisan.

Dans la retraite dont il vantait les douceurs, on savait très-bien qu'il avait lieu de se dire oublié de la fortune. Ce fut pour cela, dit-on, que des amis voulurent lui faire quitter la France :

> Si nous quittions notre séjour?
> Vous savez que nul n'est prophète
> En son pays : cherchons notre aventure ailleurs[2].

Plusieurs personnes lui conseillèrent de faire ainsi, et de passer en Angleterre. Mais fut-ce dès cette année 1687 où il écrivait à M. de Bonrepaux, ou même plus tôt encore? Walckenaer le donne à entendre[3], sans nous mettre sur la voie d'un autre témoignage que celui de des Maizeaux dans la *Vie de M. de Saint-Évremond*[4]. Or des Maizeaux ne dit rien qui ait autorisé Walckenaer à croire que Mme Harvey se soit faite, en 1685, « la négociatrice du parti » qui cherchait à nous enlever la Fontaine. Voici textuellement ses paroles : « Mme la duchesse de Bouillon étant venue en Angleterre, en 1687, pour voir Mme Mazarin, sa sœur, M. de la Fontaine lui écrivit une

---

1. *Histoire de la vie.... de J. de la Fontaine*, tome II, p. 141 et 142.
2. *L'Homme qui court après la Fortune et l'Homme qui l'attend dans son lit*, fable XII du livre VII, vers 25-27.
3. Tome II, p. 73 et 74.
4. Au tome Ier, p. 1-246, des *OEuvres de Saint-Évremond*, 1753 (12 volumes in-12). — Voyez aux pages 183 et 184.

lettre très-galante et très-spirituelle. Mme de Bouillon pria
M. de Saint-Évremond d'y répondre, et cela lui attira une lettre de remerciement de M. de la Fontaine. On avoit tant d'estime en Angleterre pour cet illustre auteur, que Mme Harvey,
le duc de Devonshire, mylord Montaigu et mylord Godolphin,
ayant su, quelques années après, qu'il ne vivoit pas fort commodément à Paris, résolurent de l'attirer à Londres, et s'engagèrent à lui assurer une subsistance honorable; et il y a apparence qu'il y seroit venu, si les infirmités de la vieillesse ne
l'en avoient empêché. » L'historien de Saint-Évremond place
donc *quelques années après* 1687 l'invitation que firent à la Fontaine les amis qu'il avait en Angleterre, et il avait si bien en
vue les derniers temps de la vie du poëte que, sur les mots
« résolurent de l'attirer à Londres, » il renvoie, dans une note
au bas de la page, à un billet de Ninon de Lenclos. Dans ce
billet, adressé à Saint-Évremond, et que nous aurons à citer
plus loin, Ninon disait : « J'ai su que vous souhaitiez la Fontaine en Angleterre. » Comme, en même temps, elle y prétendait que sa tête était alors entièrement affaiblie par l'âge, on
a été fondé à penser que de telles paroles n'ont pu être écrites,
au plus tôt, que l'avant-dernière année de la vie de la Fontaine[1]. En outre, les lettres du poëte à la duchesse de Bouillon et à Saint-Évremond, écrites à la fin de 1687, et la réponse
de celui-ci prouvent elles-mêmes que le voyage d'Angleterre
n'avait pas encore été proposé, qu'aucune résistance à des
sollicitations n'avait été jusque-là nécessaire. Ces charmantes
lettres méritent bien de nous arrêter un moment.

Mme de Mazarin était depuis longtemps déjà en Angleterre,
lorsque la duchesse de Bouillon, sa sœur, vint l'y rejoindre
en 1687. La seconde des lettres écrites, cette même année, par
la Fontaine à M. de Bonrepaux, et qui est du 31 août, a quelques lignes sur ce voyage que les équipées de Mme de Bouillon l'avaient obligée de faire. Il promet qu'à elle aussi il écrira
bientôt. Il tint parole. Rien de plus galant, de plus agréable
que la lettre qu'elle reçut de lui. Il y murmure contre les Anglais qui la retiennent si longtemps : « Je suis d'avis qu'ils
vous rendent à la France avant la fin de l'automne (1687), et

1. Voyez ci-après, p. CLXXXIV.

qu'en échange nous leur donnions deux ou trois îles dans l'océan. S'il ne s'agissoit que de ma satisfaction, je leur céderois tout l'océan même. » Et il loue en vers charmants les deux déesses Mancini :

> Allez en des climats inconnus aux Zéphyrs,
>   Les champs se vêtiront de roses.

Puis, se jouant dans un aimable badinage, il parle d'aller se montrer chez les Anglais, comment? en compagnie d'Anacréon, qu'il ressuscitera : « Nous nous rencontrerons en Angleterre, M. Waller[1] et M. de Saint-Évremond, le vieux Grec et moi....

> Il nous feroit beau voir parmi de jeunes gens,
> Inspirer le plaisir, danser et nous ébattre,
> Et, de fleurs couronnés ainsi que le printemps,
>   Faire trois cents ans à nous quatre.

Voilà le seul voyage en Angleterre qu'il annonçait alors[2], voyage tout imaginaire, comme celui de l'ombre d'Anacréon, et qui ne devait pas donner beaucoup d'embarras à ses hôtes. Il n'en projetait pas d'autre, quand il se promettait un bon accueil, avec cette confiance :

> Anacréon et les gens de sa sorte,
> Comme Waller, Saint-Évremond et moi,

---

1. Poëte anglais, né en 1605. La Fontaine parlait déjà de lui dans sa seconde lettre à M. de Bonrepaux, nommant Saint-Évremond et lui « deux Anacréons..., en qui l'imagination et l'amour ne finissent point. » Quand fut écrite la lettre à la duchesse de Bouillon, la Fontaine ignorait que Waller venait de mourir, vers la fin d'octobre, à l'âge de quatre-vingt-deux ans.

2. Il y a dans la même lettre cette phrase, où Walckenaer (tome II, p. 161 et 162) a vu la preuve d'un projet plus réel : « J'avois fait aussi dessein de convertir Mme d'Hervart, Mme de Gouvernet et Mme d'Helang (*ou plutôt* d'Eland). » Le sens serait, pense-t-il, qu'il avait voulu décider ces dames à partir avec lui, et que, ne les y voyant pas disposées, ce fut une des raisons qui le retinrent en France; mais il s'agit d'une plaisanterie sur le dessein d'arracher à l'hérésie Mme d'Hervart (la veuve), sa fille et sa petite-fille, alors en Angleterre : voyez ci-après, p. CLXX, note 2.

Ne se feront jamais fermer la porte.
Qui n'admettroit Anacréon chez soi ?
Qui banniroit Waller et la Fontaine ?
Tous deux sont vieux, Saint-Évremond aussi.
Mais verrez-vous aux bords de l'Hippocrène
Gens moins ridés dans leurs vers que ceux-ci ?

Il fallait bien reconnaître qu'il n'y avait pas une ride aux siens. Mais on aurait eu autre chose à lui répondre, si l'on avait eu alors l'idée de le faire venir, quelques paroles dans ce sens : « Partez sur-le-champ, et sans attendre la résurrection du poëte grec. Vos amis impatients vous demandent une visite plus réelle que celle de votre fiction poétique. » Rien de semblable ne lui fut écrit. La réponse à sa jolie lettre fut faite par Saint-Évremond, qui lui dit : « Si vous étiez aussi touché du mérite de Mme de Bouillon que nous en sommes charmés, vous l'auriez accompagnée en Angleterre. » C'est tout : nulle invitation à l'y rejoindre. Le reproche de ne pas l'avoir accompagnée pourrait tout au plus faire conjecturer que la duchesse, en partant, lui avait proposé de l'emmener. Saint-Évremond parle aussi de dames qui le connaissaient par ses ouvrages, mais n'avaient jamais eu le plaisir de le voir, « qu'elles souhaitoient fort. » Ce souhait suppose-t-il une espérance qu'elles auraient eue un moment ? L'interprétation est douteuse, et le silence gardé par Saint-Évremond sur toute intention sérieuse de l'appeler reste significative.

La Fontaine répliqua[1], toujours avec le même agrément. Il donne cette fois rendez-vous à Saint-Évremond, non sur les bords de la Tamise, mais sur ceux de l'Hippocrène, pourvu « qu'il y ait des bouteilles qui rafraîchissent. » Comme dans sa lettre à Mme de Bouillon, il ne se montre prêt à partir que pour le pays des rêves, où il se rendra avec Saint-Évremond, tous deux devenus chevaliers de la table ronde, et arborant au haut de leurs tentes les portraits de leurs dames, Saint-Évremond celui d'Hortense, la Fontaine celui de Marianne. Mais cette campagne chevaleresque, il ne l'entreprendra pas qu'il ne soit guéri de ses rhumatismes. Voilà une excuse qui eût été excellente pour refuser de se rendre en

1. *Lettre à M. de Saint-Évremond*, 18 décembre 1687.

Angleterre. Si la Fontaine ne l'allègue que pour le voyage de l'Hippocrène, qui ne l'exposait pas cependant à des brouillards aussi dangereux, c'est qu'il n'avait pas alors à se défendre contre des instances qui ne vinrent que plus tard.

A l'époque où ces instances furent réellement faites, les amis de France que la Fontaine avait en Angleterre, et parmi lesquels il ne faut plus compter Mme de Bouillon, qui n'y était pas restée beaucoup plus d'un an, ne furent sans doute pas les derniers à lui conseiller de venir y finir ses jours : les paroles que nous avons citées d'une lettre de Ninon[1] le supposent. Des Maizeaux cependant ne nomme que des Anglais, parmi eux Ralph Montagu, qui fut longtemps ambassadeur en France, et sa sœur Élisabeth Harvey, veuve de sir Daniel Harvey, ambassadeur d'Angleterre en Turquie. C'est à Mme Harvey que la Fontaine a dédié sa fable du *Renard anglois*[2]. Si elle ne prit pas pour une simple politesse l'éloge qu'il y fait des Anglais, penseurs profonds, de leur pénétration supérieure à celle de tous les autres peuples, de leurs chiens même qui ont meilleur nez que les nôtres, et de leurs renards, les plus fins qu'il y ait au monde, il n'est pas étonnant qu'elle ait cru facile de l'engager à devenir l'hôte d'un pays où il semblait croire tout parfait. Mais il n'entendait pas que, dans les louanges tirées de son magasin, on le prît toujours au mot, et ce poëte si français, nous ne nous le figurons pas heureux de mourir dans l'exil de Londres, où il se fût bientôt senti aussi dépaysé qu'Ovide chez les Sarmates.

Dans ses lettres de 1687, particulièrement dans celle du 31 août à M. de Bonrepaux, il nous apprend quelle était sa vie en ce temps-là. Il continuait de demeurer dans la maison de Mme de la Sablière, et se plaignait d'y être un peu négligé « par les grâces de la rue Saint-Honoré, » c'est-à-dire, si nous ne nous trompons, par les filles de sa protectrice, dont l'une fut Mme Misson, l'autre Mme de la Mésangère[3]. C'est à celle-ci qu'il a dédié sa fable de *Daphnis et Alcimadure*,

---

1. Voyez ci-dessus, p. CLXI.
2. Fable XXIII du livre XII.
3. Mme de la Mésangère avait un hôtel rue de la Sourdière, dans le voisinage de la maison de sa mère.

comme Fontenelle, un peu plus tard, lui dédia ses *Entretiens sur la pluralité des mondes*. D'autres amitiés consolaient notre poëte de la rareté des visites de celles qu'il appelait des enchanteresses. Sa lettre nous introduit dans la chambre de la rue Saint-Honoré, qu'il avait décorée à sa guise et où l'on venait converser avec lui. Il la nommait la *chambre des philosophes*, parce qu'il s'y était entouré de sages peu incommodes, étant de terre cuite. Il y avait, c'est lui-même qui le dit, le buste de Socrate, très-certainement celui de Platon, pour qui l'on connaît son admiration ; et l'on s'étonnerait beaucoup si Épicure avait été absent. Pour réjouir d'un peu de musique cette antique et philosophique compagnie, en même temps ses visiteurs, qui y devaient être plus sensibles, il avait voulu avoir un clavecin. Le clavecin avait rendu nécessaire un autre meuble, une musicienne jeune et jolie, une *Chloris*[1] avec laquelle la Fontaine risquait beaucoup d'amener l'Amour près de la Philosophie. Il courait volontiers ce risque, quoiqu'il avouât à Bonrepaux qu'à son âge les Chloris pourraient bien n'aimer de lui que ses chansons. Parmi les amis qui se rassemblaient dans cette chambre, il nomme d'Hervart, Vergier et Saint-Dié. Il donne à celui-ci le nom de son fidèle Achate, et parle de lui comme d'un des hommes d'esprit de qui Bonrepaux recevra les meilleures lettres qu'on puisse écrire. C'était, comme d'Hervart, un maître des requêtes au conseil du Roi. Il s'appelait Cyprien Perrot et était fils du président Jean Perrot de Saint-Dié. On a fait de lui ce portrait : « homme de tout plaisir et de tout divertissement, de chasse, de danse, de jeu, sans application à sa profession ; ne manque pas néanmoins de sens et est adroit à tout[2]. » Pour les deux autres amis,

---

1. On a cru reconnaître[a] dans cette Chloris Mlle Certin, célèbre par son talent sur le clavecin, et que la Fontaine a louée avec enthousiasme, toute jeune encore, dans son épître *A M. de Niert*. Nous avons aussi sur elle quelques vers de Chaulieu, un de ses amoureux. Voyez les *OEuvres de Chaulieu* (Amsterdam et Paris, 1757), tome II, p. 71.
2. Voyez au tome V, p. 489, des *Historiettes de Tallemant des Réaux*, la note des éditeurs sur le fils du président Perrot. Ils ren-

[a] Voyez les *Cours galantes* de M. Desnoiresterres, tome III, p. 331.

Hervart et Vergier, on ne peut se borner à une si brève mention dans une biographie de la Fontaine.

Anne d'Hervart, conseiller au parlement de Paris et maître des requêtes au conseil du Roi, était fils du riche financier Barthélemy Hervart, ou mieux Herwarth[1], qui avait rendu de grands services à Mazarin et à la France, avait été intendant des finances en 1650, contrôleur général vers la fin de 1657, jusqu'en 1665 ou 1666. Le maître des requêtes Hervart avait épousé, en 1686, Françoise le Ragois de Brétonvilliers[2], « une des plus belles femmes que l'on ait jamais vues, » dit Mathieu Marais[3]. Elle eut facilement pour le bonhomme de la *chambre des philosophes* les mêmes sentiments que son mari. Elle paraît l'avoir aimé de cette affection maternelle, la seule que les vieillards, à la condition encore qu'ils soient d'aimables enfants, peuvent attendre des jeunes femmes. Il devait trouver un jour en elle une seconde la Sablière, autant du moins qu'il pouvait y en avoir deux. Une parole est à remarquer dans la lettre de Vergier à Mme d'Hervart, dont nous avons déjà cité quelque chose[4], et qui se termine ainsi : « Vous savez, Madame, qu'il s'ennuie partout, et même, ne vous en déplaise, quand il est auprès de vous, surtout quand vous vous avisez de vouloir régler ou ses mœurs ou sa dépense. » Elle aussi le sermonnait donc. Le proverbe veut que les meilleurs sermons soient ceux d'un jeune curé. C'étaient les mieux faits surtout pour la Fontaine ; et l'on pouvait espérer qu'il écouterait ceux

---

voient au *Portrait des membres du parlement de Paris vers* 1661, dans le manuscrit de Saint-Victor, 1096 (maintenant Fr. 20 867).

1. Il était d'une famille patricienne d'Augsbourg. Voyez dans la *Revue historique* (1879), p. 285-355, une savante notice de M. G. Depping, sous ce titre : *Barthélemy Herwarth, contrôleur général des finances.* Elle nous a été très-utile.

2. Fille de Bénigne le Ragois, sieur de Bretonvilliers, président à la chambre des Comptes.

3. Page 100.

4. Voyez ci-dessus, p. CLVII. — Dans les *OEuvres de Vergier*, on a daté cette lettre de 1689. Nous la croyons écrite plus tard. Vergier y parle de deux ans d'assiduité dans le port où il avait été envoyé. Ce fut seulement en 1688 que, ayant quitté le petit collet, il eut une place de commissaire ordonnateur dans la marine.

de Mme d'Hervart, prêchés dans une société mondaine, au milieu d'une vie très-élégante et très-gaie, pourquoi ne dirions-nous pas trop gaie? On trouvait plus de sagesse en Mme d'Hervart qu'autour d'elle, et la compagnie que M. d'Hervart lui faisait recevoir n'était pas, toute du moins, aussi respectable qu'elle. On y rencontrait Vergier, qui fit très-bien de ne pas garder longtemps le titre d'abbé, peu convenable à ses mœurs, et de suivre, dans l'administration de la marine, une nouvelle carrière. Sa familiarité chez M. d'Hervart était naturelle : il avait été son précepteur[1]. On sait que ses écrits, ses contes surtout, sont incomparablement plus licencieux que ceux de la Fontaine, et que l'indécence très-crue y a remplacé les libertés finement voilées de leur modèle. C'était pourtant un homme d'esprit, qui souvent, par ses vers agréables et faciles, tenait bien sa place à côté des la Fare et des Chaulieu; et l'on s'étonne qu'il ait permis tant de grossièretés à sa muse érotique. Il est clair que la société de l'hôtel d'Hervart, où il était sur le pied d'ami, était plus qu'exempte de pruderie, et qu'elle devait assez mal seconder Mme d'Hervart, lorsqu'elle travaillait à la réforme de la Fontaine.

Elle l'invitait fréquemment à sa campagne de Bois-le-Vicomte[2], dont le parc et le château étaient magnifiques. Dans un des séjours qu'il y fit en 1688, Mme d'Hervart avait auprès d'elle Mlle de Gouvernet[3], sœur du marquis de Gouvernet, duquel M. d'Hervart était le beau-frère, et une toute jeune et jolie fille, Mlle de Beaulieu. Celle-ci fit une vive impression sur notre vieux poëte. Dans une lettre à Vergier, où il faut faire sans doute la part du badinage, il a raconté son roman. Il se plaint que, connaissant sa faiblesse, on l'ait exposé à de tels

1. Piganiol de la Force, *Description historique de la ville de Paris* (1770), tome III, p. 391. — Il y est dit de Vergier : « L'éducation du jeune d'Hervart étant finie, on le retint dans cette maison comme un ami sûr et aimable, dont on ne pouvoit plus se passer. »

2. Bois-le-Vicomte, à une lieue de Mitry (Seine-et-Marne).

3. C'est elle (nous ne croyons pas faire de confusion) que la Fontaine, comme on le verra plus bas, célébrait, trois ans plus tard, sous le nom de Mme de Virville. Voyez ci-après, p. CLXX, note 1.

dangers. Le moyen de « résister à une fille de quinze ans qui a les yeux beaux, la peau délicate et blanche, les traits de visage d'un agrément infini, une bouche et des regards !...

> Il semble, à voir son sourire,
> Que l'Aurore ouvre les cieux. »

Les vers de cette lettre sont parmi les plus gracieux qu'il ait écrits. Il restait jeune par l'esprit, par la flamme, par les trop tendres penchants. Son caractère est peint dans le récit qu'il fait à Vergier de sa folie. Lorsque, après avoir été si troublé de la vue de son Amarante de Beaulieu, il quitta Bois-le-Vicomte, pour rentrer à Paris, sa douce préoccupation lui fit manquer le bon chemin : il s'en écarta de trois lieues. Arrêté par la pluie, surpris ensuite par la nuit, il lui fallut chercher un mauvais gîte dans un village. C'est ce qu'il appelle son *Iliade*; elle est presque aussi lamentable que celle de son pigeon voyageur, et sans avoir pu finir par la même consolation. Quand il fut de retour au logis, il n'était pas encore réveillé du songe. Il passa « trois ou quatre jours en distractions et en rêveries, dont on fait, dit-il, des contes par tout Paris. » Nous avons la réponse de Vergier, elle est des plus agréables. Il aurait eu le droit de dire de l'esprit de son correspondant ce qu'il dit de ses châteaux en Espagne : « C'est un mal qui se communique. » Il achève très-joliment le portrait que, par son récit, la Fontaine venait de faire de lui-même :

> Hé ! qui pourroit être surpris
> Lorsque la Fontaine s'égare ?
> Tout le cours de ses ans n'est qu'un tissu d'erreurs.
> . . . .
> Les plaisirs l'y guident sans cesse
> Par des chemins semés de fleurs.
> . . . .
> [Il] dort tant qu'il plaît au sommeil ;
> Il se lève au matin, sans savoir pour quoi faire ;
> Il se promène, il va, sans dessein, sans sujet ;
> Il se couche le soir, sans savoir d'ordinaire
> Ce que dans le jour il a fait.

« On s'étonne seulement, Monsieur, que vous ne vous soyez égaré que de trois lieues. Selon l'ordre et les lois du mouvement, étant une fois ébranlé, vous deviez aller sur la même ligne tant que terre et votre cheval auroient pu vous porter, ou du moins jusqu'à ce que quelque muraille opposée à votre passage vous fît changer de route; et cette présence d'esprit doit vous justifier entièrement des distractions dont on vous accuse. »

Tout le monde, à Bois-le-Vicomte, avait ri de l'égarement du poëte amoureux. On s'y amusait de ses distractions et de ses rêveries; on les trouvait aimables. Pour qu'elles le fussent tout à fait, il aurait fallu qu'il ne s'y mêlât pas la pénible impression des faiblesses galantes d'un homme bien près d'être septuagénaire. Dans une autre lettre de Vergier, celle-ci peu charitable pour la Fontaine, qu'il écrivait à Mme d'Hervart[1], l'histoire de cet amour inspiré par Mlle de Beaulieu est complétée d'une manière fâcheuse. La Fontaine allait partir pour Bois-le-Vicomte et y faire un assez long séjour : « Voilà, dit Vergier, un bonheur que je lui envie fort, quoiqu'il ne le ressente guère; et vous m'avouerez bien, à votre honte, qu'il sera moins aise d'être avec vous que vous ne serez de l'avoir, surtout si Mlle de Beaulieu vient vous rendre visite, et qu'il s'avise d'effaroucher sa jeunesse simple et modeste par ses naïvetés et par les petites façons qu'il emploie quand il veut caresser de jeunes filles. » Cela cesse d'être agréable et poétique. Est-ce seulement la faute de la méchante langue de Vergier?

Quoique peut-être il ne doive pas être soupçonné de n'avoir parlé que par jalousie et n'ait fait que dire la vérité, ce n'était guère à lui de remarquer avec sévérité les libertés que prenait la Fontaine. Peu d'années après cette lettre, lui-même respectait encore bien moins la jeune fille « simple et modeste, » et composait pour elle un de ses contes les plus indécents[2], que ses éditeurs datent de 1693. La gentille apparition d'Ama-

1. C'est la lettre qu'on a datée de 1689 : voyez ci-dessus, p. CLXVI, et à la note 4 de cette même page.

2. Walckenaer a eu une distraction regrettable, quand il a jugé (tome II, p. 195) ce conte du *Gros Guillaume* « aussi licencieux qu'aucun de ceux que la Fontaine ait composés. » Comparer les deux conteurs est étrangement injuste. La Fontaine a été beaucoup trop léger dans ses contes, mais n'est jamais descendu jusqu'à de si choquantes gravelures.

rante dans les bosquets de Bois-le-Vicomte est fort gâtée par ce que nous savons d'elle, toujours grâce à Vergier. Elle n'avait que vingt-quatre ans, lorsqu'il eut à lui adresser, en 1697, une épître pour la consoler de la trahison d'un amant. Après avoir fait le naufrage, sur lequel Vergier s'apitoie, elle ne pouvait rencontrer plus mal qu'un tel consolateur.

D'autres souvenirs de Bois-le-Vicomte que celui de Mlle de Beaulieu sont restés dans les lettres de la Fontaine. Il y en a une de 1691, qu'il adresse à Mmes d'Hervart, de Virville, et de Gouvernet, pour décliner l'invitation qui lui était faite de venir les rejoindre dans leur campagne. Sa galante excuse était qu'il craignait d'aller s'enfermer dans un château où tant de séduisantes personnes le retiendraient par enchantement,

> Toute la cour d'Amathonte
> Étant à Bois-le-Vicomte.

Cette cour était composée des trois « intendantes du Parnasse, » dont les noms sont en tête de sa lettre, et des nièces de Mme d'Hervart, beautés qui « n'épargnent âme vivante. » Les deux dames que ses vers célèbrent en même temps que Mme d'Hervart étaient la sœur et la femme du marquis de Gouvernet, c'est-à-dire la comtesse de Virville[1], et la très-belle Esther, marquise de Gouvernet, sœur de M. d'Hervart[2]. Si, comme nous le croyons, elles étaient dignes de l'encens déli-

---

1. Madelène-Sabine de la Tour de Gouvernet (voyez ci-dessus, p. CLXVII, note 3), qui avait épousé François-Joseph de Grolée, comte de Virville, ou *de Viriville*.

2. Cette fille de Barthélemy Herwarth avait épousé Charles de la Tour, marquis de Gouvernet. La belle marquise ne pouvait être très-jeune en 1688; car sa fille, Esther de Gouvernet, était déjà mariée en 1684 : « C'est une très-belle personne, dit de celle-ci le *Mercure galant* du mois de juillet 1684, qui a épousé depuis peu de temps le fils de M. le marquis d'Halifax. » La Fontaine parle d'elle, sous le nom de Mme d'Eland, dans sa lettre à la duchesse de Bouillon de novembre 1687. Son mari, lord d'Eland, était fils aîné de Georges Saville, marquis d'Halifax. — M. Depping (*Barthélemy Herwarth*, p. 353) dit que la marquise de Gouvernet, zélée protestante, comme sa mère, passa avec elle en Angleterre après la révocation de l'édit de Nantes. Moréri, à l'article HERVART

cat que leur offrait la Fontaine, elles devaient peu goûter les étonnantes plaisanteries de Vergier. Il y a dans les œuvres de celui-ci un *Dialogue des morts* entre *Princesse* et *Petit-Fils*, la chienne et le serin de Mme d'Hervart, qui n'offense pas la morale, mais la plus simple politesse. La bonne compagnie d'alors avait de singulières tolérances. Quel contraste avec le mauvais ton de Vergier, quelle élégante urbanité dans la lettre de la Fontaine !

> Je veux chanter haut et net
> Virville, Hervart, Gouvernet.
> J'en ferai mes trois déesses,
> Leur donnant à ma façon
> Et l'Amour pour compagnon,
> Et les Grâces pour hôtesses.

de son *Dictionnaire*, parle ainsi de l'exil volontaire de Mme de Gouvernet à cette époque : « Sa mère et elle abandonnèrent leur religion et les biens qu'elles avoient en France ; » ce qui ferait croire que jusque-là elles avaient fait profession de catholicisme, quoique sans doute protestantes au fond du cœur. On serait d'abord tenté de compter ces deux dames au nombre des amis de France qui purent, comme nous l'avons dit, se joindre aux amis anglais pour engager la Fontaine à venir à Londres. On renonce à cette idée, quand on lit dans la lettre de 1691, qui vient d'être citée, que Mme de Gouvernet se trouvait, en cette année, à Bois-le-Vicomte, avec Mme d'Hervart, la jeune, et Mme de Virville. Elle était donc revenue de son exil et avait quitté l'Angleterre. — M. Depping (*ibidem*) raconte que Mme de Gouvernet avait emporté en Angleterre beaucoup d'objets précieux qui avaient orné l'hôtel de la rue de la Plâtrière, entre autres des portraits de famille peints par Mignard. Il parle d'une liste dressée par la marquise d'objets d'art qu'elle léguait à son petit-fils. On n'a cette liste que dans une traduction anglaise. L'article 45 porte : *a small picture representing the fountain in the little garden of the hostel d'Hervart*. M. Depping conjecture (p. 354) que le traducteur a changé notre poëte, dont cette peinture était sans doute le portrait, en une fontaine. La métamorphose est vraisemblable. Remarquons toutefois que ce portrait, œuvre peut-être de Mignard, n'avait pu faire partie des objets emportés en Angleterre en 1685, année où la Fontaine n'était pas encore à l'hôtel d'Hervart. — La marquise de Gouvernet mourut longtemps après la Fontaine, en 1722.

Ces galantes apothéoses étaient simplement douceurs de poëte. La Fontaine, à ce moment-là, ne craignait pas tant de laisser à Bois-le-Vicomte « son cœur en otage, » comme il le disait, que de s'éloigner des répétitions de son opéra d'*Astrée*[1], et les trois déesses étaient certainement fort rassurées sur la liberté et la paix de son cœur. Mme d'Hervart était habituée à ses adorations, toutes poétiques. Elle les recevait sous le nom de Sylvie, aussi innocemment que Mme de la Sablière sous le nom d'Iris. Dans une de ses lettres de 1687, à M. de Bonrepaux, la Fontaine disait : « Il lui faut donner un nom du Parnasse. Comme j'y suis le parrain de plusieurs belles, je veux et entends qu'à l'avenir Mme d'Hervart s'appelle Sylvie dans tous les domaines que je possède sur le double mont. » Le parrain avait, dans ses baptêmes du Parnasse, des noms de prédilection. Il avait déjà donné autrefois celui-là à Mme Foucquet. Il importait peu. Outre la lettre à Bonrepaux qui contenait des vers à la gloire de la nouvelle Sylvie, une chanson de cette même année 1687 était, sous forme pastorale, un hommage aussi à ses charmes. Elle commence ainsi :

On languit, on meurt près de Sylvie.

Sylvie récompensait les chansons du berger Lycidas, ou, si l'on veut, du berger la Fontaine, par des soins moins dignes de l'églogue, mais solides. Son poëte était toujours fort négligé dans ses vêtements. Un jour ses amis le rencontrèrent habillé de neuf, et lui en firent compliment. Il s'étonna, n'y ayant pas pris garde. C'était Mme d'Hervart, qui, sans lui rien dire, avait fait changer ses habits[2]. Le vieil enfant de Mme de la Sablière avait encore une fois rencontré une sollicitude maternelle, qui restera inscrite au livre reconnaissant des Muses.

Mme d'Hervart ne crut pas que ce fût assez de veiller sur la propreté des habits de la Fontaine; elle chercha aussi, nous l'avons déjà appris par le témoignage de Vergier, à faire entrer plus de sagesse dans sa vie; mais on ne voit pas qu'elle ait eu, de ce côté, grand succès : il est plus facile de remplacer nos vieux vêtements que de nous faire dépouiller le vieil homme.

1. Voyez ci-dessus, p. CXLI.
2. Titon du Tillet, *le Parnasse françois*, p. 461 et 462.

Où la sainte amie de la rue Saint-Honoré avait à peu près perdu ses peines, l'amie mondaine de l'hôtel d'Hervart et de Bois-le-Vicomte ne fut pas plus heureuse.

La Fontaine a fait, sans embarras, sa confession à Bonrepaux, qui ne pouvait en être scandalisé, ayant encouragé le pécheur par ses conseils. A propos de Waller, « amoureux et bon poëte à quatre-vingt-deux ans, » la Fontaine disait[1] : « Je n'espère pas du Ciel tant de faveurs : c'est du Ciel dont il est fait mention au pays des fables que je veux parler ; car celui que l'on prêche à présent en France veut que je renonce aux Chloris, à Bacchus et à Apollon, trois divinités que vous me recommandez.... Je continuerai encore quelques années de suivre Chloris, Bacchus, Apollon et ce qui s'ensuit, avec la modération requise, cela s'entend. » Il ne se calomniait pas, comme le prouvent deux de ses lettres de l'année suivante, 1688, qui ont été publiées dans ses *OEuvres posthumes*. Le nom de la destinataire y est remplacé par des étoiles ; mais la dame, qui a donné ses soins au Recueil, évidemment ne voulait pas cacher que ces lettres lui fussent adressées. Elle a signé de son nom d'Ulrich l'épître *A M. le marquis de Sablé*, qui est en tête des *OEuvres posthumes*; elle a écrit aussi la *Préface*, où elle dit de l'auteur : « L'étroite amitié dont il m'a honorée dans les dernières années de sa vie et toutes les marques de distinction que j'en ai reçues.... » Il eût été sage à la Fontaine de ne la pas tant honorer et distinguer ; car elle avait plein droit au nom de Chloris, dans le sens qu'y attachait notre poëte. Walckenaer a signalé une petite nouvelle galante intitulée : *Pluton maltôtier*[2], qui nous fait connaître Mme Ulrich. Elle était fille d'un des vingt-quatre violons de la musique du Roi. Après la mort de son père, elle fut servante chez un barbier : humble condition où ne pouvait longtemps se tenir une femme de beaucoup d'esprit, avec cela fort belle, et qui dansait comme une fille de théâtre. Elle plut au Suédois Ulrich, maître d'hôtel d'un des beaux-frères de la duchesse de Bouillon, le comte

---

1. Lettre à Bonrepaux, du 31 août 1687.
2. Imprimé à Cologne, chez Adrien l'Enclume, 1 vol. petit in-12, 1708. — Voyez, pour l'histoire de Mme Ulrich, aux pages 96 et 130-140 de la *Seconde partie* de la nouvelle.

d'Auvergne, chez lequel il se peut que la Fontaine l'ait connue. Ulrich, ayant l'intention de faire d'elle sa femme, la plaça dans un couvent, pour qu'elle y reçût une bonne éducation. Là elle eut une intrigue avec Dancourt, le célèbre comédien auteur. Ulrich, averti, la fit sortir d'une maison où elle était si mal gardée, et très-imprudemment l'épousa. Une fois dans le monde, sa conduite fut plus mauvaise encore; elle devint fameuse par ses débauches. Elle était cependant logée dans une noble maison de la rue de l'Université, où « bien d'honnêtes gens alloient lui rendre visite[1]. » Mais cette maison était celle de la duchesse de Choiseul, célèbre par « ses galanteries sans mesure[2]. » Quant aux honnêtes gens, ils n'étaient pas toujours de mœurs honnêtes. Sous le toit donc de la nièce de Mlle de la Vallière, jour et nuit on jouait chez Mme Ulrich. Des mousquetaires et toute sorte de petits-maîtres y venaient faire le tapage, casser les porcelaines et les vitres. La galante personne fit mourir de chagrin sa mère par ses déportements. Elle avait une fille vertueuse, que la Fontaine appelle « une fière petite peste, » et qui, par l'entremise d'une grande dame, obtint une lettre de cachet pour enfermer Mme Ulrich dans le couvent d'Evreux, où elle-même était religieuse. L'abbesse refusa de recevoir une pensionnaire si décriée; on prit le parti de la mettre à l'Hôpital général. Cette fin de sa triste histoire ne laisse pas de doute. Plusieurs rapports du lieutenant de police, René d'Argenson, adressés, en 1700 et en 1702, au contrôleur général Pontchartrain[3], constatent les déréglements de Mme Ulrich. Dans le rapport qui est daté d'avril 1702, il est dit que les scandales de sa conduite, qui avaient déjà forcé de la renfermer aux Madelonnettes, étaient devenus plus intolérables encore et plus dangereux, tout âgée, laide et infirme qu'elle était alors. D'Argenson sollicitait donc l'ordre de la faire conduire au Refuge de la Pitié, dépendant de l'Hô-

---

1. *Pluton maltôtier*, p. 131.
2. Voyez les *Additions de Saint-Simon* au tome Ier des *Mémoires* (édition de M. de Boislisle), p. 360; et les *Mémoires* mêmes, *ibidem*, p. 118.
3. *Notes de René d'Argenson, lieutenant général de police*, Paris, 1866, in-12 : voyez aux pages 33, 34, 70 et 71.

pital général, qu'elle avait mérité mieux encore que l'héroïne du roman de l'abbé Prévost.

Les deux lettres de la Fontaine, dont elle-même a divulgué impudemment le secret, auraient souvent besoin d'un commentaire, qu'elle seule aurait pu donner. Ce qu'elles ont de parfaitement clair, c'est que la Fontaine était en très-intime liaison avec elle, avec le marquis de Sablé, un de ses amants, et l'abbé Servien, frère de celui-ci. De ces deux fils du surintendant des finances Servien, Saint-Simon a dit : « Rien.... de si débordé que la vie de ces deux frères, tous deux d'excellente compagnie et de beaucoup d'esprit[1]. » Parmi les spirituelles et excellentes compagnies, notre poëte, voilà une nouvelle occasion d'en convenir, ne choisissait pas les mieux famées. Nous croyons comprendre que, lorsqu'il écrivait à Mme Ulrich, absente de Paris, elle était cachée quelque part avec les deux Servien. La Fontaine ne montrait aucune jalousie. Il parle cependant de certaines remontrances qu'il avait faites à la belle, sans doute sur l'imprudence de son train de vie. Walckenaer explique ces remontrances[2] dans le sens de quelque résistance aux avances de la dame. L'interprétation est un peu trop charitable pour la Fontaine, dont la vertu ne se défendait pas si bien. Le seul commencement de sagesse que la lecture de ses lettres puisse faire trouver chez lui, c'est la crainte du maître, nous voulons dire du mari. Avec une sincérité comique, il avoue qu'il meurt de peur à la pensée du retour de ce diable d'Ulrich, quelquefois un peu mutin : il n'en dort point. En attendant, il reçoit volontiers le vin de Champagne et les poulardes, qui, de la retraite de Mme Ulrich, lui étaient envoyés; il accepte aussi une chambre chez le marquis de Sablé. Ces amis du plaisir, supérieurs aux rivalités, faisaient bon ménage. Nous sommes dans la chronique scandaleuse ; qu'on nous le pardonne : il n'y a pas de secret à garder sur les égarements de la Fontaine, qu'il n'a lui-même jamais dissimulés. Mme Ulrich d'ailleurs, en imprimant les lettres du poëte, et en se faisant l'éditeur

---

1. *Mémoires de Saint-Simon*, tome IX, p. 336. — Voyez aussi au tome VIII, p. 45, et au tome X, p. 117.

2. Tome II, p. 179.

de quelques-uns des écrits, qu'il lui avait sans doute confiés, a fait en sorte de ne pouvoir être oubliée dans son histoire.

Il est vraisemblable que le dernier conte de la Fontaine, les *Quiproquo*, fut écrit pour amuser Mme Ulrich. Elle l'a inséré dans les *OEuvres posthumes*, pour la publication desquelles elle fut aidée par le marquis de Sablé. On attribue à celui-ci le portrait du poëte dont nous avons eu à citer quelques lignes [1].

Chercher à ces erreurs par trop fortes de la Fontaine une excuse dans la dépravation de son temps ne pourrait être juste qu'à condition de ne pas excéder la mesure de l'indulgence. De bonne heure il s'était abandonné, sans résistance, à ses penchants voluptueux, et c'est ainsi que, arrivé à la vieillesse, il fut entraîné de plus en plus par le courant qu'il avait rencontré. C'était un courant d'une grande force. Sainte-Beuve l'a bien dit, à propos de la Fare et de Chaulieu : « Les mœurs de la Régence existaient déjà sous Louis XIV[2]. » Si l'on s'est longtemps habitué à ne voir que le dix-septième siècle majestueux, sage et réglé, il y a cependant « un autre siècle, dit-il encore[3], qui coule dessous..., comme un fleuve coulerait sous un large pont, et qui va de l'une à l'autre Régence, de celle de la Reine mère à celle de Philippe d'Orléans. Les belles et spirituelles nièces de Mazarin furent beaucoup dans cette transmission d'esprit d'une régence à l'autre, les duchesses de Mazarin, de Bouillon, et tout leur monde : Saint-Évremond et les voluptueux de son école. » On ne saurait mieux parler, ni mieux définir la société qui devint celle de la Fontaine, la société où il vécut au milieu des Conti, des Vendôme, des la Fare et des Chaulieu.

Après avoir parlé des Conti, à Chantilly, à l'Ile-Adam, nous rencontrons, dans le même temps, les Vendôme et le Temple, où la Fontaine va nous paraître donner la main, non plus à Racine, à Boileau, mais, malgré quelques années qui l'en séparent, à Voltaire : non pas cependant que Voltaire lui ressemble autrement que pour le badinage, si élégant aussi,

---

1. Voyez ci-dessus, p. CLV.
2. *Causeries du lundi*, tome I, p. 472.
3. *Ibidem*, p. 460.

quoique d'autre façon, de ses poésies légères, et pour avoir été le familier des mêmes épicuriens. Nulle comparaison d'ailleurs, cela va sans dire. C'est l'originalité de la Fontaine que, s'il se rattache au seizième siècle et finit par mettre le pied dans le dix-huitième qui va venir, il reste, en même temps, par les nobles traits de son génie, un homme du dix-septième.

Les Vendôme se sont déjà montrés dans cette histoire, en 1685, attirant la Fontaine sous les ombrages d'Anet, devenu « le sacré vallon. » Quatre ans s'écoulent, et nous voyons le poëte établi décidément dans la faveur des neveux de la duchesse de Bouillon et dans leur intime familiarité. Il est devenu un de leurs compagnons de plaisirs et de pantagruéliques bombances ; il a fait connaissance avec leur cassette. Celui qui en tenait les clefs était cet abbé de Chaulieu avec qui la Fontaine avait eu occasion de se lier, depuis longtemps, chez Mme de la Sablière et à l'hôtel de Bouillon. Ce poëte gentilhomme, dont le père s'était entremis dans les négociations de l'échange de Sedan contre plusieurs duchés et comtés, parmi lesquels se trouvait le comté d'Évreux, s'était lui-même rendu agréable au duc et à la duchesse de Bouillon en leur cédant un fief et une maison qu'ils avaient désirés pour agrandir leur beau parc de Navarre. Il devint le confident et le complaisant sans scrupules de la duchesse de Bouillon ; il la servait dans ses amours, comme on peut le voir dans ses lettres, aussi étranges par leurs révélations que par leur ton ; il l'y appelait « la reine de Cythère » et « la terrible mère des Amours[1]. » Ayant si bien mérité toute sa confiance, il obtint bientôt celle de MM. de Vendôme, qui le chargèrent de l'administration de leur maison. S'il y trouva l'occasion de voler le duc de Vendôme, de complicité avec le Grand Prieur, comme le dit Saint-Simon[2], ce n'est point ici notre affaire. Ce que nous avons à dire, c'est que la Fontaine devait s'adresser à lui, comme au trésorier de l'Altesse, dont il ne put manquer de le trouver bien disposé à ne pas lui marchander les libéralités. Outre tant de liaisons qui, depuis longtemps, leur étaient communes, l y avait entre eux confraternité de poëtes. Nous

1. *Mater sæva Cupidinum* (Horace, *Ode* XIX du livre Ier, vers 1).
2. *Mémoires*, tome XVII, p. 87.

n'avons garde de mettre Chaulieu en un rang qui le rapproche de la Fontaine : la distance est infinie; et cependant, par sa facilité aimable et sa verve brillante, il était fait pour lui plaire. Il a mérité que Voltaire, dans le *Temple du goût*, l'ait nommé le premier des poëtes négligés.

La lettre en vers que la Fontaine, en septembre 1689, écrivait au duc de Vendôme, nous en apprend plus que nous ne voudrions savoir sur les appels qu'il adressait à la bonne volonté du dispensateur de ses largesses et sur l'emploi qu'il se vantait de faire de celles-ci :

. . . . D'un soin obligeant
L'abbé m'a promis quelque argent,
Amen, et le ciel le conserve!
. . . .
Il veut accroître ma chevance.
Sur cet espoir, j'ai, par avance,
Quelques louis au vent jetés,
Dont je rends grâce à vos bontés.
. . . .
Le reste ira, ne vous déplaise,
En vins, en joie, *et cetera*.
Ce mot-ci s'interprétera
Des Jeannetons; car les Clymènes
Aux vieilles gens sont inhumaines.
. . . .
Non que j'assemble tous les jours
Barbe fleurie et les Amours.

Il ne faut peut-être pas prendre trop au sérieux la plaisanterie; car il est permis de croire qu'il ne faisait là que chercher celle qui flattait le goût de son Mécène; mais, comme sous la plaisanterie il y avait bien quelque vérité, nous comprenons le blâme sévère, pourvu que ce ne soit pas celui de Voltaire, élevé lui-même dans la société du Temple, et qui avait su y profiter des bonnes leçons. Il a fait choix des expressions les plus crues pour en accabler impitoyablement la Fontaine, qui demande « quelques pistoles au duc de Vendôme et au *paillard* Chaulieu, pour attendrir en sa faveur des héroïnes du Pont-Neuf; » et il s'est étonné que d'Olivet ait pu imprimer des « pièces de la Fontaine écrites de ce misérable style, par lesquelles il demande l'aumône pour avoir des filles[1]. » Il dit ne plus y reconnaître celui qui a dit :

J'ai quelquefois aimé, Je n'aurois pas alors.... etc.[2].

Comment le souvenir de ces vers, qui lui a fourni sa frappante antithèse, ne lui a-t-il pas inspiré un peu d'indulgence pour un poëte qui, au milieu de ses faiblesses sensuelles, trouvait des accents si vrais de sensibilité? Il eût été juste de faire remarquer qu'il y eut en lui deux hommes, dont l'un n'appartenait pas à ce monde auquel il se trouva malheureusement mêlé. Ne nions pas cependant que dans cette demande d'argent, si étrangement motivée, il n'y ait, même en y admettant beaucoup de mauvais badinage, quelque chose de misérable; mais dans le style, non pas, quoi qu'en dise Voltaire.

La même lettre de la Fontaine contient d'autres confessions qui, malgré le mérite de la franchise, ne sont pas beaucoup plus à sa gloire. Nous les citerons parce qu'elles offrent un tableau de ces orgies du Temple, honorées quelquefois de la présence de Mme de Bouillon et de son frère, le duc de Nevers, égayées aussi par la Fare, qui y avait reçu le surnom significatif de *la Cochonnière*, et parce qu'elles nous montrent la part qu'y prenait la Fontaine, sans y faire d'ailleurs figure de parasite, de flatteur, demandant, comme on a dit, l'aumône :

> Pour nouvelles de par deçà
> Nous faisons au Temple merveilles.
> L'autre jour on but vingt bouteilles.
> Renier[3] en fut l'architriclin.
> La nuit étant sur son déclin,

1. *Lettre de M. de la Visclède*, p. 268 et 269.
2. *Les Deux Pigeons*, vers 70 et suivants.
3. Chaulieu lui donne le même rôle dans sa lettre à M. Sonning :

> De Bacchus joyeux coryphée,
> Renier aux vins présidera ;
> Et ce digne élève d'Orphée
> Avec les Grâces chantera.

« Renier, dit une note de l'édition de 1750 des *OEuvres de Chaulieu*, tome I, p. 18, avoit été élevé par Lulli. Il chantoit et s'accompagnoit du luth avec tout le goût possible ; il joignoit à ces

Lorsque j'eus vidé mainte coupe,
Langeamet[1], aussi de la troupe,
Me ramena dans mon manoir.
. . . .
Jusqu'au point du jour on chanta,
On but, on rit, on disputa,
On raisonna sur les nouvelles;
Chacun en dit, et des plus belles.
Le Grand Prieur eut plus d'espri
Qu'aucun de nous sans contredit.
J'admirai son sens : il fit rage.
Mais, malgré tout son beau langage,
Qu'on étoit ravi d'écouter,
Nul ne s'abstint de contester.
Je dois tout respect aux Vendôme
Mais j'irois en d'autres royaumes
S'il leur falloit en ce moment
Céder un ciron seulement.

Voltaire pouvait reprocher à d'Olivet d'avoir donné place à cette lettre dans son édition de 1729, mais non de l'avoir fait connaître. L'indiscrète a été Mme Ulrich, qui l'a publiée dans les *OEuvres posthumes*. Au reste, pour nous apprendre sur quel ton la Fontaine écrivait au duc de Vendôme et sollicitait ses bienfaits, il nous aurait suffi de deux épîtres, les seules qui, avec la lettre de septembre 1689, nous restent de toute la prose et de tous les vers qu'il lui adressait.

L'une a pour sujet les inquiétudes qu'avait inspirées une grande maladie (Dieu sait laquelle) de Vendôme.

Il n'est pèlerinage où nous n'ayons songé,

dit le bon pèlerin la Fontaine. S'il n'avait été rassuré par de meilleures nouvelles, il s'en allait peut-être, dans son chagrin,

talents tous ceux d'un convive aimable. Il mourut, en 1725, chez M. de Vendôme, grand prieur de France, qui lui donnoit un logement, sa table, un carrosse entretenu et mille francs de pension. » Walckenaer a cru que la Fontaine avait parlé de Regnier Desmarais. C'était tout à fait invraisemblable. Son erreur a déjà été relevée par M. Desnoiresterres, dans ses *Cours galantes*, tome I, p. 207.

1. Sur ce Breton Langeamet ou Lanjamet, voyez les *Mémoires de Saint-Simon*, tome VI, p. 8 et 9.

suivre l'exemple de ceux qui, renonçant à toutes les joies de ce monde, se font ermites :

> Cet exemple est fort bon à suivre.
> J'en sais un meilleur, c'est de vivre;
> Car est-ce vivre, à votre avis,
> Que de fuir toutes compagnies,
> Plaisants repas, menus devis,
> Bon vin, chansonnettes jolies,
> En un mot n'avoir goût à rien?
> Dites que non, vous direz bien.
> Je veux de plus qu'on se comporte
> Sans faire mal à son prochain,
> Qu'on quitte aussi tout mauvais train;
> Je ne l'entends que de la sorte.

Voilà sans doute une morale trop facile; mais celle des autres poëtes du Temple était pire. Le Bonhomme était encore le plus décent et le meilleur de la compagnie. C'est dans l'autre de ces deux épîtres qu'il parle de nouveau des libéralités dont il a grand besoin et que Chaulieu lui fait espérer :

> . . . . . . Je suis et serai
> De Votre Altesse humble servant et poëte [1],
> Qui tous honneurs et tous biens vous souhaite.
> Ce mot de biens, ce n'est pas un trésor;
> Car chacun sait que vous méprisez l'or.
> J'en fais grand cas....
> . . . .
> . . . . Grande stérilité
> Sur le Parnasse en a toujours été.
> Qu'y feroit-on, Seigneur? je me console,
> Si vers Noël l'abbé me tient parole.

L'épître à Vendôme malade est incontestablement de 1691 : une allusion à la retraite de Fieubet aux Camaldules de Gros-Bois, qui est du mois de juillet de cette année, ne permet aucun doute. L'autre épître a été datée de même, mais non par Mathieu Marais, qui l'a crue écrite en 1693 [2]. La victoire

---

1. La Fontaine a fait aussi *poëte* de deux syllabes dans la fable XVI du livre VIII, *l'Horoscope*, au vers 44.
2. Page 118.

de Catinat, dont y parle la Fontaine, est, selon lui, celle de la Marsaille (4 octobre 1693). Quelques personnes veulent se ranger à son avis, parce que le duc de Vendôme prit une part brillante à cette journée, et qu'il n'avait pas fait la campagne de 1691. Mais cette circonstance nous paraît justement prouver l'erreur de Mathieu Marais. Comment la Fontaine aurait-il pu écrire à Vendôme sur la victoire de la Marsaille sans un mot de félicitation, qui lui était bien dû? Il est clair d'ailleurs qu'il lui donne la nouvelle du jour : soin très-superflu dans la supposition que l'on fait. Comme il paraît parler plutôt d'un honorable succès que d'une victoire éclatante, peut-être s'agissait-il de la levée du siège de Suse en novembre 1691, annoncée comme « un avantage sérieux » par la *Gazette*[1]. Il nous paraît moins probable que la Fontaine ait dit simplement : « arrive un fait » de la victoire de Staffarde (19 août 1690). S'il en était cependant ainsi, l'épître aurait été écrite en 1690. Quoi qu'il en soit, il y a la plus décisive des objections à la date des derniers mois de 1693. La Fontaine, alors converti, n'écrivait plus de lettres comme celle-ci, où il y a des plaisanteries sur les oraisons.

Dans le temps même où la Fontaine trouvait beaucoup trop d'agréments, mais un médiocre honneur pour sa mémoire, dans la faveur des Vendôme et des Conti, il fut aussi distingué et protégé par un prince, encore enfant, dont le nom fait contraste avec ceux-là, et qui, par ses mœurs et sa piété, devait se montrer un jour si différent du duc de Vendôme, entrer même en lutte avec lui. Le goût que le duc de Bourgogne eut de bonne heure pour l'esprit de la Fontaine lui fut inspiré par Fénelon. Ami des lettres aussi délicat qu'il en fut jamais, Fénelon eut l'indulgente charité de ne connaître dans notre poëte, quand il parle de lui, que l'admirable fabuliste. L'abbé Proyart, dans sa *Vie du Dauphin, père de Louis XV*[2], a dit inexactement : « La Fontaine, aussi religieux alors et aussi austère dans sa conduite qu'il avoit été licencieux dans une

---

1. Dans un *Extraordinaire* du 13 novembre 1691 (p. 647-652), intitulé : *La levée précipitée du siège de Suze par le duc de Savoie et l'électeur de Bavière, avec perte de plus de six cents hommes tués....* »

2. Tome I, p. 24 (Lyon, 1782).

partie de ses œuvres, avoit accès par Fénelon jusqu'au duc de Bourgogne. » On peut craindre que le pieux biographe n'ait obéi à quelque scrupule étroit, lorsqu'il a si fort avancé l'époque de la conversion de la Fontaine ou reculé celle des bontés que l'élève de Fénelon eut pour lui. La fable des *Compagnons d'Ulysse* a été publiée[1] à la fin de 1690. Elle est dédiée au duc de Bourgogne. Dans celle qui est intitulée *le Loup et le Renard*[2], la Fontaine dit qu'il en doit au jeune Prince « le sujet, le dialogue et la morale : »

> Ce qui m'étonne est qu'à huit ans
> Un prince en fable ait mis la chose.

Le petit apologue dont le duc de Bourgogne a été le collaborateur est donc aussi de 1690, au plus tard de 1691; car le fils du Grand Dauphin était né le 6 août 1682. Ce ne fut pas, on le voit, dans un temps où le fabuliste était, comme dit l'abbé Proyart, « uniquement occupé du soin de son salut, » qu'il commença d'être admis près du duc de Bourgogne. « Il lui contoit une de ses fables, et le jeune Prince lui en récitoit une autre qu'il avoit apprise de son précepteur, ou qu'il avoit lui-même composée[3]. » Sans avoir jamais renoncé aux petits poëmes, qui ont fait sa meilleure gloire, la Fontaine s'en laissait trop distraire. Il fut bon pour lui d'y être rappelé par des protecteurs dont il valait mieux prendre conseil que de ceux du Temple. Il avait présenté au duc de Bourgogne une des dernières fables qu'il avait composées. Le Prince lui ordonna de continuer[4]: ce qu'il fit, selon ses propres expressions[5], par le « devoir de *lui* obéir » et par « la passion de *lui* plaire. » Relevons encore ces paroles, qui suggèrent en même temps une autre remarque : « Il faut que je me contente de travailler sous vos ordres. L'envie de vous plaire me tiendra lieu d'une imagination que les ans ont affoiblie[6]. » C'est ainsi qu'il disait dans les vers qui servent de préface aux *Compagnons d'Ulysse*:

1. Dans le *Mercure* de décembre 1690, p. 105-114.
2. Fable IX du livre XII.
3. *Vie du Dauphin...*, à la page citée ci-dessus.
4. Épître dédicatoire du livre XII.
5. *Ibidem.*
6. *Ibidem.*

> Je vous offre un peu tard ces présents de ma muse.
> Les ans et les travaux me serviront d'excuse.
> Mon esprit diminue....

Cela rappelle que, vers la même époque, il écrivait à Mmes d'Hervart, de Viriville et de Gouvernet :

> Venez donc de compagnie,
> Par vos charmes les plus doux,
> Ressusciter mon génie :
> Je sens qu'il va décliner.

Était-ce modestie seulement? Nous croyons plutôt qu'il n'était que sincère, et qu'il se sentait quelque peu touché par la main du Temps. Mais à quels signes en reconnaissait-il les lourdes atteintes? Il n'est pas aisé de s'apercevoir dans ses dernières fables qu'elle pesât beaucoup sur lui. Sa plume y paraît aussi facile, et il n'avait rien perdu de sa grâce. Il n'a cependant pas parlé seul de l'affaiblissement de son esprit. Ninon de Lenclos et Saint-Évremond ont sur ce sujet de singulières paroles, très-évidemment exagérées. Il faudrait savoir au juste de quelle année elles sont : peut-être ont-elles été inspirées par le dépit que durent causer aux esprits forts les sentiments de religion et de pénitence qui étaient entrés dans l'âme de la Fontaine, et où il leur plaisait de voir un signe d'imbécillité sénile. Le billet de Ninon serait facile à dater, si l'on savait exactement en quel temps on engagea la Fontaine à passer en Angleterre ; mais, sur ce point, tout renseignement précis fait défaut. Quoi qu'il en soit de la date[1], elle écrivait à Saint-Évremond: « J'ai su que vous souhaitiez la Fontaine en Angleterre. On n'en jouit guère à Paris; sa tête est bien affoiblie. C'est le destin des poëtes; le Tasse et Lucrèce l'ont éprouvé. Je doute qu'il y ait eu du philtre amoureux pour la Fontaine : il n'a guère aimé de femmes qui en eussent pu faire la dépense. » Vers le même temps probablement[2], Saint-Évremond, qui

---

1. M. Giraud, au tome III, p. 350, des *OEuvres mêlées de Saint-Évremond* (Paris, Techener, 1866), propose celle de 1694.
2. M. Giraud pense que le billet de Saint-Évremond est aussi de 1694 : voyez au tome III, p. 296, des *OEuvres mêlées de Saint-Évremond*.

semble répondre aux nouvelles que la duchesse de Bouillon avait mandées à la duchesse de Mazarin, adressait à celle-ci un billet où la Fontaine est représenté comme tout à fait tombé en enfance : « Je ne plains pas beaucoup la Fontaine de l'état où il est, craignant qu'on n'ait à me plaindre de celui où je suis. A son âge et au mien, on ne doit pas s'étonner qu'on perde la raison, mais qu'on la conserve. Sa conservation n'est pas un grand avantage : c'est un obstacle au repos des vieilles gens, une opposition au plaisir des jeunes personnes. La Fontaine ne se trouve point dans l'embarras qu'elle sait donner, et peut-être en est-il plus heureux. Le mal n'est pas d'être fou, c'est d'avoir si peu de temps à l'être. » Ainsi les billets de Saint-Évremond et de Ninon s'accordent : c'était plus que du radotage, c'était une folie comparable à celle du Tasse. Mais les bruits que l'on faisait courir à ce sujet sont démentis par les informations certaines que l'on a sur les dernières années de la Fontaine. Nous allons l'y voir fort changé, cet ami des Vendôme, des Chaulieu et des la Fare. La lumière n'était pas sortie de son intelligence : elle était rentrée dans sa conscience.

Une lettre du P. Pouget à l'abbé d'Olivet[1] contient la relation de la conversion de la Fontaine. Nous devons en donner le résumé.

La Fontaine tomba dangereusement malade vers le milieu de décembre 1692. Il était dans la soixante-douzième année de son âge. Il demeurait encore chez Mme de la Sablière, rue Saint-Honoré, sur la paroisse Saint-Roch et à deux pas de l'église. Le curé de Saint-Roch, ayant appris sa maladie, chargea l'abbé Pouget, son vicaire, de l'aller visiter. C'était un jeune prêtre, depuis peu docteur de Sorbonne, et qui entra quatre ans après à l'Oratoire, le 13 octobre 1696. Comme il n'avait encore, dit-il lui-même, assisté ni confessé aucun malade, il craignait que son âge et son inexpérience ne rendissent bien difficile pour lui et bien délicate la mission qu'on lui confiait. La Fontaine l'effrayait ; car il avait ouï dire, plutôt

---

1. Elle a été publiée pour la première fois au tome I, partie II, p. 285-308 de la *Continuation des Mémoires de littérature et d'histoire* de Sallengre, par le P. Desmolets, Paris, 1726, in-12.

sans doute qu'il ne le savait par lui-même, qu'il était auteur d'ouvrages « scandaleux et infiniment pernicieux. » Il voulut donc décliner le choix qu'on avait fait de lui ; mais on lui ordonna d'obéir. Il prit avec lui un de ses amis, qui l'était aussi très-intime de la Fontaine, et dont il parle comme d'un homme de beaucoup d'esprit. Nous regrettons qu'il ne l'ait pas nommé. Faut-il penser à Maucroix? Dans la première visite, qui dura deux heures, il mit l'entretien sur des matières de religion. La Fontaine fit des objections. Le P. Pouget en rapporte une, et les paroles qu'il met dans la bouche du Bonhomme sont trop bien dans son caractère et paraissent avoir été notées trop fidèlement pour que nous les omettions. « M. de la Fontaine, dit-il, qui étoit un homme fort ingénu et fort simple, avec beaucoup d'esprit, me dit alors avec une naïveté assez plaisante : « Je me suis mis, depuis quelque temps, à « lire le Nouveau Testament. Je vous assure que c'est un fort « bon livre, qui, par ma foi, c'est un bon livre. Mais il y a un « article sur lequel je ne suis pas rendu, c'est celui de l'éter-« nité des peines. Je ne comprends pas comment cette éternité « peut s'accorder avec la bonté de Dieu. » Là-dessus discussion théologique, où, non sans quelque peine, les arguments du jeune docteur triomphèrent. La Fontaine se dit très-satisfait de l'entretien, et déclara que, si jamais il prenait le parti de se confesser, il ne voulait d'autre confesseur que l'abbé Pouget. Celui-ci revint le même jour dans l'après-midi. Il fit ainsi, pendant dix ou douze jours, deux visites au malade. De plus en plus il gagna sa confiance. Quand il l'eut mis en disposition de recourir à son ministère, il l'avertit qu'avant d'être admis à la participation des sacrements, il devait faire une espèce de satisfaction publique et d'amende honorable pour « le livre infâme de ses contes, » cela devant le saint sacrement, ou, supposé qu'il revînt à la santé, dans l'assemblée de l'Académie française, la première fois qu'il s'y trouverait. « M. de la Fontaine, ajoute l'abbé Pouget, eut assez de peine à se rendre à la proposition de cette satisfaction publique. Il ne pouvoit pas s'imaginer que le livre de ses contes fût un ouvrage si pernicieux, quoiqu'il ne le regardât pas comme un ouvrage irrépréhensible et qu'il ne le justifiât pas. Il protestoit que ce livre n'avoit jamais fait de mauvaise impression sur lui en l'écrivant, et il ne pouvoit pas comprendre qu'il pût être si fort nuisible aux personnes qui le liroient. Ceux qui ont connu plus particulièrement M. de la Fontaine, n'auront point de peine à convenir qu'il ne faisoit point de mensonge en parlant ainsi, quelque difficile qu'il paroisse de croire cela d'un homme d'esprit et qui connoissoit le monde. M. de la Fontaine étoit un homme vrai et simple, qui, sur mille choses, pensoit autrement que le reste des hommes, et qui étoit aussi simple dans le mal que dans le bien. » Quand la Fontaine se fut soumis à la proposition d'une satisfaction publique, il ne se trouva pas au bout de ses peines. Il avait composé une pièce de théâtre et devait bientôt la remettre aux comédiens. L'abbé Pouget lui montra la nécessité de renoncer à la faire jouer. Nouvelle résistance du malade, qui voulut en appeler à de moins jeunes docteurs. Ceux-ci ayant été consultés, entre autres le célèbre P. Pirot, jésuite, qui depuis fut chancelier de l'Église métropolitaine et grand vicaire du cardinal de Noailles, la condamnation de la pièce fut prononcée. La Fontaine jeta son manuscrit au feu. Il n'est guère probable que son obéissance nous ait coûté un chef-d'œuvre : c'eût été la première fois qu'il en eût fait un pour le théâtre. Le sacrifice n'en fut pas moins pénible : il arrive souvent aux gens du plus grand esprit d'avoir une particulière estime pour les plus faibles de leurs ouvrages.

Ces deux points réglés, la Fontaine se confessa. Dans le récit du jeune prêtre, pas un mot sur cette confession, sinon qu'elle fut faite « avec des sentiments de componction et de piété très-édifiants. » Où donc Voltaire a-t-il vu que « cette lettre est précisément la révélation solennelle de la confession du bon la Fontaine » ? Là-dessus, dans la lettre de M. de la Visclède (p. 280), il s'indigne contre l'abbé Pouget et contre d'Olivet qui a réimprimé sa relation. Il avait besoin de s'indigner.

Le 12 février 1693, premier jeudi de carême, fut le jour choisi pour porter à la Fontaine le saint viatique. Les députés de l'Académie française, réunis dans l'église de Saint-Roch, accompagnèrent le saint sacrement. La Fontaine, en leur présence, prononça ces paroles : « Monsieur, j'ai prié Messieurs de l'Académie françoise, dont j'ai l'honneur d'être un des membres, de se trouver ici par députés, pour être témoins de l'action que je vais faire. Il est d'une notoriété qui n'est que trop publique que j'ai eu le malheur de composer un livre de contes infâmes. En le composant, je n'ai pas cru que ce fût un ouvrage aussi pernicieux qu'il l'est. On m'a sur cela ouvert les yeux, et je conviens que c'est un livre abominable. Je suis très-fâché de l'avoir écrit et publié. J'en demande pardon à Dieu, à l'Église, à vous, Monsieur, qui êtes son ministre, à vous, Messieurs de l'Académie, et à tous ceux qui sont ici présents. Je voudrois que cet ouvrage ne fût jamais sorti de ma plume, et qu'il fût en mon pouvoir de le supprimer entièrement. Je promets solennellement, en présence de mon Dieu, que je vais avoir l'honneur de recevoir, quoique indigne, que je ne contribuerai jamais à son débit ni à son impression. Je renonce actuellement et pour toujours au profit qui devoit me revenir d'une nouvelle édition, par moi retouchée, que j'ai malheureusement consenti que l'on fît actuellement en Hollande. Si Dieu me rend la santé, j'espère qu'il me fera la grâce de soutenir authentiquement la protestation publique que je fais aujourd'hui, et je suis résolu à passer le reste de mes jours dans les exercices de la pénitence, autant que mes forces corporelles pourront me le permettre, et à n'employer le talent de la poésie qu'à la composition d'ouvrages de piété. Je vous supplie, Messieurs,... de rendre compte à l'Académie de ce dont vous venez d'être témoins. » Nous avons entièrement cité cette déclaration, parce que nous la regardons comme une pièce historique, à laquelle l'abbé Pouget n'a probablement pas changé une syllabe. Elle ne semble pas rapportée de souvenir, avec des à peu près. Telle, nous le supposons, elle avait été exigée, dictée, écrite *ne varietur*, et fut lue par la Fontaine. S'il en est ainsi, et si les termes en avaient été discutés avec le malade, l'épithète d'*infâmes* donnée à ses contes avait dû beaucoup lui coûter, moins comme une humiliation que comme un sujet d'étonnement pour sa conscience. Ses illusions sur l'innocence de trop légers écrits étaient singulières; et qui pourrait se les faire comme lui? Mais si nous n'avions pas le droit de trouver excessive une qualification tellement flétrissante, il y aurait dans notre littérature bien plus de livres infâmes que les gens du monde, même les plus sévères, ne sont disposés à le soupçonner : pourquoi pas les contes, par exemple, de la bonne reine de Navarre, si mêlés, en toute sincérité, de réflexions chrétiennes?

Quelques heures après la pieuse cérémonie, la Fontaine, dans l'après-midi, fit demander l'abbé Pouget. Laissons parler celui-ci : « Il m'embrassa avec un grand épanouissement de joie et me dit qu'il vouloit me faire part d'une agréable nouvelle : qu'il sortoit de chez lui un gentilhomme, envoyé par Mgr le duc de Bourgogne, pour s'informer de l'état de sa santé et lui porter de la part de ce prince une bourse de cinquante louis d'or en espèces. Ce gentilhomme avoit eu ordre de lui dire que le Prince venoit d'apprendre avec beaucoup de joie ce qu'il avoit fait le matin ; que cette action lui faisoit beaucoup d'honneur et devant Dieu et devant les hommes, mais qu'elle n'accommodoit pas sa bourse, laquelle n'étoit pas des plus garnies ; que le Prince trouvoit qu'il n'étoit pas raisonnable qu'il fût plus pauvre pour avoir fait son devoir ; et puisqu'il avoit renoncé solennellement au profit que l'imprimeur hollandois de son livre devoit lui donner, le Prince, pour y suppléer, lui envoyoit cinquante louis, qui étoit tout ce qu'il avoit alors et tout ce qui lui restoit de ce que le Roi lui avoit fait donner pour ses menus plaisirs du mois courant ; que s'il eût eu davantage à lui envoyer, il le lui auroit envoyé avec encore plus de joie. » Le narrateur ajoute que le duc de Bourgogne avait fait cette touchante action de lui-même et sans qu'elle lui eût été inspirée par personne. Mouvement spontané du bon cœur de l'enfant, ou inspiration de Fénelon, n'est-il pas permis de penser qu'il eût mieux valu différer la libéralité et le dédommagement de ce que le devoir avait coûté? Nous ne croyons nullement que le jeune prince ait entendu payer avec cet or ce qui ne doit recevoir de récompense que du Ciel ; on ne regrette que le choix du jour de sa munificence : il y eut inopportunité. Loin de nous pourtant la pensée d'envenimer un acte auquel on ne peut reprocher qu'une généreuse irréflexion. N'oublions pas que les cinquante louis, à l'heure où ils furent donnés, n'ont pas été une excitation au repentir ; là seulement il y aurait eu déplorable marché. L'intention, au contraire, était excellente ; mais il nous semble que le moment fut mal choisi. Le duc de Bourgogne, dans la joie que lui causa le retour de la Fontaine à la religion, fut d'autant plus facilement entraîné à lui témoigner son affection, que pour lui le don envoyé au poëte n'avait rien de nouveau. D'Olivet dit qu' « il lui faisoit souvent de semblables gratifications, » et que si la Fontaine ne passa pas en Angleterre, c'est que « les bienfaits de M. le duc de Bourgogne épargnèrent à la France et la douleur de perdre un si excellent homme et la honte de ne l'avoir pas arrêté par de si foibles secours [1]. »

La lettre de l'abbé Pouget est datée du 22 janvier 1717. Il avait raconté les mêmes faits, mais beaucoup plus succinctement, dans une déclaration écrite à Saint-Magloire le 18 octobre 1709, et que l'on trouve dans les *Lettres et pièces rares ou inédites* publiées, en 1846, par M. Matter. Elle y a été imprimée sous ce titre : *Copie d'un mémoire original de la main du P. Pouget de l'Oratoire, au bas d'une longue consultation sur les livres scandaleux et licencieux, proposée à plusieurs Docteurs par M. l'abbé curé de Saint-André-des-Arts*. Cette pièce nous paraît inutile à citer, parce que l'on n'y trouve rien qui ne soit, avec plus de développements, dans la lettre à d'Olivet. On y a cependant noté cette phrase qui, dans sa sécheresse, a été trouvée significative : « Il fut docile, et il y a tout lieu d'espérer que Dieu lui a fait miséricorde. » Nous ne cherchons, comme c'est notre devoir de biographe, que la vérité. L'éditeur des *Lettres et pièces rares* a dit qu'elle se trouvait là, bien plutôt que dans la lettre à d'Olivet « faite avec soin et huit ans plus tard, » dans une intention d'édification. La lettre lui paraît affirmer plus fortement la valeur sérieuse de la conversion de la Fontaine que ne le fait le Mémoire de 1709, où il a cru découvrir que l'abbé Pouget « au fond avait peut-être quelque doute sur la parfaite fermeté (il a craint de dire la parfaite sincérité) des sentiments que le bon fabuliste lui avait exprimés. » N'est-ce pas insinuer que nous devons partager ce doute? On ne publie guère un document inédit sans avoir volontiers l'illusion qu'il est de très-grand intérêt, et qu'il en sortira des lumières nouvelles. Notre impression n'est pas que la petite phrase, de style ecclésiastique, très-ordinaire et très-naturel, sur l'espoir et non la certitude, pour tout chrétien, de son salut, soit si grosse d'un sens

[1]. *Histoire de l'Académie*, p. 330 et 331.

fâcheux. Elle n'implique nul doute sur le sincère et ferme propos. Quoique la Fontaine, en d'autres temps, ait eu de bonnes résolutions qui ne se trouvèrent pas assurées contre son inconstance, juger que celles d'alors ne promettaient pas de l'être davantage et qu'une plus longue vie en aurait ébranlé la solidité, n'était et n'est le droit de personne. Le fait est qu'il eut encore plus de temps à vivre que l'on n'avait cru, pour éprouver sa sincérité et sa persévérance, et qu'il persévéra.

Pour l'amener là, on avait eu certainement à le faire revenir de loin, mais non d'une disposition d'esprit absolument opposée. D'Olivet a dit : « Jamais la Fontaine n'avoit été impie par principes; mais il avoit vécu dans une prodigieuse indolence sur la religion, comme sur le reste[1]. » C'est en effet l'idée qu'il paraît juste de se faire de lui, quand on examine sa vie. Il convient d'ajouter que, formé à l'école de nos vieux poëtes, dont il continua la tradition, il imita beaucoup de leurs traits indévots. On le voit dans ses contes, dans ses lettres, quelquefois même dans ses fables. Son passage à l'Oratoire cependant, quelque court qu'il ait été, montre qu'il y eut chez lui, de bonne heure, des accès de ferveur religieuse. Nous n'en avons pas noté un très-fort lorsqu'il écrivit son poëme de *Saint-Malc*; et toutefois, lorsqu'il accepta la pénitence que lui avaient imposée Messieurs de Port-Royal, ne fallait-il pas que leurs exhortations eussent un moment touché son cœur, au moins son imagination? Il accompagnait quelquefois Racine dans ses dévotions; témoin le jour où cet ami, étant avec lui à Ténèbres, lui mit dans les mains les petits Prophètes. Il trouvait, il est vrai, l'office un peu long, et Racine lui donna le saint livre pour l'occuper. L'essentiel est que la lecture fit merveille. La Fontaine y devint admirateur enthousiaste de Baruch; et, pendant quelques jours, il ne rencontra plus un ami sans lui dire : « Avez-vous lu Baruch? C'étoit un beau génie[2]. » Nous ne trouvons pas à faire beaucoup plus longue ni plus significative l'histoire de ses sentiments pieux jusqu'à sa conversion.

1. *Histoire de l'Académie*, p. 329.
2. *Mémoires* de Louis Racine, dans les *OEuvres de Jean Racine*, tome I, p. 326.

Ajoutons toutefois que si, dans ses lettres à Conti et à Vendôme, il sent parfois le fagot, et n'a pas, ce semble, trop de peine à se mettre au ton de ses correspondants, il n'y a là rien de semblable à telle tirade sérieusement impie de son ami Chaulieu, à celle-ci par exemple, que nous ne citons que pour y opposer le langage de notre poëte :

> La mort est simplement le terme de la vie.
> De peines ni de biens elle n'est point suivie....
>   Ce n'est qu'un pénible sommeil,
>   Que, par une conduite sage,
>   La loi de l'Univers engage
>   A n'avoir jamais de réveil[1].

Voilà quelle était la philosophie du Temple. Dans un esprit bien différent, la Fontaine écrivait à Saint-Évremond, correspondant avec qui l'on pouvait parler très-librement : « Je ne suis pas moins ennemi que vous du faux air d'esprit que prend un libertin. Quiconque l'affectera, je lui donnerai la palme du ridicule.

>   Rien ne m'engage à faire un livre ;
>   Mais la raison m'oblige à vivre
> En sage citoyen de ce vaste univers :
> Citoyen qui, voyant un monde si divers,
>   Rend à son auteur les hommages
>   Que méritent de tels ouvrages[2]. »

C'était le développement de deux vers de Saint-Évremond à la lettre duquel il répondait :

> De ce faux air d'esprit que prend un libertin,
> Connoître avec le temps, comme nous la folie ;

mais la Fontaine en dit un peu plus que lui dans son hommage au créateur. Nous avons mieux encore dans son *Discours à Mme de la Sablière*, où il parle en vers si touchants des pensées qui conviendraient au déclin de sa vie et de sa crainte

---

1. *Épître à Mme la duchesse de Bouillon*, dans les *OEuvres de l'abbé de Chaulieu*, Paris, 1757, tome II, p. 319.
2. *Lettre à Saint-Évremond*, du 18 décembre 1687.

d'attendre peut-être trop tard pour suivre les leçons de sa bienfaitrice et pour

S'acquitter des honneurs dus à l'Être suprême.

En pareille matière, où plus qu'en toute autre le mensonge serait bas, écartons le soupçon d'une amitié complaisante, ou d'une ambition académique, qui pouvait bien aller jusqu'à essayer de renoncer aux *Contes*, non jusqu'à une hypocrisie dont jamais homme ne fut plus incapable. Sans se faire, dans ce discours, meilleur qu'il n'était, il y montre que Mme de la Sablière l'a tout au moins amené à beaucoup réfléchir, et que peut-être un jour ses conseils et ses exemples porteront leurs fruits. Point de doute que cette amie ne se soit de plus en plus efforcée de l'acheminer où il avait peine à venir. De leur côté, Racine et Boileau ne purent manquer de tout faire pour l'attirer du même côté; et lorsque Louis Racine dit : « Leurs sages instructions avoient beaucoup contribué à faire peu à peu naître en lui les grands sentiments de pénitence dont il fut pénétré les deux dernières années de sa vie[1], » c'est ce qu'on admet trop naturellement pour croire qu'il parlait seulement par conjecture. Ce n'est pas qu'il soit très-sûr de s'en rapporter à lui sur quelques points de détail. Il raconte que son père et Boileau allèrent voir la Fontaine au temps d'une grande maladie, qui paraît être celle de 1692, et que la femme qui le gardait leur dit de ne pas entrer, parce qu'il dormait. « Nous venions, lui répondirent-ils, pour l'exhorter à songer à sa conscience; il a de grandes fautes à se reprocher.... — Lui, Messieurs! il est simple comme un enfant. S'il a fait des fautes, c'est donc par bêtise plutôt que par malice[2]. » D'Olivet, qui rapporte le même mot de la garde-malade sous une forme plus piquante : « Hé! ne le tourmentez pas tant, il est plus bête que méchant, » veut qu'il ait été adressé à l'abbé Pouget, et c'est le plus vraisemblable, celui-ci même l'ayant ainsi conté[3]. Louis Racine a écrit dix-huit ans après d'Oli-

---

1. *Mémoires*, dans les *OEuvres de J. Racine*, tome I, p. 326.
2. Dans une note sur un passage des *Réflexions sur la poésie*, chapitre v, article 2.
3. *Histoire de l'Académie*, p. 330.

vet[1]; et dans ce qu'il a dit de la Fontaine, il n'a fait parfois que le répéter[2]. En même temps cependant, il a ses anecdotes puisées ailleurs. En voici une, qui est jolie, trop jolie même pour qu'on ne s'en défie pas comme d'une légende : « Il fit.... venir un confesseur, qui l'exhortant à des prières et à des aumônes : « Pour des aumônes, dit la Fontaine, je n'en puis « faire, je n'ai rien; mais on fait une nouvelle édition de mes « Contes, et le libraire m'en doit donner cent exemplaires. « Je vous les donne, vous les ferez vendre pour les pauvres. » Dom Jérôme[3], le célèbre prédicateur, qui m'a raconté ce fait, m'a assuré que le confesseur, presque aussi simple que son pénitent, étoit venu le consulter pour savoir s'il pouvoit recevoir cette aumône[4]. » Voilà un confesseur qui ressemble bien peu au jeune vicaire de Saint-Roch. Aussi, pour se mettre en règle avec la vraisemblance, Walckenaer suppose[5] qu'il s'agit d'un bon religieux amené par les deux poëtes avant la visite de l'abbé Pouget; mais il faudrait tenir pour inexact le récit de celui-ci, s'il n'avait pas le premier obtenu le consentement de la Fontaine à une confession.

Mme de la Sablière ne fut pas du nombre des amis qui se trouvèrent près de la Fontaine lorsqu'il reçut le sacrement administré aux mourants. Avant ce jour, dont les consolations religieuses avaient été souhaitées par elle et préparées par ses conseils, elle était morte, le 6 janvier 1693, non pas, comme on l'a dit, aux Incurables de la rue de Sèvres, mais dans une maison de la rue aux Vaches, qui était au quartier du Luxembourg[6]. La perte d'une si chère protectrice était

---

1. L'Histoire de l'Académie est de 1729; les Réflexions sur la poésie et les Mémoires, de 1747.

2. Par exemple dans cette phrase presque semblable à celle que nous avons citée plus haut : « Il étoit bien éloigné de l'esprit d'impiété; mais.... il étoit tombé pour la religion dans la même indolence que pour tout le reste. » (Note des Réflexions sur la poésie, citée ci-dessus, p. CXCIII.)

3. Claude Jofrain, de l'ordre de Saint-François, né en 1639, mort en 1721.

4. Réflexions sur la poésie, à la note citée ci-dessus.

5. Tome II, p. 260.

6. Jal, Dictionnaire critique de biographie et d'histoire, p. 741.

un coup douloureux pour la Fontaine. Lorsqu'il fut rétabli, il lui fallut quitter cette maison, si longtemps hospitalière, de la rue Saint-Honoré. On raconte[1] qu'il se préparait à en sortir, lorsqu'il rencontra M. d'Hervart, qui lui offrit de venir demeurer chez lui. « J'y allais, » répondit-il. C'est un des mots les plus charmants qu'ait jamais inspirés l'amitié confiante. Il est digne de l'auteur de la fable des *Deux Amis*; et cette fois nous ne craignons guère d'avoir affaire à la légende, qui n'a pas coutume d'inventer si bien. L'hôtel d'Hervart, qui s'ouvrit alors à l'illustre vieillard et fut l'abri de ses derniers jours, était situé rue de la Plâtrière[2]. Mignard l'avait décoré de deux plafonds peints, l'un sur toile, l'autre à fresque. Le premier représentait l'apothéose de Psyché, le second quelques traits de l'histoire d'Apollon[3]. La Fontaine ne prévoyait pas qu'il finirait sa vie dans cette somptueuse demeure, le jour où il disait :

Je ne dormirai point sous de riches lambris.
Mais voit-on que le somme en perde de son prix[4]?

Au reste le doux somme et le bienfaisant repos peuvent se trouver aussi dans les riches hôtels, voire dans les palais, quand on y sent près de soi la tendre amitié; et, quoique le poëte fût d'humeur à se contenter d'un humble toit, il ne dut

---

1. Voyez la note 18 d'Adry sur la *Vie de la Fontaine* par Fréron, p. xxviii. Adry dit que ce trait est rapporté par Marmontel; il n'indique pas où, et nous ne l'avons pas trouvé. La plus ancienne mention que nous en ayons pu constater est dans l'*Éloge de la Fontaine* par Chamfort (1774).

2. Aujourd'hui rue Jean-Jacques Rousseau. Cet ancien hôtel d'Épernon était devenu l'hôtel d'Hervart (appelé quelquefois par corruption *Dherval* ou *Derval*), depuis que Barthélemy Herwarth l'avait acheté, et fait reconstruire plus somptueusement. Il fut ensuite acquis par Fleuriau d'Armenonville, qui le fit, à son tour, rebâtir, et enfin par Louis XV, en 1757, pour y établir l'hôtel royal des Postes.

3 Piganiol de la Force, *Description historique de la ville de Paris*, 1770, tome III, p. 217-223. Voyez aussi la *Vie de Pierre Mignard*, par l'abbé de Monville (1730), p. 87-90.

4. Fable IV du livre XI.

pas lui déplaire de se voir entouré de la gloire de Psyché, un de ses rêves poétiques, et des peintures de Mignard, homme de Champagne comme lui, et depuis longtemps son ami.

Il vécut là, deux ans encore après la maladie, jugée mortelle, qui avait été l'occasion d'un si grand changement dans ses sentiments. « Il tint, dit l'abbé Pouget, la parole qu'il avoit donnée. La première fois qu'il fut en état d'assister à l'Académie, il renouvela la protestation qu'il avoit faite avant la réception du saint viatique, et il lut à l'assemblée une paraphrase en vers françois de la prose des morts *Dies iræ*. » Dans ce dernier détail il doit y avoir une erreur de mémoire sur le jour. La paraphrase du *Dies iræ*, qui n'est pas à dédaigner (sans en exagérer la beauté, elle donne un démenti à ce qui se disait de l'intelligence éteinte du poëte), fut lue à l'Académie le jour de la réception de l'abbé Bignon et de la Bruyère (15 juin 1693), non par la Fontaine lui-même, mais par l'abbé Lavau[1]. Il n'est pas vraisemblable qu'il y en ait eu deux lectures. La Fontaine, qui fut si bien et si justement loué dans le discours de la Bruyère[2], était sans doute absent et retenu chez lui par l'état de sa santé; ou bien sa voix affaiblie ne lui permit pas de réciter lui-même ses vers. Si c'eût été en cette occasion qu'il eût renouvelé sa rétractation, le *Mercure galant*, qui a longuement parlé de la séance, ne l'aurait-il pas dit? Il est donc à supposer que c'était déjà chose faite dans quelqu'une des assemblées moins solennelles de la Compagnie, où il aimait à se trouver. Il ne cessa jamais de se réunir à ses confrères le plus souvent qu'il lui fut possible. Il écrivait encore à Maucroix, le 10 février 1695, lorsqu'il était et se sentait bien près de la mort : « Voilà deux mois que je ne sors point, si ce n'est pour aller un peu à l'Académie, afin que cela m'amuse. » Écrites par tout autre, des paroles d'un tour si singulièrement naïf sembleraient marquer un esprit qui avait perdu un peu de sa fermeté; mais il avait eu, de tout temps, de ces traits de bonhomie. Si l'on y trouve un signe d'enfance, cette enfance, qui, chez lui, s'alliait avec la force du génie, fut celle de toute sa vie. Dans cette même lettre, que nous retrouverons

1. *Mercure galant* de juin 1693, p. 283.
2. *OEuvres de la Bruyère*, tome II, p. 461.

tout à l'heure, il n'y a rien qui ne soit d'une raison très-saine ; elle ne manque même pas d'une touchante éloquence.

Lorsque la Fontaine eut repris quelques forces, il put s'occuper de la publication d'un dernier recueil de ses fables, qu'fut achevé d'imprimer le 1er septembre 1693. Il porte la date de 1694. Il y en eut, la même année, une seconde édition, avec la mention : *Cinquième partie.* C'est aujourd'hui le livre XII. L'épître qui le dédie au duc de Bourgogne, et qui est d'une plume très-bonne encore, a été probablement écrite au moment de l'impression du recueil. L'indication que donne sur la date cette phrase : « la paix qui semble se rapprocher, » n'est pas, il est vrai, tout à fait précise, la paix, longtemps attendue, ayant pu, à différents moments, paraître prochaine. Cependant, non sans vraisemblance, Walckenaer est d'avis que l'espérance exprimée là fait allusion aux dispositions pacifiques de Louis XIV, après la victoire de Neerwinde (29 juillet 1693). Les fables du nouveau recueil, bien que la Fontaine ait dit dans la première : « Mon esprit diminue, » contredisent ce mot, et sont la plupart excellentes ; beaucoup, il est vrai, mais non point toutes, étaient faites depuis assez longtemps et déjà connues. Dix avaient été publiées en 1685, dans les *Ouvrages de prose et de poésie* de Maucroix et de la Fontaine ; trois, *les Compagnons d'Ulysse, les Deux Chèvres, le Thésauriseur et le Singe*, dans le *Mercure galant* de décembre 1690, de février et de mars 1691. La dernière du livre, *le Juge arbitre, l'Hospitalier et le Solitaire*, est celle qui a été composée le plus tard. La pensée qui l'a inspirée nous paraît se rattacher aux préoccupations de la Fontaine, depuis qu'il ne plaisantait plus, comme en 1691, sur les ermites, c'est-à-dire depuis qu'il s'était vu aux portes du tombeau. Il est permis de la croire écrite peu de temps avant que le P. Bouhours l'insérât dans son *Recueil de vers choisis*, qui parut en 1693, et dont l'*achevé d'imprimer* est daté du 1er juin[1]. La Fontaine, comparant, dans cet apologue, la vie active, pleine de déceptions pour ceux mêmes qui la mettent

---

1. Le même recueil a de la Fontaine *le Soleil et les Grenouilles* (fable xxiv du livre XII), les vers *à M. Simon de Troyes*, et l'épître à Huet.

au service de leurs semblables, et la vie solitaire qui nous permet d'apprendre à nous connaître nous-mêmes dans le recueillement, donne la préférence à celle-ci. Ce n'était plus la paresse de ce Jean qui faisait de son temps les deux parts que l'on sait; mais, sous une forme plus sérieuse, plus religieuse, c'était le même goût du repos. « Tous chemins, disait-il, vont à Rome. » Le meilleur était pour lui le petit chemin où se trouve la tranquillité. On se convertit, mais un certain fond persiste; le caractère a des traits indélébiles.

Le Juge arbitre était un adieu aux Fables :

<blockquote>Cette leçon sera la fin de ces ouvrages.</blockquote>

Dans ce congé donné à la plus charmante de ses Muses, quelle simplicité! On en est plus touché que de l'*Exegi monumentum* d'Horace. Qui aurait eu le droit plus que la Fontaine de dire : « Je ne mourrai pas tout entier »?

On s'étonnera peut-être que le recueil de 1694 contienne, à la suite des fables, la nouvelle de *Belphégor*. Mais elle y fut imprimée sans les vers qui la dédiaient à la Champmeslé. Ce retranchement parut sans doute à la Fontaine ne plus rien laisser là qui pût scandaliser, et il ne crut pas que *Belphégor* pût être confondu avec ces contes qu'on lui avait fait détester. Après ses dernières fables, il n'entreprit plus que la traduction de quelques hymnes de l'Église, et « il n'alla pas loin, » dit d'Olivet. Ce qu'il en écrivit ne nous a pas été conservé. Ses *OEuvres posthumes* ont seulement quelques stances, évidemment composées vers le même temps, *Sur la soumission que l'on doit à Dieu*. On y retrouve, au début, quelque chose de la pensée de sa dernière fable, et l'on croit voir que les deux ouvrages ont été composés dans la même disposition d'esprit. Dans une lettre à Maucroix (26 octobre 1694) dont il reste un fragment, la Fontaine parle de ses poésies religieuses, qui n'étaient que commencées : « J'espère que nous attraperons tous deux les quatre-vingts ans et que j'aurai le temps d'achever mes hymnes. Je mourrois d'ennui si je ne composois plus. Donne-moi tes avis sur le *Dies iræ, dies illa*, que je t'ai envoyé. J'ai encore un grand dessein, où tu pourras m'aider. Je ne te dirai pas ce que c'est, que je ne l'aie avancé un peu davantage. » Il est regrettable qu'il n'ait pas fait connaître

ce dessein. On peut du reste être certain qu'il se rapportait
à ses pieuses pensées. Il le dit grand; et l'avoir conçu tel
est une preuve qu'il ne s'assurait pas que le ressort de son
imagination fût entièrement brisé; mais la force d'exécuter
ce qu'il méditait lui manqua. Il sentit, au commencement de
1695, que le dernier terme approchait, sans rémission cette
fois, et que ses amis se trompaient, ou cherchaient à le tromper lui-même, en lui disant que son mal était surtout dans
son esprit frappé. L'appel de la tombe se faisait clairement
entendre. Le 16 février, dans la lettre à Maucroix, dont nous
avons cité une phrase sur l'amusement qu'il trouvait à l'Académie[1], il écrivait : « Je t'assure que le meilleur de tes amis
n'a plus à compter sur quinze jours de vie. » La veille du
jour dont est daté ce billet, il avait été pris, au milieu de la
rue du Chantre, d'une si grande faiblesse qu'à ce moment il
crut mourir : « Ô mon cher, mourir n'est rien ; mais songes-
tu que je vais comparoître devant Dieu? Tu sais comme j'ai
vécu. Avant que tu reçoives ce billet, les portes de l'éternité
seront peut-être ouvertes pour moi. » Maucroix lui répondit :
« Mon cher ami, la douleur que ta dernière lettre me cause
est telle que tu te la dois imaginer. Mais en même temps je
te dirai que j'ai bien de la consolation des dispositions chrétiennes où je te vois. Mon très-cher, les plus justes ont besoin de la miséricorde de Dieu. Prends-y donc une entière confiance, et souviens-toi qu'il s'appelle le père des miséricordes
et le Dieu de toute consolation. Invoque-le de tout ton cœur.
Qu'est-ce qu'une véritable contrition ne peut obtenir de cette
bonté infinie ? Si Dieu te fait la grâce de te renvoyer la santé,
j'espère que tu viendras passer avec moi les restes de ta vie,
et souvent nous parlerons ensemble des miséricordes de Dieu.
Cependant, si tu n'as pas la force de m'écrire, prie M. Racine de me rendre cet office de charité, le plus grand qu'il
me puisse jamais rendre. Adieu, mon bon, mon ancien et mon
véritable ami. Que Dieu, par sa très-grande bonté, prenne
soin de la santé de ton corps et de celle de ton âme! » Ils
étaient bien changés et de langage et de pensées, les joyeux
camarades des années légères; mais comme, par la constance

---

1. Ci-dessus, p. cxcvi.

de leur sympathie, ils étaient restés les mêmes! Les attendrissants témoignages de leur vieil attachement nous rendent comme présents les derniers jours de la Fontaine. Nous le voyons livré aux alarmes, non d'un faible cœur qui tient encore à la vie, mais d'une âme timorée, et soutenu par l'amitié qui l'encourage et le rassure. Si nous ne rencontrons alors Maucroix près de lui que par ses lettres, sans nul doute c'est qu'il était alors retenu par quelque devoir indispensable. On aime à se représenter du moins qu'il y avait là Racine, plein de persuasive éloquence dans ses consolantes exhortations, d'autres amis encore, les d'Hervart avant tous. Où était, demandera-t-on peut-être, Mlle de la Fontaine, dont nous ne parlons plus depuis longtemps? Nous ne l'avons pas oubliée, mais nous ne la retrouvons pas : elle a si bien disparu! Il était naturel de ne pas évoquer son souvenir, quand il fallait suivre la Fontaine au Temple. Au lit de mort du poëte, on la cherche. Si elle y avait été, il est probable que nous le saurions. Nous ne croyons apercevoir là d'autre épouse en pleurs que la Muse : compagne idéale de sa vie, dont, à cette heure des adieux, la figure semble un peu froide. La Fontaine mourant se répéta-t-il tout bas ce touchant « Ah! si.... » de *Philémon et Baucis*? Quand nous faisons remarquer que parmi les amis de la dernière heure et les témoignages, qui sont restés, de leurs regrets, on ne trouve aucune trace de la femme du poëte, ce n'est point pour nous en étonner, ni pour accuser celle-ci : le lien de ces deux existences avait été si relâché que, le jour où il se rompit, l'événement ne put être grand pour l'épouse sans foyer domestique. Le mercredi 13 avril 1695, la Fontaine mourait à l'hôtel d'Hervart « avec une constance admirable et toute chrétienne, » dit Charles Perrault[1]. Il était âgé de soixante-treize ans et neuf mois. Maucroix, dans ses *Mémoires*[2], a laissé cette note : « Le 13..., mourut à Paris

---

1. *Les Hommes illustres*, p. 84. — On trouvera aux *Pièces justificatives*, n° VII, l'acte d'inhumation de la Fontaine. — D'Olivet (p. 331) parle d'une tisane rafraîchissante qui hâta sa fin. Ce détail, plus ou moins certain, a peu d'intérêt, lorsque depuis longtemps ses jours étaient comptés.
2. *Œuvres diverses*, tome II, p. 353 et 354.

mon très-cher et très-fidèle ami, M. de la Fontaine; nous avons été amis plus de cinquante ans, et je remercie Dieu d'avoir conduit l'amitié extrême que je lui portois jusques à une si grande vieillesse, sans aucune interruption ni aucun refroidissement, pouvant dire que je l'ai toujours tendrement aimé, et autant le dernier jour que le premier. Dieu, par sa miséricorde, le veuille mettre dans son saint repos! C'étoit l'âme la plus sincère et la plus candide que j'aie jamais connue : jamais de déguisement, je ne sais s'il a menti en sa vie; c'étoit au reste un très-bel esprit, capable de tout ce qu'il vouloit entreprendre. Ses fables, au sentiment des plus habiles, ne mourront jamais, et lui feront honneur dans toute la postérité. » Sur la sincérité ingénue de la Fontaine, Maucroix a toujours parlé de même. Dans une lettre adressée en 1702 à un Père de la compagnie de Jésus [1], que l'on croit être d'Olivet, il répétait textuellement, à ce sujet, les paroles qu'au moment même de la douloureuse perte il avait écrites dans ses *Mémoires*, ajoutant : « M. de la Fontaine ne ment point en prose, disoit Mme de la Sablière. » D'Olivet rend un semblable hommage au bon la Fontaine, dont l'âme avait toujours été transparente : « Vrai dans sa pénitence, comme dans tout le reste de sa conduite, et n'ayant jamais songé à tromper en rien ni Dieu, ni les hommes [2]. » D'Olivet pouvait attester la vérité de son austère pénitence ; car il avait vu, entre les mains de Maucroix, le cilice qu'on trouva sur la Fontaine, lorsqu'on le déshabilla pour l'ensevelir [3]. Maucroix possédait peut-être déjà cette précieuse relique, lorsque Boileau lui écrivait seize jours après la mort de leur ami : « Les choses hors de créance qu'on m'a dites de M. de la Fontaine sont à peu près celles que vous avez devinées; je veux dire que ce sont ces haires, ces cilices et ces disciplines dont on m'a assuré qu'il usoit fort fréquemment, et qui m'ont paru d'autant plus incroyables de notre défunt ami, que jamais rien, à mon avis, ne fut plus éloigné de son caractère que ces mortifications. Mais quoi? la grâce de Dieu ne se borne pas aux

---

1. *OEuvres diverses*, tome II, p. 233.
2. *Histoire de l'Académie*, p. 332.
3. *Ibidem*, p. 331 et 332.

simples changements, et c'est quelquefois de véritables métamorphoses qu'elle fait[1]. » Avouons-le, ce passage n'est à citer que comme un témoignage des mortifications de la Fontaine, et l'on pouvait, à cette date surtout, s'attendre à quelques paroles plus émues. Mais Boileau, qui était pourtant un grand cœur, sacrifiait peu à la sensibilité. Il n'y a plus, dans la suite de sa lettre, qu'un souvenir de la Fontaine. Il avait souvent loué Boileau pour cette périphrase de la première *Épître au Roi* :

> Et nos voisins frustrés de ces tributs serviles
> Que payoit à leur art le luxe de nos villes[2].

Boileau se rappelait avec plaisir qu'il avait trouvé la Fontaine homme de goût, et il aimait à le proclamer : c'était sa manière, un peu trop personnelle, d'honorer la chère ombre.

Fénelon jeta plus de fleurs, et des fleurs charmantes, sur la tombe du poëte qu'il avait si bien réussi à faire aimer du duc de Bourgogne. Il avait autrefois, pour les faire servir d'exercice au jeune prince, traduit en prose latine un grand nombre des fables des huit premiers livres[3]. Il lui proposa de même comme sujet de version, après la mort du fabuliste, une sorte de poétique élégie latine, à laquelle il ne manque que le rhythme des vers[4]. Il y exprime ses vifs regrets, et y parle comme la

---

1. *Lettre* du 29 avril 1695, *Œuvres de Boileau*, tome IV, p. 63 et 64. — Nous donnons le texte de l'autographe, non celui de la copie corrigée plus tard par Boileau. Le style est devenu plus châtié, après ces corrections ; mais on n'a plus le premier mouvement de la pensée.
2. Vers 141 et 142.
3. Voyez les *Lettres et opuscules inédits de Fénelon*, Paris, Adrien le Clère, 1850, p. 287-394. — Fénelon laissait de côté certains petits scrupules, jusqu'à étonner un peu aujourd'hui. Parmi ces versions préparées pour l'éducation de son élève, il a même admis la fable *le Curé et le Mort*, et le prologue du livre VII à Mme de Montespan (*ad Dominam Montespanam*), où il s'est contenté d'introduire un petit contre-sens volontaire aux vers 27 et 28, qui font allusion à l'amour de Louis XIV.
4. On la trouvera dans l'*Appendice*, p. ccxi, à la suite des *Pièces justificatives*.

postérité de l'inimitable génie que venait de perdre la France. C'est un bel hommage, purement littéraire, auquel il n'a rien voulu mêler des sentiments chrétiens dont la fin édifiante du poëte avait assurément touché son cœur.

La veuve de la Fontaine vécut encore quatorze ans après lui. Ces ans de son veuvage n'ont point laissé de souvenir. On a l'acte de son inhumation[1] à Château-Thierry, qui est daté du 9 novembre 1709.

Leur fils, Charles de la Fontaine, mourut en 1723, laissant un fils et trois filles, qui n'étaient pas encore nés, quand mourut leur illustre grand-père. Aujourd'hui la postérité de la Fontaine est éteinte. Elle avait le plus souvent été pauvre. La protection bienveillante des descendants de Louis XIV lui montra, en plusieurs circonstances, que la France n'oubliait pas le grand poëte[2].

P. MESNARD.

1. Voyez aux *Pièces justificatives*, n° VIII. — Nous aurions voulu donner aussi l'acte de décès de Claude de la Fontaine : nous ne l'avons pas trouvé. On croit que ce frère de notre poëte lui survécut. On a bien voulu mettre sous nos yeux une pièce que possède M. Potiquet; c'est une déclaration des divers biens de Claude de la Fontaine, datée du 2 janvier 1683. Ils étaient nombreux, et le total nous a semblé assez important pour causer quelque étonnement. Il paraîtrait qu'il avait beaucoup plus attentivement et heureusement que son frère administré sa fortune.

2. On trouvera ci-après, p. CCXII et suivantes, dans l'*Appendice*, une note sur *les Descendants de la Fontaine*.

FIN DE LA NOTICE BIOGRAPHIQUE.

PIÈCES JUSTIFICATIVES.

I

Page IV.

Acte de baptême de Jean de la Fontaine *(extrait du registre de la paroisse de Saint-Crépin, à Château-Thierry).*

Le vm^e jour de ce present mois (juillet) es l'an mil six cent vingt et ung, a esté baptisé par moi soussigné curé, un fils nommé Jehan. Le pere Me Charles de la Fontaine, conseiller du Roi et maistre des eaux et forets [de] la duché de Chaûry. La mere damoyselle Françoise Pydou. Le parin, honorable home Jehan de la Fontaine, la marine Claude Josse, feme de Me Louis Guerin (ou Gurin?), aussi maistre des eaux et forests au dict lieu.

(*Signé*) La Vallée. — De la Fontaine.

II

Pages XII et LI.

Acte de baptême de Claude de la Fontaine, *frère puîné du poëte (extrait du registre de la paroisse de Saint-Crépin, à Château-Thierry).*

Ce mesme jour et an que dessus (26e jour de septembre 1623), a esté baptisé par moy soubsigné curé ung fils nommé Claude. Le pere M. Charles de la Fontaine, maistre des eaux et forests au duché de Chaûry. La mere damoyselle Françoise Pydou. Le parin Claude Rousselet, escuyer, conseiller du Roi et president au siege dudict lieu. La marine damoyselle Françoise Contesse, femme de M. Charles de la Haye, prevost audict Chaûry.

(*Signé*) La Vallée.
C. Rousselet. — Françoise Contesse.

III

Page xxxi.

Acte de baptême de Marie Héricart, *femme du poëte (extrait des registres de la paroisse de Saint-Vaast, à la Ferté-Milon).*

Le vingt sixième avril mil six cent trente-trois a esté baptisée Marie, fille de noble homme Louis Héricart, lieutenant-criminel à la Ferté-Milon et damoyselle Agnès Petit. Levée sur les fonts par noble homme Claude Langlois, escuyer, seigneur de Chevigni et damoyselle Marie Methe[1], veufve de feu Charles Petit, procureur du Roy au siege royal de Chastillon.

(*Signé*) P. N. COLLETET.

1. Ce nom, mal écrit sur le registre, doit être lu *Marie Moët;* elle était grand'mère de Mlle de la Fontaine. En effet, Agnès Petit était fille de Charles Petit, procureur du Roi aux eaux et forêts de Châtillon-sur-Marne, qui était chevalier, seigneur d'Urtebize et de Bailleux; et de Marie Moët, fille de Jacques Moët, écuyer, seigneur de la Bretauche.

Nous tirons ces renseignements de notes qui nous ont été communiquées de la Ferté-Milon par M. Hazard, curé de Saint-Nicolas, paroisse de cette ville. Voici ce que ces mêmes notes nous ont fait savoir de la famille paternelle de la femme de la Fontaine. Nous y joignons entre crochets quelques autres indications qui nous ont été fournies par M. Médéric Lecomte, déjà cité ailleurs par nous.

Louis Héricart, père de Mlle de la Fontaine, était fils de Guillaume Héricart, lieutenant de bailliage à la Ferté-Milon, de 1618 à 1648. [Ce Guillaume Héricart, lieutenant civil et criminel et assesseur à la Ferté-Milon, vécut dans de grands sentiments de piété. Il mourut le 21 décembre 1648, à l'âge de soixante-dix-huit ans. Dans son testament du 24 octobre précédent, il se place sous la protection de Monsieur Saint-Vaast et de Monsieur Saint-Guillaume, son ange gardien.] Sa femme était Nicole Cocault, d'une honorable famille de tabellions et procureurs de la Ferté-Milon. Ils laissèrent deux enfants : Marie Héricart, femme de Jacques Jannart, laquelle devint dame de Thury par l'acquisition que fit son mari de ce domaine vers 1657[a]; et Louis Héricart, né en 1598, qui exerça, de 1625 à 1641, année de sa mort, l'office de lieutenant criminel, assesseur civil, que son père résigna en sa faveur, se contentant pour lui-même de celui de lieutenant civil. Il porta, à partir de 1629, le titre de seigneur d'Oigny (village près de la Ferté-Milon), ayant acquis cette terre le 28 juillet de la même année. Marié, comme nous

[a] Le second fils de Jacques Jannart et de Marie Héricart, étant mort sans postérité en 1712, laissa tous ses biens à Sébastien Héricart, petit-neveu de Mlle de la Fontaine. Depuis ce temps les terres et le château de Thury sont dans la famille Héricart de Thury. Ce château est tel encore aujourd'hui, sauf les réparations devenues nécessaires, qu'il était au temps de Jannart, le substitut du procureur général. On y conserve les portraits de la Fontaine et de sa femme, que M. le vicomte de Thury a permis de reproduire par la gravure pour notre *Album*.

IV

Page XLVII.

Acte de baptême de CHARLES DE LA FONTAINE, *fils du poëte (extrait du registre de la paroisse de Saint-Crépin, à Château-Thierry).*

Le trente octobre et an que dessus (1653) a esté baptisé par moy prestre et curé de cette église soubsigné, un fils Charles. Son pere Jehan de la Fontaine, maistre des eaux et forêts, sa mere Marie Héricart. Le parin M. François de Mocroix, chanoine de l'eglise cathedrale de Rheims, la marine Geneviefve Her belin, femme de M. Jehan Josse, avocat au Parlement.

(Signé) DROUART.
GENEVIÈVE HERBELIN. — F. MAUCROIX.

V

Page LIII.

Lettre (inédite) à Mademoiselle de la Fontaine, à Château-Thierry.

« Ma chère sœur, j'arriverai à Château-Thierry, jeudi au soir. Je pars par le coche de Joinville ; la voiture répond bien peu à l'élégance de mon papier. Il me conduira à la Ferté, et de là je prendrai des chevaux. Mon voyage ne sera pas long. Les premiers jours du mois prochain, je compte être à Livry

l'avons vu, à Agnès Petit, il eut pour fils Louis Héricart, et Marie Héricart, femme de la Fontaine. Louis Héricart, beau-frère de notre poëte, eut, à son tour, l'office de lieutenant de bailliage, conservé, de père en fils, dans cette famille, depuis 1618 jusqu'en 1703. [Un acte de vente du 16 mai 1696 nous apprend qu'il vivait encore à cette date. Il était né en 1629, quatre ans avant Marie Héricart, sa sœur.]

La famille Héricart était une des plus anciennes de la Ferté-Milon, et des plus notables. [Denis Héricart était, en 1589, gouverneur du château de cette ville, et paya de sa vie sa fidélité au service du Roi. Il fut jeté par les habitants du haut des murailles dans les fossés. Cinq ans après, en 1594, son neveu, Jourdain Héricart, fut aussi gouverneur du château ; mais pour les ligueurs.] Était-il de ces sages qui crient, selon les temps : Vive le Roi, vive la Ligue ? Au siècle précédent, un autre Jourdain Héricart, qui vivait vers 1475, avait épousé une Colette Drouart. Nous notons cette alliance avec une famille de gentilshommes, seigneurs de Norroy et autres lieux, parce que Mlle de la Fontaine, descendante de ces Drouarts, se trouvait par eux parente de Jean Racine : voyez ci-dessus, p. LXX, et ci-après, p. CCIX.

où l'on m'attend. Je vous annonce une nouvelle affreuse : Mademoiselle Regnaud est ma compagne de voyage ; elle espère loger chez vous, en passant, jusqu'à la fin de ses affaires ; tel est son projet. Ainsi, si vous ne pouvez me donner un lit, faites-moi le plaisir d'en faire demander à M. Thierrion de ma part. Je compte être quelques jours à Neuilly ; aussi je serai très-peu incommode.

« M. le duc de Bouillon m'a promis que je trouverois à Château-Thierry des ordres pour les bois. Dieu le veuille ! En tous cas, voici l'été, et nous avons le temps de les attendre. M. Desfossés m'a juré qu'on ne faisoit pas plus de diligence pour lui que pour vous. Mon papier vous paroîtra fou ; je vous écris de chez Mme de Montboissier, où je n'en trouve pas d'autre. Mes respects à ma chère mère. Voici la quittance de Delabarre. Je vous embrasse de tout mon cœur et suis

« DE LA FONTAINE.

« Ce mardi au soir. »

— Voici l'explication des mots « l'élégance de mon papier » et de ceux-ci « Mon papier vous paroîtra fou ». Ce papier a une bordure de fleurs peintes à la gouache ; en tête de la lettre, une petite figure de femme, et à la fin, entre « et suis » et la signature, un gentilhomme en habit rouge, l'épée au côté. Les costumes de ces deux personnages nous ont paru plutôt du dix-huitième siècle que du dix-septième. Sans oser nous prononcer absolument sur l'écriture, nous dirons que celle de notre poëte a quelques caractères que nous n'avons pu retrouver dans la lettre. Ni les personnes, ni les lieux que la lettre nomme ne nous sont familiers dans l'histoire de la Fontaine. La mention de la mère encore vivante, et sans qu'il soit question du père, est loin d'être sans difficultés. Nous trouvons une bien plus grande objection encore dans le passage sur le duc de Bouillon, qui, si l'on suppose la lettre écrite par notre Jean de la Fontaine, donne des ordres pour des distributions de bois à Château-Thierry, bien longtemps avant l'échange qui lui en fit posséder le duché. Nous croyons donc plutôt le petit billet écrit par le petit-fils de la Fontaine, Charles-Louis, à l'une des trois sœurs nées, comme lui, de Charles de la Fontaine et de Françoise-Jeanne du Tremblay. Les petites figures, peintes à la gouache, représentent assez probablement Mme et M. de Montboissier. Celui-ci, avec son habit rouge, pourrait être ce Montboissier-Beaufort, vicomte de Canillac, qui servit, avec grande distinction, dans les mousquetaires, de 1728 à 1751. La lettre aurait été écrite par Charles-Louis de la Fontaine à une date assez voisine de 1740. Né en 1718, il avait perdu son père en 1722. Sa mère ne mourut qu'en 1763.

PIÈCES JUSTIFICATIVES.

I

Page LXX.

TABLEAU GÉNÉALOGIQUE

qui prouve la parenté du poëte Jean Racine et de Marie Héricart, femme de la Fontaine, comme descendants de Pierre Drouart de Norroy, vivant en 1400.

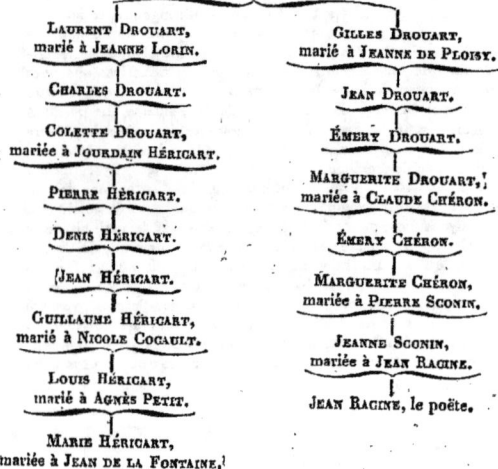

VII
Page cc.

Acte d'inhumation de LA FONTAINE *(extrait du registre des sépultures de la paroisse de Saint-Eustache de Paris*[1]*).*

Le jeudy 14° (*avril* 1695), deffunct Jean de la Fontaine, un des quarante de l'Acad. françoise, âgé de soixante-seize ans, demeurant rue Plâtrière à l'hoste Derval (*sic*), décédé du 13° du présent mois, a esté inhumé au cimetierre des Saints-Innocents.

CHANDELET.
R. (*reçu*) 64 l. 10 s.

VIII
Page cciii.

Acte d'inhumation de MARIE HÉRICART, *veuve de* JEAN DE LA FONTAINE *(extrait des registres mortuaires de Château-Thierry).*

L'an 1709, le 9 novembre, a été inhumée au grand cemitiere dame Marie Hericard, veufve de Jean de la Fontaine, genthôme (*sic?*) servant ordinaire de Madame la duchesse d'Orleans, âgée de soixante et dix sept ans, au convoy de laquelle ont assisté ses parens et amys avec nous soussignés.

PINTEREL DE NIERT.
PINTEREL. — DOUCEUR [2].

1. Nous le donnons d'après le *Dictionnaire critique d'histoire et de biographie* de Jal, p. 723 B. — D'Olivet s'est trompé, lorsqu'il a dit (*Histoire de l'Académie*, p. 332) que la Fontaine « fut enterré dans le cimetière de Saint-Joseph, à l'endroit même où Molière avoit été mis, vingt-deux ans auparavant. » — On trouvera ci-après, dans l'*Appendice*, sous le numéro II, une note sur la sépulture de la Fontaine.
2. C'est le nom du curé, Pierre-Louis Douceur, bachelier de Sorbonne.

APPENDICE.

I

Page CCII.

ÉLOGE DE LA FONTAINE PAR FÉNELON.

IN FONTANI MORTEM.

Heu! fuit vir ille facetus, Æsopus alter, nugarum laude Phædro superior per queni brutæ animantes, vocales factæ, humanum genus edocuere sapientiam. Heu! Fontanus interiit. Proh dolor! interiere simul Joci dicaces, lasciv Risus, Gratiæ decentes, doctæ Camenæ. Lugete, o quibus cordi est ingenuus lepos, natura nuda et simplex, incompta et sine fuco elegantia! Illi, illi uni per omnes doctos licuit esse negligentem. Politiori stilo quantum præstitit aurea negligentia! Tam caro capiti quantum debetur desiderium! Lugete, Musarum alumni. Vivunt tamen æternumque vivent carmini jocoso commissæ veneres, dulces nugæ, sales attici, suadela blanda atque parabilis; neque Fontanum recentioribus, juxta temporum seriem, sed antiquis, ob amœnitates ingenii, adscribimus. Tu vero, lector, si fidem deneges, codicem aperi. Quid sentis? Ludit Anacreon. Sive vacuus, sive quid uritur[1] Flaccus, hic fidibus canit. Mores hominum atque ingenia fabulis Terentius ad vivum depingit. Maronis molle et facetum spirat in hoc opusculo. Heu! quandonam Mercuriales viri quadrupedum facundiam æquiparabunt?

Traduction[2].

SUR LA MORT DE LA FONTAINE.

Hélas! il n'est plus le poëte enjoué, nouvel Ésope, et supérieur à Phèdre dans l'art de badiner, celui qui a donné une voix aux bêtes, pour qu'elles fissent entendre aux hommes les leçons de la sagesse. Hélas! la Fontaine a expiré. Ô douleur! Ont expiré avec lui les Jeux pleins de malice, les Ris folâtres, les Grâces élégantes, les savantes Muses. Pleurez, vous qui aimez le naïf enjouement, la nue et simple nature, l'élégance sans apprêt et sans fard. A lui, à lui seul, les doctes ont tous permis la négligence. Combien chez lui cette belle négligence se montre supérieure à un style plus poli! Que de regrets

---

1. « .... Vacui, sive quid urimur.... » (Horace, livre I, *ode* VI, vers 19.)
2. Si l'on avait trouvé la traduction du duc de Bourgogne, elle eût été curieuse à donner ici, au lieu de celle que nous avons hasardée.

mérite une tête si chère! Pleurez, nourrissons des Muses. Et cependant vivent et vivront toujours les beautés qui brillent dans les jeux de sa muse, et les aimables badinages, les plaisanteries attiques, le persuasif attrait, charmant et facile. Nous ne plaçons pas la Fontaine, comme le voudrait l'ordre des temps, parmi les modernes, mais, pour les agréments de son esprit, au rang des anciens. Ne nous en crois-tu pas, lecteur? Ouvre le livre. Qu'en penses-tu? C'est Anacréon qui se joue. C'est Horace, soit libre de soucis, soit ayant une flamme au cœur, qui chante sur cette lyre. C'est Térence, lorsqu'il fait, dans ses comédies, la peinture vivante des mœurs et du caractère des hommes. La douceur et l'élégance de Virgile respirent dans ce petit ouvrage[1]. Oh! quand les favoris de Mercure[2] égaleront-ils jamais l'éloquence de ses personnages à quatre pattes?

II

LA SÉPULTURE DE LA FONTAINE.

L'erreur commise par d'Olivet sur le lieu de la sépulture de la Fontaine, erreur que dément, sans laisser place au moindre doute, l'acte d'inhumation, cité par nous un peu plus haut, aux *Pièces justificatives* (p. ccx, n° VII), n'a été qu'assez tard reconnue et signalée par Walckenaer. Elle paraît avoir été la cause et le point de départ d'autres erreurs, qui se sont traduites en actes assez étranges, assez regrettables pour qu'il ne soit pas inutile de les rappeler ici. Quelques personnes croient encore aujourd'hui avoir au cimetière de l'Est le tombeau qui renferme les restes de la Fontaine : ce n'est malheureusement qu'un cénotaphe.

L'histoire du tombeau du grand fabuliste se trouve liée à celle du tombeau de Molière. Le corps de celui-ci avait été porté, le 21 février 1673, au cimetière Saint-Joseph, et, d'après un témoignage contemporain, enterré là, au pied de la croix[3]. D'Olivet a dit que la Fontaine fut inhumé au même endroit. Dès que l'on ajoutait foi à cette parole, il était naturel que l'on espérât pouvoir retrouver l'une près de l'autre les deux illustres dépouilles, et que l'on songeât à ne les pas séparer. Benjamin de Laborde, au tome IV, page 253, de son *Essai sur la musique ancienne et moderne*, publié en 1780, dit, en parlant des deux poètes, qu'il croyait inhumés, l'un comme l'autre, au cimetière Saint-Joseph : « Vers l'année 1750, en creusant une fosse dans le cimetière, on trouva leurs cercueils, et on les transporta dans l'église où ils sont maintenant. » Cette église est-elle celle de Saint-Eustache? On pourrait le supposer lorsqu'on lit dans la *Descrip-*

---

1. Il vaut la peine de remarquer que Fénelon, par son diminutif *opusculo*, a bien soin de borner son éloge aux *Fables*.
2. Les poètes lyriques, ce qui fait penser aux chants nobles, étudiés. C'est un mot pris d'Horace, livre II, ode XVII, vers 27.
3. Voyez *les Points obscurs de la vie de Molière*, par Jules Loiseleur, p. 350, à la note.

APPENDICE.   CCXIII

tion de la ville de Paris, par Germain Brice (nouvelle édition[1], 1752, tome I, p. 495), le nom de Jean de la Fontaine parmi ceux des personnes considérables inhumées dans cette église. Il ne faut cependant penser qu'à la chapelle Saint-Joseph « aide (succursale), comme dit le *Registre de la Grange*, de la paroisse Saint-Eustache, » et dans laquelle, suivant le témoignage du même *Registre*, Molière fut inhumé. Cette chapelle, qui était autrefois au milieu de l'ancien cimetière Saint-Joseph, fut reconstruite rue Montmartre, en juillet 1640, dans un nouveau cimetière. C'est celui dont parle Germain Brice (édition de 1698, tome I, p. 224), lorsqu'il dit : « Presque à l'extrémité de la rue Montmartre est la petite église de Saint-Joseph, dans le cimetière de laquelle est enterré le fameux Molière. » Il ne nomme pas la Fontaine. L'addition qui se trouve dans l'édition de 1752, et qui ne semble être qu'une erreur née de l'erreur de d'Olivet, peut avoir engendré, à son tour, celle de Benjamin de la Borde.

Jal, dans son *Dictionnaire critique* (p. 723), élève de fortes objections contre la supposition[2] que le corps de la Fontaine inhumé, sans contestation possible, dans le cimetière des Saints-Innocents, aurait été déterré pour être déposé au cimetière Saint-Joseph, à côté de celui de Molière. Il resta, dit-il, dans le cimetière des Innocents « jusqu'au jour où le cimetière fut fouillé pour la construction du quartier des Halles (en 1786). Si sa tombe fut retrouvée alors, c'est ce que je ne saurais dire. » Jamais cercueil d'un grand homme ne paraît avoir été plus irrévocablement perdu. En 1792, on ne s'inquiéta pas pour le retrouver de tant de difficultés. La section de la *Fontaine Montmartre*, qui avait changé son nom en celui de section de *Molière et de la Fontaine*, se fit gloire de recueillir les restes des deux grands poëtes. Le procès-verbal[3] qu'elle rédigea de l'exhumation n'est pas un monument de sage critique; pour parler avec plus de netteté, il est prodigieusement ridicule. Le témoignage de l'acte d'inhumation de la Fontaine y est récusé, et il y est dit que « le mot des *Saints-Innocents* est une erreur non certifiée (*sic*), » attendu que « les amis de la Fontaine demandèrent qu'il fût enterré au cimetière Saint-Joseph, en une fosse particulière, au pied du crucifix, ainsi qu'il l'avait désiré et demandé : ce qui lui fut accordé ; fait attesté par tous les historiens, même les contemporains. » Le procès-verbal s'appuie ensuite « sur les témoignages de feu Mme de Neuilly, sa nièce[4], et de toute la famille... ; fait attesté de plus par Mme Duval [on veut dire d'Hervart], chez laquelle il est décédé. » En conséquence, le vendredi 6 juillet 1792, on fit la levée du corps (du moins réputé tel) de Molière. Le mercredi 21 novembre suivant, les citoyens « ont fait fouiller les terres et ont trouvé au pied du crucifix, à cinq pieds de profondeur, un corps seul, qui *a paru avoir été*

---

1. Les trois premiers volumes de cette édition ont été revus par Mariette. Dans les éditions précédentes, la Fontaine n'est pas nommé parmi les morts célèbres dont Saint-Eustache possédait les tombeaux.
2. Elle n'est pas rejetée par Féletz, dans son article *Jean de la Fontaine* de la *Biographie universelle*.
3. Il est inséré dans le *Musée des monuments français...*, par Alexandre Lenoir, tome VIII, p. 162.
4. Non pas sa nièce, mais la femme, en premières noces, de son petit-fils.

enfermé dans un cercueil de chêne, dont les ornements aussi *paraissaient* annoncer l'époque indiquée. » Des *apparences* si convaincantes ont suffi; il n'est resté aucun doute sur la possession des reliques de la Fontaine.

Malgré leur peu d'authenticité, le 2 germinal an VII (22 mars 1799), Alexandre Lenoir demanda au Directoire exécutif l'autorisation, qui lui fut accordée le 15 floréal suivant (4 mai), de déposer les corps de Molière et de la Fontaine dans le *Jardin Élysée* des monuments français. Un arrêté du préfet de la Seine, en date du 28 février 1817, ordonna le transport au Père-Lachaise de ces ossements que nul ne peut croire aujourd'hui être ceux des deux poëtes. Ils furent exhumés le 6 mars, et mis, le 2 mai 1817, aux tombeaux, où ils sont aujourd'hui.

III

LES DESCENDANTS DE LA FONTAINE.

On aimera sans doute à trouver ici sur les descendants de la Fontaine quelques détails qui n'ont pas paru devoir être donnés dans la *Notice biographique* de leur aïeul.

Son fils, CHARLES DE LA FONTAINE, dont nous avons fait connaître ci-dessus la date de naissance (30 octobre 1653), « a été, dit le P. Niceron[1], l'héritier de sa pauvreté, sans l'être de ses talents.... On [l']a vu, quelque temps, simple commis dans la ville de Troyes. » Ce fut, selon Adry[2], vers 1700 qu'un emploi dans les Aides lui fut procuré, dans cette ville, par les amis qu'y avait eus son père. A la fin de 1714, il fut nommé greffier du prévôt des maréchaux de France, par lettres patentes datées du 4 décembre. Quelques années avant, à l'âge de cinquante-trois ans[3], il avait épousé *Jeanne-Françoise du Tremblay*, dont la famille était à Paris dans la cour des Aides et dans la chambre des Comptes; elle avait, à Château-Thierry, un frère, Pierre-Louis du Tremblay, conseiller du Roi, receveur des gabelles. Le fils de la Fontaine mourut en 1722, suivant Walckenaer (tome II, p. 204). Nous croyons plutôt que ce fut en 1723. L'acte qui confère à sa veuve la tutelle de ses enfants mineurs est du 18 mai de cette dernière année. Ces enfants étaient *Marie-Jeanne-Guillaume*, *Élisabeth-Louise-Sébastienne*, *Jeanne-Françoise* et *Charles-Louis*.

Les trois petites-filles de notre poëte ne se marièrent pas, sans doute parce qu'elles étaient sans fortune. Elles habitaient, à Château-Thierry, une maison que l'*Histoire de Château-Thierry*, par l'abbé Poquet (tome II, p. 106), dit avoir été achetée par leur père. Elle doit être cependant la

1. *Mémoires pour servir à l'histoire des hommes illustres*, tome XVIII, p. 329.
2. Note 13 sur la *Vie de la Fontaine* par Fréron, p. XXVI.
3. *Histoire de Château-Thierry*, par l'abbé Poquet, tome II, p. 123. — Le mariage de Charles de la Fontaine serait donc de l'année 1706. Jeanne du Tremblay, née en 1689, n'avait que dix-sept ans.

même dont parle ainsi l'aînée, dans une lettre adressée à Fréron le 12 février 1758 (*Année littéraire*, 1758, tome II, p. 11) : « Nous restons.... trois sœurs, qui vivons avec notre mère dans la même maison qu'occupoit notre grand-père. » Où était située cette maison? Selon quelques-uns, dans la rue du Château; selon d'autres (et c'est une tradition que nous avons trouvée à Château-Thierry), dans la rue des Cordeliers, aujourd'hui rue Jean de la Fontaine, en face même de la maison natale du poëte, dont elle serait devenue la demeure, après la vente de 1676. Les petites-filles de la Fontaine présentèrent une requête au Roi pour solliciter des lettres de chancellerie qui leur permissent de faire imprimer, pendant quinze années, les *Fables* et les *OEuvres* de leur aïeul. Ces lettres leur furent accordées le 29 juin 1761; mais plusieurs libraires formèrent, le 14 juillet suivant, opposition à leur enregistrement. Ils furent déboutés de cette opposition par un arrêt que le Roi rendit en son Conseil le 14 septembre 1761. Les deux aînées des filles de Charles de la Fontaine moururent septuagénaires, l'une en 1785, l'autre en 1787. La plus jeune était morte en 1762, à l'âge de quarante-cinq ans [1].

CHARLES-LOUIS DE LA FONTAINE, leur frère, naquit à Château-Thierry, le 23 avril 1718 [2] (et non 1720, comme l'écrivait sa sœur à Fréron dans la

---

1. Voici les actes de leurs inhumations, extraits des registres de Saint-Crépin de Château-Thierry :

« L'an mil sept cent soixante et deux, le vingt-quatre octobre, a été inhumé dans le cimetierre de cette paroisse le corps de Jeanne-Françoise de la Fontaine, fille majeure de Monsieur de la Fontaine, vivant secrétaire du Roy, et de Jeanne-Françoise Dutramblay, décédée de la veille, âgée de quarante-cinq ans.... »

« L'an mil sept cent quatre-vingt cinq, le cinq du mois de mai, a été inhumé au cimetière de cette paroisse le corps de Marie-Jeanne-Guillaume de la Fontaine, vivante fille majeure de maître Charles de la Fontaine, avocat en Parlement, et de dame Jeanne-Françoise du Tremblai, tous deux défunts, décédée de la veille, âgée d'environ soixante-dix ans.... »

« L'an mil sept cent quatre-vingt-sept, le dix-sept février, a été inhumé au cimetière de cette paroisse le corps de demoiselle Élisabeth-Louise de la Fontaine, la dernière des petits-fils et petites-filles du célèbre Jean de la Fontaine, décédée d'hier, âgée de soixante et onze ans, deux mois et six jours, au convoi de laquelle ont assisté Messieurs Adam-Pierre Pinterel de Louverny, conseiller du Roy, lieutenant général au bailliage et siége présidial de cette ville, Louis-Augustin Regnault, directeur du terrier du duché de Château-Thierry, ses cousins, M. Louis-Nicolas Sutil, avocat du Roy et autres, avec nous soussignés.

« *Regnault, Thirial, doct. de Sorbonne, curé; Pinterel de Louverny, Sutil, avocat du Roi, etc.* »

2. Voici son acte de baptême, extrait des registres de la paroisse de Saint-Crépin :

« Le 24 avril 1718, a été baptisé Charles-Louis, né du jour précédent, du mariage légitime de maître Charles de la Fontaine, greffier de Messeigneurs les maréchaux de France, et de dame Françoise-Jeanne du Trem-

lettre tout à l'heure mentionnée). Il est dit dans cette même lettre que Charles-Louis « eût été fort à plaindre et auroit couru risque de rester ignoré dans sa patrie, sans les secours généreux de M. Héricart de Thury, conseiller à la cour des Aides[1]. » Mlle de la Fontaine ajoute que M. Héricart mit le jeune homme au collége de Beauvais ; que celui-ci, son éducation achevée, eut, à l'hôtel des Postes, un emploi, dont il s'acquitta avec assez de négligence, ayant beaucoup d'indolence et de goût pour le plaisir : on continuait à conserver fidèlement cette part de l'héritage. Charles-Louis était avocat au Parlement. Le marquis de Bonnac[2] le prit pour secrétaire, et le chargea, en 1749, d'aller régler à Pamiers quelques-unes de ses affaires. Il y épousa, en novembre 1751, Marie-Antoinette le Mercier, fille de Georges-Louis le Mercier, écuyer, conseiller du Roi, maître des eaux et forêts de Pamiers. Le petit-fils de la Fontaine mourut à Pamiers, le 14 novembre 1757. Sa veuve épousa, en secondes noces, M. de Neuilly, fermier général, qui fut guillotiné à la Révolution.

Charles-Louis de la Fontaine avait laissé trois enfants: *Marie-Françoise-Claire, Marie-Claire, Hugues-Charles.*

HUGUES-CHARLES DE LA FONTAINE était né, le 12 juillet 1757, à Pamiers[3].

Adry parle de lui en ces termes, dans une de ses notes sur la *Vie de la Fontaine* par Fréron (p. xxx) : « Il y a encore de nos jours (en 1806) un descendant de la Fontaine, homme vraiment philosophe et qui a su préférer le bonheur à la célébrité qu'il auroit pu acquérir dans la littéra-

---

blay. Son parrain M. Pierre-Louis Dutramblay, la marraine damoiselle Jeanne Josse de Bressay, lesquels ont signé :

« *De la Fontaine, Marie-Jeanne Josse de Bressay, M. F., Douceur, vicaire ; du Tremblay.* »

1. Charles-Louis-Sébastien Héricart, qui, de 1742 à 1748, fut secrétaire et intendant des finances de la maison d'Orléans.

2. François-Armand d'Usson, marquis de Bonnac. Il avait obtenu, le 23 juin 1738, la lieutenance de Roi au gouvernement de Foix. Il fut nommé maréchal de camp le 25 août 1749, lieutenant général au gouvernement du pays de Foix en 1750, enfin, le 11 novembre 1751, ambassadeur auprès des États généraux des Provinces-Unies.

3. Walckenaer (*Histoire de la vie de.... la Fontaine*, édition de 1824, un vol. in-8°, p. 637, dans une note) donne son acte de baptême, extrait des registres de l'église cathédrale paroissiale de Pamiers :

« L'an mil sept cens cinquante-sept et le douzième juillet, est né et a été baptisé un enfant mâle, fils légitime et naturel à messire Charles-Louis de la Fontaine, écuyer, avocat en parlement de Paris, et dame Marie-Antoinette Lemercier, son épouse : auquel on a donné le nom de Hugues-Charles. Son parrain a été messire Nicolas-Simon Delguenand, chevalier, lieutenant-colonel réformé de dragons ; marreine damoyselle Marthe-Marie Moynier de la Terrasse, tous habitants de cette ville, soussignés. Le père absent. Témoins M* Joseph de Rigail, conseiller du Roy au sénéchal et président et juge souverain du Donezan, et M* Paul Fonta, conseiller du Roy, assesseur de la maréchaussée du Roussillon et pays de Foix, aussi habitants de cette ville, soussignés.

» *Delguenand, la Terrasse, Fonta, Rigail, Pauly, curé.* »

ture et même dans des emplois importants. » Une lettre insérée au *Journal des Débats*, du 10 novembre 1818, confirme ces paroles pleines d'estime pour l'arrière-petit-fils du poëte, et nous en dit un peu plus long sur lui : « M. de la Fontaine est parvenu à l'âge de 61 ans. Sa jeunesse et les moments de loisir que lui laissait un emploi dans la finance furent consacrés à une étude approfondie de l'histoire et de la littérature. Les événements de la Révolution l'ayant privé de son emploi et d'une partie de son patrimoine, il vit retiré.... Il se résigne, dans le silence, à toutes les privations et cherche à se contenter des débris d'une fortune qui ne fut jamais que très-modique. » Le même journal, à la date du 25 août 1824, complète ainsi ces renseignements : « Il était (*quand il mourut*) le seul rejeton du Bonhomme. S'il n'avait pas son génie, il avait hérité du moins de son originalité et de sa modestie. M. de la Fontaine habitait ordinairement Paris. Aveugle et infirme, il est venu, peu de temps avant sa mort, dans sa ville natale[1], comme simple voyageur, et sans se faire connaître. Il s'était logé dans une auberge, avec une domestique ; et ce n'est qu'en recevant les billets de faire part que les habitants ont su qu'ils l'avaient possédé parmi eux. M. Tribert, président honoraire, et M. Poan de Sapincourt avaient été chargés par M. Héricart de Thury, son parent, de veiller à ses besoins. » L'auberge où l'on donne à entendre qu'il mourut était sans doute celle de la Sirène, dans le faubourg de Marne. Il se pourrait qu'il y fût descendu ; mais l'acte de son décès[2] nous apprend qu'il est mort, le 16 août 1824, dans la maison du sieur Plu, entrepreneur de bâtiments. Cette maison existe encore au faubourg de Marne.

Walckenaer dit (p. 637 de l'édition de 1824, à la note déjà citée) avoir appris, au moment où l'on allait tirer la dernière feuille, que le roi Louis XVIII avait accordé une pension de quinze cents francs à Hugues-Charles. La date de l'ordonnance royale serait, dit-on, le 23 novembre 1823. Nous ne l'avons pas trouvée au *Bulletin des lois*.

Le dernier héritier mâle du nom de la Fontaine n'avait pas été marié.

1. C'est-à-dire à Château-Thierry, dans la ville natale de sa famille paternelle. Nous avons vu qu'il était né à Pamiers.
2. Voici cet acte, extrait des registres de la paroisse de Saint-Crépin :

« L'an mil huit cent vingt-quatre, le 17 août, huit heures du matin, en la mairie et par devant nous, Louis Vol, maire et officier de l'état civil de la ville de Château-Thierry, arrondissement et canton dudit lieu, département de l'Aisne.

« Sont comparus MM. Jean-Baptiste-Louis de Sapincourt, âgé de 53 ans, receveur des hospices civils de cette ville, et Étienne-Charles Tribert, président honoraire du tribunal, âgé de 64 ans, demeurant tous deux à Château-Thierry, lesquels nous ont déclaré que M. Hugues-Charles de la Fontaine, né à Palmiers (*sic*), le douze juillet mil sept cent cinquante-sept, fils de M. Charles-Louis de la Fontaine, écuyer, avocat en parlement de Paris, et de dame Marie-Antoinette Lemercier, tous deux décédés, ledit Hugues-Charles de la Fontaine, demeurant à Château-Thierry, est décédé le jour d'hier, à cinq heures et demie du soir, maison du sieur Plu fils, entrepreneur de bâtiments, faubourg de Marne. Et ont les deux témoins signé avec nous le présent acte, après que lecture leur en a été faite.

« Tribert, Poan de Sapincourt, Vol. »

NOTICE SUR LA FONTAINE.

Ses sœurs, que nous avons nommées ci-dessus, avaient été, après la mort de Charles-Louis, leur père, recueillies, à Château-Thierry, par leurs tantes, qui les présentèrent à MESDAMES, filles de Louis XV, lorsque ces princesses, se rendant aux eaux de Plombières, en 1762, passèrent par Château-Thierry. La jeune Marie-Françoise-Claire, âgée de sept ans, récita devant MESDAMES une petite fable en vers, le Lierre et le Chêne, qui faisait une transparente allusion à leur besoin de protection, et que précédaient ces vers :

<blockquote>
JEAN s'en alla comme il était venu,
Mangeant son fonds avec son revenu.
C'était mon bisaïeul de célèbre mémoire.
Son fils a fait de même, aussi son petit-fils.
Jamais au monde ils n'ont acquis
Que de l'estime et de la gloire.
</blockquote>

Touchées de la grâce de l'enfant, qui n'avait pour héritage qu'un nom illustre, MESDAMES, au retour de Plombières, l'emmenèrent à Versailles, et la présentèrent au Roi. Elles la placèrent, pour son éducation, à l'abbaye de Fontevrault. On la destinait à l'état religieux ; elle préféra le mariage. Elle épousa Charles-Étienne-Marie Marin, comte de Marson, garde du corps du Roi. Ses bienfaitrices lui assurèrent une pension de douze cents francs, qui lui fut exactement payée jusqu'au temps de la Révolution. À cette dernière époque, Mme de Marson vivait obscurément à Versailles, avec son fils et sa fille. Une lettre qu'elle avait reçue d'un parent émigré la fit traduire devant un comité révolutionnaire de cette ville. Elle y comparut accompagnée de ses enfants. Le président dit au jeune de Marson : « Qu'est-ce qu'on t'apprend ? » — « À être bon, » répondit l'enfant. Un homme du peuple s'écria : « Grâce pour la petite-fille de la Fontaine, qui élève si bien ses enfants ! » La cause de Mme de Marson était gagnée ; on la renvoya chez elle. Quoique cette générosité du comité de Versailles puisse faire penser au mot de la seconde *Philippique* de Cicéron sur Antoine, qui né l'avait pas tué à Brindes : *beneficium latronum*, il est touchant de voir que devant un peuple en révolution, comme à la cour des Rois, la gloire de la Fontaine protégea sa postérité.

Le roi Louis XVIII accorda, en 1818, une pension de quinze cents francs au fils de Mme de Marson, affligé d'une maladie nerveuse, depuis la scène, dit-on, du comité révolutionnaire, et réduit à une grande pauvreté. Que c'ait été tantôt nonchalance héréditaire, tantôt malheur des circonstances, il y a peu de familles que la fortune ait moins favorisées que celle des descendants du grand poëte.

Marie-Claire, la seconde fille de Charles-Louis de la Fontaine, épousa, à Château-Thierry, Pierre-Louis Despotz, ancien magistrat. Elle mourut veuve, le 13 novembre 1820, à Château-Thierry [1], sans laisser de postérité,

---

1. *Extrait des registres de la paroisse de Saint-Crépin :*

« Ce jour d'hui treize novembre mil huit cent vingt, trois heures de relevée, par devant nous maire de la ville de Château-Thierry, faisant les fonctions d'officier public de l'état civil, sont comparus sieur Jean Poan de Sapincourt, receveur des hospices civils, âgé de 49 ans, et François-Claude Berthault, arpenteur, âgé de 52 ans, tous deux demeurant à Châ-

APPENDICE.

et institua pour son légataire universel un membre de la famille Héricart que Walckenaer nomme Louis-Christophe-Anne Héricart de Thury.

Nous avons vu que son frère vécut encore près de quatre ans après elle.

IV

LES PORTRAITS DE LA FONTAINE[1].

1° MINIATURE DU LOUVRE.

Elle est entrée au Louvre en 1874 par le legs de la collection Lenoir. La Fontaine y est représenté plus jeune que dans ses autres portraits. Cette miniature, qui n'a pas été gravée, est ainsi décrite au catalogue :

« N° 260. *Portrait de Jean de la Fontaine.*

« Il est en buste, tourné de trois quarts à droite. Perruque noire bouclée ; vêtement jaune à revers violets ; nœud rouge et rabat de dentelle. Fond brun. Miniature sur vélin, forme ovale. Hauteur 0,058, largeur 0,047. »

Il est regrettable que l'on ne connaisse ni l'auteur ni la date de ce portrait. Pour la date, il semble possible de la conjecturer approximativement ; nous la rapporterions aux années de la faveur de Foucquet. Il serait difficile de croire que l'on n'a pas là un la Fontaine âgé d'un peu moins de quarante ans, même en n'oubliant pas que les miniaturistes rajeunissent souvent leurs modèles.

Cette miniature du Louvre est assez intéressante pour que l'on nous ait permis d'annoncer qu'un dessin en sera donné dans l'*Album* de la présente édition. On y est frappé de l'élégance du costume, de celle même (que, plus tard, on ne retrouvera pas) de toute la personne. La physionomie n'a nullement cette lourdeur, les yeux n'ont point ce regard éteint que d'anciens témoignages donnent à la Fontaine, sans doute dans un âge plus avancé.

2° PORTRAIT GRAVÉ PAR H. PAUQUET, D'APRÈS CHARLES LEBRUN.

C'est Walckenaer qui l'a fait graver, pour être mis en tête de l'*Histoire de la vie.... de la Fontaine* (édition de 1820). M. Paul Lacroix (*Nouvelles*

---

teau-Thierry, lesquels nous ont déclaré que dame Marie-Claire de la Fontaine, demeurant en cette ville, native dudit lieu, âgée de 64 ans, veuve de M. Louis Despotz, ancien magistrat, est décédée ce jourd'hui, à onze heures du matin, et ont les déclarants signé avec nous le présent acte de décès, constaté par nous maire, après lecture faite.

« *Poan de Sapincourt, Berthault, Vol fils, maire.* »

1. La note que nous donnons ici nous a été communiquée par M. Jules Maciet, membre de la Société historique et archéologique de Château-Thierry.

œuvres inédites de J. de la Fontaine, p. 230) dit que le libraire A. Nepveu possédait ce portrait de Lebrun, qui ne nous est connu que par la gravure. La Fontaine y est vu presque de face, coiffé de la grande perruque. Un manteau cache à demi la cravate tombante. N'ayant pu voir l'original (nous ignorons ce qu'il est devenu), il nous est impossible de dire si l'attribution à Lebrun serait justifiée par le caractère de la peinture; par la date du moins, elle n'est pas invraisemblable. La Fontaine, dans des vers de sa *Relation* de la grande fête de Vaux[1], en 1661, a vanté Lebrun :

> Rival des Raphaëls, successeur des Apelles.

Il a dû le connaître assez intimement à cette époque, où Lebrun dirigeait les travaux d'art commandés par Foucquet; on pourrait donc croire que le portrait fut fait vers ce temps. Cependant la Fontaine, en 1661, n'avait que quarante ans; on lui en donnerait plutôt cinquante dans la gravure de Panquet. La figure est grasse et un peu lourde.

3° PORTRAIT GRAVÉ PAR CH. DUFLOT.

Il a été gravé pour l'édition de 1726[2]. M. Paul Lacroix (*Nouvelles œuvres inédites...*, p. 232) dit qu'il paraît avoir été fait d'après la peinture de François de Troy, et que c'était l'opinion de Walckenaer. Nous ne pouvons nous y ranger, étant persuadé, comme nous le disons ci-après, que nous avons retrouvé le portrait peint par de Troy, portrait très-différent de celui-ci. Cette gravure de l'édition de 1726 diffère du type des autres portraits; mais il est difficile de croire que ce soit pour nous offrir une ressemblance plus fidèle. Le contraire ne paraît guère douteux. Cet air d'une dignité grave, ce regard sévère ne rappellent point ce que dit d'Olivet de la physionomie du poëte.

4° PORTRAIT PEINT PAR FRANÇOIS DE TROY.

L'abbé d'Olivet (*Histoire de l'Académie*, p. 317) nomme de Troy à côté de Rigaud, disant de tous deux qu'ils ont peint la Fontaine « au naturel. » M. Paul Lacroix (*Nouvelles œuvres inédites...*, p. 230) nous apprend qu'on voyait une belle répétition de la peinture de François de Troy dans le cabinet du général d'Espinoy. C'est, d'après la tradition, l'original de ce portrait qui est à la Bibliothèque publique de Genève, sous le n° 155, et que l'auteur de cette note a fait reproduire pour la première fois par la phototypie. La grande ressemblance est très-probable, car ce portrait nous semble répondre à l'idée que les contemporains de la Fontaine nous ont donnée de sa physionomie. Le poëte est représenté grandeur nature, en buste, dans une toile ovale, qui mesure 0,73 de haut sur 0,69 de large. Il est vu de trois quarts, tourné à gauche; il porte la grande perruque; ses épaules sont couvertes d'un manteau. Sur la toile, à droite, on lit écrit en lettres d'or : J. DE LA FONTAINE.

---

1. *Lettre à Maucroix*, du 22 août 1661.
2. *Les OEuvres de M. de la Fontaine* (in-4°), à Anvers, chez les frères Jacob et Henri Sauvage, M.DCC.XXVI.

C'est l'œuvre d'un peintre de talent, et il est vraisemblable qu'il n'y a pas d'erreur dans l'attribution à François de Troy. Disons toutefois que M. Gas, bibliothécaire de la ville de Genève, qui a fait très-obligeamment des recherches à notre intention, n'a rien pu trouver de certain sur la provenance de cette peinture, ni sur la date où elle est entrée dans les collections de la Bibliothèque.

L'impression que donne d'abord la vue directe de la peinture, c'est que la figure est assez jeune. Cependant, en l'étudiant attentivement, on s'aperçoit que les traits sont déjà un peu fatigués. François de Troy, né à Toulouse en 1645, vint à Paris à l'âge de vingt-quatre ans, vers 1669. Il n'est pas probable que, jeune homme sans renom, il ait tout de suite connu et peint la Fontaine, qui avait alors quarante-huit ans. Le portrait doit avoir été fait quelques années plus tard. On sait qu'au bas du portrait de Mezetin, peint par de Troy, et gravé par Vermeulen, se trouvent des vers de la Fontaine. Comme Mezetin ne vint à Paris qu'en 1681, son portrait est postérieur à cette date. Si l'on supposait que les vers de la Fontaine ont été faits à l'époque de ses relations suivies avec l'artiste, peut-être au temps où lui-même fut peint par de Troy, on voit à quelles années il faudrait rapporter le portrait dont nous parlons. On a peine, il est vrai, à ne pas l'y croire plus jeune; mais, outre que la perruque rajeunit, il faut tenir compte de la tendance complaisante des peintres à donner quelques années de moins à leur modèle. Nous le répétons d'ailleurs, les traits et les chairs dénotent là une certaine fatigue. Il n'est donc pas impossible que nous ayons, dans cette peinture, un la Fontaine d'environ soixante ans.

Un dessin de ce curieux portrait sera donné dans l'*Album*.

5° PORTRAIT DU MUSÉE DE REIMS.

A l'Exposition rétrospective de Reims, en 1876, figurait, sous le n° 1481, un portrait de la Fontaine qui appartient au Musée de la ville. Il est attribué au peintre rémois, Philippe Lallement. Le catalogue du Musée de Reims, récemment publié par M. Charles Loriquet, conservateur de la bibliothèque de la ville, donne, aux pages 126 et 127, une notice dont nous extrayons ce qui se rapporte au portrait de la Fontaine :

« LALLEMANT (attrib. à PHILIPPE), *né à Reims en* 1636, *peintre du Roi et membre de l'Académie royale de peinture, mort à Paris en* 1716.

« 85. La Fontaine (Jean de). — Toile, hauteur 0,72, largeur 0,58.

« Buste tourné à droite, regardant de face, vêtu d'un manteau rouge doublé de marron, la tête coiffée d'une longue perruque brune pendant à droite et à gauche devant la poitrine, cravate de dentelle nouée au cou.

« Dans le haut de la toile, on lit sur deux lignes, d'une main moderne : *Anno* 1695, *ætatis* 73.

« La Fontaine, né à Château-Thierry en 1621, mourut à Paris en 1695. La date et l'âge inscrits sur le tableau sont donc ceux de sa mort; et ils ne nous apprennent pas l'époque où il fut peint; mais il représente le poëte âgé d'environ cinquante ans. On peut le croire conséquemment de l'époque où il écrivait le conte : *les Rémois*, imprimé pour la première fois en 1671. Il y a donc de fortes raisons de penser qu'il fut peint à

Reims et que le bon ami qui l'y recevait de temps en temps, le chanoine Maucroix, aura profité de ce qu'il avait près de lui le fabuliste, pour faire exécuter son portrait. Notre toile ne paraît pas avoir quitté Reims; il est permis d'en conclure qu'elle provient de Maucroix lui-même, ou de son frère....

« A ces présomptions d'authenticité, nous ajouterons que s'il a seulement des rapports éloignés avec le portrait qui a été gravé tant de fois d'après H. Rigaud, il se rapproche beaucoup de ceux de Lebrun et de de Troy, enfin de celui provenant de Mme de la Sablière, que la Société historique de Château-Thierry a récemment publié.... »

6° PORTRAIT DU MUSÉE DE VERSAILLES.

Hauteur 0,81, largeur 0,65.

Grandeur nature, à mi-corps; presque de face, la tête cependant un peu à droite, le corps un peu à gauche. Vêtement jaune brun, dont on ne voit qu'une petite partie, le reste étant caché par un grand manteau noir d'étoffe brillante, arrangé en draperie. Cravate blanche. Grande perruque blonde.

Bien que, à la création du Musée de Versailles, un certain nombre de portraits, achetés à la hâte, n'aient pas été l'objet d'informations assez sûres, et qu'on ait dû se tromper plus d'une fois sur les personnages qu'ils représentent, celui-ci n'inspire pas un semblable doute : la ressemblance, à en juger par la comparaison des divers portraits, est suffisante pour qu'on n'hésite pas à reconnaître la Fontaine. On retrouve là le même grand nez, et à peu près la même forme de l'arcade sourcilière. Ce qui paraît peu exact, c'est la physionomie, à laquelle le peintre a voulu donner plus d'expression qu'elle n'en avait. Pour rendre le regard plus vif, il a relevé la paupière, qui, notamment dans la peinture de François de Troy, est tombante; il a relevé aussi, par un léger sourire, les coins de la bouche, devenue ainsi presque petite, si on la compare à celle des autres portraits. Les joues sont pleines et grasses, le menton double. Le poëte ne paraît guère âgé que d'une soixantaine d'années.

Le catalogue se tait sur la provenance, et ne nomme pas l'auteur. Ce ne saurait être un vrai maître; la peinture toutefois est assez large et facile.

7° PORTRAIT DU MUSÉE DE CHÂTEAU-THIERRY[1].

J'ai acheté ce portrait, peint sur toile, à l'Hôtel des Ventes, le 27 novembre 1877, dans une des ventes faites après la mort d'un marchand nommé Duclos, et l'ai offert, au mois de décembre de la même année, au Musée de Château-Thierry. Il a figuré à l'Exposition rétrospective des Portraits historiques au Trocadéro, en 1878 (*Portraits nationaux*, n° 269).

n'avait jamais été reproduit; je l'ai fait graver à l'eau-forte en 1878, par René Legrand.

---

1. Le Musée de Château-Thierry, auquel M. Jules Maciet a fait don de ce portrait, est dans la maison natale de la Fontaine.

APPENDICE.

Peint sur toile. Hauteur 0,73, largeur 0,60.

La Fontaine est représenté grandeur nature, en buste, tourné à gauche, la tête pourtant à peu près de face; la main droite, la seule que l'on voie, s'appuie sur un livre. Il a la grande perruque bouclée, est drapé d'un manteau d'étoffe noire brillante à larges plis, et porte au cou la cravate blanche, aux bouts tombants, de l'époque. La draperie laisse voir un peu de la large manche blanche de la chemise, avec une manchette de dentelle.

Nous ne connaissons pas l'auteur de cette œuvre, qui, avec son expression calme, paraît sincère comme ressemblance, mais évidemment n'est pas d'un des meilleurs maîtres du temps.

La peinture a été rentoilée, et derrière le cadre on lit cette mention qui est d'une écriture moderne : « Ce précieux portrait du grand fabuliste est l'original qui fut peint pour Mme de la Sablière en 1692. » (Relevé d'une note écrite sur la toile vierge.)

La Fontaine aurait donc soixante et onze ans dans ce portrait, ce qu'il est facile d'admettre.

8° PORTRAIT PEINT PAR HYACINTHE RIGAUD.

C'est le portrait le plus connu, celui qui a été gravé par Edelinck pour *les Hommes illustres* de Perrault, par Ficquet et par tant d'autres, celui qui se trouve reproduit dans presque toutes les éditions des *OEuvres de la Fontaine*.

M. Paul Lacroix (*Nouvelles œuvres inédites...*, p. 230) dit, mais comme une simple conjecture, qu'il a dû faire partie de la collection des portraits des académiciens, qui était dans le local de l'Académie française, au Louvre. Il ajoute, ce que nous croyons incontestable : « On trouve assez souvent dans le commerce d'anciens portraits à l'huile; ce sont, en général, des copies, avec variantes, du portrait original de Hyacinthe Rigaud, lequel a servi de type à la plupart des portraits gravés. »

La peinture que possède M. Héricart de Thury, et qu'avec sa permission le regretté M. Sandoz a gravé pour l'*Album* de la présente édition, est celle de Rigaud[1]. On peut se demander si c'est le portrait original, ou une ancienne répétition. Si l'original cependant est quelque part, il y a grande vraisemblance que c'est chez les héritiers des Héricart et des Jannart. Nous ne trouvons pas une objection dans ce fait qu'aux dix-septième et dix-huitième siècles la famille Coustard, comme nous le disons un peu plus bas, possédait un semblable portrait. Il est très-probable que Rigaud en avait fait deux : l'un pour M. Coustard, l'autre pour le poëte lui-même. C'est celui-ci qui serait aujourd'hui au château de Thury. Non-seulement la célébrité de cette belle peinture, mais l'authenticité, dont, plus que toute autre, elle offre des garanties, devait fixer le choix des éditeurs de la *Collection des Grands écrivains de la France*, lorsqu'ils ont eu à décider lequel des divers portraits de la Fontaine serait reproduit par la gravure.

On pourrait, il est vrai, avoir quelques doutes sur l'exacte ressemblance, lorsqu'on se rappelle ce que la tradition nous apprend de la physionomie

---

1. M. Paul Lacroix s'est trompé en supposant qu'elle est de Mignard.

du Bonhomme, et ce que d'Olivet dit de l'estampe des *Hommes illustres*, qui, selon lui, « le flatte un peu. » Rigaud idéalisait et ennoblissait volontiers. Mais, l'impression d'un portrait flatté, la gravure d'Edelinck la donne surtout, et plus que la peinture qui appartient à M. Héricart de Thury.

Des notes de Mariette, toujours bien renseigné, nous disent, dans son *Abecedario*, que l'original de ce portrait avait été commandé à Rigaud, avec les portraits de Santeul et de Despréaux, par M. Coustard, contrôleur général de la grande Chancellerie, et par son fils, conseiller au parlement de Paris; et qu'en 1730 cet original, qui était d'une grande beauté, se trouvait encore chez ce dernier. Si l'on admet cette commande faite par les Coustard, il faut renoncer à un renseignement que donne, sans en faire connaître la source, une notice de *l'Artiste* (1er mars 1870, p. 287), où il est dit : « Je lis que Rigaud fit ce portrait gratis *par la haute estime qu'il avoit pour M. de la Fontaine.* » Le rédacteur de *l'Artiste* paraît indiquer, comme date du portrait, l'année 1690. La Fontaine avait alors soixante-neuf ans. Ce nous semble à peu près l'âge qu'on peut lui donner dans cette peinture. Il ne pouvait être beaucoup moins vieux, quand il a été peint par Rigaud, qui, né en 1659, n'est venu à Paris qu'en 1681.

Une répétition de la peinture de Rigaud a passé en 1876, à l'Hôtel des Ventes, dans la collection Marcille. Elle était de forme ovale. Elle paraissait assez ordinaire.

Nous avons aussi rencontré cette mention, qu'à la vente Ménars, en 1781, un portrait en buste de la Fontaine, par Rigaud, dessin aux trois crayons sur papier gris, fut vendu 300 livres.

M. le marquis de Biencourt possède deux portraits de la Fontaine : l'un à Paris, l'autre au château d'Azay-le-Rideau. Ils paraissent être des répétitions de la peinture de Rigaud.

Il nous reste peu de chose à ajouter sur les portraits de la Fontaine.

M. Depping (voyez ci-dessus, à la page CLXXI de la *Notice biographique*) pense qu'il a existé une petite peinture représentant ce poëte dans le jardin de l'hôtel d'Hervart, et qu'elle appartenait à la marquise de Gouvernet. On ne sait ce qu'elle est devenue. Était-elle de Mignard, qui avait fait les portraits de toute la famille d'Hervart?

Dans la *Chambre du sublime*, donnée, en 1675, au duc du Maine par Mme de Thianges, la figure de la Fontaine était une de celles que l'on avait représentées en cire. Il ne s'est conservé de ce petit Panthéon que le souvenir.

Ce qui ne nous est pas connu par ouï-dire seulement, c'est le *Parnasse français*, dont l'idée rappelle un peu celle de la *Chambre du sublime*, et que fit exécuter en bronze Titon du Tillet. Il fut terminé en 1718. La Fontaine est un des poëtes représentés; mais nous ne croyons pas que, pour son iconographie, cette figure ait beaucoup d'intérêt, n'ayant pas été exécutée du vivant du poëte, ni avec une recherche très-exacte de la ressemblance.

A

MONSEIGNEUR LE DAUPHIN[1].

Cette épître, qui fut placée par la Fontaine en tête de la première édition (1668) des *Fables*, ou plutôt des six premiers livres, et reproduite dans l'édition de 1678, fut insérée, du vivant même de notre auteur, dans un recueil intitulé : *Les plus belles lettres des meilleurs auteurs françois, avec des notes*, par Pierre Richelet (Paris, Daniel Hortemels, 1689, in-12, p. 151), avec ce titre et ce sous-titre : A Monseigneur le Dauphin. *Rien n'est propre à le divertir que des fables*. Dans ce recueil, le texte contient des variantes assez considérables, qui sont très-certainement du fait de l'éditeur, soit qu'il citât de mémoire, soit plutôt qu'il fît lui-même des corrections pour embellir le morceau. Nous avons néanmoins noté les différences, parce qu'elles nous ont paru offrir en général un terme de comparaison assez curieux avec le texte véritable de la Fontaine, tel qu'il se trouve dans les éditions de 1668 et de 1678. Richelet a fait suivre cette épître de quelques notes ; ce sont, pour la plupart, des renseignements historiques intéressants ; aussi les avons-nous conservées à peu près intégralement.

1. Louis, Dauphin de France, fils de Louis XIV et de Marie-Thérèse d'Autriche, celui qu'on appela plus tard *le grand Dauphin*. Au moment où la Fontaine lui adressait cette épître (mars 1668), ce prince avait un peu plus de six ans, étant né le 1er novembre 1661, à Fontainebleau. « Il est le plus bel enfant et le plus éveillé qui se puisse voir, » écrit d'Ormesson le 24 octobre 1668 (voyez le tome I, p. cxxix, des *Mémoires de Louis XIV pour l'instruction du Dauphin.... avec une étude sur leur composition*, etc., par Charles Dreyss). On sait ce qu'il devint plus tard sous la discipline de Montausier et de Bossuet, et comment cette vivacité du premier âge sembla s'être éteinte pour jamais. Voyez les *Mémoires* de Saint-Simon, édition de 1873, tome VIII, p. 262 et suivantes.

J. DE LA FONTAINE.

FABLES.

Monseigneur[1],

S'il y a quelque chose d'ingénieux dans la république des lettres, on peut dire que c'est la manière dont Ésope a débité sa morale[2]. Il seroit véritablement[3] à souhaiter que d'autres mains que les miennes[4] y eussent ajouté les ornements de la poésie, puisque le plus sage des anciens[5] a jugé qu'ils n'y étoient pas

---

1. « Sous le règne de Henri IV, de Louis XIII, et bien auparavant, on appeloit le fils aîné du roi de France Monsieur. On l'a nommé quelque temps de la même sorte sous Louis XIV. Mais, depuis douze ou treize ans (*n'oublions pas que Richelet écrit en 1687, son privilège est du 17 juillet de cette année*), Sa Majesté a voulu qu'on nommât Monseigneur celui qu'on avoit appelé Monsieur, et cela avec justice. On n'a fait que lui redonner la qualité qu'il avoit eue avant le règne de François Ier. On n'a qu'à lire les *Cent Nouvelles nouvelles*, et l'on verra que je ne dis rien là-dessus que de vrai. » (*Note de Richelet.*) — Cette note n'est peut-être pas parfaitement exacte. Si nous en croyons le témoignage d'un écrivain contemporain, il faudrait reculer de quelques années ce rétablissement de l'ancien usage. « En cérémonie, dit l'abbé de Brianville (*Abrégé méthodique de l'histoire de France*, 1664, in-12, p. 359-360, cité par M. Ch. Dreyss dans ses *Mémoires de Louis XIV*, tome I, et p. xxxix, note), on dit et on écrit toujours *Monseigneur le Dauphin*, et le Roi voulut que le premier président du Parlement lui dît *Monseigneur* lorsqu'il vint lui faire son compliment avec sa compagnie, peu après sa naissance. En discours familier, on ne dit que *Monsieur le Dauphin*, mais jamais *le Dauphin* tout court ; car il n'y a que les gens mal instruits de la ville et des provinces qui parlent de la sorte. On lui dit toujours *Vous* quand on lui parle, sans jamais le traiter d'*Altesse*, ni *Royale*, ni autrement. Et telle est la volonté du Roi sur cela, qui devroit bien servir de règle à ceux qui se repaissent de vaines chimères. »

2. Cette première phrase se lit de la manière suivante dans Richelet : « S'il y a quelque chose d'ingénieux, c'est la manière dont Ésope a débité sa morale. »

3. Cet adverbe n'est pas dans Richelet.

4. « Qu'un autre que moi. » (*Richelet.*)

5. « Il parle de Socrate (*voyez ci-après*, p. 10-12, *et les notes*), qui fut déclaré sage par l'oracle. » (*Note de Richelet.*)

inutiles[1]. J'ose, Monseigneur, vous en présenter quelques essais[2]. C'est un entretien convenable à vos premières années[3]. Vous êtes en[4] un âge[5] où l'amusement et les jeux sont permis aux princes; mais en même temps vous devez donner quelques-unes de vos pensées à des réflexions sérieuses. Tout cela se rencontre aux fables que nous devons à Ésope. L'apparence en est puérile, je le confesse; mais ces puérilités servent d'enveloppe à des vérités importantes[6].

Je ne doute point, Monseigneur, que vous ne regardiez favorablement des inventions si utiles et tout ensemble si agréables[7]; car que peut-on souhaiter davantage que ces deux points? Ce sont eux[8] qui ont introduit les sciences parmi les hommes. Ésope a trouvé un art singulier de les joindre l'un avec l'autre[9]. La lecture de son ouvrage répand insensiblement[10] dans

1. « .... les ornements de la poésie, que le plus sage des anciens n'y a pas jugés inutiles. » (*Richelet*.)
2. Dans Richelet, *en* manque, et la phrase se termine ainsi : « quelques essais de cette charmante morale. »
3. « Ce sont des entretiens propres à des premières années. » (*Richelet*.)
4. Richelet écrit : *dans*.
5. « Monseigneur le Dauphin n'avoit que huit à neuf ans lorsque l'ingénieux la Fontaine lui dédia ses *Fables*. » (*Note de Richelet*.) — C'est une erreur : voyez la note de la page 1.
6. Voici comment Richelet donne la fin de cet alinéa, à partir des mots : *mais en même temps* : « Mais il semble que vous devez au même temps vous appliquer à des réflexions sérieuses. La fable donne lieu d'en faire, et elle sert d'enveloppe à des choses importantes. »
7. « .... une invention si utile et si agréable. » (*Richelet*.)
8. *Ce sont ceux*, dans l'édition de 1678, qui a corrigé cette faute à l'*Errata*.
9. « .... car on ne sauroit souhaiter que ces deux points, l'utilité et l'agrément. Ils ont introduit les sciences parmi les hommes, et Ésope a trouvé l'art de les joindre l'un avec l'autre. » (*Richelet*.)
10. « Imperceptiblement. » (*Richelet*.)

une âme les semences de la vertu, et lui apprend[1] à se connoître sans qu'elle s'aperçoive de cette étude, et tandis qu'elle croit faire toute autre chose. C'est une adresse dont s'est servi très-heureusement celui[2] sur lequel Sa Majesté a jeté les yeux pour vous donner des instructions[3]. Il fait en sorte que vous apprenez sans

1. Richelet dit : « et lui montre; » il termine ainsi la phrase : « sans qu'elle s'en aperçoive, » en supprimant le dernier membre.
2. « Monseigneur le Dauphin a eu deux précepteurs : le premier, M. le président de Périgny, et le second, M. Bossuet, évêque de Meaux, illustre par son érudition, par sa piété, par ses ouvrages et sa manière de prêcher, qui le distingue de tous les prédicateurs de son siècle. Monsieur l'évêque de Meaux a eu pour sous-précepteur M. Huet, qui est un homme de lettres d'un grand mérite. L'agréable M. de la Fontaine entend parler ici de M. le président de Périgny, qui étoit un homme d'esprit et un honnête homme, savant d'une manière solide et charmante. Le généreux et obligeant M. des Réaux Tallemant lui avoit proposé M. Richelet pour le soulager dans les services qu'il rendoit à Monseigneur. M. Richelet eut le bonheur de plaire à M. de Périgny ; néanmoins il n'eut pas celui de partager ses soins. M. le président Nicolaï le sollicita en faveur de M. Doujat, docteur en droit, et le porta en quelque façon à se rétracter pour obliger M. Doujat. Monseigneur le Dauphin a eu pour gouverneur M. le duc de Montausier, qui est un grand capitaine, un très-honnête homme, et le très-bon ami des gens de lettres. Il les appuie généreusement, parce qu'il les aime et qu'il est savant lui-même en galant homme. » (*Note de Richelet.*) — Sur Périgny, président aux enquêtes, lecteur du Roi, et qui fut précepteur du Dauphin du 9 septembre 1666 au 1ᵉʳ septembre 1670, époque de sa mort, on peut consulter l'ouvrage déjà cité de M. Dreyss, tome I, p. xxxix-lxiii. Nous n'en détacherons que les lignes suivantes, empruntées par l'auteur aux *Notes secrètes* envoyées à Colbert par les intendants sur le personnel de tous les parlements du Royaume, et qui prouvent, ce nous semble, que Périgny n'était pas un esprit aussi méprisable que nous le feraient croire le cardinal de Bausset et M. Floquet : « Homme d'esprit solide, de grand raisonnement et de fermeté; sûr, et qui ne manque pas à ses amis; estimé dans sa chambre ; aimant les belles-lettres et les belles connoissances, et s'y applique autant que son emploi lui peut permettre. »
3. « .... pour vous instruire. » (*Richelet.*)

ÉPÎTRE.

peine, ou pour mieux parler, avec plaisir, tout ce qu'il est nécessaire qu'un prince sache[1]. Nous espérons beaucoup de cette conduite. Mais, à dire la vérité, il y a des choses dont nous espérons infiniment davantage[2] : ce sont, Monseigneur, les qualités que notre invincible Monarque vous a données avec la naissance ; c'est l'exemple que tous les jours il vous donne[3]. Quand vous le voyez former de si grands desseins ; quand[4] vous le considérez qui regarde sans s'étonner l'agitation de l'Europe[5], et les machines qu'elle remue pour le détourner de son entreprise ; quand il pénètre dès sa première démarche jusque dans le cœur d'une province[6] où l'on trouve à chaque pas des barrières[7] insurmon-

---

1. « Il faît que vous apprenez avec plaisir ce qu'il faut qu'un jeune prince sache. » (*Richelet*.)

2. « Mais il y a des choses qui nous font espérer davantage. » (*Richelet*.)

3. Richelet continue la phrase, et ne la termine qu'après ces mots : « pendant la saison la plus ennemie de la guerre » (p. 6). Il supprime tout ce qui suit à partir de là, jusqu'à : « avouez le », où commence pour lui une nouvelle phrase.

4. Richelet met *que*, au lieu de répéter *quand* ; de même trois lignes plus bas, devant « il pénètre ».

5. Ces mots sont supprimés dans Richelet ; il écrit simplement : « qui regarde sans s'étonner les machines que l'Europe remue ; » et il explique ainsi la pensée de l'auteur : « Il désigne la triple alliance que l'Angleterre, l'Espagne et la Hollande firent ensemble, il y a environ vingt ans, pour arrêter les conquêtes du Roi. »

6. « Il parle de la Flandre, où le Roi fit la guerre en 1667, et prit Douai, Tournai, Oudenarde, Ath, Alost et Lille. » (*Note de Richelet*.)

7. « Strada, *Histoire de Flandre*, dit que le dieu Mars a voyagé partout, et qu'il n'y a qu'en Flandre où il se soit arrêté pour se bâtir des places imprenables, qui sont comme autant de barrières à ceux qui veulent faire la conquête de ce pays. *In alias terras peregrinari Mars ac circumferre bellum, hic sedem fixisse videtur*. Famianus Strada, *de Bello Belgico*, décade I, livre I. » (*Note de Richelet*.)

tables[1], et qu'il en subjugue une autre[2] en huit jours, pendant la saison la plus ennemie de la guerre, lorsque le repos et les plaisirs règnent dans les cours des autres princes ; quand, non content de dompter les hommes, il veut triompher aussi des éléments ; et quand, au retour de cette expédition, où il a vaincu comme un Alexandre[3], vous le voyez gouverner ses peuples comme un Auguste : avouez le vrai, MONSEIGNEUR[4] ; vous soupirez pour la gloire aussi bien que lui, malgré l'impuissance de vos années[5] ; vous attendez avec impatience le temps où vous pourrez vous déclarer son rival dans l'amour de cette divine maîtresse. Vous ne l'attendez pas, MONSEIGNEUR : vous le prévenez. Je n'en veux pour témoignage[6] que ces nobles inquiétudes, cette vivacité[7], cette ardeur, ces marques d'esprit, de courage, et de grandeur d'âme, que vous faites paroître à tous les moments. Certainement c'est une joie bien sensible à notre Monarque ; mais[8] c'est un spectacle bien agréable pour l'univers[9] que de voir ainsi croître une

1. *Insurmontables* manque dans le texte de Richelet.
2. « C'est la Franche-Comté, qu'il conquit en 1668. On l'appelle *Bourgogne-Comté*, pour la distinguer de la *Bourgogne-Duché*. La ville capitale de la Bourgogne-Comté est Besançon sur le Doubs ; et la capitale de la Bourgogne-Duché, Dijon, où il y a de très-savants et de très-habiles gens. » (*Note de Richelet.*)
3. Dans l'édition de 1729 : « comme un autre Alexandre ».
4. « Avouez-le, MONSEIGNEUR ». (*Richelet.*)
5. Ces derniers mots, depuis *aussi bien*, manquent dans Richelet.
6. « Pour témoins ». (*Richelet.*)
7. « Cette vivacité » manque dans Richelet ; il en est de même des mots : *de courage ;* de ceux-ci : *à tous les moments*, qui terminent cette phrase ; et de l'adverbe *certainement*, qui commence la suivante.
8. *Mais* n'est pas dans l'édition de 1729.
9. Richelet donne ainsi la fin de cet alinéa : « .... à notre Monarque, et un spectacle bien agréable à toute la France, de voir croître une jeune plante qui couvrira de son ombre tant de peuples. »

ÉPÎTRE.

jeune plante qui couvrira un jour de son ombre tant de peuples[1] et de nations[2].

Je devrois m'étendre sur ce sujet; mais comme le dessein que j'ai de vous divertir est plus proportionné à mes forces que celui de vous louer, je me hâte de venir aux fables, et n'ajouterai aux vérités que je vous ai dites que celle-ci : c'est, Monseigneur, que je suis, avec un zèle respectueux,

Votre très-humble, très-obéissant,
et très-fidèle serviteur,

De la Fontaine.

1. Il y a, par erreur sans doute, *tant de peuple*, au singulier, dans l'édition de 1678.

2. On peut lire dans le livre de M. Dreyss, tome I, p. LXXXXIII et suivantes, ce que la naissance et l'enfance du Dauphin inspirèrent à l'enthousiasme des complimenteurs officiels. Nous n'en citerons que le quatrain suivant, composé en 1667, peu de temps par conséquent avant cette épître de la Fontaine, par le chevalier d'Aceilly, gentilhomme ordinaire de la chambre de Sa Majesté :

> Dauphin, dont la valeur par le Ciel fut choisie
> Pour abattre le trône et l'orgueil des tyrans,
> Régnez dès l'âge de quinze ans,
> Mais allez régner en Asie.

PRÉFACE.

L'INDULGENCE que l'on a eue pour quelques-unes de mes fables[1] me donne lieu d'espérer la même grâce pour ce recueil. Ce n'est pas qu'un des maîtres de notre éloquence[2] n'ait désapprouvé le dessein de les mettre en vers : il a cru que leur principal ornement est de n'en avoir aucun[3]; que d'ailleurs la contrainte de la

---

1. « Ces mots prouvent qu'antérieurement à l'année 1668, époque de la publication de ce premier recueil, la Fontaine avait déjà fait paraître quelques-unes de ses fables, ou qu'elles avaient circulé en manuscrit. » (*Note de Walckenaer.*) — Cette dernière conjecture nous paraît la plus probable : on ne connaît pas, que nous sachions, de fable de la Fontaine publiée avant 1668.

2. Il s'agit du célèbre Patru, né en 1604, mort en 1681. Reçu à l'Académie française le 3 septembre 1640, « il y prononça un fort beau remerciement, dont on demeura si satisfait, qu'on a obligé tous ceux qui ont été reçus depuis d'en faire autant. » (*Histoire de l'Académie françoise*, par MM. Pellisson et d'Olivet, Paris, J. B. Coignard, 1743, in-12, tome I, p. 211.) — « C'étoit, selon le P. Bouhours, l'homme du Royaume qui savoit le mieux notre langue. Ajoutons qu'il la savoit, non pas en grammairien seulement, mais en orateur.... On le regardoit effectivement comme un autre Quintilien, comme un oracle infaillible en matière de goût et de critique. Tous ceux qui sont aujourd'hui nos maîtres par leurs écrits se firent honneur d'être ses disciples. » (*Ibidem*, tome II, p. 176 et 177.) — Nous voyons, il est vrai, quelques lignes plus loin, dans cette même *Histoire*, que, si la Fontaine et Boileau eussent écouté cet oracle infaillible, nous n'aurions jamais eu ni les *Fables*, ni l'*Art poétique*.

3. Cette opinion de Patru, à laquelle heureusement la Fontaine ne se rendit pas, paraît avoir été fort répandue, si nous en jugeons par le grand nombre de traductions des fables d'Ésope qui furent faites en prose dans notre pays. Sans remonter au quinzième siècle, où Guillaume Tardif, lecteur de Charles VIII, traduisit du latin de Laurent Valla trente-trois apologues d'Ésope, au dix-septième siècle même nous voyons un M. de Boissat, de l'Académie française, pu-

poésie, jointe à la sévérité de notre langue, m'embarrasseroient[1] en beaucoup d'endroits, et banniroient[2] de la plupart de ces récits la brèveté[3], qu'on peut fort bien appeler l'âme du conte, puisque sans elle il faut nécessairement qu'il languisse. Cette opinion ne sauroit partir que d'un homme d'excellent goût ; je demanderois

blier *les Fables d'Ésope, illustrées de discours moraux, philosophiques et politiques,* Paris, 1633, in-8° (*Histoire de l'Académie françoise,* par MM. Pellisson et d'Olivet, tome II, p. 109). En 1646, Pierre Millot, Langrois, professeur de lettres humaines au collège de Bourg en Bresse, publie *les Fables d'Ésope, traduites fidellement du grec, avec un choix de plusieurs autres fables attribuées à Ésope par des autheurs anciens,* Bourg en Bresse, chez la vefue de Joseph Tainturier, 1 vol. in-12. Cette publication, comme nous le verrons plus loin à propos de *la Vie d'Ésope,* paraît même avoir été reproduite plusieurs fois. Enfin, plus près encore de la Fontaine, nous trouvons, sous le même titre que l'ouvrage de Boissat, une nouvelle traduction en prose des *Fables d'Ésope,* Paris, Augustin Courbé, 1659, in-0°. C'est encore l'œuvre d'un académicien, J. Baudoin. Cette édition de 1659 est la quatrième, et elle sera reproduite plus d'une fois dans les années qui suivent immédiatement, comme on le verra ci-après, dans la *Notice* qui précède *la Vie d'Ésope.* Il est évident, d'après ces faits, et surtout d'après tous les discours moraux, philosophiques, etc., placés en tête de ces fables, que ce qu'on y cherchait, ce n'était pas la poésie, le charme et l'intérêt du récit, mais l'instruction morale. La Fontaine a cru pouvoir y trouver l'un et l'autre, et la postérité lui a donné raison, je crois, contre Patru et ses contemporains.

1. *M'embarrassoient,* à l'imparfait, probablement par erreur, dans les éditions de 1678 et dans la réimpression de la Haye 1688.

2. Ce verbe et le précédent sont au singulier dans toutes les éditions modernes et dans la contrefaçon de 1668 ; mais ils sont au pluriel dans les éditions originales, ainsi que dans la petite édition de 1682, dans celles d'Amsterdam 1689, de Londres 1708, de Paris 1729.

3. C'est ainsi que la Fontaine a écrit ce mot ; on a eu tort d'y substituer *brièveté.* L'Académie, dans la première édition de son *Dictionnaire* (1694), n'admet plus *brèveté;* mais voici ce qu'en dit Richelet, en 1680, dans son *Dictionnaire françois :* « La plupart rejettent ce mot (*brèveté*) ; mais comme il y a de bons auteurs qui l'emploient, je ne le condamnerois pas, et je me servirois ordinairement de *brièveté.* »

seulement qu'il en relâchât quelque peu, et qu'il crût que les grâces lacédémoniennes ne sont pas tellement ennemies des muses françoises, que l'on ne puisse souvent les faire marcher de compagnie.

Après tout, je n'ai entrepris la chose que sur l'exemple, je ne veux pas dire des anciens, qui ne tire point à conséquence pour moi, mais sur celui des modernes. C'est de tout temps, et chez tous les peuples qui font profession de poésie, que le Parnasse a jugé ceci de son apanage. A peine les fables qu'on attribue à Ésope virent le jour[1], que Socrate[2] trouva à propos de les habiller des livrées des Muses. Ce que Platon en rapporte[3] est si agréable, que je ne puis m'empêcher d'en faire un des ornements de cette préface. Il dit que Socrate étant condamné au dernier supplice, l'on remit l'exécution de l'arrêt, à cause de certaines fêtes[4]. Cébès[5] l'alla voir le

---

1. Notons cette expression de la Fontaine, qui semble indiquer a publication d'un recueil, comme cela se pratique chez nous, recueil dont Socrate s'empare aussitôt pour le mettre en vers. Ce qui est vrai, c'est que la plupart des apologues ésopiques étaient connus depuis longtemps, et n'étaient réunis nulle part.

2. « Bayle (*Dictionnaire*, article *Ésope*, p. 1112, édition de 1720) critique, à ce sujet, avec raison, notre fabuliste, qui termine son récit par une phrase qui est en contradiction avec celle-ci, puisqu'il nous apprend, d'après Platon (*voyez le début du* Phédon), que ce fut seulement dans les derniers moments de sa vie que Socrate s'occupa de mettre les fables d'Ésope en vers, ce qui ne montre pas l'empressement que la Fontaine annonce ici. » (*Note de Walckenaer*.)

3. Dans le *Phédon*, au début d'abord, puis un peu plus loin.

4. Il s'agit de la procession solennelle que les Athéniens envoyaient tous les ans à Délos pour remercier Apollon d'avoir sauvé du Minotaure Thésée et ses compagnons. Tant que durait l'absence de la galère paralienne, qui portait la sainte *théorie*, il n'était pas permis d'exécuter un condamné. Pour tous les détails de cette solennité, consultez les *Antiquités grecques, ou Tableau des mœurs, usages et institutions des Grecs, traduit de l'anglais de Robinson*, Paris, Verdière, 1822, in-8°, tome I, p. 420.

5. Philosophe grec, né à Thèbes vers le milieu du quatrième siècle

PRÉFACE.

jour de sa mort. Socrate lui dit que les Dieux l'avoient averti plusieurs fois, pendant son sommeil, qu'il devoit s'appliquer à la musique[1] avant qu'il mourût. Il n'avoit pas entendu[2] d'abord ce que ce songe signifioit ; car, comme la musique ne rend pas l'homme meilleur, à quoi bon s'y attacher? Il falloit qu'il y eût du mystère là-dessous : d'autant plus que les Dieux ne se lassoient point de lui envoyer la même inspiration. Elle lui étoit encore venue une de ces fêtes. Si bien qu'en songeant aux choses que le Ciel pouvoit exiger de lui, il s'étoit avisé que la musique et la poésie ont tant de rapport, que possible étoit-ce de la dernière qu'il s'agissoit. Il n'y a point de bonne poésie sans harmonie ; mais il n'y en a point non plus sans fiction[3] ; et Socrate ne savoit

---

avant J. C., et disciple de Socrate. Nous avons de lui, ou plutôt sous son nom, un petit ouvrage connu sous ce titre : *Tableau de Cébès*, où l'auteur, se supposant placé devant un tableau fort compliqué qui représente les principales scènes de la vie humaine, en donne la description. Voyez *Histoire du roman grec et de ses rapports avec l'histoire dans l'antiquité grecque et latine*, par A. Chassang, Paris, Didier et Cie, 1862, 1 vol. in-8°, p. 184.

1. Il y a dans le texte de Platon : Μουσικὴν ποίει καὶ ἐργάζου. Le mot grec μουσική désigne, non pas la musique seulement, comme le veut la Fontaine, mais tous les travaux, sciences, lettres, beaux-arts, auxquels président les Muses. L'embarras de Socrate venait, non de ce qu'il ne voyait pas le rapport de la musique et de la morale, mais de ce qu'il ne comprenait pas auquel de ces travaux si variés le Dieu lui ordonnait de se livrer. Voyez *Platonis.... scripta græce omnia, recensuit.... Immanuel Bekker*, Londini, 1826, in-8°, tome V, p. 140 et suivantes. Du reste nous citons le morceau entier à la page suivante.

2. *Attendu*, par erreur, dans l'édition de 1678 A.

3. *Fictions*, au pluriel, dans les éditions de 1668 in-4° et in-12, et dans la réimpression de 1729. Walckenaer a adopté cette leçon. — Notre texte, *fiction*, au singulier, est celui des deux éditions de 1678. Ainsi écrit, le mot ne désigne plus les inventions diverses de l'esprit, mais l'art même d'imaginer ; le talent de mêler le mensonge à la vérité, ou, comme le dit Richelet, « l'action ingénieuse de l'esprit qui imagine une chose qui n'est pas. »

que dire la vérité. Enfin il avoit trouvé un tempérament : c'étoit de choisir des fables qui continssent quelque chose de véritable, telles que sont celles d'Ésope. Il employa donc à les mettre en vers les derniers moments de sa vie [1].

Socrate n'est pas le seul qui ait considéré comme sœurs la poésie et nos fables. Phèdre a témoigné qu'il étoit de ce sentiment ; et par l'excellence de son ouvrage, nous pouvons juger de celui du prince des philosophes [2]. Après Phèdre, Aviénus a traité le même

1. Voici le passage entier du *Phédon* auquel la Fontaine fait allusion : « Souvent, dans le cours de ma vie, un même songe m'est apparu, tantôt sous une forme, tantôt sous une autre, mais me prescrivant toujours la même chose : « Socrate, me disait-il, cultive les « beaux-arts. » Jusqu'ici j'avais pris cet ordre pour une simple exhortation à continuer, et je m'imaginais que, semblables aux encouragements par lesquels nous excitons ceux qui courent dans la lice, ces songes, en me prescrivant l'étude des beaux-arts, m'exhortaient seulement à poursuivre mes occupations accoutumées, puisque la philosophie est le premier des arts, et que je me livrais tout entier à la philosophie. Mais depuis ma condamnation, et pendant l'intervalle que me laissait la fête du Dieu, je pensai que, si par hasard c'était aux beaux-arts dans le sens ordinaire que les songes m'ordonnaient de m'appliquer, il ne fallait pas leur désobéir, et qu'il était plus sûr pour moi de ne quitter la vie qu'après avoir satisfait aux Dieux, en composant des vers suivant l'avertissement du songe. Je commençai donc par chanter le Dieu dont on célébrait la fête ; ensuite, faisant réflexion qu'un poëte, pour être vraiment poëte, ne doit pas composer des discours en vers, mais inventer des fictions, et ne me sentant pas ce talent, je me déterminai à travailler sur les fables d'Ésope, et je mis en vers celles que je savais, et qui se présentèrent les premières à ma mémoire. » (*OEuvres de Platon*, traduites par Victor Cousin, Paris, Bossange frères, 1822, in-8°, tome I, p. 192 et 193.)

2. Il semblerait résulter de ce passage que la Fontaine a cru à l'existence d'un recueil fait par Socrate. C'est sur ce recueil que Phèdre aurait travaillé ; ou bien, à supposer qu'il ne l'ait pas eu sous les yeux, ce que la phrase ne dit pas expressément, de l'excellence de l'œuvre de Phèdre notre poëte conclut à celle de l'œuvre de Socrate, lequel était un esprit bien supérieur au fabuliste latin.

sujet. Enfin les modernes les ont suivis : nous en avons des exemples, non-seulement chez les étrangers, mais chez nous. Il est vrai que lorsque nos gens y ont travaillé, la langue étoit si différente de ce qu'elle est, qu'on ne les doit considérer que comme étrangers[1]. Cela ne m'a point détourné de mon entreprise : au contraire, je me suis flatté de l'espérance que si je ne courois dans cette carrière avec succès, on me donneroit au moins la gloire de l'avoir ouverte.

Il arrivera possible que mon travail fera naître à d'autres personnes l'envie de porter la chose plus loin[2]. Tant s'en faut que cette matière soit épuisée, qu'il reste encore plus de fables à mettre en vers que je n'en ai mis. J'ai choisi véritablement les meilleures, c'est-à-dire celles qui m'ont semblé telles ; mais outre que je puis m'être trompé dans mon choix, il ne sera pas difficile[3] de donner un autre tour à celles-là même que j'ai choisies ; et si ce tour est moins long, il sera sans doute plus approuvé. Quoi qu'il en arrive, on m'aura toujours obligation, soit que ma témérité ait été heureuse, et que

---

1. Cette phrase fait entendre que la Fontaine a connu quelque chose des fables si nombreuses composées chez nous au moyen âge. Jusqu'où s'étendait cette connaissance ? Pas bien loin sans doute. Les mots dont il se sert ici et ceux qui terminent le paragraphe n'indiquent pas, du reste, qu'il fît grand cas de ces vieilles poésies.

2. La fable était déjà fort à la mode au dix-septième siècle. Indépendamment des noms de Furetière, de Mme de Villedieu, de Benserade, les recueils de Bouhours et de Daniel de la Feuille attestent combien de personnes essayaient alors d'exprimer sous cette forme, qui leur paraissait commode et facile, leurs idées morales ou leurs sentiments politiques. Depuis, les fabulistes ont pullulé, bien que la perfection de leur inimitable prédécesseur eût dû les décourager, et il faut renoncer à les compter.

3. VAR. : il ne sera pas bien difficile. (1668.) — La réimpression de 1729 donne aussi cette leçon, qui a été adoptée par Walckenaer.

je ne me sois point trop écarté du chemin qu'il falloit tenir, soit que j'aie seulement excité les autres à mieux faire.

Je pense avoir justifié suffisamment mon dessein : quant à l'exécution, le public en sera juge. On ne trouvera pas ici l'élégance ni l'extrême brèveté[1] qui rendent Phèdre recommandable : ce sont qualités au-dessus de ma portée. Comme il m'étoit impossible de l'imiter en cela, j'ai cru qu'il falloit en récompense égayer l'ouvrage plus qu'il n'a fait. Non que je le blâme d'en être demeuré dans ces termes : la langue latine n'en demandoit pas davantage; et si l'on y veut prendre garde, on reconnoîtra dans cet auteur le vrai caractère et le vrai génie de Térence. La simplicité est magnifique chez ces grands hommes : moi, qui n'ai pas les perfections du langage comme ils les ont eues, je ne la puis élever à un si haut point. Il a donc fallu se récompenser d'ailleurs : c'est ce que j'ai fait avec d'autant plus de hardiesse, que Quintilien dit qu'on ne sauroit trop égayer les narrations[2]. Il ne s'agit pas ici d'en apporter une raison : c'est assez que Quintilien l'ait dit. J'ai pourtant considéré que ces fables étant sues de tout le monde, je ne ferois rien si je ne les rendois nouvelles par quelques traits qui en relevassent le goût. C'est ce qu'on demande aujourd'hui : on veut de la nouveauté[3] et de la gaieté. Je n'appelle pas gaieté ce qui excite le rire; mais

---

1. Voyez ci-dessus, p. 9, note 3.
2. *Ego vero narrationem, ut si ullam partem orationis, omni qua potest gratia et venere exornandam puto.... Compositio dissimulata quidem, sed tamen quam jucundissima; figuræ, non illæ poeticæ, et contra fidem loquendi auctoritate veterum receptæ (nam debet esse quam purissimus sermo), sed quæ varietate tædium effugiant, et mutationibus animum levent.* (Quintilien, *de Institutione oratoria*, livre IV, chapitre II, 116 et 118.)
3. N'a-t-il pas dit lui-même (*Clymène*, vers 35) :

Il me faut du nouveau, n'en fût-il point au monde?

un certain charme, un air agréable qu'on peut donner à toutes sortes de sujets, même les plus sérieux.

Mais ce n'est pas tant par la forme que j'ai donnée à cet ouvrage qu'on en doit mesurer le prix, que par son utilité et par sa matière; car qu'y a-t-il de recommandable dans les productions de l'esprit, qui ne se rencontre dans l'apologue? C'est quelque chose de si divin, que plusieurs personnages de l'antiquité ont attribué la plus grande partie de ces fables à Socrate, choisissant, pour leur servir de père, celui des mortels qui avoit le plus de communication avec les Dieux. Je ne sais comme ils n'ont point fait descendre du ciel ces mêmes fables[1],

---

1. Peut-être l'avaient-ils fait au contraire, à en juger par le passage suivant de Philostrate : « Ésope était berger, il faisait paître son troupeau près d'un temple de Mercure. Comme il aimait la science, il la demanda au Dieu. Beaucoup d'autres étaient venus faire la même demande à Mercure, déposant sur son autel soit de l'or, soit de l'argent, soit un caducée d'ivoire, soit quelque autre riche présent. Ésope n'était pas d'une condition à faire de telles offrandes, mais il était économe même de ce qu'il avait : il se bornait à verser en libation tout le lait d'une chèvre, à porter au Dieu autant de miel qu'en pouvait tenir sa main, ou encore à lui offrir quelques grains de myrte, quelques roses ou quelques violettes. « Est-il nécessaire, « ô Mercure, disait-il, que je néglige mon troupeau pour te tresser « des couronnes ? » Le jour fixé pour le partage de la science arriva. Mercure, comme le dieu de l'éloquence et du gain, dit à celui qui lui avait apporté les plus riches offrandes : « Je te ferai part de ma « science ; prends place parmi les orateurs. » Puis se tournant vers ceux qui étaient au second rang par leurs dons : « Toi, tu seras astro-« nome ; toi, musicien ; toi, poëte héroïque ; toi, poëte ïambique. » Le Dieu, malgré son habileté, distribua par mégarde toutes les sciences, et dans cette distribution il oublia Ésope. En ce moment, il lui revint à la mémoire que les Heures, qui l'avaient nourri sur le sommet de l'Olympe, quand il était au berceau, lui avaient conté une fable sur l'Homme et le Bœuf, où le Bœuf disait toute sorte de choses sur lui-même et sur la terre, et que cela lui avait fait désirer les bœufs d'Apollon. Alors il fit don à Ésope de l'art des fables, le seul qui restât en sa possession. « Reçois, lui dit-il, la première « chose que j'aie apprise. » C'est ainsi qu'Ésope fut doté de sa

et comme ils ne leur ont point assigné un dieu qui en eût la direction, ainsi qu'à la poésie et à l'éloquence. Ce que je dis n'est pas tout à fait sans fondement, puisque, s'il m'est permis de mêler ce que nous avons de plus sacré parmi les erreurs du paganisme, nous voyons que la Vérité a parlé aux hommes par paraboles ; et la parabole est-elle autre chose que l'apologue, c'est-à-dire un exemple fabuleux, et qui s'insinue avec d'autant plus de facilité et d'effet, qu'il est plus commun et plus familier ? Qui ne nous proposeroit à imiter que les maîtres de la sagesse, nous fourniroit un sujet d'excuse : il n'y en a point quand des abeilles et des fourmis sont capables de cela même qu'on nous demande.

C'est pour ces raisons que Platon[1], ayant banni Homère de sa république, y a donné à Ésope une place très-honorable. Il souhaite que les enfants sucent ces fables avec le lait ; il recommande[2] aux nourrices de les leur apprendre ; car on ne sauroit s'accoutumer de trop bonne heure à la sagesse et à la vertu. Plutôt que d'être réduits à corriger nos habitudes, il faut travailler à les rendre bonnes pendant qu'elles sont encore indifférentes au bien ou au mal. Or quelle méthode y peut contribuer plus utilement que ces fables ? Dites à un enfant que Crassus, allant[3] contre les Parthes, s'engagea dans

---

facilité pour varier les formes de son art, et qu'il excella dans la composition des fables. » (*Apollonius de Tyane, sa vie, ses voyages, ses prodiges, par Philostrate*, traduit du grec par A. Chassang, Paris, 1862, 1 vol. in-8°, p. 198.)

1. Voyez le troisième livre de la *République* (tome VI, p. 412 de l'édition citée). Du reste, dans ce passage, qui est célèbre, Platon ne nomme ni Homère, ni Ésope ; mais tout le monde, à commencer par Cicéron (*de Republica, lib. IV, apud Nonium*), l'a appliqué à Homère ; et la seconde partie peut bien se rapporter en effet à Ésope.

2. *Il commande*, dans l'édition de 1678 A.

3. *Que Crassus alla*, dans l'édition de 1678, qui corrige cette faute à l'*Errata*.

leur pays sans considérer comment il en sortiroit ; que cela le fit périr, lui et son armée, quelque effort qu'il fît pour se retirer. Dites au même enfant que le Renard et le Bouc descendirent au fond d'un puits pour y éteindre leur soif[1] ; que le Renard en sortit s'étant servi des épaules et des cornes de son camarade comme d'une échelle ; au contraire[2], le Bouc y demeura pour n'avoir pas eu tant de prévoyance ; et par conséquent il faut considérer en toute chose la fin. Je demande lequel de ces deux exemples fera le plus d'impression sur cet enfant. Ne s'arrêtera-t-il pas au dernier, comme plus conforme et moins disproportionné que l'autre à la petitesse de son esprit ? Il ne faut pas m'alléguer que les pensées de l'enfance sont d'elles-mêmes assez enfantines, sans y joindre encore de nouvelles badineries. Ces badineries ne sont telles qu'en apparence ; car dans le fond elles portent un sens très-solide. Et comme, par la définition du point, de la ligne, de la surface, et par d'autres principes très-familiers, nous parvenons à des connoissances qui mesurent enfin le ciel et la terre, de même aussi, par les raisonnements et conséquences[3] que l'on peut tirer de ces fables, on se forme le jugement et les mœurs, on se rend capable des grandes choses.

Elles ne sont pas seulement morales, elles donnent encore d'autres connoissances. Les propriétés des animaux et leurs divers caractères y sont exprimés ; par conséquent les nôtres aussi, puisque nous sommes

---

1. Voyez livre III, fable v.
2. Dans la réimpression de 1729 : « qu'au contraire » ; et à la ligne suivante : « et que par conséquent ».
3. Var. : et les conséquences. (1668, 1669, 1679, 1729.) Cette leçon est aussi celle de Walckenaer.

l'abrégé de ce qu'il y a de bon et de mauvais dans les créatures irraisonnables. Quand Prométhée voulut former l'homme, il prit la qualité dominante de chaque bête : de ces pièces si différentes il composa notre espèce[1]; il fit cet ouvrage qu'on appelle le Petit-Monde[2]. Ainsi ces fables sont un tableau où chacun de nous se trouve dépeint. Ce qu'elles nous représentent confirme les personnes d'âge avancé dans les connoissances que l'usage leur a données, et apprend aux enfants ce qu'il faut qu'ils sachent. Comme ces derniers sont nouveauvenus dans le monde, ils n'en connoissent pas encore les habitants : ils ne se connoissent pas eux-mêmes. On ne les doit laisser dans cette ignorance que le moins qu'on peut : il leur faut apprendre ce que c'est qu'un lion, un renard, ainsi du reste; et pourquoi l'on compare quelquefois un homme à ce renard ou à ce lion. C'est à quoi les fables travaillent : les premières notions de ces choses proviennent d'elles.

J'ai déjà passé la longueur ordinaire des préfaces; cependant je n'ai pas encore rendu raison de la conduite

---

1. Dans l'ouvrage de M. Guigniaut sur les *Religions de l'antiquité*, on peut voir (tome IV, planche 602) la représentation d'un bas-relief, tiré d'un sarcophage romain, où Prométhée, formant la première femme, est entouré d'un taureau, d'un âne et d'un lièvre, qui expriment les qualités des divers animaux mêlées par le grand artiste au limon dont il forma ses créatures. — Horace (livre I, ode xvi, vers 13-16) fait aussi allusion à ce même mélange :

Fertur Prometheus addere principi
Limo coactus particulam undique
Desectam, et insani leonis
Vim stomacho apposuisse nostro.

2. Ou *Microcosme*. « On appelle ainsi l'homme, comme étant un abrégé des merveilles du monde. » (*Dictionnaire* de Furetière, 1690.)

de mon ouvrage. L'apologue est composé de deux parties, dont on peut appeler l'une le corps, l'autre l'âme. Le corps est la fable; l'âme, la moralité. Aristote n'admet dans la fable que les animaux; il en exclut les hommes et les plantes [1]. Cette règle est moins de nécessité que de bienséance, puisque ni Ésope, ni Phèdre, ni aucun des fabulistes, ne l'a gardée, tout au contraire de la moralité, dont aucun ne se dispense. Que s'il m'est arrivé de le faire, ce n'a été que dans les endroits où elle n'a pu entrer avec grâce, et où il est aisé au lecteur de la suppléer. On ne considère en France que ce qui plaît [2] : c'est la grande règle, et pour ainsi dire la seule. Je n'ai donc pas cru que ce fût un crime de passer par-dessus les anciennes coutumes lorsque je ne pouvois les mettre en usage sans leur faire tort. Du temps d'Ésope la fable étoit contée simplement; la moralité séparée, et toujours ensuite. Phèdre est venu, qui ne s'est pas assujetti à cet ordre : il embellit la narration, et transporte quelquefois la moralité de la fin au commencement. Quand il seroit nécessaire de lui trouver place, je ne manque à ce précepte que pour en observer un qui n'est pas moins important : c'est Horace qui nous le donne. Cet auteur ne veut pas qu'un écrivain s'opiniâtre contre l'incapacité de son esprit, ni contre celle de sa matière. Jamais, à ce qu'il prétend, un

---

1. Nous avons vainement cherché le passage d'Aristote auquel la Fontaine veut faire allusion. Aristote parle de la fable au livre II de la *Rhétorique* (chapitre xx), mais il n'y dit rien de l'exclusion des hommes et des plantes.

2. « Tous les genres sont bons, dit Voltaire, hors le genre ennuyeux. » Ce mot, souvent cité comme un vers parce qu'il en a la mesure, se trouve dans la préface de *l'Enfant prodigue*, vers la fin (tome IV, p. 239, édition de Beuchot). Voltaire lui-même le répète dans une lettre du 15 juillet 1768, adressée à Horace Walpole (tome LXV, p. 135).

homme qui veut réussir n'en vient jusque-là ; il abandonne les choses dont il voit bien qu'il ne sauroit rien faire de bon :

> .... Et quæ
> Desperat tractata nitescere posse relinquit[1].

C'est ce que j'ai fait à l'égard de quelques moralités du succès desquelles je n'ai pas bien espéré.

Il ne reste plus qu'à parler de la vie d'Ésope. Je ne vois presque personne qui ne tienne pour fabuleuse celle que Planude[2] nous a laissée. On s'imagine que cet auteur a voulu donner à son héros un caractère et des aventures qui répondissent à ses fables. Cela m'a paru d'abord spécieux; mais j'ai trouvé à la fin peu de certitude en cette critique. Elle est en partie fondée sur ce qui se passe entre Xantus et Ésope : on y trouve trop de niaiseries. Et[3] qui est le sage à qui de pareilles choses n'arrivent point? Toute la vie de Socrate n'a pas été sérieuse. Ce qui me confirme en mon sentiment, c'est que le caractère que Planude donne à Ésope est semblable à celui que Plutarque lui a donné dans son *Banquet des sept Sages*, c'est-à-dire d'un homme subtil, et qui ne laisse rien passer. On me dira que le Banquet des sept Sages est aussi une invention. Il est aisé de douter de tout : quant à moi, je ne vois pas bien pourquoi Plutarque auroit voulu imposer à la postérité dans ce traité-là, lui qui fait profession d'être véritable partout ailleurs, et de conserver à chacun son caractère. Quand cela seroit, je ne saurois que mentir sur la foi d'autrui : me croira-t-on moins que si je m'arrête à la

---

1. Horace, *Art poétique*, vers 150.
2. Voyez ci-après, p. 25-28, la *Notice* qui précède *la Vie d'Ésope.*
3. *Eh!* dans Walckenaer. Toutes les éditions du dix-septième siècle ont *Et.*

mienne? Car ce que je puis est de composer un tissu de mes conjectures, lequel j'intitulerai : *Vie d'Ésope*. Quelque vraisemblable que je le rende, on ne s'y assurera pas ; et fable pour fable, le lecteur préférera toujours celle de Planude à la mienne.

LA VIE D'ÉSOPE

LE PHRYGIEN

NOTICE.

Ésope est un de ces personnages légendaires autour desquels l'antiquité se plaisait à grouper toutes sortes d'aventures pour en faire le type tantôt du courage et du dévouement philanthropique, tantôt de la sagesse et de l'expérience. Poëtes, historiens, philosophes, orateurs, tout le monde le cite et vante sa sagesse; son nom revient sans cesse et partout; toutes les fables qui ont couru chez les anciens lui sont attribuées. Athènes, émerveillée de son esprit, lui élève une statue. Les Dieux s'intéressent à lui et punissent les Delphiens pour l'avoir fait mourir injustement. Et pourtant ce personnage qui semble si connu, qui est universellement célébré, on ne sait ni ce qu'il était, ni quelle fut sa patrie. Était-il né en Thrace, en Phrygie, à Sardes, à Samos? Il y a des autorités pour toutes ces opinions. Est-il bien véritablement l'auteur des fables qui nous sont données sous son nom? L'antiquité le dit; les modernes en ont douté, et, pour beaucoup du moins, ils semblent avoir raison. Nevelet, qui, au commencement du dix-septième siècle, publia ces fables, les croit, en grande partie, l'œuvre de Planude, comme *la Vie d'Ésope*. Un savant jésuite, cité par Bayle, le P. Vavasseur, soutient la même opinion, et il n'est pas le seul; c'est aussi la pensée de Bayle (*Dictionnaire historique et critique*, édition Desoër, Paris, 1820, in-8°, tome VI, p. 285 et 286, *remarque* K). Enfin on peut se demander si Ésope lui-même a jamais existé, et cette question, qui eût bien étonné la Fontaine, n'a rien aujourd'hui qui scandalise, ni même qui surprenne le lecteur.

Du temps de la Fontaine, on connaissait deux *Vies d'Ésope*, celle de Planude et celle de Méziriac. Planude (*Planudes Maximus*) était un moine de Constantinople qui vivait au quatorzième siècle; il joua un certain rôle sous le règne d'Andronic le Vieux, qui l'envoya en ambassade à Venise en 1327; mais il nous est surtout connu comme traducteur et compilateur. Il traduisit en grec les *Métamor-*

phoses d'Ovide et les *Distiques* de Caton ; il compila en sept livres une *Anthologie*, recueillit les fables d'Ésope, et enfin écrivit la vie du fabuliste. Cette *Vie*, qui est plutôt un roman qu'une histoire, comme dit Moréri, est un tissu d'anecdotes quelquefois puériles ou ridicules, où la vraisemblance, l'histoire et la chronologie sont fort peu respectées. Mais elle est amusante cependant, il faut en convenir, et c'est là que se trouvent quantité d'histoires que nous avons tous lues dans notre enfance, qui nous ont charmés, et dont nous gardons un agréable souvenir. Ce petit ouvrage était fort répandu chez nous, et la Fontaine le voyait reproduit maintes fois dans son siècle comme dans le siècle précédent. Il était imprimé dans un recueil publié à Troyes, et intitulé : *les Fables d'Ésope et la Vie d'Ésope Phrygien, traduites de nouveau en françois selon la vérité grecque*. Il était joint deux fois, en 1578 et en 1587, à la traduction des fables d'Ésope par Corrozet ; et bien qu'en 1587 le nouveau traducteur, Anthoine du Moulin, inscrivît au titre de sa publication : *Avec la vie du dict Ésope, extraicte de plusieurs autheurs*, ce n'en était pas moins l'œuvre de Planude qu'il reproduisait textuellement, telle qu'elle avait été donnée déjà en 1578. Cette *Vie* était de même insérée par Nevelet dans sa *Mythologie ésopique*, en 1610, et reproduite dans les nombreuses éditions de ce recueil. C'était elle encore qu'un académicien fort obscur aujourd'hui, Jean Baudoin, traduisait et publiait dans les éditions assez multipliées que paraissent avoir eues ses *Fables d'Ésope, illustrées de discours moraux, philosophiques et politiques*. Nous avons sous les yeux la quatrième édition de cet ouvrage, publiée à Paris, chez Augustin Courbé, en 1659, et augmentée des *Fables de Philelphe, avec des réflexions morales*, 1 vol. in-8°. Fabricius (*Bibliotheca græca*, édition Harles, tome I, p. 657), qui ne mentionne pas cette édition de 1659, nous apprend qu'il en existait une dans le format in-8°, donnée à Bruxelles, sans date ; une autre, in-folio, faite à Paris en 1627[1] ; une autre encore, in-8°, à Rouen, 1665 ; et à partir de cette époque, beaucoup d'autres publiées en divers lieux, *et ab eo tempore sæpissime variis in locis*[2].

---

1. Il pourrait bien y avoir quelque erreur dans cette date de 1627 donnée par Fabricius. Dans l'*Histoire de l'Académie françoise*, par Pellisson et d'Olivet, il est fait mention deux fois de cet ouvrage (tome I, p. 381, et tome II, p. 100, de l'édition in-12 de 1743), et toujours sous la date de 1633, qui semble être celle de la première publication.

2. Cet ouvrage était en réalité de M. de Boissat, autre académicien fort peu

On le voit donc, au dix-septième siècle, Planude régnait en véritable souverain sur l'opinion, et son roman s'était imposé à l'admiration universelle. Il y avait eu sans doute quelques protestations contre ce qui pouvait passer pour une usurpation. Les savants n'acceptaient pas l'autorité du moine, et qualifiaient son œuvre comme elle le méritait; mais ceux-là même qui la jugeaient le plus sévèrement la publiaient, et contribuaient ainsi à la populariser. Seul, Méziriac, le docte traducteur et commentateur des *Épîtres* d'Ovide, celui qui prétendait avoir relevé plus de deux mille fautes dans le Plutarque d'Amyot, essaya de redresser l'opinion en composant lui-même une *Vie d'Ésope* plus conforme à la raison et à la vérité. Son ouvrage parut en 1632, et fut plusieurs fois réimprimé, soit seul, soit avec les fables d'Ésope, notamment en 1646, dans la traduction que donna de ces fables *Pierre Millot, Langrois, à Bourg en Bressa*, etc. (voyez ci-dessus, p. 8, note 3). Mais quelque estimable et judicieuse que fût cette nouvelle *Vie d'Ésope*, il ne paraît pas qu'elle ait détrôné celle de Planude; car à peine la connut-on. Lorsque Bayle publia la première édition de son *Dictionnaire*, en 1697, il ne put se la procurer; dans la seconde édition, qui parut en 1702, il en parle, parce que M. Simon de Valhebert, bibliothécaire de l'abbé Bignon, lui avait envoyé son exemplaire. « La rareté et la bonté de ce petit ouvrage, dit Sallengre en le reproduisant dans ses *Mémoires de littérature* (la Haye, Henri du Sauzet, 1715, in-12, tome I, p. 87-103), me font espérer que l'on ne me saura pas mauvais gré de l'avoir rendu plus commun en le faisant paroître ici. »

Entre *la Vie d'Ésope* par Planude, si répandue, si populaire, et ajoutons si amusante malgré ses niaiseries, ou peut-être à cause de ses niaiseries, et l'œuvre de Méziriac, fort judicieuse et pleine de sens critique, mais peu connue, la Fontaine ne pouvait hésiter, à supposer même qu'il ait jamais lu le travail de son docte contemporain. Ce n'est pas qu'il ignorât l'opinion des savants sur les inven-

connu également; il parut sous le nom de Jean Baudoin, parce que l'auteur « ne le trouvant pas assez grave pour lui, consentit que son ami l'adoptât. » (*Histoire de l'Académie françoise*, tome II, p. 96). Chorier, biographe de M. de Boissat, cité par M. Livet dans sa nouvelle édition de l'*Histoire de l'Académie* (tome II, p. 85), prétend que Baudoin supprima le nom de l'auteur, et s'attribua l'ouvrage sans la permission de Boissat, qui néanmoins ne lui en voulut pas. *Lucri illi ingentis instar erat, quod in ea re Balduinus quæstus faciebat. Commoda amicorum suis ultro rationibus anteponebat.*

tions de Planude. Mais « je n'ai pas voulu, dit-il, m'engager dans cette critique. » Et il ajoute avec sa naïve ignorance : « Comme Planude vivoit dans un siècle où la mémoire des choses arrivées à Ésope ne devoit pas être encore éteinte, j'ai cru qu'il savoit par tradition ce qu'il a laissé. » A la bonne heure, voilà son dessein justifié, et nul, après cette profession de foi historique, ne lui contestera le droit de reproduire *la Vie d'Ésope* par Planude. S'il supprime quelque chose, ce n'est pas qu'il le révoque en doute ; il ne retranche « que ce qui lui semble trop puérile, ou ce qui s'écarte en quelque façon de la bienséance. » Et avec cette bonhomie que nous lui connaissons, s'emparant des contes de Planude, qui devaient être pour lui aussi amusants que les apologues mêmes du Phrygien, sans s'astreindre à les traduire littéralement, il en a fait cette œuvre charmante de grâce, de naïveté, de malice aimable et douce, qui ressemblerait aux contes des nourrices, si les nourrices avaient tant d'esprit et savaient si bien dire, et que personne jamais ne songera à détacher de ses fables.

Nous n'avons rien d'assuré touchant la naissance d'Homère et d'Ésope : à peine même sait-on ce qui leur est arrivé de plus remarquable. C'est de quoi il y a lieu[1] de s'étonner, vu que l'histoire ne rejette pas des choses moins agréables et moins nécessaires que celle-là[2]. Tant de destructeurs de nations, tant de princes sans mérite, ont trouvé des gens qui nous ont appris jusqu'aux moindres particularités de leur vie ; et nous ignorons les plus importantes de celles[3] d'Ésope et d'Homère, c'est-à-dire des deux personnages qui ont le mieux mérité des siècles suivants. Car Homère n'est pas seulement le père des Dieux, c'est aussi celui des bons poëtes. Quant à Ésope, il me semble qu'on le devoit mettre au nombre des sages

---

1. Var.: C'est dont il y a lieu. (1668, 1669, 1729.)
2. *Celles-là*, au pluriel, dans le texte de Walckenaer; il y a le singulier dans toutes les anciennes éditions.
3. *De celle*, au singulier, dans les éditions de 1668, de 1669 et de 1729.

dont la Grèce s'est tant vantée, lui qui enseignoit la véritable sagesse, et qui l'enseignoit avec bien plus d'art que ceux qui en donnent des définitions et des règles. On a véritablement recueilli les vies de ces deux grands hommes ; mais la plupart des savants les tiennent toutes deux fabuleuses, particulièrement celle que Planude a écrite. Pour moi, je n'ai pas voulu m'engager dans cette critique. Comme Planude vivoit dans un siècle où la mémoire des choses arrivées à Ésope ne devoit pas être encore éteinte, j'ai cru qu'il savoit par tradition ce qu'il a laissé [1]. Dans cette croyance, je l'ai suivi sans retrancher de ce qu'il a dit d'Ésope que ce qui m'a semblé trop puérile [2], ou qui s'écartoit en quelque façon de la bienséance.

Ésope étoit Phrygien [3], d'un bourg appelé *Amorium* [4]. Il naquit vers la cinquante-septième olympiade [5], quel-

1. On voit la singulière erreur commise ici par la Fontaine. Voyez ci-dessus la *Notice*.
2. Dans toutes les éditions du temps, ce mot est écrit avec un *e*, *puérile*. Ménage dit au sujet de cette orthographe : « On demande s'il faut dire, au masculin, *puéril* ou *puérile*. L'usage est pour *puérile*.... J'ajoute à l'autorité de l'usage celle de Messieurs de l'Académie, qui ont décidé qu'il falloit dire *puérile* au masculin. » (*Observations sur la langue françoise*, 1676, 2⁰ partie, p. 414.) Cependant l'Académie, qui, dans la seconde édition de son *Dictionnaire* (1718), écrit, comme ici la Fontaine, *puérile*, donne dans la première (1694), de même que Richelet (1680) et Furetière (1690) : *puéril*, sans *e*.
3. Voyez la *Notice*, p. 25.
4. Amorium était dans cette partie de la Phrygie qui fut occupée plus tard par les Galates, et spécialement par la tribu des *Tolistoboii*; elle était à l'ouest du Sangarius. D'autres font naître Ésope à Cotyæum, également en Phrygie.
5. La cinquante-septième olympiade correspondrait à peu près à la bataille de Thymbrée et à la chute de Crésus ; dès lors comment expliquer les relations de ce prince avec Ésope? On dit plus généralement que le fabuliste, dont la naissance est considérée comme inconnue, florissait vers la cinquante-deuxième olympiade, c'est-à-dire

que[1] deux cents ans après la fondation de Rome. On ne sauroit dire s'il eut sujet de remercier la nature, ou bien de se plaindre d'elle ; car en le douant d'un très-bel esprit, elle le fit naître difforme et laid de visage, ayant à peine figure d'homme[2], jusqu'à lui refuser presque entièrement l'usage de la parole. Avec ces défauts, quand il n'auroit pas été de condition à être esclave, il ne pouvoit manquer de le devenir. Au reste, son âme se maintint toujours libre et indépendante de la fortune.

Le premier maître[3] qu'il eut l'envoya aux champs labourer la terre, soit qu'il le jugeât incapable de toute autre chose, soit pour s'ôter de devant les yeux un objet si désagréable. Or il arriva que ce maître étant allé voir

vers l'an 572 avant Jésus-Christ (*Fabricii Bibliotheca græca*, tome I, p. 618). Il serait peut-être plus vrai de reconnaître que toutes ces dates sont également incertaines, d'autant plus que le prétendu séjour d'Ésope à la cour de Crésus, et toutes les aventures qui s'y rattachent, pourraient bien n'être que des fables inventées par l'imagination des Grecs, aussi bien que la vie d'Ésope tout entière. C'est notre opinion : aussi ne reviendrons-nous plus sur ces questions de chronologie.

1. La réimpression de 1688 a *quelques*, au pluriel, ce qui, malgré Vaugelas, était encore au temps de la Fontaine l'orthographe la plus ordinaire. Voyez le *Lexique de Corneille*, tome II, p. 251.

2. « C'est bien une chose avouée de tous qu'Æsope fut esclave dès sa naissance, et qu'en cette condition il servit plusieurs maîtres, comme nous déduirons plus au long ci-après. Mais je ne sais d'où Planudes a tiré ce qu'il assure pour véritable, qu'Æsope étoit le plus difforme et le plus contrefait de tous les hommes de son temps, et qu'il ressembloit tout à fait au Thersite d'Homère. Car je ne treuve aucun auteur ancien qui le dépeigne de la sorte. » (MÉZIRIAC, *Vie d'Æsope*, imprimée à la suite des *Fables d'Æsope*, traduites par Pierre Millot, p. 274.)

3. Le premier maître d'Ésope, selon quelques-uns, fut l'Athénien Démarque (*Fabricius*, à l'endroit cité); selon le scoliaste d'Aristophane (*in Vespas*), il n'eut pas de maître antérieur au philosophe lydien, Xantus. Voyez ci-après, p. 34.

sa maison des champs, un paysan lui donna des figues :
il les trouva belles, et les fit serrer fort soigneusement,
donnant ordre à son sommelier, appelé[1] Agathopus, de
les lui apporter au sortir du bain. Le hasard voulut
qu'Ésope eut[2] affaire dans le logis. Aussitôt qu'il y fut
entré, Agathopus se servit de l'occasion, et mangea les
figues avec quelques-uns de ses camarades; puis ils reje-
tèrent cette friponnerie sur Ésope, ne croyant pas qu'il
se pût jamais justifier, tant il étoit bègue et paroissoit
idiot. Les châtiments dont les anciens usoient envers
leurs esclaves étoient fort cruels, et cette faute très-
punissable. Le pauvre Ésope se jeta aux pieds de son
maître ; et se faisant entendre du mieux qu'il put, il té-
moigna qu'il demandoit pour toute grâce qu'on sursît de
quelques moments sa punition. Cette grâce lui ayant été
accordée, il alla quérir de l'eau tiède, la but en présence
de son seigneur, se mit les doigts dans la bouche, et ce
qui s'ensuit, sans rendre autre chose que cette eau seule.
Après s'être ainsi justifié, il fit signe qu'on obligeât les
autres d'en faire autant. Chacun demeura surpris : on
n'auroit pas cru qu'une telle invention pût partir d'Ésope.
Agathopus et ses camarades ne parurent point étonnés.
Ils burent de l'eau comme le Phrygien avoit fait, et se
mirent les doigts dans la bouche; mais ils se gardèrent
bien de les enfoncer trop avant. L'eau ne laissa pas
d'agir, et de mettre en évidence les figues toutes crues
encore et toutes vermeilles. Par ce moyen Ésope se ga-
rantit : ses accusateurs furent punis doublement, pour
leur gourmandise et pour leur méchanceté. Le lende-

1. *Nommé*, dans le texte de Walckenaer.
2. Tous les éditeurs modernes, y compris Walckenaer, mettent ici *eût*, à l'imparfait du subjonctif; mais les éditions anciennes, à l'exception de celle de 1669 (qui donne *eust*), ont *eut*, sans *s* ni accent circonflexe, c'est-à-dire à l'indicatif.

main, après que leur maître fut parti, et le Phrygien étant à son travail[1] ordinaire, quelques voyageurs égarés (aucuns disent que c'étoient des prêtres de Diane) le prièrent, au nom de Jupiter Hospitalier, qu'il leur enseignât le chemin qui conduisoit à la ville. Ésope les obligea premièrement de se reposer à l'ombre ; puis, leur ayant présenté une légère collation, il voulut être leur guide, et ne les quitta qu'après qu'il les eut remis dans leur chemin. Les bonnes gens levèrent les mains au ciel, et prièrent Jupiter de ne pas laisser cette action charitable sans récompense. A peine Ésope les eut quittés, que le chaud et la lassitude le contraignirent de s'endormir. Pendant son sommeil, il s'imagina que la Fortune étoit debout devant lui, qui lui délioit la langue, et par même moyen lui faisoit présent de cet art dont on peut dire qu'il est l'auteur. Réjoui de cette aventure, il s'éveilla[2] en sursaut ; et en s'éveillant : « Qu'est ceci ? dit-il ; ma voix est devenue libre : je prononce bien un râteau, une charrue, tout ce que je veux. » Cette merveille fut cause qu'il changea de maître. Car, comme un certain Zénas, qui étoit là en qualité d'économe et qui avoit l'œil sur les esclaves, en eut[3] battu un outrageusement pour une faute qui ne le méritoit pas, Ésope ne put s'empêcher de le reprendre, et le menaça que ses mauvais traitements seroient sus. Zénas, pour le prévenir, et pour se venger de lui, alla dire au maître qu'il étoit arrivé un prodige dans sa maison ; que le Phrygien avoit recouvré la parole ; mais que le méchant ne s'en servoit qu'à

---

[1]. Dans le texte de Walckenaer : « et le Phrygien à son travail ».

[2]. Walckenaer écrit : « il se réveilla ». Notre texte est celui de toutes les éditions du temps.

[3]. Telle est la leçon des éditions originales. Walckenaer écrit : « avoit battu », qui paraît plus conforme à nos habitudes.

blasphémer, et à médire de[1] leur seigneur. Le maître le crut, et passa bien plus avant; car il lui donna Ésope, avec liberté d'en faire ce qu'il voudroit. Zénas de retour aux champs, un marchand l'alla trouver, et lui demanda si pour de l'argent il le vouloit accommoder de quelque bête de somme. « Non pas cela, dit Zénas : je n'en ai pas le pouvoir; mais je te vendrai, si tu veux, un de nos esclaves. » Là-dessus ayant fait venir Ésope, le marchand dit : « Est-ce afin de te moquer que tu me proposes l'achat de ce personnage? On le prendroit pour un outre[2]. » Dès que le marchand eut ainsi parlé, il prit congé d'eux, partie murmurant, partie riant de ce bel objet. Ésope le rappela, et lui dit : « Achète-moi hardiment; je ne te serai pas inutile. Si tu as des enfants qui crient et qui soient méchants, ma mine les fera taire : on les menacera de moi comme de la bête[3]. » Cette raillerie plut au marchand. Il acheta notre Phrygien trois oboles[4], et dit en riant : « Les Dieux soient loués! je n'ai pas fait grande acquisition, à la vérité; aussi n'ai-je pas déboursé grand argent. »

Entre autres denrées, ce marchand trafiquoit d'esclaves : si bien qu'allant à Éphèse pour se défaire de ceux qu'il avoit, ce que chacun d'eux devoit porter pour la commodité du voyage fut départi selon leur emploi et selon leurs forces. Ésope pria que l'on eût égard à sa

---

1. *De* manque dans l'édition de 1678 A.
2. Les éditions de 1678, celle de 1688 et la réimpression de 1729 portent *un outre*. Les autres donnent *une outre*. Furetière (1690) fait le mot *outre* du masculin; et l'Académie de même en 1694; dans sa seconde édition (1718), elle le fait du féminin.
3. « On appelle populairement *la bête* ce qui fait peur. Une nourrice dit à son enfant qui crie : Je ferai venir la bête. » (*Dictionnaire de Furetière*, 1690.)
4. *L'obole*, sixième partie de la drachme, valait environ quinze centimes de notre monnaie.

taille; qu'il étoit nouveau venu, et devoit être traité doucement. « Tu ne porteras rien, si tu veux, » lui repartirent ses camarades. Ésope se piqua d'honneur, et voulut avoir sa charge comme les autres. On le laissa donc choisir. Il prit le panier au pain : c'étoit le fardeau le plus pesant. Chacun crut qu'il l'avoit fait par bêtise; mais dès la dînée le panier fut entamé, et le Phrygien déchargé d'autant; ainsi le soir, et de même le lendemain : de façon qu'au bout de deux jours il marchoit à vide. Le bon sens et le raisonnement du personnage furent admirés.

Quant au marchand, il se défit de tous ses esclaves, à la réserve d'un grammairien, d'un chantre et d'Ésope, lesquels il alla exposer en vente à Samos. Avant que de les mener sur la place, il fit habiller les deux premiers le plus proprement qu'il put, comme chacun farde sa marchandise : Ésope, au contraire, ne fut vêtu que d'un sac, et placé entre ses deux compagnons, afin de leur donner lustre[1]. Quelques acheteurs se présentèrent, entre autres un philosophe appelé Xantus. Il demanda au grammairien et au chantre ce qu'ils savoient faire : « Tout, » reprirent-ils. Cela fit rire le Phrygien : on peut s'imaginer de quel air. Planude rapporte qu'il s'en fallut peu qu'on ne prît la fuite, tant il fit une effroyable grimace. Le marchand fit son chantre mille oboles, son grammairien trois mille; et en cas que l'on achetât l'un des deux, il devoit donner Ésope par-dessus le marché. La cherté du grammairien et du chantre dégoûta Xantus. Mais pour ne pas retourner chez soi sans avoir fait quelque emplette, ses disciples lui conseillèrent d'acheter ce petit bout

---

1. VAR. : donner le lustre. (1668 in-4°.) — Dans les autres éditions du dix-septième siècle, on lit, comme dans notre texte : « donner lustre, » leçon reproduite par l'édition de Londres 1708, et qui est évidemment la bonne.

d'homme qui avoit ri de si bonne grâce : on en feroit un épouvantail ; il divertiroit les gens par sa mine. Xantus se laissa persuader, et fit prix d'Ésope à soixante oboles. Il lui demanda, devant que de l'acheter, à quoi il lui seroit propre, comme il l'avoit demandé à ses camarades. Ésope répondit : « A rien, » puisque les deux autres avoient tout retenu pour eux. Les commis de la douane remirent généreusement à Xantus le sou pour livre, et lui en donnèrent quittance sans rien payer.

Xantus avoit une femme de goût assez délicat, et à qui toutes sortes de gens ne plaisoient pas : si bien que de lui aller présenter sérieusement son nouvel esclave, il n'y avoit pas d'apparence, à moins qu'il ne la voulût mettre en colère et se faire moquer de lui. Il jugea plus à propos d'en faire un sujet de plaisanterie, et alla dire au logis qu'il venoit d'acheter un jeune esclave le plus beau du monde et le mieux fait. Sur cette nouvelle, les filles qui servoient sa femme se pensèrent battre à qui l'auroit pour son serviteur ; mais elles furent bien étonnées quand le personnage parut. L'une se mit la main devant les yeux ; l'autre s'enfuit ; l'autre fit un cri. La maîtresse du logis dit que c'étoit pour la chasser qu'on lui amenoit un tel monstre ; qu'il y avoit longtemps que le philosophe se lassoit d'elle. De parole en parole, le différend s'échauffa jusqu'à[1] tel point que la femme demanda son bien, et voulut se retirer chez ses parents. Xantus fit tant par sa patience, et Ésope par son esprit, que les choses s'accommodèrent. On ne parla plus de s'en aller ; et peut-être que l'accoutumance effaça à la fin une partie de la laideur du nouvel esclave.

Je laisserai beaucoup de petites choses où il fit paroître la vivacité de son esprit ; car quoiqu'on puisse juger par

---

1. « Jusques à, » dans l'édition de 1678 A et dans le texte de Walckenaer.

là de son caractère, elles sont de trop peu de conséquence pour en informer la postérité. Voici seulement un échantillon de son bon sens et de l'ignorance de son maître. Celui-ci alla chez un jardinier se choisir lui-même une salade. Les herbes cueillies, le jardinier le pria de lui satisfaire l'esprit sur une difficulté qui regardoit la philosophie aussi bien que le jardinage : c'est que les herbes qu'il plantoit et qu'il cultivoit avec un grand soin ne profitoient point, tout au contraire de celles que la terre produisoit d'elle-même, sans culture ni amendement. Xantus rapporta le tout à la Providence, comme on a coutume de faire quand on est court. Ésope se mit à rire; et ayant tiré son maître à part, il lui conseilla de dire à ce jardinier qu'il lui avoit fait une réponse ainsi générale, parce que la question n'étoit pas digne de lui : il le laissoit donc avec son garçon[1], qui assurément le satisferoit. Xantus s'étant allé promener d'un autre côté du jardin, Ésope compara la terre à une femme qui, ayant des enfants d'un premier mari, en épouseroit un second qui auroit aussi des enfants d'une autre femme; sa nouvelle épouse ne manqueroit pas de concevoir de l'aversion pour ceux-ci, et leur ôteroit la nourriture, afin que les siens en profitassent. Il en étoit ainsi de la terre, qui n'adoptoit qu'avec peine les productions du travail et de la culture, et qui réservoit toute sa tendresse et tous ses bienfaits pour les siennes seules : elle étoit marâtre des unes, et mère passionnée des autres. Le jardinier parut si content de cette raison, qu'il offrit à Ésope tout ce qui étoit dans son jardin.

Il arriva quelque temps après un grand différend entre le philosophe et sa femme. Le philosophe, étant de festin, mit à part quelques friandises, et dit à Ésope : « Va

---

1. Dans l'édition de 1669 : « avec ce garçon. »

porter ceci à ma bonne amie. » Ésope l'alla donner à une petite chienne qui étoit les délices de son maître. Xantus, de retour, ne manqua pas de demander des nouvelles de son présent, et si on l'avoit trouvé bon. Sa femme ne comprenoit rien à ce langage; on fit venir Ésope pour l'éclaircir. Xantus, qui ne cherchoit qu'un prétexte pour le faire battre, lui demanda s'il ne lui avoit pas dit expressément : « Va-t'en porter de ma part ces friandises à ma bonne amie. » Ésope répondit[1] là-dessus que la bonne amie n'étoit pas la femme, qui, pour la moindre parole, menaçoit de faire un divorce : c'étoit la chienne, qui enduroit tout, et qui revenoit faire caresses après qu'on l'avoit battue. Le philosophe demeura court; mais sa femme entra dans une telle colère qu'elle se retira d'avec lui. Il n'y eut parent ni ami par qui Xantus ne lui fît parler, sans que les raisons ni les prières y gagnassent rien. Ésope s'avisa d'un stratagème. Il acheta force gibier, comme pour une noce considérable, et fit tant qu'il fut rencontré par un des domestiques de sa maîtresse. Celui-ci lui demanda pourquoi tant d'apprêts. Ésope lui dit que son maître, ne pouvant obliger sa femme de revenir, en alloit épouser une autre. Aussitôt que la dame sut cette nouvelle, elle retourna chez son mari, par esprit de contradiction ou par jalousie. Ce ne fut pas sans la garder bonne à Ésope, qui tous les jours faisoit de nouvelles pièces à son maître, et tous les jours se sauvoit du châtiment par quelque trait de subtilité. Il n'étoit pas possible au philosophe de le confondre.

Un certain jour de marché, Xantus, qui avoit dessein de régaler quelques-uns de ses amis, lui commanda d'acheter ce qu'il y auroit de meilleur, et rien autre

1. *Répondoit*, dans l'édition de 1668 in-4º et dans la réimpression de 1729.

chose. « Je t'apprendrai, dit en soi-même le Phrygien, à spécifier ce que tu souhaites, sans t'en remettre à la discrétion d'un esclave. » Il n'acheta que des langues, lesquelles il fit accommoder à toutes les sauces : l'entrée, le second, l'entremets, tout ne fut que langues. Les conviés louèrent d'abord le choix de ce mets ; à la fin ils s'en dégoûtèrent. « Ne t'ai-je pas commandé, dit Xantus, d'acheter ce qu'il y auroit de meilleur ? — Et qu'y a-t-il de meilleur que la langue ? reprit Ésope. C'est le lien de la vie civile, la clef des sciences, l'organe de la vérité et de la raison : par elle on bâtit les villes et on les police ; on instruit, on persuade, on règne dans les assemblées ; on s'acquitte du premier de tous les devoirs, qui est de louer les Dieux. — Eh bien ! dit Xantus, qui prétendoit l'attraper, achète-moi demain ce qui est de pire : ces mêmes personnes viendront chez moi ; et je veux diversifier. »

Le lendemain Ésope ne fit[1] servir que le même mets, disant que la langue est la pire chose qui soit au monde. « C'est la mère de tous débats, la nourrice des procès, la source des divisions et des guerres. Si l'on dit[2] qu'elle est l'organe de la vérité, c'est aussi celui de l'erreur, et qui pis est, de la calomnie. Par elle on détruit les villes, on persuade de méchantes choses. Si d'un côté elle loue les Dieux, de l'autre elle profère des blasphèmes[3] contre

1. L'in-4° de 1668 et la réimpression de 1729 portent : « ne fit encore servir. » *Encore* ne se trouve dans aucune autre des éditions du dix-septième siècle, ni dans celle de Londres 1708 ; Crapelet, Walckenaer et tous les éditeurs modernes l'ont conservé.
2. « Si on dit, » dans l'in-4° de 1668, dans la réimpression de 1729 et dans le texte de Walckenaer.
3. Dans les deux éditions de 1668, in-4° et in-12, on lit : « vomit des blasphèmes ». Dans la contrefaçon in-12 de 1668, dans l'édition de 1669, dans celle de Londres 1708, il y a, comme dans le texte de 1678, que nous suivons : « profère des blasphèmes. »

leur puissance. » Quelqu'un de la compagnie dit à Xantus que véritablement ce valet lui étoit fort nécessaire; car il savoit le mieux du monde exercer la patience d'un philosophe. « De quoi vous mettez-vous en peine? » reprit Ésope. « Et trouve-moi, dit Xantus, un homme qui ne se mette en peine de rien. »

Ésope alla le lendemain sur la place, et voyant un paysan qui regardoit toutes choses avec la froideur et l'indifférence d'une statue, il amena ce paysan au logis : « Voilà, dit-il à Xantus, l'homme sans souci que vous demandez. » Xantus commanda à sa femme de faire chauffer de l'eau, de la mettre dans un bassin, puis de laver elle-même les pieds de son nouvel hôte. Le paysan la laissa faire, quoiqu'il sût fort bien qu'il ne méritoit pas cet honneur; mais il disoit en lui-même : « C'est peut-être la coutume d'en user ainsi. » On le fit asseoir au haut bout; il prit sa place sans cérémonie. Pendant le repas, Xantus ne fit autre chose que blâmer son cuisinier; rien ne lui plaisoit : ce qui étoit doux, il le trouvoit trop salé; et ce qui étoit trop salé, il le trouvoit doux. L'homme sans souci le laissoit dire, et mangeoit de toutes ses dents. Au dessert on mit sur la table un gâteau que la femme du philosophe avoit fait; Xantus le trouva mauvais, quoiqu'il fût très-bon : « Voilà, dit-il, la pâtisserie la plus méchante que j'aie jamais mangée; il faut brûler l'ouvrière, car elle ne fera de sa vie rien qui vaille : qu'on apporte des fagots. — Attendez, dit le paysan; je m'en vais quérir ma femme : on ne fera qu'un bûcher pour toutes les deux. » Ce dernier trait désarçonna le philosophe, et lui ôta l'espérance de jamais attraper le Phrygien.

Or ce n'étoit pas seulement avec son maître qu'Ésope trouvoit occasion de rire et de dire de bons mots. Xantus l'avoit envoyé en certain endroit : il rencontra en chemin le magistrat, qui lui demanda où il alloit. Soit qu'Ésope fût distrait, ou pour une autre raison, il répondit qu'il n'en savoit rien. Le magistrat, tenant à mépris et irrévérence cette réponse, le fit mener en prison. Comme les huissiers le conduisoient : « Ne voyez-vous pas, dit-il, que j'ai très-bien répondu? Savois-je qu'on me feroit aller où je vas[1]? » Le magistrat le fit relâcher, et trouva Xantus heureux d'avoir un esclave si plein d'esprit.

Xantus, de sa part, voyoit par là de quelle importance il lui étoit de ne point affranchir Ésope, et combien la possession d'un tel esclave lui faisoit d'honneur. Même un jour, faisant la débauche avec ses disciples, Ésope, qui les servoit, vit que les fumées leur échauffoient déjà la cervelle, aussi bien au maître[2] qu'aux écoliers. « La débauche de vin, leur dit-il, a trois degrés : le premier, de volupté; le second, d'ivrognerie; le troisième, de fureur. » On se moqua de son observation, et on continua de vider les pots. Xantus s'en donna jusqu'à[3] perdre la raison, et à se vanter qu'il boiroit la mer. Cela fit rire la compagnie. Xantus soutint ce qu'il avoit dit, gagea sa maison qu'il boiroit la mer toute entière[4]; et pour assurance de la gageure, il déposa l'anneau qu'il avoit au doigt.

Le jour suivant, que les vapeurs de Bacchus furent dissipées, Xantus fut extrêmement surpris de ne plus trouver son anneau, lequel il tenoit fort cher. Ésope lui dit qu'il étoit perdu, et que sa maison l'étoit aussi par la

---

1. L'édition de Londres 1708 porte : « je vais, » reproduit par la plupart des éditions modernes.
2. « Aux maîtres, » au pluriel, dans l'édition de 1669.
3. Dans l'édition de 1678 A : « jusques à. »
4. *Tout entière*, dans les diverses éditions modernes, conformément à l'orthographe actuelle. Toutes les éditions anciennes donnent : *toute entière*.

gageure qu'il avoit faite. Voilà le philosophe bien alarmé : il pria Ésope de lui enseigner une défaite. Ésope s'avisa de celle-ci.

Quand le jour que l'on avoit pris pour l'exécution de la gageure fut arrivé, tout le peuple de Samos accourut au rivage de la mer pour être témoin de la honte du philosophe. Celui de ses disciples qui avoit gagé contre lui triomphoit déjà. Xantus dit à l'assemblée : « Messieurs, j'ai gagé véritablement que je boirois toute la mer, mais non pas les fleuves qui entrent dedans; c'est pourquoi, que celui qui a gagé contre moi détourne leurs cours[1], et puis je ferai ce que je me suis vanté de faire. » Chacun admira l'expédient que Xantus avoit trouvé pour sortir à son honneur d'un si mauvais pas. Le disciple confessa qu'il étoit vaincu, et demanda pardon à son maître. Xantus fut reconduit jusqu'en[2] son logis avec acclamations.

Pour récompense, Ésope lui demanda la liberté. Xantus la lui refusa, et dit que le temps de l'affranchir n'étoit pas encore venu; si toutefois les Dieux l'ordonnoient ainsi, il y consentoit : partant, qu'il prît garde au premier présage qu'il auroit étant sorti du logis; s'il étoit heureux, et que, par exemple, deux corneilles se présentassent à sa vue, la liberté lui seroit donnée; s'il n'en voyoit qu'une, qu'il ne se lassât point d'être esclave. Ésope sortit aussitôt. Son maître étoit logé à l'écart, et apparemment vers un lieu couvert de grands arbres. A peine notre Phrygien fut hors[3], qu'il aperçut deux corneilles qui s'abattirent sur le plus haut. Il en alla avertir son maître, qui voulut voir lui-même s'il disoit vrai. Tan-

---

1. Dans l'impression de 1669, dans celle de Londres, 1708, et dans le texte de Crapelet : « leur cours, » au singulier.
2. « Jusques en, » dans l'édition de 1678 A.
3. Dans l'édition de 1678 A : « fut dehors. »

dis que Xantus venoit, l'une des corneilles s'envola. « Me tromperas-tu toujours? dit-il à Ésope : qu'on lui donne les étrivières. » L'ordre fut exécuté. Pendant le supplice du pauvre Ésope, on vint inviter Xantus à un repas : il promit qu'il s'y trouveroit. « Hélas! s'écria Ésope, les présages sont bien menteurs. Moi, qui ai vu deux corneilles, je suis battu; mon maître, qui n'en a vu qu'une, est prié de noces [1]. » Ce mot plut tellement à Xantus, qu'il commanda qu'on cessât de fouetter Ésope; mais quant à la liberté, il ne se pouvoit résoudre [2] à la lui donner, encore qu'il la lui promît en diverses occasions.

Un jour ils se promenoient tous deux parmi de vieux monuments, considérant avec beaucoup de plaisir les inscriptions qu'on y avoit mises. Xantus en aperçut une qu'il ne put entendre, quoiqu'il demeurât longtemps à en chercher l'explication. Elle étoit composée des premières lettres de certains mots. Le philosophe avoua ingénument que cela passoit son esprit. « Si je vous fais trouver un trésor par le moyen de ces lettres, lui dit Ésope, quelle récompense aurai-je? » Xantus lui promit la liberté, et la moitié du trésor. « Elles signifient, poursuivit Ésope, qu'à quatre pas de cette colonne nous en rencontrerons un. » En effet, ils le trouvèrent, après avoir creusé quelque peu dans terre [3]. Le philosophe fut sommé de tenir parole; mais il reculoit toujours. « Les Dieux me gardent de t'affranchir, dit-il à Ésope, que tu ne m'aies donné avant cela l'intelligence de ces lettres! ce me sera un autre trésor plus précieux que celui lequel nous avons trouvé. — On les a ici gravées, poursuivit Ésope,

---

1. Walckenaer, d'après les deux éditions de 1668 et l'impression de 1669, met ce mot au singulier; il est au pluriel dans les éditions de 1678 (1678 A a *des noces*), et dans celle de Londres 1708.
2. Dans le texte de Walckenaer : « il ne pouvoit se résoudre. »
3. « Quelque peu de terre, » dans l'édition de 1678 A.

comme étant les premières lettres de ces mots : Ἀποϐὰς ϐήματα, etc.[1] ; c'est-à-dire : *Si vous reculez quatre pas, et que vous creusiez, vous trouverez un trésor.*— Puisque tu es si subtil, repartit Xantus, j'aurois tort de me défaire de toi : n'espère donc pas que je t'affranchisse. — Et moi, répliqua Ésope, je vous dénoncerai au roi Denys; car c'est à lui que le trésor appartient, et ces mêmes lettres commencent d'autres mots qui le signifient. » Le philosophe intimidé dit au Phrygien qu'il prît sa part de l'argent, et qu'il n'en dît mot : de quoi Ésope déclara ne lui avoir aucune obligation, ces lettres ayant été choisies de telle manière qu'elles enfermoient un triple sens, et signifioient encore : « En vous en allant, vous partagerez le trésor que vous aurez rencontré[2]. » Dès qu'ils furent[3] de retour, Xantus commanda que l'on enfermât[4] le Phrygien, et que l'on lui mît les fers aux pieds, de crainte qu'il n'allât publier cette aventure. « Hélas ! s'écria Ésope, est-ce ainsi que les philosophes s'acquittent de leurs promesses? Mais faites ce que vous voudrez, il faudra que vous m'affranchissiez malgré vous. »

Sa prédiction se trouva vraie. Il arriva un prodige qui mit fort en peine les Samiens. Un aigle enleva l'anneau public (c'étoit apparemment quelque sceau que l'on apposoit aux délibérations du conseil), et le fit tomber au sein d'un esclave. Le philosophe fut consulté là-dessus, et comme étant philosophe, et comme étant un des pre-

---

1. L'abréviation « etc. » manque dans l'édition de 1678 A.
2. Toute la suite des initiales est, dans Planude : αϐδοεθγ. La première interprétation, dont la Fontaine donne deux mots, est : Ἀποϐὰς βήματα δ᾽ (τέσσαρα), ὀρύξας εὑρήσεις θησαυρὸν χρυσίου. La seconde : Ἀπόδος βασιλεῖ Διονυσίῳ ὃν εὗρες θησαυρὸν χρυσίου. La troisième : Ἀνελόμενοι βαδίσαντες διέλεσθε ὃν εὕρετε θησαυρὸν χρυσίου.
3. Beaucoup d'éditions modernes donnent à tort : « qu'il fut. »
4. « Qu'on enfermât, » dans le texte de Walckenaer.

miers de la république. Il demanda temps[1], et eut recours à son oracle ordinaire : c'étoit Ésope. Celui-ci lui conseilla de le produire en public, parce que, s'il rencontroit bien, l'honneur en seroit toujours à son maître; sinon, il n'y auroit que l'esclave de blâmé. Xantus approuva la chose, et le fit monter à la tribune aux harangues. Dès qu'on le vit, chacun s'éclata de rire : personne ne s'imagina qu'il pût rien partir de raisonnable d'un homme fait de cette manière. Ésope leur dit qu'il ne falloit pas considérer la forme du vase, mais la liqueur qui y étoit enfermée. Les Samiens lui crièrent qu'il dît donc sans crainte ce qu'il jugeoit[2] de ce prodige. Ésope s'en excusa sur ce qu'il n'osoit le faire. « La Fortune, disoit-il, avoit mis un débat de gloire entre le maître et l'esclave : si l'esclave disoit mal, il seroit battu; s'il disoit mieux que le maître[3], il seroit battu encore. » Aussitôt on pressa Xantus de l'affranchir. Le philosophe résista longtemps. A la fin le prévôt de ville le menaça de le faire de son office, et en vertu du pouvoir qu'il en avoit comme magistrat : de façon que le philosophe fut obligé de donner les mains[4]. Cela fait, Ésope dit que les Samiens étoient menacés de servitude par ce prodige ; et que l'aigle enlevant leur sceau ne signifioit autre chose qu'un roi puissant qui vouloit les assujettir.

Peu de temps après, Crésus, roi des Lydiens, fit dénoncer à ceux de Samos qu'ils eussent à se rendre ses tributaires : sinon, qu'il les y forceroit par les armes. La

1. Walckenaer écrit : « Il demanda du temps, » leçon qui ne se trouve que dans l'impression de 1678 A.
2. *Jugeroit*, dans les deux éditions de 1668 et dans la réimpression de 1669.
3. « Que son maître, » dans l'édition de 1729, qui, trois lignes plus loin, donne : « de la ville, » pour « de ville. »
4. Suivant une autre tradition, ce ne fut pas Xantus, mais Jadmon de Samos, qui rendit la liberté à Ésope. Voyez *Fabricius, Bibliotheca græca*, tome I, p. 618.

plupart étoient d'avis qu'on lui obéît. Ésope leur dit que la Fortune présentoit deux chemins aux hommes : l'un, de liberté, rude et épineux au commencement, mais dans la suite très-agréable ; l'autre, d'esclavage, dont les commencements étoient plus aisés, mais la suite laborieuse. C'étoit conseiller assez intelligiblement aux Samiens de défendre leur liberté. Ils renvoyèrent l'ambassadeur de Crésus avec peu de satisfaction.

Crésus se mit en état de les attaquer. L'ambassadeur lui dit que, tant qu'ils auroient Ésope avec eux, il auroit peine[1] à les réduire à ses volontés, vu la confiance qu'ils avoient au bon sens du personnage. Crésus le leur envoya demander, avec la promesse de leur laisser la liberté s'ils le lui livroient. Les principaux de la ville trouvèrent ces conditions avantageuses, et ne crurent pas que leur repos leur coûtât trop cher quand ils l'achèteroient aux dépens d'Ésope. Le Phrygien leur fit changer de sentiment en leur contant que les loups et les brebis ayant fait un traité de paix, celles-ci donnèrent leurs chiens pour otages. Quand elles n'eurent plus de défenseurs, les loups les étranglèrent avec moins de peine qu'ils ne faisoient. Cet apologue fit son effet : les Samiens prirent une délibération toute contraire à celle qu'ils avoient prise. Ésope voulut toutefois aller vers Crésus, et dit qu'il les serviroit plus utilement étant près du Roi, que s'il demeuroit à Samos.

Quand Crésus le vit, il s'étonna qu'une si chétive créature lui eût été un si grand obstacle. « Quoi ? voilà celui qui fait qu'on s'oppose à mes volontés ! » s'écria-t-il. Ésope se prosterna à ses pieds. « Un homme prenoit des sauterelles, dit-il ; une cigale lui tomba aussi sous la main. Il s'en alloit la tuer comme il avoit fait les saute-

---

1. Dans l'édition de 1729 : « il auroit de la peine. »

relles. Que vous ai-je fait? dit-elle à cet homme : je ne
ronge point vos blés, je ne vous procure aucun dommage; vous ne trouverez en moi que la voix, dont je me
sers fort innocemment. Grand Roi, je ressemble à cette
cigale : je n'ai que la voix, et ne m'en suis point servi
pour vous offenser. » Crésus, touché d'admiration et de
pitié, non-seulement lui pardonna, mais il laissa en repos
les Samiens à sa considération.

En ce temps-là, le Phrygien composa ses fables, lesquelles il laissa au roi de Lydie, et fut envoyé par lui vers
les Samiens, qui décernèrent à Ésope de grands honneurs. Il lui prit aussi envie de voyager et d'aller par le
monde, s'entretenant de diverses choses avec ceux que
l'on appeloit philosophes. Enfin il se mit en grand crédit
près de Lycérus[1], roi de Babylone. Les rois d'alors s'en-

1. « Certes je rejette comme faux et controuvé à plaisir tout ce
que Planudes rapporte des voyages qu'Æsope fit en Babylone et en
Ægypte, parce qu'il y entremêle des contes tout à fait incroyables,
et y ajoute des circonstances qui répugnent à la vérité de l'histoire,
ou renversent entièrement l'ordre des temps. Je me contenterai de
remarquer deux faussetés signalées, sur lesquelles il bâtit tout le
reste de sa narration. Il dit que le roi qui régnoit en Babylone
lorsqu'Æsope y alla s'appeloit Lycérus. Mais qui ouït jamais parler
de ce roi? Qu'on voie le catalogue de tous les rois de Babylone
depuis Nabonassar jusques à Alexandre le Grand, on n'en trouvera
pas un qui porte un nom approchant de Lycérus. Mais si l'on s'arrête à la exacte chronologie, on verra que du temps d'Æsope il
n'y put avoir point d'autres rois en Babylone que Nabuchodonosor et
son père Nabopolassar, attendu que Nabopolassar régna vingt-et-un
ans, et Nabuchodonosor quarante-trois, qui mourut la même année
qu'Æsope, à savoir la première de l'Olympiade cinquante-quatrième.
Il n'y a non plus d'apparence qu'Æsope soit allé en Ægypte du temps
du roi Necténabo, comme dit Planudes, attendu que ce roi ne commença point à régner que deux cents ans après la mort d'Æsope, à
savoir en l'Olympiade cent et quatrième ; et il ne faut pas être guère
savant en la chronologie pour assurer qu'Æsope vécut partie sous
le roi Apriès, partie sous son successeur Amasis. » (MÉZIRIAC, Vie
d'Æsope déjà citée, p. 298-300.)

voyoient les uns aux autres des problèmes à soudre[1] sur toutes sortes de matières, à condition de se payer une espèce de tribut ou d'amende, selon qu'ils répondroient bien ou mal aux questions proposées : en quoi Lycérus, assisté d'Ésope, avoit toujours l'avantage, et se rendoit illustre parmi les autres, soit à résoudre, soit à proposer.

Cependant notre Phrygien se maria; et ne pouvant avoir d'enfants, il adopta un jeune homme d'extraction noble, appelé Ennus. Celui-ci le paya d'ingratitude, et fut si méchant que d'oser souiller le lit de son bienfaiteur[2]. Cela étant venu à la connoissance d'Ésope, il le chassa. L'autre, afin de s'en venger, contrefit des lettres par lesquelles il sembloit qu'Ésope eût intelligence avec les rois qui étoient émules de Lycérus. Lycérus, persuadé par le cachet et par la signature de ces lettres, commanda à un de ses officiers, nommé Hermippus, que sans chercher de plus grandes preuves[3], il fît mourir promptement le traître Ésope. Cet Hermippus, étant ami du Phrygien, lui sauva la vie; et à l'insu de tout le monde, le nourrit longtemps dans un sépulcre, jusqu'à ce que Necténabo, roi d'Égypte, sur le bruit de la mort d'Ésope, crut à l'avenir rendre Lycérus son tributaire. Il osa le provoquer, et le défia de lui envoyer des architectes qui sussent bâtir une tour en l'air, et par même moyen, un homme prêt à répondre à toutes sortes de questions. Lycérus ayant lu les lettres et les ayant communiquées aux plus habiles de son État, chacun d'eux demeura court, ce qui fit que le Roi regretta Ésope, quand Hermippus lui dit qu'il n'étoit pas mort, et le fit venir. Le Phrygien fut très-bien reçu, se justifia, et pardonna à Ennus.

1. C'est-à-dire, à résoudre; c'est le *solvere* des Latins. Cinq lignes plus bas il y a *résoudre*.
2. Ce mot est écrit *bien-facteur* dans les deux éditions de 1678. Celles de 1668 ont *bienfaiteur*.
3. Var. : « que sans autre enquête ». (1668, 1669 et 1729.)

Quant à la lettre du roi d'Égypte, il n'en fit que rire, et manda qu'il envoiroit[1] au printemps les architectes et le répondant à toutes sortes de questions. Lycérus remit Ésope en possession de tous ses biens, et lui fit livrer Ennus pour en faire ce qu'il voudroit. Ésope le reçut comme son enfant; et pour toute punition, lui recommanda d'honorer les Dieux et son prince; se rendre terrible à ses ennemis, facile et commode aux autres; bien traiter sa femme, sans pourtant lui confier son secret; parler peu, et chasser de chez soi les babillards; ne se point laisser abattre aux malheurs[2]; avoir soin du lendemain, car il vaut mieux enrichir ses ennemis par sa mort que d'être importun à ses amis pendant son vivant; surtout n'être point envieux du bonheur ni de la vertu d'autrui, d'autant que c'est se faire du mal à soi-même. Ennus, touché de ces avertissements et de la bonté d'Ésope, comme d'un trait qui lui auroit pénétré le cœur, mourut peu de temps après.

Pour revenir au défi de Necténabo, Ésope choisit des aiglons, et les fit instruire (chose difficile à croire), il les fit, dis-je, instruire à porter en l'air chacun un panier, dans lequel étoit un jeune enfant. Le printemps venu, il s'en alla en Égypte avec tout cet équipage; non sans tenir en grande admiration et en attente de son dessein les peuples chez qui il passoit. Necténabo, qui sur le bruit de sa mort avoit envoyé l'énigme, fut extrêmement surpris de son arrivée. Il ne s'y attendoit pas, et ne se fût jamais engagé dans un tel défi contre Lycérus, s'il eût cru Ésope vivant. Il lui demanda s'il avoit amené les

---

1. Telle est la leçon des anciennes éditions, même encore de la réimpression de 1729. Il y a *envoyeroit* dans celle de 1678 A.
2. Les éditions modernes, y compris Walckenaer et Crapelet, écrivent : « au malheur. » Les éditions anciennes donnent toutes : « aux malheurs. »

architectes et le répondant. Ésope dit que le répondant étoit lui-même, et qu'il feroit voir les architectes quand il seroit sur le lieu. On sortit en pleine campagne, où les aigles enlevèrent les paniers avec les petits enfants, qui crioient qu'on leur donnât du mortier, des pierres, et du bois. « Vous voyez, dit Ésope à Necténabo, je vous ai trouvé les ouvriers[1]; fournissez-leur des matériaux. » Necténabo avoua que Lycérus étoit le vainqueur[2]. Il proposa toutefois ceci à Ésope : « J'ai des cavales en Égypte qui conçoivent au hannissement[3] des chevaux qui sont devers Babylone. Qu'avez-vous à répondre là-dessus ? » Le Phrygien remit sa réponse au lendemain, et retourné qu'il fut au logis, il commanda à des enfants de prendre un chat, et de le mener fouettant par les rues. Les Égyptiens, qui adorent cet animal, se trouvèrent extrêmement scandalisés du traitement que l'on lui faisoit. Ils l'arrachèrent des mains des enfants, et allèrent se plaindre au Roi. On fit venir en sa présence le Phrygien. « Ne savez-vous pas, lui dit le Roi, que cet animal est un de nos dieux ? Pourquoi donc le faites-vous traiter de la sorte ? — C'est pour l'offense qu'il a commise envers Lycérus, reprit Ésope; car, la nuit dernière, il lui a étranglé un coq extrêmement courageux, et qui chantoit à toutes les heures. — Vous êtes un menteur, repartit le Roi : comment seroit-il possible que ce chat eût fait en si peu de temps un si long voyage ? — Et comment est-il possible,

---

1. L'édition de Barbou, celle de Renouard, in-12, 1811, donnent : « des ouvriers ». Le vrai texte est : « les ouvriers ».

2. Var. : que Lycérus l'emportoit. (1668, in-4°.) Notre leçon se trouve dans l'édition in-12 de 1668 et dans toutes les suivantes.

3. Var. : qui conçoivent sur le seul hannissement. (1668, in-4°, et 1729.) — La Fontaine écrit toujours *hannir, hannissement*, bien que, dès son temps, ces mots prissent d'ordinaire un *e* : voyez les *Dictionnaires de l'Académie* (1694) et de Furetière (1690). Richelet (1680) écrit *hanir*.

reprit Ésope, que vos juments entendent de si loin nos chevaux hannir, et conçoivent pour les entendre ? »

En suite de cela, le Roi fit venir d'Héliopolis certains personnages d'esprit subtil, et savants en questions énigmatiques. Il leur fit un grand régal, où le Phrygien fut invité. Pendant le repas, ils proposèrent à Ésope diverses choses, celle-ci entre autres : « Il y a un grand temple qui est appuyé sur une colonne entourée de douze villes, chacune desquelles a trente arcboutants[1]; et autour de ces arcboutants se promènent, l'une après l'autre, deux femmes, l'une blanche, l'autre noire. — Il faut renvoyer, dit Ésope, cette question aux petits enfants de notre pays. Le temple est le monde; la colonne, l'an; les villes, ce sont les mois; et les arcboutants, les jours, autour desquels se promènent alternativement le jour et la nuit. »

Le lendemain, Necténabo assembla tous ses amis. « Souffrirez-vous, leur dit-il, qu'une moitié d'homme, qu'un avorton soit la cause que Lycérus remporte le prix, et que j'aie la confusion pour mon partage ? » Un d'eux s'avisa de demander à Ésope qu'il leur fît des questions de choses dont ils n'eussent jamais entendu parler. Ésope écrivit une cédule par laquelle Necténabo confessoit devoir[2] deux mille talents à Lycérus. La cédule fut mise entre les mains de Necténabo, toute cachetée. Avant qu'on l'ouvrît, les amis du Prince soutinrent que la chose contenue dans cet écrit étoit de leur connoissance. Quand on l'eut ouverte, Necténabo s'écria : « Voilà la plus grande fausseté du monde; je vous en prends à témoin[3] tous tant que vous êtes. — Il est vrai, repartirent-ils, que nous n'en avons jamais entendu parler. — J'ai donc satisfait à

---

1. C'est ainsi que ce mot est écrit dans toutes les éditions publiées du vivant de la Fontaine.
2. Dans l'édition de la Haye, 1688 : « confessoit de devoir ».
3. « A témoins », au pluriel, dans le texte de Walckenaer.

votre demande, » reprit Ésope. Necténabo le renvoya comblé de présents, tant pour lui que pour son maître.

Le séjour qu'il fit en Égypte est peut-être cause que quelques-uns ont écrit qu'il fut esclave avec Rhodopé, celle-là qui, des libéralités de ses amants[1], fit élever une des trois pyramides qui subsistent encore, et qu'on voit avec admiration : c'est la plus petite, mais celle qui est bâtie avec le plus d'art[2].

Ésope, à son retour dans Babylone, fut reçu de Lycérus avec de grandes démonstrations de joie et de bienveillance : ce roi lui fit ériger une statue. L'envie de voir et d'apprendre le fit renoncer à tous ces honneurs. Il quitta la cour de Lycérus, où il avoit tous les avantages qu'on peut souhaiter, et prit congé de ce prince pour voir la Grèce encore une fois. Lycérus ne le laissa point partir sans embrassements et sans larmes, et sans le faire promettre sur les autels qu'il reviendroit achever ses jours auprès de lui.

Entre les villes où il s'arrêta, Delphes fut une des principales. Les Delphiens l'écoutèrent fort volontiers; mais ils ne lui rendirent point d'honneurs. Ésope, piqué de ce mépris, les compara aux bâtons qui flottent sur l'onde : on s'imagine de loin que c'est quelque chose de considérable; de près, on trouve que ce n'est rien. La compa-

---

1. Dans la réimpression de 1729 : « celle-là qui, de ce que lui donnoient ses amants ».

2. Méziriac (*Vie d'Ésope*, p. 286) adopte la tradition qui fait Ésope esclave du philosophe Idmon ou Jadmon, de Samos, et le compagnon d'esclavage de « la fameuse courtisane Rhodopis, qui, amenée en Égypte, se fit aimer de Charaxus, frère de la poëtesse Sappho, qui, pour la racheter, employa tous ses moyens et se réduisit à la plus extrême pauvreté. » Voyez Hérodote, livre II, chapitres CXXXIV et CXXXV. Méziriac ajoute : « Ce fut aussi Rhodopis qui, du fruit de son commerce, fit bâtir une des pyramides, etc. » Mais Hérodote, à l'endroit cité, soutient que ce dernier fait est faux.

raison lui coûta cher. Les Delphiens en conçurent une telle haine et un si violent désir de vengeance (outre qu'ils craignoient d'être décriés par lui), qu'ils résolurent de l'ôter du monde. Pour y parvenir, ils cachèrent parmi ses hardes un de leurs vases sacrés, prétendant que par ce moyen ils convaincroient Ésope de vol et de sacrilége, et qu'ils le condamneroient à la mort.

Comme il fut sorti de Delphes, et qu'il eut pris le chemin de la Phocide, les Delphiens accoururent comme gens qui étoient en peine. Ils l'accusèrent d'avoir dérobé leur vase; Ésope le nia avec des serments: on chercha dans son équipage, et il fut trouvé. Tout ce qu'Ésope put dire n'empêcha point qu'on ne le traitât comme un criminel infâme. Il fut ramené à Delphes[1] chargé de fers, mis dans les cachots, puis condamné à être précipité. Rien ne lui servit de se défendre avec ses armes ordinaires, et de raconter[2] des apologues: les Delphiens s'en moquèrent. « La Grenouille, leur dit-il, avoit invité le Rat à la venir voir. Afin de lui faire traverser l'onde, elle l'attacha à son pied. Dès qu'il fut sur l'eau, elle voulut le tirer au fond, dans le dessein de le noyer, et d'en faire ensuite un repas. Le malheureux Rat résista quelque peu de temps. Pendant qu'il se débattoit sur l'eau, un oiseau de proie l'aperçut, fondit sur lui; et l'ayant enlevé avec la Grenouille, qui ne se put détacher, il se reput de l'un et de l'autre. C'est ainsi, Delphiens abominables, qu'un plus puissant que nous me vengera: je périrai; mais vous périrez aussi. »

Comme on le conduisoit au supplice, il trouva moyen de s'échapper, et entra dans une petite chapelle dédiée

---

1. Nous nous conformons à la ponctuation des éditions originales. La plupart des éditeurs modernes (Walckenaer, Crapelet, etc.) mettent une virgule après *Delphes*, ce qui change le sens.

2. Var. : rapporter. (1678 A.)

à Apollon. Les Delphiens l'en arrachèrent. « Vous violez cet asile, leur dit-il, parce que ce n'est qu'une petite chapelle, mais un jour viendra que votre méchanceté ne trouvera point de retraite sûre, non pas même dans les temples[1]. Il vous arrivera la même chose qu'à l'Aigle, laquelle, nonobstant les prières de l'Escarbot, enleva un Lièvre qui s'étoit réfugié chez lui : la génération de l'Aigle en fut punie jusque dans le giron de Jupiter. » Les Delphiens, peu touchés de tous ces exemples, le précipitèrent[2].

Peu de temps après sa mort, une peste très-violente exerça sur eux ses ravages. Ils demandèrent à l'oracle par quels moyens ils pourroient apaiser le courroux des Dieux. L'oracle leur répondit qu'il n'y en avoit point d'autre que d'expier leur forfait, et satisfaire aux mânes d'Ésope[3]. Aussitôt une pyramide fut élevée. Les Dieux

---

1. VAR. : dedans les temples. (1668, in-4°, et 1729.) — *Dans* est la leçon de l'in-12 de 1668 et des éditions suivantes.

2. Larcher, dans son *Essai de chronologie d'Hérodote* (tome VI de sa traduction, p. 526), place la mort d'Esope, d'après l'autorité d'Eusèbe, en l'an 560 avant Jésus-Christ, la quatrième année de la cinquante-quatrième olympiade. Méziriac, nous l'avons vu plus haut (p. 46, note 1), la met à la première année de la même olympiade. Nous avons dit ci-dessus (p. 29, note 5) ce que nous pensions de la chronologie relative à Ésope.

3. Sur la réponse de l'oracle, les Delphiens « furent contraints d'envoyer par toutes les fêtes publiques et assemblées générales des Grecs, faire proclamer à son de trompe, s'il y avoit aucun de la parenté d'Æsope qui voulût avoir satisfaction de sa mort, qu'il vînt, et qu'il l'exigeât d'eux telle comme il voudroit. Mais il ne se trouva personne qui prétendît avoir ce droit, jusqu'à la troisième génération, qu'il se présenta un Samien nommé Jadmon, petit-fils du premier Jadmon qui avoit été maître d'Æsope en l'île de Samos; et les Delphiens, lui ayant fait quelque satisfaction, furent délivrés de leurs calamités, et dit-on que depuis ce temps-là ils transférèrent le supplice des sacriléges de la roche d'Hyampie à celle de Nauplie. » (MÉZIRIAC, *Vie d'Ésope*, p. 306.)

ne témoignèrent pas seuls combien ce crime leur déplaisoit : les hommes vengèrent aussi la mort de leur sage. La Grèce envoya des commissaires pour en informer, et en fit une punition rigoureuse[1].

1. Les Athéniens élevèrent plus tard une statue à Ésope. Cette statue, qui était l'ouvrage du fameux Lysippe, fut placée, dit-on, en avant de celles des sept sages, ἑπτὰ σοφῶν ἔμπροσθεν (*Anthologie de Planude*, livre IV, 332).

> *Æsopi ingenio statuam posuere Attici,*
> *Servumque collocarunt æterna in basi,*
> *Patere honoris scirent ut cunctis viam,*
> *Nec generi tribui, sed virtuti, gloriam.*
> (PHÈDRE, livre II, *épilogue*, vers 1-4.)

A

MONSEIGNEUR LE DAUPHIN[1].

Je chante les héros dont Ésope est le père,
Troupe de qui l'histoire, encor que mensongère,
Contient des vérités qui servent de leçons.
Tout parle en mon ouvrage, et même les poissons[2] :
Ce qu'ils disent s'adresse à tous tant que nous sommes ;   5
Je me sers d'animaux pour instruire les hommes.
ILLUSTRE REJETON D'UN PRINCE aimé des cieux,
Sur qui le monde entier a maintenant les yeux,
Et qui faisant fléchir les plus superbes têtes,
Comptera désormais ses jours par ses conquêtes[3],   10

---

1. Voyez ci-dessus, p. 1, la note 1 de l'*Épître dédicatoire* en prose.
2. C'est, dit Geruzez, une « allusion au proverbe : *Muet comme un poisson.* »
3. En 1667, Louis XIV en personne avait conquis la Flandre, ayant Turenne sous ses ordres. « Cette campagne s'appelle la *campagne de Lille*. Prise de Charleroi par M. de Turenne le 2 juin; le maréchal d'Aumont prend Armentières le 28 mai, Saint-Vinox le 6 juin, et Furnes le 12. Le Roi prend Ath le 16, et Tournai le 24, Douai et le fort de Scarpe le 6 juillet. Le maréchal d'Aumont prend Courtrai le 18, et Oudenarde le 31. Le Roi prend Lille en neuf jours, le 27 août, où il s'exposa assez pour que M. de Turenne le menaçât de se retirer, s'il ne se ménageoit pas davantage. Le comte de Marsin et le prince de Ligne, qui venoient au secours, sont battus par MM. de Créqui et de Bellefonds, le 31.... M. de Turenne prend Alost le 12 septembre. » (*Abrégé chronologique de l'histoire de France, par le président Hénault*, nouvelle édition, corrigée, etc., par C. A. Walckenaer, Paris, 1821, tome III, p. 865.) — Au moment même où la Fontaine écrivait cette épître, le Roi venait, pendant l'hiver

Quelque autre te dira d'une plus forte voix
Les faits de tes aïeux et les vertus des rois.
Je vais t'entretenir de moindres aventures,
Te tracer en ces vers de légères peintures ;
Et si de t'agréer je n'emporte le prix,   15
J'aurai du moins l'honneur de l'avoir entrepris⁴.

de 1668, de conquérir, avec le grand Condé, toute la Franche-Comté, en moins d'un mois. Bientôt le traité d'Aix-la-Chapelle, signé le 2 mai, allait faire de Louis XIV l'arbitre de l'Europe. On voit, par tous ces faits, que les vers de la Fontaine ne sont pas une vaine flatterie.

4. Voltaire, dans son *Catalogue des écrivains français du siècle de Louis XIV* (tome XIX des *OEuvres*, p. 128), reprend bien sévèrement ces deux derniers vers : « On sent assez, dit-il, qu'il n'y aurait nul honneur à ne pas *emporter le prix d'agréer*. La pensée est aussi fausse que l'expression est mauvaise. » L'expression pourrait, ce nous semble, se défendre ; et quant à la pensée, Voltaire la défigure : n'est-il pas honorable, lors même qu'on échoue, d'avoir tenté une louable entreprise, surtout quand on l'a tentée avec une aussi légitime confiance que le pouvait faire la Fontaine ?

LIVRE PREMIER.

FABLE I[1].

LA CIGALE ET LA FOURMI.

Ésope[2], fab. 134, Τέττιξ καὶ Μύρμηκες; fab. 244, Μύρμηξ καὶ Κάνθαρος (Coray, p. 75 et 76, p. 161, p. 334 et 335). — Aphthonius, fab. 1, *Fabula Cicadarum et Formicarum, instigans adolescentes ad laborem.* — Avianus, fab. 34, *Formica et Cicada.* — Romulus, livre IV, fab. 19, *Formica et Cicada.* — Marie de France, fab. 19, *d'un Gresillon et d'un Fromi.* — Haudent, 1ʳᵉ partie, fab. 181, *d'un Fourmy et d'un*

1. L'édition in-4º de 1668, qui est la première des livres I-VI, donne ainsi les titres : FABLE PREMIÈRE, FABLE SECONDE, FABLE TROISIÈME, etc. Les autres éditions publiées par l'auteur n'ont le mot FABLE, suivi d'un chiffre romain, qu'à la première fable de chaque livre (ainsi au livre premier : FABLE I); aux autres fables, elles ont simplement un chiffre romain.

2. Pour faciliter les rapprochements, nous indiquons en tête de chaque fable, dans un premier alinéa, les fables de sujet identique ou analogue qui nous ont paru dignes d'être signalées, chez les anciens, ou chez les modernes antérieurs à la Fontaine, ou chez ses contemporains; nous ne mentionnons les écrivains postérieurs à notre fabuliste que lorsqu'ils peuvent être l'objet d'une comparaison vraiment intéressante.

Dans un second alinéa, nous renvoyons aux fables anciennes contenues dans la *Mythologie ésopique* de Nevelet, recueil où nous pensons que la Fontaine a le plus souvent pris ses sujets ; mais nous nous bornons à indiquer les pages, afin de ne pas répéter inutilement les titres. — Un troisième alinéa mentionne, quand l'occasion s'en présente, certains recueils, imprimés ou manuscrits, où la fable a été reproduite, comme les *Manuscrits de Conrart*, le *Recueil de poésies chrétiennes et diverses*, le Recueil du P. Bouhours, etc. — Nous mar-

Criquet. — Gilles Corrozet, fab. 99, *des Formis et de la Cigalle ou Grillon*. — Le Noble, fab. 3, *de la Cigale et de la Fourmi. L'économie*. *Mythologia æsopica Neveleti*, p. 197, p. 286, p. 322, p. 378, p. 479.

Cette fable a été reproduite dans le *Recueil de poésies chrétiennes et diverses*, tome III, p. 359 (au lieu de page 363, par suite d'une erreur de pagination).

L'idée première et la morale de cet apologue est déjà, comme l'on sait, dans le *Livre des Proverbes* (chapitre VI, versets 6-8). Seulement, au lieu de la Cigale, Salomon conduit auprès de la Fourmi l'homme paresseux en personne : *Vade ad Formicam, o piger, et considera vias ejus, et disce sapientiam : quæ.... parat in æstate cibum sibi, et congregat in messe quod comedat.* — Voyez ce qui est dit ci-après, p. 60, note 10, du peu de goût de Voltaire pour cette fable. — J. J. Rousseau la condamne (*Émile*, livre II), comme donnant aux enfants, contre l'intention du fabuliste, *une leçon d'inhumanité*. « Vous croyez, dit-il, leur donner la Cigale pour exemple; et point du tout, c'est la Fourmi qu'ils choisiront. On n'aime point à s'humilier : ils prendront toujours le beau rôle ; c'est le choix de l'amour-propre, c'est un choix très-naturel. Or quelle horrible leçon pour l'enfance! Le plus odieux de tous les monstres seroit un enfant avare et dur, qui sauroit ce qu'on lui demande et ce qu'il refuse. La Fourmi fait plus encore, elle lui apprend à railler dans ses refus. » Voyez dans *la Fontaine et les fabulistes* (tome II, p. 106 et suivantes, fin de la XVII° leçon) les judicieuses remarques qu'inspire à M. Saint-Marc Girardin la critique de Rousseau, et, dans le même ouvrage (tome I, p. 400-410, XII° leçon), un morceau charmant, où il applique à la vie humaine cette première scène « de l'*ample comédie* du poëte. » A la suite, dans la même leçon, il cite la fable de le Noble, un des contemporains de la Fontaine qui ont traité le même sujet, et y relève avec raison quelques jolis vers. — *La Cigale et la Fourmi* est aussi une des fables en rondeaux présentées au duc du Maine, avant 1677, par de Saint-Gilles Lenfant, alors encore page : voyez l'in-

quons, lorsqu'il y a lieu, dans un dernier paragraphe, la source première de la fable, et, quand ils sont remarquables par eux-mêmes ou dignes d'attention par le nom de leur auteur, les jugements sur le sujet même ou l'ensemble, et les allusions qui, ne se rapportant pas à un passage en particulier, à une idée, une expression, une tournure, mais à la fable entière, ne peuvent trouver place dans les notes partielles.

troduction de Robert, p. cxcix et cc. — Il existe de *la Cigale et la Fourmi* une parodie faite au dix-septième siècle même, et assez injurieuse pour Mme de Grignan, qui y joue le rôle de la Fourmi. On peut la voir au tome IV, p. 499, du *Recueil Maurepas*, à la Bibliothèque nationale, et tome III, p. 348 et 349, de la *Correspondance de Bussy*, édition Lalanne, Paris, 1858, in-12.

> La Cigale, ayant chanté
>   Tout l'été,
> Se trouva fort dépourvue
> Quand la bise fut venue :
> Pas un seul petit morceau   5
> De mouche ou de vermisseau[3].
> Elle alla crier famine
> Chez la Fourmi sa voisine,
> La priant de lui prêter
> Quelque grain pour subsister[4]   10
> Jusqu'à la saison nouvelle.
> « Je vous paierai, lui dit-elle,
> Avant l'oût[5], foi d'animal,
> Intérêt et principal[6]. »

3. Un grand nombre d'éditions modernes, et des meilleures, ont un point d'exclamation après *vermisseau*. Nous avons à peine besoin de dire que la phrase n'est point ainsi ponctuée dans les anciennes impressions. On rencontre pour la première fois ce point d'exclamation dans l'édition des *Fables* donnée par Didot l'aîné, en 1781, *par ordre de Monseigneur le comte d'Artois*, 2 vol. in-18.

4. La Fourmi implore la Cigale avec cette même modestie dans la fable latine de Neckam (*Poésies inédites du moyen âge*, par Édélestand du Méril, Paris, 1854, p. 199, vers 1 et 2) :

> *Formicam bruma narratur adisse Cicada,*
> *Ut sibi frumenti paucula grana daret.*

5. *L'oût*, l'août, la moisson. « Es parties septentrionales, les bleds ne sont couppés qu'en aoust, duquel mois, à telle cause, la cueillette en porte le nom, de lui, en tels endroits, dite l'*aoust*. » (*O. de Serres*, cité par M. Littré au mot *Août*.) — Voyez livre V, fable ix, vers 10.

6. Le *principal*, c'est-à-dire le capital, ou, comme l'on disait autrefois, le sort principal de la dette.

> La Fourmi n'est pas prêteuse :   15
> C'est là son moindre défaut[7].
> « Que faisiez-vous au temps chaud ?
> Dit-elle à cette emprunteuse.
> — Nuit et jour à tout venant
> Je chantois, ne vous déplaise[8].   20
> — Vous chantiez ? j'en suis fort aise :
> Eh bien[9] ! dansez maintenant[10]. »

7. C'est-à-dire, il n'y a point de défaut qui soit plus contraire aux habitudes de la Fourmi, que la Fourmi ait moins que celui d'être prêteuse (et l'on ne peut nier qu'être prêteuse ne soit un défaut aux yeux de la prudence étroite et vulgaire, et même de l'économie bourgeoise, que représente ici la Fourmi). Ce tour équivaut à une véritable négation, à laquelle il se mêle ordinairement une légère nuance d'ironie. On l'a critiqué comme obscur, parce qu'il est peut-être moins usité qu'autrefois. Molière a dit de même dans *l'École des maris* (acte I, scène IV) :

> Je coquette fort peu, c'est mon moindre talent.

8. « Ne vous desplaise » est un tour de Rabelais. Ces mots terminent le chapitre VI de son livre III (tome I, p. 388, édition le Duchat, Amsterdam, 1741).

9. Dans les éditions anciennes, selon l'orthographe ordinaire du temps : « Et bien », sans point d'exclamation.

10. Ce dernier trait, si bien aiguisé en épigramme, est déjà dans la première des fables ésopiques auxquelles nous avons renvoyé : εἰ θέρους ὥραις ηὔλεις, χειμῶνος ὀρχοῦ, « si tu jouais de la flûte dans la saison d'été, danse l'hiver. » — Voltaire, qui en divers endroits de ses OEuvres, cinq tout au moins, exprime le peu de goût qu'il a pour cette fable (ce n'est pas, il faut en convenir, une des plus élégantes de notre auteur), a fait des derniers vers deux critiques bien étranges. « Comment une fourmi, demande-t-il dans le *Catalogue* déjà cité (tome XIX, p. 129), peut-elle dire ce proverbe du peuple à une cigale ? » et dans les *Questions sur l'Encyclopédie* (article *Fable*, édition de Londres 1771), il s'écrie, après avoir cité les deux vers : « Comme si les fourmis dansaient ! » Cette dernière exclamation, il est vrai, il l'a lui-même supprimée dès 1775, en reproduisant l'article *Fable* dans le *Dictionnaire philosophique*.

LIVRE I.

FABLE II.

LE CORBEAU ET LE RENARD.

Ésope, fab. 204, Κόραξ καὶ Ἀλώπηξ (Coray, p. 131 et 132). — Babrius, fab. 77, *même titre*. — Aphthonius, fab. 29, *Fabula Corvi et Vulpeculæ, monens ne fraudulentis credatur.*—Tzetzès, chiliade X, 352. — Phèdre, livre I, fab. 13, *Vulpis et Corvus*. — Romulus, livre I, fab. 14, *Vulpis et Corvus*. — *Roman du Renart* (aux manuscrits de la Bibliothèque nationale, fonds français, n° 371, f°ˢ 47 et 48 ; édition Méon, tome I, p. 267-274, vers 7187-7382). — Marie de France, fab. 14, *d'un Corbel qui prist un fromaiges* (comparez la fable 51). — *La Farce de maistre Pierre Patelin*, scène VI, vers 438-453 (édition Génin). — Haudent, 1ʳᵉ partie, fab. 122, *d'un Corbeau et d'un Regnard*. — Corrozet, fab. 11, *du Renard et du Corbeau*. — Boursault, *Ésope à la ville* ou *les Fables d'Ésope*, acte III, scène IV, *le Corbeau et le Renard*. — Le Noble, fab. 69, *du Renard et du Corbeau. La flatterie*. — M. Soullié, dans l'ouvrage intitulé : *La Fontaine et ses devanciers* (Paris-Angers, 1861), a suivi, comme il dit, ce sujet « à travers les âges, » et, dans divers chapitres, il apprécie comparativement la manière dont l'ont traité la plupart des auteurs, soit anciens soit du moyen âge, mentionnés par nous dans les lignes qui précèdent.

Mythologia æsopica Neveleti, p. 256, p. 344, p. 364, p. 397, p. 497. Cette fable a été reproduite dans le *Recueil de poésies chrétiennes et diverses*, tome III, p. 358 (par erreur, pour p. 362). — Elle est dans les *Manuscrits de Conrart* (bibliothèque de l'Arsenal, 19 volumes in-folio, n° 2830, tome XI, p. 533) ; et dans le *Manuscrit* Yʳ, n° 8, in-4°, de la bibliothèque Sainte-Geneviève.

Apulée, à la fin de ses *Florides*, nous donne une double version du *Corbeau* et du *Renard* : d'abord un développement assez prétentieux, puis le résumé suivant : *Corvus, ut se vocalem probaret, quod solum deesse tantæ ejus formæ Vulpis simulaverat, crocire adorsus, prædæ, quam ore gestabat, inductricem compotivit.* — Horace fait allusion à cette fable dans la *satire* V du livre II (vers 56). C'est ainsi du moins que la plupart des commentateurs, et en particulier le vieux scoliaste Acron, entendent les mots : *Corvum deludet hiantem*. — « En supposant réellement à la Fontaine l'objet d'être entendu des enfants, de leur plaire et de les instruire, cette fable est assurément son chef-d'œuvre, » dit J. J. Rousseau au livre II d'*Émile*; puis, pour prouver qu'il ne faut pas faire apprendre de fables aux enfants, il entre dans une minutieuse analyse, et jugeant le chef-d'œuvre, comme nous l'avons vu juger la fable I, au point de vue de la morale et de l'éducation, il y voit pour l'enfant « une leçon de la plus basse flatterie, » et en fait une critique qui n'épargne rien, mais dont la sévérité est à nos yeux peu convaincante (voyez la xvII[e] leçon, déjà citée, de M. Saint-Marc Girardin, tome II, p. 99 et suivantes). Cette critique, Rousseau la rappelle au livre IV d'*Émile*, et y revient encore en deux mots dans la *Nouvelle Héloïse* (5e partie, lettre III). — Voltaire, non comme moraliste, mais comme poëte, ne paraît pas non plus goûter beaucoup la fable II (voyez au tome XXXIX de ses *OEuvres*, p. 216, et au tome XLVIII, p. 268). — Lessing a traité le même sujet dans sa fable 15 du livre II, mais il y a fait un changement qui sans doute eût agréé à Rousseau. Au lieu d'un fromage, c'est un morceau de viande empoisonnée que lâche le Corbeau et que happe le Renard, et l'auteur termine par cet honnête vœu : « Puissiez-vous, par vos perfides louanges, ne jamais gagner que du poison, flatteurs maudits ! » — Parmi les fables de la Fontaine, celle-ci est la première qui corresponde à l'une des fables ésopiques choisies par le roi Louis XIV, « pour orner, nous dit Benserade, le *Labyrinthe* de Versailles. »

> Maître Corbeau, sur un arbre perché,
> Tenoit en son bec un fromage[1].
> Maître Renard, par l'odeur alléché,

1. Dans deux des cinq fables grecques données par Coray, ce n'est pas un fromage, mais un morceau de viande que tient le Corbeau. — La fable *du Renart et du Corbel*, citée par Robert (*Fables inédites*, etc., tome I, p. 9 et p. CLXVIII) comme extraite du recueil de fables du quatorzième siècle qu'il désigne par le nom d'*Ysopet I**, commence ainsi :

> Sire Tiercelin le Corbiau,

* Manuscrit de la Bibliothèque nationale, fonds français, n° 1594. *Le Renart et le Corbel* est la fable 15 de ce recueil (f° 17).

Lui tint à peu près ce langage :
 « Hé! bonjour, Monsieur du Corbeau². 5
Que vous êtes joli! que vous me semblez beau!
 Sans mentir, si votre ramage
 Se rapporte à votre plumage,
Vous êtes le phénix des hôtes de ces bois³. »
A ces mots le Corbeau ne se sent pas de joie ; 10
 Et pour montrer sa belle voix,
Il ouvre un large bec, laisse tomber sa proie⁴.

> Qui cuide estre auenant et biau,
> Tenoit en son bec un fourmage.

On y lit un peu plus loin, dans le discours du Renard : « Si vous chantiez comme chantait votre père,

> Ie cuid' qu'en tout le bois n'éust
> Oisel qui tant à tout pléust. »

2. Voyez livre XII, fable xv, vers 128. — On lit dans Rabelais (livre II, chapitre IV, tome I, p. 211) : « Monsieur de l'Ours; » et avec un nom de personne (livre I, chapitre XXXIII, tome I, p. 122) : « Le paoure Monsieur du Pape. » — Le *Manuscrit de Sainte-Geneviève* porte : « Monsieur le Corbeau. »

3. Ce vers a trouvé grâce aux yeux de Voltaire ; il en fait remarquer l'élégance (tome XXXIX, p. 220). — Apulée, à l'endroit cité, rend ainsi la même idée : *tam pulchra ales, quæ ex omni avitio longe præcellit.* — La Fontaine rappelle lui-même, dans la fable I du livre II (vers 36 et 37), ces flatteries de maître Renard :

> Ce sont des contes plus étranges
> Qu'un Renard qui cajole un Corbeau sur sa voix.

4. « Ce vers est admirable : l'harmonie seule en fait image. Je vois un grand vilain bec ouvert ; j'entends tomber le fromage à travers les branches. » (J. J. ROUSSEAU, *Émile*, livre II.) — Benserade, dans son XII° quatrain, vise également à l'harmonie imitative, et nous montre

> .... le malheureux Corbeau
> Qui de son bec ouvert laissa choir un fromage.

— Apulée est imitatif aussi dans sa prose : *Oblitus offulæ, quam mordicus retinebat, toto rictu hiavit.*

Le Renard s'en saisit, et dit : « Mon bon Monsieur,
   Apprenez que tout flatteur
  Vit aux dépens de celui qui l'écoute : 15
Cette leçon vaut bien un fromage, sans doute⁵. »
   Le Corbeau, honteux et confus⁶,
Jura, mais un peu tard, qu'on ne l'y prendroit plus.

---

5. « Il est plaisant de mettre la morale dans la bouche de celui qui profite de la sottise : c'est le Renard qui donne la leçon à celui qu'il a dupé, ce qui rend cette petite scène, en quelque sorte, théâtrale et comique. » (CHAMFORT.)

6. Ce vers se lit ainsi dans le *Manuscrit de Sainte-Geneviève* :

  Le Corbeau tout piqué, tout honteux, tout confus.

FABLE III.

LA GRENOUILLE QUI SE VEUT FAIRE AUSSI GROSSE
QUE LE BOEUF.

Ésope, fab. 420, Βοῦς καὶ Φρῦνος (Coray, p. 273). — Babrius, fab. 28, *même titre*. — Horace, livre II, *satire* III, vers 314-320. — Phèdre, livre I, fab. 24, *Rana rupta et Bos*. — Romulus, livre II, fab. 21, *Rana rupta et Bos*. — Haudent, 1re partie, fab. 142, *d'une Grenoille*. — Corrozet, fab. 31, *de la Grenoille et du Bœuf*. — Boursault, *les Fables d'Ésope*, acte IV, scène III, *la Grenouille et le Bœuf*. — Le Noble, fab. 95, *du Bœuf et de la Grenouille. L'émulation du luxe. Mythologia æsopica Neveleti*, p. 403, p. 515.

Cette fable a été reproduite dans le *Recueil de poésies chrétiennes et diverses*, tome III, p. 368 (par erreur, pour p. 372). — Elle est dans les *Manuscrits de Conrart* (tome XI, p. 537) sous ce titre : « la Grenouille qui veut ressembler au Bœuf; » et dans le *Manuscrit de Sainte-Geneviève*, sous celui-ci : « la Grenouille tâchant de devenir aussi grosse que le Bœuf. »

Martial (livre X, *épigramme* LXXIX, vers 9 et 10) fait allusion à cette fable, en parlant d'Otacilius qui veut imiter Torquatus :

*Grandis ut exiguam Bos Ranam ruperat olim,
Sic, puto, Torquatus rumpet Otacilium ;*

et la *Satire Ménippée*, dans la *Harangue du recteur Roze* (édition de 1594, p. 93), l'applique ainsi au duc de Mayenne : « Vous auez beau faire le Roy et contrepeter le Biarnois en edicts et declarations.... Quand vous deuriez creuer et vous enfler gros comme vn bœuf, comme feit la mere Grenouille, vous ne serez jamais si gros seigneur que luy. » — On peut voir de cette fable un très-spirituel et piquant commentaire dans la XIIe leçon de M. Saint-Marc Girardin (tome I, p. 410 et suivantes). — Rousseau, à qui cette fois la fable entière ne donne point de prise, s'attaque au quatrain qui la termine. Après avoir critiqué, d'une manière générale, l'usage des affabulations : « Que signifient, dit-il, les quatre vers que la Fontaine ajoute à la fable de la Grenouille qui s'enfle? A-t-il peur qu'on ne l'ait pas compris? A-t-il besoin, ce grand peintre, d'écrire les noms au-dessous des objets qu'il peint? Loin de généraliser par là sa morale, il la particularise, il la restreint, en quelque sorte, aux exemples cités, et empêche qu'on ne l'applique à d'autres. Je voudrois qu'avant de mettre les fables de cet auteur inimitable entre les mains d'un jeune homme, on en retranchât toutes les conclusions par lesquelles il prend la peine d'expliquer ce qu'il vient de dire aussi clairement qu'agréablement. Si votre élève n'entend la fable qu'à l'aide de l'explication, soyez sûr qu'il ne l'entendra pas même ainsi. » (*Émile*, livre IV.) — M. Taine, au contraire, et avec bien plus de raison ce nous semble, paraît goûter beaucoup la manière dont notre poëte intervient ici, et en maint autre endroit, par l'affabulation : voyez son livre de *la Fontaine et ses fables* (4ᵉ édition, p. 80).

    Une Grenouille vit un Bœuf
    Qui lui sembla de belle taille.
Elle, qui n'étoit pas grosse en tout comme un œuf,
Envieuse, s'étend, et s'enfle, et se travaille[1],
    Pour égaler l'animal en grosseur,   5
      Disant : « Regardez bien, ma sœur;
Est-ce assez? dites-moi; n'y suis-je point encore?
—Nenni[2].—M'y voici donc?—Point du tout.—M'y voilà?
— Vous n'en approchez point[3]. » La chétive pécore[4]

1. Dans le *Manuscrit de Conrart*, « envieuse » manque, et le vers est ainsi :
        S'enfle, s'étend et se travaille.
2. « Non point, » dans le *Manuscrit de Conrart* et dans le *Manuscrit de Sainte-Geneviève.*
3. La Fontaine a pris d'Horace la vivacité du dialogue. Dans la fable latine, la Grenouille, à qui l'on a parlé du Bœuf, et qui ne le voit point, demande quelle taille avait l'énorme bête (*ingens bellua*) :

        .... *Illa rogare,*
   « *Quantane? num tantum, sufflans se, magna fuisset?*
   — *Major dimidio.* — *Num tanto?* » *Quum magis atque*
   Se magis inflaret : « *Non, si te ruperis,* inquit,
   « *Par eris....* » (Livre II, satire III, vers 316-320.)

4. Ce mot n'a pas ici le sens injurieux qu'on lui donne ordinairement dans le langage familier (voyez Rabelais, livre II, fin du chapitre XVII); il est pris au propre, et « au propre il signifie, dit Ri-

LIVRE I.

S'enfla si bien qu'elle creva⁵. 10

Le monde est plein de gens qui ne sont pas plus sages⁶ :
Tout bourgeois veut bâtir⁷ comme les grands seigneurs⁸,
Tout petit prince a des ambassadeurs,
Tout marquis veut avoir des pages⁹.

chelet (1680), un animal, une bête; » c'est le *pecus, pecoris* des Latins. « Il est, ajoute Richelet, bas et burlesque. »

5. Le même vers, aux temps près, se lit dans la vieille fable sur le même sujet que Robert (tome I, p. 14 et 15) a extraite du recueil déjà cité (*Ysopet I*, f° 46) :

S'enfle si fort que elle creve.

6. Horace, d'une façon très-piquante, se fait, comme le remarque M. Soullié (p. 92), appliquer à lui-même, par son interlocuteur, la morale de la fable.

7. Le Roi, à ce moment, faisait construire Versailles, et donnait à tous l'exemple de la passion pour les bâtiments.

8. « Il y en a qui ne se contentent pas de renoncer à leur air propre et naturel, pour suivre celui du rang et des dignités où ils sont parvenus; il y en a même qui prennent par avance l'air des dignités et du rang où ils aspirent. Combien de lieutenants généraux apprennent à paroître maréchaux de France! Combien de gens de robe répètent inutilement l'air de chancelier, et combien de bourgeoises se donnent l'air de duchesses! » (LA ROCHEFOUCAULD, *Réflexions diverses*, III, *de l'Air et des Manières*, édition de M. Gilbert, tome I, p. 289.)

9. « Il est vrai, dit Saint-Simon (tome II, p. 97), que les titres de comtes et de marquis sont tombés dans la poussière par la quantité de gens de rien et même sans terres, qui les usurpent, et par là tombés dans le néant : si bien même que les gens de qualité qui sont marquis ou comtes, qu'ils me permettent de le dire, ont le ridicule d'être blessés qu'on leur donne ces titres en parlant à eux. » Les marquis étaient donc fort déchus : or il en coûtait pour entretenir des pages, et il n'y avait guère alors que le Roi et les princes du sang qui en eussent. « Mettez mon fils à l'Académie, écrivait à sa femme le financier Montauron, donnez-lui un gouverneur; car il lo faut élever en homme de condition. » Elle lui répondit : « Je lui donnerai des pages, si vous voulez ; vous n'avez qu'à m'envoyer de l'argent. » (*Les Historiettes de Tallemant des Réaux*, 3ᵉ édition, Paris, 1857, in-8°, tome VI, p. 233, note.)

FABLE IV.

LES DEUX MULETS.

Ésope, fab. 58, Ὄνος καὶ Ἵππος (Coray, p. 35 et 36, p. 311). — Phèdre, livre II, fab. 7, *Muli et Latrones*. — Romulus, livre III, fab. 3, *Equus et Asinus*. — Corrozet, fab. 67, *de l'Asne et du Cheual*.
Mythologia æsopica Neveleti, p. 138, p. 413.
Manuscrits de Conrart, tome XI, p. 535.

Deux Mulets cheminoient, l'un d'avoine chargé,
   L'autre portant l'argent de la gabelle[1].
Celui-ci, glorieux d'une charge si belle,
N'eût voulu pour beaucoup en être soulagé.
     Il marchoit d'un pas relevé,   5
     Et faisoit sonner sa sonnette[2] :
     Quand l'ennemi se présentant,
     Comme il en vouloit à l'argent,
Sur le Mulet du fisc une troupe se jette,
   Le saisit au frein et l'arrête.   10
   Le Mulet, en se défendant[3],
Se sent percer de coups ; il gémit, il soupire.
« Est-ce donc là, dit-il[4], ce qu'on m'avoit promis ?

  1. On appelait ainsi l'impôt sur le sel et le grenier où le sel se vendait.

  2. *Ille, onere dives, celsa cervice eminet,*
    Clarumque collo jactat tintinnabulum. (PHÈDRE, vers 4 et 5.)

  3. L'édition de 1668, in-4°, porte :
    Le Mulet se défendant.
Mais c'est sans doute une faute d'impression ; on ne la retrouve ni dans l'édition in-12 de 1668, ni dans celles de 1669 et de 1678.

  4. « Est-ce cela, ce dit-il » (*Manuscrit de Conrart*) ; erreur de copiste, qui fausse le vers.

Ce Mulet qui me suit du danger se retire ;
  Et moi j'y tombe, et je péris !
   — Ami, lui dit son camarade,
Il n'est pas toujours bon d'avoir un haut emploi :
Si tu n'avois servi qu'un meunier, comme moi,
  Tu ne serois pas si malade. »

FABLE V.

LE LOUP ET LE CHIEN.

Ésope, fab. 111, Ὄνος ἄγριος ; fab. 411, Λύκος καὶ Κύων (Coray, p. 62, p. 268, p. 320). — Babrius, fab. 99, Λύκος καὶ Κύων. — Phèdre, livre III, fab. 7, *Canis et Lupus.* — Avianus, fab. 37, *Canis et Leo.* — Romulus, livre III, fab. 15, *Canis et Lupus.* — Marie de France, fab. 34, *la Compengnie dou Chien au Leu.* — Haudent, 1re partie, fab. 159, *d'un Chien et d'un Loup;* fab. 205, *d'un Chien et d'un Lyon.* — Corrozet, fab. 52, *du Loup et du Chien.* — Le Noble, fab. 11, *du Chien gras et du Chien maigre. L'esclavage de la cour.*

Mythologia æsopica Neveleti, p. 179, p. 420, p. 482, p. 524.

Cette fable a été reproduite dans le *Recueil de poésies chrétiennes et diverses*, tome III, p. 362 (par erreur, pour p. 366).

Rousseau (*Émile*, livre II) voit dans cette fable « une leçon d'indépendance, » nuisible à l'enfant. « Au lieu d'une leçon de modération qu'on prétend lui donner, il en prend une, dit-il, de licence. Je n'oublierai jamais d'avoir vu beaucoup pleurer une petite fille qu'on avoit désolée avec cette fable, tout en lui prêchant toujours la docilité. On eut peine à savoir la cause de ses pleurs : on la sut enfin. La pauvre enfant s'ennuyoit d'être à la chaîne ; elle se sentoit le cou pelé ; elle pleuroit de n'être pas loup. » — Voyez, dans la IIIe leçon de M. Saint-Marc Girardin (tome I, p. 64-75), la comparaison qu'il fait de cette fable avec celles de Babrius, de Phèdre, de le Noble, sur le même sujet. La meilleure, selon lui, est celle de Phèdre. — Voyez aussi le spirituel et vivant commentaire de M. Taine (p. 116-118 du livre déjà cité) : le Loup est « un hardi capitaine d'aventures, » le Chien, « un courtisan, domestique d'âme encore plus que de corps. »

  Un Loup n'avoit que les os et la peau,
   Tant les chiens faisoient bonne garde.
Ce Loup rencontre un Dogue aussi puissant[1] que beau,

---

1. Ce mot désigne ici la force qui se manifeste au dehors par la

LIVRE I.

Gras, poli², qui s'étoit fourvoyé par mégarde.
   L'attaquer, le mettre en quartiers, 5
   Sire Loup l'eût fait volontiers;
   Mais il falloit livrer bataille,
   Et le mâtin étoit de taille
   A se défendre hardiment.
  Le Loup donc l'aborde humblement, 10
Entre en propos, et lui fait compliment
   Sur son embonpoint, qu'il admire.
« Il ne tiendra qu'à vous, beau sire,
D'être aussi gras que moi, lui repartit le Chien.
   Quittez les bois, vous ferez bien : 15
   Vos pareils y sont misérables,
   Cancres, haires, et pauvres diables³,
Dont la condition est de mourir de faim.
Car quoi? rien d'assuré : point de franche lippée⁴;

grosseur des membres, par l'ampleur des formes; Phèdre exprime la même idée au vers 5 :

   Aut quo cibo fecisti tantum corporis?

2. Pas précisément luisant de graisse, comme on l'explique ordinairement, mais dont le poil a ce lustre, cet éclat particulier aux animaux bien nourris. Phèdre dit encore (vers 4) :

   .... *Unde sic, quæso, nites?*

Marie de France (vers 6) :

   Et mult est luisanz vostre piaus (*votre peau*);

et Benserade, dans son XLIᵉ quatrain (édition de 1678) :

   Net, poli, gras, heureux, et sans inquiétude.

3. Le dernier mot de ce vers explique et achève le sens des deux premiers, qui s'employaient autrefois pour dire « misérables, gens de rien. » Voyez le *Lexique*. — Nous avons conservé pour le second mot, qui, dans toutes les impressions modernes, est écrit *hères*, l'orthographe des anciennes éditions. — Nous lisons de même dans Rabelais (livre I, chapitre XLV, tome I, p. 158) : « Dond' estes-vous, vous aultres paoures *haires?* »

4. « *Lippée*, vieux mot, d'après Richelet (il écrit *lipée*), qui ne se dit pas seul, et qui n'entre que dans le burlesque; il signifie *bouchée*,

Tout à la pointe de l'épée. 20
Suivez-moi : vous aurez un bien meilleur destin. »
  Le Loup reprit : « Que me faudra-t-il faire ?
— Presque rien, dit le Chien : donner la chasse aux gens
  Portants[5] bâtons, et mendiants ;
Flatter ceux du logis, à son maître complaire : 25
  Moyennant quoi votre salaire
Sera force reliefs[6] de toutes les façons,
  Os de poulets, os de pigeons[7],
  Sans parler de mainte caresse. »
Le Loup déjà se forge une félicité 30
  Qui le fait pleurer de tendresse.
Chemin faisant, il vit le col du Chien pelé. [de chose.
« Qu'est-ce là ? lui dit-il[8]. — Rien. — Quoi ? rien ? — Peu

repas. » — Avec *franche*, c'est un bon repas qui ne coûte rien. — Richelet cite l'exemple de la Fontaine, et cet autre, de Scarron : « C'est un chercheur de *franches lippées*, » auquel on peut joindre ce vers de son *Virgile travesti* (livre IV) :

  Un coureur de *franches lippées*.

Rabelais (livre II, chapitre IV, tome I, p. 212) a employé le mot sans épithète : « .... pour prendre à tout (*avec*) la langue quelcque *lippée*. »

5. Toutes les éditions anciennes font ainsi accorder le participe. Celle de 1729 (Paris) est la première où nous ayons trouvé *portant*, sans *s*.

6. Restes d'un repas : voyez plus loin, fable IX, vers 4.

7. Il y a un trait semblable dans Marie de France (vers 11 et 12) :

  Puis chascun iur runger les os,
  Dunt ie me fas et cras et gros.

— Geruzez rapproche de ces vers, fort à propos, le passage suivant de Bonaventure des Periers (*Cymbalum mundi*, dialogue IV, Amsterdam, 1732, in-12, p. 161) : « Vng chien ne doibt aultre chose sçauoir sinon abayer aux estrangers, seruir de garde à la maison, flatter les domestiques, aller à la chasse, courir le lieure et le prendre, ronger les os, lescher la vaisselle et suiure son maistre. »

8. Dans une des vieilles fables citées par Robert (tome I, p. 26, *Ysopet I*, f° 65) :

  Le Loup regarde le Gaignon (*le Chien, le Dogue*),

— Mais encor? — Le collier dont je suis attaché
De ce que vous voyez est peut-être la cause.   35
— Attaché? dit le Loup : vous ne courez donc pas
     Où vous voulez? — Pas toujours ; mais qu'importe?
— Il importe si bien, que de tous vos repas
     Je ne veux en aucune sorte [9],
Et ne voudrois pas même à ce prix un trésor [10]. »   40
Cela dit, maître Loup s'enfuit, et court encor.

> Vit que le col pelé auoit :
> Demanda li d'ou ce venoit.

Dans Marie de France (vers 23 et 24) :

> Frere, fet-il, merueille noi,
> Entur ton col a ne sai coi;

et un peu plus bas :

> Coi? fait li Leus, est-il einsi
> Qualer ne pués fors (*dehors*)?..

9. Hélas! que sert la bonne chère
    Quand on n'a pas la liberté? (Livre IV, fable XIII.)

10. A ce vers encore, Voltaire s'écrie (tome XXIX, p. 300, *Dictionnaire philosophique*) : « Comme si les trésors étaient à l'usage des loups! » — Le Loup de le Noble dit tout crûment :

> Et j'aime mieux, au fond du bois,
> En gueuse liberté me promener et vivre,
>   Que, etc.

Celui de Neckam est énergique aussi :

> *Sis satur et pinguis, servus vinctusque catenis ;*
> *Sim macer et vacuus, dummodo liber eam!*

Voyez les *Poésies inédites du moyen âge*, publiées par M. Édélestand du Méril, Paris, 1854, p. 209.

FABLE VI.

LA GÉNISSE, LA CHÈVRE, ET LA BREBIS, EN SOCIÉTÉ AVEC LE LION.

Ésope, fab. 38, Λέων καὶ Ὄνος καὶ Ἀλώπηξ; fab. 225, Λέων καὶ Ὄναγρος (Coray, p. 24 et 25, p. 147 et 148, p. 298). — Babrius, fab. 67, Ὄναγρος καὶ Λέων. — Phèdre, livre I, fab. 5, *Vacca et Capella, Ovis et Leo*. — Abstemius, fab. 187, *de Leone partem prædæ a Lupo petente*. — Romulus, livre I, fab. 6, *Vacca et Capella, Ovis et Leo*. — *Roman du Renart* (édition Méon, tome I, p. 207 et suivantes, vers 5584-6168). — Marie de France, fab. 11, *dou Lion, dou Bugle et de un Leu;* et fab. 12, *dou Lion qui ala chacier od la Chieure et la Brebis*. — Haudent, 1ʳᵉ partie, fab. 116, *d'un Lyon et quelques aultres Bestes;* fab. 173, *d'un Lyon, d'un Asne et d'un Regnard*. — Corrozet, fab. 5, *du Lyon, de la Brebis, et autres Bestes;* fab. 64, *du Lyon, de l'Asne et du Renard*. — Le Noble, fab. 12, *du Lion et des autres Animaux. La puissance tyrannique*.

Mythologia æsopica Neveleti, p. 120, p. 271, p. 356, p. 386, p. 392, p. 490, p. 612.

Manuscrits de Conrart (tome XI, p. 536), et *Manuscrit de Sainte-Geneviève*.

« Voilà certainement, dit Chamfort, une mauvaise fable que la Fontaine a mise en vers d'après Phèdre (*et d'après la fable* 225 *d'Ésope*). L'association de ces quatre personnages est absurde et contre nature. Quel besoin le Lion a-t-il d'eux pour chasser? Ils sont eux-mêmes le gibier qu'il cherche. Si Phèdre a voulu faire voir qu'une association avec plus fort que soi est souvent dangereuse, il y avait une grande quantité d'images ou d'allégories qui auraient rendu cette vérité sensible. Voyez la fable du *Pot de terre et du Pot de fer*. » Le critique a raison; mais, malgré tout, qui voudrait perdre le discours du Lion? Et ne faut-il pas, dans l'apologue, admettre quelques invraisemblances de ce genre? Avouons toutefois que le sujet et tout le développement de la fable sont heureusement modifiés, comme le fait remarquer Geruzez, dans un long récit du *Roman du Renard*, qui, par le cadre, se rapproche du numéro 38 d'Ésope. Robert (tome I, p. 32-34) cite un ancien fabliau qui a pour titre *la Compaignie Renart*[1], et qui résume élégamment le récit du *Roman*. « Les associés du Lion sont le Loup et le Renard ; ils s'emparent en commun d'un taureau, d'une vache et d'un veau. Le Loup propose de donner le taureau au Lion ; il prendra pour lui la génisse, et le veau sera la part du Renard. A cette proposition, le Lion étend sa griffe, et déchire au Loup la peau du front, qu'il lui rabat sur le museau :

> .... Le cuir de la grise pel
> Li abat desus le musel ;

puis il dit au Renard de proposer un autre partage. Maître Renard adjuge le taureau au Lion, la vache à « Madame la Lionesse, » qui la

> .... mengera souz sa cortine,
> Ou ele gist en sa gesine.

Puis il ajoute :

> Et vostre filz, mi Damoisel,
> Si aura le petit veel.

Le Lion émerveillé demande au Renard qui l'a rendu si habile à faire les partages. C'est, répond-il,

> Cil bachelers que ie voi là
> Qui si se fet fier et harouge,
> Porce qu'il a aumuce rouge. »

— On peut voir dans le livre de M. Soullié, p. 124, la fable latine tirée probablement, soit du fabliau, soit du *Roman*, par Robert Messier (*Sermones*, Paris, 1524, in-8°, f° 154, col. 1). — M. Benfey (*Pantschatantra*, tome I, p. 354) nous apprend que les Tuaregs d'Afrique connaissent l'apologue de la part du Lion, ainsi que plusieurs autres de ceux que contient le livre de *Calila et Dimna*. — — Rousseau (toujours au livre II d'*Émile*) voit dans cette fable une *leçon d'injustice*. « Dans toutes les fables, dit-il, où le Lion est un des personnages, comme c'est d'ordinaire le plus brillant, l'enfant ne manque pas de se faire Lion ; et quand il préside à quelque partage, bien instruit par son modèle, il a grand soin de s'emparer de tout. » Pour cette critique, nous ne pouvons, comme pour toutes

---

1. Ce fabliau se lit au f° 253 v° d'un recueil de poésies qui est aux manuscrits de la Bibliothèque nationale, fonds français, n° 837.

celles du même genre, que renvoyer encore à la fin de la xvii° leçon
de M. Saint-Marc Girardin, qui distingue, avec un rare bon sens ce
qu'il en faut prendre et laisser.

La Génisse, la Chèvre, et leur sœur la Brebis,
Avec un fier Lion, seigneur du voisinage,
Firent société, dit-on, au temps jadis,
Et mirent en commun le gain et le dommage.
Dans les lacs de la Chèvre un cerf se trouva pris.   5
Vers ses associés aussitôt elle envoie.
Eux venus, le Lion par ses ongles compta,
Et dit : « Nous sommes quatre à partager la proie. »
Puis en autant de parts le cerf il dépeça ;
Prit pour lui la première en qualité de Sire :   10
« Elle doit être à moi, dit-il ; et la raison,
  C'est que je m'appelle Lion :
  A cela l'on n'a rien à dire.
La seconde, par droit, me doit échoir encor :
Ce droit, vous le savez, c'est le droit du plus fort.   15
Comme le plus vaillant, je prétends la troisième.
Si quelqu'une de vous touche à la quatrième,
  Je l'étranglerai tout d'abord[2]. »

 2. Phèdre met dans la bouche du Lion ces quatr vers énergiques et précis :

> *Ego primam tollo, nominor quia Leo ;*
> *Secundam, quia sum fortis, tribuetis mihi ;*
> *Tum, quia plus valeo, me sequetur tertia ;*
> *Malo afficietur, si quis quartam tetigerit.*

La première raison est dans Ésope (fab. 225) : βασιλεὺς γάρ εἰμι
et dans Marie de France (fab. 12) :

> La greignur (*plus grande*) part deit estre meie,
> Car ieo sui rois, la cort l'otreie (*la cour l'octroie*).

FABLE VII.

LA BESACE.

Ésope, fab. 337, Ὁ δύο πήρας ἐξημμένος (Coray, p. 221 et 222).
— Babrius, fab. 66, Ἄνθρωπος σὺν δυσὶ πήραις. — Phèdre, livre IV,
fab. 10, *De Vitiis hominum*. — Avianus, fab. 14, *Simia et Jupiter*. —
La Fontaine a composé sa fable des trois fables anciennes qu'il a
pu connaître, et dont deux, l'ésopique et celle de Phèdre, sont à
peu près identiques. Avianus lui a fourni la *comédie*, comme l'appelle M. Saint-Marc Girardin (XIIe leçon, tome I, p. 414), par laquelle l'apologue commence, ce cadre des animaux comparaissant
devant Jupiter; Ésope et Phèdre, l'allégorie de la fin, les deux
poches ou la besace, que Prométhée lui-même, dit Babrius, attacha
à l'homme (celle de derrière beaucoup plus grande), aussitôt après
l'avoir créé. Voyez la dernière note de la fable.

Mythologia æsopica Neveleti, p. 434, p. 464.

Cette fable a été reproduite dans le *Recueil de poésies chrétiennes
et diverses*, tome III, p. 357 (par erreur, pour p. 361).

Jupiter dit un jour : « Que tout ce qui respire
S'en vienne comparoître aux pieds de ma grandeur :
Si dans son composé quelqu'un trouve à redire,
    Il peut le déclarer sans peur ;
    Je mettrai remède à la chose.   5
Venez, Singe ; parlez le premier, et pour cause[1].

[1] « Plaisanterie de Jupiter, qui suppose que le Singe (*qu'Avianus
désigne par l'épithète* turpissima) aura plus à se plaindre que les
autres. » (*Note d'Adry*, dans le *Vocabulaire* qui termine son édition
des *Fables de la Fontaine*, Paris, H. Barbou, 1806, p. 383.) — L'abbé
Guillon cherche ailleurs, et un peu trop loin, ce nous semble, la
raison des mots *et pour cause* : « Un fabuliste anglais, dit-il, M. Merrick, a expliqué cette cause par une fable ou allégorie, dans le style
des *Métamorphoses* d'Ovide : « Jupiter avait changé en singes une
« race d'hommes indignes de ce nom. Touchés de repentir, les

Voyez ces animaux, faites comparaison
  De leurs beautés avec les vôtres.
Êtes-vous satisfait ? — Moi ? dit-il ; pourquoi non ?
N'ai-je pas quatre pieds aussi bien que les autres ?   10
Mon portrait jusqu'ici ne m'a rien reproché ;
Mais pour mon frère l'Ours, on ne l'a qu'ébauché :
Jamais, s'il me veut croire, il ne se fera peindre. »
L'Ours venant là-dessus, on crut qu'il s'alloit plaindre.
Tant s'en faut : de sa forme il se loua très-fort ;   15
Glosa sur l'Éléphant, dit qu'on pourroit encor
Ajouter à sa queue, ôter à ses oreilles ;
Que c'étoit une masse informe et sans beauté..
    L'Éléphant étant écouté,
Tout sage qu'il étoit, dit des choses pareilles :   20
    Il jugea qu'à son appétit[2]
    Dame Baleine étoit trop grosse.
Dame Fourmi trouva le Ciron trop petit,
    Se croyant, pour elle, un colosse.
Jupin les renvoya s'étant censurés[3] tous,   25
Du reste, contents[4] d'eux[5]. Mais parmi les plus fous

« coupables prièrent le dieu de leur rendre les traits de l'homme
« et l'usage de leur raison. Jupiter ne voulut leur accorder qu'une
« partie de leur prière : il leur refusa la raison, mais leur donna le
« premier rang après l'homme. »
  2. A son sens, à son gré.
  3. C'est presque le mot même de Phèdre (vers 5) :
    Alii simul delinquunt, censores sumus.
  4. Var. La première édition, 1668, in-4°, et, d'après elle, les
éditions de 1682 (Paris, Barbin), et de 1708 (Londres), portent
content, au singulier. Cependant, dès 1668 même, l'édition in-12
donne *contens*, qui forme un sens très-différent, et qui est reproduit
par l'édition de 1669. Dans l'édition de 1678, on lit *content*, comme
dans l'in-4° de 1668 ; mais cette leçon est corrigée dans l'*Errata*,
qui rétablit *contens*. Il y a également *contens* dans l'édition de 1688
(la Haye, van Bulderen).
  5. La donnée contraire, le Cheval se plaignant de toutes ses im-

LIVRE I.

Notre espèce excella; car tout ce que nous sommes,
Lynx envers nos pareils, et taupes envers nous [6],
Nous nous pardonnons tout, et rien aux autres hommes :
On se voit d'un autre œil qu'on ne voit son prochain [7]. 30
　　Le fabricateur souverain
Nous créa besaciers [8] tous de même manière [9],
Tant ceux du temps passé que du temps d'aujourd'hui :
Il fit pour nos défauts la poche de derrière,

perfections à Jupiter, a fourni à Lessing une de ses plus belles fables, la ve du livre I : *Jupiter et le Cheval*.

6. Ce vers est cité dans les *Mélanges* de Voltaire (tome XXXIX des OEuvres, p. 218) parmi les « maximes d'un sens profond qu'on trouve en foule » dans notre auteur. — Robert (tome I, p. 39) cite une phrase latine qu'on croirait traduite par la Fontaine; elle est tirée d'un apologue de Gratianus a Sancto Elia, intitulé *Conspicilla*, « les Lunettes » : *Docere voluit* (philosophus) *homines, in observandis actibus proximi, oculos habere lynceos, esse aquilas et argos; ad suas vero actiones esse talpas.* — Rabelais a dit aussi : « Il ne sçait le premier traict de philosophie, qui est : *Congnoy-toy*. Et se glorifiant veoir ung festu en l'œil d'aultruy, ne veoit une grosse souche laquelle luy poche les deux yeulx.... C'est une aultre lamie, laquelle en maisons estranges, en publicq, entre le commun peuple, voyant plus penetramment que ung Lynce, en sa maison propre estoit plus aueugle que une Taulpe : chez soy rien ne voyoit. » (Livre III, chapitre xxv, tome I, p. 448.)

7. Plutarque, dans le traité *de la Curiosité* (chapitre 1), cite ces deux vers :

　　　Τί τἀλλότριον....
　Κακὸν ὀξυδορκεῖς, τὸ δ' ἴδιον παραβλέπεις;

« Pourquoi ta vue est-elle perçante pour voir le mal d'autrui, et passe-t-elle à côté du tien? »

8. *Besacier*, porteur de besace. Ce mot paraît être de l'invention de la Fontaine. Au moins n'est-il pas dans les lexiques du dix-septième siècle. L'Académie, qui ne lui a donné place dans son *Dictionnaire* qu'en 1762, fait remarquer qu'il ne s'emploie guère que par dénigrement, par exemple en parlant des moines mendiants.

9. *Peras imposuit Jupiter nobis duas :*
　Propriis repletam vitiis post tergum dedit,
　Alienis ante pectus suspendit gravem. (PHÈDRE, vers 1-3.)

Et celle de devant pour les défauts d'autrui [10].

10. Les allusions à ce proverbe allégorique abondent chez les anciens et chez les modernes. Catulle (xxii, vers 20 et 21) :

> .... *Suus quoique attributus est error,*
> *Sed non videmus manticæ quod in tergo est.*

— Horace (livre II, *satire* iii, vers 298 et 299) :

> *Dixerit insanum qui me, totidem audiet, atque*
> *Respicere ignoto discet pendentia tergo.*

— Perse (*satire* iv, vers 23 et 24) :

> *Ut nemo in sese tentat descendere, nemo ;*
> *Sed præcedenti spectatur mantica tergo !*

— Sénèque (*de la Colère*, livre II, chapitre xxviii) : *Aliena vitia in oculis habemus, a tergo nostra sunt.* — Plutarque, dans la *Vie de Crassus* (chapitre xxxii), dit de Suréna, qui décriait les mœurs des Romains devant le sénat de Séleucie, qu'il portait attachée par devant la poche où étaient les excès de ceux-ci (τὴν.... πήραν ἐξηρτημένον πρόσωθεν), et par derrière (ὄπισθεν) celle où étaient ceux des Parthes. — Dans Stobée, au commencement du titre xxiii, est citée la fable d'Ésope avec plusieurs fragments grecs de pensée analogue. — Voyez ci-après, à l'*Appendice* du présent volume, la très-fine et très-juste application que M. Saint-Marc Girardin, dans une autre de ses leçons, la ive, fait à la fable, en général, de la morale des deux poches. A la suite, nous donnons, d'après lui et d'après Robert, une mise en action, naïve et frappante, extraite des *Vies des Pères du désert* d'Arnauld d'Andilly ; puis le passage de *Pantagruel* où Rabelais applique l'allégorie de la besace à la fois aux fautes et aux malheurs. — « La moralité s'élève, nous dit encore, dans la xiie leçon déjà citée, M. Saint-Marc Girardin (tome I, p. 415), et aboutit à l'Évangile. » Elle exprime en effet la même pensée que le mot si connu de la poutre et du fétu, reproduit ci-dessus (note 6) dans la citation de Rabelais : voyez *saint Matthieu*, chapitre vii, versets 3-5, et *saint Luc*, chapitre vi, versets 41 et 42.

FABLE VIII.

L'HIRONDELLE ET LES PETITS OISEAUX.

Ésope, fab. 285, Χελιδὼν καὶ Ὄρνιθες; fab. 330 et 331, Γλαὺξ κα Ὄρνεα (Coray, p. 186, p. 217 et 218). — Appendix fabularum æsopiarum, fab. 12, *Aves et Hirundo.* — Romulus, livre I, fab. 19, *Aves et Hirundo.* — Marie de France, fab. 18, *de l'Arondelle et des Oiseaux.* — Haudent, 1re partie, fab. 127, *de l'Heronde et des aultres Oiseaulx.* — Corrozet, fab. 16, *de l'Arondelle et autres Oiseaux.* — Le Noble, fab. 59, *du Lin, des Oiseaux, et de la Pie. La prévoyance.* — *Mythologia æsopica Neveleti*, p. 315, p. 500.

Une note inédite, de la main de Walckenaer, parle d'un manuscrit autographe de cette fable. Voyez ci-après, la note 6.

M. Benfey (tome II, p. 139 et 140) traduit une fable indienne où se trouve le même conseil donné aux oiseaux d'arracher « l'herbe aux filets. » Il n'ose décider (tome I, p. 248 et 249) quelle est, de la fable indienne et de la fable ésopique, la plus ancienne.

    Une Hirondelle en ses voyages
Avoit beaucoup appris. Quiconque a beaucoup vu
    Peut avoir beaucoup retenu.
Celle-ci prévoyoit jusqu'aux moindres orages[1],
    Et devant qu'ils fussent éclos,   5
    Les annonçoit aux matelots.
Il arriva qu'au temps que la chanvre[2] se sème[3],

---

1. Voyez les *Géorgiques* de Virgile, livre I, vers 373-377, et l'*Histoire naturelle* de Pline, livre XVIII, chapitre LXXXVII.

2. Ce mot ne s'emploie plus qu'au masculin, genre que lui donnent déjà, au dix-septième siècle, Nicot, Richelet, Furetière, l'Académie. Il a, si nous en croyons M. Lorin (*Vocabulaire pour les OEuvres de la Fontaine*, p. 42), conservé le genre féminin « dans quelques provinces, notamment dans les villages du Soissonnais et aux environs de Château-Thierry, patrie de la Fontaine. »

3. Le chanvre se sème habituellement dès que les froids ne sont

Elle vit un manant⁴ en couvrir maints sillons.
« Ceci ne me plaît pas, dit-elle aux Oisillons :
Je vous plains; car pour moi, dans ce péril extrême,   10
Je saurai m'éloigner, ou vivre en quelque coin⁵.
Voyez-vous cette main qui par⁶ les airs chemine ?
    Un jour viendra, qui n'est pas loin,
Que ce qu'elle répand sera votre ruine.
De là naîtront engins⁷ à vous envelopper,   15
    Et lacets pour vous attraper,
    Enfin mainte et mainte machine
    Qui causera dans la saison
    Votre mort ou votre prison :
    Gare la cage ou le chaudron !   20
    C'est pourquoi, leur dit l'Hirondelle,
    Mangez ce grain; et croyez-moi. »

plus à craindre. En France, au nord et à l'est, on attend jusqu'à la dernière quinzaine de mai; dans les contrées plus froides, jusqu'en juin. Voyez le *Dictionnaire de l'Agriculture* de MM. Joigneaux et Moreau, tome I, p. 294.

4. Un paysan, un rustre. C'est ainsi que l'Académie (1694) définit le mot. Son sens propre, et « en ce sens, dit-elle, on ne le met guère qu'au pluriel, » est « habitant qui demeure et est habitué en un bourg ou village. »

5. Ce n'est pas chose inouïe, à ce qu'il paraît, que des hirondelles, au lieu d'émigrer, *vivent* engourdies *en quelque coin* durant l'hiver, comme le disait déjà Aristote (*Histoire des animaux*, livre VIII, chapitre XVIII). Voyez, dans le *Dictionnaire universel d'histoire naturelle* de d'Orbigny (Paris, 1845, tome VI, p. 645 et suivantes), l'intéressant article de M. Z. Gerbe.

6. « Le manuscrit autographe portait *dans;* la Fontaine l'a effacé pour y substituer *par*, qui est écrit au-dessus. » (*Note manuscrite de Walckenaer.*)

7. Machines, instruments de toutes sortes; du latin *ingenium*. « Ce mot d'*engin*, d'après Furetière (1690), s'est dit particulièrement des filets à prendre du poisson. » — Marie de France s'est servie du même mot :

    Cil (*le vilain*) fist dou lin engins plusurs,
    Dont prist oissiax grans et menurs.

Les Oiseaux se moquèrent d'elle :
Ils trouvoient aux champs trop de quoi.
Quand la chènevière fut verte, 25
L'Hirondelle leur dit : « Arrachez brin à brin
Ce qu'a produit ce maudit grain,
Ou soyez sûrs de votre perte.
— Prophète de malheur, babillarde, dit-on,
Le bel emploi que tu nous donnes ! 30
Il nous faudroit mille personnes
Pour éplucher tout ce canton[8]. »
La chanvre étant tout à fait crue,
L'Hirondelle ajouta : « Ceci ne va pas bien ;
Mauvaise graine est tôt venue. 35
Mais puisque jusqu'ici l'on ne m'a crue en rien,
Dès que vous verrez que la terre
Sera couverte[9], et qu'à leurs blés
Les gens n'étant plus occupés
Feront aux oisillons la guerre ; 40
Quand reginglettes[10] et réseaux

8.   Les autres oiseaux s'en mocquerent,
Sotte prophete l'appellerent.
Quand l'Arondelle veid croissan
Ce lin fleury et verdissant,
A ces oiseaux dit derechef :
« Il vous viendra quelque meschef,
Prins serez, et souffrirez pis,
Si vous n'arrachez ses espics. »
Les autres se mocquerent d'elle. (CORROZET.)

9. « C'est-à-dire ensemencée. Le mot *couvert*, pris dans ce sens-là, est un terme d'agriculture assez usité à la campagne, mais qui n'est pas fort connu dans les grandes villes. » (COSTE.) — La Fontaine a employé le verbe *couvrir* dans le même sens au vers 61 du *Diable de Papefiguière* (conte v de la 4ᵉ partie). — Dans quelques contrées, et notamment en Touraine, on se sert encore du mot *couvraille* pour dire les semailles. M. le comte Jaubert, dans son *Glossaire du centre de la France*, le définit «époque et opération de l'ensemencement des terres».

10. « Ce piége, nommé aussi *ginglette*,... est encore en usage dans

Attraperont petits oiseaux,
Ne volez plus de place en place,
Demeurez au logis, ou changez de climat :
Imitez le canard, la grue, et la bécasse.   45
Mais vous n'êtes pas en état
De passer, comme nous, les déserts et les ondes,
Ni d'aller chercher d'autres mondes ;
C'est pourquoi vous n'avez qu'un parti qui soit sûr :
C'est de vous renfermer aux trous de quelque mur. »   50
Les Oisillons, las de l'entendre,
Se mirent à jaser aussi confusément
Que faisoient[11] les Troyens quand la pauvre Cassandre[12]
Ouvroit la bouche seulement.
Il en prit aux uns comme aux autres :   55
Maint oisillon se vit esclave retenu.

Nous n'écoutons d'instincts que ceux qui sont les nôtres,
Et ne croyons le mal que quand il est venu.

les environs de Château-Thierry...; mais on ne s'en sert plus habituellement. » M. Lorin, à qui nous empruntons ces mots, donne de ce piége une description détaillée et un dessin, qui lui ont été communiqués par un ami, habitant Château-Thierry (voyez son *Vocabulaire*, p. 232 et 233). C'est une longue branche d'un bois flexible, que l'on plante en terre, et dont l'extrémité supérieure, repliée de force, vient traverser plus bas la branche elle-même, et se termine par une planchette adaptée verticalement à cette extrémité. Une autre planchette, très-mobile, placée horizontalement, et sur laquelle on a répandu du grain, tient écartés l'un de l'autre le corps de la branche et la planchette verticale. L'oiseau, en se posant sur l'obstacle, le fait tomber; la branche *regingle* (terme usité dans la province), c'est-à-dire tend à se redresser brusquement, et l'oiseau se trouve, sinon écrasé, au moins blessé et pris.

11. « Que firent, » dans l'édition de 1729.

12. On sait que Cassandre, fille de Priam, douée du don de prophétie, fut condamnée par Apollon, dont elle avait dédaigné l'amour, à n'être jamais crue. Elle prédit la chute de Troie, et ne fut pas écoutée. Voyez Virgile, *Énéide*, livre II, vers 246 et 247.

FABLE IX.

LE RAT DE VILLE ET LE RAT DES CHAMPS.

Ésope, fab. 301, Μῦς ἀρουραῖος καὶ Μῦς ἀστικός (Coray, p. 196 et 197). — Babrius, fab. 108, *même titre*. — Aphthonius, fab. 26, *Fabula Murium, admonens diligendam esse mediocritatem*. — Horace, livre II, *satire* VI, vers 79 et suivants. — Appendix fabularum æsopiarum, fab. 6, *Mus urbanus et rusticus*. — Romulus, livre I, fab. 12, *Mus urbanus et rusticus*. — Marie de France, fab. 9, *de deux Suris, l'une borgoise et l'altre vileine*. — Haudent, 1re partie, fab. 120, *d'une Sonris de ville et d'une aultre de village*. — Corrozet, fab. 9, *de deux Rats*. — Boursault, *les Fables d'Ésope*, acte II, scène VI, *les deux Rats*. — Le Noble, fab. 43, *du Rat de ville et du Rat de village. La vie tranquille*. —

Mythologia æsopica Neveleti, p. 342, p. 494.
Manuscrits de Conrart, tome XI, p. 538.

L'abbé Guillon trouve la fable de la Fontaine *supérieure* à celle d'Horace. C'est, dit avec grande raison Geruzez, « abuser du droit d'admiration banale qu'on accorde aux commentateurs. » — Voyez au tome III des *Œuvres* d'Andrieux, p. 200 (Paris, 1818), son élégante imitation d'Horace, et une autre, à la suite, par Collin d'Harleville. Elles furent composées l'une et l'autre à Mévoisins, propriété de Collin d'Harleville, près de Maintenon, pendant un assez long séjour qu'y fit Andrieux en 1793, et dont il nous a laissé un récit intéressant dans une notice sur son ami.

>   Autrefois le Rat de ville
>   Invita le Rat des champs,
>   D'une façon fort civile,
>   A des reliefs[1] d'ortolans.
>
>   Sur un tapis de Turquie[2]   5

1. Voyez ci-dessus, p. 72, fable V, vers 27, et note 6.
2. On appelait tapis de Turquie, de Perse ou du Levant, des

Le couvert se trouva mis.
Je laisse à penser la vie
Que firent ces deux amis.

Le régal fut fort honnête :
Rien ne manquoit au festin ;   10
Mais quelqu'un troubla la fête
Pendant qu'ils étoient en train.

A la porte de la salle ³
Ils entendirent du bruit :
Le Rat de ville détale ;   15
Son camarade le suit.

Le bruit cesse, on se retire :
Rats⁴ en campagne aussitôt ;

tapis fabriqués en France à l'imitation de l'Orient. La manufacture, installée d'abord au Louvre par Henri IV, fut transportée par Louis XIII dans la maison de la Savonnerie, près de Chaillot, puis réunie aux Gobelins par Louis XIV. Voyez Lacordaire, *Notice historique sur les manufactures impériales de tapisseries des Gobelins et de tapis de la Savonnerie* (Paris, 1855), notamment aux pages 36, 38, 41. Lorsqu'en 1627 un arrêt du conseil accorda à Pierre du Pont et à Simon Lourdet la fabrique et manufacture de toutes sortes de tapis, autres ameublements et ouvrages du Levant, etc., une des conditions imposées aux entrepreneurs fut que : « Dans toutes les villes du royaume où ils s'établiraient, ils seraient tenus d'instruire dans leur art un certain nombre d'enfants pauvres à eux confiés par les administrateurs des hôpitaux. Ces enfants, au nombre de cent pour la ville de Paris, seront logés dans la maison de la Savonnerie, etc. »

3. Dans l'édition in-4° de 1668, et dans celle de 1682, l'orthographe du mot est, comme dans Richelet et Furetière, *sale*, qui rime à l'œil avec *détale;* mais l'édition in-12 de 1668, celles de 1669 et de 1678, de la Haye (1688), de Londres (1708), etc., écrivent toutes, comme l'Académie dès 1694, *salle*.

4. *Rat*, au singulier, par erreur, dans l'édition de 1678 A, qui a une autre faute à la dernière strophe :

Mais rien ne me vient interrompre.

Et le citadin de dire :
« Achevons tout notre rôt.   20

— C'est assez, dit le rustique ;
Demain vous viendrez chez moi.
Ce n'est pas que je me pique [5]
De tous vos festins de roi ;

Mais rien ne vient m'interrompre :   25
Je mange tout à loisir.
Adieu donc. Fi du plaisir
Que la crainte peut corrompre ! »

5. « Se piquer de quelque chose, » faire profession, faire vanité de se distinguer par quelque chose, d'en avoir l'habitude.

FABLE X.

LE LOUP ET L'AGNEAU.

Ésope, fab. 229, Λύκος καὶ Ἄρς (Coray, p. 150 et 151, p. 378; comparez aussi la fab. 6, Αἴλουρος καὶ Ἀλεκτρυών, p. 7). — Babrius, fab. 89, Λύκος καὶ Ἀρνιον. — Phèdre, livre I, fab. 1, *Lupus et Agnus*. — Romulus, livre I, *Lupus et Agnus*. — Marie de France, fab. 2, *dou Leu et de l'Aingniel*. — Haudent, 1re partie, fab. 113, *d'un Loup et d'un Aigneau*; 2e partie, fab. 29, *même titre*. — Corrozet, fab. 2, *du Loup et de l'Aigneau*. — Boursault, *les Fables d'Ésope*, acte V, scène III, *le Loup et l'Agneau*. — Le Noble, fab. 94, *du Loup et de l'Agneau. La violence.*

Mythologia æsopica Neveleti, p. 90, p. 274, p. 374, p. 389, p. 487.

Manuscrits de Conrart (tome XI, p. 533), et *Manuscrit de Sainte-Geneviève*. — Cette fable a été reproduite dans le *Recueil de poésies chrétiennes et diverses*, tome III, p. 367 (par erreur, pour p. 371).

Dans une fable orientale, toute différente d'ailleurs, le Faucon, voulant manger la Perdrix, lui fait également, pour parler comme le vieux traducteur, « une querelle d'Allemand. » Voyez *le Livre des lumières ou la Conduite des Roys*, composé par le sage Pilpay Indien, traduction pseudonyme de Gaulmin, Paris, 1644, p. 200-203. — « Cette fable est connue de tout le monde, même de ceux qui ne connaissent que celle-là. Ce qui en fait la beauté, c'est la vérité du dialogue. Plusieurs personnes ne semblent voir dans cet apologue qu'une vérité triviale, que le faible est opprimé par le fort. Ce ne serait pas la peine de faire une fable. Ce qui fait la beauté de celle-ci, c'est la prétention du Loup qui veut avoir raison dans son injustice, et qui ne supprime tout prétexte et tout raisonnement que lorsqu'il est réduit à l'absurde par les réponses de l'Agneau. » (CHAMFORT.) — L'intention marquée ici par Chamfort est indiquée au commencement et à la fin de la première des trois versions, données par Coray, de la fable ésopique. — Voyez ci-après la note 1 se rapportant à la morale.

La raison du plus fort est toujours la meilleure[1] :

1. « Il est bon, en lisant la Fontaine, de se laisser aller un peu à

Nous l'allons montrer tout à l'heure².

  Un Agneau se désaltéroit
  Dans le courant d'une onde pure.
Un Loup survient³ à jeun, qui cherchoit aventure,   5
  Et que la faim en ces lieux attiroit.
« Qui te rend si hardi de troubler mon breuvage ?
  Dit cet animal plein de rage :
Tu seras châtié de ta témérité.
— Sire, répond l'Agneau, que Votre Majesté   10
  Ne se mette pas en colère;
  Mais plutôt qu'elle considère
  Que je me vas⁴ désaltérant

la pente des réflexions qu'il suggère, et de ne pas toujours s'arrêter à la lettre de ses moralités. Il y a telle fable et telle moralité qui, au premier coup d'œil, paraissent favorables aux mauvais et aux petits sentiments, et qui le sont, au contraire, aux bons et aux grands. Il faut, avec la Fontaine, savoir ce que parler veut dire. Prenons, par exemple, *le Loup et l'Agneau* :

  « La raison du plus fort est toujours la meilleure. »
  (*La Fontaine et les Fabulistes*, xiie leçon, tome I, p. 417.)

Voyez à la suite la piquante analyse par laquelle M. Saint-Marc Girardin montre que la Fontaine est bien loin de nous peindre le Loup en beau, et qu'on n'est nullement tenté de conclure de la fable que le succès justifie tout. Nous nous contenterons de citer ici cette fin éloquente (p. 419) : « Mangez l'Agneau, sire Loup, mais ne cherchez pas à lui prouver que vous avez raison. Soyez injuste et violent, mais ne soyez pas sophiste et hypocrite. N'abusez pas contre la justice des formes de la justice : c'est le pire outrage qu'on puisse faire à la conscience humaine. » — Les deux vers de morale manquent dans le *Manuscrit de Sainte-Geneviève*.

2. Cette locution signifiait soit, comme ici, « sur l'heure, à l'instant même » (voyez les *Dictionnaires* de Richelet et de Furetière); soit « dans un moment » (voyez le *Dictionnaire de l'Académie* de 1694).

3. Dans le *Manuscrit de Sainte-Geneviève* : « survint ; et au vers 11 : « point, » au lieu de *pas*.

4. *Vais*, dans les deux *Manuscrits de Conrart et de Sainte-Geneviève*.

Dans le courant,
Plus de vingt pas au-dessous d'Elle⁵ ;   15
Et que par conséquent, en aucune façon,
Je ne puis troubler sa boisson.
— Tu la troubles, reprit cette bête cruelle ;
Et je sais que de moi tu médis l'an passé⁶.
— Comment l'aurois-je fait si je n'étois pas né ?   20
Reprit l'Agneau ; je tette encor ma mère⁷.
— Si ce n'est toi, c'est donc ton frère.
— Je n'en ai point. — C'est donc quelqu'un des tiens ;
Car vous ne m'épargnez guère,
Vous, vos bergers, et vos chiens.   25
On me l'a dit : il faut que je me venge. »
Là-dessus, au fond des forêts
Le Loup l'emporte, et puis le mange,
Sans autre forme de procès.

5. Il y a ainsi *Elle*, avec cette respectueuse majuscule, dans les anciennes éditions (excepté 1678 A), bien que plus haut, au vers-12, elles écrivent *elle*, avec une minuscule.

6. Au lieu de ce vers et des sept qui suivent, on lit dans les *Manuscrits de Conrart* :

Ne me cherche point de raison ;
Car tout à l'heure il faut que je me venge.
Là-dessus, etc.

C'était peut-être une première ébauche, reprise ensuite et développée par la Fontaine.

7. Il y a la même réponse dans Babrius (vers 9), mais avec une autre intention, plus conséquente peut-être : l'Agneau ne boit pas au ruisseau, il ne peut pas y boire, il tette encore :

Θηλὴ μεθύσκει μέχρι νῦν με μητρῴη.

« Jusqu'ici c'est la mamelle de ma mère qui m'enivre. »

FABLE XI.

L'HOMME ET SON IMAGE.

POUR M. L. D. D. L. R.[1]

L'origine de cette fable est inconnue; c'est sans doute une de celles dont l'invention appartient à la Fontaine. La fable 8 du livre III de Phèdre, intitulée *le Frère et la Sœur*, à laquelle renvoie un commentateur, peut en avoir suggéré la première idée, mais ce ne serait que de fort loin. Robert (tome I, p. 63) cite les deux morceaux suivants, un peu moins éloignés, il est vrai, mais que la Fontaine sans doute n'a pas connus :

Robert Holkot, leçon cii sur le *Livre de la Sagesse* : *Sicut narratur de quadam turpi et deformi Domicella : ista autem habuit tortam faciem et oblongam, et quotiens respexit speculum, doluit et offendebatur : deformitatem tamen suam semper imputabat speculo; unde plura specula fregit quam omnes mulieres de patria.*

Baldi, *Apologue* 96 : UN' HUOMO DISTORTO DI FACCIA. *Un' huomo di volto storto specchiandosi, riprese lo specchio di falsità : il che facendo più volte con più specchi, sempre incolpò loro : al fine abbattutosi in uno specchio storto, che gli drizzò la stortezza della faccia, tutto lieto disse :* « *Pur ne trovai uno al fine, che mi scoperse il vero.* »

Nous avons vu dans le cabinet de M. Boutron-Charlard une copie de cette fable qui est signée DE LA FONTAINE (sic) : voyez la *Notice bibliographique*. Cette copie n'offre aucune variante pour le texte; elle a seulement, à la seconde ligne du titre, de même que l'édition

---

1. Nous reproduisons cette ligne telle qu'elle se lit dans toutes les éditions que la Fontaine a données. Dans l'édition de 1729, il y a, en toutes lettres : POUR M. LE DUC DE LA ROCHEFOUCAULD. Les initiales, ainsi que le dernier vers de la fable, désignaient assez clairement l'auteur des *Maximes*, François duc de la Rochefoucauld, né en 1613, et mort en 1680. La Fontaine lui a encore dédié la fable xv du livre X.

de 1729, les mots entiers au lieu des initiales (voyez la note 1 de la fable).

Un homme qui s'aimoit sans avoir de rivaux[2]
Passoit dans son esprit pour le plus beau du monde :
Il accusoit toujours les miroirs d'être faux,
Vivant plus que content dans une erreur profonde.
Afin de le guérir, le sort officieux   5
      Présentoit partout à ses yeux
Les conseillers muets dont se servent nos dames[3] :
Miroirs dans les logis, miroirs chez les marchands,
      Miroirs aux poches des galands,
      Miroirs aux ceintures des femmes[4].   10
Que fait notre Narcisse[5] ? Il se va confiner[6]
Aux lieux les plus cachés qu'il peut s'imaginer,
N'osant plus des miroirs éprouver l'aventure.
Mais un canal, formé par une source pure,
      Se trouve en ces lieux écartés :   15

---

2. *Nullum ultra verbum aut operam insumebat inanem,*
   Quin sine rivali teque et tua solus amares.
               (HORACE, *Art poétique*, vers 443 et 444.)

3. Cette périphrase a bien, ce semble, un air de famille avec celles dont Molière s'est moqué dans ses *Précieuses;* mais une petite pointe d'ironie vient peut-être à propos avant l'énumération qui suit. — Dans *le Grand dictionnaire des Pretieuses ou la Clef de la langue des ruelles* (par Somaize), publié en 1660, sans nom d'auteur, les circonlocutions et les figures qui désignent le *miroir* sont « le conseiller des grâces, le peintre de la dernière fidélité, le singe de la nature, le caméléon. » (Édition Livet, 1856, tome I, p. LI.)

4. C'était la mode dès 1635. Dans *la Place royale* de Corneille, représentée cette année, Alidor présente à Angélique « un miroir qu'elle porte à sa ceinture » (acte II, scène II, après le vers 377).

5. On connaît l'histoire de Narcisse, condamné à devenir amoureux de sa propre image pour avoir méprisé l'amour de la nymphe Écho, et qui finit par se noyer dans la source où il se contemplait. Voyez les *Métamorphoses* d'Ovide, livre III, vers 339-510.

6. Dans l'édition de 1729 : « Il va se confiner. »

Il s'y voit, il se fâche ; et ses yeux irrités
Pensent apercevoir une chimère vaine.
Il fait tout ce qu'il peut pour éviter cette eau ;
  Mais quoi ? le canal est si beau
  Qu'il ne le quitte qu'avec peine.   20

  On voit bien où je veux venir.
  Je parle à tous ; et cette erreur extrême
Est un mal que chacun se plaît d'entretenir.
Notre âme, c'est cet homme amoureux de lui-même ;
Tant de miroirs, ce sont les sottises d'autrui,   25
Miroirs, de nos défauts les peintres légitimes ;
  Et quant au canal, c'est celui
  Que chacun sait, le livre des *Maximes*[7].

[7]. Le livre de la Rochefoucauld avait eu en France deux éditions successives, en 1665 et en 1666, quand la Fontaine publia cette fable. La première édition fut réimprimée jusqu'à trois fois l'année même où elle parut. Les *Maximes* circulèrent d'ailleurs longtemps parmi les amis de la Rochefoucauld, avant d'être données au public. Voyez ce que dit la Rochefoucauld, dans sa préface de 1665, d'une copie qui avait passé en Hollande ; ce qu'il ne dit pas, c'est qu'elle y avait été imprimée en 1664 ; M. Gilbert l'ignorait quand il a rédigé sa note sur ce passage de cette préface (tome I, p. 26) ; on a depuis découvert cette édition. — « Ce n'est point là une fable, quoi qu'en dise la Fontaine. C'est un compliment en vers adressé à M. le duc de la Rochefoucauld sur son livre des *Maximes*. Un homme qui s'enfuit dans le désert pour éviter des miroirs, c'est là une idée assez bizarre, et une invention assez médiocre de la Fontaine. » (CHAMFORT.) — « C'est moins une fable, dit Walckenaer, qu'un éloge ingénieux du célèbre livre des *Maximes*. » (*Histoire de la Fontaine*, livre II, édition de 1858, tome I, p. 209.)

FABLE XII.

LE DRAGON À PLUSIEURS TÊTES, ET LE DRAGON À PLUSIEURS QUEUES.

L'historien persan Mirkhond, dans sa *Vie de Djenghiz-Khan* (*Histoire universelle*, v^e partie), met cette allégorie dans la bouche du conquérant mogol, qui s'en sert pour exhorter ses fils à l'union : « Pour leur persuader davantage qu'ils devoient vivre dans cette union, il leur disoit encore : « Un jour qu'il faisoit grand froid, un « serpent à plusieurs têtes voulut entrer dans un trou, pour se « mettre à couvert et s'empêcher d'être gelé. Mais, à chaque trou « qu'il rencontroit, les têtes s'embarrassoient tellement l'une avec « l'autre, qu'il lui fut impossible d'entrer dans aucun, et qu'à la « fin, ayant été contraint de demeurer à l'air, le froid le saisit et « le fit mourir. Dans le même temps, un autre, qui n'avoit qu'une « tête et plusieurs queues, se fourra d'abord, avec toutes ses queues, « dans le premier trou qu'il rencontra, et sauva sa vie. » Nous empruntons cette traduction, et nous n'en connaissons pas d'antérieure, au livre de Galland intitulé : *Les Paroles remarquables.... des Orientaux* (p. 176). Cet ouvrage n'ayant paru qu'en 1694, ce n'est pas là que le fabuliste a pu prendre son sujet. Lui avait-il été conté par quelqu'un de ses doctes amis? — Les *deux Dragons*, bien qu'ils ne soient pas d'Ésope, étaient représentés dans le *Labyrinthe* de Versailles (voyez ci-dessus, p. 62); ils sont le sujet du xxxie quatrain de Benserade, dans l'édition de 1677; du LXIVe dans celle de 1678.

« Ce récit, dit Chamfort, ne peut pas s'appeler une fable ; c'est une petite histoire allégorique qui conduit à une vérité morale. Toute fable suppose une action. »

Un envoyé du Grand Seigneur
Préféroit, dit l'histoire, un jour chez l'Empereur,
Les forces de son maître à celles de l'Empire.
    Un Allemand se mit à dire :
      « Notre prince a des dépendants   5

Qui, de leur chef, sont si puissants
Que chacun d'eux pourroit soudoyer une armée. »
  Le chiaoux¹, homme de sens,
  Lui dit : « Je sais par renommée
Ce que chaque Électeur peut de monde fournir ; 10
  Et cela me fait souvenir
D'une aventure étrange, et qui pourtant est vraie.
J'étois en un lieu sûr, lorsque je vis passer
Les cent têtes d'une Hydre² au travers d'une haie.
  Mon sang commence à se glacer ; 15
  Et je crois qu'à moins on s'effraie.
Je n'en eus toutefois que la peur sans le mal :
  Jamais le corps de l'animal
Ne put venir vers moi, ni trouver d'ouverture.
  Je rêvois à cette aventure, 20
Quand un autre Dragon, qui n'avoit qu'un seul chef,
Et bien plus d'une queue³, à passer se présente.
  Me voilà saisi derechef
  D'étonnement et d'épouvante.
Ce chef passe, et le corps, et chaque queue aussi : 25
Rien ne les empêcha ; l'un fit chemin à l'autre.
  Je soutiens qu'il en est ainsi
  De votre empereur et du nôtre. »

 1. On appelait en turc *tchaouch* (en Algérie on prononce *chaouch*) des serviteurs de la cour, des espèces d'huissiers ou d'appariteurs (il y en avait près de sept cents), que la Porte ottomane employait comme messagers, comme envoyés. Meninski, dans son *Trésor des langues orientales*, arabe, persan et turc (la 1ʳᵉ édition est de 1680), définit ainsi ce terme : *Famulus aulicus, vulgo Ciausius, i. e. stator, quo Porta ottomanica ad mandata deferenda aut commissiones alias peragendas utitur, quales circiter 693 numero esse solent.* — On lit dans les *Mémoires* de Saint-Simon (tome XIV, p. 82) : « Un chiaous, dépêché par le Grand Seigneur, arriva en France. »
 2. « D'un Hydre, » dans les éditions de 1688 et de 1729.
 3. Le second dragon de Versailles et de Benserade n'a qu'une tête et qu'une queue.

FABLE XIII.

LES VOLEURS ET L'ÂNE.

Ésope, fab. 39, Λέων καὶ Ἄρκτος (Coray, p. 25 et 26); Λέων, Ἄρκτος καὶ Ἀλώπηξ (Coray, p. 299). — Haudent, 2ᵉ partie, fab. 51, *d'un Mulet et de deux Viateurs;* 1ʳᵉ partie, fab. 37, *d'un Ours et d'un Lyon et d'un Dain.* — Corrozet, fab. 103, *de deux Compagnons et d'un Asne.*
— La fable ésopique, que nous avons sous deux formes, et la fable 37 de la 1ʳᵉ partie de Haudent ont au fond le même sujet, mais les personnages sont tout différents : le Lion et l'Ours se disputent une proie; ils se battent, tombent épuisés; le Renard survient et s'empare de l'objet du combat.

Mythologia æsopica Neveleti, p. 122.

Pour un Ane enlevé deux Voleurs se battoient :
L'un vouloit le garder, l'autre le vouloit vendre.
   Tandis que coups de poing trottoient,
Et que nos champions songeoient à se défendre,
    Arrive un troisième larron   5
    Qui saisit maître Aliboron[1].

L'Ane, c'est quelquefois une pauvre province[2] :
   Les voleurs sont tel ou tel prince,

---

1. Surnom de l'Ane, fréquemment appliqué, dans nos vieux auteurs, aux hommes ignorants et stupides. Dans un recueil de traits plaisants, intitulé *Democritus ridens* (Amsterdam, 1655, p. 140), recueil que Robert a quelquefois rapproché de nos fables, la fin du récit a une variante, heureuse pour le Baudet : pendant qu'on se le dispute, il s'esquive. Le Mulet fait de même dans la première des deux fables de Haudent indiquées ci-dessus.

2. On connaît le vers d'Andrieux, dans *le Meunier de Sans-Souci :*

   On respecte un moulin, on vole une province.

F. XIII]   LIVRE I.   97

Comme le Transylvain³, le Turc, et le Hongrois.
    Au lieu de deux, j'en ai rencontré trois :   10
    Il est assez de cette marchandise.
De nul d'eux n'est souvent la province conquise :
Un quart⁴ voleur survient, qui les accorde net
    En se saisissant du Baudet.

3. Du onzième au seizième siècle, la Transylvanie avait suivi, presque sans interruption, le sort de la Hongrie, à laquelle les Turcs la disputaient souvent. En 1582, Jean Zapoly, ayant été frustré, par l'empereur Ferdinand I⁰ʳ, de la couronne de Hongrie, se rendit indépendant en Transylvanie, avec le secours du Sultan. Ses successeurs régnèrent, sous la suzeraineté des Turcs, sur ce pays, et sur divers comitats de la Hongrie orientale, jusqu'à ce qu'en 1699 l'empereur Léopold I⁰ʳ rangea définitivement la Transylvanie sous la domination autrichienne. Fréquentes étaient, on le conçoit, les contestations entre les trois voisins, Turcs, Hongrois, Transylvains; fréquentes aussi les occasions où l'Empereur, que le fabuliste passe finement sous silence, et qui était à la fois roi de Hongrie et souverain de l'Autriche, pouvait parfois jouer le rôle de troisième ou quatrième larron. — Le choix d'une telle affabulation peut étonner d'abord, mais on se l'explique aisément en parcourant la *Gazette* dans les années qui précédèrent la publication des *Fables*. De 1660 à 1668, on voit se reproduire dans les articles datés de Raab, de Presbourg, de Vienne, des faits qui peignent de la manière la plus saisissante l'état déplorable des provinces limitrophes de l'Empire et de la Turquie, et la lutte de ces deux puissances, qui se disputaient alors la Transylvanie. La part que six mille auxiliaires français avaient prise à la victoire de Saint-Gothard, remportée sur les Turcs par Montecuculi, le 1ᵉʳ août 1664, avait appelé tout particulièrement l'attention et l'intérêt de la France sur les événements dont ces contrées étaient le théâtre.

4. Un quatrième, *quartus*.

FABLE XIV.

SIMONIDE PRÉSERVÉ PAR LES DIEUX.

Phèdre, livre IV, fab. 24, *Simonides a Diis servatus*. — Cicéron, *de Oratore*, livre II, chapitre LXXXVI. — Quintilien, *de Institutione oratoria*, livre XI, chapitre II, 11-17. — Valère Maxime, livre I, chapitre VIII.
Mythologia æsopica Neveleti, p. 442.
M. Saint-Marc Girardin (VIIe leçon, tome I, p. 194 et 195) rapproche de cette fable le fabliau des *deux Aveugles et Philippe le Bel*, que Robert, dans son introduction (p. CXLIX), a tiré du vieux poëme *Renart le contrefait*, et qui met en action, d'une manière bien plus gaie et plus piquante que le récit emprunté aux anciens, cette pensée, que « Dieu récompense même ici-bas ceux qui soutiennent sa cause et qui glorifient son nom. »

On ne peut trop louer trois sortes de personnes :
　　Les Dieux, sa maîtresse, et son roi.
Malherbe[1] le disoit ; j'y souscris, quant à moi :
　　Ce sont maximes toujours bonnes.
La louange chatouille et gagne les esprits :　　　　5
Les faveurs d'une belle en sont souvent le prix[2].
Voyons comme les Dieux l'ont quelquefois payée.

---

1. Malherbe, le réformateur de la poésie française, né à Caen en 1555, mort à Paris en 1628. La Fontaine professait pour Malherbe une vive admiration ; voyez ce qu'il dit de lui dans son *épître* XXI (vers 93-96), adressée à *Monseigneur l'évêque de Soissons, en lui donnant un Quintilien de la traduction d'Orazio Toscanella* ; voyez aussi la fable I du livre III.

2. M. Saint-Marc Girardin, dans sa VIIe leçon (tome I, p. 193 et 194), cite ces six premiers vers comme un exemple de ces « causeries, » de ces « digressions charmantes » par lesquelles notre poëte « donne aux moindres choses un agrément infini. » Voyez aussi ce

Simonide[3] avoit entrepris
L'éloge d'un Athlète; et la chose essayée,
Il trouva son sujet plein de récits tout nus.   10
Les parents de l'Athlète étoient gens inconnus;
Son père, un bon bourgeois; lui, sans autre mérite;
    Matière infertile et petite[4].
Le poëte d'abord parla de son héros.
Après en avoir dit ce qu'il en pouvoit dire,   15
Il se jette à côté, se met sur le propos
De Castor et Pollux; ne manque pas d'écrire
Que leur exemple étoit aux lutteurs glorieux[5];
Élève leurs combats, spécifiant les lieux
Où ces frères s'étoient signalés davantage :   20
    Enfin l'éloge de ces dieux
    Faisoit les deux tiers de l'ouvrage.

qui est dit dans la 1re leçon (même tome, p. 19-21) de la maxime attribuée à Malherbe, et de l'honnête façon, nullement égoïste, dont la Fontaine la mettait en pratique.

3. Simonide, poëte grec, né dans l'île de Céos; on place sa naissance à l'an 558 avant J. C.; sa mort à l'an 468. Il avait composé des élégies et des poëmes lyriques; il ne nous reste de lui que de courts fragments, entre autres les plaintes de Danaé abandonnée sur l'Océan avec son fils.—Quintilien, à l'endroit cité en tête de la fable, prend la peine de nous dire qu'il regarde comme fabuleuse l'intervention des Tyndarides (Castor et Pollux); il nous apprend que Simonide n'avait nulle part mentionné le fait, « et certes, s'il eût été vrai, il n'aurait point passé sous silence une si grande gloire. » Quant à l'événement même, de la chute de la salle, des convives écrasés, du poëte préservé, Quintilien paraît le tenir pour véritable; il dit que « grande était la dissension des auteurs sur le nom du lieu (Pharsale ou Cranon) où la chose a dû se passer; » comme aussi sur le nom de l'athlète (Quintilien en nomme quatre) qui avait refusé de payer le prix convenu. — Chez Cicéron et chez Valère Maxime, l'athlète se nomme Scopas, et le lieu est Cranon, en Thessalie.

4. *Exigua.... materia*, dit Phèdre, vers 7.

5.   .... *Interposuit gemina Ledæ sidera,*
    Auctoritatem similis referens gloriæ. (PHÈDRE, vers 9 et 10.)

L'Athlète avoit promis d'en payer un talent⁶ ;
    Mais quand il le vit, le galand⁷
N'en donna que le tiers; et dit fort franchement   25
Que Castor et Pollux acquittassent le reste.
« Faites-vous contenter par ce couple céleste.
    Je vous veux traiter cependant :
Venez souper chez moi; nous ferons bonne vie :
    Les conviés sont gens choisis,   30
    Mes parents, mes meilleurs amis;
    Soyez donc de la compagnie. »
Simonide promit. Peut-être qu'il eut peur
De perdre, outre son dû, le gré de sa louange⁸.
    Il vient : l'on festine, l'on mange.   35
    Chacun étant en belle humeur,
Un domestique accourt, l'avertit qu'à la porte
Deux hommes demandoient à le voir promptement.
    Il sort de table; et la cohorte
    N'en perd pas un seul coup de dent.   40
Ces deux hommes étoient les gémeaux de l'éloge.
Tous deux lui rendent grâce; et pour prix de ses vers,
    Ils l'avertissent qu'il déloge,
Et que cette maison va tomber à l'envers.

6. Monnaie de compte employée dans diverses contrées de la Grèce, et dont la valeur variait selon les pays. Le talent attique, le plus répandu, valait environ cinq mille cinq cent soixante francs.

7. Les éditions données par la Fontaine (1668, in-4º et in-12, et 1678) écrivent *galand*, malgré le *t* de *talent* et de *franchement*, avec lesquels rime ce mot. L'édition de 1688 (la Haye) et celle de Londres (1708) donnent *galant*. Voyez ci-après, p. 105, la note 5 de la fable xv.

8. La reconnaissance à laquelle il avait droit pour la louange qu'il avait composée. Phèdre dit de même (vers 17-19) :

Fraudatus quamvis et dolens injuria,
Ne male dimissus gratiam corrumperet,
Promisit....

La prédiction en fut vraie⁹. 45
　　Un pilier manque; et le plafonds¹⁰,
　　Ne trouvant plus rien qui l'étaie,
Tombe sur le festin, brise plats et flacons,
　　N'en fait pas moins aux échansons.
Ce ne fut pas le pis; car pour rendre complète 50
　　La vengeance due au poëte,
Une poutre cassa les jambes à l'Athlète,
　　Et renvoya les conviés
　　Pour la plupart estropiés¹¹.
La Renommée eut soin de publier l'affaire : 55
Chacun cria miracle. On doubla le salaire
Que méritoient les vers d'un homme aimé des Dieux.
　　Il n'étoit fils de bonne mère¹²
　　Qui, les payant à qui mieux mieux,
　　Pour ses ancêtres n'en fît faire. 60

Je reviens à mon texte¹³, et dis premièrement
Qu'on ne sauroit manquer de louer¹⁴ largement
Les Dieux et leurs pareils; de plus, que Melpomène¹⁵

---

9. Le mot *en* manque dans l'édition de 1678 A.

10. Le mot est écrit *platfonds* dans toutes les anciennes éditions. Au dix-septième siècle, on distinguait rarement *fond* de *fonds*.

11. Dans les récits de Cicéron et de Quintilien, ils sont tous si bien écrasés qu'on n'eût pu les distinguer, ni rendre à chacun d'eux les honneurs de la sépulture, si le poëte ne se fût souvenu des places où ils se trouvaient à table. C'est comme exemple de sûreté de mémoire et de *mnémotechnie* que Cicéron et Quintilien rapportent le fait.

12. C'est un tour de Rabelais : « Il n'estoit fils de bonne mere qui ne perdist sa coingnée » (*Prologue* du livre IV, tome II, p. xxxii).

13. A la maxime que j'ai placée en tête de mon récit.

14. *Manquer de louer*, faillir en louant.

15. Muse de la tragédie, dont le nom désigne ici, comme souvent chez les anciens (voyez par exemple Horace, livre IV, *ode* iii, vers 1), la poésie en général.

Souvent, sans déroger, trafique de sa peine [16];
Enfin qu'on doit tenir notre art en quelque prix.   65
Les grands se font honneur dès lors qu'ils nous font
    Jadis l'Olympe et le Parnasse   [grâce [17]:
    Étoient frères et bons amis.

16. Il y a dans Boileau de beaux vers et de nobles sentiments sur ce sujet délicat (*Art poétique*, chant IV, vers 125-132) :

    Travaillez pour la gloire, et qu'un sordide gain
    Ne soit jamais l'objet d'un illustre écrivain.
    Je sais qu'un noble esprit peut sans honte et sans crime
    Tirer de son travail un tribut légitime;
    Mais je ne puis souffrir ces auteurs renommés
    Qui dégoûtés de gloire, et d'argent affamés,
    Mettent leur Apollon aux gages d'un libraire,
    Et font d'un art divin un métier mercenaire.

17. C'est-à-dire, quand ils nous accordent leur faveur, leur protection, sens qu'a perdu cette locution.

FABLES XV[1] ET XVI.

LA MORT ET LE MALHEUREUX.

LA MORT ET LE BÛCHERON[2].

Fable XV. — Cette fable a été inspirée par les vers de Mécène, et le poëte nous dit lui-même, dans la note qui la suit, qu'il ne l'a jointe à la fable xvi qu'à cause de ces vers, traduits à la fin. Ils nous ont été conservés par Sénèque, dans une de ses *épîtres* (voyez plus bas la note 6); Montaigne en cité une partie dans ses *Essais* (livre II, chapitre xxxvii, édition de 1865-1866, tome III, p. 139), et les fait précéder de cette exclamation : « Tant les hommes sont accoquinez à leur estre miserable, qu'il n'est si rude condition qu'ils n'acceptent pour s'y conseruer! Oyez Mæcenas. » C'est dans Montaigne probablement que la Fontaine a puisé. Souvenons-nous toutefois que la traduction des *Épîtres* de Sénèque par Malherbe, continuée par du Ryer[3], a été souvent réimprimée, et par conséquent beaucoup lue, au dix-septième siècle. On sait d'ailleurs qu'un parent et ami de notre poëte, Pintrel, a fait également une traduction des *Épîtres* de Sénèque, qui fut, comme il est dit sur le titre, « revue et imprimée par les soins de M. de la Fontaine, » et pour laquelle il avait traduit lui-même tous les passages des poëtes cités par le philosophe; elle parut en 1681, en 2 volumes in-12 : voyez, dans la collection des *Auteurs latins* de M. Nisard, la préface du *Sénèque* (p. viii).

Cette fable est dans les *Manuscrits de Conrart* (tome XI, p. 539), et dans le *Manuscrit de Sainte-Geneviève*.

1. La fable xv manque dans l'édition d'Amsterdam (1679).
2. Nous réunissons les titres de ces deux fables, à l'exemple de toutes les éditions données directement par la Fontaine, en 1668, 1669 et 1678, ainsi que de celles de Barbin (1682), la Haye (1688), Londres (1708).
3. Il en parut en 1667, c'est-à-dire l'année même qui précéda la première édition des *Fables*, une édition en trois parties, dont la dernière était de du Ryer. Malherbe n'avait traduit que les *épîtres* i-xci; sa version avait été imprimée pour la première fois en 1637.

Coray, p. 14, cite en note Euripide, qui, dans son *Alceste* (vers 688-691), exprime ainsi l'idée de la fable :

Μάτην ἄρ' οἱ γέροντες εὔχονται θανεῖν,
Γῆρας ψέγοντες, καὶ μακρὸν χρόνον βίου.
Ἢν δ' ἐγγὺς ἔλθῃ Θάνατος, οὐδεὶς βούλεται
Θνῄσκειν, τὸ γῆρας δ' οὐκ ἔτ' ἔστ' αὐτοῖς βαρύ.

— Haudent, dans sa fable 119 de la 2ᵉ partie, *d'une Femme voyant mourir son mary*, et Benserade, dans son quatrain cxcv, ont modifié l'apologue de manière à lui donner un tour beaucoup plus satirique.

Fable XVI. — Ésope, fab. 20, Γέρων καὶ Θάνατος, Ἄνθρωπος καὶ Θάνατος (Coray, p. 13-15, p. 290, sous cinq formes diverses). — Faërne, fab. 10, *Senex et Mors*. — Haudent, 2ᵉ partie, fab. 16, *d'un povre Homme appellant la Mort*. — Corrozet, fab. 80, *du Vieillard appellant la Mort*.

Mythologia æsopica Neveleti, p. 104, p. 208.

Cette fable a été reproduite dans le *Recueil de poésies chrétiennes et diverses*, tome III, p. 364 (par erreur, pour p. 368).

Boileau, si nous en croyons Louis Racine, dans ses *Mémoires* sur la vie de son père (voyez le *Racine* de M. Mesnard, tome I, p. 263 et 264), « trouvoit cette fable languissante dans la Fontaine. Il voulut essayer s'il ne pourroit pas mieux faire, sans imiter le style de Marot, désapprouvant ceux qui écrivoient dans ce style. » D'Alembert dit à ce sujet dans son *Histoire des membres de l'Académie française* (Amsterdam, 1787, tome III, p. 83) : « On ne conçoit pas où est la langueur que Despréaux trouvait dans la fable de la Fontaine, encore moins en quel endroit de cette fable la Fontaine a employé le style de Marot. Le jugement qu'on prête ici à Despréaux est si étrange qu'il est très-vraisemblable que Racine le fils a été mal servi par sa mémoire. » Quoi qu'il en soit, Boileau eut la malheureuse idée de refaire la fable. Ce fut, dit encore Louis Racine, « dans sa plus grande force, et, suivant ses termes, dans son bon temps, » qu'il composa cette petite pièce : en 1668, d'après Daunou ; et tout au moins, d'après Berriat-Saint-Prix (tome I, p. 36), avant 1670. J. B. Rousseau a traité également ce sujet. Daunou rapproche ces deux fables de celle de la Fontaine à la page 341 du tome II de son édition des *OEuvres complètes de Boileau* (Paris, 1825-1826, 4 vol. in-8ᵒ). — M. Saint-Marc Girardin dit de la fable de Boileau qu'il ne la veut pas comparer à celle de la Fontaine : « la distance est trop grande » (xxiᵉ leçon, tome II, p. 190). Cette considération n'a pas arrêté M. Taine, qui, rapprochant les deux fables (p. 161-163), fait une appréciation pathétique et parfois éloquente de celle de la Fontaine, qu'il appelle « un sombre tableau de Holbein. » — Dans sa XIIe leçon (tome I, p. 404-406) M. Saint-Marc Girardin cite en entier les fables xv et xvi, et en tire une double morale, haute et saine : « Ne comptez pas sur le suicide pour faire banqueroute à vos créanciers ou pour échapper à la misère. Le suicide est un coup de main que l'humanité répudie. L'homme tient à la vie. Il a beau souffrir et gémir, il veut vivre. — Puisque, heureux ou malheureux, nous voulons vivre, tâchons, dès la jeunesse, de nous préparer à vivre longtemps : faisons-nous un viatique qui puisse durer jusqu'à la fin de notre vieillesse, si nous l'avons longue. »

    Un Malheureux appeloit tous les jours
        La Mort à son secours.
« O Mort, lui disoit-il[4], que tu me sembles belle !
Viens vite, viens finir ma fortune cruelle. »
La Mort crut, en venant, l'obliger en effet.   5
Elle frappe à sa porte, elle entre, elle se montre.
« Que vois-je ? cria-t-il, ôtez-moi cet objet ;
    Qu'il est hideux ! que sa rencontre
    Me cause d'horreur et d'effroi !
N'approche pas, ô Mort ; ô Mort, retire-toi. »   10
    Mécénas fut un galand[5] homme ;
Il a dit quelque part[6] : « Qu'on me rende impotent,

    4. Var. *Manuscrits de Conrart et de Sainte-Geneviève:* « O Mort, ce disoit-il ».
    5. *Galand*, dans toutes les éditions originales et dans le *Manuscrit de Sainte-Geneviève :* voyez la fable précédente, vers 24, et la note 7. Du reste, c'est l'orthographe constante de la Fontaine, qui a même écrit, au féminin, *galande* (voyez livre IV, fable xi, vers 30) ; aussi nous abstiendrons-nous désormais de la relever. — Les *Manuscrits de Conrart* donnent *galant*.
    6. Voici les vers de Mécène tels que les cite Sénèque, dans l'*épître* CI :

        Debilem facito manu,
        Debilem pede, coxa;

Cul-de-jatte, goutteux, manchot, pourvu qu'en somme
Je vive, c'est assez, je suis plus que content. »
Ne viens jamais, ô Mort; on t'en dit tout autant[7].   15

Ce sujet a été traité d'une autre façon par Ésope, comme la fable suivante le fera voir. Je composai celle-ci pour une raison qui me contraignoit de rendre la chose ainsi générale. Mais quelqu'un me fit connoître que j'eusse beaucoup mieux fait de suivre mon original, et que je laissois passer un des plus beaux traits qui fût dans Ésope[1]. Cela m'obligea d'y avoir recours. Nous ne saurions aller plus avant que les anciens : ils ne nous ont

Tuber adstrue gibberum;
Lubricos quate dentes :
Vita dum superest, bene est.
Hanc mihi, vel acuta
Si sedeam cruce, sustine.

Ils sont ainsi rendus dans la traduction dont nous avons parlé plus haut (voyez la notice de la fable xv) :

Qu'on me rende manchot, cul-de-jatte, impotent,
Qu'on ne me laisse aucune dent,
Je me consolerai; c'est assez que de vivre.

7. VAR. Ce vers se lit ainsi dans les *Manuscrits de Conrart* :

Va-t'en de grâce, ô Mort; car je t'en dis autant.

Dans celui *de Sainte-Geneviève* :

Va-t'en, de grâce, ô Mort; je t'en dis tout autant.

Les deux éditions de 1678 et celle de 1688 ont évidemment une faute d'impression à ce vers; elles portent :

Ne viens jamais, ô Mort; on s'en dit tout autant.

1. Le trait final : « Pour que levant ce fardeau tu le charges sur moi, » ἵνα τὸν φόρτον τοῦτον ἄρας ἐπιθῇς μοι. — « M. de la Fontaine, dit Brossette au sujet de l'essai de Boileau, avoit mis cette fable en vers; mais comme il s'étoit écarté de l'original, M. Despréaux lui fit remarquer qu'en l'abandonnant, il laissoit passer un des plus beaux traits qui fût dans Ésope. M. de la Fontaine refit la fable, et M. Despréaux fit celle-ci. »

laissé pour notre part que la gloire² de les bien suivre. Je joins toutefois ma fable à celle d'Ésope, non que la mienne le mérite, mais à cause du mot de Mécénas que j'y fais entrer, et qui est si beau et si à propos que je n'ai pas cru le devoir omettre³.

Un pauvre Bûcheron, tout couvert de ramée,
Sous le faix du fagot aussi bien que des ans
Gémissant et courbé, marchoit à pas pesants,
Et tâchoit de gagner sa chaumine enfumée⁴.
Enfin, n'en pouvant plus d'effort et de douleur, 5
Il met bas son fagot, il songe à son malheur.
« Quel plaisir a-t-il eu depuis qu'il est au monde ?
En est-il un plus pauvre en la machine ronde⁵ ?
Point de pain quelquefois, et jamais de repos⁶. »
Sa femme, ses enfants, les soldats⁷, les impôts, 10

2. Il y a encore ici une faute dans l'édition de 1668, in-4° : « Ils ne nous ont laissé que pour notre part que la gloire. »

3. Sénèque, dans l'*épître* citée, nomme le mot de Mécène *turpissimum votum*. Le *si beau* de la Fontaine ne peut signifier évidemment que « si beau de vérité, » et, si l'on veut, accessoirement, « si bien tourné. »

4. Rabelais (livre III, chapitre XVII, tome I, p. 420) parle de « la case chaulmine, mal bastie, mal meublée, toute en fumée. »

5. *La machine ronde*, qui traduit ici la métaphore latine *orbis*, au sens de « monde, » a été employée par des auteurs plus anciens pour désigner le ciel : « Sous la machine ronde. » Geruzez cite l'exemple suivant :

> Est-il soubz la machine ronde
> Cousturier qui ouurage mieulz
> En habits que moy ? Ie me fonde
> Qu'il n'en est nul dessoubz les cieulx.
>   (*Le Cousturier*, farce à cinq personnages.)

6. Point de plaisir sans trouble, et jamais de repos,

dit Auguste dans le *Cinna* de Corneille, acte II, scène 1, vers 376.

7. Il s'agit moins sans doute des pilleries commises par les soldats que de l'obligation ruineuse de les loger, de les héberger

Le créancier, et la corvée [8]
Lui font d'un malheureux la peinture achevée.
Il appelle la Mort. Elle vient sans tarder,
　　Lui demande ce qu'il faut faire.
« C'est, dit-il, afin de m'aider　　　　　　　　　15
A recharger ce bois; tu ne tarderas guère [9]. »

　　Le trépas vient tout guérir;
　　Mais ne bougeons d'où nous sommes :
　　Plutôt souffrir que mourir,
　　C'est la devise des hommes [10].　　　　　　20

« Jusqu'à la fin du dix-septième siècle, les soldats étaient logés dans des forteresses ou dans les maisons des bourgeois. Le *Journal* de Dangeau annonce, à la date du 17 janvier 1692, la construction de casernes à Paris : « Le Roi a ordonné au prévôt des marchands de « faire bâtir des casernes pour loger les gardes françoises et suisses. « On y travaille actuellement, et ce sera un grand soulagement pour « les habitants de la ville et des faubourgs de Paris. » (CHÉRUEL, *Dictionnaire historique des institutions, mœurs et coutumes de la France*, 2ᵉ partie, p. 907.) Le casernement des troupes, dans toute la France, ne fut achevé que vers la fin du dix-huitième siècle. Encore le bourgeois, même alors, demeura-t-il soumis à l'obligation de loger les soldats qui voyageaient, en corps ou isolément, avec une feuille de route. Cet usage, on le sait, n'a pas encore disparu. Qu'on songe à ce que devait coûter aux gens de la campagne une pareille obligation.

8. Travail et service personnel et gratuit, qu'on devait au souverain ou à son seigneur, et dont on pouvait se racheter moyennant certaines redevances. La corvée fut abolie par l'Assemblée constituante dans la fameuse nuit du 4 août 1789.

9. Cela ne te causera pas grand retard, tu n'y perdras pas beaucoup de temps. C'est la pensée d'Horace, dans l'ode sur Archytas (livre I, *ode* XXVIII, vers 35 et 36) :

　　Quamquam festinas, non est mora longa; licebit,
　　　　Injecto ter pulvere, curras.

10. Au sujet des deux derniers vers, Voltaire dit, dans l'endroit cité plus haut (p. 79, note 6), que c'est un de ces traits « faits pour tous les esprits. »

FABLE XVII.

L'HOMME ENTRE DEUX ÂGES, ET SES DEUX MAÎTRESSES.

Ésope, fab. 162, Ἀνὴρ μεσοπόλιος καὶ Ἑταῖραι (Coray, p. 98, p. 352).
— Babrius, fab. 22, Ἀνὴρ μεσοπόλιος καὶ δύο ἐρώμεναι. — Phèdre,
livre II, fab. 2, *Anus diligens Virum mediæ ætatis, item Puella*. —
Haudent, 2ᵉ partie, fab. 48, *d'un Homme et de ses deux Femmes*. —
Corrozet, fab. 100, *d'un Homme et de ses deux Femmes*. — Boursault,
les Fables d'Ésope, acte V, scène dernière, *l'Homme et les deux Femmes*.
— Le Noble, conte 83, *du Mari et de ses deux Femmes. L'égalité dans
le mariage*.

Mythologia æsopica Neveleti, p. 223, p. 367, p. 410.
Cette histoire a été introduite dans le livre de *Calila et Dimna*
par l'auteur de la traduction persane intitulée : *Anvar-i-Suhaili*; elle
a passé de là dans la version turque, *Houmayoun-nameh*, qui a été mise
en français par Galland et Cardonne, sous le titre de *Contes et Fables
indiennes de Bidpaï et Lokman* (Paris, 1778, 3 vol. in-12 ; la fable de
l'Homme entre deux âges se trouve, dans la traduction française, au
tome III, p. 212). Voyez Loiseleur Deslongchamps, *Essai sur les fables
indiennes*, p. 70 et 71, et le *Pantschatantra* de M. Benfey, tome I,
p. 602. — Guillaume Bouchet la raconte rapidement dans ses *Serées*
(livre I, 5ᵉ *serée*, p. 178, Rouen, 1635); chez lui l'action est suc-
cessive ; l'Homme épouse d'abord une Vieille, puis une Jeune. —
Dans les *Avâdânas* ou *Contes et Apologues indiens*, traduits du chinois
par M. Stanislas Julien, il y a, au tome II (p. 138), une historiette
de barbe épilée, de poils blancs et noirs *saccagés*, mais par une seule
femme ; la morale est tout autre. — « A proprement parler, dit
Chamfort, cette pièce n'est pas exactement une fable : c'est un récit
allégorique ; mais il est si joli et rend si sensible la vérité morale
dont il s'agit, qu'il ne faut pas se rendre difficile. »

Un Homme de moyen âge,
Et tirant sur le grison[1],

1. L'une des fables grecques réunies par Coray dit avec une élé-

    Jugea qu'il étoit saison
    De songer au mariage.
     Il avoit du comptant,   5
      Et partant
   De quoi choisir; toutes vouloient lui plaire :
En quoi notre amoureux ne se pressoit pas tant;
  Bien adresser n'est pas petite affaire.
Deux Veuves sur son cœur eurent le plus de part :   10
  L'une encor verte, et l'autre un peu bien mûre,
    Mais qui réparoit par son art
    Ce qu'avoit détruit la nature.
    Ces deux Veuves, en badinant,
    En riant, en lui faisant fête,   15
    L'alloient quelquefois testonnant [2],
    C'est-à-dire ajustant sa tête.
La Vieille, à tous moments [3], de sa part emportoit
   Un peu du poil [4] noir qui restoit,
Afin que son amant en fût plus à sa guise.   20
La Jeune saccageoit les poils blancs à son tour.
Toutes deux firent tant, que notre tête grise
Demeura sans cheveux [5], et se douta du tour.

gante brièveté : ἀνὴρ μιξόθριξ, « un homme aux cheveux mêlés, de couleur mêlée. » — Voyez ce que M. Taine (p. 302) dit de certains passages de cette fable, trivialement narquois.

2. Ce vieux mot avait alors la double signification de *peigner, coiffer*, et de *donner des coups*, particulièrement *sur la tête*; c'est sans doute à cause de ce double sens (Richelet donne seulement le second) que la Fontaine croit devoir ajouter l'explication qui est dans le vers suivant.

3. Les éditions de Didot écrivent : *à tout moment*; toutes les éditions originales ou contemporaines mettent ces mots au pluriel.

4. Sur cet emploi du mot *poil*, et sur celui de *tête grise*, au vers 22, et de *tondu*, au vers 25, voyez l'*Essai sur la langue de la Fontaine*, par M. Marty-Laveaux (Paris, 1853, in-8°), p. 11.

5. « Il aduint qu'à la fin, dit Bouchet, il demeura pelé, pour complaire à l'une et à l'autre de ses femmes. »

« Je vous rends, leur dit-il, mille grâces, les Belles,
　　　Qui m'avez si bien tondu :　　　　　25
　　　　J'ai plus gagné que perdu;
　　　　Car d'hymen point de nouvelles.
Celle que je prendrois voudroit qu'à sa façon
　　　Je vécusse, et non à la mienne.
　　　　Il n'est tête chauve qui tienne :　　30
Je vous suis obligé, Belles, de la leçon. »

FABLE XVIII.

LE RENARD ET LA CICOGNE[1].

Ésope, fab. 326, Ἀλώπηξ καὶ Γέρανος (Coray, p. 216; cette fable ésopique nous a été conservée par Plutarque, dans les *Symposiaques* ou *Propos de table*, livre I, 1re question, § v; il l'intitule : *la Grue et le Renard* d'Ésope). — Phèdre, livre I, fab. 26, *Vulpis et Ciconia*. — Corrozet, fab. 27, *du Renard et de la Cigoigne*. — Le Noble, fab. 35, *de la Grue et du Renard. Le talion.*

Mythologia æsopica Neveleti, p. 404, p. 510.

« La fable est charmante d'un bout à l'autre, dit Chamfort. Elle me rappelle le trait d'un riche particulier qui avait fait dîner ensemble un antiquaire, qui hors de là ne savait rien, et un physicien célèbre, dénué de toute espèce d'érudition. Ces deux Messieurs ne surent que se dire. Sur quoi on observa que le maître de la maison leur avait fait faire le repas du Renard et de la Cigogne. » — Plutarque, à l'endroit cité, fait de la fable la même application que Chamfort dans cette anecdote. Il veut que, dans un repas, la conversation soit, comme le vin, commune à tous les convives, et qu'on n'y propose pas de ces questions subtiles que tous ne peuvent comprendre et suivre. — Les deux scènes de ce sujet sont représentées, chacune à part, dans le *Labyrinthe* de Versailles, et elles ont fourni deux quatrains à Benserade (le XIIIe et le XIVe dans l'édition de 1677, le XVIIIe et le XIXe dans celle de 1678).

Compère le Renard se mit un jour en frais,
Et retint à dîner commère la Cicogne.
Le régal fut petit et sans beaucoup d'apprêts :
    Le galand, pour toute besogne[2],

---

1. *Cicogne* est l'orthographe de toutes les anciennes éditions. — Dans une fable latine, en vers léonins, publiée par M. Éd. du Méril (*Poésies du moyen âge*, p. 255), la Cigogne est remplacée par l'Ibis.

2. *Besogne* est ainsi défini par M. Littré : « Ce qui est de besoin,

Avoit un brouet clair; il vivoit chichement. 5
Ce brouet fut par lui servi sur une assiette :
La Cicogne au long bec n'en put attraper miette³ ;
Et le drôle eut lapé le tout en un moment.
 Pour se venger de cette tromperie,
A quelque temps de là, la Cicogne le prie. 10
« Volontiers, lui dit-il; car avec mes amis
 Je ne fais point cérémonie. »
 A l'heure dite, il courut au logis
  De la Cicogne son hôtesse;
  Loua très-fort la politesse⁴ ; 15
  Trouva le dîner cuit à point :
Bon appétit surtout; renards n'en manquent point.
Il se réjouissoit à l'odeur de la viande⁵
Mise en menus morceaux, et qu'il croyoit friande.
 On servit, pour l'embarrasser, 20
En un vase à long col et d'étroite embouchure⁶.
Le bec de la Cicogne y pouvoit bien passer;
Mais le museau du sire étoit d'autre mesure.
Il lui fallut à jeun retourner au logis,

affaire, apprêt; » et il cite le vers de la Fontaine. C'est en effet le sens de ce mot ici, sens qui n'est indiqué ni par l'Académie, ni par Richelet, ni par Furetière.

 3. Mais ell' ne puet riens à soy traire,
   Car ell' n'a pas bec à ce faire.
    (*Ysopet I*, f⁰ 37, cité par Robert, tome I, p. 77.)

 4. Tel est le texte des éditions de 1678. Il y a *sa politesse* dans les deux éditions de 1668, dans celles de 1669, de 1679 (Amsterdam) et de 1729. La plupart des éditeurs modernes, même Walckenaer et Crapelet, ont adopté cette dernière leçon.

 5. La viende qui bon fleuroit,
   Et qui par le voirre (*le verre*) paroit,
   Fait à Renart son fain doubler. (*Ysopet I*, f⁰ 38.)

 6. .... La mist dedens vn pot
   Qui a le col lonc et estroit. (*Ysopet I, ibidem.*)

Honteux comme un renard qu'une poule auroit pris,   25
  Serrant la queue, et portant bas l'oreille⁷.

Trompeurs, c'est pour vous que j'écris :
  Attendez-vous à la pareille⁸.

7. On lit dans la *Satire Ménippée* (édition de 1594, p. 238), au sujet de la retraite du duc de Parme :

.... Et le Regnard s'enfuit,
Le menton contre terre, honteux, despit, et blesme.

Regnier a dit d'une manière non moins pittoresque :

J'esquiue doucement, et m'en vais à grand pas,
La queue en loup qui fuit, et les yeux contre-bas.
    (*Satire* VIII, vers 219 et 220.)

8.   .... *Fallacia*
  Alia aliam trudit....
    (Térence, *l'Andrienne*, acte IV, scène vi, vers 779 et 780.)
— Dans Phèdre, la morale est dite par la Cigogne, et précédée de ce joli trait :

Quæ (Vulpis) *quum lagonæ collum frustra lamberet....*

FABLE XIX.

L'ENFANT ET LE MAÎTRE D'ÉCOLE.

Ésope, fab. 310, Παῖς λουόμενος et Παῖς καὶ Ἀνήρ (Coray, p. 204).
— Abstemius, fab. 115, *de Vulpe in puteum delapsa, quæ Lupum rogabat ut inde eam subduceret.* — Faërne, fab. 49, *Vulpes et Lupus.* — Le Noble, fab. 90, *du Renard et du Loup. L'ami de cour.* — Saint Augustin, dans sa *lettre* CLXVII, adressée à saint Jérôme, cite cette fable, et en fait une application ingénieuse et originale à ceux qui scrutent avec trop de curiosité les causes du péché originel : *Quum quidam ruisset in puteum, ubi aqua tanta erat, ut eum magis exciperet ne moreretur, quam suffocaret ne loqueretur, accessit alius, et eo viso admirans, ait :* « *Quomodo huc cecidisti?* » *At ille :* « *Obsecro, inquit, cogita quomodo hinc me liberes; non quomodo huc ceciderim, quæras.* » *Ita quoniam fatemur, et fide catholica tenemus, de reatu peccati, tanquam de puteo, etiam parvuli infantis animam Christi gratia liberandam, satis est ei quod modum quomodo salva fiat novimus, etiamsi nunquam, quomodo in malum illud devenerit, noverimus.* (Édition Gaume, tome II, col. 889 et 890.) — Voyez aussi Plutarque (*Comment discerner le flatteur d'avec l'ami*, chapitre XXVIII), et ci-après, dans la note 9 de la fable, une citation de Rabelais.
Mythologia æsopica Neveleti, p. 584.

Dans ce récit je prétends faire voir
D'un certain sot la remontrance vaine.

Un jeune Enfant dans l'eau se laissa choir,
En badinant sur les bords de la Seine.
Le Ciel permit qu'un saule se trouva[1],   5
Dont le branchage, après Dieu, le sauva.

---

1. On serait porté à mettre plutôt aujourd'hui le subjonctif *se trouvât*, mais, à bien considérer la valeur des modes, l'indicatif est plus juste : le verbe exprime ici un fait positif, montre ce qui est.

*

S'étant pris, dis-je, aux branches de ce saule²,
Par cet endroit passe un Maître d'école³ ;
L'Enfant lui crie : « Au secours ! je péris. »
Le Magister, se tournant à ses cris,
D'un ton fort grave à contre-temps s'avise
De le tancer : « Ah ! le petit babouin⁴ !
Voyez, dit-il, où l'a mis sa sottise !
Et puis, prenez de tels fripons le soin.
Que les parents sont malheureux qu'il faille
Toujours veiller à semblable canaille !
Qu'ils ont de maux ! et que je plains leur sort ! »
Ayant tout dit, il mit l'Enfant à bord⁵.

Je blâme ici plus de gens qu'on ne pense.
Tout babillard, tout censeur, tout pédant
Se peut connoître au discours que j'avance.
Chacun des trois fait un peuple fort grand :
Le Créateur en a béni l'engeance⁶.
En toute affaire ils ne font que songer

2. Dans la fable I du livre II (vers 42 et 43), la Fontaine fait rimer *saules* avec *paroles*, comme ici *saule* avec *école*, malgré la différence des quantités : voyez p. 132, note 13.

3. Dans la fable ésopique (nous l'avons sous deux formes), c'est un passant quelconque, le premier venu. La Fontaine n'a, que nous sachions, emprunté à personne l'idée, tout particulièrement comique, de faire intervenir un maître d'école.

4. Les dictionnaires du dix-septième siècle ne sont pas d'accord sur la valeur, au figuré, de ce mot, qui, au propre, signifie une espèce de gros singe. Richelet (1680) le traduit par « petit sot, petit impertinent ; » l'Académie (1694) par « (enfant) badin, étourdi ; » Furetière ne prend point parti, et se contente de cet à-peu-près : « injure qu'on dit aux petits enfants. »

5. Sur le sot personnage que fait ici le Maître d'école, et sur le caractère du pédant en général, voyez M. Taine, p. 148-150. — La Fontaine fait allusion à ce vain discours dans la fable xv du livre XII, vers 82-85.

6. Allusion à ces mots de la *Genèse* (chapitre I, verset 28) : *Bene-*

Aux moyens[7] d'exercer leur langue. 25
Hé ! mon ami, tire-moi de danger[8],
Tu feras après ta harangue[9].

dixitque illis Deus, et ait : « *Crescite et multiplicamini, et replete terram.* »

7. *Au moyen*, au singulier, dans le texte de Walckenaer, de Crapelet, etc.

8. *Du danger*, dans le texte de 1729, et dans plusieurs éditions modernes.

9. Dans la fable de Faërne que nous citons plus haut, le Renard tombé dans le puits dit au Loup (vers 7 et 8) :

Prius eripe hinc me, dum licet, Vulpes ait,
Deinde audies omne ordine ut factum siet.

— Dans Rabelais (livre I, chapitre XLII, tome I, p. 151), le Moine accroché à un arbre s'écrie en entendant disputer Eudemon et Gargantua : « Aidez-moy, de par le diable ! N'est-il pas bien le temps de iaser? Vous me semblez les prescheurs decretalistes, qui disent que quiconques voirra son prochain en dangier de mort, il le doibt, sus peine d'excommunication trisulcé, plustost admonester de soy confesser et mettre en estat de grace, que de lui ayder. Quand doncques ie les voirray tumbez en la riuiere et prests d'estre noyez, en lieu de les aller querir et bailler la main, ie leur feray ung beau et long sermon *de contemptu mundi et fuga seculi*, et lors qu'ils seront roides morts, ie les iray pescher. » — M. Soullié, aux pages 202-205 de son ouvrage sur la Fontaine, donne en entier le passage de Rabelais d'où cette citation est tirée, et le compare avec notre fable.

FABLE XX.

LE COQ ET LA PERLE.

Camerarius, *Fables ésopiques*, p. 172, *Gallus repertor unionis*. — Phèdre, livre III, fab. 12, *Pullus ad margaritam*. — Romulus, livre I, fab. 1, *même titre*. — Marie de France, fab. 1, *d'un Coc qui truua une gemme sor un fomeroi*. — Haudent, 1re partie, fab. 12, *d'un Coq et du Dyamant*. — Corrozet, fab. 1, *du Coq et de la Pierre précieuse*. — Le Noble, fab. 73 *bis* (tome II, p. 292, édition de 1707), *du Coq et du Diamant*. — On a fort à propos rapproché cette fable, pour la moralité qui s'en tire, du *Prologue* du livre I de Rabelais. — Voyez à l'*Appendice* une fable anonyme du dix-septième siècle, sur le même sujet.

Mythologia æsopica Neveleti, p. 424, p. 487.

  Un jour un Coq détourna [1]
  Une Perle, qu'il donna
  Au beau premier [2] lapidaire.
  « Je la crois fine, dit-il;
  Mais le moindre grain de mil   5
  Seroit bien mieux mon affaire [3]. »

  Un ignorant hérita

---

1. *Détourna*, au propre, c'est-à-dire éloigna (en grattant), écarta (du tas de fumier, par exemple, comme disent Phèdre, Marie de France, le Noble, etc.).

2. Sur cet idiotisme, où *beau* s'emploie d'une manière à peu près explétive, sans signification bien déterminée, voyez le *Lexique*.

3. Moi qui ne suis point lapidaire,
Un grain d'orge me convient mieux.
(Benserade, *quatrain* IV dans l'édition de 1677; 1 dans celle de 1678.

— .... *Potior cui multo est cibus*,

avait dit Phèdre (vers 6).

> D'un manuscrit, qu'il porta
> Chez son voisin le libraire.
> « Je crois, dit-il, qu'il est bon ;   10
> Mais le moindre ducaton
> Seroit bien mieux mon affaire⁴. »

4. Au lieu de ce second apologue qui sert de morale, Phèdre a, pour conclusion, ce trait piquant :

> *Hoc illis narro, qui me non intelligunt.*

Tout autre encore, mais bien tournée et digne d'être citée, est la moralité de Marie de France :

> Bien, ne henor, noient (*néant*) ne prisent,
> Le pis prendent, le mielx despisent ;

et celle d'*Ysopet I, le Coq et l'Émeraude* (f°s 2 et 3, Robert, tome I, p. 82) :

> Iceste (*cette*) pierre senefie
> Sagesse, et le Coch (*Coq*) la folie.

FABLE XXI.

LES FRELONS ET LES MOUCHES À MIEL.

Phèdre, livre III, fab. 13, *Apes et Fuci, Vespa judice.*
Mythologia æsopica Neveleti, p. 424.
La fable paraît être un développement de ce passage d'Hésiode, imparfaitement compris (*OEuvres et Jours*, vers 303-306) :

> Τῷ δὲ θεοὶ νεμεσῶσι καὶ ἀνέρες, ὅς κεν ἀεργὸς
> Ζώῃ, κηφήνεσσι κοθούροις εἴκελος ὀργήν,
> Οἵτε μελισσάων κάματον τρύχουσιν ἀεργοὶ
> Ἔσθοντες....

« Les Dieux et les hommes s'indignent contre celui qui vit oisif, semblable aux bourdons sans aiguillon qui pour se nourrir consomment, sans rien faire, le travail des abeilles. » Voyez aussi les vers 594-599 de la *Théogonie*. Le κηφήν d'Hésiode est le *fucus* de Phèdre. On a souvent traduit ces deux mots par *frelon*, qui répond au latin *crabro*; mais ils désignent proprement, comme Columelle (livre IX, chapitre xv, 1) paraît déjà le reconnaître, l'abeille mâle, qu'on appelait autrefois, en français, *bourdon*. — Il y a deux passages de Virgile qu'on peut rapprocher aussi de la fable de Phèdre et de la nôtre :

> *Immunisque sedens aliena ad pabula fucus*
> (*Géorgiques*, livre IV, vers 244);
> *Ignavum fucos pecus a præsepibus arcent*
> (*Ibidem*, vers 168, et *Énéide*, livre I, vers 435).

— Boileau dit dans sa Ire *satire* (vers 93 et 94) :

> Comme on voit les frelons, troupe lâche et stérile,
> Aller piller le miel que l'abeille distille.

— Voyez encore la xie des *Réflexions diverses* de la Rochefoucauld (édition de M. Gilbert, tome I, p. 309).

A l'œuvre on connoît l'artisan.

Quelques rayons de miel sans maître se trouvèrent :
  Des Frelons les réclamèrent ;

Des Abeilles¹ s'opposant,
Devant certaine Guêpe² on traduisit la cause.   5
Il étoit malaisé de décider la chose :
Les témoins déposoient qu'autour de ces rayons
Des animaux ailés, bourdonnants, un peu longs,
De couleur fort tannée, et tels que les abeilles,
Avoient longtemps paru. Mais quoi? dans les Frelons   10
     Ces enseignes³ étoient pareilles⁴.
La Guêpe, ne sachant que dire à ces raisons,
Fit enquête nouvelle, et pour plus de lumière
     Entendit une fourmilière.
     Le point n'en put être éclairci.   15
     « De grâce, à quoi bon tout ceci?
     Dit une Abeille fort prudente.
Depuis tantôt six mois que la cause est pendante,
     Nous voici comme aux premiers jours.
     Pendant cela le miel se gâte.   20
Il est temps désormais que le juge se hâte :
     N'a-t-il point assez léché l'ours⁵ ?

1. *Les Abeilles*, dans l'édition de 1729.
2. Les frelons et les guêpes sont deux espèces appartenant au même genre. Le frelon est beaucoup plus grand que la guêpe commune.
3. Caractères, signes extérieurs, *insignia*.
4. Dans Florian (livre V, fable xv), la Guêpe dit à l'Abeille :

    Considérez-moi, je vous prie :
    J'ai des ailes tout comme vous,
    Même taille, même corsage;
    Et s'il vous en faut davantage,
    Nos dards sont aussi ressemblants.

5. Le passage suivant de Rabelais (livre III, chapitre xL, tome I, p. 498) est le vrai commentaire de ce vers : « Ung procés, à sa naissance premiere, me semble (comme à vous aultres Messieurs) informe et imparfaict. Comme ung Ours naissant n'ha pieds, ne mains, peau, poil, ne teste : ce n'est qu'une piece de chair, rude et informe; l'Ourse, à force de leicher, la met en perfection des

Sans tant de contredits, et d'interlocutoires⁶;
 Et de fatras⁷, et de grimoires,
 Travaillons, les Frelons et nous : 25
On verra qui sait faire, avec un suc si doux,
 Des cellules si bien bâties. »
 Le refus des Frelons fit voir
 Que cet art passoit leur savoir;
Et la Guêpe adjugea le miel à leurs parties. 30

Plût à Dieu qu'on réglât ainsi tous les procès!
Que des Turcs en cela l'on suivît la méthode⁸!
Le simple sens commun nous tiendroit lieu de code :
 Il ne faudroit point tant de frais;
 Au lieu qu'on nous mange, on nous gruge, 35
 On nous mine par des longueurs;

---

membres... : ainsi voy-ie (comme vous aultres Messieurs) naistre les procés à leurs commencemens informes et sans membres. Ils n'ont qu'une piece ou deux : c'est pour lors une laide beste. Mais lors qu'ils sont bien entassez, enchassez, et ensachez, on les peult vrayement dire membrus et formez. » — On connaît la jolie fable que Fénelon a tirée de ce conte, pris au sens propre, de l'Ourse transformant son petit à force de le lécher. C'est sa fable IX, à laquelle il a donné pour titre cette moralité : « La patience et l'éducation corrigent bien des défauts. »

6. Termes de palais. « *Contredits*, écritures par lesquelles on contredit les pièces produites par la partie averse. » (*Dictionnaire de Richelet*, 1680.) — « *Interlocutoire*, sentence ou arrêt qui, ne jugeant pas une affaire au fond, ordonne qu'on prouvera quelque incident par titres ou par témoins. » (*Ibidem*.) — Au sujet des termes spéciaux qu'emploie ici notre poëte, et de sa minutieuse précision dans tout le détail de cette fable, voyez M. Taine, p. 145 et 146.

7. Dans l'édition de 1729 : « et de fracas. »

8. « Tous les procès ne sont pas de nature à être jugés ainsi; et quant à la méthode des Turcs, Dieu nous en préserve! La voici : le juge, appelé Cadi, prend une connaissance succincte de l'affaire, fait donner la bastonnade à celui qui lui paraît avoir tort, et ce tort se réduit souvent à n'avoir pas donné de l'argent au juge comme a fait son adversaire; puis il renvoie les deux parties. » (Chamfort.) De-

On fait tant, à la fin, que l'huître est pour le juge,
　　Les écailles pour les plaideurs⁹.

puis que l'influence européenne a pénétré chez les Turcs, les choses ont un peu changé, mais pas encore beaucoup, à ce qu'il paraît.
9. Ce sera le sujet d'une autre fable : voyez livre IX, fable ix.

FABLE XXII.

LE CHÊNE ET LE ROSEAU.

Ésope, fab. 143, Κάλαμος καὶ Ἐλαία, Κάλαμοι καὶ Δρῦς; fab. 180, Ἐλάτη καὶ Βάτος (Coray, p. 84 et 85, p. 111). — Babrius, fab. 36, Φηγὸς καὶ Κάλαμος; fab. 64, Ἐλάτη καὶ Βάτος. — Aphthonius, fab. 36, *Fabula Quercus et Arundinis, monens ne quis fidat robori aut viribus.* — Avianus, fab. 16, *Quercus et Arundo.* — Abstemius, fab. 53, *de Ulmo et Silere.* — Faërne, fab. 50, *Canna et Oliva.* — Haudent, 1re partie, fab. 8, *d'un Olivier et d'un Roseau;* fab. 180, *d'un Chesne et d'un Roseau;* fab. 193, *d'un Sapin et d'un Buisson;* 2e partie, fab. 112, *d'un Ourme et d'un Ozier.* — Corrozet, fab. 81, *du Roseau et de l'Olivier.* — Le Noble, fab. 93, *du Chêne et du Roseau. La grandeur dangereuse.* — On peut voir en outre, dans les *Poésies inédites du moyen âge*, par Éd. du Méril (p. 275 et 276), une fable latine, en vers léonins, *de Abiete et Dumo.* — L'apologue est résumé dans une sentence de Bidpaï : « Quoique le vent ne fasse pas de mal à l'herbe qui plie devant lui, il arrache néanmoins les arbres les plus gros et les plus puissants. » (*Contes et Fables indiennes*, tome I, p. 300.) — On trouvera à l'*Appendice* la seconde des quatre fables de Guillaume Haudent, *d'un Chesne et d'un Roseau.*

Mythologia æsopica Neveleti, p. 205, p. 350, p. 387, p. 466, p. 557.

Le *Bibliophile belge*, publié par Reiffenberg (Bruxelles, 1845, tome I, p. 303), et M. Édouard Fournier, dans son agréable et curieux petit volume intitulé *l'Esprit des autres* (4e édition, p. 115), nous apprennent qu'un amateur de la Nièvre possède un manuscrit autographe de cette fable (voyez ci-après, la note 4). — Elle a été reproduite dans le *Recueil de poésies chrétiennes et diverses*, tome III, p. 357.

On trouvera en divers endroits de l'ouvrage de M. Soullié l'appréciation de plusieurs des fables anciennes indiquées ci-dessus, et, aux pages 246-258, une analyse détaillée de celle de la Fontaine, précédée de la citation, en italien, du bel apologue de *Verdizotti*, et, en espagnol, d'une ancienne version de la fable ésopique. — M. Saint-

Marc Girardin, dans sa viiie leçon (tome I, p. 260-265), analyse, et commente, avec une juste admiration, la fable de la Fontaine. Il la rapproche du mot de l'Écriture (*Machabées*, livre I, chapitre ix, verset 21) : *Quomodo cecidit potens?* puis de la fable de Lessing (livre III, 15), intitulé *le Chêne*, où la chute de l'arbre amène cette tout autre morale : « Il y a des grandeurs qu'on n'apprécie et n'admire que lorsqu'elles sont tombées. » Le commentaire de M. Saint-Marc Girardin se termine par de sages conseils à qui serait tenté de trop louer la souplesse du Roseau qui, comme dit Benserade (fab. 65) :

.... Subsiste à force de plier.

— « Cet apologue est non-seulement le meilleur de ce Ier livre, dit Chamfort, mais il n'y en a peut-être pas de plus achevé dans la Fontaine. Si l'on considère qu'il n'y a pas un mot de trop, pas un terme impropre, pas une négligence ; que, dans l'espace de trente vers, la Fontaine, en ne faisant que se livrer au courant de sa narration, a pris tous les tons, celui de la poésie la plus gracieuse, celui de la poésie la plus élevée, on ne craindra pas d'affirmer qu'à l'époque où cette fable parut, il n'y avait rien de ce ton-là dans notre langue. Quelques autres fables, comme celle des *Animaux malades de la peste*, présentent peut-être des leçons plus importantes, offrent des vérités qui ont plus d'étendue, mais il n'y en a pas d'une exécution plus facile. »
— « C'est une tradition constante parmi les gens de lettres, dit Walckenaer (*Histoire de la Fontaine*, livre III, tome I, p. 298), que de toutes ses fables, celle que la Fontaine préférait était celle qui a pour titre : *le Chêne et le Roseau*. » — Robert (tome I, p. 86-90) donne un très-curieux extrait du vieux poëme, *Regnart le contrefait*[1], où le lieu de l'action est la rive de Seine ; le temps, celui du *grand flos* (de la grande crue) de 1318 ; et où l'apologue est appliqué d'abord aux *Flamens* vaincus par Philippe le Bel à Mons-en-Puelle (1304), et par Philippe de Valois à Cassel (1328) :

> A Mons en Peule et à Cassel
> La y ot de mors maint monsel...
> En l'an mil trois cent et vingt huit,
> Tant par le iour que par la nuit,
> Le roi Philippe tant venta
> Que trestous les Flamens mata ;

1. Manuscrit de la Bibliothèque nationale, fonds français, n° 370, 3, fos 5 et 6.

puis à la chute de

.... Mesire Enguerans (1315),
et de
.... Pierre Remis (1328).

— Voyez aussi M. Taine (p. 119, 141, 186, 273, 295).

La fable est élégamment résumée dans Macrobe (*Saturnales*, livre VII, chapitre VIII) : *Vento nimio abies aut quercus avellitur; cannam nulla facile frangit procella.*

Le Chêne un jour dit au Roseau :
« Vous avez bien sujet d'accuser la nature ;
Un roitelet pour vous est un pesant fardeau ;
    Le moindre vent qui d'aventure[2]
    Fait rider la face de l'eau[3],   5
    Vous oblige à baisser la tête,
Cependant que mon front, au Caucase pareil,
Non content d'arrêter les rayons du soleil,
    Brave l'effort de la tempête:
Tout vous est aquilon, tout me semble zéphyr.   10
Encor si vous naissiez à l'abri du feuillage
    Dont je couvre le voisinage,
    Vous n'auriez pas tant à souffrir :
    Je vous défendrois de l'orage ;
    Mais vous naissez le plus souvent   15
Sur les humides bords des royaumes du vent.
La nature envers vous me semble bien injuste. »

2. Cette locution : *d'aventure*, paraît çà et là dans Rabelais et déjà dans le *Prologue* du livre I.

3. Du Bellay avait dit avant la Fontaine :

> Ce vent qui raze les flancz
> De la plaine colorée
> A longs souspirs doulx-souflans
> Qui rident l'onde azurée.

(*Jeux rustiques, Chant de l'amour et du primtemps*, édition de M. Marty-Laveaux, tome II, p. 316.)

— Votre compassion, lui répondit l'arbuste [5],
Part d'un bon naturel; mais quittez ce souci :
  Les vents me sont moins qu'à vous redoutables; 20
Je plie, et ne romps pas. Vous avez jusqu'ici
  Contre leurs coups épouvantables
  Résisté sans courber le dos;
Mais attendons la fin [5]. » Comme il disoit ces mots,
Du bout de l'horizon accourt avec furie   25
  Le plus terrible des enfants
Que le Nord eût portés jusque-là dans ses flancs [6].
  L'arbre tient bon; le Roseau plie.
  Le vent redouble ses efforts [7],
  Et fait si bien qu'il déracine   30
Celui de qui la tête au ciel étoit voisine [8],

4. L'autographe mentionné ci-dessus dans la notice (p. 124) donne ainsi les vers 17 et 18 :

  La nature envers vous ne fut pas indulgente.
  — Votre compassion, lui répondit la plante.

5. C'est l'idée du vers 11 de Faërne :

    .... *Canna*
 Silentium egit, tempus exspectans suum.

6. Cet endroit rappelle ce fragment énergique de Varron, cité par Nonius :

 Ventique frigido se ab axe eruperant,
 Phrenetici Septentrionum filii.

(Voyez *Saturarum Menippearum reliquiæ*, édition Riese, Leipzig, 1865, p. 162.)

7. On peut rapprocher de ce passage ces vers de même mesure de *Regnart le contrefait* (voyez la fin de la notice en tête de la fable) :

 Le vent hurta, l'arbre se tint.
 Le vent de toutes pars lui vint....
 Le vent tant bouta et hurta,
 Que le Chesne à terre ietta.

8. Dans la fable 64 de Babrius, qui, du reste, diffère beaucoup de la nôtre par la donnée même et par l'application morale, le Sapin

Et dont les pieds touchoient à l'empire des morts⁹.

se vante d'habiter avec les nuages, τῶν νεφῶν σύνοικος; et dans la vieille fable citée par Robert (tome I, p. 93 et 94), et qu'il désigne, comme imitée d'Avianus, par le nom d'*Ysopet-Avionnet**, l'Arbre (c'est également le Sapin) dit au *Bisson* (Buisson) :

.... Iusques aus estoilles
Estens mes brenches et mes foilles.

9. La Fontaine semble avoir fondu ensemble deux passages de Virgile, celui où le poëte latin décrit un chêne résistant à la tempête (*Énéide*, livre IV, vers 445 et 446) :

.... *Quantum vertice ad auras*
Ætherias, tantum radice in Tartara tendit;

et cet autre, où il peint la Renommée, et qui est imité de la description qu'Homère (*Iliade*, livre IV, vers 443) fait de la Discorde :

Ingrediturque solo, et caput inter nubila condit.
(*Énéide*, livre IV, vers 177.)

— Racan, dans la 9ᵉ strophe de son *Ode pour Monseigneur e duc de Bellegarde*, décrit un chêne dont le *tronc vénérable*

Attache dans l'enfer ses secondes racines,
Et de ses larges bras touche le firmament.

— Voltaire dit en parlant des chênes, des sapins :

Leur pied touche aux enfers, leur cime est dans les cieux
(3ᵉ *Discours en vers, de l'Envie*, tome XII des Œuvres, p. 68);

et ailleurs, en parlant des Alpes :

.... Ces monts sourcilleux
Qui pressent les enfers et qui fendent les cieux
(*Épître* xci, tome XIII, p. 211).

— Voyez encore *la Henriade*, chant VI, vers 299 et 300.

---

* Elle se trouve au f° 102 du manuscrit 1594 (voyez ci-dessus, p. 62, note 1).

LIVRE DEUXIÈME[1].

FABLE I.

CONTRE CEUX QUI ONT LE GOÛT DIFFICILE.

Phèdre, livre IV, fab. 7, *Poeta*.
Mythologia æsopica Neveleti, p. 432.

Quand j'aurois en naissant reçu de Calliope[2]
Les dons qu'à ses amants cette Muse a promis,
Je les consacrerois aux mensonges d'Ésope :
Le mensonge et les vers de tout temps[3] sont amis[4].
Mais je ne me crois pas si chéri du Parnasse   5
Que de savoir orner toutes ces fictions.

1. Il y a ainsi *deuxième*, en toutes lettres, dans nos anciennes éditions. Walckenaer, Crapelet, etc., y ont substitué *second*. — Un manuscrit de la Bibliothèque nationale (in-4°, n° 8511 des manuscrits latins), qui porte sur l'un des côtés de la couverture le mot *Fabularum*, et sur l'autre ceux-ci : « de Mgr le duc de Bourgogne », contient, aux feuillets 133-156, la traduction latine, faite par le jeune prince, des neuf premières fables de ce livre II, et du commencement de la dixième.
2. Muse de l'épopée.
3. « De tous temps », au pluriel, dans l'édition de 1729.
4. « Socrate, dit Plutarque, se mit à traduire les fables d'Ésope, ne croyant pas qu'il pût y avoir de poésie, si le mensonge ne s'y trouvait mêlé, ὡς ποίησιν οὐκ οὖσαν ᾗ ψεῦδος μὴ πρόσεστι. En effet, nous connaissons bien des sacrifices sans danse et sans musique, mais nous ne connaissons pas de poésie sans fables et sans mensonge, οὐκ ἴσμεν δὲ ἄμυθον οὐδὲ ἀψευδῆ ποίησιν. » (*De la Manière de lire les poëtes*, chapitre II.)

On peut donner du lustre à leurs inventions :
On le peut, je l'essaie ; un plus savant le fasse.
Cependant jusqu'ici d'un langage nouveau
J'ai fait parler le Loup et répondre l'Agneau ; 10
J'ai passé plus avant : les arbres et les plantes
Sont devenus chez moi créatures parlantes⁵.
Qui ne prendroit ceci pour un enchantement⁶ ?
  « Vraiment, me diront⁷ nos critiques,
  Vous parlez magnifiquement 15
  De cinq ou six contes d'enfant.
— Censeurs, en voulez-vous qui soient plus authentiques
Et d'un style plus haut ? En voici : « Les Troyens,
« Après dix ans de guerre autour de leurs murailles,
« Avoient lassé les Grecs, qui par mille moyens, 20
  « Par mille assauts, par cent batailles,
« N'avoient pu mettre à bout cette fière cité,
« Quand un cheval de bois, par Minerve inventé,
  « D'un rare et nouvel artifice,
« Dans ses énormes flancs reçut le sage Ulysse, 25
« Le vaillant Diomède, Ajax l'impétueux,
  « Que ce colosse monstrueux

5. *Calumniari si quis autem voluerit,*
   Quod arbores loquantur, non tantum feræ,
   Fictis jocari nos meminerit fabulis.
                    (PHÈDRE, livre I, *Prologue*, vers 5-7.)

  6. M. Saint-Marc Girardin cite ce début dans sa xiᵉ leçon, et dit (tome I, p. 376 et 377): « J'admire beaucoup la Fontaine ; mais en vérité je ne puis pas dire de ses fables plus qu'il n'en dit ici lui-même. Oui, le charme du poëte, c'est le don admirable qu'il a de sentir la nature et de s'entretenir avec elle. » Suit un rapprochement très-opportun avec l'*Épilogue* du livre XI : « Ma muse

  Traduisoit en langue des Dieux
  Tout ce que disent sous les cieux
  Tant d'êtres empruntant la voix de la nature, etc. »

  7. « Nous diront », dans l'édition de 1678 ; mais cette faute a été corrigée à l'*Errata*.

« Avec leurs escadrons devoit porter dans Troie*,
« Livrant à leur fureur ses dieux mêmes en proie :
« Stratagème inouï, qui des fabricateurs   30
   « Paya la constance et la peine⁹. »
— C'est assez, me dira quelqu'un de nos auteurs :
La période est longue, il faut reprendre haleine ;
   Et puis votre cheval de bois,
   Vos héros avec leurs phalanges,   35
   Ce sont des contes plus étranges
Qu'un renard qui cajole un corbeau sur sa voix [10] :
De plus, il vous sied mal d'écrire en si haut style [11].
— Eh bien ! baissons d'un ton. « La jalouse Amarylle
« Songeoit à son Alcippe, et croyoit de ses soins   40
« N'avoir que ses moutons et son chien pour témoins.
« Tircis, qui l'aperçut, se glisse entre des saules [12] ;

8. Ce morceau de style épique rappelle divers traits du récit de Virgile :

.... *Fracti bello, fatisque repulsi,*
Ductores Danaûm, tot jam labentibus annis,
Instar montis equum divina Palladis arte
Ædificant....
. .. *penitusque cavernas*
Ingentes uterumque armato milite complent.

(*Énéide*, livre II, vers 13-20.) — Dans Virgile, parmi les guerriers qui sortent du cheval se trouve Ulysse, mais non Diomède, ni Ajax (*ibidem*, vers 260-264). Dans l'*Odyssée* (livre VIII, vers 512 et 513), les guerriers sont ainsi désignés collectivement : πάντες ἄριστοι Ἀργείων, « tous les meilleurs ou principaux des Argiens. »

9. Au lieu du cheval de bois, c'est l'expédition des Argonautes que Isidore (livre IV, fable 7) propose, comme échantillon de haut style, à son critique, qui répond à son *Quid tibi videtur?*

.... *Hoc quoque insulsum est....*
Falsoque dictum.... (Vers 17 et 18.)

10. « Sur la voix, » dans l'édition de 1688.

11. Var. : en ce haut style. (*Éditions de* 1668, 1669, 1679 Amsterdam, 1729.) — L'édition de 1678 a : « ces hauts stiles; » mais la faute est corrigée à l'*Errata*.

12. « Entre deux saules, » dans l'édition de 1679 (Amsterdam); « entre les saules, » dans celle de 1729.

« Il entend la bergère adressant ces paroles
    « Au doux Zéphire, et le priant
    « De les porter à son amant. »   45
    — Je vous arrête à cette rime[13],
Dira mon censeur à l'instant;
Je ne la tiens pas légitime,
Ni d'une assez grande vertu :
Remettez, pour le mieux, ces deux vers à la fonte[14].   50
    — Maudit censeur! te tairas-tu?
Ne saurois-je achever mon conte[15]?
C'est un dessein très-dangereux
Que d'entreprendre de te plaire. »

    Les délicats[16] sont malheureux :   55
    Rien ne sauroit les satisfaire.

13. La rime d'*iant* avec *mant*. Quoique l'*i* appartienne à la syllabe précédente, la prononciation ne le détache pas entièrement de l'*a* ; dans cette liaison il a quelque chose du son de l'*i* double ou *y*. M. L. Quicherat nous dit d'ailleurs, d'une manière générale, dans son *Traité de versification française* (chapitre III) : « Comme les mots terminés par *ant* ou *ent* sont très-nombreux dans notre langue, il est beaucoup mieux qu'ils riment (*non pas seulement par les finales* ant, ent, *mais aussi*) de l'articulation. » — La critique au reste s'appliquerait encore mieux, ce semble, aux finales, de quantité différente, des vers 42 et 43 : *paroles* et *saules*. Voyez p. 116, note 2.

14. Horace rend la même pensée par une métaphore différente, dans son *Art poétique* (vers 441) :

    Et male tornatos incudi reddere versus;

et Boileau dit dans le sien (chant I, vers 172) :

    Vingt fois sur le métier remettez votre ouvrage.

15. *Quid ergo possum facere tibi, lector Cato,*
    Si nec fabellæ te juvant, nec fabulæ?
                        (PHÈDRE, livre IV, *fable* 7, vers 21 et 22.)

16. Phèdre (vers 25) désigne moins poliment ses censeurs : *Qui*, dit-il, *stultitia nauseant*.

FABLE II.

CONSEIL TENU PAR LES RATS.

Abstemius, fab. 195, *de Muribus tintinnabulum Feli appendere volentibus*. — Faërne, fab. 47, *Mures*. — Robert (*Fables inédites*, etc., tome I, p. 99 et 100) cite en outre, d'après un manuscrit, malheureusement très-fautif, de la Bibliothèque nationale (n° 7616), une fable latine anonyme en dix distiques, qui est intitulée : *de Muribus concilium contra Catum*, et qu'il croit du quatorzième siècle.

Mythologia æsopica Neveleti, p. 616.

Cette fable se trouve dans le *Manuscrit de Sainte-Geneviève*, où le titre est : « le Conseil tenu par les Rats. » — Elle a été reproduite dans le *Recueil de poésies chrétiennes et diverses*, tome III, p. 359.

Voyez dans la XIII° leçon de M. Saint-Marc Girardin (tome I, p. 427-429) la comparaison de cette fable avec une scène du *Cyclope* d'Euripide, où les Satyres, qui composent le chœur, et qui d'abord, quand le danger était loin, s'offraient à l'envi pour enfoncer le tison ardent dans l'œil de Polyphème, ont tous peur et reculent (vers 623-641), quand vient le moment d'exécuter, et finissent par se rappeler, disent-ils, « une chanson magique d'Orphée, qui fera que le tison ira de lui-même brûler l'œil unique du géant. » — Robert, dans son introduction, p. XXXVIII, parle du récit que lord Gray fit de cette fable aux barons écossais conspirant contre les favoris de Jacques III. « J'attacherai le grelot moi-même, » s'écria Archibald comte d'Angus, chef de la seconde branche des Douglas. Il saisit en effet, de sa propre main, le principal favori, Robert Cochrane; et après le succès de la conjuration, il reçut le surnom, qu'il garda toute sa vie, d'*Attache-Grelot-au-Chat (Bell-the-Cat)*. Voyez l'*Histoire d'Écosse racontée par un grand-père* (sir Walter Scott) *à son petit-fils*, 1re série, chapitre XIX. — Plusieurs manuscrits arabes de *Calila et Dimna* ont un chapitre supplémentaire, antérieur au douzième siècle, dans lequel se trouve un apologue, intitulé : *le Roi des Rats et ses trois Conseillers*. Cet apologue, qui a passé de là dans la traduction grecque de Siméon Seth, est analysé par Silvestre de Sacy, aux pages 61-63 de la *Notice des manuscrits* qui fait suite au *Mémoire historique* placé par lui en tête de son édition arabe de *Calila et Dimna*; c'est jusqu'ici, à ce qu'il paraît, la plus ancienne version de cette fable où l'on ait trouvé le conseil d'attacher le grelot : voyez, à ce sujet, le *Pantschatantra* de M. Benfey, tome I, p. 605 et 606.

  Un Chat, nommé Rodilardus[1],
  Faisoit des rats telle déconfiture
   Que l'on n'en voyoit presque plus,
Tant il en avoit mis dedans la sépulture.
Le peu qu'il en restoit, n'osant quitter son trou,   5
Ne trouvoit à manger que le quart de son soû[2],
Et Rodilard passoit, chez la gent misérable,
   Non pour un chat, mais pour un diable.
   Or un jour qu'au haut et au loin[3]
   Le galand alla chercher femme,   10
Pendant tout le sabbat qu'il fit avec sa dame,
Le demeurant des Rats tint chapitre[4] en un coin
   Sur la nécessité présente.
Dès l'abord, leur Doyen, personne fort prudente,
Opina qu'il falloit, et plus tôt que plus tard,   15
Attacher un grelot au cou de Rodilard[5];

 1. *Ronge-lard.* Ce nom, qui semblerait mieux convenir au rat qu'au chat, a été emprunté par la Fontaine à Rabelais, qui nous montre (livre IV, chapitre LXVII, tome II, p. 171) Panurge « égratigné des gryphes du celebre Chat Rodilardus. » — Dans l'*Ovide en belle humeur* de d'Assoucy (livre I, fable II), c'est également un nom de chat.
 2. Les anciennes éditions écrivent ce mot les unes *sou* (entre autres 1678), les autres *soû*; le *Manuscrit de Sainte-Geneviève* : « *sàou* ».
 3. Nous trouverons un hiatus semblable au vers 16 de la fable suivante. Ces petites négligences ne sont pas rares chez notre poëte.
 4. *Chapitre*, assemblée de chanoines, de religieux, *capitulum* (voyez les vers 27 et 28); *tenir chapitre*, être assemblés pour une délibération. La figure se continue aux vers suivants (14 et 20); le terme de *Doyen* est emprunté au même ordre d'idées. — Faërne dit (vers 1) : *Senatus murium.* Dans *Ysopet I*, les Souris *font parlement*, sont en *concile*.
 5. Dans l'apologue arabe dont il est parlé à la fin de la notice de

Qu'ainsi, quand il iroit en guerre,
De sa marche avertis, ils s'enfuiroient[6] en terre;
 Qu'il n'y savoit que ce moyen.
Chacun fut de l'avis de Monsieur le Doyen :
Chose ne leur parut à tous plus salutaire.
La difficulté fut d'attacher le grelot[7].
L'un dit : « Je n'y vas point, je ne suis pas si sot; »
L'autre : « Je ne saurois. » Si bien que sans rien faire
 On se quitta. J'ai maints chapitres vus,
 Qui pour néant se sont ainsi tenus;
Chapitres, non de rats, mais chapitres de moines,
 Voire[8] chapitres[9] de chanoines.
 Ne faut-il que délibérer,
 La cour en conseillers foisonne;
 Est-il besoin d'exécuter,
 L'on ne rencontre plus personne[10].

cette fable, le premier des vizirs ouvre un avis bien autrement grave : c'est au cou de tous les chats qu'il conseille d'attacher des grelots. Le second vizir demande qui se chargerait de les attacher.

6. Dans le *Manuscrit de Sainte-Geneviève* : « ils s'en iroient. »

7. Dans une fable en ballade, sur le même sujet, d'Eustache Deschamps, écrivain du quatorzième siècle, dont Crapelet a publié un choix de poésies, la question directe :

 Qui pendra la sonnette au Chat?

revient quatre fois, très-plaisamment, comme refrain (p. 188 et 189, édition Crapelet, Paris, 1832).

8. *Voire*, « vraiment, » se prend parfois au même sens que la locution « voire même. »

9. Il y a *chapitre*, au singulier, dans l'édition d'Amsterdam 1679.

10. *Carent periculosa consilia exitu.* (FAËRNE, vers 15.)

FABLE III.

LE LOUP PLAIDANT CONTRE LE RENARD
PAR-DEVANT LE SINGE.

Fables ésopiques de Camerarius, p. 187. — Phèdre, livre I, fable 10, *Lupus et Vulpis, judice Simio.* — Romulus, livre II, fab. 19, *même titre.* — Dans la fable d'*Ysopet I*, citée par Robert, le débat est entre le Renard et le Lièvre.

Mythologia æsopica Neveleti, p. 395, p. 514.

Cette fable est dans le *Manuscrit de Sainte-Geneviève*, où elle a pour titre : « le Loup et le Renard plaidans (*sic*) devant le Singe. »

Diogène de Laërte raconte, dans la *Vie de Diogène le Cynique* (chapitre VI, 54), que ce philosophe entendit un jour deux avocats, et les condamna tous deux, disant que l'un avait dérobé ce dont il s'agissait, et que l'autre ne l'avait pas perdu. — De deux coquins qui s'entr'accusaient, Philippe, père d'Alexandre, condamna l'un à fuir de la Macédoine, et l'autre à le poursuivre : voyez Plutarque, *Apophthegmes de Philippe*, 12.

   Un Loup disoit que l'on l'avoit volé :
Un Renard, son voisin, d'assez mauvaise vie,
Pour ce prétendu vol par lui fut appelé.
    Devant le Singe il fut plaidé,
Non point par avocats [1], mais par chaque partie [2].   5

 1. Phèdre dit de même (vers 7):

  Uterque causam quum perorassent suam.

 2. Et de vive voix, sans papiers, comme veut Rabelais : « Pantagruel leur dist : « Messieurs, les deux seigneurs qui ont ce proces « entre eulx sont ils encores viuans? » A quoy luy feut respondu que ouy. « De quoy diable donc (dist-il), seruent tant de fatrasseries de « papiers et copies que me baillez? N'est-ce le mieulx oüyr par « leur viue voix leur debat, que lire ces babouyneries icy, qui ne sont « que tromperies, cautelles diabolicques de Cepola et subuersions de

[F. III]   LIVRE II.   137

<pre>
          Thémis³ n'avoit point travaillé,
De mémoire de singe, à fait plus embrouillé.
Le magistrat suoit en son lit de justice⁴.
          Après qu'on eut bien contesté,
          Répliqué, crié, tempêté,   10
          Le juge, instruit de leur malice,
Leur dit : « Je vous connois de longtemps, mes amis,
          Et tous deux vous paierez l'amende⁵ ;
Car toi, Loup, tu te plains, quoiqu'on ne t'ait rien pris;
Et toi, Renard, as pris ce que l'on te demande. »   15
</pre>

« droict? Car ie suis seur que vous et touts ceulx par les mains des-
« quels ha passé le proces y auez machiné ce qu'auez peu, *pro et*
« *contra :* et au cas que leur controuerse estoit patente, et facile à
« inger, vous l'auez obscurcie par sottes et desraisonnables raisons
« et ineptes opinions d'Accurse, Balde, Bartole, de Castro, de Imola,
« Hippolytus, Panorme, Bertachin, Alexander, Curtius, et ces aultres
« vieulx mastins, qui iamais n'entendirent la moindre loy des *Pan-*
« *dectes.* » (RABELAIS, *Pantagruel*, livre II, chapitre x, tome I, p. 255
et 256.)

3. La déesse de la justice, pour la justice même. — Dans le *Manuscrit de Sainte-Geneviève*, les vers 6 et 7 sont ainsi :

<pre>
          Il ne s'étoit point présenté,
De mémoire de singe, un fait plus embrouillé.
</pre>

— Au vers suivant, il a *seoit* (*séoit*), au lieu de *suoit*.

4. Ce mot désignait les séances solennelles où le Roi en personne
venait présider toutes les chambres assemblées du Parlement, ordinairement pour leur dicter ses volontés; il s'appliquait, dans un sens
plus étroit, au siége qu'occupait le Roi dans ces assemblées. C'est
évidemment en ce dernier sens que la Fontaine l'entend.

          — *Judex inter illos sedit Simius,*

dit Phèdre (vers 6).

5. La première édition, 1668, in-4° et in-12, et la réimpression
de 1669, ainsi que l'édition donnée en 1682 par Barbin, portent
amande, qui est l'orthographe de Richelet et rime à l'œil avec *demande*.
Celles de 1678 écrivent *amende*, comme l'Académie et Furetière. —
Le *Manuscrit de Sainte-Geneviève* porte, sans *Et* :

          Tous deux vous payerez l'amende.

Le juge prétendoit qu'à tort et à travers[6]
On ne sauroit manquer[7], condamnant un pervers[8].

Quelques personnes de bon sens ont cru que l'impossibilité et la contradiction qui est dans le jugement de ce singe étoit une chose à censurer; mais je ne m'en suis servi qu'après Phèdre[9]; et c'est en cela que consiste le bon mot, selon mon avis.

6. Voyez ci-dessus, p. 134, note 3. — Les éditions de 1668 in-4° et de 1678 écrivent : « à tors; » il en est de même de la petite édition de 1682.

7. Benserade (fable 81) se sert du même mot :

.... Je ne saurois *manquer*
En condamnant deux si méchantes bêtes.

8. Cela rappelle le procédé de ce juge dont parle Henri Estienne. Si l'accusé était vieux, il disait : « Pendez, pendez; il en a fait bien d'autres. » S'il était jeune : « Pendez, pendez, disait-il encore; il en ferait bien d'autres. » — Le *Manuscrit de Sainte-Geneviève* n'a pas les deux derniers vers.

9. Dans Phèdre, le jugement du Singe est (vers 9 et 10) :

Tu non videris perdidisse quod petis;
Te credo subripuisse quod pulcre negas.

— Dans Camerarius, la morale est tournée de telle sorte que la contradiction disparaît, mais aussi le bon mot : *Docet fabula non moveri nos dissensione et rixis improborum oportere, sed omni tempore illos arbitrari arctissimo vinculo pravitatis conjunctos, et aversari atque odisse.*

FABLE IV.

LES DEUX TAUREAUX ET UNE GRENOUILLE.

Phèdre, livre I, fab. 3o, *Ranæ metuentes Taurorum prælia.*
Mythologia æsopica Neveleti, p. 407.
Voyez les considérations diverses que M. Saint-Marc Girardin, dans sa XIIIe leçon (tome I, p. 436-441), rattache à cette fable et à sa moralité, les unes avec sa finesse accoutumée, les autres avec une grande élévation.

 Deux Taureaux combattoient à qui posséderoit
  Une Génisse avec l'empire[1].
  Une Grenouille en soupiroit.
  « Qu'avez-vous ? » se mit à lui dire
 Quelqu'un du peuple croassant[2].   5

1. On connaît la description que fait Virgile d'un semblable combat (*Géorgiques*, livre III, vers 219 et suivants) :

 Pascitur in magna Sila formosa juvenca :
 Illi alternantes multa vi prælia miscent, etc.

2. Dans toutes les éditions données par la Fontaine (1668 in-4° et in-12, 1669, 1678), ainsi que dans celle de Paris 1682, dans celle de 1688, de Londres 1708, on lit invariablement *croassant*, quoique la distinction existât alors*, mais moins marquée, paraît-il, que depuis, entre *croasser*, qui se dit du corbeau, et *coasser*, qui s'applique à la grenouille. Il se peut que ce soit une distraction de la Fontaine ; mais nous devons garder la leçon des éditions originales. Walckenaer donne *coassant*. M. Littré, à l'article *Coasser*, cite deux exemples de Voltaire (*Épître à d'Alembert* et *Stances au Roi de Prusse*) où *croasser* est pris comme ici pour parler des grenouilles.

* Richelet (1680), Furetière (1690) et l'Académie (1694) ont les deux mots, et les appliquent comme nous faisons aujourd'hui. Nicot (1606) ne donne pas *croasser*, mais seulement *coasser*, qu'il traduit ainsi : *coaxare, ranarum est*.

« Et ne voyez-vous pas, dit-elle,
  Que la fin de cette querelle
Sera l'exil de l'un³ ; que l'autre, le chassant,
Le fera renoncer aux campagnes fleuries ?
Il ne régnera plus⁴ sur l'herbe des prairies⁵,   10
Viendra dans nos marais⁶ régner sur les roseaux ;
Et nous foulant aux pieds jusques au fond des eaux,
Tantôt l'une, et puis l'autre, il faudra qu'on pâtisse
Du combat qu'à causé Madame la Génisse. »
  Cette crainte étoit de bon sens.   15
  L'un des Taureaux en leur demeure
  S'alla cacher⁷ à leurs dépens :
  Il en écrasoit vingt par heure.

  Hélas ! on voit que de tout temps
Les petits ont pâti des sottises des grands⁸.   20

---

3.   *Victus abit, longeque ignotis exsulat oris.*
                (VIRGILE, *Géorgiques*, livre III, vers 225.)
4. VAR. : pas. (1668, in-4°.)
5. « Voici encore un exemple de l'artifice et du naturel avec lequel la Fontaine passe du ton le plus simple à celui de la haute poésie. Avec quelle grâce il revient au style familier dans les vers suivants ! » (CHAMFORT.)
6. L'orthographe des anciennes éditions est *marests*.
7. « Se va cacher », dans l'édition d'Amsterdam 1729.
8.   *Quidquid delirant reges, plectuntur Achivi.*
                (HORACE, livre I, *épître* II, vers 14.)
— Dans les *Avadânas* ou *Contes et Apologues Indiens* traduits du chinois par M. Stanislas Julien, l'idée est ainsi rendue, par une tout autre allégorie (tome I, p. 137) : « Lorsque deux béliers luttent ensemble, les mouches et les fourmis périssent au milieu d'eux. »

FABLE V.

LA CHAUVE-SOURIS[1] ET LES DEUX BELETTES.

Ésope, fab. 109, Νυκτερὶς καὶ Γαλῇ; fab. 351, Στρουθοκάμηλος (Coray, p. 61, p. 320, p. 227). — Faërne, fab. 77, *Vespertilio et Mustella*. — Marie de France, fab. 31, *de totes les Bestes e des Oisacax li parlemenz*. — Haudent, 1re partie, fab. 91, *d'une Chaulve souris et d'une Bellette;* fab. 145, *d'une Chaulve souris et des aultres Oyseaulx*. — Corrozet, fab. 34, *des Oiseaux et des Bestes*. — Dans la dernière des fables d'Ésope indiquées ci-dessus, dans celles de Marie de France et de Corrozet, et dans la seconde de Haudent, le sujet est tiré de même de la double nature soit de l'Autruche soit de la Chauve-souris, mais il est traité d'une façon toute différente, et amène cette morale plus saine, ainsi rendue dans la fable 2 de Neckam (Éd. du Méril, *Poésies inédites du moyen âge*, p. 178) :

> *Sic qui se fallax nunc his, nunc ingerit illis,*
> *Omnibus ingratus jure repulsus erit.*

— On lit dans Varron, cité par Nonius (XLVI, 33) : *Quid multa? factus sum vespertilio, neque in muribus plane, neque in volucribus sum.* (*Saturarum Menippearum reliquiæ*, édition Riese, p. 96.)

Mythologia æsopica Neveleti, p. 177, p. 370.

Cette fable a été reproduite dans le *Recueil de poésies chrétiennes et diverses*, tome III, p. 356.

Pour cette fable encore, voyez les sages et piquantes réflexions qu'elle suggère à M. Saint-Marc Girardin dans deux de ses leçons, la 1re et la xiiie (tome I, p. 19 et 20, et p. 429-432). Il la retrouve, sous forme historique et humaine, dans une anecdote de la Fronde, et cite un extrait des *Mémoires de Mademoiselle de Montpensier*, que nous donnerons à l'*Appendice;* nous y joindrons une fable traduite du chinois par M. Stanislas Julien, et qui, sans avoir du reste rien

---

1. Dans les anciennes éditions *Chauvesouris* forme un seul mot, sans trait d'union. — *Les Chauvesouris*, au pluriel, dans l'édition d'Amsterdam 1729.

de remarquable, ni pour les pensées, ni pour la forme du récit, nous a paru curieuse par le rôle qu'y joue la Chauve-souris : la bête ambiguë s'y montre un *sage* de tout autre espèce, dont l'exemple est moins contagieux et nous semble, quoi que dise l'affabulation chinoise, beaucoup moins blâmable.

Une Chauve-souris donna tête baissée
Dans un nid de Belette; et sitôt qu'elle y fut,
L'autre, envers les souris de longtemps courroucée,
    Pour la dévorer accourut.
« Quoi? vous osez, dit-elle, à mes yeux vous produire,   5
Après que votre race a tâché de me nuire!
N'êtes-vous pas souris? Parlez sans fiction.
Oui, vous l'êtes, ou bien je ne suis pas belette.
    — Pardonnez-moi, dit la pauvrette,
    Ce n'est pas ma profession.   10
Moi souris! Des méchants vous ont dit ces nouvelles.
    Grâce à l'auteur de l'univers,
    Je suis oiseau; voyez mes ailes :
    Vive la gent qui fend les airs! »
    Sa raison plut, et sembla bonne.   15
    Elle fait si bien qu'on lui donne
    Liberté de se retirer.
    Deux jours après, notre étourdie
    Aveuglément se va fourrer
Chez une autre Belette, aux oiseaux ennemie.   20
La voilà derechef en danger de sa vie.
La dame du logis avec son long museau
S'en alloit la croquer en qualité d'oiseau,
Quand elle protesta qu'on lui faisoit outrage :
« Moi, pour telle[2] passer! Vous n'y regardez pas.   25

2. Il semble que la correction grammaticale voudrait plutôt *tel*, et que le mot devrait s'accorder avec *oiseau;* la Fontaine n'a songé qu'à la Chauve-souris qui parle.

Qui³ fait l'oiseau? c'est le plumage.
Je suis souris : vivent les rats!
Jupiter confonde les chats! »
Par cette adroite repartie
Elle sauva deux fois sa vie⁴.   30

Plusieurs se sont trouvés qui, d'écharpe changeants⁵,
Aux dangers, ainsi qu'elle, ont souvent fait la figue⁶.
    Le sage dit, selon les gens :
    « Vive le Roi! vive la ligue⁷! »

3. *Qui*, qu'est-ce qui, au sens neutre. Voyez le *Lexique*.
4. Ou plutôt : « pour la seconde fois ; » à moins que les mots : *Par cette adroite repartie*, ne signifient, ce qu'en tout cas ils n'expriment pas bien clairement : *par son adresse à répondre*, et ne s'appliquent aux deux rencontres.
5. Ou, comme dit M. Saint-Marc Girardin, en appliquant à la Chauve-souris le langage d'aujourd'hui (tome I, p. 441) : « changeant de cocarde ».
6. S'en sont moqués. Voyez le *Lexique*.
7. « Ce n'est point le sage qui dit cela, c'est le fourbe, et même le fourbe impudent. » (Chamfort.) — Mais n'oublions pas que souvent, dans la Fontaine, comme dans la langue usuelle, *sage* ne signifie pas autre chose que prudent, bien avisé.

FABLE VI.

L'OISEAU BLESSÉ D'UNE FLÈCHE.

Ésope, fab. 133, Ἀετός (Coray, p. 74 et 75[1]). — Aphthonius, fab. 32, *Fabula Sagittarii, plurimas a suis ipsius propriis insidias intentari ostendens.* — Haudent, 1ʳᵉ partie, fab. 107, *d'un Aigle et d'un Chasseur.*

Mythologia æsopica Neveleti, p. 196, p. 347, p. 369.

Corrozet, au numéro 34 de son recueil d'emblèmes intitulé *Hécatongraphie* (Paris, 1543), développe l'idée de cette fable en vingt-huit vers, qui commencent par ce quatrain :

> L'Oye se faict tort et dommage,
> Car la legere plume porte
> Dont on faict au traict son pennage,
> Qui naure l'Oye et la rend morte.

Camerarius (*Fables ésopiques*, p. 144) cite, d'après Théodoret, l'allusion que l'empereur Julien faisait à cette fable, pour rendre raison de l'édit par lequel il voulait interdire aux chrétiens l'étude des lettres profanes. Voici les paroles mêmes que Théodoret (*Histoire ecclésiastique*, livre III, chapitre IV) prête à Julien : « Nous sommes, comme dit le proverbe, percés avec nos propres plumes (τοῖς οἰκείοις.... πτεροῖς, κατὰ τὴν παροιμίαν, βαλλόμεθα). On nous fait la guerre en s'armant de nos écrits. »

Mortellement atteint d'une flèche empennée[2],
Un Oiseau déploroit sa triste destinée,
Et disoit, en souffrant un surcroît de douleur :

---

1. Coray donne cette fable ésopique sous cinq formes diverses, dont l'une, d'après le scoliaste d'Aristophane (*Oiseaux*, vers 807), est un fragment d'Eschyle.

2. *Empennée*, garnie de plumes. Le mot est fréquemment employé par nos anciens auteurs avec ou sans régime, et au propre ou au figuré.

« Faut-il contribuer à son propre malheur !
  Cruels humains ! vous tirez de nos ailes
De quoi faire voler ces machines mortelles³.
Mais ne vous moquez point, engeance sans pitié :
Souvent il vous arrive un sort comme le nôtre.
Des enfants de Japet⁴ toujours une moitié
  Fournira des armes à l'autre. »

3. L'une des fables grecques (la seconde de Coray) rend le même sens avec une élégante précision : τὸ βέλος.... ἐπτερωμένον τοῖς οἰκείοις πτέροις.

4. Dans Horace (livre I, *ode* III, vers 27), *audax Japeti genus* ne s'applique qu'à Prométhée; *les enfants de Japet* désignent ici toute la race humaine. On peut se demander si la Fontaine emploie ces mots à dessein, pour faire allusion à l'homme fabriqué par Prométhée, et donner à entendre que nous sommes dignes de celui qui déroba le feu du ciel, et de qui sont venus tous les maux. — Voltaire, dans l'endroit déjà cité deux fois (ci-dessus, p. 79, note 6, et p. 108, note 10), rapporte ces deux vers comme une des belles maximes du fabuliste.

FABLE VII.

LA LICE[1] ET SA COMPAGNE.

Phèdre, livre I, fab. 19, *Canis parturiens*. — Romulus, livre I, fab. 9, *même titre*. — Marie de France, fab. 8, *d'une Lisse qui vuleit chaaler*.

Mythologia æsopica Neveleti, p. 400, p. 492.

Voyez la xiiie leçon de M. Saint-Marc Girardin (tome I, p. 435-435). Il cite un trait mordant de satire ajouté à la fable par un poëte du seizième siècle, Weiss, qui a publié ses fables latines sous le nom de Pantaleo Candidus (fab. 101, *Deliciæ poetarum germanorum*, Francfort, 1612) : la Chienne chassée va se plaindre au juge, qui, ne voulant pas se faire d'affaires, « permet à la plaignante de chasser à son tour, si elle le peut, son adversaire, ou de lui persuader de quitter les lieux de bonne volonté. ». — Justin, dans un passage du livre XLIII, chapitre iv, que nous donnerons à l'*Appendice*, met cette fable dans la bouche d'un Ligurien, qui s'en sert pour engager les Gaulois à chasser les Massiliens nouvellement établis en Gaule. — On lit dans Camerarius (p. 251) une fable de même morale, mais dont les personnages sont différents. C'est un Hérisson qui, après avoir reçu l'hospitalité d'un Serpent, le chasse de son trou. Haudent (fab. 130 de la 2e partie), Benserade (quatrain xxxviii de l'édition de 1677, et lxxii de celle de 1678), et le Noble, dans son *Ésope* (1691), *comédie accommodée au théâtre italien* (acte I, scène iv), ont adopté le même cadre. — M. Benfey (tome I, p. 353) rapproche de notre fable un apologue oriental d'intention analogue.

    Une Lice étant sur son terme,
Et ne sachant où mettre un fardeau si pressant[2],
Fait si bien qu'à la fin sa Compagne consent
De lui prêter sa hutte, où la Lice s'enferme.

1. Femelle d'un chien de chasse.
2. Dans l'édition de 1679 (Amsterdam) : « si pesant. »

Au bout de quelque temps sa Compagne revient. 5
La Lice lui demande encore une quinzaine;
Ses petits ne marchoient, disoit-elle, qu'à peine³.
    Pour faire court, elle l'obtient.
Ce second terme échu, l'autre lui redemande
    Sa maison, sa chambre, son lit. 10
La Lice cette fois montre les dents, et dit :
« Je suis prête à sortir avec toute ma bande,
    Si vous pouvez nous mettre hors⁴. »
    Ses enfants étoient déjà forts.

Ce qu'on donne aux méchants, toujours on le regrette. 15
    Pour tirer d'eux ce qu'on leur prête,
    Il faut que l'on en vienne aux coups;
    Il faut plaider, il faut combattre.
    Laissez-leur prendre un pied chez vous,
    Ils en auront bientôt pris quatre. 20

3.   .... *Tempus exorans breve,*
Dum firmiores catulos posset ducere.
        (PHÈDRE, vers 6 et 7.)

4.   .... *Si mihi et turbæ meæ*
Par, inquit, esse potueris, cedam loco.
        (*Ibidem*, vers 9 et 10.)

FABLE VIII.

L'AIGLE ET L'ESCARBOT.

Ésope, fab. 2, Ἀετὸς καὶ Κάνθαρος (Coray, p. 2-4). — Haudent, 2ᵉ partie, fab. 2, *d'un Lieure, d'un Aigle et d'un Escarbot.* — Voyez encore deux autres sources, toutes deux du seizième siècle, l'une italienne, l'autre française, indiquées par Loiseleur Deslongchamps (*Essai sur les fables indiennes*, p. 69).

Mythologia æsopica Neveleti, p. 85, et p. 78 et 79 (*Æsopi fabulatoris vita a Maximo Planude conscripta*).

C'est une des fables d'Ésope, qui passent, quant au fond, pour authentiques, une de celles qu'avant d'être mis à mort il raconta en vain aux Delphiens, si nous en croyons Planude : voyez, ci-dessus, la fin de *la Vie d'Ésope*, p. 53. Aristophane y fait allusion par trois fois, dans *les Guêpes* (vers 1469-1472), dans *Lysistrate* (vers 692 et 693), et en ces termes aux vers 129 et suivants de *la Paix*, comédie, dit Robert (tome I, p. LIII), dont « *l'Aigle et l'Escarbot* semble même lui avoir fourni la première idée. »

> Ἐν τοῖσιν Αἰσώπου λόγοις ἐξηυρέθη
> Μόνος πετεινῶν εἰς θεοὺς ἀφιγμένος....
> Ἦλθεν κατ' ἔχθραν ἀετοῦ πάλαι ποτὲ,
> Ὠὰ 'κκυλίνδων, κἀντιτιμωρούμενος.

« On trouve dans les fables d'Ésope que l'Escarbot est le seul des oiseaux qui soit allé chez les Dieux.... Il y alla jadis, il y a bien longtemps, lors de sa querelle avec l'Aigle, dont il fit rouler les œufs à bas pour se venger. » — Coray (p. 4) rapporte la fable telle qu'elle est racontée par le scoliaste d'Aristophane à l'occasion des vers que nous venons de citer : dans cette version, ce n'est pas le Lapin, mais ses propres petits, enlevés par l'Aigle, que l'Escarbot veut venger. Lucien fait aussi allusion à cette fable dans l'*Icaroménippe* (chapitre x); Suidas la mentionne également, ainsi qu'Eustathe dans son commentaire sur le vers 317 du dernier livre de l'*Iliade*. Érasme explique dans ses *Proverbes* (col. 1838 et 1839, Genève, 1606), et Gessner, d'après lui, dans son *Histoire des animaux* (livre II, p. 172,

Francfort, 1617), la locution κάνθαρος ἀετὸν μαίεται, « l'escarbot cherche l'aigle, » ou mieux, selon le passage de *Lysistrate* que nous avons indiqué, μαιεύεται, « le fait accoucher, » fait éclore ses œufs (en les brisant). — Voyez la savante dissertation de M. Benfey (tome I, p. 170 et 171) sur l'affinité qu'ont entre elles les fables diverses dont l'action est une vengeance exercée sur des petits ou des œufs d'animaux, « vengeance, nous dit le savant indianiste, qui, dans l'apologue d'Ésope, est accomplie d'une façon si *humoristique* (*auf so humoristische Weise*) par l'Escarbot. » — Quant à la réunion, dans une même fable, de l'Escarbot avec l'Aigle et Jupiter, voyez ci-après la note 8.

L'Aigle donnoit la chasse à maître Jean Lapin,
Qui droit à son terrier s'enfuyoit au plus vite.
Le trou de l'Escarbot se rencontre en chemin.
  Je laisse à penser si ce gîte
Étoit sûr; mais où mieux? Jean Lapin s'y blottit¹. 5
L'Aigle fondant sur lui nonobstant cet asile,

 1. Comment un lapin peut-il se blottir dans le trou d'un escarbot? La Fontaine a prévu l'objection :

   Je laisse à penser si ce gîte
  Étoit sûr ; mais où mieux?...

Mieux eût valu, croyons-nous, se contenter de dire, comme Ésope : « le Lapin se réfugia *vers* le trou de l'Escarbot, » πρὸς κοίτην Κανθάρου κατέφυγε, afin de le prier d'intercéder pour lui, comme l'insecte le fait en effet. C'est évidemment la traduction latine qui a trompé notre fabuliste; dans Nevelet le grec est ainsi rendu : *in* (au lieu de *ad*) *lustrum Scarabæi profugit*, « se réfugia dans le gîte de l'Escarbot. » — M. Walckenaer, qui, dans son *Histoire de la Fontaine* (tome I, p. 305), a deviné que l'*absurdité* dont il s'agit devait être « le résultat de quelque ancien contre-sens, » comme celui que nous venons d'indiquer, fait remarquer en note que Chauveau, dans la figure qui accompagne cette fable (édition de 1668, in-4°, p. 63), a représenté « un scarabée presque aussi gros qu'un lapin, afin de mettre sa figure d'accord avec le texte. » — *L'Aigle et l'Escarbot* était une des fables du *Labyrinthe* de Versailles. Dans les gravures jointes au quatrain de Benserade (XXIXᵉ de l'édition de 1677 ; CXIIᵉ de 1678), l'insecte, de même, n'est guère plus petit que le lapin.

L'Escarbot intercède, et dit :
« Princesse des oiseaux, il vous est fort facile
D'enlever malgré moi ce pauvre malheureux ;
Mais ne me faites pas cet affront, je vous prie ; 10
Et puisque Jean Lapin vous demande la vie,
Donnez-la-lui, de grâce, ou l'ôtez à tous deux :
   C'est mon voisin, c'est mon compère[2]. »
L'oiseau de Jupiter, sans répondre un seul mot,
  Choque de l'aile l'Escarbot[3], 15
  L'étourdit, l'oblige à se taire,
Enlève Jean Lapin. L'Escarbot indigné
Vole au nid de l'oiseau[4], fracasse, en son absence,
Ses œufs, ses tendres œufs, sa plus douce espérance[5] :
  Pas un seul ne fut épargné. 20
L'Aigle étant de retour, et voyant ce ménage,
Remplit le ciel de cris; et pour comble de rage,
Ne sait sur qui venger le tort qu'elle a souffert.

 2. Benserade qualifie de même l'Escarbot :

  L'Aigle prit le Lapin ; l'Escarbot son compère
  Intercéda pour lui....

 3. C'est un trait emprunté à Ésope : Τῇ πτέρυγι ῥαπίσας τὸν Κάνθαρον.
 4. Dans l'*emblème* CLXVIII d'Alciat, l'Escarbot se fait transporter dans le nid de l'Aigle, par l'Aigle lui-même, en se cachant dans ses plumes :

  Nam plumis Aquilæ clam se neque cognitus abdit,
  Hostilem ut nidum summa per astra petat.

— Gilles Corrozet, qui, dans son *Hecatongraphie* (*emblème* LII), a traité le même sujet, dans un quatrain français, suivi d'une longue morale, remplace l'Escarbot par un Formis (*une Fourmi*), qui

  Les œufz de l'Aigle.... casse et abat.

Cela devait, ce semble, lui être plus difficile qu'à l'insecte d'Ésope.
 5. « Il semble que l'âme de la Fontaine n'attend que les occasions de s'ouvrir à tout ce qui peut être intéressant. Ce vers est d'une sensibilité si douce, qu'il fait plaindre l'Aigle, malgré le rôle odieux qu'elle joue dans cette fable. » (CHAMFORT.)

Elle gémit en vain : sa plainte au vent se perd.
Il fallut pour cet an vivre en mère affligée.   25
L'an suivant, elle mit son nid en lieu plus haut⁶.
L'Escarbot prend son temps, fait faire aux œufs le saut :
La mort de Jean Lapin derechef est vengée.
Ce second deuil fut tel, que l'écho de ces bois
    N'en dormit de plus de six mois.   30
    L'oiseau qui porte Ganymède⁷
Du monarque des Dieux enfin implore l'aide,
Dépose en son giron ses œufs, et croit qu'en paix
Ils seront dans ce lieu ; que pour ses intérêts,
Jupiter se verra contraint de les défendre :   35
    Hardi qui les iroit là prendre.
    Aussi ne les y prit-on pas.
    Leur ennemi changea de note,
Sur la robe du dieu fit tomber une crotte⁸ :

---

6. Ἐπὶ μετεωροτέρου τόπου, dit Ésope.

7. Jeune prince troyen que Jupiter, pour en faire son échanson, avait, d'après Virgile (*Énéide*, livre V, vers 255), fait enlever par son aigle, ou, d'après Ovide (*Métamorphoses*, livre X, vers 155 et suivants), qu'il avait enlevé lui-même en se changeant en aigle.

8. A l'occasion de ce vers et de plusieurs autres pris çà et là dans les fables, M. Taine (p. 300) fait de justes remarques sur le style de notre poëte, qui souvent, pour être vrai et expressif, ne craint pas d'être vulgaire. M. Taine parle encore, en deux autres endroits (p. 84 et p. 229), du présent apologue. — Dans le scoliaste d'Aristophane (voyez la notice de la fable), l'Escarbot se contente de voler autour de la tête de Jupiter ; mais Ésope dit : Κόπρου σφαῖραν ποιήσας,... ἐπὶ τοῦ κόλπου τοῦ Διὸς ταύτην καθῆκεν. Il ne s'agit point dans ces mots grecs de la *crotte* du scarabée lui-même, sens que paraît leur avoir donné la Fontaine, mais d'une de ces boules de fiente ou même d'excréments humains, semblables à de grosses pilules, où les escarbots, et particulièrement les espèces du genre *ateuchus*, auxquelles appartient le scarabée égyptien, enferment leurs œufs, et qu'ils font rouler avec leurs pieds de derrière, et en marchant à reculons, jusqu'à ce qu'ils aient trouvé des trous propres à les recevoir. De là le nom de *pilulaires* que certains auteurs donnent à ces

Le dieu la secouant jeta les œufs à bas.   40
    Quand l'Aigle sut l'inadvertance,
    Elle menaça Jupiter
D'abandonner sa cour, d'aller vivre au désert⁹,

insectes. Voyez Aristote (*Histoire des animaux*, livre V, chapitre xix, édition Bekker, in-4°, tome I, p. 552, col. 1), Pline (*Histoire naturelle*, livre XI, chapitre xxxiv, et livre XXX, chapitre xxx), Latreille (*Règne animal* de Cuvier, tome IV, p. 352). Notre vieux fabuliste Haudent ne s'y est pas trompé :

> Mais (*dit-il*) l'Escarbot vint encore à oser
> Par sa malice à faire et composer
> Un globe rond, plain de matiere infaicte....

C'est probablement cette habitude de rouler une boule, une sphère, qui a fait considérer l'escarbot, chez les Égyptiens, comme un emblème, soit du soleil, soit de la divinité. Peut-être aussi peut-elle expliquer, comme nous l'a fait remarquer le savant bibliothécaire de l'Institut, M. Roulin, membre de l'Académie des sciences, que l'idée soit venue d'associer cet insecte, dans une même histoire, à Jupiter et à l'Aigle. Des vers de Pamphus, qui se trouvent dans les *Héroïques* de Philostrate (p. 98, édition Boissonade), assimilent l'Escarbot à Jupiter :

> Ζεῦ κύδιστε, μέγιστε θεῶν, εἰλυμένε κόπρῳ
> Μηλείῃ τε καὶ ἱππείῃ καὶ ἡμιονείῃ,

« Jupiter, toi le plus glorieux, le plus grand des dieux, enveloppé dans la fiente des brebis et des chevaux et des mulets. » Voyez un article de Ch. Lenormant sur le *heros Cantharus*, dans les *Annales de l'Institut de correspondance archéologique*, année 1832, p. 317. — L'idée de boule amène aussi à la pensée le nom de l'Aigle (dont au reste la réunion avec Jupiter n'a rien qui étonne). On appelait *aëtites* ou *aquilaires*, parce que, pour avoir toute leur efficacité, elles devaient être trouvées dans le nid d'un aigle, certaines pierres sphériques, de celles qui se nommaient *lapides prægnantes*, auxquelles une croyance superstitieuse attribuait de grandes vertus.

9. A la suite de ce vers, on lit celui-ci :

> De quitter toute dépendance,

dans les deux éditions de 1668, in-4° et in-12, dans celles de 1669, d'Amsterdam 1679, et dans celle de 1729, ainsi que dans la petite édition donnée en 1682 par Barbin. Mais ce vers ne se trouve point

Avec mainte autre extravagance.
    Le pauvre Jupiter se tut :   45
Devant son tribunal l'Escarbot comparut,
    Fit sa plainte, et conta l'affaire.
On fit entendre à l'Aigle enfin qu'elle avoit tort.
Mais les deux ennemis ne voulant point d'accord,
Le monarque des Dieux s'avisa, pour bien faire,   50
De transporter le temps où l'aigle fait l'amour
En une autre saison, quand la race escarbote
Est en quartier d'hiver[10], et, comme la marmotte[11],
    Se cache et ne voit point le jour.

dans l'édition de 1678. Est-ce une inadvertance qui l'a fait disparaître? Ou bien la Fontaine l'a-t-il retranché volontairement, par un scrupule rare chez lui, pour éviter les trois rimes pareilles? Ce vers ne me semble pas, comme à Walckenaer, inutile et faible; cependant je ne me crois pas autorisé à le rétablir, comme l'ont fait la plupart des éditeurs.

10. Les escarbots de France qui appartiennent au même genre que le scarabée égyptien, au genre *ateuchus* (une des divisions des *bousiers*), ne se montrent qu'en mai. La ponte pour les aigles, si nous en jugeons du moins par les espèces dont parle Audubon (*Ornithological biography*, tome I, p. 161, etc.), a lieu vers la fin de l'hiver.

11. Voltaire, qui, pour la Fontaine, est, comme nous l'avons vu plus d'une fois, dans les *délicats*, cite ces mots, que la suppression de *et* et de la coupe ne laisse pas de gâter un peu : « Quand la race escarbote est en quartier d'hiver comme la marmotte; » et il les fait figurer dans sa liste (trop longue, croyons-nous) de ce qu'il appelle les fautes du fabuliste : voyez le *Dictionnaire philosophique* (OEuvres, tome XXIX, p. 300).

FABLE IX.

LE LION ET LE MOUCHERON.

Ésope, fab. 146, Κώνωψ καὶ Λέων (Coray, p. 88). — Haudent, 1re partie, fab. 111, *d'un Tahon et d'un Lyon*.
Mythologia æsopica Neveleti, p. 210.

Malgré l'analogie des titres, le sujet est autrement conçu et la moralité différente dans la fable latine *Culex et Taurus* (la 16e de l'*Appendix fabularum æsopiarum*, imprimé à la suite du *Phèdre*, édition Lemaire), dans celle d'*Ysopet II*, donnée par Robert, *la Bataille de la Mouche et du Torel*, dans la 56e de Marie de France, *d'un Lox e d'un Escarboz*, et surtout dans la fable 84 de Babrius, Κώνωψ καὶ Ταῦρος. C'est plutôt la 112e de Babrius, Μῦς καὶ Ταῦρος, qui, par l'idée qu'elle met en action, se rapproche de notre fable.

Voyez la comparaison que M. Saint-Marc Girardin, dans sa vine leçon (tome I, p. 244-246), fait de cette fable avec la fable latine (57e, *Leo et Culex*) de Weiss (*Pantaleo Candidus*), et à la suite (p. 246-248), l'intéressant développement où il nous montre, citant les noms de Masaniello, de Fiesque, de Henri IV, que la fable copie souvent ses tableaux de l'histoire, et qu'elle « ne peint pas seulement les mœurs de l'homme, » mais aussi « les événements de la vie humaine et leur capricieuse mobilité. » — Dans sa critique des *Fables* et de leur morale (*Émile*, livre II), Rousseau n'a pas oublié *le Lion et le Moucheron*. C'est, à ses yeux, « une leçon de satire. » Quand le Lion est en scène, nous dit-il, l'enfant d'ordinaire ne manque pas de se faire lion. « Mais quand le Moucheron terrasse le Lion, c'est une autre affaire. Alors l'enfant n'est plus lion, il est moucheron. Il apprend à tuer un jour à coups d'aiguillon ceux qu'il n'oseroit attaquer de pied ferme. » — M. Liotard, membre de l'Académie du Gard, a indiqué [1], comme curieux objet de rapprochement, un passage du roman grec d'Achilles Tatius, *les Amours*

---

[1]. *De quelques emprunts ou imitations en littérature, à propos de Racine et de la Fontaine*, Nimes, de l'imprimerie Clavel-Ballivet et Cie, 1867, p. 23-26.

de *Leucippe et de Clitophon* (livre II, chapitres XXI et XXII), lequel avait échappé jusqu'ici aux divers commentateurs de la Fontaine, mais a été mentionné par M. Benfey (tome I, p. 246). Nous le donnerons dans l'*Appendice* du tome I. — M. Benfey (p. 245) compare en outre à l'apologue ésopique une fable indienne du *Pantschatantra*, où le Lion est remplacé par l'Éléphant. Voyez aussi Loiseleur Deslongchamps, p. 38; M. Wagener, *Essai sur les rapports qui existent entre les apologues de l'Inde et les apologues de la Grèce*, p. 118 et 119; et M. Weber, *Études indiennes*, tome III, p. 351 et 352. — La fable est résumée dans le proverbe grec : Ἔχει καὶ ἡ Μυῖα σπλῆνα, confirmé par cet autre : Ἔνεστι καὶ Μύρμηκι χόλος, « la mouche aussi a une rate (*considérée comme siège de la colère*). Il y a aussi de la bile chez la fourmi. » — La fin du Moucheron après sa victoire était de même devenue proverbiale. L'historien byzantin Nicétas Choniate y fait allusion dans ses *Annales* (p. 317).

« Va-t'en, chétif insecte[2], excrément de la terre[3] ! »
    C'est en ces mots que le Lion
    Parloit un jour au Moucheron.
    L'autre lui déclara la guerre[4].
« Penses-tu, lui dit-il, que ton titre de roi   5
    Me fasse peur ni me soucie[5] ?

2. Dans la fable d'Ésope c'est le Moucheron qui parle le premier et déclare au Lion qu'il n'a pas peur de lui : Οὐδὲ φοβοῦμαί σε, οὐδὲ δυνατώτερός μου εἶ.

3. Malherbe avait dit, au début de ses deux stances contre le maréchal d'Ancre (tome I, p. 239, poésie LXXVI) :

    Va-t'en à la malheure, excrément de la terre !

Balzac, cité par Ménage (*Observations sur Malherbe*, tome II, p. 241, édition de 1723), trouvait cette expression trop basse « pour un tyran.... plus haï que méprisé. » La Fontaine en a fait une heureuse application, que Balzac sans doute et Ménage n'eussent pas blâmée. — Voyez ce que M. Taine (p. 84 et 85) dit du langage et du ton que notre poëte prête d'ordinaire au Lion.

4. Dans la fable grecque, l'insecte déclare la guerre en ces termes Εἰ δὲ θέλεις, ἔλθωμεν καὶ εἰς πόλεμον.

5. M'inquiète, me cause du souci. Voyez le *Lexique*.

Un bœuf est plus puissant [6] que toi :
Je le mène à ma fantaisie. »
A peine il achevoit ces mots
Que lui-même il sonna la charge [7],　　　　　10
Fut le trompette et le héros.
Dans l'abord [8] il se met au large;
Puis prend son temps, fond sur le cou
Du Lion, qu'il rend presque fou.
Le quadrupède écume, et son œil étincelle;　　15
Il rugit; on se cache, on tremble à l'environ;
Et cette alarme universelle
Est l'ouvrage d'un moucheron.
Un avorton de mouche en cent lieux le harcelle :
Tantôt pique l'échine, et tantôt le museau,　　20
Tantôt entre au fond du naseau [9].
La rage alors se trouve [10] à son faîte montée.
L'invisible ennemi triomphe, et rit de voir
Qu'il n'est griffe ni dent en la bête irritée
Qui de la mettre en sang ne fasse son devoir.　　25

6. Voyez ci-dessus, livre I, fable v, vers 3, et note 1.
7. C'est encore un trait emprunté à Ésope : Καὶ σαλπίσας ὁ Κώνωψ
ἐνεπήγετο. — Au reste, il est déjà question, dans la *Batrachomyomachie*
(vers 201 et 202) de la trompette des moucherons :

Καὶ τότε κώνωπες, μεγάλας σάλπιγγας ἔχοντες,
Δεινὸν ἐσάλπιγξαν πολέμου κτύπον....

« Et alors les moucherons, ayant de grandes trompettes, sonnèrent
le bruit terrible de la guerre. »
8. Une note manuscrite de M. Walckenaer veut que ces mots
signifient, non pas *tout d'abord*, *en premier lieu*, mais, *pour attaquer*,
in concursu. C'est une erreur : voyez au *Lexique* les divers passages
où notre auteur a employé cette même locution.
9. « Mordant, dit le fabuliste grec, les parties sans poil de la face,
autour des naseaux, » δάκνων τὰ περὶ τὰς ῥίνας αὐτοῦ ἄτριχα πρόσωπα.
10. Les deux éditions de 1668 ont ici une faute très-grossière : *se
trouva*, qui est reproduite par les impressions de 1669 et d'Amsterdam 1679.

Le malheureux Lion se déchire lui-même,
Fait résonner sa queue à l'entour de ses flancs,
Bat l'air, qui n'en peut mais [11]; et sa fureur extrême
Le fatigue, l'abat : le voilà sur les dents.
L'insecte du combat se retire avec gloire [12] :   30
Comme il sonna la charge, il sonne la victoire [13],
Va partout l'annoncer, et rencontre en chemin
    L'embuscade d'une araignée;
    Il y rencontre aussi sa fin.

Quelle chose par là nous peut être enseignée?   35
J'en vois deux, dont l'une est qu'entre nos ennemis
Les plus à craindre sont souvent les plus petits [14];
L'autre, qu'aux grands périls tel a pu se soustraire,
    Qui périt pour la moindre affaire.

11. Qui n'y peut rien, n'y est pour rien. — Geruzez rapproche de ces mots le passage suivant de Bonaventure des Perriers : « Ie ne crains que une chose : c'est que si Iupiter le voit.... il n'en fouldroye et abysme tout ce poure monde icy, qui n'en peut mais » (*Cymbalum mundi*, dialogue 1, p. 82, édition d'Amsterdam, 1732); et l'épithète qui commence cette phrase où Juvénal parle du peuple romain brisant les statues et les chars de triomphe de Séjan :

Immeritis franguntur crura caballis. (Satire x, vers 60.)

12. Chez Diodore de Sicile (livre III, chapitre XXII), la fable devient histoire. Les lions qui infestent le pays des Rhizophages, en Éthiopie, sont mis en fuite par les piqûres des moucherons et leur bourdonnement.

13. Ésope dit de même : Καὶ σαλπίσας, καὶ ἐπινίκιον ᾄσας.

14. Brasidas dit, dans les *Apophthegmes* de Plutarque : « Il n'est point d'être si petit qui, osant se défendre contre ceux qui l'attaquent, ne puisse sauver sa vie; » et Publius Syrus :

Inimicum quamvis humilem docti est metuere.

— Benserade termine ainsi son CXVI^e quatrain :

Dans le monde il n'est point de petits ennemis.

FABLE X.

L'ÂNE CHARGÉ D'ÉPONGES, ET L'ÂNE CHARGÉ DE SEL.

Ésope, fab. 254, Ὄνος (Coray, p. 166 et 167; comparez p. 388, Μικρέμπορος καὶ Ὀνάριον). — Babrius, fab. 111, Ὄνος ἅλας φέρων. — Faërne, fab. 6, *Asini duo*.
Mythologia æsopica Neveleti, p. 295, p. 373.

Dans la fable de Faërne, il y a deux ânes, comme dans celle de la Fontaine; dans les fables grecques, il n'y a qu'un âne ou qu'un mulet chargé successivement de sel et d'éponges. Montaigne (*Essais*, livre II, chapitre XII, tome II, p. 210) rapporte en ces termes, comme preuve de l'industrie des animaux, la même histoire, en y faisant, d'après Plutarque (*de l'Industrie des animaux*, chapitre XV), intervenir Thalès : « De subtilité malicieuse, en est il une plus expresse que celle du mulet du philosophe Thales? lequel, passant au trauers d'une riuiere, chargé de sel, et, de fortune, y estant brunché, si que les sacs qu'il portoit en feurent touts mouillez, s'estant apperceu que le sel, fondu par ce moyen, luy auoit rendu sa charge plus legiere, ne failloit iamais, aussitost qu'il rencontroit quelque ruisseau, de se plonger dedans aueoques sa charge ; iusques à ce que son maistre, descouurant sa malice, ordonna qu'on le chargeast de laine (*et d'éponges*, ajoute Plutarque) ; à quoy, se trouuant mesconté, cessa de plus user de cette finesse. » Voyez aussi Élien, *de la Nature des animaux*, livre VII, chapitre XLII.

        Un Anier, son sceptre[1] à la main,
        Menoit, en empereur romain,
        Deux Coursiers à longues oreilles.
L'un, d'éponges chargé, marchoit comme un courrier;

---

1. Comme dit ailleurs notre poëte, dans un passage que Geruzez cite à propos :
      …. Que coûte-t-il d'appeler
      Les choses par noms honorables?
          (Livre XII, fable XXIV, vers 7 et 8.)

Et l'autre, se faisant prier,
    Portoit, comme on dit, les bouteilles² :
Sa charge étoit de sel. Nos gaillards pèlerins,
    Par monts, par vaux, et par chemins,
Au gué d'une rivière à la fin arrivèrent,
    Et fort empêchés se trouvèrent.
L'Anier, qui tous les jours traversoit ce gué-là,
    Sur l'Ane à l'éponge monta,
    Chassant devant lui l'autre bête,
    Qui voulant en faire à sa tête,
    Dans un trou se précipita,
    Revint sur l'eau, puis échappa ;
    Car au bout de quelques nagées,
    Tout son sel se fondit si bien
    Que le Baudet ne sentit rien
    Sur ses épaules soulagées.
Camarade épongier³ prit exemple sur lui,
Comme un mouton qui va dessus la foi d'autrui⁴.
Voilà mon Ane à l'eau ; jusqu'au col il se plonge,
    Lui, le conducteur et l'éponge.
Tous trois burent d'autant⁵ : l'Anier et le Grison
    Firent à l'éponge raison.
    Celle-ci devint si pesante,

2. Expression proverbiale : marchait lentement, comme on marche quand on craint de casser ce qu'on porte. Voyez M. Taine, p. 301.

3. « Mot créé par la Fontaine, mais employé si heureusement qu'on croirait qu'il existait avant lui. » (CHAMFORT.) — De même Plutarque, à l'endroit mentionné ci-dessus, se sert d'un mot unique pour désigner les mulets porte-sel : τῶν ἁλαγῶν ἡμιόνων εἷς.

4. Allusion aux moutons de Panurge ; voyez Rabelais, livre IV, chapitre VIII, tome II, p. 19.

5. « On dit : *boire d'autant*, pour dire : boire beaucoup. Cette façon de parler est du style familier. » (*Dictionnaire de l'Académie*, 1694.) Voyez le *Lexique*. — Faërne (vers 10) dit de même des éponges :

.... *Spongiis aquam usque combibentibus.*

Et de tant d'eau s'emplit d'abord,
Que l'Ane succombant ne put gagner le bord.
L'Anier l'embrassoit, dans l'attente   30.
D'une prompte et certaine mort.
Quelqu'un vint au secours : qui ce fut, il n'importe ;
C'est assez qu'on ait vu par là qu'il ne faut point
Agir chacun de même sorte[6].
J'en voulois venir à ce point.   35

6. C'est la morale de Faërne (vers 12) :
   Non una agendi ratio cunctis congruit.

FABLES XI ET XII[1].

LE LION ET LE RAT.
LA COLOMBE ET LA FOURMI.

Fable XI. — Ésope, fab. 217, Λέων καὶ Μῦς (Coray, p. 140, p. 373). — Babrius, fab. 107, *même titre*. — Abstemius, fab. 52, *de Leone et Mure* (le commencement seul se rapporte au sujet de cette fable). — Appendix fabularum æsopiarum, fab. 4, *Leo et Mus*. — Romulus, livre I, fab. 17, *Leo et Mus*. — Marie de France, fab. 17, *d'une Soris qui defoula un Lion*. — Haudent, 1re partie, fab. 125, *d'un Lyon et d'une Souris*; 2e partie, fab. 111, *d'un Lyon et d'un Rat*. — Corrozet, fab. 14, *du Lion et du Rat*. — Marot, *Épître à son amy Lyon Jamet* (Lyon, 1597, p. 159-162). — Boursault, *Ésope à la cour*, acte III, scène II. — Les *Poésies inédites du moyen âge* de M. Édélestand du Méril contiennent aussi deux fois ce sujet (Neckam, p. 210, et Baldo, p. 254). — Ch. Nodier, dans son édition des *Fables de la Fontaine*, a tort de croire que notre poëte a imité la fable 4, mentionnée par nous ci-dessus, de l'*Appendice* de Gudius. Les quatre premières fables de cet *Appendice* ont été publiées par Burmann en 1698, c'est-à-dire trois ans après la mort de la Fontaine : voyez le *Phèdre* de la collection Lemaire, tome I, p. 65 et 79.

Mythologia æsopica Neveleti, p. 265, p. 499, p. 556.

On lit dans le *Pantschatantra* (tome II de M. Benfey, p. 208-210; et traduction de Dubois, p. 42-45) une fable qui a une grande affinité avec celle-ci. Un éléphant y est délivré par une foule de rats qu'il a autrefois secourus. Au sujet de cette fable orientale, que M. Weber (*Études indiennes*, tome III, p. 347 et 348) croit postérieure à la fable grecque, voyez l'intéressante dissertation de M. Benfey, qui laisse la question indécise (tome I, p. 324-329, *Introduction au Pantschatantra*). — Voyez en outre la comparaison que M. Saint-Marc

---

[1]. Les fables XI et XII sont ainsi réunies dans les éditions originales, comme les fables XV et XVI du livre I.

Girardin, dans sa VIIIᵉ leçon (tome I, p. 248-253), fait de la fable de la Fontaine avec celle de Marot, bien plus développée. C'est à cette dernière qu'il donne la supériorité; le récit de la Fontaine lui paraît, en comparaison, sec et froid; il l'est en effet, plus même peut-être que la fable ésopique. Marot était en prison au Châtelet lorsqu'il adressa, en 1525, cette épître, qui ne contient autre chose que la fable, à son ami *Lyon* Jamet; il demande à cet ami de lui venir en aide pour le délivrer, espérant bien qu'il pourra quelque jour lui rendre service à son tour, tout faible qu'il est, comme le Rat autrefois fit au Lion. On trouvera cette épître à l'*Appendice* du tome I. — Voyez encore la fin de l'argument de la fable XII.

Il faut, autant qu'on peut, obliger tout le monde :
On a souvent besoin d'un plus petit que soi [2].
De cette vérité deux fables feront foi,
    Tant la chose en preuves abonde.

    Entre les pattes d'un Lion   5
Un Rat sortit de terre assez à l'étourdie.
Le roi des animaux, en cette occasion [3],
Montra ce qu'il étoit, et lui donna la vie.
    Ce bienfait ne fut pas perdu [4].

2. On lit de même dans la seconde des vieilles fables (*Ysopet II*) que Robert rapproche de celle-ci (tome I, p. 135) :

    Por ce poez sauoir
    Que grant mestier auoir
    Puet bien le foible au fort.

3. « A cette occasion, » dans l'édition d'Amsterdam 1679.
4. Dans la première des vieilles fables (*Ysopet I*) rapportées par Robert (p. 131-133) :

    La bonté qu'il fist auant hier
    A la Souris n'est pas perdue;

et plus loin, d'une manière générale :

    Bonté ne puet estre perdue.

— Marot, dans l'épître à Lyon Jamet, mentionnée ci-dessus, termine

Quelqu'un auroit-il jamais cru
Qu'un lion d'un rat eût affaire?
Cependant il avint qu'au sortir des forêts
Ce Lion fut pris dans des rets [5],
Dont ses rugissements ne le purent défaire [6].
Sire Rat accourut, et fit tant par ses dents
Qu'une maille rongée emporta tout l'ouvrage [7].
Patience et longueur de temps
Font plus que force ni que rage [8].

la fable par cette moralité (vers 66-68), qu'il met dans la bouche du Lion délivré par le Rat :

> Et le Lyon de s'en aller fut prompt,
> Disant en soy : « Nul plaisir, en effet,
> Ne se perd point, quelque part où soit fait. »

5. Les éditions de 1668 et celle de 1729 donnent : « Le Lion ; » et ensuite cette dernière : « dans les rets. »

6. Dans la fable latine de Neckam :

> *Quem (laqueum) quum non posset nec vi superare, nec arte,*
> *Rugitu cœpit non modico furere.*

7.
> Lors sire Rat va commencer à mordre
> Ce gros lien : vray est qu'il y songea
> Assez long temps, mais il le vous rongea
> Souuent, et tant, qu'à la parfin tout rompt.
> (MAROT, vers 62-65.)

— Le Rat de Boursault s'y prend comme celui de la Fontaine :

> Il s'attache avec soin à ronger une corde
> Qui de tout l'attirail est le nœud gordien.

8. On a critiqué cette maxime comme étant une seconde morale étrangère au sujet. Mais l'auteur, croyons-nous, n'en a point voulu faire une nouvelle affabulation. C'est simplement une de ces réflexions pratiques, comme il en sème tant dans ses fables, dans le courant même du récit, une réflexion qui ne se rapporte qu'à ce qui précède immédiatement. Aussi dans les éditions originales n'est-elle point séparée de la fable par un blanc, comme le sont souvent (non pas toujours, j'en conviens) les moralités : voyez l'édition de 1668 in-4°, p. 62, p. 114, p. 141, etc.; l'édition de 1678 (que nous suivons), p. 74, p. 88, p. 93, etc.

Fable XII. — Ésope, fab. 41, Μύρμηξ καὶ Περιστερά (Coray, p. 26 et 27, p. 300). — Haudent, 1ʳᵉ partie, fab. 171, *d'un Fourmy et d'une Colombe*. — Corrozet, fab. 62, *de la Formis et la Colombe*. — Boursault, *Ésope à la cour*, acte IV, scène II. — Nous donnons dans l'*Appendice* une fable sur le même sujet, extraite d'un recueil de 1694-1695 (Amsterdam, Daniel de la Feuille), et qui par son caractère politique et satirique nous paraît curieuse à rapprocher de celle de la Fontaine.

Mythologia æsopica Neveleti, p. 123.

« Vous voyez bien qu'en dépit des noms.... il n'y a là que des hommes, » dit M. Saint-Marc Girardin, dans sa xɪvᵉ leçon, intitulée : *le Tableau de la vie humaine dans les fables de la Fontaine* (tome II, p. 5). « Il est donc tout naturel que cette comédie humaine nous amuse. J'ajoute que, dans cette comédie, l'homme n'est pas toujours représenté en mal.... Il y a autre chose que le mal ici-bas : il y a de bonnes âmes et de bons sentiments. Il y a donc aussi de bonnes et douces bêtes parmi les acteurs de la Fontaine : il y a le Rat qui délivre le Lion du filet où il s'était laissé prendre; il y a la Colombe qui sauve la Fourmi qui allait se noyer, en lui jetant un brin d'herbe. »

L'autre exemple est tiré d'animaux plus petits.

Le long d'un clair ruisseau buvoit une Colombe,
Quand sur l'eau se penchant une Fourmis[1] y tombe,
Et dans cet océan l'on eût vu la Fourmis
S'efforcer, mais en vain, de regagner la rive.   5
La Colombe aussitôt usa de charité :

1. Dans le titre de cette fable, la Fontaine a écrit *Fourmy;* mais partout ailleurs, dans le courant du récit, même au vers 15, où rien ne l'y obligeait, ni la rime, ni le besoin d'éviter l'hiatus, il a écrit *Fourmis :* telle est du moins la leçon donnée par les deux éditions de 1668, in-4° et in-12, et par celle de 1678. L'édition de 1678 A n'a *Fourmis* qu'à la rime, au vers 4; ailleurs, même aux deux vers où le mot est suivi d'une voyelle, elle porte *Fourmy*. Le texte de 1729 a également *Fourmy* dans les vers 8 et 15. On remarquera que dans le titre de Corrozet il y a aussi *Formis*. Cette *s* était, dans notre vieille langue, la lettre caractéristique du cas direct; mais, du temps de la Fontaine, l'usage s'en était perdu (voyez le *Lexique*); c'est par licence de versification qu'il termine ainsi le mot.

Un brin d'herbe dans l'eau par elle étant jeté,
Ce fut un promontoire² où la Fourmis arrive.
      Elle se sauve ; et là-dessus
Passe un certain croquant³ qui marchoit les pieds nus⁴. 10
Ce croquant, par hasard, avoit une arbalète.
      Dès qu'il voit l'oiseau de Vénus⁵,
Il le croit en son pot, et déjà lui fait fête.
Tandis qu'à le tuer mon villageois s'apprête,
    La Fourmis le pique au talon. 15
    Le vilain retourne la tête :
La Colombe l'entend, part, et tire de long⁶.
Le soupé du croquant avec elle s'envole :
    Point de Pigeon pour une obole⁷.

2. « *Promontoire* et (*quatre vers*) plus haut *océan*. La petitesse de l'insecte agrandit les objets qui l'entourent. Le rapport est exact. C'est ainsi que le jeune Rat de la fable IX du livre VIII s'écrie à la vue des moindres *taupinées* :

    Voilà les Apennins, et voici le Caucase. » (GERUZEZ.)

3. *Villageois* et *vilain*, qui viennent quelques vers plus loin, expliquent assez le sens général de ce mot, auquel il s'attache toujours une idée de mépris : voyez le *Lexique*.

4. Boursault a soin de dire aussi, en vue de la suite,

    Un manant à pieds nus...,

circonstance que les fabulistes anciens n'avaient pas besoin de mentionner.

5. La colombe était, comme l'on sait, consacrée à Vénus. *Cythereïadasque columbas*, dit Ovide, au livre XV des *Métamorphoses*, vers 386.

6. *Tirer de long*, s'enfuir, comme l'explique Furetière (1690). Nicot, Richelet (1680) et l'Académie (1694) omettent ce sens. Dans Rabelais (livre IV, chapitre LXVI, tome II, p. 167), nous trouvons *tirer vie de long* (*vie* du latin *via*), locution que le Duchat explique par *passer chemin, tirer outre*.

7. Pas le moindre morceau de pigeon, pas même ce qu'on en pourrait avoir pour une obole.

FABLE XIII.

L'ASTROLOGUE QUI SE LAISSE TOMBER DANS UN PUITS.

Ésope, fab. 40, Μάντις; fab. 166, Ἀστρολόγος (Coray, p. 26, p. 100 et 101, p. 299 et 300, p. 354 et 355). — Faërne, fab. 73, *Astrologus*. — Corrozet, fab. 88, *d'aucun Devin ou Prophete*. — Dans Sadi (*Gulistan ou le Parterre de roses*, traduit par Ch. Defrémery, Paris, 1858, chapitre IV, p. 213), l'Astrologue ne tombe pas dans un puits, mais en rentrant chez lui il trouve un étranger qui courtise sa femme; ailleurs, pendant qu'il consulte les astres, sa maison est consumée par le feu. — Benserade, à qui ce sujet a fourni deux quatrains (CXLIV et CLXXII), termine l'un par une morale analogue à celle de Sadi :
« Pendant que vous pénétrez l'avenir,

Les voleurs sont chez vous, qui ne vous laissent rien; »

et l'autre par celle-ci :

Tel donne des leçons sur la bonne conduite,
Qui s'égare lui-même, et bronche à tout moment.

L'Astrologue qui tombe soit dans un puits, soit dans une fosse, est le sage Thalès en personne, dans le *Théætète* de Platon (voyez la traduction de Victor Cousin, tome II, p. 128); et dans Diogène de Laërte (*Vie de Thalès*, § VIII). A ces deux sources anciennes Robert, dans son introduction (p. CLXXXIV et CLXXXV), ajoute la traduction d'un petit traité de Pétrarque, faite par G. Tardif, sous le titre de *Facéties des nobles hommes;* et M. Soullié (p. 213 et 214) plusieurs recueils de facéties du seizième et du dix-septième siècle.

Mythologia æsopica Neveleti, p. 122, p. 226, p. 366.

« Quelquefois un apologue n'est pour la Fontaine que l'occasion ou le prétexte de combattre un préjugé, et de disserter sur les sujets les plus élevés et du plus grand intérêt pour le bonheur de l'homme. ainsi la fable de *l'Astrologue qui se laisse tomber dans un puits* est racontée par lui en quatre vers, tandis que les réflexions qu'elle lui suggère en ont quarante-quatre, également remarquables par la justesse et la profondeur des pensées et par des traits de la plus haute poésie. » (WALCKENAER, *Histoire de la Fontaine*, livre III, tome I, p. 302 et 303.) — Voltaire ne trouve pas un seul mot d'admiration pour ce magnifique développement, et ne s'arrêtant qu'au prétexte, au quatrain, il le range dédaigneusement parmi les fables « mal choisies : » voyez ci-après la note 2.

> Un Astrologue[1] un jour se laissa choir
> Au fond d'un puits. On lui dit : « Pauvre bête[2],
> Tandis qu'à peine à tes pieds tu peux voir,
> Penses-tu lire au-dessus de ta tête[3] ? »

1. *Astrologue* était encore quelquefois, au dix-septième siècle, synonyme d'*astronome*. Mme de Sévigné, dans une lettre à Pompone, du 17 décembre 1664 (tome I, p. 470), appelle « grand astrologue » le mathématicien, ami de Gassendi, Mathurin de Neuré. Mais les mots : « lire au-dessus de ta tête, » quoi qu'en dise Voltaire (voyez la note 2), et surtout la moralité qui suit la fable, montrent que c'est bien d'un *astrologue*, au sens où nous prenons le mot, que la Fontaine veut parler.

2. La Fontaine revient tout à la fin (vers 46-48) sur cette morale directe de l'apologue. — Les mots :

> « Pauvre bête....
> Penses-tu lire au-dessus de ta tête ? »

choquent particulièrement Voltaire. Mettant à la chose un sérieux qui eût fort étonné le bonhomme, et s'en prenant à lui du sens même de ce modeste quatrain, sens emprunté aux anciens, à la sagesse des nations, et fort raisonnable assurément quand on veut le bien entendre, il croit devoir nous dire dans son *Dictionnaire philosophique* (tome XXIX des *OEuvres*, p. 300 et 301) : « Copernic, Galilée, Cassini, Halley ont très-bien lu au-dessus de leur tête ; et le meilleur des astronomes peut se laisser tomber sans être une pauvre bête. » Puis il ajoute, avec une évidence non moins superflue : « L'astrologie judiciaire est, à la vérité, une charlatanerie très-ridicule ; mais ce ridicule ne consistait pas à regarder le ciel ; il consistait à croire, ou à vouloir faire croire qu'on y lit ce qu'on n'y lit point. »

3. *Excitus accessit putei vicinus ad oras,*
Salsus homo, et : « Quænam hæc tua tam præpostera, dixit,

Cette aventure en soi, sans aller plus avant, 5
Peut servir de leçon à la plupart des hommes.
Parmi ce que de gens sur la terre nous sommes,
    Il en est peu qui fort souvent
    Ne se plaisent d'entendre dire
Qu'au livre du Destin les mortels peuvent lire. 10
Mais ce livre, qu'Homère et les siens⁴ ont chanté,
Qu'est-ce, que le Hasard parmi l'antiquité,
    Et parmi nous la Providence?
Or du Hasard il n'est point de science :
    S'il en étoit, on auroit tort 15
De l'appeler hasard, ni fortune, ni sort,
    Toutes choses très-incertaines.
    Quant aux volontés souveraines
De Celui qui fait tout, et rien qu'avec dessein,
Qui les sait, que lui seul? Comment lire en son sein? 20
Auroit-il imprimé sur le front des étoiles

> *Est ratio? Nam qui ante pedes quæ sunt sita nescis,*
> *Dissita tam longe profiteris sidera nosse!* »
>   (FAËRNE, vers 5-8.)

— Dans Diogène de Laërte, c'est une vieille femme qui interpelle l'Astronome et lui adresse à peu près les mêmes paroles qu'emploie ici le fabuliste; dans Platon, c'est « une servante de Thrace, d'un esprit agréable et facétieux, » et Socrate, par qui Platon fait raconter l'anecdote, ajoute que « ce bon mot peut s'appliquer à tous ceux qui font profession de philosophie. »

4. C'est-à-dire les poëtes de l'antiquité, ceux qui puisèrent leur inspiration dans Homère. — L'allégorie du livre du Destin ne se trouve pas dans Homère, mais bien celle des deux tonneaux, le tonneau des biens, et celui des maux (*Iliade*, livre XXIV, vers 527), que la Fontaine a traduite vers la fin du chant II de son *Poëme du Quinquina;* et celle de la balance d'or (*Iliade*, livre VIII, vers 69 et suivants, etc.). Il y a d'anciennes représentations de la Destinée (de la Parque Lachésis, qui la personnifie), sous la figure d'une femme tenant à la main un rouleau, sur lequel elle écrit avec un style. Voyez Otfried Müller, *Manuel de l'Archéologie de l'art*, 3ᵉ partie, I, B, 7.

Ce que la nuit des temps enferme dans ses voiles⁵?
A quelle utilité? Pour exercer l'esprit
De ceux qui de la sphère et du globe ont écrit?
Pour nous faire éviter des maux inévitables?   25
Nous rendre, dans les biens, de plaisir⁶ incapables?
Et causant du dégoût pour ces biens prévenus⁷,
Les convertir en maux devant qu'ils soient venus?
C'est erreur, ou plutôt c'est crime de le croire.
Le firmament se meut, les astres font leur cours,   30
    Le soleil nous luit tous les jours,
Tous les jours sa clarté succède à l'ombre noire,
Sans que nous en puissions autre chose inférer

5. M. Saint-Marc Girardin, dans sa xiiiᵉ leçon (tome I, p. 442-445), cite ce passage :

    Quant aux volontés souveraines, etc.,

et se demandant si ce sont là « des questions que la fable puisse traiter, » il répond avec raison : « Oui, puisqu'elles nous viennent sans cesse à l'esprit, et que la fable n'est que l'image allégorique de la vie humaine. » Puis, rapprochant de ce morceau la fable du *Gland et la Citrouille* : « La philosophie de la Fontaine, dit-il, n'est.... ni téméraire ni raffinée. » Il a sagement pour principe « qu'il ne faut pas chercher à pénétrer l'avenir, » ni « critiquer la Providence. » Faisons comme lui, « louons Dieu de toutes choses, dit l'éminent critique en terminant sa leçon, et répétons avec Salomon : *Quis hominum poterit scire consilium Dei? aut quis poterit cogitare quid velit Deus? (Livre de la Sagesse*, chapitre IX, verset 13.) Quel homme peut connaître les desseins de Dieu? ou qui pourra comprendre ce que veut le Seigneur? » — De son côté, Walckenaer cite les vers 21 et 22, et la Fontaine, combattant les chimères de l'astrologie, lui paraît « majestueux et énergique comme Bossuet. » (*Histoire de la Fontaine*, livre III, tome I, p. 297.)

6. *Plaisirs*, au pluriel, dans les éditions modernes, et même dans celles de Crapelet et de Walckenaer. Les éditions anciennes donnent *plaisir*, au singulier, excepté celle de 1678 A, qui a : « de plaisirs; » et celle d'Amsterdam 1679, où se trouve cette faute évidente : « des plaisirs. »

7. Anticipés, connus, et comme goûtés par la pensée, avant le temps.

Que la nécessité de luire et d'éclairer,
D'amener les saisons, de mûrir les semences, 35
De verser sur les corps certaines influences.
Du reste, en quoi répond au sort toujours divers [8]
Ce train toujours égal dont marche l'Univers ?
  Charlatans, faiseurs d'horoscope,
 Quittez les cours des princes de l'Europe ; 40
Emmenez avec vous les souffleurs [9] tout d'un temps :
Vous ne méritez pas plus de foi que ces gens.

Je m'emporte un peu trop : revenons à l'histoire
De ce spéculateur [10] qui fut contraint de boire.
Outre la vanité de son art mensonger, 45
C'est l'image de ceux qui bâillent [11] aux chimères,
  Cependant qu'ils sont en danger,
  Soit pour eux, soit pour leurs affaires.

---

8. Soyez-vous l'un à l'autre un monde toujours beau,
   Toujours divers, toujours nouveau.
    (Livre IX, fable II, vers 67 et 68.)

9. Les alchimistes, ceux qui sont toujours occupés à *souffler* sur leurs fourneaux pour trouver la pierre philosophale et arriver à la transmutation des métaux. On peut dire que leur science, ou plutôt leur pratique, est à la chimie ce que l'astrologie est à l'astronomie. — « L'Allemagne, dit Voltaire, dans son *Dictionnaire philosophique* (article *Alchimistes*), est encore pleine de gens qui cherchent la pierre philosophale. »

10. Au sens propre, *qui speculatur*, celui qui contemple : voyez le Lexique.

11. *Bayent*, dans l'édition donnée en 1813 par Didot aîné : c'est l'orthographe de l'Académie dans la locution analogue: « bayer aux corneilles. » Nodier (1818) et plusieurs autres écrivent *baillent*. Dans les éditions originales, on lit *baillent*, équivalant à notre mot *bâillent*, avec l'accent circonflexe. Dans la petite édition de Barbin de 1682, il y a *babillent*, qui est évidemment une faute d'impression pour *baaillent*.

FABLE XIV.

LE LIÈVRE ET LES GRENOUILLES.

Ésope, fab. 57, Λαγωοὶ καὶ Βάτραχοι (Coray, p. 33-35, sous quatre formes diverses; p. 310 et 311). — Babrius, fab. 25, *même titre*. — Aphthonius, fab. 23, *Fabula Leporum, animum addens infelicibus*. — Appendix fabularum æsopiarum, fab. 2, *Lepores vitæ pertæsi*. — Romulus, livre II, fab. 9, *Lepores et Ranæ*. — Marie de France, fab. 30, *des Lieures e des Raines*. — Haudent, 1re partie, fab. 134, *des Lieures et des Grenoilles*. — Corrozet, fab. 23, *des Lieures paoureux*. — Le Noble, fab. 61, *des Lièvres et des Grenouilles. Le poltron*.

Mythologia æsopica Neveleti, p. 136, p. 339, p. 386, p. 506.

Cette fable a été reproduite dans le *Recueil de poésies chrétiennes et diverses*, tome III, p. 363 (par erreur, pour p. 367).

Dans les fables anciennes, ce sont les Lièvres en corps qui se décident à se noyer; et c'est dans l'étang même où ils vont se jeter que sautent les Grenouilles (une seule, dans la fable d'Aphthonius), dont la peur fait qu'ils se ravisent. Le vieux fabuliste cité par Robert (tome I, p. 140-142, *Ysopet I*, fo 33) tire de ce sujet une exhortation contre le suicide. Chez Marie de France, les Lièvres veulent simplement changer de contrée, ce qui amène ce sage conseil aux gens « qui se voelent remuer, » qui se veulent déplacer, pour fuir la peine :

> Iamais pays ne trouerunt
> N'en cele terre ne venrunt
> K'il puissent estre sanz poour,
> Ou sanz traueil, u sanz dolour.

  Un Lièvre en son gîte[1] songeoit
(Car que faire en un gîte, à moins que l'on ne songe?);
Dans un profond ennui ce Lièvre se plongeoit :
Cet animal est triste, et la crainte le ronge.
  « Les gens de naturel peureux   5

---

1. Voyez, ci-après, la note 9.

Sont, disoit-il, bien malheureux.
Ils ne sauroient manger morceau qui leur profite ;
Jamais un plaisir pur ; toujours assauts divers[2].
Voilà comme je vis : cette crainte maudite
M'empêche de dormir, sinon les yeux ouverts[3].   10
Corrigez-vous, dira quelque sage cervelle.
  Et la peur se corrige-t-elle[4] ?
  Je crois même qu'en bonne foi
  Les hommes ont peur comme moi. »
  Ainsi raisonnoit notre Lièvre,   15
  Et cependant[5] faisoit le guet.
  Il étoit douteux[6], inquiet :

2. C'est la même vivacité de tour que dans les plaintes du Bûcheron : voyez livre I, fable XVI, vers 9.

3. « Lorsqu'on surprend le lièvre au gîte, on le voit toujours immobile, dans l'attitude du repos, et les yeux grandement ouverts. Mais de cela.... il ne faut pas conclure que le lièvre, au contraire de ce qui a lieu chez tous les animaux, puisse dormir les yeux ouverts : seulement on doit croire qu'averti du danger, au moindre bruit, par son ouïe, qui est très-fine, il ouvre les yeux, et retenu par la paresse, il reste dans la position du sommeil, et cherche à deviner le danger qui vient de le menacer. » (*Dictionnaire d'histoire naturelle* de d'Orbigny, tome VII, p. 357.)

4. « La foiblesse, dit la Rochefoucauld, est le seul défaut que l'on ne sauroit corriger. » C'est la 131ᵉ *maxime* dans la seconde édition (1666), où elle parut d'abord, et où la Fontaine l'avait pu lire avant de publier la première édition de ses fables (1668) ; et la 130ᵉ dans l'édition définitive (1678).

5. *Et cependant*, et pendant ce temps-là, et tout en raisonnant ainsi.

6. Craintif, soupçonneux par crainte. — Le simple *douter* avait autrefois le sens du composé *redouter*. Il est ainsi employé par deux fois, à l'actif et au passif, dans les vieilles fables que Robert rapproche de la nôtre. Les Lièvres disent, dans *Ysopet I* :

Veez ces Raines (*voyez ces Grenouilles*) ; tant nous doubtent
       (*elles nous redoutent tant*)
Que pour nous en l'iaue (*en l'eau*) se boutent ;

Un souffle, une ombre, un rien, tout lui donnoit la fièvre⁷.
      Le mélancolique⁸ animal,
        En rêvant à cette matière,   20
Entend un léger bruit : ce lui fut un signal
      Pour s'enfuir devers sa tanière⁹.
Il s'en alla passer sur le bord d'un étang.
Grenouilles aussitôt de sauter dans les ondes;
Grenouilles de rentrer en leurs grottes profondes.   25
    « Oh! dit-il, j'en fais faire autant
      Qu'on m'en fait faire! Ma présence
Effraie aussi les gens¹⁰! je mets l'alarme au camp!
    Et d'où me vient cette vaillance?

et dans *Ysopet II* :

> Aussi somes doubtez
> De plus foibles que nous.

— Voyez le *Lexique*.

7. La Fontaine a dit ailleurs, livre VIII, fable xi, fin

> Un songe, un rien, tout lui fait peur,
> Quand il s'agit de ce qu'il aime.

8. *Mélancolie* impliquait autrefois peur. C'est « une maladie, dit Furetière, qui cause une rêverie sans fièvre, accompagnée d'une *frayeur* et tristesse sans occasion apparente. » — L'Académie, dans la première édition de son *Dictionnaire* (1694), cite, comme exemple d'animal mélancolique, le cerf; dans la seconde (1718), le lièvre.

9. Buffon dit, en parlant du lièvre et du lapin (tome VI, in-4°, 1756, p. 305) : « Tous deux sont également timides à l'excès; mais l'un (*le lièvre*), plus imbécile, se contente de se former un gîte à la surface de la terre, où il demeure continuellement exposé, tandis que l'autre (*le lapin*), par un instinct plus réfléchi, se donne la peine de fouiller la terre et de s'y pratiquer un asile. » D'après cela, le mot *tanière*, que l'Académie (1694) explique par « caverne, concavité dans la terre ou dans le roc, où des bêtes sauvages se retirent, » ne paraît guère convenir au lièvre. Impropre ou non, la Fontaine l'emploie pour désigner la demeure habituelle de l'animal, et par le *gîte* du premier vers il entendait, on le voit, la place d'un repos passager.

10. Comme celle d'Achille, dont l'aspect suffit à mettre en fuite les Troyens : voyez l'*Iliade*, livre XVIII, vers 215-229.

Comment? des animaux qui tremblent devant moi !   30
    Je suis donc un foudre de guerre[11] !
Il n'est, je le vois bien, si poltron sur la terre
Qui ne puisse trouver un plus poltron que soi[12]. »

    11. Corneille a dit dans *le Menteur* (acte III, scène v, vers 985) :

        Cet homme qui se dit un grand foudre de guerre.

Voyez aussi les premiers vers de la LXIXe de ses *Poésies diverses*, au tome X de l'édition de M. Marty-Laveaux, p. 194.
    12. Dans la fable sur le même sujet, intitulée *les Poltrons*, et qui est contenue dans le recueil anonyme, déjà cité plus haut (p. 164), que nous désignons par le nom du libraire, Daniel de la Feuille (3e partie, p. 33-35), on lit, comme affabulation finale, les deux vers suivants :

        Il n'est donc, à ce que je voi,
    Poltron qui ne rencontre un plus poltron que soi.

— Sénèque, dans les *Troades* (vers 1017 et suivants), étend l'idée à toutes les misères de la vie :

    Ferre, quam sortem patiuntur omnes,
        Nemo recusat.
. . . .
    Est miser nemo, nisi comparatus.

FABLE XV.

LE COQ ET LE RENARD.

Ésope, fab. 36, Κύων καὶ Ἀλεκτρυών (Coray, p. 23 et 24); Κύων, Ἀλέκτωρ καὶ Ἀλώπηξ (Coray, p. 297). — Faërne, fab. 29, *Canis, Gallus et Vulpes*. — Haudent, 1re partie, fab. 36, *d'un Coq, d'un Chien et d'un Regnard*. — Ce n'est pas tout à fait le même sujet. Dans les deux fables ésopiques, et dans celles de Faërne et de Haudent, le Coq et le Chien, voyageant ensemble, passent la nuit, l'un sur les branches, l'autre au pied d'un arbre, dans un trou. Attiré par le chant du Coq, le Renard l'invite à descendre pour qu'il puisse embrasser un animal qui chante si bien. « Éveille le Portier, reprend le Coq, pour qu'il m'ouvre la porte. » Le Renard appelle; le Chien sort de son trou et le déchire à belles dents. — Le cadre de la Fontaine est à peu près le même que celui *dou Coulon* (Colombe, Pigeon) *e dou Gourpill* (Renard) de Marie de France (fab. 52), et de deux autres fables françaises, intitulées *le Coq et le Renard*, et qui ont pour auteurs, l'une Guillaume Tardif, lecteur ou, comme il dit lui-même, liseur de Charles VIII, et l'autre Guillaume Gueroult. Celle de Tardif, en prose, a été publiée dans les *Faceties du Pogge* (sans date); celle de Gueroult, en vers formant des stances, à la suite d'un recueil d'*Emblèmes* (1550). M. Soullié les cite l'une et l'autre aux pages 188-191, et 222-224; aux pages 224-227, il analyse et apprécie, un peu sévèrement peut-être, la fable de la Fontaine. — Dans le *Roman du Renart* (édition Méon, vers 1721 et suivants), le Renart emploie envers la Mésange, également sans succès, la même ruse qu'ici envers le Coq. Avec Chantecler le Coq, il a recours à une fourberie toute différente (vers 1543 et suivants), qui, peu s'en faut, lui réussit. — Voyez encore le *Pantschatantra* de M. Benfey, tome I, p. 310.

Mythologia æsopica Neveleti, p. 119.

Sur la branche d'un arbre étoit en sentinelle
    Un vieux Coq adroit et matois.
« Frère, dit un Renard, adoucissant sa voix,

Nous ne sommes plus en querelle :
    Paix générale cette fois.
Je viens te l'annoncer; descends, que je t'embrasse.
    Ne me retarde point¹, de grâce;
Je dois faire aujourd'hui vingt postes² sans manquer.
    Les tiens et toi pouvez vaquer,
    Sans nulle crainte, à vos affaires;
    Nous vous y servirons en frères.
    Faites-en les feux³ dès ce soir,
    Et cependant viens recevoir
    Le baiser d'amour fraternelle.
— Ami, reprit le Coq, je ne pouvois jamais
Apprendre une plus douce et meilleure nouvelle
        Que celle
        De cette paix;
    Et ce m'est une double joie
De la tenir de toi. Je vois deux Lévriers⁴,
    Qui, je m'assure, sont courriers
    Que pour ce sujet on envoie :
Ils vont vite, et seront dans un moment à nous.
Je descends : nous pourrons nous entre-baiser tous.
— Adieu, dit le Renard, ma traite est longue à faire :
Nous nous réjouirons du succès de l'affaire
    Une autre fois⁵. » Le galand aussitôt

---

1. « Ne me tarde point, » dans l'édition d'Amsterdam 1679.

2. *Poste* se dit de la distance qui sépare deux relais (environ deux lieues, dit l'Académie en 1694; une lieue et demie ou deux lieues, disait Furetière en 1690). Le mot s'en va avec la chose.

3. Allumez des feux de joie pour célébrer cette paix.

4. Dans le quatrain de Benserade (III⁰ de l'édition de 1677; cxxx⁰ de 1678; la fable était représentée au *Labyrinthe* de Versailles), ce sont de même deux Lévriers dont le Coq annonce la venue.

5. Sur ce trait de caractère du Renard, du Courtisan, dont il est l'image, sur son habileté à colorer sa retraite, sans jamais perdre contenance, voyez M. Taine, p. 104 et 105. — Dans le récit de

Tire ses grègues [6], gagne au haut [7],
Mal content de son stratagème.
Et notre vieux Coq en soi-même   30
    Se mit à rire de sa peur;
Car c'est double plaisir de tromper le trompeur.

Marie de France, le Renard, qui a dit au Pigeon qu'il est venu un bref, une ordonnance du Roi, proclamant la paix, ajoute très-finement :

    « Ne sai s'il unt le brief oï (*s'ils ont ouï le bref*)
    Qui vint dou Roi....

Si j'étois sûr qu'ils le connussent, je pourrois demeurer. »

6. S'enfuit, ou plutôt se met en devoir de fuir. Locution proverbiale venue de ce que, pour courir plus à l'aise, on relevait ses grègues, qui étaient une espèce de haut-de-chausses ou culottes, « sans brayettes, » dit Henri Estienne : voyez le *Lexique*.

7. C'est-à-dire au large, comme on dit plus généralement aujourd'hui. L'Académie (1694) et Furetière (1690) donnent seulement « gagner le (*et non* au) haut. » — Dans la fable XII de ce livre (vers 17), nous avons vu, dans un sens analogue : « tire de long. »

    La Colombe l'entend, part, et tire de long.

FABLE XVI.

LE CORBEAU VOULANT IMITER L'AIGLE.

Ésope, fab. 203, Κολοιὸς καὶ Ποιμήν; Κόραξ καὶ Ποιμήν; Ἀετὸς καὶ Κολοιός (Coray, p. 129 et 130, sous quatre formes, et p. 370). — Aphthonius, fab. 19, *Fabula Graculi, ne quis majora viribus moliatur.* — Haudent, 1re partie, fab. 164, *d'un Aigneau, d'un Aigle et d'un Corbeau.* — Corrozet, fab. 69, *de l'Aigle et du Corbeau.* — Verdizotti (Venise, 1570, in-4º), fab. 66, *dell' Aquila e del Corvo.* *Mythologia æsopica Neveleti*, p. 254, p. 336, p. 368.

Voyez la xvie leçon de M. Saint-Marc Girardin, intitulée *de la Censure de la société et de l'individu* (tome II, p. 71). Il y place cette fable parmi « les satires diverses de la vanité, » ce défaut que la Fontaine (livre VIII, fable xv, vers 4) appelle « le mal françois, » et qui est, entre tous, celui qu'il « censure le plus souvent et le plus vivement. » M. Benfey (tome I, p. 602) indique une imitation orientale, où les personnages et les circonstances du récit sont tout autres : une grue tombe dans la boue et se fait prendre, en voulant chasser à la manière du faucon.

L'oiseau de Jupiter enlevant un mouton,
   Un Corbeau, témoin de l'affaire,
Et plus foible de reins, mais non pas moins glouton,
   En voulut sur l'heure autant faire.
   Il tourne à l'entour du troupeau,   5
Marque entre cent moutons le plus gras, le plus beau,
   Un vrai mouton de sacrifice[1] :
On l'avoit réservé pour la bouche des Dieux.
Gaillard Corbeau disoit, en le couvant[2] des yeux :

---

1. Voyez ce que dit M. Taine (p. 304 et 305) de ce passage et de plusieurs autres de cette fable, de cette manière de peindre en insistant et redoublant.
2. *Couvant*, dans les deux éditions de 1668, in-4º et in-12, et dans

« Je ne sais qui fut ta nourrice ;
Mais ton corps me paroît en merveilleux état :
  Tu me serviras de pâture. »
Sur l'animal bêlant à ces mots il s'abat.
    La moutonnière³ créature
Pesoit plus qu'un fromage⁴, outre que sa toison
    Étoit d'une épaisseur extrême,
Et mêlée à peu près de la même façon
    Que la barbe de Polyphème⁵.
Elle empêtra si bien les serres du Corbeau,
Que le pauvre animal ne put faire retraite.
Le berger vient, le prend, l'encage bien et beau,
Le donne à ses enfants pour servir d'amusette⁶.

Il faut se mesurer⁷ ; la conséquence est nette :

celle de 1678 A; *couvrant*, donné par l'édition de 1678, et par celle de 1688, paraît être une faute d'impression, quoiqu'il soit reproduit par l'édition de Londres, 1708.

3. On a eu tort de regarder ce mot comme forgé par la Fontaine. Villon, Merlin Coccaïe (Folengo), Rabelais l'avaient employé avant lui. Voyez le *Lexique*.

4. Allusion à la fable II du livre I; c'est le même personnage qui est en scène.

5. Voyez au livre IX de l'*Odyssée* d'Homère; au livre III de l'*Énéide* de Virgile ; et aux livres XIII et XIV des *Métamorphoses* d'Ovide, qui parle plusieurs fois de la barbe de Polyphème (vers 766 et 850 du livre XIII, et vers 201 du livre XIV).

6. Lors ung pasteur, qui veid ceste folie,
    Accourt bien tost, puis le prend et le lie,
    Les esles couppe, et sans aultre desbat,
    A ses enfans le baille pour esbat. (CORROZET.)

— Dans la fable ésopique, à laquelle est emprunté ce trait de l'oiseau donné aux enfants, ceux-ci demandent à leur père quel est ce volatile, et le père répond : « Ce qu'il est ? je le sais bien, un geai ; ce qu'il veut être ? un aigle. »

7. *Metiri se quemque suo modulo ac pede verum est.*
        (HORACE, livre I, *épître* VII, vers 98.)

Mal prend aux volereaux⁸ de faire les voleurs.
L'exemple est un dangereux leurre :   25
Tous les mangeurs de gens⁹ ne sont pas grands seigneurs ;
Où la Guêpe a passé le Moucheron demeure¹⁰.

8. Diminutif de *voleurs*, qui paraît être de l'invention de la Fontaine ; au moins ne le trouvons-nous dans aucun de nos dictionnaires du dix-septième siècle.

9. Achille, dans l'*Iliade* (livre I, vers 231), appelle Agamemnon : Δημοβόρος βασιλεύς, « roi mangeur du peuple. »

10. « Or ça, dist Grippeminaud, par Styx, puisque aultre chose ne veulx dire, or ça, ie te montreray, or ça, que meilleur te seroyt estre tumbé entre les pattes de Lucifer, or ça, et de touts les diables, or ça, que entre nos gryphes, or ça, les veoids tu bien, or ça, malautru? Nous allegues tu innocence, or ça, comme chose digne d'eschapper nos tortures? Or ça, nos loix sont comme toiles d'araignes, or ça, les simples moucherons et petits papillons y sont prins, or ça, les gros taons malfaisans les rompent, or ça, et passent à trauers, or ça. Semblablement nous ne cherchons les gros larrons et tyrans, or ça, ils sont de trop dure digestion, or ça, et nous affolleroyent, or ça; vous aultres gentils innocens, or ça, y serez bien innocentez, or ça; le grand diable, or ça, vous y chantera messe, or ça. » (RABELAIS, livre V, chapitre XII, tome II, p. 212.)
— Un poëte du seizième siècle, P. Grosnet, cité par le Duchat, à propos de ce passage de Rabelais, et après lui par Robert (tome I, p. 148), fait parler ainsi un légiste et un ermite :

    Homme, que fais tu dans ce boys?
    Au moins parle à moy, si tu daignes.
    — Ie regarde ces fils d'iraignes
    Qui sont semblables à vos droicts.
    Grosses mouches en tous endroicts
    Y passent; menues y sont prises :
    Paoures gens sont subiects aux loix,
    Et les grands en font à leurs guyses.

FABLE XVII.

LE PAON SE PLAIGNANT À JUNON.

Phèdre, livre III, fab. 18, *Pavo ad Junonem*. — Romulus, livre IV, fab. 4, *même titre*. — Neckam, fab. 40, *de Philomena* (sic) *et Pavone* (Éd. du Méril, *Poésies inédites du moyen âge*, p. 209). — Marie de France, fab. 43, *dou Poon qi pria qu'il chantast miex*. — Haudent, 1re partie, fab. 167, *d'un Paon et de Iuno*. — Corrozet, fab. 60, *du Paon et du Rossignol*.

Mythologia æsopica Neveleti, p. 427.

On a encore rapproché de cette fable, pour l'analogie de la pensée, la 197e d'Ésope, Κάμηλος καὶ Ζεύς (Coray, p. 124 et 125, sous quatre formes, et p. 369), à laquelle répond la 8e d'Avianus, *Camelus et Jupiter*; et, avec d'autres personnages, la fable orientale *l'Ane et le Jardinier*, indiquée par M. Benfey (tome I, p. 302). Voyez aussi la ve du livre I de Lessing, déjà mentionnée plus haut, p. 77, note 5. — L'exemple du Paon, fier de sa beauté, et humilié de ce qui la dépare, mais plutôt de la laideur de ses pieds que, comme ici, de celle de son chant, est une sorte de lieu commun dans les vieux sermonnaires. Le franciscain Michel Menot, au quinzième siècle, le développe ainsi dans un des sermons du carême prêché à Paris (f° v, verso, 5e férie après les Cendres) : *Pavo est avis superba quæ, quum venit ad videndum alas suas tam pulchras, tam claras et relucentes sicut sol, tunc incipit superbire, tunc ambulat in mirabilibus.... videtur ei quod non sit pulchrior in terra.... Postea sic venit et dormit in sua superbia. Sed quum venit ad excitandum se, videns pedes suos habentes formam buffonis, nigros, cinereos, fetidos, et detestabiles, tunc incipit clamare sicut diabolus.* La même comparaison, plus rapidement esquissée, se lit dans le sermon des Cendres prêché à Tours (f° xiv, verso).

Cette fable se trouve dans le *Manuscrit de Sainte-Geneviève*.

Le Paon[1] se plaignoit à Junon.

1. Il y a *Le Pân* (avec un accent circonflexe), ici et au titre, dans l'édition de 1668 in-4°; *Le Pan* (sans accent), dans les éditions de

« Déesse, disoit-il, ce n'est pas sans raison
  Que je me plains, que je murmure :
  Le chant dont vous m'avez fait don
  Déplaît à toute la nature ;
Au lieu qu'un Rossignol, chétive créature[2],
  Forme des sons[3] aussi doux qu'éclatants,
  Est lui seul l'honneur du printemps. »
  Junon répondit en colère :
  « Oiseau jaloux, et qui devrois te taire,
Est-ce à toi d'envier la voix du Rossignol,
Toi que l'on voit porter à l'entour de ton col
Un arc-en-ciel nué[4] de cent sortes de soies[5];
  Qui te panades[6], qui déploies

1669, de 1678, de 1679 (Amsterdam) et de 1688. L'édition de 1678 A, qui elle aussi écrit ici *Le Pan*, donne au titre LE PAON.

2. On lit dans la vieille fable citée par Robert (*Ysopet II*) :

  Un petit oiselet,
  Poure et chetif et let,
  Chante si noblement ;

et un peu plus loin (voyez les vers 17 et 18 de notre fable) :

  Il n'a sous ciel oisel
  Qui plus de toi soit bel ;

et encore (comparez les vers 19 et suivants) :

  Nature a ordenées (*ordonnées*)
  Ses vertus et donées ;
  Et si n'a nul le tout.

3. Le *Manuscrit de Sainte-Geneviève* a *tons*, au lieu de *sons*.

4. *Nué*, nuancé. *Nuer* est un terme propre et technique, surtout en parlant des ouvrages de laine et de soie, pour dire assortir et disposer les couleurs de manière qu'il se fasse une diminution insensible d'une couleur ou d'une nuance à l'autre. — Le *Manuscrit de Sainte-Geneviève* donne *noué*, pour *nué*, par une erreur évidente de copie.

5. De plumes soyeuses de cent couleurs diverses.

6. Le verbe *se panader* manque dans les deux premières éditions du *Dictionnaire de l'Académie* (1694 et 1718) ; mais il est dans ceux de Richelet (1680) et de Furetière (1690). Furetière l'explique ainsi :

Une si riche queue, et qui semble à nos yeux 15
    La boutique d'un lapidaire[7] ?
      Est-il quelque oiseau sous les cieux[8]
      Plus que toi capable de plaire?
Tout animal n'a pas toutes propriétés.
Nous vous avons donné diverses qualités[9] : 20
Les uns ont la grandeur et la force en partage;
Le Faucon est léger, l'Aigle plein de courage;
    Le Corbeau sert pour le présage[10];
La Corneille avertit des malheurs à venir[11];
    Tous sont contents de leur ramage. 25
Cesse donc de te plaindre, ou bien, pour te punir,
    Je t'ôterai ton plumage. »

« Se carrer, montrer à sa démarche qu'on est superbe, orgueilleux....
Ce mot vient apparemment de *paon*...., comme si on disoit *paonader*. »
Le mot se retrouve au livre IV, fable IX, vers 3; et ce second exemple
est cité par Richelet.

    7. Dans *Phèdre* (vers 7 et 8):

        Nitor smaragdi collo præfulget tuo,
        Pictisque plumis gemmeam caudam explicas.

    8. VAR. : Dis-moi quelque oiseau sous les cieux.
                      (*Manuscrit de Sainte-Geneviève.*)

    9. Voyez dans Homère (*Iliade*, livre XIII, vers 729 et suivants),
la même idée appliquée à l'homme. — Dans la IIe ode d'Anacréon,
Εἰς γυναῖκας, il est question, comme ici, des lots divers que les animaux ont reçus en partage; mais il est à remarquer qu'aucun des
traits du poëte grec ne se retrouve dans les vers de la Fontaine.

    10. Dans l'édition d'Amsterdam (1679), on lit, faute évidente :
« sert de présage. »

    11. Souvenir de Virgile (*églogue* I, vers 18) :

    Sæpe sinistra cava prædixit ab ilice cornix.

— On a fait remarquer que le rôle de la Corneille faisait ici double
emploi avec celui du Corbeau. La Fontaine a traduit Phèdre (vers 12) :

    Augurium Corvo, læva Cornici omina.

FABLE XVIII.

LA CHATTE MÉTAMORPHOSÉE EN FEMME.

Ésope, fab. 169, Γαλῆ καὶ Ἀφροδίτη (Coray, p. 103 et 104, sous quatre formes, et p. 356). — Babrius, fab. 32, *même titre*. — Haudent, 1re partie, fab. 3, *d'un Ieune homme et d'une Chatte*. — Corrozet, fab. 47, *de la Chatte muée en femme*.

Mythologia æsopica Neveleti, p. 229, p. 362.

Le premier vers de Babrius est cité, avec une légère modification, dans la lettre LIX de l'empereur Julien (édition Heyler, Mayence, 1828, p. 113), adressée à un certain Denys, que Julien défie de faire oublier ses tristes et odieux antécédents. La fable est résumée en vers dans un poëme de saint Grégoire de Nazianze, qui l'applique aux faux docteurs, lesquels ont peine à changer leur naturel. (Voyez *Tollii.... Antiquitates sacræ*, p. 62, vers 701 et suivants.) — Rapprochez de cette fable la viie du livre IX, *la Souris métamorphosée en fille*, et voyez les considérations très-élevées que M. Saint-Marc Girardin rattache à l'une et à l'autre, dans sa xixe leçon (tome II, p. 144-152). — L'idée même de la métamorphose a fait naturellement considérer ces deux fables comme étant d'origine indienne. Nous trouvons en effet dans la littérature de l'Inde plusieurs récits analogues. Mais la première, *la Chatte métamorphosée en femme*, se rencontre déjà en Grèce, chez le poëte comique Strattis, vers l'an 400 avant Jésus-Christ (voyez Meineke, *Fragmenta comicorum græcorum*, Berlin, 1840, tome II, p. 790); et, comme l'ont fait remarquer M. Benfey (tome I, p. 376), et avant lui M. Weber (*Études indiennes*, tome III, p. 345), il paraît difficile de faire remonter l'emprunt à une aussi haute antiquité. — On voit en tête de cette notice que la bête qui figure dans les fables grecques est appelée Γαλῆ, *Belette*. Le même nom, chez les auteurs grecs plus modernes, désigne le *Chat*, la *Chatte*. Nous lisons dans les *Métamorphoses* d'Antoninus Liberalis, chapitre xxix, que Galinthias, pour avoir assisté son amie Alcmène mettant au monde Hercule, fut, par l'effet de la colère de Junon, changée en Γαλῆ. Élien, au livre XV, chapitre xi, de son livre *de la Nature des animaux*, rapporte diverses croyances

fabuleuses au sujet de cette même bête nommée γαλῆ, et dit qu'il
n'ignore pas que c'était originairement une femme, une magicienne,
une sorcière, étrangement débauchée, qui s'était attiré le courroux
d'Hécate. Avant de parler d'elle, il prend la précaution d'invoquer
cette déesse, et la prie de lui être propice.

Un Homme chérissoit éperdument sa Chatte;
Il la trouvoit mignonne, et belle, et délicate,
    Qui miauloit d'un ton fort doux :
    Il étoit plus fou que les fous.
Cet homme donc, par prières, par larmes,   5
    Par sortiléges et par charmes,
    Fait tant qu'il obtient du Destin[1]
    Que sa Chatte, en un beau matin,
    Devient femme; et le matin même,
    Maître sot en fait sa moitié.   10
    Le voilà fou d'amour extrême,
    De fou qu'il étoit d'amitié.
    Jamais la dame la plus belle
    Ne charma tant son favori
    Que fait cette épouse nouvelle   15
    Son hypocondre[2] de mari.
    Il l'amadoue; elle le flatte :
    Il n'y trouve plus rien de chatte;
    Et poussant l'erreur jusqu'au bout,
    La croit femme en tout et partout :   20
Lorsque quelques souris qui rongeoient de la natte

---

1. Dans la fable ésopique, c'est Vénus qui, à la prière de l'homme épris de sa chatte, la change en femme; puis, pour l'éprouver, elle lâche devant elle une souris, et indignée de la voir retomber dans sa nature première, elle lui rend son ancienne forme.

2. Fou, bizarre et extravagant (voyez le *Dictionnaire de l'Académie* de 1718; l'édition de 1694 ne donne pas *hypocondre* dans ce sens). Ce mot se dit plus ordinairement d'un homme qui a une bizarrerie morose, l'humeur noire; ce n'est pas le cas de notre amoureux.

Troublèrent le plaisir des nouveaux mariés.
    Aussitôt la femme est sur pieds³.
    Elle manqua son aventure.
Souris de revenir, femme d'être en posture :   25
    Pour cette fois elle accourut à point ;
        Car ayant changé de figure,
        Les souris ne la craignoient point.
        Ce lui fut toujours une amorce,
        Tant le naturel a de force.   30
Il se moque de tout, certain âge accompli.
Le vase est imbibé⁴, l'étoffe a pris son pli⁵.
    En vain de son train ordinaire
    On le veut désaccoutumer :
    Quelque chose qu'on puisse faire,   35
    On ne sauroit le réformer.

3. Benserade, qui a traité ce sujet (fable cxix), termine ainsi son quatrain :

> Elle, friande et vive, oubliant le mary,
>   Courut à la soury.

4. *Quo semel est imbuta recens, servabit odorem*
   Testa diu.... (HORACE, livre I, *épître* II, vers 69 et 70.)

5. Les éditions anciennes, toutes sans exception, ponctuent ces deux vers comme nous le faisons, non pas seulement celles de 1668 et de 1678, mais encore la petite édition de Barbin, 1682, celle de Henry van Bulderen (la Haye, 1688), les éditions de Londres, 1708, de Paris, 1709, 1729, etc. Nous ne savons pourquoi les Didot, dans toutes leurs éditions (1781, 1782, 1788, 1813, etc.), Montenault, dans sa belle édition in-folio (Paris, 1755-1759), Crapelet, dans sa petite édition in-32 si soignée (Paris, 1830), enfin à peu près tous les éditeurs modernes, et parmi eux Walckenaer lui-même, d'ordinaire si scrupuleux, ont ponctué autrement. Tous, ou peu s'en faut (exceptons M. Pauly, 1868), écrivent ces deux vers de la manière suivante :

> Il se moque de tout : certain âge accompli,
> Le vase est imbibé, l'étoffe a pris son pli.

Coups de fourche⁶ ni d'étrivières
Ne lui font changer de manières;
Et fussiez-vous embâtonnés⁷,
Jamais vous n'en serez les maîtres.   40
Qu'on lui ferme la porte au nez,
Il reviendra par les fenêtres⁸.

6. *Fourches*, au pluriel, dans les éditions de Didot et de Barbou; *fourche*, au singulier, dans les éditions originales.

7. Armés de bâton. Voyez le *Lexique*.

8. *Naturam expellas furca, tamen usque recurret,*
Et mala perrumpet furtim fastidia victrix.
(Horace, livre I, *épître* x, vers 24 et 25.)

Destouches, remplaçant une image par une autre, a imité le premier de ces deux vers par celui-ci, qu'on attribue souvent à Boileau :

Chassez le naturel, il revient au galop.
(*Le Glorieux*, acte III, scène v.)

— Le roi Frédéric se souvient de la fin de notre fable quand il écrit à Voltaire, le 19 mars 1771 : « Chassez les préjugés par la porte, ils rentreront par la fenêtre. »

FABLE XIX.

LE LION ET L'ÂNE CHASSANT[1].

Ésope, fab. 226, Λέων καὶ Ὄνος (Coray, p. 148, p. 376 et 377).
— Phèdre, livre I, fab. 11, *Asinus et Leo venantes*. — Romulus,
livre IV, fab. 10, *Asinus et Leo*. — Marie de France, fab. 67, *dou
l'Asne et dou Lion*.
Mythologia æsopica Neveleti, p. 272, p. 395.

Lessing a trois fables ingénieusement rattachées à ce sujet, la 7e,
la 8e et la 26e de son second livre.

Le roi des animaux se mit un jour en tête
    De giboyer[2] : il célébroit sa fête.
Le gibier du lion, ce ne sont pas moineaux[3],
Mais beaux et bons sangliers[4], daims et cerfs bons et
    Pour réussir dans cette affaire,   [beaux[5].
    Il se servit du ministère

1. Il y a *chassans*, au pluriel, dans les éditions de 1668, de 1669,
de 1679 (Amsterdam) et de 1729. Nous suivons, selon notre coutume, le texte des éditions de 1678, qui donnent *chassant*, ainsi que
celle de 1688 (la Haye), de 1708 (Londres).

2. Voyez le *Lexique*, et les remarques, un peu trop ingénieuses
peut-être, que M. Taine (p. 85 et 86) fait au sujet de ce mot et
d'autres passages de la fable.

3. Voltaire, dans le *Catalogue des écrivains français du dix-septième
siècle* (tome XIX des *OEuvres*, p. 129), range ce vers parmi les puérilités et négligences du fabuliste. M. Taine, à l'endroit indiqué, a
bien mieux, ce me semble, compris l'intention du fabuliste et l'effet
qu'il veut ici produire.

4. *Sanglier*, qui forme aujourd'hui trois syllabes, est ici de deux :
voyez le *Lexique*.

5. Cette alliance de *bon* et de *beau* est un tour de Rabelais :
« Quoy? tant de beaulx et bons crediteurs? Crediteurs sont....
creatures belles et bonnes.... » (Livre III, chapitre III, tome I,
p. 378.)

De l'Ane à la voix de Stentor [6].
L'Ane à messer Lion fit office de cor.
Le Lion le posta, le couvrit de ramée [7],
Lui commanda de braire, assuré qu'à ce son
Les moins intimidés fuiroient de leur maison.
Leur troupe n'étoit pas encore accoutumée [8]
    A la tempête [9] de sa voix ;
L'air en retentissoit d'un bruit épouvantable :
La frayeur saisissoit les hôtes de ces bois [10] ;
Tous fuyoient, tous tomboient au piége inévitable
    Où les attendoit le Lion.
« N'ai-je pas bien servi dans cette occasion ? »
Dit l'Ane, en se donnant tout l'honneur de la chasse.

6. Un des guerriers grecs qui étaient au siége de Troie ; sa voix, au dire d'Homère (*Iliade*, livre V, vers 785 et 786), égalait en puissance celle de cinquante hommes. — Juvénal a dit d'un malheureux qui proteste contre la trahison d'un parjure :

Tu miser exclamas, ut Stentora vincere possis.
    (*Satire* XIII, vers 112.)

7. *Contexit illum frutice....* (PHÈDRE, vers 4.)

8. Cette idée encore est dans Phèdre (vers 5) :

Ut insueta voce terreret feras.

9. Il y a la même métaphore dans la vieille fable (*Ysopet II*) citée par Robert (tome I, p. 159) :

L'Asne fist son commandement :
Si recana si laidement
Et si hault qu'oncques tel tempeste
Ne fist mais, oncques mais, nule beste.

— Dans Neckam (fable VIII, vers 5 et 6, *Poésies inédites du moyen âge*, p. 182), la figure est ainsi développée :

Ille dedit magnam magno conamine vocem,
Excusso quantam fulmine dat tonitrus.

10. L'auteur s'est déjà servi de cette périphrase dans la fable II du livre I (vers 9).

— Oui, reprit le Lion, c'est bravement [11] crié : 20
Si je ne connoissois ta personne et ta race [12],
  J'en serois moi-même effrayé. »
L'Ane, s'il eût osé, se fût mis en colère,
Encor qu'on le raillât avec juste raison ;
Car qui pourroit souffrir un âne fanfaron ? 25
  Ce n'est pas là leur caractère.

11. *Bravement* prête à un double sens : « courageusement, » et « de belle façon. » Dans le premier, il répond bien au γενναίως d'Ésope.
12. C'est la traduction presque littérale de Phèdre (vers 14 et 15) :

    .... *Nisi nossem tuum*
 Animum genusque....

et de Neckam (vers 18) :

  Si non novissem teque tuumque genus.

— Dans la vieille fable (*Ysopet II*) le Lion dit :

  Ie meismes paour éusse
  De toy, se ie ne te cogneusse.

FABLE XX.

TESTAMENT EXPLIQUÉ PAR ÉSOPE.

Phèdre, livre IV, fab. 5, *Poeta*. — On trouvera dans l'*Appendice* un récit en vers sur le même sujet, bien inférieur à celui de la Fontaine, mais à peu près contemporain, ce qui peut donner quelque intérêt à la comparaison : il a été publié en 1670.
Mythologia æsopica Neveleti, p. 430.

« Ce n'est point là une fable, dit Chamfort; c'est une anecdote dont il est assez difficile de tirer une moralité. » — L'abbé Guillon, dans son livre de *la Fontaine et tous les fabulistes* (tome I, p. 134 et 135, édition de 1803), établit longuement que cette anecdote (*histoire*, comme dit notre poëte, plutôt qu'*apologue*) a été imaginée par Phèdre avec fort peu de vraisemblance; qu'en admettant qu'Ésope soit allé à Athènes (ce n'est pas la seule fois que Phèdre l'y conduit : voyez sa fable II du livre I, *les Grenouilles qui demandent un Roi*), il n'eût pu, vu sa qualité d'étranger, parler dans l'assemblée du peuple, etc., etc. Le docte abbé va jusqu'à promettre « un mémoire particulier » sur cette question, promesse qu'il n'a pas tenue, que nous sachions : soit dit sans reproche ni regret.

   Si ce qu'on dit d'Ésope est vrai,
   C'étoit l'oracle de la Grèce :
   Lui seul avoit plus de sagesse
  Que tout l'Aréopage. En voici pour essai [1]
   Une histoire des plus gentilles,   5
   Et qui pourra plaire au lecteur.

   Un certain homme avoit trois filles,
   Toutes trois de contraire humeur :

---

1. *Essai*, échantillon, « petite portion de quelque chose, dit l'Académie, qui sert à juger du reste. »

Une buveuse, une coquette ;
La troisième, avare parfaite[2].
Cet homme, par son testament,
Selon les lois municipales[3],
Leur laissa tout son bien par portions égales,
En donnant à leur mère tant,
Payable quand chacune d'elles
Ne posséderoit plus sa contingente part[4].
Le père mort, les trois femelles
Courent au testament, sans attendre plus tard.
On le lit, on tâche d'entendre
La volonté du testateur ;
Mais en vain ; car comment comprendre
Qu'aussitôt que chacune sœur[5]
Ne possédera plus sa part héréditaire,
Il lui faudra payer sa mère ?
Ce n'est pas un fort bon moyen
Pour payer, que d'être sans bien.
Que vouloit donc dire le père ?

2. *Unam formosam, et oculis venantem viros;*
At alteram lanificam et frugi, rusticam;
Devotam vino tertiam, et turpissimam. (Phèdre, vers 4-6.)

3. A défaut de fils, les filles, à Athènes, succédaient à leur père, par portions égales, au moins *ab intestat*. Il paraît incontestable que le père pouvait, dans son testament, faire d'avance le partage de ses biens entre ses enfants de l'un ou de l'autre sexe. Avait-il en outre le droit d'avantager un d'eux ? On n'a que des renseignements confus sur ce point. Un auteur qui a examiné la question en ce qui touche les fils, considère comme probable qu'il était permis au père de faire à l'un d'eux un legs particulier par préciput. Voyez la *Revue historique de droit français et étranger*, XIIIe année, p. 262 et 263, *de a Réserve héréditaire chez les Athéniens*, par M. Boissonade, agrégé à la faculté de droit de Paris.

4. La part qui lui revenait, qui lui serait échue.

5. « C'est le style de la pratique ; et ce mot de *chacune*, au lieu de *chaque*, fait très-bien en cet endroit. » (Chamfort.)

F. xx] LIVRE II. 193

L'affaire est consultée⁶ ; et tous les avocats,
    Après avoir tourné le cas
      En cent et cent mille manières, 30
Y jettent leur bonnet, se confessent vaincus⁷,
    Et conseillent aux héritières
De partager le bien sans songer au surplus.
    « Quant à la somme de la veuve,
Voici, leur dirent-ils, ce que le conseil treuve⁸ : 35
Il faut que chaque sœur se charge par traité
    Du tiers, payable à volonté,
Si mieux n'aime la mère en créer une rente,
    Dès le décès du mort courante. »
La chose ainsi réglée, on composa⁹ trois lots : 40
    En l'un, les maisons de bouteille¹⁰,
    Les buffets dressés sous la treille,

---

6. Est mise en consultation, soumise à une consultation. Voyez des exemples de *consulter*, pris activement, pour « délibérer sur, » dans le *Lexique de Mme de Sévigné*, tome I, p. 196, 2° et 4°.

7. Le second hémistiche explique le premier. — Florian emploie la même locution (livre IV, fable xv) :

    .... L'auditoire s'étonnoit
    Qu'il n'y jetât pas son bonnet.

8. *Treuve*, trouve. Voyez le *Lexique*.

9. La première édition, 1668, in-4° et in-12, ainsi que les éditions de 1669, de 1679 (Amsterdam), de 1682 et de 1729, portent : « on compose ». Nous suivons le texte de 1678, reproduit par van Bulderen (1688), par l'édition de Londres (1708), et depuis par la plupart des éditeurs.

10. Nous disons encore un *vide-bouteille*, pour désigner une petite maison où l'on festine sans apprêt, loin des importuns. — Dans Phèdre (vers 25 et 26) :

    .... *Plenam antiquis apothecam cadis,*
    Domum politam, et delicatos hortulos.

Plus loin (vers 44), il emploie *luxuriæ domum*, comme synonyme de *domum politam*.

La vaisselle d'argent, les cuvettes, les brocs,
  Les magasins de malvoisie[11],
Les esclaves de bouche, et pour dire en deux mots,   45
  L'attirail de la goinfrerie[12] ;
Dans un autre[13], celui de la coquetterie,
La maison de la ville, et les meubles exquis,
  Les eunuques et les coiffeuses,
    Et les brodeuses,   50
  Les joyaux, les robes de prix ;
Dans le troisième lot, les fermes, le ménage[14],
  Les troupeaux et le pâturage,
  Valets et bêtes de labeur.
Ces lots faits, on jugea que le sort pourroit faire   55
  Que peut-être pas une sœur
  N'auroit ce qui lui pourroit plaire.
Ainsi chacune prit son inclination[15],
  Le tout à l'estimation.
  Ce fut dans la ville d'Athènes   60
  Que cette rencontre arriva.
  Petits et grands, tout approuva
Le partage et le choix : Ésope seul trouva
  Qu'après bien du temps et des peines
  Les gens avoient pris justement   65
  Le contre-pied du testament.
« Si le défunt vivoit, disoit-il, que l'Attique

---

11. Le malvoisie est un vin doux qui se récolte et se fabrique aux environs de Nauplie de Malvoisie (*Napoli de Malvasia*), ville située sur la côte orientale de la Morée, dans le petit golfe de Monembasie, et qu'il ne faut pas confondre avec Nauplie de Romanie, autre ville de Morée, située au fond de l'ancien golfe d'Argos.

12. Voyez M. Taine, p. 297.

13. L'édition de 1678, et de même celles de la Haye (1688) et de Londres (1708), portent par erreur : « une autre. »

14. *Instrumentum rusticum*, dit Phèdre (vers 24).

15. Ce qui était conforme à ses goûts.

Auroit de reproches de lui[16] !
Comment ? ce peuple, qui se pique
D'être le plus subtil des peuples d'aujourd'hui,
A si mal entendu la volonté suprême
D'un testateur ? » Ayant ainsi parlé,
Il fait le partage lui-même,
Et donne à chaque sœur un lot contre son gré ;
Rien qui pût être convenable,
Partant rien aux sœurs d'agréable :
A la coquette, l'attirail
Qui suit les personnes buveuses ;
La biberonne eut le bétail ;
La ménagère eut les coiffeuses.
Tel fut l'avis du Phrygien,
Alléguant qu'il n'étoit moyen
Plus sûr pour obliger ces filles
A se défaire de leur bien ;
Qu'elles se marieroient dans les bonnes familles,
Quand on leur verroit de l'argent ;
Paieroient leur mère tout comptant ;
Ne posséderoient plus les effets de leur père :
Ce que disoit le testament.
Le peuple s'étonna comme il se pouvoit faire
Qu'un homme seul eût plus de sens
Qu'une multitude de gens [17].

16. *O si maneret condito sensus patri,*
Quam graviter ferret quod voluntatem suam
Interpretari non potuissent Attici! (PHÈDRE, vers 30-32.)

17. *Plus esse in uno sæpe, quam in turba, boni,*
Narratione posteris tradam brevi,

dit Phèdre en commençant ; puis il termine sa fable par la même pensée :

Ita quod multorum fugit imprudentiam,
Unius hominis reperit solertia.

FIN DU SECOND LIVRE.

LIVRE TROISIÈME.

FABLE I.

LE MEUNIER, SON FILS, ET L'ÂNE [1].

A M. D. M. [2]

Faërne, fab. 100 et dernière, *Pater, Filius et Asinus.* — Poggii Facetiæ, *Facetissimum de Sene quodam qui portavit Asinum super se* (*Poggii opera*, Bâle, 1538, in-fº, p. 446). — Loiseleur Deslongchamps (*Essai sur les fables indiennes*, p. 174 et 175) mentionne un conte oriental intitulé *le Jardinier, son Fils, et l'Ane*, comme étant l'original de la narration du Poge. — Jovianus Pontanus (*OEuvres en prose*, Bâle, 1538, in-4º), tome II, p. 163. — Ce récit se lit aussi, en guise d'avertissement et de protestation contre la critique, et sous le titre : *del Padre et del Figliuolo, che menavan l'Asino*, en tête des apologues italiens de Verdizotti ; le premier éditeur de ces apologues, Giordano Zileti, nous dit lui-même qu'il n'est pas de Verdizotti, mais que c'est lui, Zileti, qui l'a fait traduire en italien. Enfin la même anecdote est contée dans les *Mémoires* écrits par Racan *sur la Vie de Malherbe*, mémoires publiés à part, si nous en croyons l'abbé d'Oli-

1. VAR. L'édition in-4º de 1668, celle de 1682, et la réimpression de 1729 donnent ainsi le titre de cette fable : *Le Meunier, son Fils et leur Ane.* Telle est aussi la leçon du manuscrit autographe que Walckenaer, dans ses notes inédites, nous dit avoir eu sous les yeux.

2. Ces initiales sont remplacées, dans le manuscrit dont parle la note précédente, par ces mots : *A mon amy M. de Maucroy.* — « La fable fut probablement composée, dit Walckenaer (*Histoire de la Fontaine*, livre II, tome I, p. 205), lorsque cet intime ami de la Fontaine, forcé de renoncer aux illusions de l'amour, hésitait sur l'état qu'il devait embrasser. » Voyez, en tête de ce volume, la *Notice biographique*.

vet[3], en 1651, puis reproduits dans les *Divers traités de morale, d'histoire et d'éloquence*, de Pierre de Saint-Glas, abbé de Saint-Ussans (Paris, 1672), et dans les *Mémoires de littérature* de Sallengre (la Haye, Henri du Sauzet, 1715, in-8º), tome II, p. 63-101. L'anecdote est, dans ce dernier recueil, à la page 84 ; M. Lalanne la donne au tome I, p. LXXXI et LXXXII, de son édition de Malherbe ; on la trouvera à l'*Appendice* du présent volume. On peut conclure du vers 8 de la fable que c'est dans ces *Mémoires* sur Malherbe que la Fontaine l'a prise[4]. — Chez Pontanus, c'est le personnage principal, le père lui-même, qui raconte l'historiette. Elle s'est passée, dit-il, dans le royaume de Naples, entre Capoue et Aversa. L'Ane a fini par jeter dans la boue ses deux cavaliers. — Chez le Poge, qui fut secrétaire apostolique sous huit papes successivement, le narrateur est un des secrétaires du Pape, qui dit avoir lu l'anecdote en Allemagne et en avoir vu une peinture. L'histoire se termine d'une façon tragique

---

3. *Histoire de l'Académie françoise*, 1729, in-4º, p. 110.
4. M. Lalanne révoque en doute l'existence de l'édition de 1651 dont parle d'Olivet ; mais la Fontaine a pu, ainsi que Pellisson et Ménage, avoir connaissance, avant l'impression, des *Mémoires* de Racan. Voyez au tome I du *Malherbe* de M. Lalanne, p. LXI et LXII, la notice placée en tête de la *Vie de Malherbe*. Dans les anciennes éditions de cette *Vie*, on a intercalé, à la suite de l'anecdote, la fable de la Fontaine, qui ne se trouvait assurément pas dans l'écrit de Racan. — Les *Mémoires de littérature* (de Sallengre) donnent le texte de la fable avec des variantes, dont plusieurs sont des fautes évidentes. Au vers 12 :

.... leurs pensés, leurs soins ;

au vers 34 :

Pauvres gens idiots...!

au vers 45 :

Holà, ho ! descendez... ;

au vers 48 :

.... Il faut vous contenter ;

au vers 65 :

Qui prétend contenter et le monde et son père ;

au vers 80 :

J'en veux faire à ma mode....

pour l'Ane. Outrés des sarcasmes qu'ils provoquent en portant la pauvre bête comme un lustre, les deux voyageurs la jettent à la rivière, et s'en retournent sans elle à la maison.

Nous avons vu dans la collection d'autographes de M. Boutron-Charlard un manuscrit de cette fable, qui porte au titre : *Le Meunier, son Fils, et leur Asne*, et où les initiales sont remplacées par ces mots : *A mon amy M. de Maucroy*. Nous ignorons d'ailleurs si ce manuscrit est celui dont parle Walckenaer (voyez, p. 197, les notes 1 et 2).

Voltaire, dans la *Lettre de M. de la Visclède* (tome XLVIII des *OEuvres*, p. 270), mentionne *le Meunier, son Fils et l'Ane* comme un des chefs-d'œuvre de notre poëte, comme un morceau « excellent en son genre; » puis, comme s'il craignait qu'on ne se méprît sur la portée de son éloge, il ajoute : « Je ne veux pas égaler le vol de la fauvette à celui de l'aigle. Je me borne à vous soutenir que la Fontaine a souvent réussi dans son petit genre autant que Corneille dans le sien. » — Voyez les observations piquantes que cette fable suggère à M. Taine (p. 158-160) sur « le langage coloré, gouailleur, les métaphores expressives et proverbiales, le sel rustique, » dont la Fontaine a fait usage pour peindre les mœurs des paysans.

L'invention des arts étant un droit d'aînesse,
Nous devons l'apologue à l'ancienne [5] Grèce ;
Mais ce champ ne se peut tellement moissonner
Que les derniers venus n'y trouvent à glaner [6].
La feinte est un pays plein de terres désertes ;   5
Tous les jours nos auteurs y font des découvertes [7].

5. *Ancienne* forme ici quatre syllabes : voyez le *Lexique*.
6. On ne peut guère douter qu'il n'y ait là un emprunt fait à la *satire* XXIII de du Lorrens, où on lit ces deux vers (Paris, 1646, in-4°, p. 181) :

      Or ce champ ne se peut en sorte moissonner
      Que d'autres après nous n'y trouvent à glaner.

7. La Rochefoucauld a dit, presque dans les mêmes termes : « Quelque découverte que l'on ait faite dans le pays de l'amour-propre, il reste bien encore des terres inconnues. » (*Maxime* 3, dans toutes les éditions ; nous donnons le texte des deux premières, à sa-

Je t'en veux dire un trait assez bien inventé :
Autrefois à Racan Malherbe⁸ l'a conté.
Ces deux rivaux d'Horace, héritiers de sa lyre,
Disciples d'Apollon, nos maîtres, pour mieux dire⁹, 10
Se rencontrant un jour tout seuls et sans témoins
(Comme ils se confioient leurs pensers et leurs soins),
Racan commence ainsi : « Dites-moi, je vous prie,
Vous qui devez savoir les choses de la vie,
Qui par tous ses degrés avez déjà passé, 15
Et que rien ne doit fuir¹⁰ en cet âge avancé,
A quoi me résoudrai-je ? Il est temps que j'y pense.
Vous connoissez mon bien, mon talent, ma naissance :
Dois-je dans la province établir mon séjour,
Prendre emploi dans l'armée, ou bien charge à la cour? 20
Tout au monde est mêlé d'amertume et de charmes¹¹ :
La guerre a ses douceurs, l'hymen a ses alarmes.
Si je suivois mon goût, je saurois où buter¹² ;
Mais j'ai les miens, la cour, le peuple à contenter. »

voir de celles de 1665 et de 1666, que la Fontaine a pu voir avant
de publier ses fables.)

8. Pour Malherbe, voyez ci-dessus, la fable xiv du livre I, vers 3.
— Honorat de Bueil, marquis de Racan, élève et admirateur de
Malherbe, né à la Roche-Racan en Touraine, l'an 1589, mort
en 1670. — Voyez le jugement que Boileau porte de ces deux
poëtes dans sa *Lettre* du 29 avril 1695, adressée à Maucroix, à qui
cette fable est dédiée (*OEuvres diverses de Maucroix*, publiées par
L. Paris, 1854, tome II, p. 219 et 220).

9. Nous avons déjà eu l'occasion (p. 98) de renvoyer à l'*épître* VIII
de la Fontaine, où il parle également avec admiration de Malherbe
et de Racan.

10. « Que rien ne doit fuir, » qui ne devez rien ignorer. C'est un
emploi tout latin du verbe *fuir*.

11. *Parce gaudere oportet, et sensim queri,*
Totam quia vitam miscet dolor et gaudium.
(PHÈDRE, livre IV, fable xvi, vers 9 et 10.)

12. Vers quel but me diriger, à quelle fin tendre.

Malherbe là-dessus : « Contenter tout le monde[13] !   25
Écoutez ce récit avant que je réponde.

« J'ai lu dans quelque endroit[14] qu'un Meunier et son Fils,
L'un vieillard, l'autre enfant, non pas des plus petits,
Mais garçon de quinze ans, si j'ai bonne mémoire[15],
Alloient vendre leur Ane, un certain jour de foire.   30
Afin qu'il fût plus frais et de meilleur débit,
On lui lia les pieds, on vous le suspendit ;
Puis cet homme et son Fils le portent comme un lustre[16].
Pauvres gens, idiots, couple ignorant et rustre !
Le premier qui les vit de rire s'éclata :   35
« Quelle farce, dit-il, vont jouer ces gens-là?
« Le plus âne des trois n'est pas celui qu'on pense[17]. »
Le Meunier, à ces mots, connoît son ignorance ;
Il met sur pieds[18] sa bête, et la fait détaler.

13. « Contentez tout le monde, » dans l'édition de 1678. C'est sans doute une faute d'impression.

14. Dans quelqu'un des ouvrages que nous avons indiqués en tête de la fable, ou dans une des sources françaises, les *Contes d'Eutrapel*, etc., marquées en outre par Robert.

15. « De treize ou quatorze ans, » dit Racan. Faërne (vers 1) : *adolescentulus*.

16. Cette première façon d'aller en portant l'Ane n'est point dans Racan. Ce n'est pas la première, mais la dernière, dans Faërne (vers 35-38) :

> *Tandem experiri et hanc quoque placuit viam,*
> *Inter supini ut colligatos indito*
> *Pedes Aselli palo, eum ipsi pendulum*
> *Ferrent...;*

et de même chez le Poge.

17. *Sentitis quadrupedem belluam, quam bipes bellua est, non adeo quidem belluam esse?* (PONTANUS.)

18. Quelques éditeurs modernes, entre autres Crapelet, donnent à tort « sur pied, » au singulier. Parmi les anciennes éditions, nous ne trouvons cette leçon que dans l'impression très-fautive de 1679 (Am-

L'Ane, qui goûtoit fort l'autre façon d'aller,   40
Se plaint en son patois. Le Meunier n'en a cure[19] ;
Il fait monter son Fils, il suit, et d'aventure
Passent trois bons marchands. Cet objet leur déplut.
Le plus vieux au garçon s'écria tant qu'il put :
« Oh la oh[20], descendez, que l'on ne vous le dise,   45
« Jeune homme, qui menez laquais à barbe grise !
« C'étoit à vous de suivre, au vieillard de monter.
— « Messieurs, dit le Meunier, il vous faut contenter. »
L'enfant met pied à terre, et puis le vieillard monte,
Quand trois filles passant, l'une dit : « C'est grand'honte[21]
« Qu'il faille voir ainsi clocher ce jeune fils,
« Tandis que ce nigaud, comme un évêque assis,
« Fait le veau sur son Ane, et pense être bien sage.
— « Il n'est, dit le Meunier, plus de veaux à mon âge :
« Passez votre chemin, la fille, et m'en croyez. »   55
Après maints quolibets coup sur coup renvoyés,
L'homme crut avoir tort, et mit son Fils en croupe.
Au bout de trente pas, une troisième troupe
Trouve encore à gloser. L'un dit : « Ces gens sont fous !
« Le Baudet n'en peut plus ; il mourra sous leurs coups.
« Hé quoi ? charger ainsi cette pauvre bourrique !
« N'ont-ils point de pitié de leur vieux domestique ?
« Sans doute qu'à la foire ils vont vendre sa peau.
— « Parbieu[22] ! dit le Meunier, est bien fou du cerveau

sterdam). Le manuscrit de M. Boutron-Charlard donne « sur pieds, » au pluriel.

19. N'en prend nul souci.

20. Hiatus dont l'oreille s'aperçoit à peine. La voix réunit ces trois monosyllabes comme s'ils ne formaient ensemble qu'un mot. Pour l'orthographe et la ponctuation, nous nous sommes conformé aux éditions originales.

21. « Grand honte, » sans apostrophe, dans le manuscrit de M. Boutron-Charlard.

22. Les éditions originales, ainsi que celles de 1679 (Amsterdam),

« Qui prétend contenter tout le monde et son père²³. 65
« Essayons toutefois²⁴ si par quelque manière
« Nous en viendrons à bout. » Ils descendent tous deux.
L'Ane se prélassant²⁵ marche seul devant eux.
Un quidam les rencontre, et dit : « Est-ce la mode
« Que Baudet aille à l'aise, et Meunier s'incommode ? 70
« Qui de l'âne ou du maître est fait pour se lasser ?
« Je conseille à ces gens de le faire enchâsser.
« Ils usent leurs souliers, et conservent leur Ane.
« Nicolas, au rebours ; car, quand il va voir Jeanne,
« Il monte sur sa bête ; et la chanson le dit ²⁶. 75

de 1682, de la Haye (1688), de Londres (1708), etc., et le manuscrit de M. Boutron-Charlard, écrivent *parbieu*, plus conforme à l'usage de la campagne ; *parbleu* était plutôt la prononciation de la ville et de la cour. Richelet (1680) donne les deux formes, avec un exemple de Molière pour *parbleu*, de Saint-Amant pour *parbieu*. Furetière (1690) et l'Académie (1694) n'ont ni *parbleu* ni *parbieu*.

23. La Fontaine a écrit, ailleurs, *épître* xiv, à Mme de Thianges :

  Les conseils. — Et de qui ? — Du public. C'est la ville,
  C'est la cour, et ce sont toute sorte de gens,
    Les amis, les indifférents, etc.

24. « Toutesfois, » dans le manuscrit de M. Boutron-Charlard.

25. C'est encore un mot de Rabelais (livre II, chapitre xxx, tome I, p. 340 ; et *Prologue* du livre IV, tome II, p. xxxi). Le mot n'est pas dans les dictionnaires du dix-septième siècle.

26. Allusion à une chanson du temps, réimprimée dans un recueil intitulé : *Brunettes, ou petits airs tendres, avec les doubles et la basse continue ; mêlées de chansons à danser, recueillies et mises en ordre par Christophe Ballard, seul imprimeur de musique, et noteur de la chapelle du Roy. A Paris, rue Saint-Jean-de-Beauvais, au Mont-Parnasse, avec privilége de Sa Majesté.* 3 vol. in-12, contenant chacun une dédicace à Son Altesse Sérénissime Madame la Princesse de Conty, douairière. Le premier volume est de 1703, le second de 1704, le troisième de 1711. La chanson à laquelle la Fontaine fait allusion se trouve dans le premier volume, p. 200-205 ; elle a quatre couplets, dont voici le second :

  Adieu, cruelle Jeanne ;
  Si vous ne m'aimez pas,

« Beau trio de baudets ! » Le Meunier repartit :
« Je suis âne, il est vrai, j'en conviens, je l'avoue ;
« Mais que dorénavant on me blâme, on me loue,
« Qu'on dise quelque chose ou qu'on ne dise rien,
« J'en veux faire à ma tête. » Il le fit, et fit bien.   80

Quant à vous, suivez Mars, ou l'Amour, ou le Prince ;
Allez, venez, courez ; demeurez en province ;
Prenez femme, abbaye, emploi, gouvernement :
Les gens en parleront, n'en doutez nullement[27]. »

       Je monte sur mon âne,
       Pour galoper au trépas.
       — Courez, ne bronchez pas,
       Nicolas ;
       Surtout n'en revenez pas.

La même chanson se trouve citée dans les *Annales d'Auvergne* (*Annales scientifiques, littéraires et industrielles de l'Auvergne, publiées par l'Académie des sciences, belles-lettres et arts de Clermont-Ferrand*, in-8°), dans un article qui commence à la page 162 du tome XV, 1842. L'auteur de l'article, M. le Camus, a retrouvé, dit-il, cette vieille chanson dans de vieux parchemins chez un relieur d'Orléans ; mais ici elle n'a plus que trois couplets ; et le troisième, où se rencontre l'allusion, est ainsi conçu :

       Adieu, cruelle Jeanne,
       Puisque tu n'aimes pas,
       Je remonte mon âne,
       Pour galoper au trépas.
       — Vous y perdez vos pas,
       Nicolas ;
       Sont tous pas perdus pour vous.

27. Nous n'avons pas besoin de dire que ces quatre derniers vers, qui contiennent la moralité du récit, sont la fin du discours de Malherbe à Racan.

FABLE II.

LES MEMBRES ET L'ESTOMAC.

Ésope, fab. 202, Κοιλία καὶ Πόδες; Γαστὴρ καὶ τὰ λοιπὰ Μέλη (Coray, p. 127-129, sous quatre formes diverses, dont les deux dernières sont tirées de Denys d'Halicarnasse et de la *Vie de Coriolan*, de Plutarque; voyez ci-après). — Tite Live, livre II, chapitre XXXII. — Abstemius, *Prœmium*. — Romulus, livre III, fab. 16, *Membra et Venter*. — Neckam, fab. 37 (édition de M. Éd. du Méril, p. 206-208). — Marie de France, fab. 35, *d'un Homme qui ne voloit fere oeure*. — Haudent, 1re partie, fab. 151, *des Membres humains vers le Ventre*. — Corrozet, fab. 40, *des Membres et du Ventre*. — Boursault, *es Fables d'Ésope*, acte II, scène V, *les Membres et l'Estomac*. — Le Noble, conte 6, *des Membres révoltés. La discorde*.

Mythologia æsopica Neveleti, p. 254, p. 525, p. 534.

Shakspeare a tiré un fort bon parti de cet apologue dans son *Coriolan* (acte I, scène II), où Ménénius le raconte au milieu des interruptions de la foule : voyez à l'*Appendice* de ce volume. Comparez aussi Florus, livre I, chapitre XXIII; Valère Maxime, livre VIII, chapitre IX; Denys d'Halicarnasse, *Antiquités romaines*, livre VI, chapitre LXXXVI; Plutarque, *Vie de Coriolan*, chapitre VI. Quintilien mentionne l'apologue, comme un mémorable souvenir de l'histoire romaine, au livre V de l'*Institution oratoire*, chapitre XI, 19. Le vieux poëte français Eustache Deschamps l'a mis en ballade (édition Crapelet, p. 193 et 194); Benserade en a fait un quatrain (le XLIIe). — Saint Paul, dans un beau développement qui se trouve au chapitre XII, versets 12 et suivants, de la Ire *épître aux Corinthiens*, a fait, dans un tout autre ordre d'idées, une très-frappante application de l'allégorie du Corps et des Membres. (Voyez aussi l'*épître aux Romains*, chapitre XII, versets 4 et 5.) — Elle est surtout très-longuement et ingénieusement amplifiée dans les chapitres III et IV du livre III de Rabelais (tome I, p. 377-384). Il l'applique à la fois à l'univers, à la société, et au *microcosme*, c'est-à-dire « à l'autre petit monde qui est l'homme, » et il montre que tout se fait ici-bas « par prests et debtes de l'ung a l'aultre. » Ce morceau lui devient une brillante occasion d'étaler ses connaissances physiologiques et anatomiques. — Au douzième siècle, Jean de Salisbury avait inséré la même fable des *Membres et l'Estomac* dans son *Polycraticus sive de Nugis curialium* (livre VI, chapitre XXIV). C'est, dit-il, le pape Adrien IV qui la lui a racontée à Bénévent. Puis, non content d'avoir mis ce sujet en prose, il l'avait traité dans un poëme latin de cent distiques, attribué dans quelques manuscrits à Ovide, et qui se trouve en entier dans Fabricius sous le titre : *de Membris conspirantibus (Bibliotheca mediæ et infimæ latinitatis*, tome IV, p. 296-300, édition de Mansi) : voyez M. Éd. du Méril, *Poésies inédites du moyen âge*, p. 139, et p. 206, note 1. — Loiseleur Deslongchamps (p. 45) rapproche encore de cet apologue une fable indienne, d'un tour très-différent, mais ingénieux aussi, et dont la morale est également la nécessité de l'accord entre les membres. C'est la fable « d'un oiseau à deux becs, dont l'un, jaloux de l'autre, qui refuse de partager avec lui du nectar, avale du poison et fait périr l'oiseau. » Voyez le *Pantchatantra* de Dubois, p. 37 et 38; et celui de M. Benfey, tome II, p. 360 et 361, et tome I, p. 538.

      Je devois par la royauté
      Avoir commencé[1] mon ouvrage :
      A la voir d'un certain côté,
      Messer Gaster[2] en est l'image;
S'il a quelque besoin, tout le corps s'en ressent.   5

De travailler pour lui les Membres se lassant,
Chacun d'eux résolut de vivre en gentilhomme,

    1. C'est-à-dire : « je devrais avoir commencé, j'aurais dû commencer. » Voyez l'*Introduction grammaticale* au *Lexique*.
    2. L'estomac. (*Note de la Fontaine.*) C'est le mot grec γαστήρ, le ventre. — L'expression est empruntée à Rabelais, qui appelle « Messere Gaster premier maistre es arts de ce monde » (livre IV, chapitre LVII, tome II, p. 143). Quelques lignes plus bas, faisant allusion au vers de Perse (*Prologue*, vers 10 et 11) :

    Magister artis ingenique largitor
    Venter...,

Rabelais dit encore : « La sentence du Satyrique est vraye, qui dict Messere Gaster estre de touts arts le maistre. »

Sans rien faire³, alléguant l'exemple de Gaster.
« Il faudroit, disoient-ils, sans nous qu'il vécût d'air.
Nous suons, nous peinons comme bêtes de somme;   10
Et pour qui? pour lui seul; nous n'en profitons pas;
Notre soin n'aboutit qu'à fournir ses repas.⁴.   [dre. »
Chommons⁵, c'est un métier qu'il veut nous faire appren-
Ainsi dit, ainsi fait. Les Mains cessent de prendre⁶,
    Les Bras d'agir, les Jambes de marcher :   15
Tous dirent à Gaster qu'il en⁷ allât chercher.

3. « Voilà un trait de satire qui porte sur le fond de nos mœurs, mais d'une manière bien adoucie. C'est le ton et la coutume de la Fontaine, de placer la morale dans le tissu de la narration, par l'art dont il fait son récit. » (CHAMFORT.)

4. Les Membres, dans le conte de le Noble, apostrophent ainsi le Ventre :

>   C'est donc pour te nourrir, glouton insatiable,
>   Que sans cesse nous travaillons;
>   Tous les soirs du rôti, le matin des bouillons;
>   A dîné, la soupe sur table.

5. Telle est l'orthographe des éditions originales. Voyez plus loin, p. 226, vers 17.

6. Boursault a copié cet hémistiche :

>   Les Pieds cessent d'aller, les Mains cessent de prendre.

7. *En*, c'est-à-dire d'autres mains, d'autres bras et d'autres jambes. C'est là, ce nous semble, le sens le plus naturel, celui qui est ainsi rendu dans la première des deux vieilles fables citées par Robert (*Ysopet I*) :

>   Or aprans a faire besoigne,
>   Ou quiers qui a mengier te doigne*.

Geruzez propose un autre sens, auquel, il faut en convenir, ce passage pourrait à la rigueur se prêter aussi : « en chercher, » c'est-à-dire chercher de quoi se nourrir. Ce serait une de ces fortes ellipses comme nous en avons tant en français, dans le langage familier. On pourrait la rapprocher de celle-ci, qui n'a rien d'obscur (livre I, fable VIII, vers 24) :

>   Ils trouvoient aux champs trop de quoi.

* Ces deux vers manquent dans la version que donne de cette vieille fable le manuscrit 1594 (voyez ci-dessus, p. 62, note 1).

Ce leur fut une erreur dont ils se repentirent :
Bientôt les pauvres gens tombèrent en langueur;
Il ne se forma plus de nouveau sang au cœur[8];
Chaque membre en souffrit; les forces se perdirent.   20
   Par ce moyen, les mutins virent
Que celui qu'ils croyoient oisif et paresseux,
A l'intérêt commun contribuoit plus qu'eux[9].

Ceci peut s'appliquer à la grandeur royale[10].
Elle reçoit et donne, et la chose est égale.   25
Tout travaille pour elle, et réciproquement
   Tout tire d'elle l'aliment.
Elle fait subsister l'artisan de ses peines,
Enrichit le marchand, gage le magistrat,
Maintient le laboureur, donne paie au soldat,   30
Distribue en cent lieux ses grâces souveraines,
   Entretient seule tout l'État.
   Ménénius[11] le sut bien dire.

   8. « La vie consiste en sang. Sang est le siege de l'ame ; pourtant un seul labeur peine ce monde : c'est forger sang continuellement. » (RABELAIS, livre III, chapitre IV, tome I, p. 382.)
   9. Jean de Salisbury, dans le *Polycraticus* (voyez, ci-dessus, la fin de la notice), termine sa fable en prose par la citation suivante de Q. Serenus Samonicus (*de Medicina*, vers 304-309) :

   Qui stomachum regem totius corporis esse
   Contendunt, vera niti ratione videntur.
   Hujus enim validus firmat tenor omnia membra;
   At contra ejusdem franguntur cuncta dolore.
   Quin etiam, nisi cura juvet, vitiare cerebrum
   Fertur, et integros illinc avertere sensus.

   10. Dans la fable ésopique l'allégorie est appliquée à l'armée et à son général.
   11. Ménénius Agrippa, consul l'an 503 avant Jésus-Christ. On place dix ans après son consulat cette retraite du peuple sur le Mont-Sacré, d'où Ménénius le ramena, dit-on, par le récit du célèbre apologue. — Voyez Tite Live, Florus, Denys d'Halicarnasse, Plutarque, Shakspeare, aux endroits indiqués dans la notice de cette fable.

La commune ¹² s'alloit séparer du sénat.
Les mécontents disoient qu'il avoit tout l'empire,   35
Le pouvoir, les trésors, l'honneur, la dignité;
Au lieu que tout le mal étoit de leur côté,
Les tributs, les impôts, les fatigues de guerre.
Le peuple hors des murs étoit déjà posté,
La plupart s'en alloient chercher une autre terre,   40
    Quand Ménénius leur fit voir
    Qu'ils étoient aux Membres semblables,
Et par cet apologue, insigne entre les fables,
    Les ramena dans leur devoir.

  12. C'est-à-dire, comme traduit Furetière (1690), « le menu peuple; » ou, comme dit l'Académie (1694), « la populace, le commun peuple. »

FABLE III.

LE LOUP DEVENU BERGER.

Verdizotti, fab. 42, *del Lupo et le Pecore*. — La fable 94 d'Ésope (Coray, p. 54 et p. 318), intitulée : Ἔριφος καὶ Λύκος, ne ressemble à celle-ci que par la morale : « Je mérite ce qui m'arrive, dit en mourant le Loup au Chevreau; car je ne devais pas, étant cuisinier, faire le joueur de flûte. » Le récit est complétement différent.

Un Loup, qui commençoit d'avoir petite part
    Aux brebis de son voisinage,
Crut qu'il falloit s'aider de la peau du renard [1],
    Et faire un nouveau personnage.
Il s'habille en berger, endosse un hoqueton [2],   5
    Fait sa houlette d'un bâton,
    Sans oublier la cornemuse [3].

1. Façon de parler proverbiale, pour dire *ruser*. Gonzalve de Cordoue disait qu'il fallait coudre la peau du renard à celle du lion; et Lysandre, avant lui, que partout où la peau du lion ne pouvait atteindre, il y fallait adapter celle du renard : voyez la *Vie de Lysandre*, par Plutarque, chapitre VII.
2. Les dictionnaires de la fin du dix-septième siècle entendent par *hoqueton* une sorte de casaque que portaient les archers. Au commencement du siècle, Nicot lui donne ce même sens, mais lui fait signifier d'abord « cette façon de saye court, sans manches, que portent assez communéement les hommes de village. »
3.   *E col bastone in man, col fiasco al tergo,*
    E con la tibia pastorale al fianco. (VERDIZOTTI.)

— « Quelques détails de cette fable, dit Robert dans son introduction (p. CLXXXVI), pourraient bien avoir été inspirés par les vers suivants d'une pièce où Jean Molinet (mort en 1507) nous peint le Loup se travestissant en pasteur :

    Donc le Luiton[*], subtil et anciens,

[*] Le *Luiton*, mot employé par la Fontaine lui-même, dans *la Chose im-*

LIVRE III.

   Pour pousser jusqu'au bout la ruse,
Il auroit volontiers écrit sur son chapeau :
« C'est moi qui suis Guillot, berger de ce troupeau. »   10
   Sa personne étant ainsi faite,
Et ses pieds de devant posés sur sa houlette,
Guillot le sycophante [4] approche doucement [5].
Guillot, le vrai Guillot, étendu sur l'herbette,
   Dormoit alors profondément ;   15
Son chien dormoit aussi, comme aussi sa musette [6] :
La plupart des brebis dormoient pareillement.
   L'hypocrite les laissa faire ;
Et pour pouvoir mener vers son fort les brebis,
Il voulut ajouter la parole aux habits,   20
   Chose qu'il croyoit nécessaire.

  Pur decepuoir bergers, brebis et chiens,
  Prist manteau gris, chappellet et moufflette *(sorte de chapeau*
  Puis s'en reuint comme pharisiens,   [*et de gants*),
  Comme bergers discretz et paciens *,
  La muse (*musette*) au col et au poing la houllette. »

(*Les Faictz et Dictz de feu de bonne memoire maistre Jehan Molinet*,
Paris, 1531, in-4°, f°s 93 et suivants, *Apologue du Loup et du Mouton*.)

 4. Trompeur. (*Note de la Fontaine*.) — Il prend le mot dans le
sens que lui ont donné les comiques latins. Voyez le *Lexique*.

 5. M. Saint-Marc Girardin, dans sa xxiiie leçon (tome II, p. 246),
parle de ce tableau, de cette « vraie mascarade d'hypocrisie, » de ce
rôle du Loup qui « espère réussir sans avoir à parler, » et il le
trouve avec raison « plus comique et plus plaisant » que celui qu'il
joue dans la fable du *Loup moraliste* (attribuée à Voltaire, mais que
Voltaire a désavouée ; voyez l'édition Beuchot, tome XIV, p. 310-
312, et tome XLVIII, p. 400).

 6. « Ce dernier hémistiche est d'une grâce charmante. Ce qu'il y a
de hardi dans l'expression d'*une musette qui dort* devient simple et
naturel, préparé par le sommeil du berger et du chien. » (CHAMFORT.)

possible (conte xiv de la 4e partie, vers 82), répond à la forme plus moderne
lutin, et désigne ici le Loup, avec le sens de « démon trompeur, espiègle. »

 * *Paciens*, patient, calme. Robert a imprimé, comme au premier vers,
anciens.

Mais cela gâta son affaire :
Il ne put du pasteur contrefaire la voix.
Le ton dont il parla fit retentir les bois,
  Et découvrit tout le mystère⁷.   25
  Chacun se réveille à ce son,
  Les brebis, le chien, le garçon.
  Le pauvre Loup, dans cet esclandre⁸,
  Empêché par son hoqueton,
  Ne put ni fuir ni se défendre.   30

Toujours par quelque endroit fourbes se laissent prendre.
  Quiconque est loup agisse en loup⁹ :
  C'est le plus certain de beaucoup.

---

7. Voyez la fin de la fable de Haudent, intitulée *d'un Boucq et d'un Loup* (1ʳᵉ partie, fable 76). Le Loup, qui

   .... De tuer a la nature,
 Non de chanter...,

a de même « tresmalle aduanture, » pour avoir voulu élever la voix.

8. Nicot traduit *esclandre* par « scandale; » l'Académie (1694) par « malheur, accident qui fait éclat. » — « Mais peu dura cestuy esclandre, » dit Rabelais, parlant d'un combat (livre V, chapitre xxv, tome II, p. 249).

9. Robert (introduction, p. CLXI) rapproche de ce vers cette maxime analogue, tirée de la *Vie des anciens Peres* de Gauthier de Coinsi, poëte du treizième siècle :

  Cils qui le leu veult resembler
  La piau du leu doit affubler.

FABLE IV.

LES GRENOUILLES QUI DEMANDENT UN ROI.

Ésope, fab. 167, Βάτραχοι (Coray, p. 101); Βάτραχοι αἰτοῦντες βασιλέα (Coray, p. 355). — Phèdre, livre I, fab. 2, *Ranæ regem petentes*. — Romulus, livre II, fab. 1. — Marie de France, fab. 26, *d'un Estanc plain de Reines*. — Haudent, 1re partie, fab. 128, *des Grenoilles et de Iuppiter*. — Corrozet, fab. 17, *des Grenoilles et de leur Roy*. — Le Noble, fab. 41, *de Jupiter et des Grenouilles. Le peuple fou*.
Mythologia æsopica Neveleti, p. 227, p. 390, p. 501.
Manuscrits de Conrart, tome XI, p. 534, *les Grenouilles demandant un Roy*.

Il y a deux fables indiennes évidemment inspirées par la fable ésopique; elles ont, comme elle, pour personnages les Grenouilles, et l'Hydre, qui les dévore; mais du reste, dans ce cadre identique, l'action est très-librement remaniée, et la moralité toute différente. Voyez, au sujet de cet apologue oriental, l'*Essai* de M. Wagener *sur les rapports qui existent entre les apologues de l'Inde et les apologues de la Grèce*, p. 96-99; et les *Études indiennes* de M. Weber, tome III, p. 345 et 346. L'apologue même se trouve dans *le Livre des lumières*, p. 283-286, où il est suivi d'une triple affabulation d'un caractère nullement politique, mais tout privé; et, avec force maximes de sens très-divers, dans le *Pantschatantra*, xve récit du livre III, et 1er du livre IV (édition Benfey, tome II, p. 273-277 et p. 289-295). — La fable ésopique est, dit-on, une des neuf dont l'authenticité paraît le moins douteuse (voyez *la Fontaine et ses devanciers*, par P. Soullié, p. 62). — L'abbé Guillon cite dans ses notes une piquante allusion faite à cette fable par Pavillon, parlant des Hollandais (*Poésies*, p. 174, Utrecht, 1731, *Stances sur son voyage en Hollande*):

> Ce peuple me parut, dans ces lieux aquatiques,
> Un reste libertin des Grenouilles antiques
>   Qui ne voulurent point de roi.

— M. Taine (p. 135) cherche et croit trouver une ressemblance, très-peu flatteuse, entre le caractère de la bourgeoisie et celui que ce récit prête aux Grenouilles. — Sur la fable rattachée à celle-ci par Lessing, voyez ci-après la note 6.

>Les Grenouilles se lassant
>De l'état démocratique[1],
>Par leurs clameurs firent tant
>Que Jupin les soumit au pouvoir monarchique.
>Il leur tomba du ciel un Roi tout pacifique :   5
>Ce Roi fit toutefois un tel bruit en tombant,
>>Que la gent marécageuse,
>>Gent fort sotte et fort peureuse[2],
>>S'alla cacher sous les eaux,
>>Dans les joncs, dans les roseaux,   10
>>Dans les trous du marécage,
>Sans oser de longtemps regarder au visage
>Celui qu'elles croyoient être un géant nouveau.
>>Or c'étoit un Soliveau,
>De qui la gravité[3] fit peur à la première   15
>>Qui, de le voir s'aventurant,
>>Osa bien quitter sa tanière.
>>Elle approcha, mais en tremblant;
>Une autre la suivit, une autre en fit autant :
>>Il en vint une fourmilière;   20
>Et leur troupe à la fin se rendit familière

---

1. On sait que dans Phèdre, Ésope raconte cette fable aux Athéniens à qui pèse le joug de Pisistrate. Voyez ci-dessus, p. 191, la fin de la notice de la fable xx du livre II.

2.   *Pater Deorum........ illis dedit*
  Parvum tigillum, missum quod subito vadis
  Motu sonoque terruit pavidum genus.
      (Phèdre, vers 13-15.)

3. C'est le lieu de rappeler, avec Geruzez, la *maxime* 257 de la Rochefoucauld : « La gravité est un mystère du corps inventé pour cacher les défauts de l'esprit. »

Jusqu'à sauter sur l'épaule du Roi [4].
Le bon sire le souffre, et se tient toujours coi.
Jupin en a bientôt la cervelle rompue :
« Donnez-nous, dit ce peuple, un roi qui se remue. » 25
Le Monarque des Dieux leur envoie une Grue [5],
    Qui les croque, qui les tue,
    Qui les gobe à son plaisir [6];
    Et Grenouilles de se plaindre [7],
Et Jupin de leur dire : « Eh quoi [8]? votre desir 30

4. Dans le *Manuscrit de Conrart* :

    Jusqu'à sauter dessus le dos du Roi.

— Phèdre a rendu cette partie de la fable avec la plus élégante précision (vers 16-20) :

    Hoc mersum limo quum lateret diutius,
    Forte una tacite profert e stagno caput,
    Et, explorato Rege, cunctas evocat.
    Illæ, timore posito, certatim adnatant,
    Lignumque supra turba petulans insilit.

5. Dans les fables anciennes, c'est une Hydre qui joue le rôle de la Grue; dans celle d'Ésope, après le Soliveau et avant l'Hydre, Jupiter envoie une Anguille. Benserade (XXe *quatrain*) et le Noble ont remplacé la Grue de la Fontaine par la Cigogne, qui figure également dans la fable de Haudent :

    .... Iuppiter, de ce requis,
    Un Cicongneau pour roy leur baille,
    Lequel, pour un manger exquis,
    Les avalloit plus dru que paille.

6. La fable XIII du livre II de Lessing est un épisode du règne de l'Hydre : « Si tu veux être notre roi, criaient les Grenouilles, pourquoi nous dévores-tu? — Parce que vous avez prié pour m'avoir. — Je n'ai pas prié pour t'avoir, lui cria une des Grenouilles, que déjà elle dévorait des yeux. — Vraiment? dit l'Hydre. Eh bien! tant pis pour toi. Alors il faut que je te dévore parce que tu n'as pas prié pour m'avoir. »

7. « Les Grenouilles n'avaient pas si grand tort, dit très-sensément Geruzez; car il y a heureusement un milieu entre le Soliveau et la Grue. »

8. « Et quoi? » dans les anciennes éditions.

> A ses lois croit-il nous astreindre[9] ?
> Vous avez dû premièrement[10]
> Garder votre gouvernement ;
> Mais ne l'ayant pas fait, il vous devoit suffire
> Que votre premier roi fût débonnaire et doux :   35
> De celui-ci contentez-vous,
> De peur d'en rencontrer un pire[11]. »

9. Dans l'édition in-4º de 1668, l'orthographe du mot est : *astreindre*. L'in-12 de la même année, l'édition de 1678, celles de 1682, de 1708, etc., ainsi que les *Manuscrits de Conrart*, écrivent *astraindre*, pour mieux rimer avec *plaindre*.

10. VAR. *Manuscrits de Conrart :*

> Vous deviez tout premièrement.

11. Chez Phèdre, Ésope dit de même aux Athéniens, après leur avoir conté sa fable (vers 30 et 31) :

> .... *Vos quoque, o cives...,*
> *Hoc sustinete, majus ne veniat, malum.*

— On peut voir dans Valère Maxime (livre VI, chapitre II, fin) comment une vieille femme, parlant à Denys le tyran, lui appliqua très-hardiment, à lui et à ses deux prédécesseurs, la morale de cette fable.

FABLE V.

LE RENARD ET LE BOUC.

Ésope, fab. 4, Ἀλώπηξ καὶ Τράγος (Coray, p. 5 et 6, p. 281 et 282).
— Phèdre, livre IV, fab. 9, *Vulpis et Hircus*. — Haudent, 1re partie, fab. 1, *d'un Regnard et d'un Boucq*. — Corrozet, fab. 71, *du Renard et du Bouc*.

Mythologia æsopica Neveleti, p. 88, p. 103, p. 433.

Voyez ci-dessus la *Préface* de la Fontaine (p. 16 et 17), où cette fable est rapprochée de l'expédition de Crassus, s'engageant dans le pays des Parthes sans savoir comment il en pourra sortir. — L'abbé Guillon cite les vers suivants, tirés du conte de l'*Adroit esclave* de Bosquillon (*Poésies anciennes et modernes*, Paris, Durand, 1781, tome I, n° LXVIII, p. 113) :

> Ne te souvient-il plus de ce Bouc trop crédule
> Descendu dans un puits pour se désaltérer,
> Qui fut par le Renard traité de ridicule
> Pour n'avoir pas prévu l'endroit de s'en tirer ?

— La fable 19 d'Ésope, Βάτραχοι (Coray, p. 13) est la contre-partie de celle-ci. Ce sont deux Grenouilles, dont l'une veut descendre dans un puits ; mais l'autre l'arrête en lui disant : « Si l'eau du puits venait à sécher, comment remonterions-nous ? »

Capitaine Renard alloit de compagnie
Avec son ami Bouc des plus haut encornés :
Celui-ci ne voyoit pas plus loin que son nez ;
L'autre étoit passé maître en fait de tromperie
La soif les obligea de descendre en un puits :   5
    Là chacun d'eux se désaltère.
Après qu'abondamment tous deux en eurent pris,
Le Renard dit au Bouc : « Que ferons-nous, compère ?
Ce n'est pas tout de boire, il faut sortir d'ici.
Lève tes pieds en haut, et tes cornes aussi ;   10

Mets-les contre le mur : le long de ton échine
   Je grimperai premièrement ;
   Puis sur tes cornes m'élevant,
   A l'aide de cette machine,
   De ce lieu-ci je sortirai,
   Après quoi je t'en tirerai[1].
— Par ma barbe[2], dit l'autre, il[3] est bon ; et je loue
   Les gens bien sensés comme toi.
   Je n'aurois jamais, quant à moi,
   Trouvé ce secret, je l'avoue. »
Le Renard sort du puits, laisse son compagnon,
   Et vous lui fait un beau sermon
   Pour l'exhorter à patience[4].

1.   Si tu te veux sur les pieds de derrière
      Dresser debout, et tes deux cornes joindre
      Contre le mur, d'agilité non moindre
      Qu'a un bon cerf, d'icy ie sauteray,
      Et cela faict, dehors t'en tireray. (CORROZET.)

— Les instructions du Renard ne sont pas moins circonstanciées dans la fable grecque. La Fontaine n'a guère fait que les traduire : Εἰ γὰρ ὄρθιος σταθεὶς τοὺς ἐμπροσθίους τῶν ποδῶν τῷ τοίχῳ προσερείσεις, καὶ τὰ κέρατα ὁμοίως εἰς τοὔμπροσθεν κλινεῖς, ἀναδραμοῦσα διὰ τῶν σῶν αὐτὴ νώτων (le long de ton échine) καὶ κεράτων, καὶ ἔξω τοῦ φρέατος ἐκεῖθεν πηδήσασα, καὶ σὲ μετὰ τοῦτο ἀνασπάσω ἐντεῦθεν. — N'y a-t-il pas un souvenir de cette manière de grimper dans l'épigramme de Léonidas (*Anthologie palatine*, section XI, n° 200) où Zénogène, avisant le nez d'Antimaque, s'en sert comme d'une échelle pour s'échapper de sa maison en flammes ?

      Τὴν ῥῖν' Ἀντιμάχου κλίμακα θεὶς ἔφυγεν.

2. Phèdre (vers 10) désigne le Bouc par le mot *barbatus*.
3. « Il est bon, » cela est bon. Rien de plus fréquent au commencement du dix-septième siècle, et même encore plus tard, que cet emploi du pronom *il* au sens neutre. Voyez les *Lexiques de Corneille* et *de Mme de Sévigné*.
4. « Quand le Renard, dit M. Taine, p. 98.(et pour lui le Renard, nous l'avons déjà vu, est la personnification du courtisan), ne flatte pas les gens, il les persifle, et paye tranquillement les services

« Si le ciel t'eût, dit-il, donné par excellence
Autant de jugement que de barbe au menton[5],
  Tu n'aurois pas, à la légère,
Descendu dans ce puits. Or adieu : j'en suis hors ;
Tâche de t'en tirer, et fais tous tes efforts ;
  Car pour moi, j'ai certaine affaire
Qui ne me permet pas d'arrêter en chemin. »

En toute chose il faut considérer la fin [6].

en insultes. Étant sorti du puits grâce au Bouc, il le plaisante, fait sa caricature, etc. »

5. Ce trait encore est emprunté à la fable grecque : Εἰ τοσαύτας, εἶπε, φρένας ἐκέκτησο, ὁπόσας ἐν τῷ πώγωνι τρίχας, ce que Haudent traduit ainsi :

  S'autant de sens tu auoys en la teste
  Comme de poil as soubz gorge pendu.

6. L'affabulation, nous ne dirons pas la morale, est autre dans Phèdre (vers 1 et 2) :

  Homo in periclum simul ac venit callidus,
  Reperire effugium alterius quærit malo.

FABLE VI.

L'AIGLE, LA LAIE ET LA CHATTE.

Phèdre, livre II, fab. 4, *Aquila, Feles, Aper.*
Mythologia æsopica Neveleti, p. 411.

L'Aigle avoit ses petits au haut d'un arbre creux,
 La Laie au pied, la Chatte entre les deux,
Et sans s'incommoder, moyennant ce partage,
Mères et nourrissons faisoient leur tripotage.
La Chatte détruisit par sa fourbe l'accord[1];   5
Elle grimpa chez l'Aigle, et lui dit : « Notre mort
(Au moins de nos enfants, car c'est tout un aux mères)
  Ne tardera possible[2] guères.
Voyez-vous à nos pieds fouir incessamment
Cette maudite Laie, et creuser une mine?   10
C'est pour déraciner le chêne assurément,
Et de nos nourrissons attirer la ruine :
 L'arbre tombant, ils seront dévorés;
 Qu'ils s'en tiennent pour assurés.
S'il m'en restoit un seul, j'adoucirois ma plainte. »   15
Au partir de ce lieu, qu'elle remplit de crainte,
  La perfide descend tout droit
   A l'endroit

---

1.   .... *Feles contubernium*
Fraude et scelesta sic evertit malitia.
      (Phèdre, vers 4 et 5.)

2. *Possible*, adverbialement, dans le sens de *peut-être*. N'était l'usage constant et bien constaté par Vaugelas, Ménage, etc., on pourrait être tenté de donner ici plus de force à ce mot, et d'entendre : « il n'est pas possible que notre mort tarde beaucoup. » Voyez le *Lexique*.

Où la Laie étoit en gésine [3].
« Ma bonne amie et ma voisine,   20
Lui dit-elle tout bas, je vous donne un avis :
L'Aigle, si vous sortez, fondra sur vos petits [4].
    Obligez-moi de n'en rien dire :
    Son courroux tomberoit sur moi. »
Dans cette autre famille ayant semé l'effroi,   25
    La Chatte en son trou se retire [5].
L'Aigle n'ose sortir, ni pourvoir aux besoins
    De ses petits ; la Laie encore moins :
Sottes de ne pas voir que le plus grand des soins,
Ce doit être celui d'éviter la famine [6].   30
A demeurer chez soi l'une et l'autre s'obstine,
Pour secourir les siens dedans l'occasion :
    L'Oiseau royal, en cas de mine ;
    La Laie, en cas d'irruption [7].
La faim détruisit tout ; il ne resta personne   35

3.   .... *Terrore offuso et perturbatis sensibus,*
     Derepit ad cubile setosæ Suis. (Phèdre, vers 11 et 12.)

— *Gésine*, vieux mot dérivé de *gésir*, être couché. *Être en gésine* se dit des animaux qui viennent de mettre bas. Rabelais (livre IV, chapitre VII, tome II, p. 17) dit, en parlant d'animaux de la même espèce : « Les truyes en leur gesine. »

4.   .... *Simul exieris pastum cum tenero grege,*
     Aquila est parata rapere porcellos tibi.
                          (Phèdre, vers 14 et 15.)

5.   *Hunc quoque timore postquam complevit locum,*
     Dolosa tuto condidit sese cavo. (*Ibidem*, vers 16 et 17.)

6. « La Fontaine a bien fait de prévenir ses lecteurs sur cette invraisemblance avant qu'ils s'en aperçussent eux-mêmes. Mais elle n'en est pas moins une tache dans cette fable. Il n'est pas naturel que la faim ne force pas tous ces animaux à sortir. » (Chamfort.)

7.   *Ruinam metuens Aquila, ramis desidet ;*
     Aper rapinam vitans, non prodit foras.
                          (Phèdre, vers 21 et 22.)

De la gent marcassine et de la gent aiglonne
    Qui n'allât de vie à trépas :
    Grand renfort pour messieurs les Chats [8].

Que ne sait point ourdir une langue traîtresse [9]
    Par sa pernicieuse adresse !   40
    Des malheurs qui sont sortis
    De la boîte de Pandore [10],
Celui qu'à meilleur droit tout l'univers abhorre,
    C'est la fourbe, à mon avis.

8. <i>Quid multa? inedia sunt consumpti cum suis,
Feliquo et catulis largam præbuerunt dapem.</i>
                        (PHÈDRE, vers 23 et 24.)

9. *Homo bilinguis*, dit Phèdre (vers 25).

10. Allusion à une des fictions les plus connues et les plus ingénieuses de la mythologie grecque. Cette fable de Pandore est diversement racontée par les anciens. Selon les uns, Hésiode, par exemple (*OEuvres et Jours*, vers 90 et suivants), la boîte, le tonneau, le vase quelconque, contenait, comme dit ici notre poëte, les maux, qui, le couvercle ôté, se répandirent sur la terre. Selon d'autres (voyez l'*Anthologie palatine*, section x, n° 71), il contenait les biens, qui s'envolèrent loin des humains.

FABLE VII.

L'IVROGNE ET SA FEMME.

Ésope, fab. 73, Γύνη (Coray, p. 43). — Haudent, 1re partie, fab. 56, *du Mary et de sa Femme.*
Mythologia æsopica Neveleti, p. 150.

C'est plutôt un conte qu'une fable. « Au reste, l'anecdote est vraie, dit l'abbé Guillon : elle eut lieu en 1550. Le personnage était un avocat, ainsi mystifié par sa femme, » au moyen, eût-il dû ajouter, de ce stratagème renouvelé des Grecs. — Dans le recueil intitulé *Pia, hilaria variaque Carmina R. P. Angelini Gazæi, e Societate Jesu, Atrebatis* (Douai, 1619, p. 181), il y a un conte, en vers scazons, intitulé : *Stratagema mulieris Belgicæ, quæ maritum vino sepultum linteo involvit tumulandum.* Il commence de même que cette fable, mais finit tout autrement : le remède opère, le mari se corrige de son défaut.

    Chacun a son défaut, où toujours il revient[1] :
        Honte ni peur n'y remédie.
    Sur ce propos, d'un conté il me souvient :
        Je ne dis rien que je n'appuie
    De quelque exemple. Un suppôt de Bacchus   5
Altéroit sa santé, son esprit, et sa bourse[2] :
Telles gens n'ont pas fait la moitié de leur course

---

1. *Unicuique dedit vitium natura creato.*
        (PROPERCE, livre II, *élégie* XXII, vers 17.)

2. Dans le conte latin mentionné à la fin de la notice, il est aussi question de la bourse : *Crumena nummis exsucca.* — La façon dont Haudent entre en matière ajoute à la vraisemblance de la suite de sa narration :

        Une femme fut qui auoit
        Son mary qui de iour en iour
        S'enyuroit tant qu'il ne scauoit
        S'il estoit mort ou vif....

Qu'ils sont au bout de leurs écus.
Un jour que celui-ci, plein du jus de la treille,
Avoit laissé ses sens au fond d'une bouteille,
Sa femme l'enferma dans un certain tombeau.
    Là les vapeurs du vin nouveau
Cuvèrent à loisir. A son réveil il treuve[3]
L'attirail de la mort à l'entour de son corps,
    Un luminaire, un drap des morts[4].
« Oh! dit-il, qu'est ceci? Ma femme est-elle veuve? »
Là-dessus, son épouse, en habit d'Alecton[5],
Masquée, et de sa voix contrefaisant le ton,
Vient au prétendu mort, approche de sa bière,
Lui présente un chaudeau[6] propre pour Lucifer[7].
L'époux alors ne doute en aucune manière
    Qu'il ne soit citoyen d'enfer.
« Quelle personne es-tu? dit-il à ce fantôme.
    — La cellerière[8] du royaume
De Satan, reprit-elle; et je porte à manger
    A ceux qu'enclôt la tombe noire. »
    Le mari repart, sans songer :
    « Tu ne leur portes point à boire[9]? »

3. Voyez ci-dessus, p. 193, vers 35.
4. Nodier cite cette variante de l'édition de 1698 :

    Un luminaire, un drap de morts.

5. Une des Furies.
6. Sorte de brouet ou de bouillon chaud, toute boisson chaude.
7. Nom du diable, qui peut, ainsi que celui de *Satan*, un peu plus bas, étonner quelque peu après la toute païenne *Alecton*.
8. On appelle *cellerier* et *cellerière* celui ou celle qui, dans un couvent, a soin des provisions de bouche.
9. Dans la fable grecque, la femme frappe à la porte du tombeau; l'ivrogne lui criant : « Qui frappe? » elle répond comme ici : « Je suis celui qui porte la nourriture aux morts. » Ὁ τοῖς νεκροῖς τὰ σιτία κομίζων, ἐγὼ πάρειμι.

FABLE VIII.

LA GOUTTE ET L'ARAIGNÉE.

Pétrarque, dans une lettre latine (la xiiie du livre III), raconte cette allégorie, qu'il appelle *anilem fabellam*, à son ami, Jean Colonna ; puis, le récit achevé, il lui dit : *Domum tuam, amice, Podagram subintrasse audio. Miror : non putabam illi locum esse in domo tam sobria, vereorque ne quid ibi sui juris invenerit. Quod si verum est, non malum magis quam mali causam horreo. Malo jam hospitem habeas Arancam. Principiis resistendum est : nulla melius resistitur ope quam vigiliis, labore, jejunio.* — Nicolas Gerbel reproduit l'apologue, enjolivé par toute sorte d'élégances très-recherchées, dans le recueil intitulé : *Æsopi Phrigis vita et fabulæ a viris doctis in latinam linguam versæ*, etc. (*Parisiis*, 1535, *apud Antonium Bonnemere*, petit in-12, p. 96). Il nomme *Ticha* (Tycha, Τύχη, « fortune, condition de fortune ») la ville où la Goutte et l'Araignée entrent pour chercher leur demeure. Camerarius copie le morceau de Gerbel, sous le titre : *de Aranea et Podagra, Nicolai Gerbelii elegantissima fabula* (p. 458-461, dans la partie de son livre intitulée *Narrationes æsopicæ*). — Weiss (*Pantaleo Candidus*) l'a mis en vers latins, en conservant autant qu'il peut les élégances de Gerbel : c'est sa fable 144. — Cet apologue se lit aussi, en vers français, dans la 2e partie de Haudent, fab. 59, *de la Goutte et de l'Yraigne* ; et au livre II du *Passe-temps* de messire François le Poulchre, seigneur de la Motte Messemé (Paris, 1597).

Quand l'Enfer eut produit la Goutte et l'Araignée,
« Mes filles, leur dit-il, vous pouvez vous vanter
    D'être pour l'humaine lignée
    Également à redouter.
Or avisons aux lieux qu'il vous faut habiter.   5
    Voyez-vous ces cases[1] étrètes[2],

---

1. *Case*, maisonnette, cabane : voyez au vers 36.
2. *Étraites*, dans l'édition in-4° de 1668, et dans le petit in-12

Et ces palais si grands, si beaux, si bien dorés?
Je me suis proposé d'en faire vos retraites.
   Tenez donc, voici deux bûchettes³ ;
   Accommodez-vous, ou tirez.   10
— Il n'est rien, dit l'Aragne⁴, aux cases qui me plaise. »
L'autre, tout au rebours, voyant les palais pleins
   De ces gens nommés médecins,
Ne crut pas y pouvoir demeurer à son aise.
Elle prend l'autre lot, y plante le piquet,   15
S'étend à son plaisir sur l'orteil d'un pauvre homme⁵,
Disant : « Je ne crois pas qu'en ce poste je chomme⁶,
Ni que d'en déloger et faire mon paquet
   Jamais Hippocrate⁷ me somme. »
L'Aragne cependant se campe en un lambris,   20
Comme si de ces lieux elle eût fait bail à vie,
Travaille à demeurer : voilà sa toile ourdie,
   Voilà des moucherons de pris.
Une servante vient balayer tout l'ouvrage.

de 1682; *étrètes*, dans l'in-12 de 1668, dans celui de 1669, et dans l'édition de 1678; c'est aussi la leçon de l'édition de Londres (1708). Celle d'Amsterdam (1729) a *étroites*. Voyez plus bas, livre IV, fable VI, vers 4.

3. « Se dit des petits brins de bois ou de paille, avec lesquels on joue, on tire à la courte paille. » (*Dictionnaire de l'Académie*.)

4. Vieux mot conservé pour le besoin de la rime ou de la mesure du vers. « Nous auons tant et trestant.... ieusné, dit Rabelais (livre IV, chapitre XLIX, tome II, p. 122), que les araignes ont faict leurs toiles sur nos dents. » — L'édition d'Amsterdam (1729) donne ici *Araigne*, mais, aux vers 20, 30 et 35, elle écrit *Aragne*.

5. Voyez ce qu'à l'occasion de ce passage, et des vers 20 et 21, M. Taine (p. 302) dit des *familiarités gaies* dont la Fontaine sème son style.

6. Voyez ci-dessus, p. 207, note 5.

7. Le plus grand médecin de l'antiquité; il naquit, dit-on, l'an 460 avant Jésus-Christ, dans l'île de Cos, et mourut en Macédoine, dans un âge très-avancé, à quatre-vingts ans selon les uns, à cent ans selon les autres.

F. VIII] LIVRE III. 227

Autre toile tissue, autre coup de balai⁸. 25
Le pauvre bestion⁹ tous les jours déménage.
    Enfin, après un vain essai,
Il va trouver la Goutte. Elle étoit en campagne,
    Plus malheureuse mille fois
    Que la plus malheureuse aragne. 30
Son hôte la menoit tantôt fendre du bois,
Tantôt fouir, houer¹⁰ : goutte bien tracassée
    Est, dit-on, à demi pansée.
« Oh ! je ne saurois plus, dit-elle, y résister.
Changeons, ma sœur l'Aragne. » Et l'autre d'écouter :
Elle la prend au mot, se glisse en la cabane :
Point de coup de balai qui l'oblige à changer.
La Goutte, d'autre part, va tout droit se loger
    Chez un prélat, qu'elle condamne
    A jamais du lit ne bouger¹¹. 40
Cataplasmes, Dieu sait ! Les gens n'ont point de honte
De faire aller le mal toujours de pis en pis.
L'une et l'autre trouva de la sorte son conte¹²,
Et fit très-sagement de changer de logis.

---

8. *Nusquam*, dit Gerbel, *scopariorum oculatas scopas poterat effugere.*
9. *Bestion*, dans le sens de « petite bête. » Quoi qu'on en ait dit, ce mot, comme nous le montrerons dans le *Lexique*, existait bien avec ce sens dans notre vieille langue.
10. Remuer la terre avec la houe.
11. « Atteint d'un rhumatisme dans ses vieux jours, la Fontaine, dit Geruzez, se rappelle plaisamment le logis qu'il a donné à la Goutte :

    Triste fils de Saturne, hôte obstiné d'un lieu,
    Rhumatisme, va-t'en : suis-je ton héritage ?
    Suis-je un prélat ? Crois-moi, consens à notre adieu. »

(*Lettre* à Saint-Évremond, du 18 décembre 1687, variante de l'édition de Londres des *OEuvres* de Saint-Évremond.)

12. *Compte*, dans l'édition de 1678 A, et dans celle d'Amsterdam (1729) ; mais *conte* est l'orthographe ordinaire de la Fontaine, non pas seulement à la rime, mais partout. Voyez le *Lexique*.

FABLE IX.

LE LOUP ET LA CICOGNE[1].

Ésope, fab. 144, Λύκος καὶ Γέρανος (Coray, p. 85, sous trois formes ; et p. 342). — Babrius, fab. 94, Λύκος καὶ Ἐρῳδιός. — Aphthonius, fab. 25, *Fabula Lupi, monens ne improbis benefiat*. — Phèdre, livre I, fab. 8, *Lupus et Gruis*. — Faërne, fab. 56, *Lupus et Grus*. — Marie de France, fab. 7, *dou Leu et de la Grue ki li osta l'os de la goule*. — Haudent, 1re partie, fab. 117, *d'un Loup et d'un Gruyau*. — Corrozet, fab. 6, *du Loup et de la Grue*. — Le Noble, fab. 8, *du Loup et de la Grue. L'ingratitude des grands*.

Mythologia æsopica Neveleti, p. 206, p. 341, p. 377, p. 394, p. 491.

A cette fable se rattache le proverbe que rapporte Zénobius (IIIe centurie, n° 48) : ἐκ λύκου στόματος, « de la gueule du loup. » — Elle est représentée sur le tympan du portail Saint-Ursin de la cathédrale de Bourges (voyez M. Éd. du Méril, *Poésies inédites du moyen âge*, p. 156). — Rollin apprécie dans son *Traité des études* (livre I, chapitre III) la fable de Phèdre, si élégante dans sa brièveté, et en détaille les beautés. — Lessing termine fort spirituellement par le souvenir de l'aventure du Loup avec la Grue la fable IV de son livre II. Le Loup, au lit de mort, se vante de quelques actes de bonté, d'avoir épargné un agneau, puis une brebis. « Oui, s'écrie le Renard, j'en puis rendre témoignage. C'était tout juste au temps où tu avais dans le gosier cet os que la Grue en tira. » — Bochard, dans la 2e partie de son *Hierozoïcon* (livre I, chapitre XII), rapporte une fable hébraïque, sur le même sujet, où le Lion remplace le Loup, et un certain oiseau d'Égypte, au long bec, la Grue ou Cigogne (chez Babrius, c'est le Héron). — Jacques Grimm, au chapitre XIII de son introduction à *Reinhart Fuchs* (p. CCLXXXI), trouve un grand rapport entre cette mise en scène du Loup et d'un oiseau, et le conte égyptien du τροχίλος (en qui on a cru reconnaître le petit pluvier à collier), enlevant avec son bec, de la gueule du crocodile, les sangsues, ou

---

1. *Cicogne* est l'orthographe de toutes les anciennes éditions : voyez plus haut, livre I, fable XVIII, p. 112.

plutôt, si nous en croyons Geoffroy-Saint-Hilaire, les cousins qui la tapissent. Élien (*de la Nature des animaux*, livre III, chapitre xi²) paraît avoir été frappé de ce même rapport : « le Crocodile croit, dit-il, avoir payé l'oiseau en ne lui faisant pas de mal. » Grimm indique ensuite, d'après une légende traduite du pâli et insérée dans l'ouvrage de la Loubère intitulé *du Royaume de Siam* (tome II, p. 25 et 26, Paris, 1691), la tournure que la fable a prise dans l'Inde : Sommona-Codom, c'est-à-dire Gautama, dont l'âme, par suite de la transmigration, est entrée dans le corps d'un grand oiseau à grands pieds, retire un os du gosier d'un Râkshasa ou démon, qui montre la même ingratitude que le Loup dans notre fable. Voyez l'*Essai* de M. Wagener (p. 49 et 50, et de plus p. 117, où la légende bouddhique est citée); voyez en outre au tome III (p. 350 et 351) des *Études indiennes* de M. Weber, qui croit pouvoir affirmer, et selon nous avec raison, que le conte indien n'est point original, mais venu de l'Occident.

Les loups mangent gloutonnement[3].
Un Loup donc étant de frairie[4]
Se pressa, dit-on, tellement
Qu'il en pensa perdre la vie :
Un os lui demeura bien avant au gosier[5].   5

2. Voyez en outre Hérodote, livre II, chapitre LXVIII; Aristote, *Histoire des animaux*, livre IX, chapitre vii; et Geoffroy-Saint-Hilaire dans la *Description de l'Égypte* (*Histoire naturelle*, tome I, in-f°, p. 198-205).

3. Le fabuliste du quatorzième siècle (*Ysopet I*, f°s 37 et 38), cité par Robert, commence à peu près de la même manière, mais en n'appliquant qu'au Loup de cette fable ce que la Fontaine dit des loups en général :

Li Loups manga trop gloutement,
Si fust malades durement.

4. Terme familier, partie de divertissement et de bonne chère.
5. Le second des vieux fabulistes cités par Robert (*Ysopet II*) emploie ici un de ces mots expressifs, que la langue d'aujourd'hui peut envier à celle d'autrefois :

Un Leu....
S'*enossa*, par mesauenture,
De l'os d'une chieure moult dure.
Quant *enossé* fut, etc.

De bonheur pour ce Loup, qui ne pouvoit crier⁶,
  Près de là passe⁷ une Cicogne.
  Il lui fait signe; elle accourt.
Voilà l'opératrice⁸ aussitôt en besogne.
Elle retira l'os; puis, pour un si bon tour,   10
  Elle demanda son salaire.
  « Votre salaire? dit le Loup :
  Vous riez, ma bonne commère!
  Quoi? ce n'est pas encor beaucoup
D'avoir de mon gosier retiré votre cou⁹?   15
  Allez, vous êtes une ingrate¹⁰ :
  Ne tombez jamais sous ma patte. »

6. Ce trait si naturel est une heureuse addition de notre auteur. Dans la fable ésopique et dans celle de Phèdre, le Loup implore tout le monde, promet une récompense.

7. *Passa*, dans l'édition de 1678, faute d'impression.

8. *Medicam Gruem*, dit Faërne (vers 2). — La vieille fable déjà citée (*Ysopet I*) va plus loin :

> De Monpelier estoit venue
> Madame Hauteue la Grue,
> Qui de phisique auoit licence.

9. Dans Babrius (vers 7 et 8) :

> Σοὶ μισθὸς ἀρκεῖ, φησί, τῶν ἰατρειῶν,
> Κεφαλὴν λυκείου στόματος ἐξελεῖν σφην.

Ce que Faërne (vers 6 et 7) traduit ainsi :

> .... *Sat præmii est*
> *Collum e Lupi quod faucibus salvum refers.*

10. Le mot est de Phèdre (vers 11) :

> *Ingrata es, inquit....*

Chez les autres fabulistes, la Grue est simplement *sotte, folle, impudente*.

FABLE X.

LE LION ABATTU PAR L'HOMME.

Ésope, fab. 219, Λέων καὶ Ἄνθρωπος, Ἄνθρωπος καὶ Λέων συνοδεύοντες (Coray, p. 142 et 143, sous quatre formes; et p. 374). — Aphthonius, fab. 34, *Fabula Leonis et Hominis, monens justitiam esse amandam, fugiendam superbiam.* — Avianus, fab. 24, *Venator et Leo.* — Romulus, livre IV, fab. 17, *Homo et Leo.* — Appendix fabularum æsopiarum, fab. 26, *Homo et Leo.* — Marie de France, fab. 69, *dou Leon et dou Vileins.* — Haudent, 1re partie, fab. 197, *d'un Chasseur et d'un Lyon.* — Corrozet, fab. 92, *de l'Homme et du Lyon.* — Le Noble, fab. 9, *de l'Homme et du Lion. Le fanfaron.*

Mythologia æsopica Neveleti, p. 266, p. 348, p. 354, p. 472.

Nous avons vu dans la collection d'autographes de M. Boutron-Charlard un manuscrit de cette fable, signé : DE LA FONTAINE. — Voyez la *Notice bibliographique.*

Voltaire a aussi traité ce sujet dans sa satire intitulée *le Marseillois et le Lion* (tome XIV des *OEuvres*, p. 209-218). — Dans plusieurs des fables anciennes et dans celle de le Noble, l'action commence par une discussion entre l'Homme et le Lion, qui vantent chacun leur espèce. Cheminant de compagnie, ils rencontrent l'image que décrit la Fontaine. Dans le Noble, le Lion ne se borne pas à sa judicieuse réflexion;

> Il saute sur le corps du Fanfaron timide,
> Et soudain, à grands coups et de griffe et de dent,
> En *barbara* lui prouve comme
> Le Lion est plus fort que l'Homme.

— Pour l'idée même que la fable exprime, voyez la fin de la *satire* VIII de Boileau.

> On exposoit une peinture
> Où l'artisan[1] avoit tracé

---

1. Nous dirions aujourd'hui *l'artiste.* Au vers 9, la Fontaine dit : *l'ouvrier.* Voyez le *Lexique.*

Un lion d'immense stature
Par un seul homme terrassé².
Les regardants en tiroient gloire.
Un Lion en passant rabattit leur caquet³.
« Je vois bien, dit-il, qu'en effet
On vous donne ici la victoire ;
Mais l'ouvrier vous a déçus :
Il avoit liberté de feindre⁴.
Avec plus de raison nous aurions le dessus,
Si mes confrères savoient peindre⁵. »

2. Toutes les éditions anciennes, sauf celle de 1678 A, écrivent *terracé*, non pas seulement pour rimer aux yeux, mais encore d'après l'usage le plus ordinaire de ce temps-là. Le manuscrit que nous citons dans la notice de cette fable porte également *terracé*.

3. L'abbé Guillon adopte ici une leçon qui ne se trouve dans aucune des éditions originales, mais est simplement une faute d'impression de quelque texte sans autorité :

Un Lion passant rabattit leur caquet.

Il en prend occasion de reprocher à la Fontaine d'avoir donné au mot *lion* deux quantités différentes.

4. .... *Pictoribus atque poetis*
Quidlibet audendi semper fuit æqua potestas.
(HORACE, *Art poétique*, vers 9 et 10.)

5. .... Le Lion dit : « Chez vous
Sont peintres et sculpteurs ; il n'en est point chez nous. »
(BENSERADE, *quatrain* LIX.)

— On peut aussi rapprocher de cette réponse du Lion cette phrase de la Bruyère, tirée du dernier alinéa de son chapitre *des Jugements* (édition de 1696, p. 497) : « Petits hommes,... c'est.... une chose plaisante que vous donniez aux animaux vos confrères ce qu'il y a de pire, pour prendre pour vous ce qu'il y a de meilleur : laissez-les un peu se définir eux-mêmes, et vous verrez comme ils s'oublieront, et comme vous serez traités. »

FABLE XI.

LE RENARD ET LES RAISINS.

Ésope, fab. 156, Ἀλώπηξ καὶ Βότρυς, Ἀλώπηξ καὶ Βότρυες (Coray, p. 94, p. 348). — Babrius, fab. 19, Βότρυς καὶ Ἀλώπηξ. — Phèdre, livre IV, fab. 3, *Vulpis et Uva*. — Romulus, livre IV, fab. 1, *Vulpis et Uva*. — Faërne, fab. 19, *Vulpes et Uva*. — Haudent, 2ᵉ partie, fab. 37, *d'un aultre Regnard*. — Le Noble, fab. 60, *du Renard et des Raisins. La dissimulation*. — M. Éd. du Méril (*Poésies inédites du moyen âge*, p. 141) cite les vers suivants extraits du *Roman d'Amis et Amiles* (édition de M. Conrad Hofmann, vers 571 et suivants) :

> De la Gourpille (*du Renard*) voz doit bien ramembrer
> Qui siet soz l'aubre et vueult amont haper,
> Voit les celises et le fruit méurer;
> Elle n'en gouste qu'elle n'i peut monter.

En outre, il donne la fable en latin, sous deux autres formes, dont l'une est tirée de la ivᵉ des lettres attribuées à Abailard (p. 248). Dans celle-ci les cerises sont également substituées aux raisins; ailleurs, comme on le verra plus bas, il s'agit de mûres.

Mythologia æsopica Neveleti, p. 219, p. 363, p. 429.

Ce sujet, que notre auteur a traité en huit vers, Phèdre en six, est devenu chez le Noble une très-flasque amplification de quatre-vingt-neuf vers. — Dans une fable indienne, inspirée très-probablement par la fable ésopique, le Renard devient un Lion, la Vigne un Manguier, et l'action a une suite : le Corbeau vient manger les fruits auxquels le Lion n'a pu atteindre (voyez le *Pantchatantra* méridional, traduit par l'abbé Dubois, p. 65). Lessing, dans sa fable XXI du livre II, *la Grappe de raisin*, continue, lui aussi, l'action, comme fait souvent, et en tire une tout autre et fort piquante moralité. Un Moineau a entendu l'exclamation du Renard. « Cette grappe, dit-il, serait aigre? elle n'en a pas l'air. » Il la goûte, la trouve si douce qu'il appelle cent de ses frères, qui tous aussi la goûtent et la mettent bientôt en un tel état que jamais depuis Renard n'en put avoir envie.
« Je connais un poëte, dit l'auteur, à qui l'admiration bruyante de

ses chétifs imitateurs a fait bien plus de tort que l'envieux dédain de ses critiques. » — Dans la *Satire Ménippée* (édition de 1594, p. 89), la *Harangue du recteur Roze*, déjà citée au sujet de la fable III du livre I, contient cette allusion, où les raisins sont changés en mûres : « Monsieur le Lieutenant,... vous auez la tête assez grosse pour porter une couronne; mais quoi? vous dietes que n'en voulez point, et qu'elle vous chargeroit trop. Les politiques disent qu'ainsi disoit le Regnard des meures. »

Certain Renard gascon, d'autres disent normand [1],
Mourant presque de faim [2], vit au haut d'une treille
    Des Raisins mûrs apparemment [3],
    Et couverts d'une peau vermeille [4].
Le galand en eût fait volontiers un repas;   5
    Mais comme il n'y pouvoit atteindre :
« Ils sont trop verts, dit-il, et bons pour des goujats [5]. »

    Fit-il pas mieux que de se plaindre?

1. « Cette incertitude, ce doute où la Fontaine s'enveloppe avec l'apparence naïve de la bonne foi historique, est bien plaisante et d'un goût exquis. » (CHAMFORT.)
2. *Fame coacta Vulpis*, dit Phèdre (vers 1); chez le Noble, le Renard est « rempli d'une volaille; » les raisins seraient son dessert.
3. *Apparemment*, d'une manière apparente, à en juger par l'apparence, à les voir; *mûrs apparemment*, paraissant mûrs.
4. C'est l'épithète de Babrius (vers 4) : πορφυρῆς.... ὄρης.
5. Voltaire, dans son *Catalogue des écrivains du siècle de Louis XIV* (OEuvres, tome XIX, p. 129), cite, avec dédain plutôt qu'avec estime, ce vers « devenu proverbe, » dit-il. On peut voir dans le livre de M. Taine, p. 300, une remarque d'une intention toute différente, à l'occasion du mot *goujat;* et p. 105, celle que lui suggère le caractère du Renard. — Au moyen de deux noms grecs, dont l'un désigne les raisins verts, l'autre les raisins mûrs, Babrius termine la fable avec la plus élégante précision :

    Ὄμφαξ ὁ βότρυς · οὐ πέπειρος, ὡς ᾤμην.

FABLE XII.

LE CYGNE ET LE CUISINIER.

Ésope, fab. 74, Κύκνος (Coray, p. 44). — Aphthonius, fab. 2, *Fabula Anseris et Cycni, adhortans eosdem (adolescentes) ad facundiam.* — Faërne, fab. 25, *Cygnus et Anser.* — Haudent, 1re partie, fab. 57, *d'un riche Homme, d'un Oyson et d'un Cigne.* — Boursault, *les Fables d'Ésope,* acte IV, scène IV, *le Cuisinier et le Cygne.*
Mythologia æsopica Neveleti, p. 151, p. 323.

    Dans une ménagerie
    De volatiles remplie
    Vivoient le Cygne et l'Oison :
Celui-là destiné pour les regards du maître[1] ;
Celui-ci, pour son goût : l'un qui se piquoit d'être   5
Commensal du jardin; l'autre, de la maison.
Des fossés du château faisant leurs galeries[2],
Tantôt on les eût vus côte à côte nager,
Tantôt courir sur l'onde, et tantôt se plonger,
Sans pouvoir satisfaire à leurs vaines envies[3].   10

  1. Dans les fables grecques et dans celle de Faërne, le commencement est plus étroitement rattaché à la fin. Ce n'est pas pour les regards du maître, c'est comme musicien qu'on élève le Cygne.

Duas opima cors alebat alites,
Cygnum Anseremque candidum,
Ut ille dulce ferret auribus melos,
At hic obesa viscera
Gulæ exhiberet.... (FAËRNE, vers 1-5.)

  2. *Faire ses galeries* d'un lieu, c'est le fréquenter habituellement, s'y promener souvent.
  3. Ces vers rappellent ce beau passage de Virgile (*Géorgiques,* livre I, vers 383 et suivants) :

Jam varias pelagi volucres, et quæ Asia circum

Un jour le Cuisinier, ayant trop bu d'un coup,
Prit pour oison le Cygne⁴ ; et le tenant au cou,
Il alloit l'égorger, puis le mettre en potage.
L'oiseau, prêt à⁵ mourir, se plaint en son ramage⁶.
     Le Cuisinier fut fort surpris,   15
     Et vit bien qu'il s'étoit mépris.
« Quoi? je mettrois, dit-il, un tel chanteur⁷ en soupe! »

> *Dulcibus in stagnis rimantur prata Caystri,*
> *Certatim largos humeris infundere rores,*
> *Nunc caput objectare fretis, nunc currere in undas,*
> *Et studio incassum videas gestire lavandi.*

4. Dans les fables grecques, le Cuisinier se trompe parce qu'il fait nuit, et non, comme ici et comme chez Boursault, pour avoir trop bu, ce qui s'accorde peut-être moins avec les paroles de pitié et de goût délicat qu'il dira tout à l'heure.

5. Telle est la leçon des éditions originales. L'édition de Didot, 1802, in-f°, celle de Barbou, 1806, celle de Renouard, 1811, ont eu tort d'y substituer *près de*.

6.   *At ille funus, ut solent cygni, in suum*
      Suave carmen ordiens.
               (FAËRNE, vers 9 et 10.)

— Boursault (vers 9-11) rattache ainsi cette partie de la fable aux souvenirs de l'antique poésie :

> Jamais, au bord du Méandre,
> Aucun cygne, en expirant,
> N'a célébré sa mort d'une façon plus tendre.

Plus loin (vers 16), il emploie, comme la Fontaine, le mot *ramage*.

7. On sait tout ce que les anciens ont raconté sur le chant du cygne, et les charmantes inventions de leur imagination poétique. Les modernes ont cherché souvent ce qu'il pouvait y avoir de vrai dans ces traditions, et tout au plus sont-ils parvenus à établir que le cygne sauvage a quelques notes, peu éclatantes, mais assez agréables, tandis que la voix du cygne domestique est une sorte de grognement sourd et peu harmonieux. On peut lire, à ce sujet, dans le XXIII° volume des *Observations sur la physique*, publiées par M. l'abbé Rozier et J. A. Mongez le jeune (p. 304-314), un *Mémoire sur des cygnes qui chantent*, de Mongez l'aîné, lu, en 1783, à l'Académie des sciences et à l'Académie des inscriptions. On trouvera également, dans les *Mémoires de l'Académie des inscriptions et belles-*

Non, non, ne plaise aux Dieux que jamais ma main coupe
La gorge à qui s'en sert si bien! »

lettres (tome V, p. 207-218), un mémoire sur cette question : *Pourquoi les cygnes, qui chantoient autrefois si bien, chantent aujourd'hui si mal*, par M. Morin. L'auteur répond, ou du moins nous pouvons conclure de sa longue dissertation, que cela tient à ce qu'ils n'ont jamais bien chanté. Malgré tout, nous n'en dirons pas moins avec Buffon : « Nulle fiction en histoire naturelle, nulle fable chez les anciens n'a été plus célébrée, plus répétée, plus accréditée ; elle s'étoit emparée de l'imagination vive et sensible des Grecs ; poëtes, orateurs, philosophes même l'ont adoptée, comme une vérité trop agréable pour vouloir en douter. Il faut bien leur pardonner leurs fables ; elles étoient aimables et touchantes ; elles valoient bien de tristes, d'arides vérités : c'étoient de doux emblèmes pour les âmes sensibles. Les cygnes, sans doute, ne chantent point leur mort ; mais toujours, en parlant du dernier essor et des derniers élans d'un beau génie prêt s'éteindre, on rappellera avec sentiment cette expression touchante : C'est le chant du cygne! » (*Histoire naturelle des oiseaux*, Imprimerie royale, tome IX, in-4°, p. 28 et 29.) Un peu plus haut (p. 27 et suivantes, note K), Buffon donne un extrait de la note rédigée par Grouvelle, secrétaire des commandements du prince de Condé, sur deux cygnes sauvages qui étaient venus s'établir d'eux-mêmes dans les eaux de Chantilly. L'abbé Arnaud était allé jusqu'à « noter leur chant ou, pour mieux dire, leurs cris harmonieux. » — L'abbé Guillon, dans une de ses notes sur cette fable, essaye de « réhabiliter le cygne dans son antique réputation. » — Dans *le Songe de Vaux* (IVᵉ fragment, *Comme Sylvie honora de sa présence les dernières chansons d'un cygne qui se mouroit*), la Fontaine explique l'origine de cette tradition. « Sylvie, ayant appris qu'un cygne de Vaux s'en alloit mourir, avoit envoyé quérir Lambert en diligence, afin de faire comparaison de son chant avec celui de ce pauvre cygne. Ce n'est pas, ajouta Lycidas, que tous les cygnes chantent en mourant. Bien que cette tradition soit fort ancienne parmi les poëtes, on en peut douter sans impiété.... Afin de t'expliquer ceci, tu as lu sans doute que Jupiter emprunta autrefois le corps d'un cygne pour approcher plus facilement de Lède ; et parce que, lui ayant chanté son amour sous cette forme, elle en fut touchée, et que Jupiter reprit incontinent la forme de dieu, il ordonna, en mémoire de cette aventure, qu'autant de fois que l'âme du cygne où il avoit logé passeroit d'un animal de la même espèce en quelque autre corps, cet animal chanteroit si mélodieusement que chacun en seroit charmé. Or je m'imagine que, quelque ancien poëte en ayant entendu chanter un, cela a

Ainsi dans les dangers qui nous suivent en croupe⁸ 20
Le doux parler⁹ ne nuit de rien.

donné lieu à l'opinion qui est répandue dans leurs livres pour tous les autres. »

8.   *Post equitem sedet atra cura.*
(Horace, livre III, *ode* 1, vers 40.)

Notre poëte a dit encore, dans le conte du *Faucon* (vers 103 et 104) :

.... Toujours un double ennui
Alloit en croupe à la chasse avec lui.

Ce n'est que plus tard que Boileau a dit à son tour (*épître* v, vers 44) :

Le chagrin monte en croupe, et galope avec lui.

9. Dans Faërne (vers 14) *eloquentia;* dans la fable grecque μουσική (voyez ci-dessus, p. 11, note 1).

FABLE XIII.

LES LOUPS ET LES BREBIS.

Ésope, fab. 237, Λύκοι καὶ Πρόβατα (Coray, p. 155 et 156, sous quatre formes). — Babrius, fab. 93, *même titre*. — Aphthonius, fab. 21, *Fabula Ovium, quæ monet ne deceptoribus adhibeatur fides.* — Appendix fabularum æsopiarum, fab. 21, *Oves et Lupi.* — Romulus, livre III, fab. 13, *Oves et Lupi.* — Haudent, 1re partie, fab. 149, *des Loups et des Brebis.* — Corrozet, fab. 38, *des Loups et des Brebis.*

Mythologia æsopica Neveleti, p. 282, p. 338, p. 523.

Voyez ci-dessus, p. 45, à quelle occasion Ésope raconte cette fable aux Samiens. — Démosthène, au rapport de Plutarque (*Vie de Démosthène*, chapitre XXIII), la conta de même aux Athéniens, lorsqu'Alexandre les fit sommer de lui livrer dix de leurs orateurs. Il nomma Alexandre μονόλυκον. Isidore de Séville (*Origines*, livre I, chapitre XXXIX, § 7) raconte aussi cette histoire; seulement il met Philippe à la place d'Alexandre, et dans la fable, qu'il rapporte tout au long, ce ne sont pas les Brebis, mais les Bergers eux-mêmes, qui traitent avec les Loups. — Dans les *Poésies inédites du moyen âge*, par M. Éd. du Méril, on trouvera, outre la fable de Neckam en distiques (p. 179), une rapide esquisse en cinq vers hexamètres (p. 141), extraite du *Nova Poetria* de Galfredus de Vinosalvo (édition Leyser, vers 1568 et suivants). — « Lors de la seconde[1] assemblée législative, en 1791, dit l'abbé Guillon, les deux partis qui la divisoient s'étant réunis dans un moment d'enthousiasme, sous la promesse solennelle d'abjurer leurs animosités et leurs haines, le roi Louis XVI s'y rendit le soir de ce jour-là même, accompagné de ses ministres, pour

---

1. Pourquoi *seconde*? Son nom suffit à la distinguer de l'assemblée précédente, dite *nationale* ou *constituante*. Puis ne faut-il pas lire 1792? Nous supposons que l'abbé Guillon veut parler de la séance du 7 juillet de cette année, de la séance du baiser Lamourette, et que c'est par une confusion de dates qu'il parle, à la fin de sa note, de la journée du 20 juin (au lieu de celle du 10 août), comme ayant suivi de près celle de la réconciliation.

signer ce nouveau traité de paix et confondre ses serments dans ceux de l'Assemblée.... Le lendemain les murs de la capitale se trouvèrent tapissés d'affiches qui portoient cette fable de la Fontaine. » — Dans la fable de Babrius, un vieux Bélier réussit à persuader les Brebis, comme Ésope les Samiens, et les décide à ne pas conclure le traité.

Après mille ans et plus de guerre déclarée,
Les Loups firent la paix avecque les Brebis.
C'étoit apparemment[2] le bien des deux partis ;
Car si les Loups mangeoient mainte bête égarée,
Les Bergers de leur peau se faisoient maints habits.   5
Jamais de liberté, ni pour les pâturages,
    Ni d'autre part pour les carnages :
Ils ne pouvoient jouir qu'en tremblant de leurs biens.
La paix se conclut donc : on donne des otages;
Les Loups, leurs Louveteaux[3]; et les Brebis, leurs Chiens.
L'échange en étant fait aux formes ordinaires[4]
    Et réglé par des commissaires,
Au bout de quelque temps que messieurs les Louvats[5]
Se virent loups parfaits et friands de tuerie,
Ils vous prennent le temps que dans la bergerie   15
    Messieurs les Bergers n'étoient pas,
Étranglent la moitié des Agneaux les plus gras[6],

2. *C'étoit apparemment*, cela paraissait être (avec le même sens que celui du grec ἐφαίνετο), on voyait que cela était. Voyez le vers 3 de la fable xi.

3. Dans la fable d'Ésope et dans celle d'Aphthonius, les Brebis livrent leurs Chiens, sans que les Loups donnent d'otages; cette dernière circonstance a été ajoutée par les fabulistes latins.

4. Dans les formes ordinaires. On dit aussi *ès formes*, en style de pratique.

5. Louveteaux. Le vieux fabuliste (*Ysopet I*, f° 63) les appelle « les enfans aus Loups, li Louviau (*dans un autre manuscrit :* li Louveau). »

6. Dans les fables latines, les Louveteaux se contentent de hurler :

    Post paullo quum cœpissent ululare Catuli,
    Lupi, necari causantes natos suos,

Les emportent aux dents, dans les bois se retirent.
Ils avoient averti leurs gens secrètement.
Les Chiens, qui, sur leur foi, reposoient sûrement,   20
  Furent étranglés en dormant :
Cela fut sitôt fait qu'à peine ils le sentirent.
Tout fut mis en morceaux ; un seul n'en échappa[7].

  Nous pouvons conclure de là
Qu'il faut faire aux méchants guerre continuelle.   25
  La paix est fort bonne de soi ;
  J'en conviens ; mais de quoi sert-elle
  Avec des ennemis sans foi ?

   Pacemque ruptam ab Ovibus, undique impetu
   Invadunt facto nudas defensoribus.
    (*Appendix fabularum æsopiarum*, vers 8-11.)

7. *Lupi*, dit Isidore de Séville à l'endroit cité, *omne quod in gregibus illis erat, non pro satietate tantum, sed etiam pro libidine laceraverunt.* — Le quatrain CLXXXV de Benserade, sec comme de coutume, se termine par un tour assez vif :

  Aux Brebis une fois disoient les Loups subtils :
  « Chassez tous ces mâtins ; à quoi vous servent-ils ? »
   Les Brebis obéirent,
   Et les Brebis périrent.

FABLE XIV.

LE LION DEVENU VIEUX.

Phèdre, livre I, fab. 21, *Leo senex, Aper, Taurus et Asinus.* — Romulus, livre I, fab. 15, *même titre.* — Marie de France, fab. 15, *d'un Lions qui malades fu.* — Haudent, 1re partie, fab. 123, *d'un vieil Lyon et des aultres Bestes.* — Corrozet, fab. 12, *du Lyon, du Porc, du Taureau et de l'Asne.* — Le Noble, fab. 58, *du Lion décrépit. La foiblesse méprisée. Mythologia æsopica Neveleti*, p. 401, p. 497.

Cette fable se trouve dans les *Manuscrits de Conrart*, tome XI, p. 537, où elle a pour titre : *le Lion accablé de vieillesse;* elle est aussi dans le *Manuscrit de Sainte-Geneviève.*

Dans les *Nouvelles fables choisies* publiées par Daniel de la Feuille (Amsterdam, 1694, 1re partie, p. 19), il y a une fable analogue, *les Favoris*, mais bien inférieure, et traitée à un autre point de vue. — La fable latine de Ménage intitulée *le Vieux Lion*, qui date de 1652, « aurait mérité, dit M. Saint-Marc Girardin, dans sa XXIIe leçon (tome II, p. 217), d'être imitée de plus près par la Fontaine. » Nous la donnons à l'*Appendice*, avec la traduction de M. Saint-Marc Girardin.

> Le Lion, terreur des forêts,
> Chargé d'ans et pleurant son antique prouesse,
> Fut enfin attaqué par ses propres sujets,
>   Devenus forts par sa foiblesse.
> Le Cheval s'approchant lui donne un coup de pied ;   5
> Le Loup, un coup de dent ; le Bœuf, un coup de corne[1].
> Le malheureux Lion, languissant, triste, et morne,
> Peut à peine rugir[2], par l'âge estropié.

---

1. Horace dit aussi, mais sans aucune allusion à notre fable :

    Dente lupus, cornu taurus petit.... (Livre II, *satire* 1, vers 52.)

2. Le *Manuscrit de Sainte-Geneviève* a ici une faute étrange : *rougir*, pour *rugir*.

Il attend son destin, sans faire aucunes plaintes[3];
Quand voyant l'Ane même à son antre accourir[4] :   10
« Ah ! c'est trop, lui dit-il[5] ; je voulois bien mourir;
Mais c'est mourir deux fois[6] que souffrir tes atteintes[7]. »

[3]. M. Soullié, dans son livre de *la Fontaine et ses devanciers* (p. 295 et 296), a raison de dire au sujet de ces vers : « Quelle dignité dans ce silence, et quel respect du poëte pour cette grandeur déchue ! » Mais il a tort d'ajouter : « Plus on y regarde de près, plus on est frappé de la ressemblance entre le Roi (*Louis XIV*) et le Lion de la Fontaine, et de la hardiesse du fabuliste qui le peignait sous des traits aussi vrais. » En 1668, quand cette fable paraissait, Louis XIV avait trente ans.

[4]. Le *Manuscrit de Conrart* donne cette leçon impossible : *au combat accourir*. — Nodier en relève une autre qui n'a nulle autorité, et qui est tirée de l'édition de Mongez (Paris, an V) : *à son antre courir*.

[5]. « Il semble que la Fontaine ait craint d'outrager la majesté du Lion en nous le montrant supportant le dernier des opprobres; il n'a fait qu'indiquer le tableau qui dans Phèdre termine cette fable : *calcibus frontem exterit* (ou, leçon préférable : « *extudit* »). Ainsi c'est de l'auteur ancien que nous vient l'expression proverbiale dont l'application est si fréquente, *le coup de pied de l'âne*. » (*Note de Walckenaer*, 1827.) — Nodier avait fait en 1818 une remarque analogue.

[6]. Le « mourir deux fois » est de Phèdre. Il est le seul qui, avant la Fontaine, ait donné ce tour à la fable :

> *At ille exspirans :* « *Fortes indigne tuli*
> *Mihi insultare; te, naturæ dedecus,*
> *Quod ferre certe cogor, bis videor mori.* » (Vers 10-12.)

Les autres fabulistes tirent simplement du sujet cette morale, que dans le malheur on n'a pas d'amis, ou que la faiblesse est méprisée, ou encore le conseil d'être bon quand on a le pouvoir, afin de ne pas se faire d'ennemis.

[7]. « Ce tableau du vieux roi outragé est admirable, dit M. Saint-Marc Girardin, dans la leçon citée en tête de la fable (tome II, p. 219), et les deux derniers vers sont épiques. Mais j'aime mieux le dénoûment de Ménage (*chez qui le Lion trouve encore la force de briser la tête de l'un des insulteurs*) : la vieillesse outragée est vengée, et la justice a dans la fable la part que nous aimons qu'elle ait dans l'histoire. » — Voyez aussi sur ces « nobles vers » de la Fontaine, où le Lion « est héroïque comme un personnage de Corneille, » le livre de M. Taine (p. 90).

FABLE XV.

PHILOMÈLE ET PROGNÉ[1].

Ésope, fab. 149, Ἀηδὼν καὶ Χελιδών (Coray, p. 89 et 90, p. 346).
— Babrius, fab. 12, *même titre*. Cette fable a vingt-sept vers dans le manuscrit de Babrius du mont Athos. Avant la découverte de ce manuscrit, on la connaissait, sinon entière, au moins formant, en treize vers, dont un n'est pas dans le manuscrit, un tout complet (Coray la donne ainsi à la page 90); elle avait été publiée par Alde en 1505, par Froben en 1517, par Nevelet en 1610, par Knoche (p. 52) en 1835, etc. — Elle se trouve aussi en latin dans les fables ésopiques de Camérarius, p. 166.

Mythologia æsopica Neveleti, p. 213, p. 379.

J. B. Rousseau termine son *épître* au comte du Luc (la ve du livre I) par une fable d'un sujet tout différent, mais tirée de même de la légende poétique de Philomèle, Progné et Itys. — Saint Grégoire de Nazianze, dans sa première *lettre*, adressée à Céleusius, qui l'avait raillé d'être rustique et sauvage, raconte agréablement un apologue qui n'a pas les mêmes personnages que la fable grecque et celle de la Fontaine, mais qui a pourtant quelque analogie avec elles. Les Hirondelles adressent aux Cygnes, qui chantent, eux aussi, dans la solitude, une invitation semblable à celle que Progné adresse à sa sœur, mais tout autrement motivée. — L'abbé Guillon cite à propos les *Études de la Nature* de Bernardin de Saint-Pierre (*étude* 1, tome I des *OEuvres*, édition Aimé-Martin, p. 22 et 23) : « L'hirondelle Progné fuyait les forêts; sa sœur Philomèle aimait à chanter dans ces lieux solitaires. Progné lui dit un jour :

> Le désert est-il fait pour des talents si beaux? »

Après avoir cité ce vers et les neuf suivants, Bernardin continue : « Je n'entends pas de fois les airs ravissants et mélancoliques d'un rossignol caché sous la feuillée, et les *piou-plou* prolongés qui traversent, comme des soupirs, le chant de cet oiseau solitaire, que je

---

1. Voyez plus bas la note du vers 20.

ne sois tenté de croire que la Nature a révélé son aventure au sublime la Fontaine, en même temps qu'elle lui inspiroit ces vers. Si ses fables n'étoient pas l'histoire des hommes, elles seroient encore pour moi un supplément à celle des animaux. »

  Autrefois Progné l'hirondelle
  De sa demeure s'écarta,
  Et loin des villes s'emporta
Dans un bois où chantoit la pauvre Philomèle.
« Ma sœur, lui dit Progné, comment vous portez-vous ? 5
Voici tantôt mille ans que l'on ne vous a vue :
Je ne me souviens point que vous soyez venue,
Depuis le temps de Thrace [2], habiter parmi nous.
  Dites-moi, que pensez-vous faire ?
Ne quitterez-vous point ce séjour solitaire ?   10
— Ah ! reprit Philomèle, en est-il de plus doux ? »
Progné lui repartit : « Eh quoi ? cette musique,
  Pour ne chanter qu'aux animaux,
  Tout au plus à quelque rustique [3] ?
Le désert est-il fait pour des talents si beaux [4] ?   15

 2. « La Fontaine a rendu avec autant de bonheur que de fidélité une expression grecque (μετὰ Θρᾴκην, *Babrius, vers 8 au manuscrit, vers 6 dans Nevelet, etc.*), que Tyrwhitt (*un des éditeurs des fragments de Gabrias ou Babrias, Londres,* 1776), tout versé qu'il était dans cette langue, a mal comprise, et que les interprètes latins ont rendue d'une manière inintelligible, tant il est vrai que le génie est une espèce de divination bien supérieure à l'érudition. » (THUROT, *Mercure de France,* avril, 1811, p. 15, note, dans un article sur l'*Ésope* de Coray.)
 3. Nous avons déjà vu *rustique* employé ainsi substantivement au livre I, fable IX, vers 21.
 4. « La fable de *Philomèle et Progné,* dit Thurot à l'endroit cité, est imitée et presque traduite littéralement de Babrias ; c'est la même grâce, la même naïveté touchante dans le dialogue, et le peu que la Fontaine y a ajouté lui donne un nouveau charme ; entre autres ce vers qui n'est pas dans le poëte original :

  Le désert est-il fait pour des talents si beaux? »

Venez faire aux cités[5] éclater leurs merveilles.
  Aussi bien, en voyant les bois,
Sans cesse il vous souvient que Térée autrefois,
  Parmi des demeures pareilles,
Exerça sa fureur sur vos divins appas[6].   20
— Et c'est le souvenir d'un si cruel outrage
Qui fait, reprit sa sœur, que je ne vous suis pas :
  En voyant les hommes, hélas !
  Il m'en souvient bien davantage[7]. »

5. Dans la fable de Babrias, telle que la Fontaine l'a connue, ce n'est pas dans les *cités*, mais, plus délicatement peut-être, au village, que Progné invite sa sœur à venir demeurer : « Où tu chanteras, lui dit-elle, aux laboureurs et non aux bêtes sauvages. »

   Ὅπου γεωργοῖς κοὐχὶ θηρίοις ᾄσεις.

Ce joli vers grec n'est point dans le manuscrit du mont Athos, qui, en allongeant la fable, l'a bien plutôt gâtée qu'embellie, et à la version duquel s'applique beaucoup moins bien qu'à l'ancienne forme en treize vers le jugement de Thurot que nous avons rapporté dans la note précédente.

6. Térée, roi de Thrace, après avoir outragé Philomèle dans un bois écarté, lui coupa la langue et l'enferma. Progné ou Procné, sœur de Philomèle et femme de Térée, délivra sa sœur, et la vengea en tuant son propre fils, Itys, qu'elle fit manger à son père. Elle fut métamorphosée en hirondelle, Philomèle en rossignol, et Térée en huppe (selon d'autres en épervier). Voyez les *Métamorphoses* d'Ovide, livre VI, vers 412-676.

7. Dans la fable grecque (vers 22 et 23 au manuscrit, vers 12 et 13 des anciennes éditions), Philomèle dit de même :

   Οἶκος δέ μοι πᾶς ἥ τε μῖξις ἀνθρώπων
   Μνήμην παλαιῶν συμφορῶν ἀναξαίνει.

« Toute maison et le commerce des hommes ravive en moi le souvenir de mes antiques malheurs. » Nous citons l'ancienne leçon ; l'édition de Boissonade offre une double variante, mais qui ne change point le sens.

FABLE XVI.

LA FEMME NOYÉE.

Faërne, fab. 41, *Uxor submersa et Vir.* — Marie de France, fab. 96, *dou Vileins et de sa Fame.* — *Poggii facetiæ, de eo qui Uxorem in flumine peremptam quærebat* (Bâle, 1538, p. 437). — Verdizotti, fab. 53, *d'un Marito che cercava al contrario del fiume la Moglie affogata.*

Dans la fable, ou plutôt le fabliau, de Marie de France, dont on peut voir un extrait en prose dans le recueil de le Grand d'Aussy (*Fabliaux ou Contes*, tome III, p. 181, 3e édition, 1829), le récit a une première partie, omise par le Poge, ainsi que par la Fontaine, où l'esprit de contradiction de la femme est mis plaisamment en action. — Voltaire, comme nous l'avons déjà vu faire ailleurs (p. 167, note 2), critique la Fontaine au sujet de ce conte, comme s'il le rendait responsable de l'invention : « Rien n'est plus insipide, dit-il dans le *Dictionnaire philosophique* (tome XXIX des *OEuvres*, p. 301), que *la Femme noyée*, dont on dit qu'il faut chercher le corps en remontant le cours de la rivière, parce que cette femme avait été contredisante. » — « Cette historiette, dit plus équitablement Walckenaer, dans sa 1re note sur cette fable, se trouve dans Poge, dans nos anciens fabliaux, dans Marie de France, et dans presque tous les recueils de *Contes ou joyeux devis* des quinzième, seizième et dix-septième siècles[1] : elle n'en est pas meilleure pour cela. » *Pas meilleure*, j'en conviens, c'est-à-dire ni bien spirituelle, ni bien délicate, mais, comme dit M. Soullié (p. 130), la boutade est « piquante par son absurdité et son excès même, » et d'ailleurs elle fait partie de ce fonds commun de comique populaire, de franc et gros rire, que la Fontaine aimait et qu'il excelle à mettre en libres et gaies rimes.

Je ne suis pas de ceux qui disent : « Ce n'est rien,
C'est une femme qui se noie. »

[1]. M. Soullié (p. 213 et 214) cite trois de ces recueils, l'un du seizième et les deux autres du dix-septième siècle.

Je dis que c'est beaucoup; et ce sexe vaut bien
Que nous le regrettions, puisqu'il fait notre joie [2].
Ce que j'avance ici n'est point hors de propos,　　　5
　　　Puisqu'il s'agit en cette fable [3],
　　　D'une femme qui dans les flots
Avoit fini ses jours par un sort déplorable
　　　Son époux en cherchoit le corps,
　　　Pour lui rendre, en cette aventure,　　　10
　　　Les honneurs de la sépulture.
　　　Il arriva que sur les bords
　　　Du fleuve auteur de sa disgrâce
Des gens se promenoient ignorants [4] l'accident.
　　　Ce mari donc leur demandant　　　15
S'ils n'avoient de sa femme aperçu nulle trace :
« Nulle, reprit l'un d'eux; mais cherchez-la plus bas;
　　　Suivez le fil de la rivière. »
Un autre repartit : « Non, ne le suivez pas;
　　　Rebroussez plutôt en arrière :　　　20
Quelle que soit la pente et l'inclination
　　　Dont l'eau par sa course l'emporte,
　　　L'esprit de contradiction
　　　L'aura fait flotter d'autre sorte. »

Cet homme se railloit assez hors de saison [5].　　　25

2. M. Saint-Marc Girardin (xviie leçon, tome II, p. 89 et 90) dit au sujet de ces quatre vers : « Les femmes ont senti que le fabuliste les aimait, et voilà pourquoi elles lui ont beaucoup pardonné.... Comment se fâcher contre le poëte qui a dit :

　　　Je ne suis pas de ceux qui disent : « Ce n'est rien, etc. ? »

3. L'édition de 1678 A porte : « dans cette fable. »
4. L'édition d'Amsterdam (1679) et celle de Barbin de 1682 donnent : *ignorant*. Les éditions de 1668 et de 1678 mettent le pluriel, selon l'orthographe à peu près constante de la Fontaine.
5. « La Fontaine, dit M. Soullié (p. 130), a doublement atténué l'épigramme, d'abord en faisant dire le bon mot par un étranger

> Quant à l'humeur contredisante,
> Je ne sais s'il avoit raison;
> Mais que cette humeur soit ou non
> Le défaut du sexe et sa pente,
> Quiconque avec elle naîtra [6]   30
> Sans faute avec elle mourra,
> Et jusqu'au bout contredira,
> Et, s'il peut, encor par delà [7].

(*et non par le mari*, comme les conteurs plus anciens), ensuite en ajoutant :

> Cet homme se railloit assez hors de saison. »

— Dans le fabliau de Marie de France, le mari crie aux paysans qui cherchent la femme,

> Qu'il ne sunt mie bien alé :
> Contremunt la cunuient-il querre,
> Que là la porrunt bien trouerre....
> A-val l'aige (*l'eau*) n'est pas alée,
> Cuntre la radur (*la roideur, la pente, le courant*) est turnée.
> A sa mort ne fist-elle mie
> Ce que ne volt faire à sa vie.

6. Geruzez fait remarquer l'intention comique de ces quatre rimes masculines.

7. Dans la fable de Faërne (vers 8) :

> *Morosa et discors, vel mortua, litigat uxor.*

FABLE XVII.

LA BELETTE ENTRÉE DANS UN GRENIER.

Ésope, fab. 158, Ἀλώπηξ λιμώττουσα, Ἀλώπηξ ἐξογκωθεῖσα τὴν γαστέρα (Coray, p. 95, sous trois formes, et p. 350). — Babrius, fab. 86, Ἀλώπηξ ὀγκωθεῖσα. — Horace, livre I, *épître* VII (adressée à Mécène), vers 29-33. — Haudent, 1re partie, fab. 155, *d'un Regnard et d'une Bellette.* — Boursault, *les Fables d'Ésope,* acte I, scène II, *la Belette et le Renard.* — Le Noble, fab. 85, *du Loup et de la Belette. De la restitution.*

Mythologia æsopica Neveleti, p. 221, p. 382.

Dans les fables grecques, dans celle de Haudent, de même que dans le *quatrain* XLVII de Benserade, c'est le Renard qui, contre sa coutume, se trouve pris. Chez Horace, c'est un mulot (*nitedula*). Chez le Noble, c'est le Loup, comme aussi dans *le Roman du Renart,* où Primaut, frère d'Ysengrin, demeure emprisonné, tandis que le Renard, son traître compagnon, s'échappe :

> Il (*le Loup*) a tant mengié del bacon (*du porc*)
> Que il est plus gros qu'il n'est lonc....
> Lors s'en vont droict vers le pertuis,
> Et Renart si s'est lanciez hors,
> Et Dant Primaut si fu tan gros
> Qu'il ne pot le pertuis outrer. (Vers 4399-4407).

D'après une autre version du *Roman du Renart,* Robert (tome I, p. 215) cite ces deux vers :

> Ne poust issir, tant fu ventrés,
> Par là où il estoit entrés.

— Chez Grégoire de Tours, qui met une variante de cette fable dans la bouche de Théodobald, roi d'Austrasie, soupçonnant la fidélité d'un de ses agents, il s'agit d'un serpent entré dans une bouteille : *Serpens ampullam vino plenam reperit : per hujus enim os ingressus, quod intus habebatur avidus hausit : a quo inflatus vino, exire per aditum quo ingressus fuerat non valebat. Veniens vero vini dominus, quum ille exire niteretur, nec posset, ait ad Serpentem :* « *Evome prius quod in-*

glutisti, et tunc poteris abscedere liber. » (*Historia ecclesiastica Francorum*, livre IV, chapitre IV, tome II, p. 20 et 22, édition Guadet et Taranne, in-8°). — Saint Jérôme, dans une *lettre* à Salvina (tome IV, col. 665, Paris, 1706, lettre LXXXV), applique la fable aux riches qui veulent entrer dans le royaume des cieux : *Docet et Æsopi fabula plenum muris ventrem per angustum foramen egredi non valere.* — Enfin M. Éd. du Méril (*Poésies inédites du moyen âge*, p. 134, note 4) cite encore un passage d'un vieux sermonnaire qui résume l'épisode du *Roman du Renart* et en fait une énergique application aux usuriers : *Quum tenuis* (Ysengrinius) *per foramen arctum intraverat, inflatus exire non potuit. Vigiles vero.... Ysengrinium usque ad evacuationem fustigaverunt et pellem retinuerunt.... Sic dæmones usurarium, quum per congregationem rerum fuerit inflatus, a pelle carnis exutum, animam in inferum fustigabunt, et ossa cum pelle et carne usque ad futurum judicium terræ commendabunt.*

Damoiselle Belette, au corps long et flouet[1],
Entra dans un grenier[2] par un trou fort étroit :
    Elle sortoit de maladie.
    Là, vivant à discrétion,
    La galande fit chère lie[3],   5
    Mangea, rongea : Dieu sait la vie,
Et le lard qui périt en cette occasion !
    La voilà, pour conclusion,

1. Toutes les éditions publiées du vivant de la Fontaine donnent ainsi *flouet*. Le *Dictionnaire de l'Académie*, en 1694, et encore en 1718, a les deux formes : *flouet* et *fluet*. Au sujet de cette double orthographe et de la rime *flouet-étroit*, voyez le *Lexique*.

2. *In cumeram frumenti*, dit Horace (vers 30), c'est-à-dire dans un des paniers, ou plus vraisemblablement ici, des jattes de terre où anciennement on conservait le blé : *cumera* a les deux sens. Les autres fabulistes font entrer leur bête affamée dans le creux d'un arbre, ou dans une cabane, une étable, une grange, un clos, etc.

3. Bonne chère et joyeuse vie : voyez livre VII, fable XIV, vers 32. — C'est un tour de notre vieille langue. Ainsi, dans *le Roman du Renart* (vers 3190) :

Renart fet bele chiere et lie.

Grasse, maflue⁴ et rebondie.
Au bout de la semaine, ayant dîné son soû,   10
Elle entend quelque bruit, veut sortir par le trou,
Ne peut plus repasser, et croit s'être méprise.
　　　　Après avoir fait quelques tours,
« C'est, dit-elle, l'endroit : me voilà bien surprise⁵ ;
J'ai passé par ici depuis cinq ou six jours. »   15
　　　　Un Rat, qui la voyoit en peine,
Lui dit : « Vous aviez lors la panse un peu moins pleine.
Vous êtes maigre entrée, il faut maigre sortir⁶.
Ce que je vous dis là, l'on le dit à bien d'autres⁷ ;
Mais ne confondons point, par trop approfondir⁸,   20

---

4. Furetière et l'Académie n'ont que la forme, de sens identique, *maflé*, à laquelle Furetière attribue deux acceptions, dont la seconde convient bien à l'emploi que notre poëte fait ici de *maflu* : « qui a le visage plein et large, ou la taille grossière. » L'Académie ne donne qu'un sens : « qui a de grosses joues. »

5. *Surprise*, c'est-à-dire *attrapée*. Voyez le *Lexique*.

6. 　　*Macra cavum repetes arctum quem macra subisti.*
　　　　　　　　　　　　　(HORACE, vers 33.)

— La Belette, à qui s'adresse ici ce malin conseil, est, chez plusieurs des autres fabulistes, la bête qui le donne. Dans les fables grecques, le conseiller est un second renard.

7. Le sens est clair ; il devait être frappant pour les premiers lecteurs de la Fontaine. La chambre de justice instituée par Colbert pour examiner les comptes des financiers depuis 1635, et punir leurs malversations, venait de siéger de la fin de 1661 jusqu'à la fin de 1665. Le chiffre des amendes ou restitutions s'était élevé à cent dix millions, et l'opinion publique, et en particulier notre poëte, était loin d'avoir accueilli la plupart des sentences avec ces douloureux regrets qu'avait inspirés le sort d'Oronte, du généreux seigneur de Vaux.

8. Plus d'un avait eu à se repentir de s'être occupé, ne fût-ce que pour implorer la clémence du Roi, de l'affaire de Foucquet. M. Chéruel suppose que la Fontaine lui-même avait été compris, en 1663, dans la lettre de cachet qui exila son oncle Jannart. Voyez les *Mémoires sur Foucquet*, chapitre XLVI, tome II, p. 400 et 401.

Leurs affaires avec les vôtres[9]. »

[9]. Horace (vers 34) s'applique la fable à lui-même (comparez ci-dessus, p. 67, note 6), ou plutôt il déclare que, si on veut l'appliquer à ses rapports avec Mécène, il rendra tout ce qu'il a reçu de lui :

Hac ego si compellor imagine, cuncta resigno.

FABLE XVIII.

LE CHAT ET UN VIEUX RAT [1].

Ésope, fab. 28, Αἴλουρος καὶ Μῦες (Coray, p. 19 et 20, p. 294 et 295). — Babrius, fab. 17, Αἴλουρος καὶ Ἀλεκτρυών. — Phèdre, livre IV, fab. 2, *de Mustela et Muribus*. — Romulus, livre IV, fab. 2, *de Mustela et Muribus*. — Faërne, fab. 59, *Mures et Feles*. — Haudent, 2e partie, fab. 20, *d'un Chat et des Souris*. — Corrozet, fab. 61, *de la Mustelle et des Souris*. — Dans deux des fables latines, et dans celle de Corrozet, c'est, comme l'on voit, la *Mustelle* ou Belette qui remplace le Chat; dans celle de Babrius, un Coq joue le rôle du vieux Rat. — Cette fable était représentée dans le *Labyrinthe* de Versailles, elle fait le sujet d'un quatrain de Benserade (ve de l'édition de 1677; LVIIe de celle de 1678). — Dans le recueil de Daniel de la Feuille, 1re partie, p. 6 (Amsterdam et la Haye, 1694), le même sujet se trouve traité, avec moins de développements et beaucoup moins de grâce, malgré quelques jolis vers. La fable est intitulée : *des Rats et du Chat*.

Mythologia æsopica Neveleti, p. 112, p. 429.

Nous avons vu, dans la collection d'autographes de M. Boutron-Charlard, un manuscrit de cette fable qui a pour titre, comme les anciennes éditions : *le Chat et un vieux Rat*.

M. Soullié (p. 146-151) apprécie avec goût la fable de la Fontaine, et la compare en détail à celles de Phèdre et de Faërne. — L'apologue du Chat hypocrite se retrouve en Orient sous plusieurs formes, qui se rapprochent soit de cette fable du *Chat et un vieux Rat*, soit de la XVIe du livre VII, *le Chat, la Belette et le petit Lapin* (voyez les sources indiquées à l'occasion de cette dernière). Par exemple, dans le grand poëme sanscrit intitulé le *Mahâbhârata* (5e partie, distiques 5421-5447; tome VI de la traduction de M. Fauche, p. 389-392), il y a une longue fable du Chat ascète et pénitent, qui, à force d'hypocrisie, réussit à gagner la confiance des volatiles et des rats,

---

1. ET LE VIEUX RAT, dans le texte de Walckenaer et dans la plupart des éditions modernes.

au point que ces derniers, prenant pitié du grand âge qu'il se donne, le conduisent habituellement au fleuve pour faire ses ablutions, et lui offrent de fréquentes occasions, dont il profite avec adresse, de s'engraisser en les dévorant. Voyez encore la fable IV du livre I de l'*Hitopadeça*, et ce que M. Benfey, dans son *Introduction au Pantschatantra* (tome I, p. 352), dit des divers apologues indiens où le Chat est ainsi mis en scène. Il croit, non sans raison, trouver des allusions à son rôle hypocrite jusque dans le code de lois de Manou, livre IV, distiques 30, 192 et 195. — Le 124ᵉ récit des *Avadânas*, traduits du chinois par M. Stanislas Julien (tome II, p. 150 et 151), a aussi, dans son plaisant petit cadre de l'éternûment du Rat et des bons vœux du Chat, une lointaine analogie avec la présente fable. — Enfin on connaît la fable XVIᵉ de Fénelon, sa meilleure peut-être, *le Chat et les Lapins* (tome XIX des *OEuvres*, p. 51 et 52, édition Lebel, Paris, 1823), qu'il faut comparer à la fois aux deux Chats de la Fontaine, je veux dire à celui-ci, et à celui du livre VII, fable XVI.

  J'ai lu chez un conteur de fables,
Qu'un second Rodilard[2], l'Alexandre des chats[3],
   L'Attila[4], le fléau des rats,
   Rendoit ces derniers misérables :
  J'ai lu, dis-je, en certain auteur,   5
   Que ce Chat exterminateur,
Vrai Cerbère, étoit craint une lieue à la ronde :
Il vouloit de Souris dépeupler tout le monde.

 2. Voyez livre II, fable II, note 1. — Rodilard Iᵉʳ est, sans conteste, le *célèbre* chat de Rabelais, mentionné dans cette note.

 3. Voilà une antonomase qui évidemment, dans la pensée de Bossuet, n'avait point place parmi celles qui lui faisaient dire en 1687 : « Cet Alexandre, qui ne vouloit que faire du bruit dans le monde, y en a fait plus qu'il n'auroit osé espérer. Il faut encore qu'il se trouve dans tous nos panégyriques ; et il semble, par une espèce de fatalité glorieuse à ce conquérant, qu'aucun prince ne puisse recevoir de louanges qu'il ne les partage. » (*Oraison funèbre de Louis de Bourbon, prince de Condé*, tome XVII des *OEuvres*, p. 550, édition Lebel, Versailles, 1816.)

 4. Attila, roi des Huns, surnommé le Fléau de Dieu, c'est-à-dire le fléau envoyé par Dieu. Ici c'est le fléau envoyé contre les rats.

Les planches qu'on suspend sur un léger appui,
    La mort-aux-rats, les souricières,   10
    N'étoient que jeux au prix de lui.
    Comme il voit que dans leurs tanières
    Les Souris étoient prisonnières,
Qu'elles n'osoient sortir [5], qu'il avoit beau chercher,
Le galand fait le mort, et du haut d'un plancher   15
Se pend la tête en bas [6] : la bête scélérate
A de certains cordons se tenoit par la patte.
Le peuple des Souris croit que c'est châtiment,
Qu'il a fait un larcin de rôt ou de fromage,
Égratigné [7] quelqu'un, causé quelque dommage;   20
Enfin qu'on a pendu le mauvais garnement.
    Toutes, dis-je, unanimement
Se promettent de rire à son enterrement,
Mettent le nez à l'air, montrent un peu la tête,
    Puis rentrent dans leurs nids à rats,   25
    Puis ressortant font quatre pas,
    Puis enfin se mettent en quête.

  5. Dans la fable ésopique et dans celles de Faërne et de Haudent, elles restent tout au haut de la maison, dans une partie où le Chat ne peut, dit-on, atteindre ; « sous les ais d'un double plancher, » dit le fabuliste du recueil de Daniel de la Feuille.

  6. Ce trait, omis par Phèdre, est dans la fable grecque : Ἀπὸ παττάλου τινὸς ἑαυτὸν ἀναβὰς ἀπῃώρησε, καὶ προσεποιεῖτο νεκρὸς εἶναι.
— Faërne dit à peu près de même :

> *Hunc vicissim excogitavit callidus Feles dolum,*
> *Ut tigillo prominenti pariete ex domestico*
> *Adplicans pedes supinos, capite deorsum pendulo,*
> *Mortuum simularet....* (Vers 6-9.)

— Babrius a réuni l'idée du sac, qui, dans la fable ésopique, se trouve à la même place et avec le même tour que chez la Fontaine, et l'idée des chevilles auxquelles le Chat se pend :

    Ὡς θύλακός τις πασσάλων ἀπηρτήθη.

Les cordons sont de notre poëte.

  7. *Égratiné*, dans l'édition de 1679 (Amsterdam).

Mais voici bien une autre fête :
Le pendu ressuscite; et sur ses pieds tombant,
  Attrape les plus paresseuses.   30
« Nous en savons plus d'un[8], dit-il en les gobant :
C'est tour de vieille guerre[9]; et vos cavernes creuses
Ne vous sauveront pas, je vous en avertis :
  Vous viendrez toutes au logis. »
Il prophétisoit vrai : notre maître Mitis[10]   35
Pour la seconde fois les trompe et les affine[11],
  Blanchit sa robe et s'enfarine[12];
  Et de la sorte déguisé,
Se niche et se blottit dans une huche ouverte.

8. *Nous en savons plus d'un*, plus d'un tour, est encore une de ces fortes ellipses, de la langue familière, dont nous avons déjà eu l'occasion de parler. Voyez l'*Introduction grammaticale* du *Lexique*, à l'article ELLIPSE.

9. Rabelais a dit au livre IV, chapitre VIII (tome II, p. 20) : « C'est ung tour de vieille guerre. »

10. Mot latin qui veut dire *doux*, et convient parfaitement au chat. — Geruzez cite, au sujet de ce mot, la XXIIIe nouvelle de Bonaventure des Periers. Un curé interroge un jeune garçon qui étudiait à Paris : « Or ça, dites-moy en latin un chat.... L'enfant respond : *Catus*, *Felis*, *Murilegus*. Le curé, pour donner à entendre au pere qu'il sçauoit bien plus qu'ils ne sçauoient à Paris, dit au ieune filz : « Mon amy, ie pense bien que vos regens vous ont ainsi monstré; « mais il y a bien un meilleur mot : c'est *Mitis*; car vous sçauez « bien qu'il n'est rien tant priué qu'un chat; et même la queue, qui « est soueue quand on la manie, s'appelle *suauis*. » (*Contes et Nouvelles* de Bonaventure des Periers, édition de la Monnoye, Amsterdam, 1735, tome I, p. 235-237.)

11. Les joue, les attrape par la ruse. *Affiner* est fréquemment employé dans ce sens par les auteurs du seizième siècle : voyez le *Lexique*.

12. Benserade se sert du même mot :

  Puis il s'enfarina pour déguiser sa mine.

— C'est chez Phèdre la ruse unique de la Belette :

  Involvit se farina, et obscuro loco
  Abjecit negligenter.... (Vers 12 et 13.)

Ce fut à lui bien avisé : 40
La gent trotte-menu s'en vient chercher sa perte.
Un Rat, sans plus, s'abstient d'aller flairer autour :
C'étoit un vieux routier [13], il savoit plus d'un tour ;
Même il avoit perdu sa queue à la bataille.
« Ce bloc enfariné ne me dit rien qui vaille, 45
S'écria-t-il de loin au général des Chats :
Je soupçonne dessous encor quelque machine :
    Rien ne te sert d'être farine;
Car, quand tu serois sac, je n'approcherois pas [14]. »
C'étoit bien dit à lui; j'approuve sa prudence : 50
    Il étoit expérimenté,
    Et savoit que la méfiance
    Est mère de la sûreté [15].

13. Cette locution est encore empruntée à Rabelais, qui, au livre I, chapitre XXXIII (tome I, p. 124), nous parle d'un « vieulx gentil-homme esprouué en diuers hazards, et vray routier de guerre. »

14. Dans *Phèdre* (vers 16-19) :

    .... *Venit et retorridus,*
Qui sæpe laqueos et muscipula effugerat ;
Proculque insidias cernens hostis callidi ,
« *Sic valeas, inquit, ut farina es, quæ jaces !* »

— Chez Faërne (vers 10 et 11), le Rat dit assez plaisamment : « Quand je te verrais mort au point qu'on pût faire de toi un soufflet, un ballon, etc., jamais je ne m'y fierais : »

    .... *Nec si, ait, tam mortuum*
Te viderem ut follis ex te fieret, unquam fiderem.

— Le trait si plaisant : « Quand tu serois sac, » est, comme nous l'avons dit, dans la fable ésopique : Κἂν θύλαξ γένῃ, οὐ προσελεύσομαί σοι.

15. Shakspeare, retournant la pensée, fait dire énergiquement par Hécate aux Sorcières de *Macbeth* (acte III, scène v) : « Et vous le savez toutes, la sécurité est la principale ennemie des mortels. »

    And you all know, security
    Is mortals' chiefest enemy.

Nota. Dans les deux éditions de 1668, in-4° et in-12, et dans celle de 1669, ce livre se termine par les deux fables intitulées : *L'OEil du Maître*, et *L'Alouette et ses Petits*, avec le *Maître d'un champ*. Dans l'édition de 1678, la Fontaine a transporté ces deux fables à la fin du quatrième livre. C'est donc à tort que Barbin, dans son édition de 1682, les frères Sauvage, en 1726, la Compagnie des libraires, en 1729, etc., les ont maintenues ou rétablies à leur première place.

LIVRE QUATRIÈME.

FABLE I.

LE LION AMOUREUX.

Ésope, fab. 221, Λέων καὶ Γεωργός (Coray, p. 143-146, sous cinq formes[1], et p. 375 et 376). — Babrius, fab. 98, Λέων μνήστηρ. — Aphthonius, fab. 7, *Fabula Leonis et Virginis, a voluptatibus dehortans*. — Haudent, 2ᵉ partie, fab. 28, *d'un Lyon aymant la fille d'un rusticque*. — Verdizotti, fab. 9, *del Leone innamorato e del Contadino*. *Mythologia æsopica Neveleti*, p. 268, p. 327.

Chez Diodore de Sicile (*Bibliothèque historique*, livre XIX, chapitre xxv), Eumène raconte cette fable aux Macédoniens de son armée, qu'Antigone avait cherché vainement à séduire par de belles promesses. « Une fois maître de vos forces, il vous traiterait, leur dit-il, comme le Lion qui s'était laissé arracher les ongles et les dents. » — Saint Jean Chrysostome (édition Gaume, in-4°, tome I, p. 298) fait une très-énergique application de l'apologue aux clercs qui, vivant avec des vierges *canoniques*, se laissent amollir par elles et deviennent semblables « à ce lion terrible et farouche, à qui on a coupé la crinière, enlevé les dents, rogné les ongles, et qu'on a rendu laid, ridicule, jouet des enfants. » — Ottfried Müller (*Manuel de l'Archéologie de l'art*, 3ᵉ partie, I, B, § 2) indique un bon nombre de monuments antiques qui reproduisent l'idée fondamentale de la fable et représentent soit Cupidon, soit plusieurs Amours, domptant des lions ou d'autres bêtes farouches. Un de ces monuments, la pierre d'un ca-

---

1. La troisième, qui est une version fort enjolivée, est tirée de Nicéphore Basilacas, sophiste du onzième siècle (voyez *Leonis Allatii Excerpta varia græcorum sophistarum ac rhetorum*, Rome, 1641, in-8°, p. 130-133); la quatrième est de Diodore de Sicile (voyez le troisième alinéa de cette notice).

chet ou d'un anneau, fait le sujet d'une élégante épigramme grecque de Marcus Argentarius (*Anthologie palatine*, IX, n° 221), traduite en vers latins par le P. Commire (*Carmina*, 3ᵉ édition, Paris, 1689, p. 457). — La Motte, dans le *Discours sur la fable* qui sert d'introduction au recueil de ses fables (Paris, 1719, in-4°, p. xx), blâme comme invraisemblable *le Lion amoureux*, traitant cette invention d'*image vicieuse*, de *supposition ridicule*, de *prodige absurde*. Il semble que la Fontaine, comme le fait remarquer M. Saint-Marc Girardin, dans sa XXIIIᵉ leçon (tome II, p. 263 et 264), ait prévu la critique, et qu'il y réponde d'avance par les sept premiers vers de sa fable, bien qu'il soit beaucoup moins en cause que les anciens inventeurs :

<blockquote>Du temps que les bêtes parlaient, etc.</blockquote>

(Voyez ci-après, les vers 18-24, les premiers après la dédicace.) Au reste la Motte s'est répondu lui-même, lorsqu'il nous dit (à la page XXI du *Discours* cité) : « J'ai remarqué qu'il suffisoit que l'image fût fondée sur l'opinion, et j'ajoute sur une opinion même dont on est revenu. Le fabuleux a dans cette matière tous les droits de la vérité (*et il cite pour exemple le chant du cygne*).... La célébrité de l'opinion lui tient lieu de réalité et lui acquiert tous les priviléges d'une vérité de symbole et de pure comparaison. » A l'*opinion* on peut certes ajouter la *tradition*, poétique, légendaire, etc., et les limites de l'allégorie seraient bien étroites, ses règles bien pointilleuses, s'il nous fallait condamner cette « personnification poétique de la nature humaine, » comme l'appelle M. Éd. du Méril (p. 99), cette frappante image de Samson près de Dalila, d'Hercule près d'Omphale (voyez ci-après la note 3).

A MADEMOISELLE DE SÉVIGNÉ[2].

Sévigné, de qui les attraits
Servent aux Grâces de modèle,

2. Françoise-Marguerite de Sévigné, fille de Mme de Sévigné. Elle était née le 10 octobre 1646, et avait dix-neuf ou vingt ans quand la Fontaine composa et lui dédia cette fable, si c'est, comme il y a lieu de le supposer, en 1665 ou 1666 : voyez les *Mémoires* de Walckenaer *sur Mme de Sévigné* (3ᵉ édition), tome V, p. 269 ; et, dans la collection des *Grands écrivains de la France*, l'excellente *Notice* de

.Et qui naquîtes toute belle,
A votre indifférence près³,

M. Paul Mesnard, placée en tête des *Lettres de Mme de Sévigné* (tome I, p. 100, note 1); voyez aussi le tableau généalogique qui se trouve à la suite de cette *Notice* (tome I, p. 340). — Mlle de Sévigné avait plus de vingt-deux ans, lorsqu'elle épousa, le 29 janvier 1669, le comte de Grignan, déjà veuf deux fois, un des lieutenants généraux en Languedoc, et qui fut nommé, à la fin de cette même année, lieutenant général au gouvernement de Provence.

3. Dans la dernière entrée de la seconde partie du *Ballet royal de la Naissance de Vénus*, dansé par le Roi en 1665, Mlle de Sévigné jouait le personnage d'Omphale; elle figurait, dans un même groupe, avec Alexandre (représenté par le Roi) et Roxane (représentée par Madame, duchesse d'Orléans), avec Achille et Briséis, avec Hercule, etc. Ce rôle d'Omphale, paraissant auprès du héros dompté par elle, dut donner bien naturellement à la Fontaine l'idée de lui dédier *le Lion amoureux*. Voici la plus grande partie du couplet de quatorze vers que Benserade fit pour elle à l'occasion de ce ballet (voyez les *OEuvres de M. de Bensserade*, Paris, 1697, tome II, p. 354):

> Blondins accoutumés à faire des conquêtes,
> Devant ce jeune objet si charmant et si doux,
> Tout grands héros que vous êtes,
> Il ne faut pas laisser pourtant de filer doux.
> L'ingrate foule aux pieds Hercule et sa massue;
> Quelle que soit l'offrande, elle n'est point reçue:
> Elle verroit mourir le plus fidèle amant,
> Faute de l'assister d'un regard seulement.

C'était un peu le sentiment de Mme de Sévigné elle-même, lequel perce à travers les délicatesses et les atténuations de la tendresse maternelle, dans le passage suivant d'une de ses lettres (22 septembre 1680): « Vous êtes bien injuste, ma très-chère, dans le jugement que vous faites de vous; vous dites que d'abord on vous croit assez aimable, et qu'en vous connoissant davantage on ne vous aime plus; c'est précisément le contraire: d'abord on vous craint, vous avez un air assez dédaigneux, on n'espère point de pouvoir être de vos amis; mais quand on vous connoît, et qu'on est à portée de ce nombre, et d'avoir quelque part à votre confiance, on vous adore et l'on s'attache entièrement à vous; si quelqu'un paroît vous quitter, c'est parce qu'on vous aime, et qu'on est au désespoir de n'être pas aimé autant qu'on le voudroit: j'ai entendu louer jusqu'aux nues les charmes qu'on trouve dans votre amitié, et retomber sur le peu de mérite qui fait qu'on n'a pu conserver un tel bonheur; ainsi chacun

FABLES.

Pourriez-vous être favorable 5
Aux jeux innocents d'une fable,
Et voir, sans vous épouvanter,
Un Lion qu'Amour sut dompter?
Amour est un étrange maître.
Heureux qui peut ne le connoître 10
Que par récit, lui ni ses coups!
Quand on en parle devant vous,
Si la vérité vous offense,
La fable au moins se peut souffrir :
Celle-ci prend bien l'assurance 15
De venir à vos pieds s'offrir,
Par zèle et par reconnoissance.

Du temps que les bêtes parloient ⁴,
Les lions entre autres vouloient
Être admis dans notre alliance. 20
Pourquoi non? puisque leur engeance
Valoit la nôtre en ce temps-là,

se prend à soi de ce léger refroidissement; et comme il n'y a point de plainte, ni de sujet véritable, je crois qu'il n'y a qu'à causer ensemble avec quelque loisir, pour se retrouver bons amis. » Disons au reste que, dans les six derniers vers du couplet dont nous avons cité le commencement, Benserade prétend que c'est à « la bonne dame, » sa mère, que « Mlle de Sevigny » doit cette indifférence qu'il lui reproche avec la Fontaine. — Sur Mlle de Sévigné, voyez la *Notice*, déjà citée, de M. Mesnard, surtout aux pages 93-112; les *Mémoires* de Walckenaer *sur Mme de Sévigné* (3ᵉ édition), tome II, chapitres XXII et XXIII; tome III, chapitres II et VIII; tome V, chapitre XII, p. 267 et suivantes; et l'*Histoire de la Fontaine*, du même, livre II, tome I, p. 207 et 208.

4. « Au temps que les bestes parloient (il n'y ha pas trois iours), ung paoure lion, etc. » (RABELAIS, livre II, chapitre XV, tome I, p. 278.) — Au sujet de ces premiers vers de la fable, voyez la fin de la notice qui est en tête. — Dans la troisième des fables données par Coray, celle de Nicéphore, le Lion fait lui-même son éloge, vante sa force, sa beauté, sa vitesse.

Ayant courage, intelligence,
Et belle hure⁵ outre cela.
Voici comment il en alla : 25
Un Lion de haut parentage⁶,
En passant par un certain pré,
Rencontra bergère à son gré :
Il la demande en mariage.
Le père auroit fort souhaité 30
Quelque gendre un peu moins terrible.
La donner lui sembloit bien dur;
La refuser n'étoit pas sûr⁷;
Même un refus eût fait, possible⁸,
Qu'on eût vu quelque beau matin 35
Un mariage clandestin;
Car outre qu'en toute manière
La belle étoit pour les gens fiers,
Fille se coiffe volontiers
D'amoureux à longue crinière. 40
Le père donc ouvertement
N'osant renvoyer notre amant,
Lui dit : « Ma fille est délicate⁹;
Vos griffes la pourront blesser
Quand vous voudrez la caresser. 45
Permettez donc qu'à chaque patte
On vous les rogne; et pour les dents,

---

5. « *Hure*, en venerie, dit Nicot (1606), c'est la teste d'un sanglier, ours, loup et autres bestes mordantes. » Furetière, en 1690, reproduit cette définition; mais l'Académie, en 1694, n'applique plus le mot, dans le sens propre, qu'au sanglier.
6. Voyez le *Lexique*.
7. La première des fables ésopiques dit de même : μὴ ἐκδοῦναι θηρίῳ τὴν θυγατέρα βουλόμενος, μηδὲ ἀρνεῖσθαι διὰ τὸν φόβον δυνάμενος.
8. Voyez ci-dessus, p. 220, au vers 8 de la fable vi du livre III.
9. De même, dans la troisième des fables grecques, déjà citée : Ἀλλ' ἡ κόρη παῖς ἐστιν ἁπαλή.

Qu'on vous les lime en même temps :
Vos baisers en seront moins rudes,
Et pour vous plus délicieux ;   50
Car ma fille y répondra mieux,
Étant sans ces inquiétudes [10]. »
Le Lion consent à cela,
Tant son âme étoit aveuglée !
Sans dents ni griffes le voilà,   55
Comme place démantelée.
On lâcha sur lui quelques chiens [11] :
Il fit fort peu de résistance.

Amour, Amour, quand tu nous tiens
On peut bien dire : « Adieu prudence [12]. »   60

10. *E vivrem teco poi lieti e sicuri;*
E tu ti goderai con dolce pace
L' amata sposa à le tue voglie pronta. (VERDIZOTTI.)

11. Dans les fables grecques, on le chasse à coups de bâton.

12. La fable de Nicéphore exprime la même idée : Τυφλὸς γὰρ ἅπας ἐρῶν, καὶ ἀπροβούλευτος, « tout amant est aveugle et inconsidéré. » — « La prudence et l'amour, a dit la Rochefoucauld, ne sont pas faits l'un pour l'autre : à mesure que l'amour croît, la prudence diminue. » (*Maxime posthume*, publiée pour la première fois en 1693 ; c'est la 546ᵉ de l'édition de M. Gilbert.) — Bussy Rabutin (*Histoire amoureuse des Gaules*, édition de Liége, sans date, p. 126) dit de même, en parlant du duc de Nemours et de la duchesse de Châtillon : « A mesure que la passion de ces amants croissoit, leur prudence faisoit le contraire. » — Cette fable se terminait, dans les deux éditions de 1668, in-4° et in-12, et dans la réimpression de 1669, par les six vers suivants, que la Fontaine a supprimés dans l'édition de 1678, et que les éditions de 1679 (Amsterdam), de 1682 et de 1729 ont eu tort de reproduire comme étant demeurés partie intégrante de la fable :

> Par tes conseils ensorcelants
> Ce Lion crut son adversaire :
> Hélas ! comment pourrois-tu faire
> Que les bêtes devinssent gens,
> Si tu nuis aux plus sages têtes,
> Et fais les gens devenir bêtes ?

FABLE II.

LE BERGER ET LA MER.

Ésope, fab. 49, Ποιμὴν καὶ Θάλασσα (Coray, p. 31, p. 306). — Haudent, 1ʳᵉ partie, fab. 13, *d'un Pasteur et de la Mer*. — Comparez aussi la fable ésopique 247, Ναυαγὸς καὶ Θάλασσα, Γεωργὸς καὶ Θάλασσα (Coray, p. 162, p. 385); le sujet est différent, mais elle a, par quelques détails, une certaine analogie avec la fable 49.
Mythologia æsopica Neveleti, p. 131, p. 290.

Du rapport d'un troupeau, dont il vivoit sans soins,
Se contenta longtemps un voisin d'Amphitrite[1] :
    Si sa fortune étoit petite,
    Elle étoit sûre tout au moins.
A la fin, les trésors déchargés sur la plage   5
Le tentèrent si bien qu'il vendit son troupeau,
Trafiqua de l'argent[2], le mit entier sur l'eau.
    Cet argent périt par naufrage.
Son maître fut réduit à garder les brebis,
Non plus berger en chef comme il étoit jadis,   10
Quand ses propres moutons paissoient sur le rivage :
Celui qui s'étoit vu Coridon ou Tircis
    Fut Pierrot[3], et rien davantage.

1. Déesse de la mer, pour la mer elle-même. — La fable ésopique (49) dit, au sens propre : Ποιμὴν ἐν παραθαλασσίῳ τόπῳ ποίμνιον νέμων.

2. Fit le trafic au moyen de l'argent qu'il tira de son troupeau.

3. Ces vers, dont le sens est expliqué par ceux qui précèdent, rappellent indirectement ce passage de Boileau, qui fait bien sentir aussi la différence de ces noms propres :

    On diroit que Ronsard, sur ses pipeaux rustiques,
    Vient encor fredonner ses idylles gothiques,

Au bout de quelque temps il fit quelques profits,
    Racheta des bêtes à laine ;   15
Et comme un jour les vents, retenant leur haleine,
Laissoient paisiblement aborder les vaisseaux :
« Vous voulez de l'argent [4], ô Mesdames les Eaux [5],
Dit-il ; adressez-vous, je vous prie, à quelque autre [6] :
    Ma foi ! vous n'aurez pas le nôtre. »   20

Ceci n'est pas un conte à plaisir inventé.
    Je me sers de la vérité
    Pour montrer, par expérience,
    Qu'un sou, quand il est assuré,
    Vaut mieux que cinq en espérance [7] ;   25

Et changer, sans respect de l'oreille et du son,
Lycidas en Pierrot, et Philis en Toinon.
            (*Art poétique*, chant II, vers 21-24.)

4. « Elle veut encore des dattes, » dit le Berger dans la fable grecque (49) ; c'était de dattes (φοινίκων βαλάνους) qu'il avait chargé son navire : Φοινίκων αὖθις, ὡς ἔοικεν, ἐπιθυμεῖ, καὶ διὰ τοῦτο φαίνεται ἡσυχάζουσα. — Benserade a, de son côté, traduit ainsi ce trait de l'ancien apologue, dans son CLII^e quatrain :

        .... Flots ingrats,
    Vous voudriez encore avoir ce qui me reste ;
        Mais je ne me rembarque pas.

5. La fable ésopique (247) du *Naufragé et la Mer* fait, dans le récit même, une personnification semblable à celle que la Fontaine met ici en apostrophe : Ἡ δὲ (θάλασσα), ὁμοιωθεῖσα γυναικί.

6. On a rapproché de ce passage les beaux vers de Lucrèce :

    *Nec poterat quemquam placidi pellacia ponti
    Subdola pellicere in fraudem ridentibus undis.*

(*De rerum Natura*, livre V, vers 1002 et 1003 ; comparez le vers 560 du livre II.) — La fable grecque (247) peint d'une manière expressive la séduction de la mer : δελεάζουσα τοὺς ἀνθρώπους τῇ πραΰτητι τῆς ὄψεως.

7. C'est une variante du vieux proverbe familier, que nous trouverons un peu plus loin, sous sa forme la plus ordinaire, dans la fable III du livre V (vers 24) :

    Un Tiens vaut, ce dit-on, mieux que deux Tu l'auras.

Qu'il se faut contenter de sa condition ;
Qu'aux conseils de la mer et de l'ambition [8]
    Nous devons fermer les oreilles.
Pour un qui s'en louera, dix mille s'en plaindront.
    La mer promet monts et merveilles :   30
Fiez-vous-y ; les vents et les voleurs [9] viendront.

    8. « Expression très-noble et rapprochement très-heureux qui réveille dans l'esprit du lecteur l'idée de naufrage pour le marin et pour l'ambitieux. » (CHAMFORT.)
    9. Les voleurs maritimes, les pirates. — La morale de l'apologue grec qui est la source première de celui-ci est plus courte et plus générale. Elle joue sur les mots παθήματα, « souffrances, » et μαθήματα, « leçons : » Τὰ παθήματα τοῖς ἀνθρώποις μαθήματα γίνεται.

FABLE III.

LA MOUCHE ET LA FOURMI.

Phèdre, livre IV, fab. 23, *Formica et Musca*. — Romulus, livre II, fab. 18, *Formica et Musca*. — Marie de France, fab. 86, *de la Mosche et d'une Eé* (Abeille). — Haudent, 1re partie, fab. 141, *d'une Mouche et d'un Fourmy*. — Corrozet, fab. 30, *de la Mousche et de la Formis*. — Le Noble, conte 63, *de la Mouche et de la Fourmi. Le sujet fidèle.*

Mythologia æsopica Neveleti, p. 441, p. 511.

Cette fable a été reproduite dans le *Recueil de poésies chrétiennes et diverses*, tome III, p. 365 (par erreur, pour p. 369). — Nous en avons vu un *manuscrit* dans la collection d'autographes de M. Boutron-Charlard. Ce manuscrit, composé de deux feuillets de petit format, porte, au verso du second, les lignes suivantes, qui semblent adressées à Maucroix : « Il faut que tu ayes oublié quelque chose dans la copie, car ce qui est au crayon ne s'y rapporte pas ; du reste j'ay corrigé cela et je t'envoye une autre copie. J'ayme mieux que tu me recueilles le tout. J'ay un conte à te faire.

Adieu.

DE LA FONTAINE. »

Dans la fable de Marie de France, la Fourmi est remplacée par l'Abeille, autre bête ménagère ; le sujet du reste est le même. — Le *conte* de le Noble, comme lui-même l'appelle, est fort curieux. Nous le donnons à l'*Appendice*. Il l'a tiré, dit-il, des archives du parlement d'Angleterre. Sa Mouche est

> Fille d'un mylord duc séant parmi les pairs....
> Elle traitoit de haut en bas
> Certaine Fourmi roturière,
> Qui dans la chambre basse alloit son petit pas.

Dans la querelle, il est question de la révolution de 1688 (c'est neuf ans après, en 1697, que le Noble a publié ses *Contes et Fables*), du pouvoir prépondérant de la chambre des communes, qui fait et défait les rois, etc. — Pour M. Taine (p. 115 et 116), la Mouche est un gentilhomme qui « vit dans les antichambres, les salons, les ruelles; » c'est un des marquis petits-maîtres de Molière, son Acaste, par exemple (voyez *le Misanthrope*, acte III, scène 1); la Fourmi (p. 143 et 144) est « l'animal bourgeois par excellence..., d'un esprit net, ferme et pratique, qui raisonne avec autant de précision qu'il calcule, railleur comme un homme d'affaires, incisif comme un avocat. » Voyez ci-après les notes 5, 14, 15 et 17. — On connaît l'*Éloge de la Mouche* (Μυίας ἐγκώμιον) attribué à Lucien; il s'y trouve quelques traits qu'on peut rapprocher de certains passages de la fable. Le célèbre traducteur allemand de Lucien, Wieland, suppose que ce morceau est une de ces improvisations si fort à la mode au temps de Lucien et où les sophistes les plus célèbres se piquaient d'exceller : voyez le tome VI de sa traduction, p. 461 (Leipzig, 1789).

La Mouche et la Fourmi contestoient de leur prix [1].
   « O Jupiter! dit la première,
Faut-il que l'amour-propre aveugle les esprits
    D'une si terrible manière,
    Qu'un vil et rampant animal   5
A la fille de l'air ose se dire égal [2] !

  1. Phèdre entre en matière de la même façon :

> *Formica et Musca contendebant acriter,*
> *Quæ pluris esset....*

  2.   Tu es reclus en ta teniere,
        Moy, ie vole comme legiere,

dit la Mouche de la vieille fable (*Ysopet I*, f°s 41-43). Celle de le Noble appelle la Fourmi

> Vil insecte rampant que la terre a vomi;

et elle dit d'elle-même :

> .... Moi que le soleil, par un sort glorieux,
> Du feu de ses rayons a voulu faire naître.

— « La mouche est un animal qu'il est bien aisé à la poésie d'anoblir. M. de la Fontaine l'a fait en l'appelant *fille de l'air*. Homère a embelli divers endroits de son poëme de plusieurs comparaisons toutes empruntées de la mouche, et les anciens l'en ont loué. » (Mme Dacier, *l'Iliade d'Homère*, tome III, p. 451, note 48. Paris, 1711.)

Je hante les palais, je m'assieds à ta table³ :
Si l'on t'immole un bœuf, j'en goûte devant toi⁴ ;
Pendant que celle-ci, chétive et misérable,
Vit trois jours d'un fétu qu'elle a traîné chez soi.   10
    Mais, ma mignonne, dites-moi,
Vous campez-vous jamais sur la tête d'un roi,
    D'un empereur, ou d'une belle ?
Je le fais ; et je baise un beau sein quand je veux⁵ ;
    Je me joue entre des cheveux ;   15
Je rehausse d'un teint la blancheur naturelle ;

3. Le *Recueil de poésies chrétiennes et diverses* donne : « Je m'assieds à table. » C'est sans aucun doute une faute d'impression.

4. Avant toi ; voyez plus bas, vers 24, la manière dont la Fourmi interprète cette vanterie ; c'est d'ailleurs la traduction de ce que dit la Mouche dans la fable de Phèdre (vers 4) :

Ubi immolatur, exta præguso Deûm.

Le sens que *devant toi* aurait aujourd'hui, à savoir *en ta présence*, conviendrait également à la vanité de la Mouche ; aussi a-t-il été adopté par quelques commentateurs, mais à tort évidemment. — Cette idée, d'avoir les prémices, se trouve aussi dans Lucien (édition Lehmann, tome VII, p. 318) : « Elle goûte (*les mets*) avant les rois eux-mêmes, » βασιλέων αὐτῶν προγεύεται.

5. *In capite regis sedeo, quum visum est mihi,*
   Et matronarum casta delibo oscula. (PHÈDRE, vers 6 et 7.)

— Marie de France (vers 6) reproduit ainsi la première de ces deux vanteries :

    Deseur (*dessus, sur*) le Roy pooit séoir ;

Ysopet I, la seconde :

    Baise la Royne en la bouche,
    Quant ie veulz, on nez ou on front.

— Lucien, parlant des piqûres de la Mouche (p. 319), a un mot non moins élégant que le *delibo* de Phèdre : καὶ τοῦ κάλλους τι ἀπανθίζεται. — « Acaste, qui est *fort aimé du beau sexe*, parle plus discrètement (*que la Mouche*), mais au fond insinue qu'il a le même privilége. *Les cœurs de haut prix* ne lui manquent pas ; encore faut-il qu'ils fassent *la moitié des avances.* » (M. TAINE, p. 115.) Voyez la scène I, déjà citée, du IIIᵉ acte du *Misanthrope*.

Et la dernière main que met à sa beauté
  Une femme allant en conquête,
C'est un ajustement des mouches emprunté⁶.
  Puis allez-moi rompre la tête   20
  De vos greniers⁷! — Avez-vous dit?
  Lui répliqua la ménagère⁸.
Vous hantez les palais ; mais on vous y maudit⁹.
  Et quant à goûter la première
  De ce qu'on sert devant les Dieux,   25
  Croyez-vous qu'il en vaille mieux?
Si vous entrez partout, aussi font¹⁰ les profanes.

6. « *Mouche*, dit Furetière (1690), est un petit morceau de taffetas ou de velours noir, que les dames mettent sur leur visage par ornement ou pour faire paroitre leur teint plus blanc.... Les mouches taillées en long s'appellent des *assassins*. » — Aux mots « petit morceau de taffetas, » M. Littré ajoute : « de la grandeur d'environ l'aile d'une mouche, » ce qui peut servir à expliquer l'hémistiche : « des mouches emprunté, » qui, du reste, s'explique aussi par la couleur même : voyez le vers 33. — M. le marquis de Laborde, dans son ouvrage intitulé *le Palais Mazarin* (p. 318), cite, comme offrant la première mention des « mouches de velours et de taffetas », le *Testament de Clyante*, pièce galante composée vers 1655 et imprimée en 1658. Puis il extrait d'une autre pièce, dont le titre est *la Faiseuse de mouches*, des vers qui montrent qu'en 1660 cette mode avait pris son entier développement.

7. Geruzez rapproche spirituellement le discours de la Mouche de celui du Chêne dans la fable XXII du Ier livre.

8. Je ne suis simplement que bonne ménagère,

dit la Fourmi chez Benserade (*quatrain* XXXII).

9. Dans *Ysopet I* :

  Tu fais à tout le monde ennui....
  .... chascuns te fiert (*frappe*) et chasse.

— Dans Marie de France (vers 16-18) :

  .... En tuz lius faiz tu anui.
  Siez là où siez, vas là où vas,
  Là par tun fait honur n'aras.

10. C'est-à-dire, « le font aussi. » Aujourd'hui on dirait : « ainsi font. » Voyez la fable suivante, vers 35.

Sur la tête des rois et sur celle des ânes
Vous allez vous planter, je n'en disconviens pas;
  Et je sais que d'un prompt trépas 30
Cette importunité bien souvent est punie.
Certain ajustement, dites-vous, rend jolie;
J'en conviens : il est noir ainsi que vous et moi.
Je veux qu'il ait nom mouche : est-ce un sujet pourquoi[11]
  Vous fassiez sonner vos mérites ? 35
Nomme-t-on pas aussi mouches les parasites[12]?
Cessez donc de tenir un langage si vain :
  N'ayez plus ces hautes pensées.
  Les mouches de cour[13] sont chassées;
Les mouchards[14] sont pendus; et vous mourrez de faim,

11. Voyez le *Lexique*.
12. Plaute emploie le latin *musca* en ce sens dans le *Pœnulus* (acte III, scène III, vers 77); et Antiphane, cité par Athénée (livre VI, p. 238), le mot grec μυῖα. Dans Cicéron (*de Oratore*, livre II, chapitre LX), *Puer, abige muscas*, est une invitation à écarter les importuns.
13. Ceux ou celles qui font dans les cours le métier d'espions : voyez le *Lexique*. Nous ne savons sur quoi pouvaient se fonder l'abbé Guillon, et après lui Crapelet, pour entendre « les factieux. »
14. Les *mouchards* sont évidemment ici les « espions de guerre, » comme l'entend M. Littré, qui, du reste, fait remarquer que le mot n'est pas usité en ce sens. — « Ce sont là, dit Chamfort au sujet de ces deux vers, de mauvais quolibets qui déparent beaucoup cette fable, dont le commencement est parfait. » N'est-il pas trop délicat quand il ajoute : « On se passerait bien aussi du grenier et de l'armoire des deux derniers vers. » ? — M. Taine (p. 144) ne s'accorde pas avec Chamfort, même pour la première critique. Il trouve que ces *quolibets* achèvent bien le caractère donné à la Fourmi : « ses réponses, dit-il à l'occasion des mots *mouches de cour, mouchards,* etc., emportent la pièce.... Voilà les comparaisons polies dont elle régale la Mouche. Elle va droit au fait, et trouve les arguments personnels : dans six mois « vous mourrez de faim. » L'esprit positif arrive naturellement à la réfutation insultante. » — Il y a dans les derniers mots de la Fourmi de Phèdre (vers 21) une intention toute semblable de dure franchise :

  Satis profecto retudi superbiam.

De froid, de langueur, de misère,
Quand Phébus régnera sur un autre hémisphère.
Alors je jouirai du fruit de mes travaux [15] :
  Je n'irai, par monts ni par vaux,
  M'exposer au vent, à la pluie ;   45
  Je vivrai sans mélancolie [16] :
Le soin que j'aurai pris de soin m'exemptera.
  Je vous enseignerai par là
Ce que c'est qu'une fausse ou véritable gloire.
Adieu : je perds le temps ; laissez-moi travailler [17] ; 50
  Ni mon grenier, ni mon armoire
  Ne se remplit à babiller. »

15. .... *Quum bruma est, siles.*
Mori contractam quum te cogunt frigora,
Me copiosa recipit incolumem domus. (PHÈDRE, vers 18 uo.)

— Dans *Ysopet I* :

  Perdue es quant iuer repaire (*reparaît*).

— « Acaste, dit encore M. Taine (p. 115 et 116), est *un de ces mérites qui n'ont que la cape et l'épée* (voyez au commencement de la dernière scène du *Misanthrope* la lettre de Célimène à Clitandre), et pourra bien, après avoir hanté les palais et s'être assis à la table du maître, jeûner l'hiver dans ses terres ; et le pauvre bestion qui levait la dîme sur les dîners de Jupiter mourra aux premiers froids. »

16. On peut rapprocher de ce passage ces deux jolis vers de la vieille fable française (*Ysopet I*) :

  Et la grant pais où mon cuer gist
  Mon petit mengier adoucist.

17. M. Taine fait, sur ces derniers mots de la rude et pratique ménagère, une fine et juste observation : « Elle préfère encore, dit-il (p. 143), les profits aux épigrammes :

  Adieu : je perds le temps, etc. »

FABLE IV.

LE JARDINIER ET SON SEIGNEUR.

Robert (tome I, p. 232) rapproche de cette fable la suivante de Camerarius (*Fabulæ æsopicæ*, p. 312), qui, dans un autre cadre, met en action la même idée :

MALA MUTATA PEJORIBUS.

Maturescentibus frugibus, custodem quidam apposuerat, qui prohiberet ab illorum transitu tam homines quam jumenta. Huic quum permulti elaberentur, neque jumenta cursu assequi posset, præposuit custodiæ arvorum illo equitem. Hic vero, dum jumenta, si qua forte in fruges invasissent, dumque transeuntes viatores insequitur, majorem stragem propemodum ipse, quam qui fugabantur, edidit.

Le marquis d'Argens, dans les *Lettres juives* (tome I, p. 304, fin de la lettre XXXIV, la Haye, 1738), raconte cette fable en peu de mots et l'applique aux Génois qui, en 1730, avaient demandé une armée à l'empereur Charles VI pour soumettre les Corses révoltés. — L'extrait suivant du troisième sermon du carême prêché à Paris par le vieux sermonnaire franciscain Michel Menot (*feria sexta post Cineres*, f° 7 v°, col. 1, édition de Paris, 1530) nous montre bien comment on peut développer par de tout autres exemples cette même moralité, « que le secours est souvent plus dommageable que le mal contre lequel on l'invoque : » *Nunc domini justitiarii sunt ut catus qui ponitur ad custodiendum caseum, ne illum rodant mures. Scilicet si catus apponat semel dentes, plus nocebit unico morsu, quam mures in xx. Sic domini officiarii Regis positi sunt ad tuendum populum communem pauperem, et tamen hi plus nocent uni pauperi sub conductione unius processus sex alborum quam omnes talliæ, omnes impositiones et gabellæ, et armigeri qui possunt eis venire in uno anno.*

M. Soullié (p. 273 et 274) met *le Jardinier et son Seigneur* parmi ces récits d'une « portée plus philosophique et plus élevée, » et plutôt contes que fables, qu'il regarde comme « les morceaux les plus achevés de l'auteur, » et où il le trouve surtout « vrai et piquant. » — Voyez aussi ce que M. Taine (p. 120-122) dit de cette peinture du gentilhomme mis en scène sous son vrai nom, et du plaisir que la Fontaine a pris à résumer tous les traits de ce caractère. L'anecdote hollandaise empruntée aux *Mémoires* de du Maurier, et opposée par M. Taine au récit de notre poëte, montre bien, comme il le dit, « par le contraste, qu'une petite fable peut peindre un peuple et une aristocratie. »

   Un amateur du jardinage,
   Demi-bourgeois, demi-manant[1],
   Possédoit en certain village
Un jardin assez propre, et le clos attenant[2].
Il avoit de plant vif[3] fermé cette étendue.   5
Là croissoit[4] à plaisir l'oseille et la laitue,
De quoi faire à Margot pour sa fête un bouquet,
Peu de jasmin d'Espagne[5], et force serpolet.
Cette félicité par un lièvre troublée
Fit qu'au Seigneur du bourg notre homme se plaignit. 10
« Ce maudit animal vient prendre sa goulée[6]
Soir et matin, dit-il, et des piéges se rit;
Les pierres, les bâtons y perdent leur crédit :
Il est sorcier, je crois. — Sorcier? je l'en défie,

 1. Voyez ci-dessus, livre I, fable VIII, vers 8.
 2. Les éditions originales portent : *à tenant*, en deux mots.
 3. D'une haie vive.
 4. *Croissoit* est la leçon des éditions anciennes, remplacée à tort par *croissoient* dans quelques impressions modernes.
 5. « Les jasmins, dit le *Dictionnaire de Trévoux*, sont des fleurs délicates, qu'il faut cultiver très-régulièrement et avec beaucoup de soin. » Le jasmin d'Espagne, ou jasmin à grandes fleurs, originaire de l'Inde, en demande bien plus encore que le jasmin commun ; « il se conserve mieux dans des pots qu'en pleine terre. » Il n'y avait pas bien longtemps qu'on le connaissait en France lorsque la Fontaine publia ses fables. « On le cultive en Europe depuis près de deux cents ans, » dit Loiseleur Deslongchamps, dans le *Dictionnaire des sciences naturelles* de Levrault, publié en 1822.
 6. *Goulée*, de *gueule* (forme ancienne *goule*), comme *bouchée* de *bouche*.

Repartit le Seigneur : fût-il diable, Miraut[7],   15
En dépit de ses tours, l'attrapera bientôt.
Je vous en déferai, bon homme[8], sur ma vie.
— Et quand ? — Et dès demain, sans tarder plus long-
La partie ainsi faite, il vient avec ses gens.   [temps. »
« Çà, déjeunons, dit-il : vos poulets sont-ils tendres ?   20
La fille du logis, qu'on vous voie, approchez :
Quand la marierons-nous ? quand aurons-nous des gendres ?
Bon homme, c'est ce coup qu'il faut, vous m'entendez,
    Qu'il faut fouiller à l'escarcelle[9]. »
Disant ces mots, il fait connoissance avec elle,   25
    Auprès de lui la fait asseoir,
Prend une main, un bras, lève un coin du mouchoir,
    Toutes sottises dont la belle
    Se défend avec grand respect :
Tant qu'au père à la fin cela devient suspect.   30
Cependant on fricasse, on se rue en cuisine[10].
« De quand sont vos jambons ? ils ont fort bonne mine.
— Monsieur, ils sont à vous. — Vraiment, dit le Seigneur,
    Je les reçois, et de bon cœur. »
Il déjeune très-bien ; aussi fait[11] sa famille[12],   35
Chiens, chevaux, et valets, tous gens bien endentés :

  7. *Miraut*, nom de chien de chasse (que nous retrouverons au livre V, fable XVII, vers 15), de *mirer*, dans le sens de viser, regarder, quêter.
  8. *Bon homme* est ainsi écrit en deux mots dans les éditions originales.
  9. M. Littré, dans son *Dictionnaire*, définit ainsi le mot : « Grande bourse à l'antique, qui se portait suspendue à la ceinture. »
  10. « Ruer en cuisine, » sans *se*, est une expression de Rabelais (livre I, chapitre XI, tome I, p. 38; livre IV, chapitre X, tome II, p. 27).
  11. Voyez la fable précédente, vers 27.
  12. Le vers suivant explique et développe plaisamment ce mot, qui est pris ici, au sens latin, pour toute la maison, la suite du Seigneur.

Il commande chez l'hôte, y prend des libertés,
    Boit son vin, caresse sa fille.
L'embarras des chasseurs succède au déjeuné.
    Chacun s'anime et se prépare : 40
Les trompes et les cors font un tel tintamarre
    Que le bon homme est étonné.
Le pis fut que l'on mit en piteux équipage
Le pauvre potager : adieu planches, carreaux;
    Adieu chicorée et porreaux; 45
    Adieu de quoi mettre au potage.
Le lièvre étoit gîté dessous un maître chou.
On le quête; on le lance : il s'enfuit par un trou,
Non pas trou, mais trouée, horrible et large plaie
    Que l'on fit à la pauvre haie 50
Par ordre du Seigneur; car il eût été mal
Qu'on n'eût pu du jardin sortir tout à cheval.
Le bon homme disoit : « Ce sont là jeux de prince[13]. »
Mais on le laissoit dire; et les chiens et les gens
Firent plus de dégât en une heure de temps 55
    Que n'en auroient fait en cent ans
    Tous les lièvres de la province[14].

Petits princes, videz vos débats entre vous :

---

13. L'abbé Guillon cite, à propos de ce vers, ce passage d'Henri Estienne (*Apologie pour Hérodote*, édition le Duchat, la Haye, 1735, tome II, p. 473 et 474) : « Encores y a il une autre sorte de cruauté, à-sçauoir celle qui s'exerce plus de gayeté de cueur, et par un plaisir qu'on y prend, que par vengeance : à quoy les princes et grans seigneurs s'addonnent plustost que les hommes de basse ou de mediocre condition : dont est venu le prouerbe... : *Ce sont ieux de princes; ils plaisent à ceux qui les font.* »

14. « Voici une fable presque parfaite. La scène du déjeuner, les questions du Seigneur, l'embarras de la jeune fille, l'étonnement respectueux du paysan affligé, tout cela est peint de main de maître. Molière n'aurait pas mieux fait. » (CHAMFORT.)

De recourir aux rois vous seriez de grands fous.
Il ne les faut jamais engager dans vos guerres, 60
Ni les faire entrer sur vos terres[15].

15. Le marquis d'Argens, comme nous l'avons dit en tête de la fable, développe par un exemple particulier cette affabulation politique : « Les chefs des (*Corses*) révoltés, dit-il à l'endroit cité, ont fui comme le lièvre. Ils se sont sauvés et ont imploré le secours et la miséricorde de l'Empereur. Il la leur a accordée et a obtenu leur grâce des Génois. Mais à peine ce prince a-t-il retiré ses troupes de l'île de Corse qu'elle s'est de nouveau révoltée. »

FABLE V.

L'ÂNE ET LE PETIT CHIEN.

Ésope, fab. 212, Κύων καὶ Δεσπότης (Coray, p. 137 et 138, sous deux formes[1]); Ὄνος καὶ Κυνίδιον (Coray, p. 371); fab. 412, Ὄνος παίζων (Coray, p. 268). — Appendix fabularum æsopiarum, fab. 10, *Asinus domino blandiens*. — Romulus, livre I, fab. 16, *Asinus domino blandiens*. — Neckam, fab. 5, *de Cane et Asino* (Éd. du Méril, p. 179 et 180). — Marie de France, fab. 16, *d'un riche Hume qui nurrisseit un Chiennet*. — Haudent, 1re partie, fab. 124, *d'un Chien et d'un Asne*. — Corrozet, fab. 13, *de l'Asne et du petit Chien*. — Le Noble, fab. 91, *du Baudet et du petit Chien. Le mauvais plaisant*.

Mythologia æsopica Neveleti, p. 261, p. 498.

Voyez ce qui est dit dans les *Études indiennes* de M. Weber (tome III, p. 352 et 353), dans l'*Introduction au Pantschatantra* de M. Benfey (tome I, p. 110), dans le *Mémoire* de M. Wagener (p. 119-121), de diverses fables orientales, où l'Ane se trouve fort mal d'avoir voulu imiter soit le Chien soit d'autres animaux. — M. Saint-Marc Girardin, dans sa ive leçon (tome I, p. 108-110), rapproche de notre fable le 4e récit des *Avadânas* (tome I, p. 27 et suivantes, de la traduction de M. Stanislas Julien). Ce récit, qui a des personnages tout différents, développe au reste la même morale, avec un trait de plus : la calomnie après la maladresse punie. C'est un Hibou qui, jaloux du Perroquet favori d'un roi, veut chanter aussi, et réveille et effraye le Roi, qui le fait plumer vivant. Revenu dans la plaine, le cœur gonflé de colère, il accuse le Perroquet auprès des autres oiseaux d'être l'unique cause de son malheur. — M. Taine (p. 139) interprète la fable : « Que ne peut-on, s'écrie-t-il, avec le nom de gentilhomme, en prendre l'élégance ! Mais sous un habit de cour un lourdaud est plus lourd encore. »

Ne forçons point notre talent,

---

1. La seconde de ces deux formes est tirée de Galien; ce n'est que la première partie de la fable : les gentillesses de l'Ane, sans

Nous ne ferions rien avec grâce[2] :
Jamais un lourdaud, quoi qu'il fasse,
Ne sauroit passer pour galant[3].

le châtiment. Dans la quatrième version, Ὄνος παίζων, il s'agit d'un Singe, au lieu du petit Chien de Malte qui figure dans les trois autres : voyez le *la Bruyère* de M. Servois, tome I, p. 74, note 4.

2. La morale de la fable réunit deux conseils d'Horace, celui-ci d'abord :

> *Tu nihil invita dices faciesve Minerva*
> (*Art poétique*, vers 385) ;

puis cet autre, bien connu, qui se déduit d'un passage de la *satire* VI du livre I (vers 22), et qu'on a souvent résumé par ces mots : *In propria pelle quiesce.* — Dans les sources latines indiquées en tête de la fable, l'affabulation est diversement tournée, mais en général bien nette et bien précise. Ainsi dans l'*Appendice des fables ésopiques* :

> *Fabella, ineptus ne se invitis ingerat,*
> *Melioris aut affectet officium, docet.*

Dans Neckam :

> *Fabula nostra docet cunctis non cuncta licere,*
> *Et debere modum quemque tenere suum.*

Dans l'*Anonyme* de Nevelet (p. 498) :

> *Quod natura negat, nemo feliciter audet ;*
> *Displicet imprudens, unde placere putat.*

— Dans la vieille fable française (*Ysopet I*, f°s 19 et 20), la moralité se termine ainsi :

> .... Se chascuns veult estre pape,
> Roy ou duc, folie l'atrape.
> Chascuns en sa vocation
> Se tiengne sans presoncion.

— C'est dans le même esprit que l'autre fable française, donnée par Robert sous le nom d'*Ysopet II*, blâme

> .... L'Asne qui folement
> . . . .
> Voult tolir au Chien son mestier.

3. L'édition de 1678 donne ici *galant*, par un *t*, quoique dans la fable XIV du livre I, où ce mot rime avec *talent* et *franchement*, elle écrive *galand*, par un *d*, comme fait partout, et même ici, l'édition de 1668 in-4°.

Peu de gens, que le ciel chérit et gratifie [4], 5
Ont le don d'agréer infus avec la vie.
   C'est un point qu'il leur faut laisser,
Et ne pas ressembler à l'Ane de la fable,
  Qui pour se rendre plus aimable
Et plus cher à son maître, alla le caresser. 10
  « Comment? disoit-il en son âme,
  Ce Chien, parce qu'il est mignon,
  Vivra de pair à compagnon
  Avec Monsieur, avec Madame;
  Et j'aurai des coups de bâton [5]? 15
  Que fait-il [6]? il donne la patte;
  Puis aussitôt il est baisé [7] :
S'il en faut faire autant afin que l'on me flatte,

4.   .... *Pauci, quos æquus amavit*
 Jupiter.... (VIRGILE, *Énéide*, livre VI, vers 129.)

5. Dans les fables latines, l'Ane s'arrête assez longuement à vanter ses mérites et à déprécier le Chien. Dans *Ysopet II*, on lit ce mélancolique résumé, où il est question, comme ici, de Monsieur et de Madame :

    Il s'apensa que il n'auoit,
    Fors tourment, de ce qu'il faisoit;
    Et le Chien ert (*était*) si aise
    Pour la ioie que il menoit,
    Et pour l'amour que il monstroit
    A son maistre et à sa maistresse.

— Chez Marie de France, le pauvre Baudet dit fort plaisamment (vers 14-18) :

    Melx saureit-il à son Sengnor
    Ioer ke li Chienés petiz,
    Et melx sereit oïs ses criz;
    Miex le saureit des piez ferir,
    Et miauz saureit sus li sailir.

6. *Que fait-il donc*, dans le texte de Walckenaer (1827).

7. Il est de même question des baisers dans le morceau de Galien (χατεφίλουν), et dans *Ysopet I* :

    Le Chienet au Seigneur plaisoit
    Si qu'aucune fois le besoit.

Cela n'est pas bien malaisé. »
Dans cette admirable pensée, 20
Voyant son maître en joie, il s'en vient lourdement,
Lève une corne toute[8] usée,
La lui porte au menton fort amoureusement,
Non sans accompagner, pour plus grand ornement,
De son chant gracieux cette action hardie[9]. 25
« Oh! oh! quelle caresse! et quelle mélodie!
Dit le maître aussitôt. Holà, Martin-bâton[10]! »

8. Telle est l'orthographe du mot dans toutes les éditions anciennes. Presque tous les éditeurs modernes ont écrit : *tout usée*, conformément à l'orthographe adoptée maintenant.

9. Dans la fable de Neckam (vers 8) :

Intrantis Domini colla ferit pedibus,
Horrendumque rudens (et le braire horrible) sua crura ferentis
Ceu subito tonitru reddidit attonitum. [*in aures*

— Dans l'*Appendice des fables ésopiques* (vers 15-18) :

.... Humeris ambos pedes
Imponit, osque lingua cœpit lingere,
Vestemque fœdis scindens ungulis, gravi
Herum fatigat, stulte blandus, pondere.

— Dans *Ysopet I* :

Ses piés aux epaules li met
. . . .
Et pour ce que plus plaire cuide,
A rechanter met grant estuide.

— Chez Galien, l'Ane se contente de sauter sur le lit, où son maître, alors à table, est couché avec le petit Chien.

10. Cette expression est empruntée à Rabelais (livre III, chapitre XII, tome I, p. 406) : « Martin baston en fera l'office. » M. Littré, dans son *Dictionnaire*, la définit ainsi : « Homme armé d'un bâton, et, par extension, le bâton personnifié. » Voyez le *Lexique*. — Ailleurs la Fontaine a dit simplement *Martin* (livre V, fable XXI, vers 7 et 9) :

Martin fit alors son office.
Ceux qui ne savoient pas la ruse et la malice
S'étonnoient de voir que Martin
Chassât les lions au moulin.

Martin-bâton accourt[11] : l'Ane change de ton.
    Ainsi finit la comédie[12].

11. Benserade (*quatrain* xv) termine par ces mots :

    La riposte fut prompte et faite à coups de gaule.

— Dans la fable grecque (212), l'Ane est conduit, à coups de bâton, au moulin (πρὸς τὸν μυλῶνα), comme dans la fable xxi du livre V, que nous venons de citer.

12. « Jolie fable, dit Chamfort, parfaitement écrite d'un bout à l'autre. La seule négligence qu'on puisse lui reprocher est la rime *toute usée*, qui rime très-mal avec *pensée* (vers 20 et 22). »

FABLE VI.

LE COMBAT DES RATS ET DES BELETTES.

Ésope, fab. 242, Μύες καὶ Γαλαῖ, Γαλαῖ καὶ Μύες (Coray, p. 159 et 160, p. 382-384, sous cinq formes). — Babrius, fab. 31, Γαλαῖ καὶ Μύες. — Phèdre, livre IV, fab. 6, *Pugna Murium et Mustelarum*.

Mythologia æsopica Neveleti, p. 217, p. 285, p. 431.

Il y a une autre fable d'Ésope (n° 154, Ἁλιεύς, Coray, p. 93 et p. 348) mise en vers grecs par Babrius (n° 4, Ἁλιεὺς καὶ Ἰχθῦς), et en quatrain par Benserade (n° CCIII), dont la morale est à peu près la même que celle du *Combat des Rats et des Belettes* : les petits poissons se sauvent par les trous du filet, et les gros sont pris. — On peut encore, pour l'affabulation, rapprocher de cette fable, celle des *Oies et des Grues* (Χῆνες καὶ Γέρανοι, n° 60, Coray, p. 36 et p. 312) : les Grues légères (ce sont les pauvres) échappent aux chasseurs ; les Oies trop lourdes (les riches) ne le peuvent.

> La nation des Belettes,
> Non plus que celle des Chats,
> Ne veut aucun bien aux Rats ;
> Et sans les portes étrètes [1]
> De leurs habitations,   5
> L'animal à longue échine [2]
> En feroit, je m'imagine,
> De grandes destructions.
> Or une certaine année
> Qu'il en étoit à foison,   10

---

1. Voyez ci-dessus, livre III, fable VIII, vers 6. — L'édition de 1679 (Amsterdam) porte *étroites*.

2. C'est, en d'autres termes, la même image qu'au premier vers de la fable XVII du livre III :

> Damoiselle Belette, au corps long et flouet.

Leur roi, nommé Ratapon,
Mit en campagne une armée.
Les Belettes, de leur part,
Déployèrent l'étendard.
Si l'on croit la renommée,   15
La victoire balança :
Plus d'un guéret s'engraissa
Du sang de plus d'une bande.
Mais la perte la plus grande
Tomba presque en tous endroits³   20
Sur le peuple souriquois⁴.
Sa déroute fut entière,
Quoi que pût faire Artarpax,
Psicarpax, Méridarpax⁵,
Qui, tout couverts de poussière,   25
Soutinrent assez longtemps
Les efforts des combattants.
Leur résistance fut vaine;
Il fallut céder au sort :
Chacun s'enfuit au plus fort⁶,   30

3. La locution *en tous endroits*, se trouve dans Rabelais, de même que les mots *plumail* (vers 37) et *jonchée* (vers 47). Voyez le *Lexique*.

4. Mot de l'invention de notre poëte. Il l'a employé de nouveau au vers 33 de la fable vIII du livre XII.

5. *Artarpax*, voleur de pain ; *Psicarpax*, ou plutôt *Psicharpax*, voleur de miettes ; *Méridarpax*, voleur de parcelles ou de morceaux noms formés de ἁρπάζω, voler, et de ἄρτος, *pain*, ψίξ (génitif ψιχός), *miette*, μερίς (génitif μερίδος), *parcelle*. Les deux derniers sont empruntés, l'un au vers 24, l'autre aux vers 265 et 277 de la *Batrachomyomachie*, ou *Combat des Grenouilles et des Rats*, poëme héroï-comique qu'on a souvent, dans l'antiquité et dans les temps modernes, attribué à Homère, mais à tort sans aucun doute. Il y a aussi dans ce poëme des noms formés, comme ici *Artarpax*, d'ἄρτος, *pain*. Ainsi *Artophage* (Ἀρτοφάγος), « mangeur de pain » (vers 213) ; *Troxartè* (Τρωξάρτης), « rongeur de pain » (vers 28) ; *Artépibule* (Ἀρτεπίβουλος), « qui guette le pain » (vers 264). Ce dernier est le père de *Méridarpax*.

6. Au plus vite.

Tant soldat que capitaine.
Les princes périrent tous.
La racaille, dans des trous
Trouvant sa retraite prête,
Se sauva sans grand travail ;   35
Mais les seigneurs sur leur tête
Ayant chacun un plumail[7],
Des cornes[8] ou des aigrettes,
Soit comme marques d'honneur,
Soit afin que les Belettes   40
En conçussent plus de peur,
Cela causa leur malheur.
Trou, ni fente, ni crevasse
Ne fut large assez pour eux ;
Au lieu que la populace   45
Entroit dans les moindres creux[9].
La principale jonchée
Fut donc des principaux Rats.

Une tête empanachée

---

7. Une touffe de plumes.

8. *Duces eorum, qui capitibus cornua*
   Suis ligarant, ut conspicuum in prælio
   Haberent signum, quod sequerentur milites.
                          (PHÈDRE, vers 5-7.)

— La fable ésopique se sert du mot χέρατα, *cornes* : χέρατα κατασκευάσαντες ἑαυτοῖς συνῆψαν. Chauveau, dans la gravure qu'il a mise en tête de cette fable, dans l'édition de 1678, a placé sur la tête des rats de véritables cornes. Nous savons par Hérodote (livre VII, chapitre LXXVI), par Diodore (livre V, chapitre XXX), que les Thraces et les Gaulois portaient des casques d'airain surmontés de cornes d'animaux, également d'airain, dit Hérodote. Plutarque nous apprend que Pyrrhus, campé près de Béroé, fut reconnu par les soldats de Démétrius aux cornes de bouc qui décoraient son casque : voyez la *Vie de Pyrrhus*, chapitre XI.

9. Ἄλλοι μὲν οὖν σωθέντες ἦσαν ἐν τρώγλαις. (BABRIUS, vers 17.)

N'est pas petit embarras. 50
Le trop superbe équipage
Peut souvent en un passage
Causer du retardement.
Les petits, en toute affaire,
Esquivent fort aisément : 55
Les grands ne le peuvent faire[10].

10. *Quemcumque populum tristis eventus premit,*
 Periclitatur magnitudo principum,
 Minuta plebes facili præsidio latet. (PHÈDRE, vers 11-13.)
— L'affabulation de Babrius (vers 23 et 24) est que « pour vivre sans danger, une humble et simple condition est préférable à l'éclat : »

Λέγει δ'ὁ μῦθος · « Εἰς τὸ ζῆν ἀκινδύνως
Τῆς λαμπρότητος εὐτέλεια βελτίων. »

— Dans la troisième des fables en prose données par Coray, la morale est tout autre, et beaucoup moins appropriée au récit : « Sans le secours divin, c'est vainement qu'on se fie aux armes. » On dirait que c'est un souvenir de l'intervention de Jupiter dans la *Batrachomyomachie*.

FABLE VII.

LE SINGE ET LE DAUPHIN[1].

Ésope, fab. 88, Πίθηκος καὶ Δελφίς (Coray, p. 51 et 52, sous deux formes, dont la seconde, en vers, que Coray nomme à bon droit *barbares*, est de Tzetzès). — Faërne, fab. 36, *Simius et Delphus*[2]. — Haudent, 1re partie, fab. 70, *d'un Daulphin et d'un Singe*.
Mythologia æsopica Neveleti, p. 160.

M. Benfey, dans son *Introduction* au *Pantschatantra* (p. 425), parle d'une fable orientale qui rappelle la fable grecque, et qu'il croit pouvoir regarder comme en étant une imitation partielle. Il y est question d'un singe qui s'aventure en mer sur le dos d'un monstre marin. — M. Taine (p. 138) fait figurer notre Singe dans la galerie des bourgeois vaniteux qu'il trouve chez la Fontaine. — La fable du *Singe et le Dauphin* était représentée dans le *Labyrinthe* de Ver-

---

1. Toutes les éditions anciennes, excepté celles de 1679 (Amsterdam) et de 1682 (Paris), écrivent *Daufin*, ici et à tous les vers où ce mot se trouve. L'impression de 1678 A porte *dauphins* au vers 7, mais partout ailleurs elle a *Daufin*.

2. Par une étrange confusion, Tzetzès et Faërne ont remplacé le Dauphin par un homme ; on ne peut pas s'y méprendre, car chez tous les deux il est question de la *main* de ce sauveur ; aussi la gravure qui accompagne la fable dans l'édition de Faërne de 1564 représente-t-elle en effet un homme qui saisit le Singe par les pieds et le lance à la mer. Cet homme, chez Faërne, est un *Delphien*. A-t-il lu ou cru qu'il fallait lire, dans la prose grecque de Planude, au lieu de Δελφίς, Δελφός, qui se trouve en effet chez les auteurs grecs dans le sens de Δελφικός? Quant au singulier latin *Delphus*, il n'y en a pas d'exemple, que nous sachions, dans la bonne latinité ; mais Justin (livre XXIV, chapitres VII et VIII) a employé au sens d'« habitants de Delphes, » le pluriel *Delphi*, qui désigne ordinairement la ville. Il faut dire, au reste, que dans la source première, dans la fable en prose grecque, rien absolument, que le titre même, Δελφίς ou Δελφός, ne peut déterminer si c'est d'un homme ou d'un dauphin qu'il s'agit.

sailles; elle forme le sujet du *quatrain* ccxvi de Benserade (xxxive de l'édition de 1677).

> C'étoit chez les Grecs un usage
> Que sur la mer tous voyageurs
> Menoient avec eux en voyage
> Singes et chiens de bateleurs ³.
> Un navire en cet équipage ⁴   5
> Non loin d'Athènes fit naufrage ⁵.
> Sans les dauphins tout eût péri ⁶.
> Cet animal est fort ami
> De notre espèce : en son histoire
> Pline le dit ⁷ ; il le faut croire.   10

3. La fable en prose grecque et la fable de Faërne commencent de même que la nôtre. Elles ajoutent qu'on avait ces animaux πρὸς παραμυθίαν τοῦ πλοῦ, *navigationis in solatium*. Au lieu de « chiens de bateleurs, » ce sont, dans la fable grecque, de petits chiens de Mélite : voyez ci-dessus, p. 282, note 1.

4. A la place des mots : « en cet équipage, » qui peut-être manquent un peu de netteté, nous lisons dans les deux fables mentionnées à la note précédente qu'un des passagers avait avec lui un singe, « un singe bouffon, » dit Faërne :

Cum morione navigabat Simio.

5. « Auprès du promontoire de Sunium, » disent la fable latine et la fable en prose grecque.

6. Chez Haudent, tous périssent en effet, hormis le Singe :

Ilz furent tous perduz, fors ceste beste.

7. Pline, *Histoire naturelle*, livre IX, chapitre viii : *Delphinus.... homini.... amicum animal.... Hominem non expavescit, ut alienum; obviam navigiis venit, alludit exsultans, certat etiam, et quamvis plena præterit vela.* Dans le reste du chapitre et dans le suivant, Pline rapporte à l'appui plusieurs exemples, entre autres celui d'Arion, dont notre poëte parle un peu plus bas. — Pour le naturel et les mœurs du dauphin, comparez Aristote, *Histoire des animaux*, livre IX, chapitre xxxv (ailleurs xlviii). — « Le fait est faux, dit Chamfort, mais c'est une tradition ancienne. D'ailleurs la Fontaine évite plaisamment l'embarras d'une discussion. »

Il sauvā donc tout ce qu'il put.
Même un Singe en cette occurrence,
Profitant de la ressemblance,
Lui pensa devoir son salut :
Un Dauphin le prit pour un homme,   15
Et sur son dos le fit asseoir
Si gravement qu'on eût cru voir
Ce chanteur que tant on renomme [8].
Le Dauphin l'alloit mettre à bord,
Quand, par hasard, il lui demande :   20
« Êtes-vous d'Athènes la grande ?
— Oui, dit l'autre ; on m'y connoît fort :
S'il vous y survient quelque affaire,
Employez-moi ; car mes parents
Y tiennent tous les premiers rangs :   25
Un mien cousin est juge maire [9]. »
Le Dauphin dit : « Bien grand merci [10] ;
Et le Pirée [11] a part aussi

8. Arion, sur le point d'être assassiné par des matelots qui voulaient le dépouiller, se jeta à la mer, et fut sauvé et porté au cap Ténare par un dauphin qui l'avait entendu jouer de la lyre. Le plus ancien récit que nous ayons de cette histoire est celui d'Hérodote (livre I, chapitre XXIV). Plusieurs auteurs grecs et latins l'ont racontée après lui : voyez entre autres Plutarque (*le Banquet des sept Sages*, chapitre XVIII) ; Ovide (*Fastes*, livre II, vers 83-118) ; Pline (livre IX, chapitre VIII) ; Aulu-Gelle (*Nuits attiques*, livre XVI, chapitre XIX).

9. Il est bien entendu que le Singe décore son cousin d'un titre tout français. *Juge maire*, synonyme de *juge mage* ou *maje* (voyez le *Dictionnaire* de M. Littré), était, dans quelques-unes de nos provinces, le nom du lieutenant du sénéchal.

10. Ces trois derniers mots sont écrits ainsi dans toutes les éditions anciennes : *Bien-grammercy*. On trouve les deux derniers réunis de cette façon en un composé dans Marot, Pasquier, Montaigne, etc.

11. « Port d'Athènes qui fut bâti par les conseils de Thémistocle, à la suite de la guerre de Xerxès, c'est-à-dire une centaine d'années après le temps de Solon, de Cyrus et de Crésus, où l'on place com-

A l'honneur de votre présence?
Vous le voyez souvent, je pense¹²? 30
— Tous les jours : il est mon ami;
C'est une vieille connoissance¹³. »
Notre magot¹⁴ prit, pour ce coup,
Le nom d'un port pour un nom d'homme.

De telles gens il est beaucoup 35
Qui prendroient Vaugirard pour Rome¹⁵,

munén ......stence d'Ésope ; c'est une des raisons dont se sert le P. Vav...... dans son curieux traité *de Ludicra dictione* (Paris, 1658, in-4°, p. ...... pour prouver que les fables d'Ésope lui sont faussement attribuées, et qu'elles appartiennent à son biographe Planude..... » (Nodier, édition de 1818, tome I, p.147.) — Le P. Vavasseur auroit dû se contenter de conclure que parmi les fables dites d'Ésope il en est qui lui sont faussement attribuées, et d'ailleurs ne pas assigner péremptoirement à Planude la paternité, même de celles-là.

12. Les deux questions peuvent s'appliquer aussi bien à un homme qu'à un lieu; mais la première ne manque-t-elle pas un peu de naturel? Le fabuliste latin dit plus simplement : *Nossetne Piræum?* et l'auteur de la fable grecque en prose : Εἰ καὶ τὸν Πειραιᾶ ἐπίσταται. — Chez le second, l'entretien tout entier, chez le premier, une partie de l'entretien a lieu au Pirée même.

13. Dans le récit de Tzetzès, le Singe ajoute plaisamment qu'il connaît « et tous ses enfants, et sa femme, et ses amis : »

Καὶ τούτου τέκνα σύμπαντα, σύζυγον, καὶ τοὺς φίλους.

14. *Magot* désigne proprement un gros singe sans queue, du genre des *macaques*. Dans la synonymie indiquée en note au tome XIV de Buffon, p. 109 (Imprimerie royale, 1766), le *magot* est identifié avec le *cynocéphale*, mentionné par Aristote au livre II de l'*Histoire des animaux*, chapitre VIII (ailleurs V).

15. Locution proverbiale. Le nom de Vaugirard s'employait volontiers dans ces sortes de rapprochements géographiques : voyez au tome X des *Lettres de Mme de Sévigné*, p. 495, comment Coulanges s'en est servi dans une chanson. Vaugirard était au temps de la Fontaine, et il n'y a pas longtemps encore, un village près de Paris (à une lieue de distance, dit en 1771 le *Dictionnaire de Trévoux*); il fait partie maintenant de la ville, depuis que Paris a élargi son enceinte.

Et qui, caquetants[16] au plus dru,
Parlent de tout, et n'ont rien vu.

Le Dauphin rit, tourne la tête,
Et le magot considéré,
Il s'aperçoit qu'il n'a tiré
Du fond des eaux rien qu'une bête.
Il l'y replonge, et va trouver
Quelque homme afin de le sauver[17].

16. Les éditions originales mettent ainsi le participe au pluriel, de même que celles de 1682 et de Londres 1708.
17. « On ne voit pas trop quelle est la moralité de cette prétendue fable, qui n'en est pas une. » (CHAMFORT.) — Voici l'affabulation de Faërne :

Qui mentiuntur impudenter, hi suis
Refellere ipsi se solent mendaciis.

FABLE VIII.

L'HOMME ET L'IDOLE DE BOIS.

Ésope, fab. 128, Ἄνθρωπος καταθραύσας ἄγαλμα (Coray, p. 70 et 71, sous deux formes, et p. 330). — Babrius, fab. 119, Ἄγαλμα Ἑρμοῦ. — Haudent, 2º partie, fab. 8, *d'un Avaricieux et de son Ydole*. — Corrozet, fab. 76, *de l'Homme et de son Dieu de bois*. — Le Noble, fab. 51 *bis* (nº 1 du tome II), *de l'Idole brisé* (sic : voyez la note 4). *Le caprice*.

Mythologia æsopica Neveleti, p. 192.

On a rapproché de cet apologue un conte indien, dont il existe plusieurs versions. Dans ce conte, fondé sur une croyance bouddhique, l'Idole, dans laquelle de l'or est caché, est remplacée par un moine djaina, en chair et en os, qu'un coup de bâton, asséné sur la tête, transforme en or, et cet or enrichit un pauvre marchand, riche dans une existence antérieure, qui, averti en songe, a ainsi frappé le moine. M. Weber, par une conjecture ingénieuse, trop ingénieuse peut-être, suppose, dans ses *Études indiennes* (tome III, p. 353), que cette sorte de légende fait allusion à un épisode de la sanglante persécution dirigée contre le bouddhisme, au roi Pushpamitra promettant cent pièces d'or pour chaque tête de religieux qu'on lui apporterait : c'est un fait rapporté par Eugène Burnouf dans son *Introduction à l'histoire du Buddhisme* (p. 431). Au sujet du conte indien, que plusieurs inclinent à considérer comme la source de la fable grecque, on peut voir, outre M. Weber, déjà cité, l'*Introduction* au *Pantschatantra* de M. Benfey (tome I, p. 475-479), et le *Mémoire* de M. Wagener (p. 121). Le conte même est le 1ᵉʳ du livre V du *Pantschatantra* (tome II de M. Benfey, p. 321-326); il y est allongé par une continuation assez plaisante.

Certain Païen chez lui gardoit un Dieu de bois,
De ces dieux qui sont sourds, bien qu'ayants[1] des oreilles[2] :

---

1. Ce pluriel est dans toutes les éditions anciennes, sauf celle de 1679 (Amsterdam).
2. C'est le mot du Psalmiste : *Aures habent et non audient*

Le Païen cependant s'en promettoit merveilles.
    Il lui coûtoit autant que trois :
        Ce n'étoient³ que vœux et qu'offrandes,　　　5
Sacrifices de bœufs couronnés de guirlandes.
    Jamais idole, quel qu'il⁴ fût,
    N'avoit eu cuisine si grasse,
Sans que pour tout ce culte à son hôte il échût
Succession, trésor, gain au jeu, nulle grâce.　　　10
Bien plus, si pour un sou d'orage en quelque endroit
    S'amassoit d'une ou d'autre sorte,
L'Homme en avoit sa part; et sa bourse en souffroit :
La pitance du Dieu n'en étoit pas moins forte.
A la fin, se fâchant de n'en obtenir rien,　　　15
Il vous prend un levier, met en pièces l'Idole⁵,
Le trouve rempli d'or. « Quand je t'ai fait du bien,
M'as-tu valu, dit-il, seulement une obole?
Va, sors de mon logis, cherche d'autres autels.
    Tu ressembles aux naturels　　　20

(*psaume* CXIII, verset 6). — Dans la *Prophétie de Baruch*, pour laquelle, on le sait, la Fontaine eut, à un certain moment, un si vif enthousiasme, il y a tout un chapitre (le VIᵉ) sur la vanité et l'impuissance des idoles, où on lit entre autres choses (verset 41) : *Sensum enim non habent ipsi dii illorum.* Voyez aussi les beaux vers du *Polyeucte* de Corneille (1216 et suivants, acte IV, scène III).

3. *Ce n'étoit*, dans la première édition (1668); *Ce n'étoient*, dans celles de 1678, de 1682, de la Haye 1688, de Londres 1708. L'abbé Guillon, Crapelet, Walckenaer n'ont pas suivi le dernier texte de la Fontaine, et ont mis le singulier : *Ce n'étoit*. Les deux premiers ont même fait une assez longue note chacun sur ce défaut d'accord, sans remarquer qu'il avait été corrigé dans l'édition définitive.

4. Au dix-septième siècle, le genre du mot *idole*, qui en grec est, comme l'on sait, du neutre (εἴδωλον, *idolum*), n'était pas encore bien fixé. Voyez le *Lexique*.

5. Dans les fables grecques, l'Homme prend la statue par la jambe et la brise contre terre; dans Haudent, il la jette contre un mur; chez lui, comme dans la prose et les vers grecs, c'est de la tête que l'or s'échappe.

> Malheureux, grossiers et stupides :
> On n'en peut rien tirer qu'avecque [6] le bâton [7].
> Plus je te remplissois, plus mes mains étoient vides :
> J'ai bien fait de changer de ton [8]. »

6. *Avec*, faute d'impression évidente, dans l'édition de 1668 in-4°.

7. C'est la même morale que dans les apologues grecs. — « Qu'y a-t-il d'étonnant, dit Chamfort, qu'une idole de bois ne réponde pas à nos vœux, et que renfermant de l'or, l'or paraisse quand vous brisez la statue? Que conclure de tout cela? Qu'il faut battre ceux qui sont d'un naturel stupide? Cela n'est pas vrai, et cette méthode ne produit rien de bon. » — Voici l'affabulation de Haudent :

> Cette fable taxe le vice
> De ceulx lesquelz iamais ne font
> Prouffit, plaisir, bien, ne seruice,
> Si notamment contrainctz n'y sont.

— Le Noble, qui a coutume de faire précéder son récit français d'un distique latin, met en tête ici cette épigramme :

> *Fracta dat irato precibus quæ dona negabat.*
> *O procax mulier, quam tibi par statua!*

8. « Je ne savais pas, dit l'Homme dans Babrius, cette nouvelle façon d'être pieux envers toi. »

> Τὴν εἰς σὲ καινὴν εὐσέβειαν οὐκ ᾔδειν.

— M. Soullié, qui pense que l'apologue de Babrius est la source de celui de la Fontaine, trouve (p. 76) qu'il « n'est pas d'un païen très-dévot, » et que les Dieux y sont traités « assez cavalièrement. » La remarque s'applique bien au sujet même, mais moins, ce me semble, à la manière dont Babrius l'a traité. Il va jusqu'à prendre la précaution de faire remonter l'invention irrévérente à Ésope, qui « *implique*, dit-il, les Dieux mêmes dans ses fables : »

> Καὶ τοὺς Θεοὺς Αἴσωπος ἐμπλέκει μύθοις.

Au reste, on a douté que cet apologue fût de Babrius. Bernhardy, dans son *Esquisse de l'Histoire de la littérature grecque* (Halle, 1859, tome II, p. 655, § 1048), le regarde comme indigne de lui. Disons toutefois que M. Boissonade ne paraît pas avoir partagé ce doute; au moins ne l'exprime-t-il pas dans son commentaire.

FABLE IX.

LE GEAI[1] PARÉ DES PLUMES DU PAON[2].

Ésope, fab. 101, Κολοιὸς καὶ Περιστεραί, Κολοιὸς καὶ Κόρακες (Coray, p. 57 et 58); fab. 188, Κολοιὸς καὶ Ὄρνεις (Coray, p. 116-119, et p. 367, sous neuf formes, dont une est de Libanius, une de Tzetzès, une de Nicéphore Basilacas, etc.). — Babrius, fab. 72, Ὄρνεις καὶ Κολοιός. — Aphthonius, fab. 31, *Fabula Graculi, vitandam docens esse fraudem.* — Phèdre, livre I, fab. 3, *Graculus superbus et Pavo.* — Neckam, fab. 12, *de Pavone et Graculo et Avibus.* — Romulus, livre II, fab. 16, *Graculus superbus et Pavo.* — Marie de France, fab. 58, *dou Corbel qui volt resanbler Poon*[3]. — Haudent, 1re partie,

1. La Fontaine, en traduisant par *Geai* le *Graculus* de Phèdre, qui est plutôt l'espèce de corneille ou de corbeau qu'on appelle *choucas* (en grec κολοιός ou κορακιάς), s'est conformé à une commune erreur des anciens dictionnaires (Nicot, 1606, dans le *Nomenclator octilinguis*, p. 15, donnait le choix entre *chouette*, *geai* et *choucas*). Ménage a relevé cette erreur au chapitre XXXVIII de ses *Aménités du droit civil*, publiées en 1664 (quatre ans seulement avant nos fables). Le passage suivant de Martial (livre I, *épigramme* CXVI) ne peut laisser de doute sur la couleur noire du *Graculus:*

..... *Quamdam* (puellam) *volo nocte nigriorem*
Formica, pice, graculo, cicada.

Baïf, qui a traité ce sujet au livre Ier de ses *Passetems* (Paris, 1573, fos 11 et 12), ne s'y est pas trompé : il rend *Graculus* par *Chucas*. Babrius (vers 11) appelle son Κολοιός « le vieux fils de la corneille, » γέρων κορώνης υἱός.

2. Toutes les éditions anciennes, jusqu'en 1688, écrivent PAN. L'édition de 1668 in-4° donne PÂN, avec un accent circonflexe (comparez la note 1 de la page 181). — Dans le *Manuscrit de Sainte-Geneviève*, le titre est ainsi rédigé : « Le Geai qui s'est paré des plumes du Paon. »

3. Robert (tome I, p. 248 et 249) indique cette fable 58, et en outre, en donne une autre de Marie de France, comme inédite. Il y joint un extrait de *Regnart le Contrefait*, et deux vieilles fables sous les noms d'*Ysopet I* et *Ysopet II*.

fab. 140, *d'une Corneille;* 2ᵉ partie, fab. 22, *d'un Corbeau et des aultres Oyseaulx.* — Corrozet, fab. 29, *du Geay et des Paons.* — Le Noble, fab. 89, *du Corbeau déplumé. Le partisan ruiné.*

Mythologia æsopica Neveleti, p. 171, p. 243, p. 346, p. 369.

Cette fable est au *Manuscrit de Sainte-Geneviève.*

Parmi les fables grecques et latines, il n'y a que celle de Phèdre, et les imitations qui portent les noms de Romulus et de Neckam, dont le sujet soit le même que celui de la Fontaine. Le Geai (ou plutôt le Choucas, voyez la note 1) qu'Ésope (n° 101) introduit soit parmi les colombes, soit parmi les corbeaux, ne s'est point paré de plumes étrangères. Dans son autre fable (n° 188), de même que dans celles de Babrius et d'Aphthonius, les oiseaux comparaissent devant Jupiter pour qu'il décerne à l'un d'eux soit la royauté, soit le prix de la beauté, et le Choucas, dans le vain espoir de tromper le dieu et d'avoir le dessus, se décore de tout ce qu'il trouve de belles plumes perdues par les autres. C'est le récit d'Aphthonius que Lessing préfère à tous les autres : voyez ses *Remarques sur Phèdre* (tome XI des *OEuvres*, p. 105, édition Lachmann). — Haudent a traité les deux sujets, celui de Phèdre, et celui du n° 188 d'Ésope. — Il y a plusieurs fables orientales où figurent des oiseaux, et en particulier des corneilles, des corbeaux, des choucas, qui veulent changer de nature, ou se mêler à d'autres espèces : voyez M. Benfey, tome I, p. 347 et 348, p. 365, p. 601 et 602. On peut aussi rapprocher de notre fable la 101ᵉ de Babrius, où le Loup quitte ses semblables pour frayer avec les Lions. M. Wagener (p. 113 et 114) compare à cette dernière celle du Chakal nourri avec de jeunes Lions (IVᵉ du livre IV du *Pantschatantra*), et M. Weber, dans ses *Études indiennes* (tome III, p. 349), le récit, plaisamment tourné, du Chakal qui se trouvant teint en bleu pour être tombé dans un tonneau d'indigo, et se voyant par suite admiré et redouté, se proclame roi des animaux, mais expie bientôt sa tromperie. — *Le Geai paré des plumes du Paon* était représenté dans le *Labyrinthe de Versailles*; c'est le xxxᵉ *quatrain* de Benserade (le VIIᵉ de l'édition de 1677). — Lessing (livre II, fable VI) a ingénieusement continué le récit : « Assez, » crie la Corneille aux Paons quand ils ont repris tout ce qui leur appartenait; mais les Paons, qui parmi ses propres plumes en ont remarqué quelques-unes plus brillantes que les autres, répondent : « Tais-toi, pauvre folle; en voilà encore qui ne peuvent être à toi; » et ils continuent de la dépouiller. « C'est ce qui arrive, dit Chamfort, à tous les plagiaires. On finit par leur ôter même ce qui leur appartient. » Voyez la dernière note de la fable.

Un Paon muoit⁴ : un Geai prit son plumage ;
    Puis après se l'accommoda ;
Puis parmi d'autres Paons tout fier se panada ⁵,
    Croyant être un beau personnage.
Quelqu'un le reconnut : il se vit bafoué,   5
    Berné, sifflé, moqué, joué,
Et par Messieurs les Paons plumé d'étrange sorte ;
Même vers ses pareils s'étant réfugié,
    Il fut par eux mis à la porte.

Il est assez de geais à deux pieds comme lui,   10
Qui se parent souvent des dépouilles d'autrui,
    Et que l'on nomme plagiaires⁶.

---

4. Chez Haudent (fable 140 de la 1ʳᵉ partie), ce n'est pas le Paon, mais la Corneille qui mue. C'est parce qu'elle se voit « toute pelée, » qu'elle recueille « les plumes d'aultres oyseaulx. » — Chez Marie de France, le Corbeau s'arrache toutes ses plumes pour les remplacer par celles du Paon.

5. Voyez ci-dessus, p. 182, note 6.

6. Horace (livre I, *épître* III, vers 18-20) applique la fable, comme ici la Fontaine, aux plagiaires :

    Ne, si forte suas repetitum venerit olim
    Grex avium plumas, moveat Cornicula risum
    Furtivis nudata coloribus....

Lucien de même, dans son *Apologie pour les salariés* (*Apologia pro mercede conductis*), chapitre IV, et dans son *Pseudologista*, chapitre v. — Tertullien, dans son livre *Contre les Valentiniens* (édition Rigault, Paris, 1634, in-f°, p. 295), fait aussi allusion, dans un sens analogue, au Κολοιὸς d'Ésope (*Graculum Æsopi*). — Dans la première des fables ésopiques données par Coray, la moralité est plus générale : « L'ambition, le désir d'avoir plus ou mieux, nous enlève souvent, même ce qui est à nous : » Ἡ πλεονεξία ἀφαιρεῖται καὶ τὰ προσόντα πολλάκις. — Plaute, remplaçant Geai et Paons par Ane et

Je m'en tais, et ne veux leur causer nul ennui :
Ce ne sont pas là mes affaires.

Bœufs, dirige très-plaisamment l'allégorie contre les mésalliances (*Aululaire*, acte II, scène II, vers 49-58) :

Venit hoc mi, Megadore, in mentem, ted esse hominem divitem,
Factiosum; me item esse hominem pauperum pauperrimum.
Nunc si filiam locassim meam tibi, in mentem venit
Te bovem esse, et me asellum : ubi tecum conjunctus siem,
Ubi onus nequeam ferre pariter, jaceam ego asinus in luto;
Tu me bos magis haud respicias, gnatus quasi nunquam siem;
Et te utar iniquiore, et meus me ordo inrideat;
Neutrubi habeam stabile stabulum, si quid divorti fuat;
Asini me mordicibus scindant, boves incursent cornibus.
Hoc magnum 'st periculum, me ab asinis ad boves transscendere.

— Le Noble tire de la fable une tout autre leçon, qu'il adresse aux financiers, aux traitants :

Gros douaniers, riches sangsues,
Quand après un destin dont l'éclat est si beau,
On vous revoit pieds plats tombés du haut des nues,
Voilà juste votre tableau.

— Benserade, qui consacre à ce sujet un second *quatrain* (le CLXXVII^e), le termine par cette épigramme contre la beauté d'emprunt :

N'en est-il pas ainsi de la plupart des belles,
Lorsque vous leur ôtez tout ce qui n'est pas d'elles ?

— M. Saint-Marc Girardin, dans sa XVIe leçon (tome II, p. 71), cite cette fable parmi ces satires de la vanité qui abondent chez notre poëte.

FABLE X.

LE CHAMEAU ET LES BÂTONS FLOTTANTS.

Ésope, fab. 110, Ὁδοιπόροι (Coray, p. 61); fab. 118, Κάμηλος (Coray, p. 65, p. 324). — Haudent, 1re partie, fab. 92, *des Sermentz de vigne et des Viateurs;* fab. 100, *d'un Chameau.* — Corrozet, fab. 54, *du Lyon et du Renard.*

Mythologia æsopica Neveleti, p. 74, p. 178, p. 183.

Cette fable est double. Elle réunit les deux apologues grecs mentionnés ci-dessus et mis l'un et l'autre en français par Haudent. Le premier, *les Voyageurs*, est, dit-on, parmi les fables attribuées à Ésope, une des neuf qu'on peut considérer comme authentiques (voyez M. Soullié, p. 62). Il fut, si nous en croyons Planude, la cause première de la mort du fabuliste : voyez ci-dessus la *Vie d'Ésope*, p. 51 et 52. — La fable 18 de Faërne, *Leo et Vulpes*, développe la même idée que l'apologue du *Chameau*. L'abbé Guillon considère comme une autre variante la fable 19 du livre III de l'abbé Aubert, *le Chat et le Coq d'un clocher;* et M. Saint-Marc Girardin, qui, dans sa xvie leçon (tome II, p. 71), met encore cette fable parmi les satires de la vanité, rapproche, dans sa xxiiie (tome II, p. 273), de la moralité de la Fontaine celle de la fable des *Échasses* de Richer (xe du livre II, Paris, 1744) :

> Nous admirons ainsi de loin maint grand seigneur,
> Qui de près n'est qu'un nain monté sur des échasses.

« Le trait est vif, ajoute-t-il, et tout à fait d'un frondeur. J'aime mieux cependant la moralité des *Bâtons flottants* de la Fontaine :

> J'en sais beaucoup, etc.

La Fontaine n'applique sa moralité à personne, mais à tout le monde. Il en sait beaucoup à qui elle peut convenir; il ne fait la part d'aucune classe ou d'aucun ordre. »

Le premier qui vit un Chameau [1]

---

1. *Chameau* est le terme générique s'appliquant à la fois à l'espèce

S'enfuit à cet objet nouveau ;
Le second approcha ; le troisième² osa faire
Un licou pour le Dromadaire³.
L'accoutumance ainsi nous rend tout familier⁴ :   5
Ce qui nous paroissoit terrible et singulier
S'apprivoise avec notre vue⁵
Quand ce vient à la continue⁶.
Et puisque nous voici tombés sur ce sujet,
On avoit mis des gens au guet,   10
Qui voyant sur les eaux de loin certain objet,

qui a deux bosses et à celle qui n'en a qu'une ; le mot *Dromadaire*, qui est au vers 4, sert aujourd'hui à désigner cette dernière ; mais il ne paraît pas qu'il s'employât ainsi au dix-septième siècle. Le *Dictionnaire* de Richelet (1680) et celui de l'Académie (1694) disent simplement, sans parler de bosse, que le dromadaire est « une espèce de chameau plus petit et plus vite que les chameaux ordinaires ; » et Furetière (1690), contrairement à notre usage, appelle *dromadaire* le chameau à deux bosses ; il ajoute toutefois que Perrault donne ce nom (comme nous faisons maintenant) au chameau à une bosse. *Dromadaire* est formé d'un mot latin du moyen âge qui veut dire, par son étymologie, « coureur, propre à la course. »

2. « Cette gradation, dit Nodier, rappelle celle que nous avons remarquée dans la fable IV du livre III (vers 18-20) :

Elle approcha, mais en tremblant ;
Une autre la suivit, etc. »

3. *Pour un dromadaire*, dans l'édition de 1678, qui corrige cette faute à l'*Errata*. — « Voyant, dit la fable grecque (n° 118), la douceur de la bête, voyant qu'elle n'avait pas de bile, ils lui mirent une bride, et, comme traduit Haudent (fable 100),

L'ont baillé aux enfantz à duire (*conduire*).

4. Geruzez cite, au sujet de *l'accoutumance*, ce passage du *Roman de la Rose* (édition Méon, vers 7176 et 7177) :

Mainte chose desplet nouele,
Qui par acoustumance est bele.

5. Transposition poétique. Le tour ordinaire est de dire : « Notre vue s'apprivoise avec les objets. »

6. A la longue, à force de faire, de voir, etc., sans interruption,

Ne purent s'empêcher de dire
Que c'étoit un puissant navire.
Quelques moments après, l'objet devint brûlot[7],
Et puis nacelle, et puis ballot,   15
Enfin bâtons flottants sur l'onde[8].

la même chose. Voyez le *Lexique*. — Dans Faërne, fable du *Lion et le Renard* (vers 8 et 9) :

> *Quæ terribilia sunt ab insolentia* (non-accoutumance),
> *Ea reddit adsuetudo blanda et mollia.*

— Dans la fable grecque du Chameau : Τὰ φοβερὰ τῶν πραγμάτων ἡ συνήθεια εὐκαταφρόνητα ποιεῖ. — La fable de Corrozet citée dans la notice contient les vers suivants, que la Fontaine a eus très-probablement sous les yeux :

> S'appriuoiser est difficile ;
> Mais quand on a prins cognoissance,
> L'amitié prend pleine croissance,
> Et le hanter en est facile.
> L'accoustumance en plusieurs lieux
> Auec les grands nous appriuoise,
> Lesquels n'osions pour peur de noise
> Regarder entre les deux yeux.

7. Navire chargé de matières combustibles, destiné à mettre le feu à d'autres bâtiments, et qui ordinairement est de moyenne ou de petite dimension. Nous n'avons pas besoin de dire que c'est la dimension seule que le poëte a ici en vue ; nous ne connaissons pas d'autre exemple du mot ainsi employé. — Dans la fable ésopique 110 : οὐκέτι ναῦν, ἀλλὰ πλοῖον ἐδόκουν βλέπειν.

8. « C'est le contraire de ce qui arrive réellement, dit Crapelet, reproduisant une critique de Richer (*Préface* de l'édition de 1729, p. 10), déjà répétée par l'abbé Guillon et par Nodier. Le plus grand navire, vu de loin, semble être moins qu'une nacelle, et il grandit à mesure qu'il approche du rivage. Le sens moral est vrai, mais le sens propre présente une idée fausse. » C'est la note qui est fausse, ou du moins inexacte. Il est très-vrai qu'un gros navire, vu de loin, paraît petit, quand on sait ou qu'on se figure que c'est un navire, et que l'œil croit mesurer la distance où il est placé. Mais il est également vrai qu'un objet relativement petit, dont nous ne connaissons pas la nature, dont nous ne mesurons pas la distance, prend à nos regards des proportions exagérées, quand surtout il se détache sur l'horizon, comme il arrive sur mer, ou au sommet d'une montagne,

> J'en sais beaucoup de par le monde
> A qui ceci conviendroit bien :
> De loin, c'est quelque chose; et de près, ce n'est rien[9].

ou dans une vaste plaine. On nous a raconté qu'un jour, en Afrique, le maréchal Bugeaud et tout son état-major prirent pour une armée d'Arabes des chardons qui se balançaient dans la brume.

9. Ce vers est devenu proverbe. On en a rapproché le mot de Tacite (*Annales*, livre I, chapitre XLVII) : *Cui* (majestati) *major e longinquo reverentia*. L'abbé Aubert commence ainsi la fable mentionnée ci-dessus dans la notice :

> Pour bien juger des grands, il faut les approcher.

— « De bien des gens il n'y a que le nom qui vale quelque chose. Quand vous les voyez de fort près, c'est moins que rien; de loin, ils imposent. » (LA BRUYÈRE, *du Mérite personnel*, n° 2, tome I, p. 151.)

FABLE XI.

LA GRENOUILLE ET LE RAT.

Ésope, fab. 245, Μῦς καὶ Βάτραχος (Coray, p. 161 et 162, sous deux formes, dont la seconde est tirée de la *Vie d'Ésope* de Planude : voyez ci-après). — Appendix fabularum æsopiarum, fab. 6, *Mus et ana*. — Romulus, livre I, fab. 3, *Mus et Rana*. — Neckam, fab. 6, *de Mure et Rana*. — Marie de France, fab. 3, *de la Soris à de la Renoille*. — Haudent, 1re partie, fab. 114, *d'une Grenouille, d'une Souris et d'une Escoufle* (Milan). — Corrozet, fab. 3, *du Rat et de la Grenoille*. — Le Noble, fab. 98, *du Vautour, du Rat et de la Grenouille. Le procès*.

Mythologia æsopica Neveleti, p. 288.

Walckenaer, dans une note écrite de sa main, dit avoir vu un manuscrit autographe de *la Grenouille et le Rat*.

Dans la *Vie d'Ésope* par Planude (voyez ci-dessus, p. 52), le fabuliste, condamné à mort par les Delphiens, les menace, par le récit de cette fable, de la vengeance d'un plus puissant que lui. — La *Batrachomyomachie* commence par un conte semblable. L'origine de la guerre des Rats et des Grenouilles est la mort du Rat Psicharpax, qui, s'étant aventuré dans un étang sur le dos de la Grenouille *Physignathe*, est noyé par elle, parce qu'à la rencontre d'une hydre, elle se hâte de plonger, ne songeant qu'à sa propre sûreté. — Dans les *Contes et fables indiennes de Bidpai et de Lokman* (tome III, p. 87-89), on lit un apologue qui, sans être identique avec celui d'Ésope, lui ressemble pourtant beaucoup. Il a été intercalé dans la traduction persane de *Calila et Dimna*, dont nous avons déjà parlé, et qui est intitulée *Anvar-i-Suhaili* : voyez l'*Essai* de Loiseleur Deslongchamps, p. 70 et 71. Dans cette fable orientale, il n'y a point ruse de la Grenouille. Elle a fait amitié avec le Rat, qui, pour avoir la facilité de l'appeler à son gré et d'être appelé par elle, lui a proposé de s'attacher réciproquement un fil à la patte. Un faucon enlève le Rat, et en même temps la Grenouille, qui a eu l'imprudence de se lier « avec quelqu'un qui n'étoit pas de son espèce. » Dans la fable ésopique, c'est, comme dans la fable indienne, uniquement par amitié, et pour ne point se séparer, que les deux animaux s'attachent l'un à l'autre avec un fil. Le récit, tel qu'il est fait dans la *Vie d'Ésope* (comme Planude la raconte en grec), et pareillement dans Marie de France, rappelle *le Rat de ville et le Rat des champs* : le Rat traite d'abord la Grenouille, et celle-ci l'emmène dans l'étang pour le traiter à son tour. Dans la fable de Haudent, la Grenouille et la Souris sont en guerre, et c'est pendant une bataille qu'elles se livrent que l'Escoufle (*le Milan*) les enlève toutes les deux. — Eustache Deschamps a traité ce sujet dans une ballade (édition Crapelet, p. 196-198), qui a pour refrain ce vers :

> Qui legier (*légèrement*) croit, certes c'est grant folie.

— M. Taine, dans le 1ᵉʳ chapitre de sa 3ᵉ partie, intitulée *l'Art*, compare la fable grecque avec la française, qu'il apprécie en détail, surtout au point de vue de l'action. — Cette fable était représentée dans le *Labyrinthe* de Versailles ; c'est le IIIᵉ quatrain de Benserade (le xixᵉ de l'édition de 1677).

Tel, comme dit Merlin[1], cuide[2] engeigner[3] autrui,

1. Le Merlin auquel on attribue la maxime est bien, comme on le verra dans la note 4, l'enchanteur fameux sous le nom duquel on a imprimé des prophéties. L'abbé Guillon voulait que ce fût le poëte macaronique Merlin Coccaïe (Théophile Folengo), chez qui il a trouvé aussi, pour confirmer sa conjecture, l'idée, au fond très-commune, il faut le dire, qu'expriment les deux premiers vers de la fable :

> *Vidimus experti quod quisquis fallere cercat*
> *Deceptum tandem se cernit tempore quoquo.*
>   (*Macaronea* x, p. 228, Venise, 1613.)

2. Pense, s'imagine, ancien verbe qui se retrouve encore dans *outrecuidant*.
3. Tromper, prendre au piége, vieux mot formé d'*engin*, *ingenium*, dans le sens d'invention, de ruse*. — Dans la réimpression de 1692, sous la date de 1678, on a mis, ici et au vers suivant, *enseigner*, au lieu d'*engeigner*; c'est une faute d'impression, peut-être une erreur volontaire de l'imprimeur, qui ne connaissait pas cette forme archaïque.

* Le mot *engin* se trouve deux fois en ce sens dans la fable de Marie de France sur le même sujet.

Qui souvent s'engeigne soi-même[4].
J'ai regret que ce mot soit trop vieux aujourd'hui :
Il m'a toujours semblé d'une énergie extrême.
Mais afin d'en venir au dessein que j'ai pris,   5
Un Rat plein d'embonpoint[5], gras, et des mieux nourris,
Et qui ne connoissoit l'avent ni le carême[6],
Sur le bord d'un marais égayoit ses esprits[7].

4. Voici la phrase de Merlin : « Ainsi aduient-il de plusieurs ; car telz cuident engigner ung autre qui s'engignent eulx mesmes. » Elle se trouve au feuillet XLII, ligne 14, d'un petit volume in-4° gothique, intitulé : *le Premier volume de Merlin* (Bibliothèque nationale, Y², 107). A la fin du volume se lit la mention suivante : « Cy fine la premiere partie du liure de Merlin nouuellement imprimé à Paris en la grant rue Sainct Iacques, à l'enseigne de la Rose blanche couronnée. » Ce premier volume ne porte point de date ; mais le second, qui a pour titre : *S'ensuyt le second volume de Merlin, qui parle de merueilleuses aduentures du monde. Et en la fin comment Liuianne l'enferma en une tour fermée de l'air où ledict Merlin est encore de present enfermé*, se termine ainsi : « Et fut ledict liure de Merlin acheué d'imprimer le XXIIII. iour de decembre mil cinq cens XXVIII. » — M. Littré, qui cite aussi ce vieil axiome dans son *Dictionnaire*, renvoie à une autre édition, qu'il désigne ainsi : « Le premier volume de Merlin, qui est le premier de la *Table ronde*. »

5. Le manuscrit autographe mentionné par Walckenaer, et l'édition in-4° de 1668 portent : *em-bon-point*. Les éditions de 1668 in-12, de 1678 et de 1678 A, de 1679 (Amsterdam) et de 1688 portent ici : *en-bon-point ;* pourtant, dans la fable V du livre Ier, au vers 12, l'édition de 1678, conforme en cela à l'édition in-4° de 1668, et au *Recueil de poésies chrétiennes et diverses*, écrit, en un seul mot, et selon l'orthographe moderne : *embonpoint*.

6. On lit dans la fable du *Loup moraliste*, attribuée à Voltaire (tome XIV des *OEuvres*, p. 310 : voyez ci-dessus, p. 211, note 5) :

Mon fils, jeûnez plutôt l'avent et le carême
Que de sucer le sang des malheureux moutons.

7. C'est un début analogue à celui de la *Batrachomyomachie* (vers 9-11) :

Μῦς ποτὲ διψαλέος....
Πλησίον ἐν λίμνῃ ἁπαλὸν προσέθηκε γένειον,
Ὕδατι τερπόμενος μελιηδεῖ....

« Un jour, un rat altéré trempa dans un marais (il était tout près du

Une Grenouille approche, et lui dit en sa langue :
« Venez me voir chez moi ; je vous ferai festin. »
        Messire Rat promit soudain :
Il n'étoit pas besoin de plus longue harangue[8].
Elle allégua pourtant les délices du bain[9],
La curiosité, le plaisir du voyage,
Cent raretés à voir le long du marécage :
Un jour il conteroit à ses petits-enfants
Les beautés de ces lieux, les mœurs des habitants,
Et le gouvernement de la chose publique
        Aquatique.
Un point, sans plus[10], tenoit le galand empêché :
Il nageoit quelque peu, mais il falloit de l'aide.
La Grenouille à cela trouve un très-bon remède :
Le Rat fut à son pied par la patte attaché ;
        Un brin de jonc en fit l'affaire[11].
Dans le marais entrés, notre bonne commère
S'efforce de tirer son hôte au fond de l'eau,
Contre le droit des gens, contre la foi jurée ;
Prétend qu'elle en fera gorge-chaude et curée[12] ;

bord) son délicat petit menton, se régalant de l'eau, douce pour lui comme du miel. »

8. Voyez ce que M. Taine (p. 140) dit de l'invitation de la Grenouille et de la manière dont le Rat l'accepte.

9. « La Fontaine n'évite rien autant que d'être sec. Voilà pourquoi il ajoute ces six vers, qui sont charmants, quoiqu'il pût s'en dispenser après avoir dit :

    Il n'étoit pas besoin de plus longue harangue. »
                            (CHAMFORT.)

10. Voyez la même locution ci-dessus, livre III, fable XVIII, vers 42.

11. « La Fontaine montre d'où vient le lien, dit M. Taine (p. 243), et cette petite circonstance ramène notre pensée au bord du marécage. »

12. *Gorge-chaude* est un terme de fauconnerie (voyez Rabelais,

C'étoit, à son avis, un excellent morceau.
Déjà dans son esprit la galande [13] le croque.   30
Il atteste les Dieux ; la perfide s'en moque :
Il résiste ; elle tire [14]. En ce combat nouveau,
Un Milan, qui dans l'air planoit, faisoit la ronde,
Voit d'en haut le pauvret se débattant sur l'onde.
Il fond dessus, l'enlève, et par même moyen   35
    La Grenouille et le lien.
    Tout en fut : tant et si bien,
    Que de cette double proie
    L'oiseau se donne au cœur joie [15],
    Ayant de cette façon   40
    A souper chair et poisson [16].

livre II, chapitre IV, tome I, p. 211 ; et livre IV, chapitre XLVI, tome II, p. 116) ; *curée*, un terme de vénerie. Le premier désigne la part qu'on donne aux oiseaux de proie, le second celle qu'on donne aux chiens, sur le gibier qu'ils ont attrapé.

13. *La galante*, dans l'édition de 1729.

14. Il y a le même combat dans une des vieilles fables citées par Robert (*Ysopet I*, fos 4 et 5). Nous donnons le passage d'après une variante que Robert à mise en note :

    Mais souuent se plunge la Raine,
    Pour celle noier qu'elle maine.
    Celle qui de noier se craint
    Au miex que puet se contretient.
    Quant l'une sache*, l'aultre tire.

15. Chez Marie de France le trompeur est la seule victime ; l'Eschofles où Milan mange la Grenouille, et la Souris échappe.

16. Les mots « chair et poisson » sont employés de même dans la fable *du Renart et du Loup* (*Ysopet I*, fos 54 et 55), donnée par Robert, au tome I, p. 267-270 :

    Sire Ysangrin le connestable
    Iadis estoit, ce dict la fable,
    A grant repos en sa maison,
    Asses auoit char et poisson
    Et pain et vin et aultre viande.

* *Sacher*, dans le vieux langage, est synonyme de *tirer* ; c'est comme s'il y avait : « quand l'une tire, l'autre tire aussi. »

La ruse la mieux ourdie
Peut nuire à son inventeur;
Et souvent la perfidie
Retourne sur son auteur[17].

45

17. C'est la même morale que dans l'ancienne fable *du Renart et de la Segogne* (*Ysopet I*, f°s 37 et 38), citée par Robert, tome I, p. 76-78 :

> Mais au tricheur qui sa foy ment
> Faire doit on semblablement ;
> Sus celi qui fait tricherie,
> Reuiengne barat et bordie (*fraude et tromperie*).

— Lucrèce a dit aussi (livre V, vers 1151 et 1152):

> Circumretit enim vis atque injuria quemque,
> Atque, unde exorta est, ad eum plerumque revortit.

— La fable grecque se termine par une énergique, mais toute différente, moralité : « Lors même qu'on est mort, on est puissant encore pour la vengeance; » Κἂν νεκρὸς ᾖ τις, ἰσχύει πρὸς ἄμυναν.

FABLE XII.

TRIBUT ENVOYÉ PAR LES ANIMAUX A ALEXANDRE.

Gilberti Cognati *Narrationum sylva*, p. 98, *de Jovis Ammonis oraculo*. — Nous donnons à l'*Appendice* le conte de Cousin (c'est le nom traduit en latin par le mot *Cognatus*). Ce conte est probablement la source où notre poëte a pris cette fable. Nous avons d'autres preuves qu'il a connu ce compilateur du seizième siècle. — Voltaire, dans son *Dictionnaire philosophique* (tome XXIX des *OEuvres*, p. 301), juge sévèrement le sujet de cet apologue : « Le tribut des animaux envoyé au roi Alexandre est, dit-il, une fable qui, pour être ancienne, n'en est pas meilleure. Les animaux n'envoient point d'argent à un roi, et un lion ne s'avise pas de voler de l'argent. » Voyez ci-après, note 2, une autre critique de Chamfort.

Dans l'*Alexandreis*, poëme latin de la fin du douzième siècle, de Philippe Gautier de Châtillon, tous les peuples de l'occident, l'Espagne, la Gaule, les Teutons, etc., envoient des ambassadeurs à Babylone, pour rendre hommage à Alexandre avant sa mort :

> *Ut tamen ante diem extremum quem fata parabant*
> *Omnia rex regum sibi subdita regna videret,*
> *Fecit eum famæ sonus et fortuna monarcham....*
> *Oblatis igitur cursum flexura tyranni*
> *Muneribus, toto peregrina cucurrit ab orbe*
> *Ad mare descendens plenis legatio velis, etc.*
> (Livre X, vers 216 et suivants.)

— Dans *li Romans d'Alixandre par Lambert li tors et Alexandre de Bernay*, publié par M. Michelant (Stuttgart, 1846), et qui est aussi soit du douzième siècle, soit peut-être plutôt du treizième, les animaux partagent la terreur que l'invincible conquérant inspira aux humains. Ainsi nous voyons, dès sa naissance (p. 2, vers 1) :

> Et les bestes tranler (*trembler*) et les homes fremir;

et un peu plus loin (p. 3, vers 4), il est dit encore que « les bestes fremirent. » — Un fait assez curieux qui établit une certaine connexion entre les anciens recueils d'apologues et l'histoire fabuleuse d'Alexandre, c'est qu'*Æsopus* est un des noms donnés à l'auteur de cette histoire, mise plus ordinairement sous celui de Callisthène. Ainsi, dans le manuscrit trouvé par Angelo Mai dans la bibliothèque Ambrosienne, le texte de Julius Valerius est intitulé : *Res gestæ Alexandri Macedonis translatæ ex Æsopo græco*. En outre, le roman d'Alexandre se trouve joint, dans plusieurs manuscrits, aux fables d'Ésope. Voyez à ce sujet Berger de Xivrey, dans les *Notices et extraits des manuscrits*, p. 188 et suivantes. — Une invention presque aussi étrange que celle du tribut des animaux, c'est l'ambassade que, dans une de ces narrations de fantaisie mentionnées par Berger de Xivrey (*ibidem*, p. 180), Alexandre reçoit des chevaliers de Rhodes, « qui luy apporterent les clefs et tributz de leurs prouinces, et receut d'eux les foys et homages, et furent bons amys. »

Une fable avoit cours parmi l'antiquité[1],
    Et la raison ne m'en est pas connue[2].
Que le lecteur en tire une moralité ;
      Voici la fable toute nue :

    La Renommée ayant dit en cent lieux   5
Qu'un fils de Jupiter, un certain Alexandre,
Ne voulant rien laisser de libre sous les cieux,
    Commandoit que, sans plus attendre,

1. On ne trouve, que je sache, aucune trace de cette fable dans l'antiquité, et c'est à tort que M. Soullié nous dit (p. 87) qu'elle est dans Quinte-Curce. Cela ressemble bien plutôt à un conte du moyen âge. Au reste, comme le compilateur Cousin (voyez la notice) n'invente guère, et que généralement ses sujets sont d'emprunt, la Fontaine a bien pu croire que cet apologue, comme tant d'autres qu'il trouvait dans le même recueil, était imité de quelque auteur ancien. Ce qui est encore plus probable, c'est que par ces premiers mots il aura voulu simplement donner un air d'autorité à son récit.

2. « Ni à moi non plus, dit Chamfort, attendu que cette fable n'est pas bonne. Alexandre qui demande un tribut aux quadrupèdes, aux vermisseaux, ce lion porteur de cet argent, et qui veut le garder pour lui : tout cela pèche contre la sorte de vraisemblance qui convient à l'apologue. Au reste, la moralité de cette mauvaise fable, si on peut l'appeler ainsi, retombe dans celle du Loup et de l'Agneau. »

Tout peuple à ses pieds s'allât rendre[3],
Quadrupèdes, humains, éléphants, vermisseaux,
  Les républiques[4] des oiseaux;
  La Déesse aux cent bouches[5], dis-je,
  Ayant mis partout la terreur
En publiant l'édit du nouvel empereur[6],
  Les Animaux, et toute espèce lige
De son seul appétit[7], crurent que cette fois
  Il falloit subir d'autres lois.
On s'assemble au désert : tous quittent leur tanière.
Après divers avis, on résout, on conclut
  D'envoyer hommage et tribut.

3. C'est une allusion à l'oracle rendu par Jupiter Hammon, qu'Alexandre était allé consulter après la prise de Tyr. Le plus ancien des prêtres l'ayant proclamé fils de Jupiter, le Roi lui demanda si son père lui destinait l'empire de tout l'univers, et le prêtre répondit qu'il deviendrait en effet maître de toute la terre, *terrarum omnium rectorem fore ostendit.* (Quinte-Curce, livre IV, chapitre VII.) — Le récit de Cousin commence autrement. C'est quand on apprend qu'Alexandre doit venir consulter l'oracle d'Hammon que les princes de la terre (et non les animaux) envoient à l'envi des présents, surtout Ptolémée (qui n'eut l'Égypte en partage qu'après la mort d'Alexandre). La suite de la narration ressemble à notre fable. Les quatre bêtes de somme s'offrent à porter les dons du Roi. Ils rencontrent le Lion, etc.

4. « La république, » au singulier, dans l'édition de 1678 A.

5.   .... *Cui quot sunt corpore plumæ,*
   Tot linguæ, totidem ora sonant....
   (VIRGILE, *Énéide,* livre IV, vers 181 et 183.)

6. Quinte-Curce a employé également le mot *imperator* (livre VI, chapitre VI), pour parler de la royauté d'Alexandre et de son pouvoir absolu.

7. Esclave de son seul appétit. *Lige* est un mot de la langue féodale, qui désigne un homme lié à son seigneur par certaines obligations étroites, et lui devant fidélité en tout cas et sans restriction. — Salluste (*Catilina,* chapitre I) a exprimé ainsi la même pensée *Pecora quæ natura prona atque ventri obedientia finxit.*

Pour l'hommage et pour la manière,
Le Singe en fut chargé : l'on lui mit par écrit
    Ce que l'on vouloit qui fût dit.
    Le seul tribut les tint en peine :
  Car que donner ? il falloit de l'argent.   25
    On en prit d'un prince obligeant,
    Qui possédant dans son domaine
Des mines d'or, fournit ce qu'on voulut.
Comme il fut question de porter ce tribut,
    Le Mulet et l'Ane s'offrirent,   30
Assistés du Cheval ainsi que du Chameau[8].
    Tous quatre en chemin ils se mirent,
    Avec le Singe, ambassadeur nouveau.
La caravane enfin rencontre en un passage
Monseigneur le Lion : cela ne leur plut point.   35
    « Nous nous rencontrons tout à point,
Dit-il ; et nous voici compagnons de voyage.
    J'allois offrir mon fait à part[9];
Mais bien qu'il soit léger, tout fardeau m'embarrasse.
    Obligez-moi de me faire la grâce   40
    Que d'en porter chacun un quart :
Ce ne vous sera pas une charge trop grande,
Et j'en serai plus libre[10] et bien plus en état,
En cas que les voleurs attaquent notre bande,
    Et que l'on en vienne au combat. »   45
Éconduire un Lion rarement se pratique.
Le voilà donc admis, soulagé, bien reçu,

---

  8. Dans Cousin : *Obtulerunt sponte veterinam operam Mulus, Equus, Asinus et Camelus, qui pecuniam cum fide convectandam suscepere.* Il n'est pas question du Singe dans le conte latin.

  9. Le fait du Lion, c'est, dit Cousin, un tout petit nombre de drachmes : *paucas admodum.... drachmas.*

  10. L'édition de 1668 in-4° a une syllabe de trop à cet hémistiche :

    Et j'en serai bien plus libre....

Et malgré le héros de Jupiter issu,
Faisant chère et vivant sur la bourse publique.
   Ils arrivèrent dans un pré [11]   50
Tout bordé de ruisseaux, de fleurs tout diapré,
  Où maint mouton cherchoit sa vie :
  Séjour du frais, véritable patrie
Des Zéphirs. Le Lion n'y fut pas, qu'à ces gens
  Il se plaignit d'être malade.   55
   « Continuez votre ambassade,
Dit-il ; je sens un feu qui me brûle au dedans,
Et veux chercher ici quelque herbe salutaire.
   Pour vous, ne perdez point de temps :
Rendez-moi mon argent ; j'en puis avoir affaire. »   60
On déballe ; et d'abord le Lion s'écria,
   D'un ton qui témoignoit sa joie :
« Que de filles, ô Dieux, mes pièces de monnoie
Ont produites [12] ! Voyez : la plupart sont déjà
   Aussi grandes que leurs mères.   65
Le croît [13] m'en appartient. » Il prit tout là-dessus ;
Ou bien s'il ne prit tout, il n'en demeura guères.
   Le Singe et les Sommiers [14] confus,
Sans oser répliquer, en chemin se remirent.
Au fils de Jupiter on dit qu'ils se plaignirent,   70
   Et n'en eurent point de raison.
Qu'eût-il fait ? C'eût été lion contre lion ;

 11. Chez Cousin, c'est à deux jours de chemin de Memphis qu'on a rencontré le Lion, et c'est en arrivant dans les grasses campagnes de l'Asie qu'il s'arrête et reprend son argent.
 12. Ce trait se trouve, mais très-légèrement indiqué, dans le conte latin : *Drachmæ, inquit, meæ multas admodum drachmas peperere.* Le Lion s'empare de toutes les drachmes marquées de la même empreinte que les siennes.
 13. L'augmentation. Ce mot continue la métaphore ; c'est un terme d'agriculture qui s'applique particulièrement au produit des bestiaux.
 14. Les bêtes de somme ; voyez les vers 30 et 31.

Et le proverbe dit : « Corsaires à corsaires,
L'un l'autre s'attaquant, ne font pas leurs affaires[15]. »

   15. Cette fin est empruntée à Regnier, qui termine ainsi sa XIIe *satire :*

>   Mais c'est un satyrique, il le faut laisser là.
>   Pour moy, j'en suis d'auis, et cognois à cela
>   Qu'ils ont un bon esprit. Corsaires à corsaires,
>   L'un l'autre s'attaquant, ne font pas leurs affaires.

— Boileau, dans son *épigramme* XXXV, cite ainsi ce passage :

>   Apprenez un mot de Regnier,
>   Notre célèbre devancier :
>   « Corsaires attaquant corsaires
>   Ne font pas, dit-il, leurs affaires. »

— Regnier lui-même avait peut-être voulu imiter ce proverbe espagnol : *De cosario a cosario, no se llevan que los barilles,* qui signifie : « de corsaire à corsaire, il n'y a que des barils à prendre, » et que nous trouvons ainsi rendu dans la *Petite Encyclopédie des Proverbes* (Paris, 1852, p. 198) : « De corsaire à corsaire, n'y pend que barriques rompues. »

FABLE XIII.

LE CHEVAL S'ÉTANT VOULU VENGER DU CERF.

Ésope, fab. 313, Ἵππος καὶ Ἔλαφος (Coray, p. 206-208, sous quatre formes, dont la première est tirée de la *Rhétorique* d'Aristote, livre II, chapitre xx ; la seconde des *Narrations* de Conon, n° XLII; la troisième de Nicéphore Basilacas, fab. 2). — Horace, livre I, *épître* x, vers 34 et suivants. — Phèdre, livre IV, fab. 4, *Equus et Aper*. — Romulus, livre IV, fab. 9, *Equus, Cervus et Venator*. — Haudent, 1re partie, fab. 156, *d'un Cheval, d'un Homme et d'un Cerf*. — Corrozét, fab: 77, *du Cerf et du Cheval*. — Le Noble, fab. 64, *de l'Écuyer et du Cheval. La liberté*. — Nous avons vu une lettre de Boissonade à Walckenaer, du 21 février 1827, dans laquelle il est dit que « Charles Fontaine, au seizième siècle, a très-élégamment narré cette fable (*dans un poëme intitulé* la Contre-Amye de Court [1]). »

Mythologia æsopica Neveleti, p. 366, p. 430.

Cette fable est au *Manuscrit de Sainte-Geneviève*.

Chez Aristote, la fable a une énergique concision; elle est racontée par Stésichore aux citoyens d'Himère, qui viennent de choisir Phalaris pour général, et qui veulent en outre lui donner une garde. Dans la *narration* de Conon, Phalaris est remplacé par Gélon. — Plutarque, dans la *Vie d'Aratus* (chapitre XXXVIII), mentionne la fable (qu'il attribue à Ésope) à propos d'Antigone Doson, élu généralissime par les Achéens ; et pour peindre comment il se les soumit, il y emprunte plusieurs métaphores très-expressives (ἐπέβη, χαλινουμένους). — Voyez ci-après, dans la note 13, deux autres applications de la fable, l'une encore historique, l'autre toute morale ; et, dans l'*Appendice* de ce volume, une vive et spirituelle causerie, extraite de la XVIe leçon de M. Saint-Marc Girardin, et nous faisant passer, d'une façon très-significative, de l'allégorie au sens propre. —

1. Cette fable de Charles Fontaine, où sont traduits, ou plutôt développés librement en quatorze vers, les huit vers d'Horace, a été imprimée dans le recueil qui a pour titre : *les Poëtes françois depuis le XIIe siècle jusqu'à Malherbe*, tome III, p. 441 (Paris, Crapelet, 1824).

Robert (tome I, p. 267-273) cite deux vieilles fables, dont la première (*Ysopet I*, f⁰ˢ 54 et 55) a pour personnages le Renard et son compère le Loup. Un bouvier, excité par le Renard, tue le Loup; mais le Renard tombe ensuite dans un piége et expie le mal qu'il a fait à son compère. La seconde (*Ysopet II*) se rapproche beaucoup plus de la nôtre. Le Cheval implore l'aide de l'Homme et est retenu par lui en esclavage, sans même avoir pu atteindre le Cerf, qui est sauvé par sa rapidité. Dans la fable latine de Romulus, et dans les deux de Neckam et de Baldo (*Poésies inédites du moyen âge*, par M. Éd. du Méril, p. 197 et 256), l'action est la même que dans *Ysopet II* : le Cheval ne peut vaincre le Cerf et pourtant demeure esclave de l'Homme.

De tout temps les chevaux ne sont nés pour les hommes[2].
Lorsque le genre humain de gland[3] se contentoit,
Ane, cheval, et mule, aux forêts habitoit[4];
Et l'on ne voyoit point, comme au siècle où nous sommes,
    Tant de selles et tant de bâts[5],   5

2. Ce vers, dont le sens est clair, mais la construction insolite et peu régulière, a été ainsi défiguré dans l'édition de 1679 (Amsterdam) :

    De tout temps les chevaux étant nés pour les hommes.

3. Presque tous les éditeurs modernes, y compris Walckenaer, donnent *glands*, au pluriel. Les éditions originales, ainsi que la petite édition de 1682, celle de la Haye 1688, et celle de Londres 1708, écrivent *gland* ou *glan*, au singulier; et c'est le singulier qu'il faut en effet. Ce mot est pris dans un sens collectif, et désigne ici la nature de l'aliment; c'est la même locution que : « se nourrir de pain, de viande, de poisson, etc. » Horace (livre I, satire III, vers 99 et suivants) a dit absolument de la même façon :

    Quum prorepserunt primis animalia terris,
    Mutum et turpe pecus, glandem atque cubilia propter...
    Pugnabant....

4. Voyez, pour ce singulier, la fable IV de ce livre, vers 6.
5. Sur son exemplaire de la Fontaine, le poëte lyrique Lebrun avait écrit la note suivante, citée par Solvet dans ses *Études sur la Fontaine* (1ʳᵉ partie, p. 129) : « Au lieu de ces deux derniers vers et des quatre suivants, qui sont peu dignes de la Fontaine, on pourroit mettre seulement :

    Nul n'étoit asservi comme au siècle où nous sommes. »

Si Lebrun s'était borné à dire : « Les vers de la Fontaine équivalent à

Tant de harnois pour les combats,
Tant de chaises⁶, tant de carrosses;
Comme aussi ne voyoit-on pas
Tant de festins et tant de noces.
Or un Cheval eut alors différend
    Avec un Cerf⁷ plein de vitesse;
Et ne pouvant l'attraper en courant,
Il eut recours à l'Homme, implora son adresse.
L'Homme lui mit un frein, lui sauta sur le dos,
    Ne lui donna point de repos
Que le Cerf ne fût pris, et n'y laissât la vie;
    Et cela fait, le Cheval remercie
L'Homme son bienfaiteur⁸, disant : « Je suis à vous;
Adieu : je m'en retourne en mon séjour sauvage.
— Non pas cela, dit l'Homme⁹; il fait meilleur chez nous,

---

cette pensée, ils peuvent se traduire de cette façon, » l'observation serait juste. Mais il est étrange qu'un poëte ait si mal compris la bonhomie satirique de notre fabuliste, et qu'il ait proposé sérieusement une correction qui altère à ce point le caractère du morceau.

6. Petites voitures légères, par opposition à *carrosses*, qui désigne des voitures plus grandes et plus lourdes. — Le *Manuscrit de Sainte-Geneviève* porte *chariots*, au lieu de *chaises*.

7. Le Cerf est remplacé par un Sanglier chez Phèdre et dans le quatrain grec mis sous le nom de Gabrias (Coray, p. 208, et Nevelet, p. 366).

8. *Bien-faiteur*, en deux mots réunis par un trait d'union, dans l'édition de 1678. Celle de 1668 écrit *bienfaiteur*, en un seul mot.

9. Horace (vers 38) exprime par « un trait heureux et rapide, » comme dit M. Soullié (p. 91), l'issue de l'aventure pour le Cerf :

Non equitem dorso, non frenum depulit ore.

Charles Fontaine traduit :

.... Et fut l'issue telle
Que frein aux dens et au dos eut la selle.

— Haudent rend ainsi la pensée :

Mais aprez la mort dudict Cerf,

Je vois trop quel est votre usage [10].
Demeurez donc; vous serez bien traité,
Et jusqu'au ventre en la litière [11]. »
Hélas! que sert la bonne chère
Quand on n'a pas la liberté [12]?
Le Cheval s'aperçut qu'il avoit fait folie [13];

> L'Homme ne voulut demonter,
> Ains tint le Cheual tousiours serf.

Et Benserade (*quatrain* LII) :

> L'Homme....
> Lui met, pour le venger, et la selle et le frein :
> Il eut toujours depuis et le frein et la selle.

10. De quel usage vous êtes et pouvez être.

11. « (*L'Asne*) feut frotté, dit Rabelais (livre V, chapitre VII, tome II, p. 198), torchonné, estrillé, lictiere fresche iusqu'au ventre, et plein ratelier de foing, pleine mangeoire d'auoine. » — Dans la fable grecque de Nicéphore il est aussi question de l'étable, de la crèche : Ὁ δὲ Ἵππος ἐπὶ φάτνης εἱστήκει, μετὰ χλόης καὶ τῆς πηγῆς προσαφαιρεθεὶς καὶ τὸ ἄνετον. « Le Cheval était là auprès de la crèche, ayant perdu, avec l'herbe verte et la fontaine (*qu'il avait disputées au Cerf*), son indépendance. »

12. Voyez ci-dessus, livre I, fable V, *le Loup et le Chien* (p. 73, note 8).

13. « Vous auez faict comme le Cheual, qui, pour se deffendre du Cerf, lequel il sentoit plus viste et vigoureux que luy, appella l'Homme à son secours ; mais l'Homme luy mit un mords en la bouche, le sella et sangla, puis monta dessus aueq bons esperons, et le mena à la chasse du Cerf, et par tout ailleurs, où bon luy sembla, sans vouloir descendre de dessus, ny luy oster la bride et la selle ; et par ce moyen le rendit souple à la houssine et à l'esperon, pour s'en seruir à toute besongne, à la charge et à la charruë, comme le roy d'Espagne faict de vous. » (*Satire Ménippée, harangue de Monsieur d'Aubray*, p. 188 et 189.) — Dans Horace (vers 39-41), l'affabulation a un caractère tout philosophique :

> *Sic qui, pauperiem veritus, potiore metallis*
> *Libertate caret, dominum vehet improbus, atque*
> *Serviet æternum, quia parvo nesciet uti.*

— Charles Fontaine termine de cette manière :

> Ainsi est-il, en fuyant pauureté ;
> Qui cherche l'or trouue captiuité.

Mais il n'étoit plus temps; déjà son écurie
　　Étoit prête et toute bâtie.
　Il y mourut en traînant son lien :
Sage, s'il eût remis une légère offense[14].　　　　　30

Quel que soit le plaisir que cause la vengeance,
C'est l'acheter trop cher que l'acheter d'un bien
　　Sans qui les autres ne sont rien.

14. C'est l'idée contenue dans le vers 13 de Phèdre :

　　Impune potius lædi quam dedi alteri.

— Le Noble termine ainsi sa fable :

　　Son aveugle vengeance une fois assouvie
　　Lui coûta pour toujours sa chère liberté.

FABLE XIV.

LE RENARD ET LE BUSTE.

Ésope, fab. 11, Ἀλώπηξ; Ἀλώπηξ πρὸς Μορμολύκειον (Coray, p. 9, p. 286). — Phèdre, livre I, fab. 7, *Vulpis ad personam tragicam.* — Romulus, livre II, fab. 15, *même titre.* — Faërne, fab. 66, *Vulpes et Larva.* — Haudent, 1ʳᵉ partie, fab. 16, *d'un Regnard et d'une Teste d'homme;* fab. 139, *d'un Loup et d'une Teste d'homme taillée en pierre.* — Corrozet, fab. 28, *du Loup et de la Teste.* — Boursault, *les Fables d'Ésope*, acte I, scène III, *le Renard et la Tête peinte.* — Le Noble, fab. 99, *du Loup et de la Tête-de bois. Le beau sot.*

Mythologia æsopica Neveleti, p. 95, p. 394, p. 511.

Geruzez fait observer avec raison que cette fable n'est qu'une épigramme dont l'affabulation est le trait. — La Motte (livre I, fable IV) critique l'apologue en ces termes :

.... Je me déclare
Pour le Renard gascon qui renvoie aux goujats
Des raisins mûrs qu'il n'atteint pas [1] ;
Mais il n'a plus sa grâce naturelle
Avec la tête sans cervelle.
Son mot est excellent : d'accord ;
Mais un autre devoit le dire.

Jacobs, dans l'*Appendice à la Théorie des beaux-arts de Sulzer* (tome V, p. 284, note *aa*), est de l'avis de la Motte, et voudrait, au lieu du Renard, un Homme. Mais que d'autres fables ne faudrait-il pas condamner pour la même invraisemblance! Elle est moins grande au reste chez la Fontaine et Phèdre que chez la plupart des autres fabulistes, qui introduisent leur Renard ou leur Loup (voyez la note 4) soit chez un comédien, soit chez un musicien, ou encore, comme Benserade (*quatrain* XXI) et le Noble, chez un sculpteur. Benserade nous avertit au moins de l'invraisemblance, en disant :

Il n'y va pas souvent une pareille bête.

— Jacobs dit encore, et avec raison, je crois, que cet apologue, tel

---

1. Allusion à la fable XI du livre III de la Fontaine.

que nous l'avons sous les noms d'Ésope et de Phèdre, est né de la comparaison, si naturelle, qu'on a coutume de faire de la beauté sans esprit ou des vaines apparences de la majesté, de la sagesse, etc., avec un masque de théâtre. Il fait remarquer aussi que la circonstance du masque ne permet pas d'attribuer la fable à Ésope, puisque ce n'est qu'au temps d'Eschyle qu'on adopta cet usage au théâtre. — Lessing, dans sa fable XIV du livre II, ajoute un autre trait de satire. Le masque trouvé par le Renard a la bouche grande ouverte, et le Renard s'écrie : « Sans cervelle, et la bouche béante ! Ne serait-ce pas la tête d'un bavard ? » — Le Noble a délayé ridiculement, en quatre-vingt-treize vers, ce sujet, qui demande une si sobre et fine brièveté.

Les grands, pour la plupart, sont masques de théâtre[2] ;
Leur apparence impose[3] au vulgaire idolâtre.
L'Ane n'en sait juger que par ce qu'il en voit :
Le Renard[4], au contraire, à fond les examine,
Les tourne de tout sens[5] ; et quand il s'aperçoit   5
     Que leur fait n'est que bonne mine,
Il leur applique un mot qu'un buste de héros
     Lui fit dire fort à propos.
C'étoit un buste creux, et plus grand que nature.
Le Renard, en louant l'effort de la sculpture :   10

  2. Notre poëte donne ainsi place dans son premier vers au masque des fabulistes grecs et latins (κεφαλὴν μορμολυκείου, *personam tragicam, larvam*), que, dans sa fable même, il remplace par un buste.
  3. Inspire le respect, mais en trompant, en faisant illusion. Voyez le *Lexique*.
  4. Fleury de Bellingen, dans l'*Étymologie des Proverbes* (livre II, chapitre XXXI, p. 223, la Haye, 1656), substitue au Renard une bête plus maligne encore, le Singe. Haudent (dans sa fable 139), le Noble et Benserade le remplacent, bien moins à propos, par le Loup, à l'exemple du vieux fabuliste français (*Ysopet I*, fos 79 et 80). Chez ce dernier du moins, le Loup, fidèle à son caractère, ne se plaint pas que « la Tête peinte » n'ait point de cervelle, mais simplement qu'elle ne puisse se manger et lui servir à apaiser sa faim.
  5. Faërne insiste de même sur l'examen fait par le Renard :

Inque manus sumens, animoque et lumine lustrans.

F. XIV]   LIVRE IV.   325

« Belle tête, dit-il; mais de cervelle point[6]. »

Combien de grands seigneurs sont bustes en ce point[7]!

6. On connaît le jeu de mots (entre κεφαλὴν, *tête*, et ἐγκέφαλον, *cervelle*) qui, en grec, aiguise l'épigramme. — Juvénal paraît faire allusion à notre fable lorsqu'il dit dans sa xive *satire*, vers 57 et 58 : *vacuumque cerebro caput*. — Benserade tourne ainsi le trait final :

    .... Il dit : « La belle tête!
  Mais pour de la cervelle au dedans, serviteur. »

7. Juvénal dit encore, en parlant d'un jeune homme enflé de sa haute noblesse (*satire* VIII, vers 73 et 74) :

Rarus enim ferme sensus communis in illa
Fortuna....

FABLES XV ET XVI[1].

LE LOUP, LA CHÈVRE, ET LE CHEVREAU.
LE LOUP, LA MÈRE, ET L'ENFANT.

FABLE XV. — Appendix fabularum æsopiarum, fab. 32, *Hædus et Lupus.* — Romulus, livre II, fab. 10, *Hædus et Lupus.* — Neckam, fab. 42, *de Capella et Lupo* (Éd. du Méril, p. 211). — Marie de France, fab. 90, *de la Cheure et ses Cheuriax.* — Haudent, 1re partie, fab. 135, *d'un petit Boucq et d'un Loup.* — Corrozet, fab. 24, *du Loup et du Cheureau.* — Le Noble, fab. 15, *du Loup et du Chevreau. La garde d'une fille.*

Mythologia æsopica Neveleti, p. 507 (fable, en distiques latins, de l'auteur que Nevelet désigne par le nom de *l'Anonyme*).

M. Soullié (p. 219-221) cite la fable de Corrozet, et, la comparant à la fable de la Fontaine, montre en quoi celle-ci est supérieure. Les traits les plus agréables du récit, le « mot du guet, patte blanche, » sont de l'invention de notre poëte.

La Bique[2], allant remplir sa traînante mamelle,

1. Ces deux fables sont ainsi réunies dans les éditions originales et dans les anciennes impressions, de même que les fables xv et xvi du livre I et les fables xi et xii du livre II. La gravure de Chauveau est divisée en deux parties, qui représentent chacune le sujet d'une des deux fables. Nous aurions dû faire une remarque semblable au sujet de la gravure qui accompagne les fables xi et xii du livre II.

2. Mot de même radical que l'italien *becco* (bouc), lequel est différent, comme le font remarquer MM. Diez et Littré, de l'allemand *Bock*, d'où vient *bouc.* — Le Noble nomme la Chèvre « mère la Cabre; » et le Chevreau, *Biquet* (comme la Fontaine), *Boucon, Chevrotin.* — Dans cette fable encore, M. Taine (p. 299) relève et approuve l'emploi des mots vulgaires, ici *Bique*, plus loin *loquet.* Nodier, dans son édition des *Fables* (1818), critique ce dernier terme comme nous faisant perdre de vue les mœurs de la Chèvre. Il faut pourtant bien, et dans la fable en général, et surtout chez notre

Et paître l'herbe nouvelle,
Ferma sa porte au loquet,
Non sans dire à son Biquet :
« Gardez-vous, sur votre vie, 5
D'ouvrir que l'on ne vous die,
Pour enseigne³ et mot du guet :
« Foin⁴ du Loup et de sa race ! »
Comme elle disoit ces mots,
Le Loup de fortune⁵ passe ; 10
Il les recueille à propos,
Et les garde en sa mémoire.
La Bique, comme on peut croire,
N'avoit pas vu le glouton.
Dès qu'il la voit partie, il contrefait son ton⁶, 15
Et d'une voix papelarde⁷
Il demande qu'on ouvre, en disant : « Foin du Loup ! »
Et croyant entrer tout d'un coup.
Le Biquet soupçonneux par la fente regarde :

fabuliste, prendre son parti du très-fréquent mélange des mœurs et aptitudes des hommes avec celles des animaux.

3. Signal, signe de reconnaissance, mot d'ordre et de ralliement ; c'est le composé latin *insigne* ; le simple, *signum*, a parmi ses sens celui de « mot d'ordre. »

4. Interjection familière, marquant répulsion, et sur l'étymologie de laquelle on n'est point d'accord. On l'emploie avec et sans régime. Voyez le *Lexique*.

5. Par hasard ; il dit ailleurs : *d'aventure*. La locution *de fortune* est plusieurs fois dans Rabelais : voyez, par exemple, livre IV, chapitre XLVIII, tome II, p. 119 ; et livre V, chapitre XV, tome II, p. 218.

6. « Simulant voix caprine, » dit Haudent. L'Anonyme de Nevelet emploie de même un mot qu'il tire de *capra* :

Sta procul, Hædus ait, caprizas gutture falso.

7. Hypocrite. C'est encore un mot de Rabelais : « Les abus d'ung tas de papelarts et faulx prophetes. » (Livre II, chapitre XXIX, tome I, p. 330.)

« Montrez-moi patte blanche, ou je n'ouvrirai point, »
S'écria-t-il d'abord. Patte blanche est un point
Chez les loups, comme on sait, rarement en usage.
Celui-ci, fort surpris d'entendre ce langage,
Comme il étoit venu s'en retourna chez soi.
Où seroit le Biquet, s'il eût ajouté foi   25
   Au mot du guet que de fortune⁸
   Notre Loup avoit entendu ?

Deux sûretés valent mieux qu'une,
Et le trop en cela ne fut jamais perdu⁹.

---

8. Voyez ci-dessus, note 5.
9. Chez la plupart des autres fabulistes, la morale est différente : c'est un conseil aux enfants d'obéir à leurs parents. Ainsi dans l'*Appendice des fables ésopiques* :

   Laus magna natis obsequi parentibus;

et chez Corrozet :

   Qui donc obeist aux parens,
   Tout bien et tout honneur lui vient.

M. Soullié, à l'endroit indiqué, fait remarquer avec raison que cette moralité est moins bien appropriée à la fable que celle de la Fontaine, surtout avec les circonstances ajoutées par lui.

FABLE XVI. — Ésope, fab. 138, Λύκος καὶ Γραῦς (Coray, p. 80 et 81, p. 337, sous cinq formes, dont l'une est celle que nous indiquons ci-après sous le nom d'Aphthonius). — Babrius, fab. 16, même titre. — Aphthonius, fab. 39, *Fabula Nutricis et Lupi, ostendens non spei innitendum esse ante eventum*. — Avianus, fab. 1, *Rustica et Lupus*. — Faërne, fab. 76, *Lupus et Mulier*. — Haudent, 1re partie, fab. 110, *d'un Loup et d'une Mere*. — Corrozet, fab. 102, *de la Nourrice et du Loup* (une des quatre fables en prose ajoutées au recueil primitif). — Le Noble, tome I, p. 269, conte *de la Nourrice, du Loup et du Bambin*.

Mythologia æsopica Neveleti, p. 200, p. 352, p. 454.

Ce sujet a été traité au seizième siècle par Baïf, en sixains, et par Philibert Hégémon. M. Soullié (p. 227-230) cite leurs deux fables. — La Fontaine n'a pris chez ses devanciers, anciens et modernes, que la première partie de sa fable, et encore pour le fond seulement. La fin, le triste sort du Loup, est de son invention. Plusieurs des fables grecques, et la vieille fable française (*Ysopet-Avionnet*) citée par Robert, ont une seconde partie toute différente, qui amène une affabulation épigrammatique. Quand le Loup rentre chez lui, la Louve lui demande pourquoi il n'apporte rien. « C'est que j'ai eu le tort, répond-il, de croire à parole de femme. »

Πῶς γὰρ, ὃς γυναιξὶ πιστεύω; (BABRIUS, vers 10.)

— Le Noble (1697) a donné à cette fable un tour allégorique très-prétentieux et très-laborieux. Il la dédie au prince de Galles, Jacques-Édouard, fils de Jacques II, qui a échappé au *Loup fatal* (Guillaume III), qui a pour nourrice *la Fortune*, et qu'on élève « dans un berceau français. » L'apologue est suivi de la *Chanson de la Nourrice au Bambin royal*, composée de sept couplets, qui ont chacun pour refrain :

Louis est pour vous, c'est assez.

Mme de Sévigné avait prédit que la fuite du jeune prince ferait un jour, elle ne dit pas une fable, mais un roman : voyez sa *lettre* du 13 décembre 1688, tome VIII, p. 325. — M. Saint-Marc Girardin, dans sa VIIIe leçon (tome I, p. 243 et 244), cite comme « une piquante variation, » un apologue, en distiques, de Weiss (*Pantaleo Candidus*), poëte latin dont nous avons déjà parlé plusieurs fois. C'est le VIIe de sa Ire section, *de Diis*. Il est intitulé : « le Diable et l'Usurier, » *Diabolus et Fenerator*; on le trouvera à l'*Appendice* de ce volume. — M. Taine (p. 205 et 206) fait remarquer avec quelle vérité notre fabuliste, dans plusieurs de ses fables, et en particulier dans celle-ci, a peint le Loup, et il trouve le « portrait demi-sérieux, demi-moqueur, » qu'il en fait, « plus vrai que la sombre et terrible peinture de Buffon. »

Ce Loup[1] me remet en mémoire
Un de ses compagnons qui fut encor mieux pris :
    Il y périt. Voici l'histoire :

Un villageois avoit à l'écart son logis.
Messer Loup attendoit chape-chute[2] à la porte ;   5
Il avoit vu sortir gibier de toute sorte,
    Veaux de lait[3], agneaux et brebis,
Régiments de dindons, enfin bonne provende[4].
Le larron commençoit pourtant à s'ennuyer.
    Il entend un Enfant crier :   10
    La Mère[5] aussitôt le gourmande,
    Le menace, s'il ne se tait,
De le donner au Loup. L'animal se tient prêt[6],
Remerciant les Dieux d'une telle aventure,
Quand la Mère, apaisant sa chère géniture,   15
Lui dit : « Ne criez point ; s'il vient, nous le tuerons[7].

1. *Le Loup*, dans l'édition de 1678 A.
2. *Chape-chute*, bonne aubaine due à la négligence ou au malheur d'autrui. Voyez le *Lexique*.
3. Veaux qui tettent encore.
4. *Provende*, provision de bouche.
5. Dans la plupart des fables anciennes, c'est une nourrice ou une vieille femme (τίτθη, τήθη, γραῦς, *nutrix*).
6. Benserade (*quatrain* xciv) a un tour assez vif :

    « Mon fils, si vous pleurez, le Loup vous mangera, »
    Dit la Nourrice. Il vint, dès que l'Enfant pleura.

7. Baïf et Philibert Hégémon imitent bien le parler de la Mère. Chez le premier, elle commence ainsi :

    Nenny, nenny, non, non, ne pleure ;

— Qu'est ceci? s'écria le mangeur de moutons :
Dire d'un, puis d'un autre [8] ! Est-ce ainsi que l'on traite
Les gens faits comme moi? me prend-on pour un sot?
  Que quelque jour ce beau marmot   20
  Vienne au bois cueillir la noisette! »
Comme il disoit ces mots, on sort de la maison :
Un chien de cour l'arrête; épieux et fourches-fières [9]
  L'ajustent de toutes manières [10].
« Que veniez-vous chercher en ce lieu? » lui dit-on.   25
  Aussitôt il conta l'affaire.
  « Merci de moi! lui dit la Mère;
Tu mangeras mon Fils! L'ai-je fait à dessein
  Qu'il assouvisse un jour ta faim? »
  On assomma la pauvre bête.   30
Un manant [11] lui coupa le pied droit et la tête :
Le seigneur du village à sa porte les mit;
Et ce dicton picard à l'entour fut écrit :

chez le second, elle finit en criant au Loup même, avec une interjection de chasseur : « Sauve-toi, avant qu'on ne t'accroche, »

  Hay! deuant, beste, qu'on ne t'accroche!

 8. Dans Baïf :

  Ceans l'on dit l'un, l'autre on tient.

Dans plusieurs des fables grecques : Ἄλλα μὲν λέγουσιν, ἄλλα δὲ πράττουσιν.

 9. M. Littré, dans son *Dictionnaire*, entend par *fourche-fière* une fourche à deux dents, longues, aiguës et solides, qui sert à élever les gerbes pour le chargement et le tassement des récoltes. Voyez le *Lexique*. Le mot est dans Rabelais (*Prologue* du livre III, tome I, p. 360), où le Duchat l'explique d'une façon qui ne s'appliquerait guère à l'emploi qu'en fait ici la Fontaine.

 10. M. Littré cite la locution « ajuster de toutes pièces, » qu'il traduit par « maltraiter en paroles ou en actions. » Nous disons aujourd'hui, *arranger*, dans le même sens.

 11. Un paysan. Voyez ci-dessus, p. 82, note 4.

« Biaux chires Leups[12], n'écoutez mie[13]
Mère tenchent chen fieux qui crie[14]. »   35

12. Les éditions originales s'accordent à écrire *leups*, mais l'orthographe picarde est plutôt *leu*, *leus*. Voyez le *Glossaire du patois picard* de l'abbé Corblet, où du reste on pourra remarquer que la plupart de ces formes picardes appartiennent en même temps à plusieurs autres dialectes du centre de la France.

13. Voyez le *Lexique*.

14. Mis en français d'aujourd'hui, le dicton serait :

   Beau sire Loup*, n'écoutez pas
   Mère tançant son fils qui crie.

Voyez Raynouard, *Observations philologiques et grammaticales sur le Roman de Rou* (Rouen, 1829, in-4°), p. 92, où l'auteur cite ces deux vers, et p. 28, où il parle des règles relatives à l'orthographe des noms dans la langue du moyen âge. Ces règles veulent que dans les substantifs qui n'ont qu'une seule forme pour les deux nombres, le cas sujet au singulier (et de même le vocatif) prenne l's, et que le cas régime ne le prenne point. En supposant donc au singulier tous les substantifs des deux vers, il eût fallu les écrire ainsi :

   Biaus chire Leus, n'escoutez mie
   Mere tenchent chen fieu qui crie.

Chire (sire) sans *s*, parce que ce nom a une autre forme au pluriel : *Segnor*. Pour l'adjectif *beau*, le cas sujet pluriel eût été *biel* (*bel*). Mais hâtons-nous de dire que la Fontaine ne pensait guère et ne pouvait penser à ces règles inconnues de son temps. — M. Taine (p. 238) nous fait remarquer que le fabuliste est « historiographe exact, » au point d'écrire « l'épitaphe avec le style et l'orthographe du pays. » — Génin dit dans ses *Récréations philologiques* (tome I, p. 285) : « Est-ce par allusion à l'histoire de ce Loup qu'on dit encore en Picardie : *ein pover leu*, pour « un pauvre diable? » *chest ein pover leu!* terme de compassion, de commisération affectueuse. Cela donnerait à penser que la Fontaine avait puisé cet apologue à une source picarde, car pourquoi ce dicton picard? » — M. Tivier, dans un discours sur la Fontaine prononcé dans une séance solennelle de l'Académie d'Amiens, s'appuierait volontiers sur l'emploi de ce même dicton par notre poëte pour décider en faveur de la Picardie une question qui, dit-il, est restée douteuse, celle de savoir si la Fontaine est né Picard ou Champenois. Toutefois il ne dissimule pas les arguments qu'on peut faire valoir pour la Champagne.

* Voyez livre I, fable v, vers 3.

FABLE XVII.

PAROLE DE SOCRATE.

Phèdre, livre III, fab. 9, *Socrates ad amicos*.
Mythologia æsopica Neveleti, p. 421.

Athénée (livre XII, § 45, p. 533) cite, d'après le livre I du traité *de l'Amitié*, de Cléarque, une parole semblable de Thémistocle. Ayant fait bâtir, à Magnésie, une salle à manger fort élégante, il dit qu'il serait content s'il pouvait la remplir d'amis, ἀγαπᾶν ἔφησεν εἰ τοῦτον (τρίκλινον) φίλων πληρώσειεν. Casaubon fait remarquer, au sujet de ce passage, que dans une salle à trois lits (τρίκλινον) il n'y avait guère place que pour neuf convives. — Élien, dans ses *Histoires diverses* (livre IV, chapitre XI), parle de la *maisonnette* (οἰκίδιον) de Socrate. Diogène lui reprochait de s'en être occupé avec un soin trop curieux. Si nous en croyons ce que Xénophon fait dire à Socrate dans l'*Économique* (chapitre II, § 3), cette maisonnette avait bien peu de valeur : « Je pense que si je rencontrais un bon acheteur, j'aurais très-facilement de tout mon avoir, avec ma maison, cinq mines. » La mine valait, comme on le sait, cent drachmes, c'est-à-dire environ quatre-vingt-dix francs. Démétrius de Phalère, cité par Plutarque (*Vie d'Aristide*, fin du chapitre I), fait Socrate plus riche. « Il ne possédait pas seulement, dit-il, sa maison, mais encore soixante-dix mines, que Criton lui faisait valoir. » Voyez à ce sujet Boeckh, *Économie politique des Athéniens*, livre I, chapitre XX (tome I, p. 189, de la traduction française de Laligant).

> Socrate un jour faisant bâtir,
> Chacun censuroit son ouvrage[1] :

---

1. « Comme c'est la coutume, » *ut fieri solet*, dit Phèdre, qui se borne à rapporter une seule critique. On a rappelé à ce propos le proverbe latin :

Qui struit in calle multos habet ille magistros.

« Qui bâtit sur la rue a beaucoup de maîtres. »

L'un trouvoit les dedans, pour ne lui point mentir,
    Indignes d'un tel personnage ;
L'autre blâmoit la face, et tous étoient d'avis   5
Que les appartements en étoient trop petits.
Quelle maison pour lui ! l'on y tournoit à peine.
    « Plût au ciel que de vrais amis,
Telle qu'elle est, dit-il, elle pût être pleine ! »

    Le bon Socrate avoit raison   10
De trouver pour ceux-là trop grande sa maison.
Chacun se dit ami ; mais fol² qui s'y repose :
    Rien n'est plus commun que ce nom,
    Rien n'est plus rare que la chose³.

2. *Fol* est l'orthographe de toutes les anciennes éditions.
3. *Vulgare amici nomen, sed rara est fides.* (Phèdre, vers 1.)

FABLE XVIII.

LE VIEILLARD ET SES ENFANTS.

Ésope, fab. 171, Γεωργοῦ παῖδες (Coray, p. 105, p. 358). — Babrius, fab. 47, Γεωργὸς καὶ Υἱοί. — Haudent, 1re partie, fab. 4, *d'un Père et de ses Enfans.* — Le Noble, conte 5, *du Fagot. L'union.*
Mythologia æsopica Neveleti, p. 231.

Cette fable est au *Manuscrit de Sainte-Geneviève.*

Elle forme le sujet du xxxiiie *emblème* de l'*Hécatongraphie* de Corrozet, sous ce titre : *Amytié entre les freres.* — M. Liotard, p. 28 (voyez ci-dessus, p. 154), dit l'avoir trouvée aussi dans un livre fort rare publié en 1574 à Édimbourg, et intitulé : *le Réveille-matin des François et de leurs voisins.* — Galand, dans la continuation de la *Bibliothèque orientale* de d'Herbelot (tome IV, p. 507), raconte ainsi l'apologue : « Un jour Ginghizkhan, voyant ses fils et ses parents les plus proches assemblés autour de lui, tira une flèche de son carquois et la rompit. Il en tira deux autres, qu'il rompit de même tout à la fois. Il fit la même chose de trois et de quatre. Mais enfin il en prit un si grand nombre qu'il lui fut impossible de les rompre. Alors il leur tint ce discours, et dit : « Mes enfants, la même chose sera de « vous que de ces flèches. Votre perte sera inévitable, si vous tom- « bez un à un, ou deux à deux, entre les mains de vos ennemis. « Mais si vous êtes bien unis ensemble, jamais personne ne pourra « vous vaincre ni vous détruire[1]. » — Voltaire (tome XLVIII des *OEuvres*, p. 306) parle aussi de cette fable comme se trouvant parmi les Tartares. Il se souvient de l'avoir lue dans le recueil des voyages de Plancarpin (du Plan Carpin), de Rubruquis et de Marc Paolo (Marco Polo)[2]. Nous n'avons pas besoin, après ce que nous

---

1. C'est à la suite de cette allégorie que se lit, dans la *Bibliothèque orientale*, celle des deux serpents, que nous avons citée plus haut, p. 94, et que nous avons mise à tort sous le nom de d'Herbelot. Elle est, comme celle-ci, rapportée par Galand, dans la partie intitulée *Paroles remarquables et maximes des Orientaux.*

2. Elle se trouve en effet au chapitre xvii de l'*Histoire orientale* ou *Histoire des Tartares*, de Haiton, Arménien, imprimée dans le recueil

avons dit dans diverses notices, de faire remarquer qu'il va beaucoup trop loin, lui comme bien d'autres, lorsqu'il dit à ce propos qu' « il « n'y a pas une seule bonne fable de la Fontaine qui ne vienne du « fond de l'Asie. » — Chez Plutarque, c'est Scilure, roi des Scythes, qui, avant de mourir, instruit par cette leçon allégorique ses quatre-vingts fils, en leur donnant à rompre un faisceau de dards (ἀκοντίων, δορατίων). Voyez les *Apophthegmes des rois et des capitaines* (et Stobée, titre LXXXIV, 16), et le traité *du Babil*, chapitre XVII. — Un emblème analogue se lit au chapitre IV du *Livre de l'Ecclésiaste* (verset 12) : *Si quispiam prævaluerit contra unum, duo resistunt ei; funiculus triplex difficile rumpitur.* — La parabole des deux queues de cheval, que Plutarque raconte au chapitre XVI de la *Vie de Sertorius*, a aussi la même signification. — Enfin Robert rapproche encore de cet apologue une fable ésopique, enseignant, par une tout autre action, la même morale : *les (deux, trois ou quatre) Taureaux et le Lion*. C'est la 296ᵉ dans Coray (p. 193 et 194, sous cinq formes, et p. 401), la 44ᵉ dans Babrius ; elle a été mise en français par Haudent (1ʳᵉ partie, fab. 192), par Desmay (fab. 10), et longtemps avant, dans les recueils que Robert nomme *Ysopet-Avionnet* et *Ysopet II*. Voltaire, cité par Solvet (*Études sur la Fontaine*, p. 135), semble regretter que le Vieillard, chez la Fontaine, instruise ses Enfants par une allégorie plutôt que par cette fable proprement dite. La Fontaine reconnaît lui-même (au vers 8) que c'est plutôt une *histoire* qu'une *fable* qu'il nous raconte ; mais, bien entendu, il ne s'excuse pas de la chose : où jamais a-t-il pris l'engagement de se borner à ce que Voltaire nomme « la fable proprement dite? »

Toute puissance est foible, à moins que d'être unie [3] :

des *Voyages faits principalement en Asie dans les* XIIᵉ, XIIIᵉ, XIVᵉ *et* XVᵉ *siècles...*, publié par P. Bergeron (tome II, in-4°, col. 31 et 32, la Haye, 1735).

3. Haudent (fable 4) traduit, pour en faire son affabulation, le célèbre axiome que Salluste (*Jugurtha*, chapitre X) a placé dans le discours adressé par Micipsa mourant à ses deux fils et à Jugurtha : *Concordia parvæ res crescunt, discordia maximæ dilabuntur.*

>   Le moral est que par concorde
>   On voit petites choses croistre,
>   Et les grandes souuent decroistre
>   Par maintenir noyse et discorde.

Écoutez là-dessus l'esclave de Phrygie.
Si j'ajoute du mien à son invention,
C'est pour peindre nos mœurs, et non point par envie [4] :
Je suis trop au-dessous [5] de cette ambition.
Phèdre enchérit souvent par un motif de gloire [6] ;
Pour moi, de tels pensers me seroient malséants.

4. Au sujet du mot *envie*, Chamfort fait une critique qui nous paraît peu fondée : « Le désir de surpasser un auteur mort il y a deux mille quatre cents ans ne peut s'appeler *envie*. C'est une noble émulation qui ne peut être suspecte. Celui même de surpasser un auteur vivant ne prend le nom d'*envie* que lorsque ce sentiment nous rend injuste envers un rival. » Ce n'est point une hardiesse qui excède les droits du style poétique, que d'appeler *envie* une émulation qu'on veut modestement donner pour blâmable. D'ailleurs le mot *envie* n'implique pas toujours « chagrin des avantages d'autrui : » voyez le *Dictionnaire de l'Académie*. Phèdre a exprimé des idées analogues dans l'*Épilogue* du livre II (vers 5-8), et dans le *Prologue* du livre III (vers 38 et 39, 52 et suivants). Dans le premier de ces passages (vers 8), il a soin d'exclure aussi, en y opposant le terme *émulation*, tout sentiment d'*envie* :

Nec hæc invidia, verum est æmulatio.

Il rappelle, de même que notre fabuliste, mais avec une intention de dédain que celui-ci n'a en aucune façon, la contrée où est né Esope (vers 52) :

Si Phryx Æsopus potuit, si Anacharsis Scytha...;

et il parle également (vers 50) de « peindre les mœurs : »

Verum ipsam vitam et mores hominum ostendere.

5. Dans le *Manuscrit de Sainte-Geneviève*, il y a *au-dessus*, pour *au-dessous*. C'est une variante évidemment fautive, qui ôte à la pensée toute modestie, mais, il faut en convenir, la rend, pour nous, beaucoup plus juste.

6. C'est un motif que Phèdre ne dissimule guère. Il dit dans le *Prologue* cité du livre III (vers 38) qu'il a fait du sentier du Phrygien une large voie :

Ego illius pro semita feci viam;

et (vers 61) qu'il a droit à la gloire :

.... Mihi debetur gloria.

Mais venons à la fable, ou plutôt à l'histoire⁷
De celui qui tâcha d'unir tous ses enfants⁸.

Un Vieillard prêt⁹ d'aller où la mort l'appeloit : 10
« Mes chers Enfants, dit-il (à ses fils il parloit¹⁰),
Voyez si vous romprez ces dards¹¹ liés ensemble;
Je vous expliquerai le nœud qui les assemble. »
L'aîné les ayant pris, et fait tous ses efforts,
Les rendit, en disant : « Je le donne¹² aux plus forts. »
Un second lui succède, et se met en posture,
Mais en vain. Un cadet tente aussi l'aventure.
Tous perdirent leur temps; le faisceau résista :
De ces dards joints ensemble un seul ne s'éclata.
« Foibles gens¹³ ! dit le Père, il faut que je vous montre
Ce que ma force peut en semblable rencontre. »
On crut qu'il se moquoit; on sourit, mais à tort :
Il sépare les dards, et les rompt sans effort.

7. Voyez, en tête de la fable, la fin de la notice.
8. Ces neuf premiers vers manquent dans l'édition de 1679 (Amsterdam). Voyez ci-dessus, p. 103, note 1, et livre V, fable 1, note 11.
9. Telle est, ici et au vers 27, la leçon de toutes les anciennes éditions. La plupart des éditeurs modernes, et parmi eux Walckenaer, y ont substitué à tort *près*.
10. Dans la fable ésopique, et dans celle de Haudent, les fils sont désunis, et c'est pour ramener entre eux la concorde que le père emploie cette parabole. Ils « s'entre-mangeoient tous, » dit Benserade dans son xciii^e *quatrain*.
11. Au lieu de *dards*, comme ici, et comme dans le récit oriental et dans celui de Plutarque, ce sont, dans plusieurs des fables indiquées, des verges (ῥάβδοι); des « bâtons de bois » chez Haudent.
12. « Je les donne, » dans les éditions de 1678, de 1679 (Amsterdam), de 1688; et dans le *Manuscrit de Sainte-Geneviève;* mais l'édition de 1678 corrige cette faute à l'*Errata*.
13. Les éditions originales ont un point d'exclamation : *Foibles gens!* La plupart des éditions modernes mettent simplement une virgule, ce qui modifie un peu le mouvement de la phrase.

« Vous voyez, reprit-il, l'effet de la concorde :
Soyez joints, mes Enfants, que l'amour vous accorde [14]. »
Tant que dura son mal, il n'eut autre discours [15].
Enfin se sentant prêt [16] de terminer ses jours :
« Mes chers Enfants, dit-il, je vais où sont nos pères;
Adieu : promettez-moi de vivre comme frères;
Que j'obtienne de vous cette grâce en mourant. »   30
Chacun de ses trois fils [17] l'en assure en pleurant.
Il prend à tous les mains ; il meurt ; et les trois frères
Trouvent un bien fort grand, mais fort mêlé d'affaires.
Un créancier saisit, un voisin fait procès :
D'abord notre trio s'en tire avec succès [18].   35
Leur amitié fut courte autant qu'elle étoit rare.
Le sang les avoit joints ; l'intérêt les sépare :
L'ambition, l'envie, avec les consultants [19],
Dans la succession entrent en même temps.
On en vient au partage, on conteste, on chicane :   40
Le juge sur cent points tour à tour les condamne.
Créanciers et voisins reviennent aussitôt,
Ceux-là sur une erreur, ceux-ci sur un défaut [20].
Les frères désunis sont tous d'avis contraire :
L'un veut s'accommoder, l'autre n'en veut rien faire.   45
Tous perdirent leur bien, et voulurent trop tard

---

14. Var. : qu'entre vous on s'accorde. (*Manuscrit de Sainte-Geneviève.*)

15. Dans l'édition de 1729 : « il n'eut d'autre discours. »

16. Voyez ci-dessus la note 9.

17. Var. : Chacun de ses enfants. (*Manuscrit de Sainte-Geneviève.*)
— Ce manuscrit donne au vers suivant : « Il tient », pour : « Il prend ».

18. Var. : Et le triumvirat s'en tire avec succès.
(*Manuscrit de Sainte-Geneviève.*)

19. C'est-à-dire, les avocats, les hommes d'affaires.

20. Terme de pratique. L'*erreur* porte sur le fond ; le *défaut*, sur la forme.

Profiter de ces dards unis et pris à part [21].

[21]. Chamfort et Nodier font remarquer que le vers est léonin. — Nodier relève plus haut (vers 9 et 10) une autre irrégularité, qu'il appelle « une distraction plutôt qu'une licence » de la Fontaine. C'est un « vers masculin précédé d'un autre vers masculin avec lequel il ne rime point. »

FABLE XIX.

L'ORACLE ET L'IMPIE.

Ésope, fab. 16, Κακοπράγμων (Coray, p. 11 et 12, p. 288 et 289). — Faërne, fab. 40, *Deceptor et Apollo*. — Haudent, 1ʳᵉ partie, fab. 19, *d'un Calumniateur et du dieu Phébus*.
Mythologia æsopica Neveleti, p. 100.

L'abbé Guillon rapproche de cet apologue l'épisode de la *Théogonie* d'Hésiode (vers 535 et suivants) où Prométhée, voulant tromper Jupiter, lui présente un bœuf dont il fait deux parts, l'une des os cachés sous la graisse, l'autre des parties plus délicates enveloppées dans la peau, en laissant au Dieu le choix entre les deux.

Vouloir tromper le ciel, c'est folie à la terre.
Le dédale des cœurs en ses détours n'enserre
Rien qui ne soit d'abord éclairé par les Dieux :
Tout ce que l'homme fait, il le fait à leurs yeux,
Même les actions que dans l'ombre il croit faire [1].   5

Un Païen qui sentoit quelque peu le fagot [2],
Et qui croyoit en Dieu, pour user de ce mot,

[1]. La pensée développée dans ces cinq vers est simplement rendue dans la fable grecque par deux épithètes : τὸ θεῖόν ἀπαρκλόγιστον καὶ ἀλάθητον, « on ne peut ni tromper la divinité par le raisonnement ni échapper à sa connaissance. » — L'omniscience divine, qui fait le sujet de cette affabulation, est célébrée avec beaucoup de force dans divers passages de l'Écriture sainte : *Omnia videt oculus illius. Oculi Domini multo plus lucidiores sunt super solem, circumspicientes omnes vias hominum, et profundum abyssi, et hominum corda intuentes in absconditas partes.* (*Livre de l'Ecclésiastique*, chapitre XXIII, versets 27 et 28.) — *Omnia autem nuda et aperta sunt oculis eius.* (Saint Paul, *Épître aux Hébreux*, chapitre IV, verset 13.)

[2]. Expression proverbiale qui rappelle le traitement qu'on faisait subir autrefois aux hérétiques, etc. Voyez le *Lexique de Mme de Sé-*

   Par bénéfice d'inventaire[3],
   Alla consulter Apollon[4].
  Dès qu'il fut en son sanctuaire :
« Ce que je tiens, dit-il, est-il en vie ou non ? »
   Il tenoit un moineau, dit-on,
   Prêt[5] d'étouffer la pauvre bête,
   Ou de la lâcher aussitôt,
   Pour mettre Apollon en défaut.
Apollon reconnut ce qu'il avoit en tête :
« Mort ou vif, lui dit-il, montre-nous ton moineau,
  Et ne me tends plus de panneau :

---

vigné, tome I, p. 402 et 403. — Marot, dans son *Épître au Roi, pour avoir été dérobé* (vers 11), emploie une locution analogue :

  Sentant la hart de cent pas à la ronde.

— M. Taine (p. 310), à l'occasion des vers 6-8 qui nous font passer brusquement du ton grave et lyrique au ton léger, remarque combien la Fontaine est « prompt à regarder l'envers des choses, » et « disposé à terminer un acte d'admiration par un bon mot. »

3. C'est-à-dire, sous condition, autant que cela ne le gênerait ni ne lui coûterait. « Héritier par bénéfice d'inventaire est celui qui obtient des lettres de chancellerie en vertu desquelles il fait faire un fidèle inventaire, moyennant quoi il peut se mettre en possession des biens d'un défunt sans être tenu de ses dettes que jusqu'à concurrence des effets contenus en cet inventaire, dont il est chargé de rendre compte. » Les deux dernières éditions du *Dictionnaire de l'Académie* (1835 et 1878) écrivent : « héritier *sous* bénéfice d'inventaire; » mais les précédentes, y compris celle de 1798, donnent, comme la Fontaine, comme les *Dictionnaires* de Richelet, de Furetière : « (héritier) *par* bénéfice d'inventaire. » — La Fontaine n'est pas le premier qui ait fait un tel emploi de cette locution. L'Estoile, dans ses *Mémoires* (tome I, p. 83, édition Petitot, fin de 1573), dit à propos de Jodelle : « Il étoit d'un esprit prompt et inventif, mais paillard, ivrogne, sans aucune crainte de Dieu, qu'il ne croyoit que par bénéfice d'inventaire. »

4. C'est à Delphes même que l'Impie, dans les diverses fables qu'indique la notice, essaye de tromper ainsi le Dieu.

5. Voyez la fable précédente, vers 10 et vers 27, et la note 9.

Tu te trouverois mal d'un pareil stratagème.
  Je vois de loin, j'atteins de même[6]. »   20

6. C'est un souvenir des épithètes qui accompagnent ordinairement le nom d'Apollon chez Homère, et qu'il emploie même parfois sans substantif pour désigner ce Dieu (voyez l'*Iliade*, livre I, vers 96 et 110) : ἑκηϐόλος, ἑκατηϐόλος, ἑκατηϐελέτης, ἑκάεργος, ἕκατος, « qui lance au loin, qui atteint de loin, » etc. — Le premier hémistiche rappelle le τηλεσκόπον ὄμμα qu'Aristophane applique si poétiquement aux Nuées (*Nuées*, vers 286).

FABLE XX.

L'AVARE QUI A PERDU SON TRÉSOR.

Ésope, fab. 59, Φιλάργυρος (Coray, p. 36, p. 311). — Faërne, fab. 48, *Avarus*. — Haudent, 1ʳᵉ partie, fab. 43, *d'un Avaricieux*. *Mythologia æsopica Neveleti*, p. 138.

Lessing (livre II, fable XVI), après avoir reproduit la fable ésopique, la continue par une addition qui à l'avarice ajoute l'envie. Au voisin qui dit à l'Avare : « Figure-toi que la pierre mise à la place est ton trésor, et tu ne seras pas plus pauvre, » l'Avare répond : « Mais un autre en sera d'autant plus riche. J'enrage quand j'y pense. »

L'usage seulement fait la possession[1].
Je demande à ces gens de qui la passion
Est d'entasser toujours, mettre somme sur somme,
Quel avantage ils ont[2] que n'ait pas un autre homme.
Diogène là-bas[3] est aussi riche qu'eux,   5

---

1. *Quo mihi fortunæ tantum? quo regna sine usu?*
   Quid, nisi possedi dives avarus, opes?
            (OVIDE, *les Amours*, livre III, élégie VII, vers 49 et 50.)
   Horace a dit également (livre I, *épître* V, vers 12) :
            Quo mihi fortunam, si non conceditur uti?

Et Montaigne (*Essais*, livre I, chapitre XLII, tome I, p. 401) : « C'est le iouïr, non le posseder, qui nous rend heureux. » — « La possession n'est rien, dit la fable grecque, si l'usage ne s'y joint; » οὐδὲν ἡ κτῆσις, ἐὰν μὴ ἡ χρῆσις προσῇ.

2. C'est l'idée exprimée par Phèdre dans la fable du *Renard et le Dragon*, contre les Avares (livre IV, *fable* XIX, vers 8 et 9) :

            .... Quem fructum capis
       Hoc ex labore, quodve tantum est præmium?

3. Chez les morts. Les tragiques grecs emploient de même, par

Et l'avare ici-haut comme lui vit en gueux.
L'homme au trésor caché qu'Ésope nous propose,
    Servira d'exemple à la chose.

    Ce malheureux attendoit,
Pour jouir de son bien, une seconde vie ;
Ne possédoit pas l'or, mais l'or le possédoit[4].
Il avoit dans la terre une somme enfouie,
    Son cœur avec[5], n'ayant autre déduit[6]
      Que d'y ruminer jour et nuit,
Et rendre[7] sa chevance[8] à lui-même sacrée[9].
Qu'il allât ou qu'il vînt, qu'il bût ou qu'il mangeât,
On l'eût pris de bien court, à moins qu'il ne songeât

euphémisme, ἐκεῖ pour ἐν Ἅιδου (voyez *les Suppliantes* d'Eschyle, vers 232, l'*Antigone* de Sophocle, vers 76, etc.). Ce mot s'oppose à *ici-haut*, qui est au vers suivant : voyez le *Lexique*, à l'article Ici.

4. C'est un mot du philosophe Bion le Borysthénite. Il disait en parlant d'un riche avare : « Celui-ci ne possède pas son avoir, mais c'est son avoir qui le possède ; » οὐχ οὗτος, ἔφη, τὴν οὐσίαν κέκτηται, ἀλλ' ἡ οὐσία τοῦτον. Voyez sa vie au livre IV de Diogène de Laërte (chapitre VII, § 50).

5. La fable grecque dit de même : συγκατορύξας ἐκεῖ καὶ τὴν ψυχὴν ἑαυτοῦ καὶ τὸν νοῦν. Et Benserade (*quatrain* CLVI) :

    L'avare avec son cœur enterra son trésor.

6. Terme du style badin, divertissement, plaisir. Ce mot, très-fréquent chez nos anciens poëtes, était déjà vieilli au temps de la Fontaine, de même que *chevance*, employé deux vers plus loin. L'Académie ne donne pas ce dernier dans la première édition de son *Dictionnaire* (1694).

7. *Et de rendre*, dans les éditions de 1678 et de 1688. La première corrige cette faute à l'*Errata*.

8. Son bien : voyez le *Lexique*.

9. On s'est servi de même en latin de *sacer* dans le sens de *vetitus*, « interdit, inviolable, à quoi il est défendu de toucher, dont l'accès n'est pas permis. » Ainsi Valerius Flaccus (livre I, vers 632) a dit *sacros fluctus*; et Silius Italicus (livre III, vers 501) *sacros fines* et (livre IV, vers 70) *sacros montes*, en parlant des Alpes, que personne avant Annibal n'avait franchies.

A l'endroit où gisoit cette somme enterrée[10].
Il y fit tant de tours qu'un fossoyeur[11] le vit,
Se douta du dépôt, l'enleva sans rien dire.   20
Notre Avare, un beau jour, ne trouva que le nid.
Voilà mon homme aux pleurs : il gémit, il soupire[12],
    Il se tourmente, il se déchire[13].
Un passant lui demande à quel sujet ses cris.
    « C'est mon trésor que l'on m'a pris.   25
— Votre trésor? où pris? — Tout joignant cette pierre.
    — Eh[14]! sommes-nous en temps de guerre,
Pour l'apporter si loin? N'eussiez-vous pas mieux fait
De le laisser chez vous en votre cabinet[15],
    Que de le changer de demeure?   30
Vous auriez pu sans peine y puiser à toute heure.
— A toute heure, bons Dieux! ne tient-il qu'à cela[16]?

10. « Prendre quelqu'un de court, » c'est le presser, ne pas lui donner le temps de faire quelque chose. Geruzez explique ainsi ce passage : « Il eût fallu saisir un intervalle bien court pour le prendre ne songeant pas à l'endroit, etc. »

11. Ce mot est aussi un archaïsme, et doit évidemment se prendre dans ce sens étendu que lui donne encore le *Dictionnaire* de Nicot (1606) : « *Fossoyeur* est en général celuy qui fait fosses et fossez, » un homme qui bêche, qui creuse la terre. Dans la fable grecque : τῶν ἐργατῶν τις, « un ouvrier, un laboureur. »

12. Nous avons déjà vu cet hémistiche au vers 12 de la fable IV du livre I.

13. Dans la fable grecque il s'arrache les cheveux : τίλλει τὰς τρίχας.

14. Ici l'orthographe du mot est bien *Eh* dans les éditions originales.

15. *Cabinet*, vers la fin du dix-septième siècle, avait encore divers sens. Il désignait particulièrement, pour nous servir des termes de Furetière, soit « un petit lieu retiré.... où l'on étudie, où l'on serre ce qu'on a de plus précieux; » soit « un buffet où il y a plusieurs volets et tiroirs pour y enfermer les choses les plus précieuses. »

16. « Ne tient-il qu'à cela? » c'est-à-dire : est-ce aussi simple que cela? aussi simple que vous paraissez le croire? aussi simple à faire qu'à dire?

L'argent vient-il comme il s'en va ?
Je n'y touchois jamais. — Dites-moi donc, de grâce,
Reprit l'autre, pourquoi vous vous affligez tant,   35
Puisque vous ne touchiez jamais à cet argent [17] :
  Mettez une pierre à la place,
  Elle vous vaudra tout autant [18]. »

17. Nous nous sommes conformés, pour la ponctuation, à l'édition de 1678 ; c'est aussi celle de la petite édition de 1682, qui met même un point d'interrogation après *argent*, à cause du mouvement interrogatif de la phrase. Dans l'édition de 1668 in-4°, les derniers vers de la fable sont ponctués de la manière suivante :

  .... Dites-moi donc, de grâce,
Reprit l'autre, pourquoi vous vous affligez tant :
Puisque vous ne touchiez jamais à cet argent,
  Mettez une pierre à la place ;
  Elle vous vaudra tout autant.

Cette manière de couper la phrase a été adoptée par presque tous les éditeurs modernes, y compris Walckenaer. L'édition de la Haye 1688, et celle de Londres 1708, pour mieux appuyer encore, ont mis un point après *tant*.

18. Le fabuliste grec dit à peu près de même : τὴν αὐτὴν γάρ σοι πληρώσει χρείαν. — Faërne explique élégamment l'idée (vers 12) :

Tam deest avaro quod habet quam quod non habet.

Elle est aussi développée avec une énergique simplicité dans deux recueils de fables indiennes : « Si ce sont des trésors enfouis dans notre maison qui nous font riches, ne le serions-nous pas de même, si dans notre maison il n'y en avait pas d'enfouis ? » (*Pantschatantra*, livre II, strophe 156.) — « Si nous sommes riches par des biens que nous n'employons ni pour les dépenser ni pour en jouir, nous le sommes tout autant par les trésors qui sont enfouis dans les mines au sein de la terre. » (*Hitopadeça*, livre I, strophe 149.)

FABLE XXI.

L'OEIL DU MAÎTRE[1].

Phèdre, livre II, fab. 8, *Cervus et Boves.* — Romulus, livre III, fab. 19, *Cervus et Boves.* — Haudent, 1ʳᵉ partie, fab. 153, *d'un Cerf et d'un Veneur.* — Corrozet, fab. 42, *du Cerf et des Bœufs.*
Mythologia æsopica Neveleti, p. 414.

« Cette fable est un petit chef-d'œuvre, dit Chamfort. L'intention morale en est excellente, et les plus petites circonstances s'y rapportent avec une adresse ou un bonheur infini. » — M. Saint-Marc Girardin, dans sa vɪɪɪᵉ leçon (tome I, p. 257-259), cite la fable entière de Corrozet; elle lui paraît fort médiocre, en comparaison de la nôtre, qu'il regarde comme « une des plus belles de la Fontaine. »

Un Cerf, s'étant sauvé dans une étable[2] à Bœufs,
 Fut d'abord averti par eux
 Qu'il cherchât un meilleur asile[3].
« Mes frères, leur dit-il, ne me décelez pas :
Je vous enseignerai les pâtis les plus gras[4] ;   5
Ce service vous peut quelque jour être utile,

---

1. Pour cette fable et la suivante, voyez ci-dessus, p. 259, le *nota* qui est à la fin du livre III.

2. Il y a *un étable* dans les éditions de 1678 et de 1688. Ce masculin, bien que le mot ait été autrefois de ce genre (voyez les exemples cités dans le *Dictionnaire* de M. Littré), n'est point ici un archaïsme, mais simplement une faute d'impression. Les mêmes éditions donnent *cette étable*, au vers 16.

3.   .... L'un des Bœufs luy va dire :
« Tu n'es pas bien, il n'est point de lieu pire
Que cestuy-cy pour y trouuer mercy. »
      (CORROZET, vers 6-8.)

4. « Voyez, dit Chamfort, avec quel esprit la Fontaine saisit le seul rapport d'utilité dont le Cerf puisse être aux Bœufs. »

F. XXI]   LIVRE IV.   349

  Et vous n'en aurez point[5] regret. »
Les Bœufs, à toutes fins[6], promirent le secret.
Il se cache en un coin, respire, et prend courage.
Sur le soir on apporte herbe fraîche et fourrage, 10
   Comme l'on faisoit tous les jours :
  L'on va, l'on vient, les valets font cent tours[7],
  L'intendant même ; et pas un, d'aventure,
   N'aperçut ni corps, ni ramure[8],
  Ni Cerf enfin. L'habitant des forêts 15

5. *Pas*, au lieu de *point*, dans la première édition (1668, in-4°) et dans les éditions de 1682 et de 1729.

6. Quoi qu'il en dût advenir. On dit aussi, et plus ordinairement : « à toute fin », au singulier.

7. *Frondem bubulcus affert, nec ideo videt.*
  Eunt subinde et redeunt omnes rustici ;
  Nemo animadvertit ; transit etiam villicus,
  Nec ille quidquam sentit.... (PHÈDRE, vers 11-14.)

— « Maison très-bien tenue ! dit Chamfort. Tout le monde paraît à sa besogne et ne fait rien qui vaille. » Et il ajoute très-finement, à propos du vers 14 : « Cela ne paraît guère vraisemblable, et voilà pourquoi cela est excellent. »

8. Nous suivons, comme de coutume, le texte de 1678, qui est aussi, dans ce passage, celui des éditions de 1678 A, de 1679 (Amsterdam), de 1688 (la Haye) et de 1708 (Londres). Les deux éditions de 1668 (in-4° et in-12) ont *cors* (sans *p*), terme de vénerie qui désigne les cornes sortant des perches du cerf (*ramure* est le bois entier, les perches mêmes). Cette seconde leçon pourrait se défendre, mais la première (*corps*) nous paraît préférable, surtout à cause du mot *enfin* qui est au vers suivant. On ne dirait pas bien, ce nous semble : « n'aperçut ni cornes (*cors* et *ramure* ensemble ne signifient rien de plus), ni cerf enfin ; » et il est à nos yeux très-probable que la Fontaine a changé à dessein sa première leçon, qui d'ailleurs n'était peut-être qu'une faute d'impression. — Les éditeurs modernes, à l'exception de M. Pauly, qui, comme nous, écrit *corps*, ont adopté la leçon de 1668, en remplaçant, nous ne savons pourquoi, *cors* par *cor :* Furetière donne ce singulier *cor* ; mais il n'est ni dans le *Dictionnaire de l'Académie* (dans aucune des six éditions, depuis 1694 jusqu'en 1878), ni dans celui de M. Littré : ils n'admettent l'un et l'autre que le pluriel *cors*.

Rend déjà grâce aux Bœufs⁹, attend dans cette étable
Que chacun retournant au travail de Cérès¹⁰,
Il trouve pour sortir un moment favorable.
L'un des Bœufs ruminant lui dit : « Cela va bien;
Mais quoi? l'homme aux cent yeux¹¹ n'a pas fait sa revue.
  Je crains fort pour toi sa venue ;
Jusque-là, pauvre Cerf, ne te vante de rien ¹². »
Là-dessus le Maître entre, et vient faire sa ronde.

> 9.   .... *Tum gaudens Ferus*
> *Bubus quietis agere cœpit gratias,*
> *Hospitium adverso quod præstiterint tempore.*
>   (PHÈDRE, vers 14-16.)

10. On sait que le nom de *Cérès*, la déesse de l'agriculture, se prend souvent au figuré, chez les anciens poëtes, pour désigner les moissons, les fruits de la terre.

11. Expression de Phèdre (vers 18) :

> .... *Ille qui oculos centum habet.*

— Le vieux fabuliste, cité par Robert (*Ysopet I*, f°s 71-73), dit également :

> .... Un des Buefs dire li ose :
> « Eschapper t'est legiere chose
> Se nos maistre ne vient Argus
> Qu'on dit qui a cent yeux ou plus. »

— « Quel est donc l'homme aux cent yeux? dit M. Saint-Marc Girardin dans la leçon citée (p. 259). Le maître du logis. La propriété donne une clairvoyance particulière. Elle fait de nous tous des Argus et des lynx. Les domestiques, toujours plus ou moins indifférents à l'intérêt du maître, ne voient pas, parce que leur esprit ne regarde pas. L'attention fait seule la justesse et la perspicacité du regard; la passion, à son tour, fait seule l'attention. Passion de la propriété ou passion de l'amour, la Fontaine les met, en finissant, sur le même pied :

> Phèdre, sur ce sujet, etc. »

— Voyez les trois derniers vers et la note 19.

12. Voyez ce que M. Taine (p. 200 et 201) dit du rôle des Bœufs dans cette fable, et en général de la manière dont la Fontaine sait peindre les animaux par quelques traits habilement fidèles.

« Qu'est-ce-ci[13]? dit-il à son monde.
Je trouve bien peu d'herbe en tous ces râteliers ; 25
Cette litière est vieille : allez vite aux greniers ;
Je veux voir désormais vos bêtes mieux soignées.
Que coûte-t-il d'ôter toutes ces araignées[14]?
Ne sauroit-on ranger ces jougs et ces colliers? »
En regardant à tout, il voit une autre tête 30
Que celles qu'il voyoit d'ordinaire en ce lieu[15].
Le Cerf est reconnu : chacun prend un épieu ;
 Chacun donne un coup à la bête.
Ses larmes ne sauroient la sauver du trépas[16].
On l'emporte, on la sale, on en fait maint repas, 35

13. Walckenaer, Crapelet, etc., écrivent : *Qu'est ceci?* Les éditions originales (1668 et 1678) portent : *Qu'est-ce-ci?* Nous avons conservé cette leçon, dans laquelle *ci* reste une particule démonstrative, indépendante de *ce*.

14. .... *Cur frondis parum est?*
 Stramenta desunt. Tollere hæc aranea
 Quantum est laboris?... (Phèdre, vers 22-24.)

15. *Cervi quoque alta conspicatur cornua.* (*Ibidem*, vers 25.)
  Du Cerf qui là se reponnoit
  Vit les cornes qui furent grans. (*Ysopet I.*)

16. « La Fontaine ne néglige pas la moindre circonstance capable de jeter de l'intérêt dans son récit. » (Chamfort.) — Il dit encore au livre V, fable xv, vers 11 et 12 :
  .... Il lui fut inutile
 De pleurer aux veneurs à sa mort arrivés.

— Plutarque (*Questions naturelles*, chapitre xx) dit que le cerf pleure quand il est effrayé ; il sait même que ses larmes sont salées (tandis que celles du sanglier en colère sont douces). Le vieux livre intitulé *Propriétaire des choses* (*translaté de latin en françois, l'an 1372, par Jehan Corbichon,* livre XVIII, chapitre xxviii) affirme que « quant il est prins, il pleure; » et dans *la Chasse royale composée par le roy Charles IX* (chapitre vi, p. 30), on recommande de « donner à boire (*ses larmes*) à ceux qui ont battement de cœur. » — Ce qui probablement a donné lieu à cette croyance des larmes du cerf, ce sont les cavités, profondes de plus d'un pouce et nommées *lar-*

Dont maint voisin s'éjouit[17] d'être.

Phèdre sur ce sujet dit fort élégamment :
    Il n'est, pour voir, que l'œil du maître[18].
Quant à moi, j'y mettrois[19] encor l'œil de l'amant[20].

miers, qu'il a au-dessous de l'angle extérieur de chaque œil. « La matière qu'elles contiennent pourroit être, dit Daubenton, un dépôt de larmes, ou plutôt l'humeur qui suinte de leurs parois. » Voyez sa description du cerf dans l'*Histoire naturelle* de Buffon (tome VI, p. 109, in-4°, Imprimerie royale, 1756).

17. Ce mot, dont le sens est clair, a vieilli, et devait être peu employé même du temps de la Fontaine. Il ne se trouve ni dans le *Dictionnaire de l'Académie* (1694), ni dans ceux de Furetière (1690) et de Richelet (1680).

18. Voici ce que dit Phèdre (vers 27 et 28) :

    .... Hæc significat fabula
    Dominum videre plurimum in rebus suis.

19. L'édition de 1679 (Amsterdam) porte : « je mettrois, » pour : « j'y mettrois. »

20. Voltaire (tome XXXIX des *OEuvres*, p. 217 et 218) cite les deux derniers vers parmi les maximes d'un sens profond qu'il admire dans les fables de la Fontaine. — « Ce dernier vers produit une surprise charmante, dit Chamfort. Voilà de ces beautés que Phèdre ni Ésope n'ont point connues. » — *L'œil du maître* est depuis longtemps une expression proverbiale : « Un roi, dit Xénophon, dans *l'Économique* (chapitre XII), ayant acquis un bon cheval, demanda à un homme qui paraissait être habile en fait de chevaux, ce qui pourrait le plus vite engraisser sa bête. « L'œil du maître » (δεσπότου ὀφθαλμός), répondit-il. Je crois que, pour le reste, ô Socrate, c'est de même l'œil du maître qui surtout rend les choses belles et bonnes (οὕτω..., ὦ Σώκρατες, καὶ τἆλλα μοι δοκεῖ δεσπότου ὀφθαλμὸς τὰ καλά τε κἀγαθὰ μάλιστα ἐργάζεσθαι). » — « Par métaphore, dit Fleury de Bellingen dans *l'Étymologie des Proverbes* (chapitre XXVII, p. 356), on approprie ces mêmes paroles (*l'œil du maître engraisse le cheval*) à ceux qui prennent eux-mêmes la conduite de leur famille et ont soin du gouvernement de la maison. » — Le fécond romancier H. de Balzac, parlant, dans sa touchante histoire de *Pierrette* (Michel Lévy, 1864, in-18, p. 116), du *regard de propriétaire*, le nomme très-justement « ce regard inexplicable qui voit ce qui échappe aux yeux les plus observateurs. »

FABLE XXII.

L'ALOUETTE ET SES PETITS, AVEC LE MAÎTRE D'UN CHAMP.

Babrius, fab. 88, Κορυδαλὸς καὶ Νεοσσοί [1]. — Aulu-Gelle, *Nuits attiques*, livre II, chapitre XXIX [2]. — Avianus, fab. 21, *Rusticus et Avis*. — Faërne, fab. 96, *Cassita*. — Haudent, 1re partie, fab. 194, *d'une Allouette et de ses Petis*.

Mythologia æsopica Neveleti, p. 470.

Cette fable a été reproduite dans le *Recueil de poésies chrétiennes et diverses*, tome III, p. 354.

Faërne n'a fait que mettre en vers, avec moins de grâce peut-être et de naturel, le récit d'Aulu-Gelle. Lequel des deux a servi de modèle à la Fontaine? Il serait difficile de le décider; pourtant j'incline à penser que c'est Faërne, à cause des éditions si nombreuses et de la popularité de son recueil. Le lecteur en jugera lui-même; nous mettons les deux morceaux sous ses yeux dans l'*Appendice* de ce vo-

1. Avant la découverte du manuscrit du mont Athos, Furia, le premier, avait publié cette fable de Babrius, en 1810, d'après un manuscrit du Vatican, qui la donne comme de la prose. Coray (p. 273 et 274), et après lui plusieurs autres philologues, l'avaient mise en vers choliambiques. La version du Vatican diffère de celle du mont Athos par un certain nombre de variantes; la plus importante est que le rôle principal appartient, non, comme dans la vraie fable de Babrius, à l'Alouette huppée (Κορυδαλός), mais à un autre oiseau, appelé χαραδριός, oiseau jaune, dit-on, et nichant dans des crevasses, mais dont on ne sait pas le nom actuel. — A sa fable en vers Coray (p. 274 et 275) joint une imitation en prose grecque qu'il a faite luimême de la fable latine d'Aulu-Gelle mentionnée ci-après.

2. Aulu-Gelle nous apprend qu'Ennius avait traité ce sujet dans une de ses *satires*, *scite admodum et venuste*, en vers iambiques de quatre mètres ou huit pieds; il cite les deux derniers de ces vers, où se trouve exprimé ce proverbe:

Hoc erit tibi argumentum semper in promtu situm,
Ne quid exspectes amicos, quod tute agere possies.

— Faërne a pris pour affabulation ce fragment d'Ennius.

J. DE LA FONTAINE. I   23

lume. — M. Sainte-Beuve, dans ses *Critiques et Portraits* (2º édition, 1841, tome I, p. 103 et 104), dit au sujet de cette fable et de quelques autres : « La Fontaine a encore, sur ses devanciers du seizième siècle, l'avantage d'avoir donné à ses tableaux des couleurs fidèles qui sentent, pour ainsi dire, le pays et le terroir. Ces plaines immenses de blés où se promène de grand matin le Maître, et où l'Alouette cache son nid; ces bruyères et ces buissons où fourmille tout un petit monde; ces jolies garennes dont les hôtes étourdis font la cour à l'Aurore dans la rosée et parfument de thym leur banquet, c'est la Beauce, la Sologne, la Champagne, la Picardie; j'en reconnais les fermes avec leurs mares, avec les basses-cours et les colombiers. La Fontaine avait bien observé ces pays, sinon en maître des eaux et forêts, du moins en poëte; il y était né; il y avait vécu longtemps. »

Ne t'attends qu'à toi seul : c'est un commun proverbe [3].
 Voici comme Ésope [4] le mit
  En crédit [5] :

  Les alouettes font leur nid

3. T'attendre aux yeux d'autrui, quand tu dors, c'est erreur.
(Livre XI, *fable* III, vers 62.)

— *In nobis tantum ipsis nitamur*, dit Aulu-Gelle. — Plaute (*Mercator*, acte V, scène IV, vers 51) rend le même axiome sous forme affirmative :

.... *Suam quisque homo rem meminit.*

— La Motte, dans son *Discours sur la fable* (édition in-4º, p. XVI et XVII), critique la Fontaine d'avoir mis en tête de la fable la morale qu'« Ésope avait dessein de prouver par la fable même, » et d'avoir ainsi ôté au lecteur « le plaisir amusant de la suspension. » M. Saint-Marc Girardin, dans sa XXIIIe leçon (tome II, p. 259), lui répond que l'ordre adopté par notre poëte « est tout naturel, » et que « le lecteur ne languit pas en écoutant le récit; le plaisir de voir le récit confirmer la maxime vaut celui de deviner d'avance la maxime dans le récit. »

4. Aulu-Gelle intitule la fable : *Apologus Æsopi Phrygis, memoratu non inutilis*. Le texte grec attribué à Ésope n'est point parvenu jusqu'à nous.

5. « Il fallait, dit Chamfort, mettre ces deux vers en un, ce qui

Dans les blés⁶, quand ils sont en herbe,   5
    C'est-à-dire environ le temps
Que tout aime et que tout pullule dans le monde,
    Monstres marins au fond de l'onde,
Tigres dans les forêts, alouettes aux champs⁷.
    Une pourtant de ces dernières   10
Avoit laissé passer la moitié d'un printemps
Sans goûter le plaisir des amours printanières.
A toute force enfin elle se résolut
D'imiter la nature, et d'être mère encore⁸.
Elle bâtit un nid, pond, couve, et fait éclore,   15
A la hâte : le tout alla du mieux qu'il put.
Les blés d'alentour mûrs avant que la nitée⁹

était facile, et ce qui sauvait en même temps les trois rimes consécutives en *it*. »

6.   *Ales est cassita....*
        In segetibus nidulari sueta et ova excudere.
                    (Faërne, vers 1 et 2.)

— Aulu-Gelle commence la fable à peu près de même.
7. Voyez, dans Lucrèce, l'invocation à Vénus qui commence le poëme et se termine par ces vers (18-21) :

Denique per maria, ac monteis, fluviosque rapaceis,
Frundiferasque domos avium, camposque virenteis,
Omnibus incutiens blandum per pectora amorem,
Efficis ut cupide generatim secla propagent.

— « Un mot, dit Chamfort, suffit à la Fontaine pour réveiller son imagination mobile et sensible. »
8. Dans les fables latines d'Aulu-Gelle et de Faërne, l'Alouette n'est pas mère trop tard, mais elle a mis son nid dans des blés hâtifs (*sementes tempestiviores*).
9. L'édition de 1688 a substitué à *nitée* son synonyme *nichée*. L'abbé Corblet donne les deux mots dans son *Glossaire du patois picard*. L'Académie n'a admis *nitée* que dans ses trois dernières éditions (1798, 1835, 1878). Nicot (1606) donne, dans le même sens, *niée;* et le *Glossaire du centre de la France* de M. le comte Jaubert, *nigée*.
— La Fontaine, dit M. Taine (p. 302 et 303) à propos de ce mot et d'autres semblables, « a tant de goût pour le mot propre qu'il

Se trouvât assez forte encor
Pour voler et prendre l'essor[10],
De mille soins divers l'Alouette agitée
S'en va chercher pâture, avertit ses enfants
D'être toujours au guet et faire sentinelle.
« Si le possesseur de ces champs
Vient avecque son fils[11], comme il viendra, dit-elle,
Écoutez bien : selon ce qu'il dira,
Chacun de nous décampera. »
Sitôt que l'Alouette eut quitté sa famille,
Le possesseur du champ vient avecque son fils.
« Ces blés sont mûrs, dit-il : allez chez nos amis[12]
Les prier que chacun, apportant sa faucille,
Nous vienne aider demain dès la pointe du jour. »
Notre Alouette de retour
Trouve en alarme sa couvée[13].
L'un commence : « Il a dit que, l'aurore levée,
L'on fît venir demain ses amis pour l'aider.
— S'il n'a dit que cela, repartit l'Alouette,
Rien ne nous presse encor de changer de retraite ;
Mais c'est demain qu'il faut tout de bon écouter.

va le chercher jusque dans les dialectes de province. C'était le conseil de Montaigne, notre plus grand peintre. »

10. .... *Flavescente segete, pulli adhuc implumibus*
    Egredi materna tecta non valebant artubus.
    (FAËRNE, vers 6 et 7.)

11. Dans la fable grecque de Babrius, le maître vient seul ; non, comme ici et chez Aulu-Gelle et Faërne, avec son fils ; et il ne vient que deux fois. A la seconde, voyant que ses amis ne se sont pas rendus à son invitation, il déclare que dès le lendemain il mandera, en leur envoyant un salaire, les moissonneurs et les porteurs de gerbes.

12. Dans le récit d'Avianus, il envoie d'abord chez ses voisins, et la seconde fois chez ses amis ; dans celui de Haudent, d'abord chez les voisins et familiers, puis chez les parents et cousins.

13. *Pulli trepiduli circumstrepere*, dit Aulu-Gelle.

Cependant soyez gais; voilà de quoi manger. »
Eux repus, tout s'endort, les petits et la mère. 40
L'aube du jour arrive, et d'amis point du tout.
L'Alouette à l'essor[14], le Maître s'en vient faire
    Sa ronde ainsi qu'à l'ordinaire.
« Ces blés ne devroient pas, dit-il, être debout.
Nos amis ont grand tort, et tort qui[15] se repose 45
Sur de tels paresseux[16], à servir ainsi lents.
    Mon fils, allez chez nos parents[17]
    Les prier de la même chose. »
L'épouvante est au nid plus forte que jamais.
« Il a dit ses parents, mère, c'est à cette heure.... 50
    — Non, mes enfants; dormez en paix :
    Ne bougeons de notre demeure. »
L'Alouette eut raison; car personne ne vint.
Pour la troisième fois, le Maître se souvint
De visiter ses blés. « Notre erreur est extrême, 55
Dit-il, de nous attendre à d'autres gens que nous.

---

14. *Profecta rursus ad pastum alite....* (FAËRNE, vers 18.)

— « *Être à l'essor* se dit d'un oiseau qui vole loin de son nid pour ses différents besoins. » (*Dictionnaire* de M. Littré.)

15. Ellipse facile à suppléer : « et tort a celui qui.... »

16. « Se fier à ses amis, dit Babrius (vers 12), c'est ne se hâter guère; »

Ὅς γὰρ φίλοις πέποιθεν οὐκ ἄγαν σπεύδει.

— Dans le *Recueil de poésies chrétiennes et diverses*, le vers entier est remplacé par celui-ci :

    Sur des amis si négligens.

La leçon que nous donnons est celle des éditions originales; elle est reproduite par la petite édition de 1682, par celles de la Haye 1688, de Londres 1708.

17. Dans Faërne (vers 22) : *affines et propinquos;* et dans Aulu-Gelle : *cognatos, affines, vicinosque.*

Il n'est meilleur ami ni parent que soi-même[18].
Retenez bien cela, mon fils. Et savez-vous
Ce qu'il faut faire? Il faut qu'avec notre famille[19]
Nous prenions dès demain chacun une faucille : 60
C'est là notre plus court ; et nous achèverons
     Notre moisson quand nous pourrons. »
Dès lors que ce dessein fut su de l'Alouette :
« C'est ce coup qu'il est bon de partir, mes enfants[20]. »
    Et les petits, en même temps, 65
    Voletants, se culebutants[21],

18. C'est l'idée que Haudent exprime dans son affabulation :

    .... C'est folie extresme
  S'attendre aulx amis et parentz
  Quand on se peut ayder soy-mesme.

19. Avec les gens de la maison : voyez ci-dessus, livre IV, fable IV, vers 35 (p. 278, note 12).

20. Plusieurs éditeurs modernes, Gail, entre autres, dans *les Trois fabulistes* (1796), l'abbé Guillon, etc., ont ainsi écrit ce vers :

  C'est à ce coup qu'il faut décamper, mes enfants!

Notre leçon est celle de toutes les éditions anciennes. — La plupart des autres fabulistes donnent la raison du départ, qu'on peut considérer comme développant la moralité. Ainsi Babrius (vers 18 et 19) :

Νῦν ἐστιν ὥρη, παῖδες, ἀλλαχοῦ φεύγειν,
Ὅτ' αὐτὸς αὑτῷ, κοὐ φίλοισι, πιστεύει.

— Aulu-Gelle : *In ipso enim jam vertitur cuja est res, non in alio, unde petitur.* — Faërne (vers 37) :

  Quando is ipse cuja res est illam agendam suscipit.

— Avianus (vers 14) :

  Quum spem de propriis viribus ille petit.

21. Dans les deux éditions de 1668, in-4° et in-12, ainsi que dans la reproduction qui en fut faite en 1669, et dans le *Recueil de poésies chrétiennes et diverses*, on lit : *se culebutans*. Dans l'édition de 1678, l'imprimeur avait mis : *se culbutans*, qui est la véritable orthographe de ce mot ; mais dans l'*Errata* joint à cette édition,

Délogèrent tous sans trompette.

la Fontaine rétablit *se culebutans*. Chamfort a donc eu tort de dire : « *Voletants, se culbutants*. Ce vers de sept syllabes entre deux vers de huit syllabes donne du mouvement au tableau, et exprime le sens dessus dessous avec lequel la petite famille déménage. » Avis aux commentateurs imprudents qui ont plus d'imagination que d'exactitude. — Gail s'est permis cette correction :

Voletants et se culbutants.

LIVRE CINQUIÈME.

FABLE I.

LE BÛCHERON ET MERCURE.

A M. L. C. D. B.[1]

Ésope, fab. 44, Ξυλευόμενος καὶ Ἑρμῆς (Coray, p. 28 et 29, et p 302 et 303, sous trois formes, dont la seconde, qui est d'une très-élégante sobriété, se trouve dans les *Proverbes* de Michaël Apostolius, ou plutôt dans les additions qu'y a faites son fils Arsénius; voyez les *Parémiographes grecs* de E. L. de Leutsch, tome II, p. 593 et 594, centurie XIII, 67 a). — Faërne, fab. 62, *Lignator et Mercurius.* — Rabelais, *Nouveau prologue du livre IV*, tome II, p. xx-xxxii. — Haudent, 2ᵉ partie, fab. 34, *d'un Bocheron et de Mercure.* — Le Noble, fab. 56, *du Bucheron et de Mercure. La probité récompensée.*

Mythologia æsopica Neveleti, p. 125.

M. Taine (p. 256-263) fait entre la première des fables ésopiques

[1]. Le chevalier de Bouillon, que ces initiales désignent selon toute apparence (voyez l'*Histoire de la Fontaine* par Walckenaer, livre II, tome I, p. 206), était un ami de Chaulieu, et, comme lui, de la société du Temple. « On sait, dit Walckenaer (*ibidem*), qu'il avait beaucoup d'esprit et d'instruction. » Dans les OEuvres diverses de Chaulieu (Londres, 1740, in-8°) on trouve plusieurs pièces qui lui sont adressées, et notamment (au tome I, p. 114) la fameuse épitre qui commence par ce vers :

Élève que j'ai fait dans la loi d'Épicure.

A la page 122, est une lettre en prose du chevalier lui-même, qui nous apprendrait, si nous ne la connaissions, la vie qu'on menait dans cette société des libertins.

données par Coray, le récit de Rabelais (dégagé des parenthèses et digressions qui y sont entièrement étrangères) et l'apologue de la Fontaine, une comparaison où tout l'avantage demeure à notre poëte. Il paraît, avec raison, au spirituel critique que chez Rabelais, dont la fable semble aussi « démesurément longue et diffuse » à M. Soullié (p. 202), « l'imagination déborde et noie le récit; » que la Fontaine a saisi « le milieu entre la sécheresse et l'abondance, entre la rareté et l'entassement des détails, » que, par la puissance du goût et le désir d'aller au but, « il trouve plus d'idées que Rabelais, et dit moins de paroles qu'Ésope. »

Votre goût a servi de règle à mon ouvrage :
J'ai tenté les moyens d'acquérir son suffrage.
Vous voulez qu'on évite un soin trop curieux,
Et des vains ornements l'effort ambitieux [2];
Je le veux comme vous : cet effort ne peut plaire. 5
Un auteur gâte tout quand il veut trop bien faire [3].
Non qu'il faille bannir certains traits délicats :
Vous les aimez, ces traits; et je ne les hais pas.
Quant au principal but qu'Ésope se propose,
      J'y tombe au moins mal que je puis. 10
Enfin, si dans ces vers je ne plais et n'instruis,

2.   .... *Ambitiosa recidet*
   Ornamenta.... (Horace, *Art poétique*, vers 447.)

3. *Nimia cura deterit magis quam emendat.* (Pline le jeune, livre IX, lettre xxxv, à Appius.)

L'esprit qu'on veut avoir gâte celui qu'on a.
      (Gresset, *le Méchant*, acte IV, scène vii.)

— Walckenaer, à l'endroit cité, dit, au sujet de ces six premiers vers, qu'ils prouvent « que la Fontaine méditait beaucoup sur son art (voyez la note 4) et qu'il consultait souvent celui à qui il s'adresse. » N'est-ce pas trop conclure? A un aussi heureux génie, écrivant à une telle époque, était-il besoin de bien longues méditations pour trouver et rendre ainsi l'une des premières règles du bon goût? et pour savoir que le chevalier de Bouillon, si c'est de lui qu'il s'agit, était de son avis sur ce point, fallait-il de fréquentes consultations?

Il ne tient pas à moi; c'est toujours quelque chose⁴.
   Comme la force est un point
    Dont je ne me pique point,
Je tâche d'y tourner le vice en ridicule,   15
Ne pouvant l'attaquer avec des bras d'Hercule.
C'est là tout mon talent; je ne sais s'il suffit.
   Tantôt je peins en un récit
La sotte vanité jointe avecque l'envie,
Deux pivots sur qui roule aujourd'hui notre vie⁵ :   20
   Tel est ce chétif animal
Qui voulut en grosseur au Bœuf se rendre égal⁶.
J'oppose quelquefois, par une double image,
Le vice à la vertu, la sottise au bon sens,
   Les Agneaux aux Loups ravissants⁷,   25
La Mouche à la Fourmi⁸; faisant de cet ouvrage
Une ample comédie à cent actes divers⁹,

 4. « On voit par ce petit prologue que la Fontaine méditait plus qu'on ne le croit communément sur son art et sur les moyens de plaire à ses lecteurs. Mme de la Sablière l'appelait un fablier, comme on dit un pommier, et d'après ce mot, on a cru que la Fontaine trouvait ses fables au bout de sa plume. La multitude de ses négligences a confirmé cette opinion; mais sa négligence n'était que la paresse d'un esprit aimable qui craint le travail de corriger, de changer une mauvaise rime, etc. » (CHAMFORT.) — Voyez la fin de la note précédente.
 5. « Ce vers et cent autres prouvent que la Fontaine ne manque point de force, quoiqu'il ne s'en pique point; mais il la cache sous un air de bonhomie. » (CHAMFORT.)
 6. Livre I, fable III.
 7. Livre I, fable X.
 8. Livre IV, fable III.
 9. Rien de plus fréquent chez les critiques que les allusions à ce vers et à toute la fin de ce prologue. Voyez Walckenaer, *Histoire de la Fontaine*, livre III, tome I, p. 297; M. Saint-Marc Girardin, tome I, p. 2, 11, 379 et 380; M. Soullié, p. 297; M. Tivier, dans le discours déjà mentionné, p. 16. — M. Soullié (p. 317) fait remarquer très-justement que les prologues de la Fontaine « formeraient la meilleure poétique du genre; » et M. Saint-Marc Girardin, dans

Et dont la scène est l'Univers.
Hommes, dieux, animaux, tout y fait quelque rôle,
Jupiter comme un autre. Introduisons celui   30
Qui porte de sa part aux Belles la parole[10] :
Ce n'est pas de cela qu'il s'agit aujourd'hui[11].

  Un Bûcheron[12] perdit son gagne-pain[13],
  C'est sa cognée; et la cherchant en vain,
  Ce fut pitié là-dessus de l'entendre.   35
  Il n'avoit pas des outils à revendre :
  Sur celui-ci rouloit tout son avoir.
  Ne sachant donc où mettre son espoir,
  Sa face étoit de pleurs toute baignée :

sa xie leçon (tome I, p. 379 et 380), que « nous ne pouvons rien dire à l'avantage de ses fables qu'il n'ait dit avant nous et mieux que nous. »

10. Mercure, messager de Jupiter. Le Noble l'appelle « le postillon céleste. » Lucien, dans son xxive *Dialogue des Dieux*, nous le montre se plaignant à Maïa sa mère de toutes les courses que Jupiter lui fait faire, le chargeant d'aller voir Europe à Sidon, Danaé à Argos, Antiope en Béotie.

11. Ces trente-deux premiers vers, qui forment la dédicace, manquent dans l'édition de 1679 (Amsterdam).

12. Dans la fable grecque d'Arsénius, c'est un laboureur (γεωργός); chez Benserade (*quatrain* xci), un charpentier; chez Rabelais, qui sait que le fait est arrivé en Touraine, en partie à Chinon, « c'est un paoure homme villageois, natif de Gravot..., abateur et fendeur de bois. »

13. « Le long début de Rabelais (voyez la note 14) est, dit M. Taine (p. 262), tout entier dans ce mot. » Puis il ajoute au sujet du vers 36,

  Il n'avoit pas des outils à revendre :

« Ce dernier trait est d'un paysan et manque dans l'autre récit (*dans celui de Rabelais*). » — Le Noble développe ainsi, dans la prière du Bûcheron, l'idée de *gagne-pain :*

  Rends-moi donc, Dieu bénin, rends-moi, je te conjure,
   Ce qui seul me donne du pain.

LIVRE V.   365

« O ma cognée ! ô ma pauvre cognée !   40
S'écrioit-il : Jupiter, rends-la-moi ;
Je tiendrai l'être encore un coup de toi [14]. »
Sa plainte fut de l'Olympe entendue.
Mercure vient [15]. « Elle n'est pas perdue,
Lui dit ce dieu ; la connoîtras-tu bien ?   45
Je crois l'avoir près d'ici rencontrée. »
Lors une d'or à l'homme étant montrée [16],
Il répondit : « Je n'y demande rien. »
Une d'argent succède à la première [17],

14. « Aduint qu'il perdit sa coingnee. Qui feut bien fasché et marry, ce feut il. Car de sa coingnee dependoit son bien et sa vie; par sa coingnee vinoit en honneur et reputation entre touts riches buscheteurs ; sans coingnee mouroit de faim. La Mort, six iours apres, le rencontrant sans coingnee, auecques son dail (*sa faux*) l'eust faulché et cerclé de ce monde. En cestuy estrif commença crier, prier, implorer, inuocquer Iupiter par oraisons moult disertes (comme vous sçauez que necessité feut inuentrice d'eloquence), leuant la face vers les cieulx, les genoilz en terre, la teste nuë, les bras haults en l'aer, les doigts des mains esquarquillez, disant à chascun refrain de ses suffraiges à haulte voix infatiguablement : « Ma coingnee, Iupiter ! « ma coingnee, ma coingnee ! Rien plus, ô Iupiter ! que ma coin- « gnee, ou deniers pour en achapter une aultre. Hélas ! ma paoure « coingnee ! » (RABELAIS, tome II, p. xx et xxI.) — Geruzez trouve que cette fois la Fontaine n'a pas égalé Rabelais. Nous pensons plutôt, avec M. Taine, que « au fond la plainte de Rabelais est exagérée et touche au ridicule, » tandis que « celle-ci est naïve, touchante et mesurée comme un petit tableau de Téniers. »

15. Dans la plupart des autres fables, la cognée tombe dans un fleuve, et le Dieu y plonge pour l'aller chercher. Dans la troisième de Coray, Mercure est le Dieu du fleuve ; dans la seconde (celle d'Arsénius), c'est le Fleuve lui-même qui vient tenter le Paysan.

16. Le Noble veut égayer sa fable en mêlant ensemble, par un bizarre anachronisme, Mercure, Vulcain, le Pérou. Mercure se présente

Tenant une hache à la main,
Mais une hache que Vulcain
Sur son enclume avoit forgée
Du plus fin métail du Pérou.

17. Chez Rabelais, Mercure jette aux pieds du Bûcheron les trois

Il la refuse ; enfin une de bois [18] : 50
« Voilà, dit-il, la mienne cette fois [19] ;
Je suis content si j'ai cette dernière.
— Tu les auras, dit le Dieu, toutes trois :
Ta bonne foi sera récompensée.
— En ce cas-là je les prendrai, » dit-il. 55
L'histoire en est aussitôt dispersée [20] ;
Et boquillons [21] de perdre leur outil,
Et de crier pour se le faire rendre [22].
Le roi des Dieux ne sait auquel entendre [23].
Son fils Mercure aux criards vient encor ; 60
A chacun d'eux il en montre une d'or.
Chacun eût cru passer pour une bête
De ne pas dire aussitôt : « La voilà ! »
Mercure, au lieu de donner celle-là,

cognées à la fois; chez Haudent, il les lui présente aussi toutes ensemble. Dans l'apologue d'Arsénius il y a gradation ; le Dieu le tente d'abord avec une hache d'argent, puis avec une hache d'or.

18. « Amanchée de bois », dit Haudent.

19. *Hæc mea ipsa, ait, profecto est; hæc mea ipsa ipsissima.*
(FAËRNE, vers 24.)

20. Dans le sens où nous dirions plutôt aujourd'hui : « répandue. »

21. *Boquillons*, plus anciennement *bosquillons*, gens qui travaillent dans les bois, bûcherons, avec une nuance moqueuse. Voyez le *Lexique*.

22. Continuant sa comparaison, M. Taine fait ici la remarque suivante : « Il a pris.... de Rabelais tout ce qui était vivant, le dialogue direct, mais il a rassemblé tout le tapage de la fin, qui est hors de propos, en quelques vers :

L'histoire en est, etc. »

23. Il n'y a que Rabelais et la Fontaine qui fassent accourir à l'envi tous les boquillons. Le reste des fabulistes n'oppose à l'honnête Bûcheron qu'un seul trompeur, un *mensongeur*, comme dit Haudent. Le Noble s'est borné à traiter la première scène, « la probité récompensée. »

Leur en décharge un grand coup sur la tête²⁴.   6 5

Ne point mentir, être content du sien²⁵,
C'est le plus sûr : cependant on s'occupe
A dire faux pour attraper du bien.
Que sert cela? Jupiter n'est pas dupe²⁶.

24. « Tous choisissoient, dit Rabelais, celle qui estoit d'or, et l'amassoient remerciants le grand donateur Iuppiter; mais sus l'instant qu'ils la leuoient de terre courbez et enclins, Mercure leur tranchoit les testes, comme estoit l'edict de Iuppiter. » Dans les autres fables le Dieu est plus clément : il se contente, pour punir le menteur, de ne lui rien donner, pas même sa propre hache. — Arsénius termine le récit d'une façon assez piquante. Le paysan récompensé rencontre le trompeur et lui dit : « Le fleuve n'apporte pas toujours des haches » (voyez la note 15) : Οὐκ ἀεὶ ποταμὸς ἀξίνας φέρει. Ces derniers mots sont devenus proverbe en grec. — On lit dans la *Correspondance de Grimm* (tome X, p. 209, mai 1779) une anecdote qui nous transporte dans un tout autre monde que celui des boquillons, mais d'où l'on peut tirer la même moralité. C'est un exemple d'avidité semblablement alléchée et semblablement trompeuse, et de même déçue : Quatre seigneurs polonais, visitant le pavillon de Bagatelle que le comte d'Artois avait fait bâtir dans le bois de Boulogne, fondirent en pleurs à la vue d'une statue. On leur demanda la cause de cette émotion; ils répondirent au guide qu'elle venait de l'extrême ressemblance qu'il y avait entre cette statue et une parente qu'ils avaient perdue tout récemment. Instruit du fait, le comte d'Artois leur envoya la statue. Ayant ensuite demandé à visiter la galerie du Palais-Royal, ils se mirent à verser des torrents de larmes en face des tableaux du Corrége et du Titien, mais ils en furent pour leurs frais de sensibilité.

25. Le Noble développe ainsi l'idée d'être content du sien :

On a toujours assez de bien,
En quelque état qu'on soit, quand on a la sagesse,
Et l'on est riche sans richesse
Sitôt qu'on ne souhaite rien.

26. La moralité, chez Faërne (vers 28 et 29), embrasse bien les deux parties du sujet :

Qui bonum colunt et æquum, sæpe ditat hos Deus;
Fraudulentos improbosque sæpe contra pauperat.

FABLE II.

LE POT DE TERRE ET LE POT DE FER.

Ésope, fab. 290, Χύτραι (Coray, p. 190). — Avianus, fab. 11, *Olla ærea et lutea*. — Faërne, fab. 1, *Ollæ duæ, ænea et fictilis*. — Haudent, 1re partie, fab. 189, *de deux Vaisseaux, l'un d'erain et l'autre de terre*. — Le Noble, fab. 39, *du Pot de fer et du Pot de terre. L'attaque téméraire*.

Mythologia æsopica Neveleti, p. 318, p. 461.

Le sujet de la fable est indiqué en deux mots au chapitre XIII du *Livre de l'Ecclésiastique : Ditiori te ne socius fueris. Quid communicabit cacabus ad ollam? quando enim se colliserint, confringetur*[1] (versets 2 et 3). L'idée morale est développée dans les versets suivants. — L'allégorie du pot brisé se trouve aussi, avec celle de deux pots qui, en se heurtant, se brisent tous deux, dans les recueils de fables indiennes : voyez le *Pantschatantra*, livre III, strophes 13 et 14 (édition de M. Benfey, tome II, p. 215); et l'*Hitopadeça*, livre IV, fable XII, strophe 63 (p. 197 de la traduction française de M. Lancereau). — Nous donnons à l'*Appendice* un morceau consacré à cet apologue dans les *Contes et discours d'Eutrapel*, par de la Herissaye (Rennes, 1585, f° 17, verso). Le conte où il se trouve est le second du recueil et a pour titre : « N'entreprendre trop haut et hanter peu les grands. » — G. Bouchet, sieur de Brocourt, s'est souvenu de la comparaison et du conseil qui s'en tire, au livre II de ses *Serées* (p. 18, Rouen, 1634, XIIIe *serée*) : « Je pense que la conuersation des princes, tant soit-elle à honorer, doit estre euitee autant qu'il est possible, suiuant l'exemple du vase de terre, lequel refusa la compagnie du pot d'airain. » — Le sujet est aussi traité dans l'*emblème* CLXV d'Alciat. — M. Saint-Marc Girardin, dans sa XVIe leçon (tome II, p. 72 et 73), parle du « plaisir secret que trouve la vanité

---

1. Nous n'avons pas l'original hébreu du *Livre de l'Ecclésiastique*; le texte grec est : Τί κοινωνήσει χύτρα πρὸς λέβητα; αὕτη προσκρούσει καὶ αὕτη συντριβήσεται. Le mot χύτρα, « marmite de terre, » fait mieux opposition à λέβης, « chaudron, » que *cacabus* à *olla* dans la vieille traduction latine, antérieure à saint Jérôme.

à se mettre de pair avec plus grand que soi ; » et passant de l'allégorie au sens propre : « Le Pot de fer, dit-il, est bon prince.... C'est l'égalité parfaite. Seulement, comme l'un en prend plus que l'autre au fond n'en donne, il arrive un jour que tout change. Voltaire quitte Sans-Souci, où Frédéric l'avait invité, et revient en maudissant celui qu'il appelle *Busiris* au retour, et qu'il appelait le *Salomon du Nord* au départ. »

> Le Pot de fer proposa
> Au Pot de terre un voyage[2].
> Celui-ci s'en excusa,
> Disant qu'il feroit que sage[3]
> De garder le coin du feu ;   5
> Car il lui falloit si peu,
> Si peu, que la moindre chose
> De son débris[4] seroit cause :

2. Dans presque toutes les fables indiquées ci-dessus, l'histoire se passe dans l'eau (un fleuve, un torrent, etc.). — Chez Haudent, les deux Pots veulent

> .... Passer par la trauerse
> De la mer, iusques en Angleterre.

— Dans la fable grecque, qui est très-courte, le Pot de terre prie le Pot d'airain de ne pas s'approcher, de nager loin de lui : μακρόθεν μου κολύμβα, καὶ μὴ πλησίον. — Chez Faërne, c'est, comme chez la Fontaine, le plus fort qui se montre prévenant ; mais sa prévenance est intéressée :

> .... *Ahena, proprio prægravata pondere,*
>   *Sibique porro præcavens,*
> *Suadere cœpit anteeunti fictili*
>   *Conjungi uti vellet sibi,*
> *Quo rapidum aquarum sustinerent impetum*
>   *Junctis utrinque viribus.* (Vers 3-8.)

3. Dans cette locution, qui se rencontre dans notre plus vieille langue, *que* a le sens du latin *quod* : « qu'il ferait ce que ferait le sage, » c'est-à-dire « qu'il ferait sagement. » Voyez le *Lexique*. — L'édition de 1729 rajeunit ainsi le tour :

> Disant qu'il serait plus sage.

4. *Débris*, dans le sens de brisement, destruction. Voyez le *Lexique*.

Il n'en reviendroit morceau.
« Pour vous, dit-il, dont la peau [5]
Est plus dure que la mienne,
Je ne vois rien qui vous tienne.
— Nous vous mettrons à couvert,
Repartit le Pot de fer :
Si quelque matière dure
Vous menace d'aventure [6],
Entre deux je passerai,
Et du coup vous sauverai [7]. »
Cette offre le persuade.
Pot de fer son camarade
Se met droit à ses côtés [8].
Mes gens s'en vont à trois pieds,

5. Il y a la même métaphore dans Faërne (vers 13 et 14) :

Ut sospitem te dura præstabit cutis,
Fragilem meam sic conteret.

— Alciat, dont les *Emblèmes* parurent au seizième siècle, trente ou quarante ans avant les *Fables* de Faërne, fait dire au Pot de terre :

Ipsa ego te fragilis sospite sola terar.

6. Nous avons à peine besoin d'avertir que *d'aventure*, bien que nous ne le fassions pas précéder, non plus que les éditions originales, d'une virgule, ne dépend point de *menace*, mais a son sens ordinaire de « par hasard. »

7. Chez Haudent le Pot d'airain lui promet

.... Tout ainsi qu'un voirre (*verre*)
Le garder sans l'endommager.

8. Benserade (*quatrain* CIII), les faisant de même aller de conserve, ajoute ingénieusement une très-juste comparaison :

Le Pot de fer nageoit auprès du Pot de terre,
L'un en vaisseau marchand, l'autre en vaisseau de guerre;
L'un n'appréhendoit rien, l'autre avoit de l'effroi,
Et tous deux savoient bien pourquoi.

— M. Taine (p. 141) voit spirituellement dans le Pot de fer « un capitan qui propose son escorte. »

> Clopin-clopant comme ils peuvent [9],
> L'un contre l'autre jetés
> Au moindre hoquet [10] qu'ils treuvent.   25
Le Pot de terre en souffre ; il n'eut pas fait cent pas
Que par son compagnon il fut mis en éclats,
> Sans qu'il eût lieu de se plaindre.

Ne nous associons qu'avecque nos égaux,
> Ou bien il nous faudra craindre   30
> Le destin d'un de ces Pots [11].

9. Le Noble dit à peu près de même :

> Et clochant sur trois pieds vinrent cahin-caha.

Chez lui, comme chez la Fontaine, tout a lieu en terre ferme ; mais il a donné à toute la fable un tour fort ridicule, et fait de la rencontre des deux marmites un duel en champ clos.

10. *Hoquet*, « obstacle, empêchement, » d'après du Cange (voyez son *Glossaire*, au mot *Hoquetus*); ou bien plutôt « accroc », en rattachant le mot au picard *hoc*, *hoket*, « croc, accroc, » d'où *hoker*, *ahoker*, « accrocher. »

11. La morale est ainsi rendue dans Avianus (vers 15 et 16) :

> *Pauperior caveat sese sociare potenti;*
> *Namque fides illi cum parili melior.*

Dans Faërne (vers 15 et 16) :

> *Potentiorum semper est vicinitas*
> *Vitanda tenuioribus.*

Le Noble tire de la fable une morale un peu différente :

> Sous le fort le foible succombe ;
> Sous le mauvais périt le bon.

— C'est dans le sens du premier de ces deux vers que Charles le Téméraire dit aux envoyés des quatre membres de Flandre qui viennent réclamer contre l'établissement d'un impôt considérable : « Je vous montrerai ce que vous ne pouvez ni ne devez faire. Ce sera la querelle du pot et du verre : si le verre se heurte au pot, il est bientôt rompu. » Voyez l'*Histoire des ducs de Bourgogne* du baron de Barante, tome IX, p. 130 (Paris, 1829, in-8°).

FABLE III.

LE PETIT POISSON ET LE PÊCHEUR.

Esope, fab. 124, Ἁλιεὺς καὶ Σμαρίς (Coray, p. 67, p. 326). — Babrius, fab. 6, Ἁλιεὺς καὶ Ἰχθύδιον. — Avianus, fab. 20, *Piscator et Piscis*. — Haudent, 1re partie, fab. 20, *d'un Pescheur et d'un petit Poisson*. — Le Noble, conte 68, *du Pêcheur et du petit Poisson. Le refus indiscret*.

Mythologia æsopica Neveleti, p. 187, p. 469.
Cette fable a été reproduite dans le *Recueil de poésies chrétiennes et diverses*, tome III, p. 361 (par erreur, pour p. 365).
La fable 70 de Corrozet, *du Rossignol et de l'Oiseleur*, développe la même idée, avec d'autres personnages; elle a fourni à la Fontaine le vers de sa morale (voyez la note 8). — Dans une chronique en prose française, du treizième siècle, la *Chronique de Rains*, publiée par M. Louis Paris, l'archevêque de Rouen, Rigauld, raconte à saint Louis un apologue qui a beaucoup d'analogie avec celui de Corrozet; M. Éd. du Méril l'a cité en entier dans l'*Introduction* de ses *Poésies inédites du moyen âge*, p. 144-146 : Une mésange, prise par un paysan, le persuade de la laisser aller parce qu'elle est « une petite cose (*chose*), » et après s'être envolée, elle lui conseille de garder une autre fois ce qu'il tiendra. — Chez le Noble, le Pêcheur prend un premier poisson, qu'il lâche; puis un second, qu'il garde, instruit qu'il est par l'expérience.

   Petit poisson deviendra grand,
   Pourvu que Dieu lui prête vie;
   Mais le lâcher en attendant,
   Je tiens pour moi que c'est folie :
Car de le rattraper il[1] n'est pas trop certain.   5

Un Carpeau[2], qui n'étoit encore que fretin,

1. Voyez ci-dessus, p. 218, note 3.
2. Outre *Carpeau*, la Fontaine emploie, au vers 11, la forme de

Fut pris par un pêcheur au bord d'une rivière.
« Tout fait nombre, dit l'homme en voyant son butin ;
Voilà commencement de chère et de festin :
        Mettons-le en notre gibecière[3]. »   10
Le pauvre Carpillon lui dit en sa manière[4] :
« Que ferez-vous de moi? je ne saurois fournir
        Au plus qu'une demi-bouchée.
        Laissez-moi carpe devenir :
        Je serai par vous repêchée ;   15
Quelque gros partisan[5] m'achètera bien cher :
        Au lieu qu'il vous en faut chercher
        Peut-être encor cent de ma taille
Pour faire un plat : quel plat? croyez-moi, rien qui vaille.
— Rien qui vaille? Eh bien ! soit, repartit le Pêcheur : 20
Poisson, mon bel ami, qui faites le prêcheur,
Vous irez dans la poêle[6] ; et vous avez beau dire,

diminutif plus usité : *Carpillon*. Il y en a une troisième dans le Noble : *Carpette*. — Mme de Sévigné fait allusion à ce vers dans sa *Lettre* à Mme de Grignan du 18 octobre 1679 (tome IV, p. 51).

3. Plus usité en parlant des chasseurs que des pêcheurs.

4. Var. : à sa manière. (1668 in-4° et in-12, 1679 Amsterdam, 1682, 1708 et 1729.) — Boissonade, dans ses notes sur Babrius, rapproche les mots : « en sa manière, » du vers suivant (13°) de l'auteur grec :

    Τοιαῦτα μύζων ἱκέτευε καὶ σπαίρων,

« Il suppliait ainsi geignant et palpitant. » — Chez le Noble :

    En fort piteux accents lui dit ces tristes mots.

— Avianus (vers 5) le fait pleurer :

    .... *Lacrimis ita dixit obortis.*

5. Le *Dictionnaire* de Furetière (1690) définit le mot *partisan* : « Un financier, un homme qui fait des traités, des partis avec le Roi, qui prend ses revenus à ferme, le recouvrement des impôts. » — « Maintenant, dit le Poisson de Babrius (vers 6), combien me vendras-tu ? » πόσου με πωλήσεις; « Plus tard je conviendrai à de riches festins : » πλουσίοις πρέπων δείπνοις (vers 11).

6. Babrius parle aussi de la poêle à frire. C'est un petit poisson,

Dès ce soir on vous fera frire. »

Un Tiens[7] vaut, ce dit-on, mieux que deux Tu l'auras[8] :
L'un est sûr, l'autre ne l'est pas[9].   25

μικρὸν ἰχθύν, « de ceux qui sont bons pour la poêle à frire, » τῶν εἰς τάγηνον ὡραίων (vers 3 et 4).

7. VAR. Dans l'édition de 1682, on lit : *Tient*. Les éditions de 1668, de 1678, de 1679 (Amsterdam), de 1688, de 1708 et de 1729, aussi bien que le *Recueil de poésies chrétiennes*, ont la seconde personne : *Tiens*, ou plutôt, d'après la vieille orthographe, meilleure que la nôtre, *Tien*, sans *s*.

8. C'est, peu s'en faut, le vers de Corrozet.

Mieulx vault ung Tien que deux fois Tu l'auras.

— Les Espagnols expriment ainsi le même proverbe : *Mas vale un Toma que dos Te dare*, « mieux vaut un *Prends* que deux *Je te donnerai*. » Voyez le *Dictionnaire de l'Académie de Madrid*. — La Fontaine a dit ailleurs (*Ballade à Foucquet*, octobre 1659) :

Promettre est un et tenir est un autre.

Voyez encore ci-dessus, p. 268, et note 7. — Dans la moralité d'*Ysopet-Avionnet*, cité par Robert (tome I, p. 310 et 311) :

Prouerbe est : qui tiengne, si tiengne,
Que mescheance ne li auiengne.

— Chez Villon (*Ballade des proverbes*, vers 12, édition Jannet, p. 117) :

Tant vaut tien que chose promise.

9.   .... On se mécompte
Quand pour un vain espoir on quitte un bien présent.

(LE NOBLE.)

FABLE IV.

LES OREILLES DU LIÈVRE.

Faërne, fab. 97, *Vulpes et Simius.*

Le sujet de la fable de Faërne est au fond le même que celui de la Fontaine; mais les personnages et les détails diffèrent : les animaux sans queue (*honore caudæ quæ carerent*) ayant été bannis par le Lion, le Renard se hâte de partir avec eux. Le Singe lui représente naïvement qu'il a plus de queue qu'il n'en faut (*tantum caudæ, ut superforet*), et qu'il n'a rien à craindre. « Oui, mais si le Lion veut dire que je n'ai pas de queue, qui osera le contredire? Qui même osera voir que j'ai une queue? » — Le poëte persan Sadi, dans *Gulistan, ou l'Empire des Roses*, dont la Fontaine a pu lire la traduction par André du Ryer (Paris, 1634), tire d'une autre allégorie encore un semblable enseignement (chapitre 1, p. 53) : « On vit le Renard un jour qu'il fuyoit tout effarouché. Interrogé de la cause de sa peur, il répondit qu'il avoit ouï dire qu'on prenoit tous les mulets et chameaux pour porter l'équipage du Roi qui alloit à la guerre. « O fol et igno« rant, lui dit-on, qu'as-tu affaire avec les mulets et les chameaux? « en quoi les ressembles-tu? — Tais-toi, répondit-il; si quelque « envieux vient, et dit : *Voilà un chameau, prenons-le*; qui me vien« dra délivrer? et qui aura soin de moi? Je serai chargé avant que « mes raisons soient entendues. » Cette fable se trouve à la page 57 dans la traduction de M. Defrémery, que nous avons déjà eu l'occasion de citer; le traducteur la rapproche de la fable du *Renard et le Chacal*, racontée par le chef mongol Nevrouz, dans l'*Histoire des Mongols* du baron C. d'Ohsson (livre VI, chapitre II, tome IV, p. 48). — M. Saint-Marc Girardin, après avoir cité en entier avec éloge et traduit la fable de Faërne, dans sa VIIIe leçon (tome I, p. 230 et 231), ajoute cette réflexion trop vraie et trop frappante : « Juste défiance de la justice ici-bas, quand il n'y a pas d'autre loi que la volonté du despote. Vous êtes innocent, je le sais bien, et vous n'avez ni conspiré ni comploté; mais si le maître vous soupçonne d'être un conspirateur, qui osera dire que vous êtes innocent? Vous avez peut-être plus

de vertu qu'il n'en faut pour être un saint; vous n'en avez pas assez
pour ne pas être un accusé. »

Un animal cornu[1] blessa de quelques coups
  Le Lion, qui plein de courroux,
  Pour ne plus tomber en la peine,
  Bannit des lieux de son domaine[2]
Toute bête portant des cornes à son front.   5
Chèvres, Béliers, Taureaux aussitôt délogèrent;
  Daims et Cerfs de climat changèrent :
  Chacun à s'en aller fut prompt.
Un Lièvre, apercevant l'ombre de ses oreilles,
  Craignit que quelque inquisiteur   10
N'allât interpréter à cornes leur longueur,
Ne les soutînt en tout à des cornes pareilles.
« Adieu, voisin Grillon, dit-il; je pars d'ici :
Mes oreilles enfin seroient cornes aussi;
Et quand je les aurois plus courtes qu'une autruche[3], 15
Je craindrois même encor[4]. » Le Grillon repartit :

 1. M. Saint-Marc Girardin se souvient des deux premiers vers de
cette fable dans un très-joli passage de sa XVIe leçon (tome II, p. 68),
dont nous avons parlé au sujet de la *fable* XIII du livre IV et qu'on
trouvera ci-après dans l'*Appendice* de notre tome I. Il voit dans la
bête cornue qui s'est fait une affaire avec le Lion quelque « animal
hardi et fier, » et qui « porte haut la tête, » le Cerf par exemple.
 2. .... *Exsulare e finibus regni sui*
    .... *jusserat.* (Faërne, vers 2 et 3.)
 3. L'exemple est bien choisi. Chez l'autruche, différente en cela
des oiseaux en général, la tête, excepté durant une courte période
de l'enfance (un an, dit-on), où elle se trouve garnie de plumes, est
nue ou recouverte seulement de poils épars, et par suite les oreilles
sont à découvert et bien visibles, à fleur de tête.
 4. « Le Lièvre de la Fontaine est prudent; il connaît le mot de
je ne sais plus quel président du parlement de Paris : « Si l'on m'ac-
« cusait d'avoir volé les tours de l'église Notre-Dame, et de les avoir
« mises dans ma poche, je commencerais par m'enfuir; je m'expli-
« querais ensuite. » (M. Saint-Marc Girardin, tome I, p. 232.)

« Cornes cela ? Vous me prenez pour cruche ;
Ce sont oreilles que Dieu fit.
— On les fera passer pour cornes,
Dit l'animal craintif, et cornes de licornes[5].   20
J'aurai beau protester ; mon dire et mes raisons
Iront aux Petites-Maisons[6]. »

5. « Cette consonnance fait ici un très-bon effet, parce qu'elle arrête l'esprit sur l'idée de l'exagération qu'emploient les accusateurs. » (CHAMFORT.) — Pline dit, au livre VIII de son *Histoire naturelle* (chapitre XXXI), que la licorne, qu'il appelle *monoceros*, a au milieu du front « une corne noire longue de deux coudées, » *uno cornu nigro media fronte cubitorum duum eminente.* La licorne est mentionnée plusieurs fois dans la *Bible ;* la *Vulgate* la désigne par le nom d'*Unicornis*, dont le mot français est une corruption ; elle parait souvent dans les poëmes du moyen âge. On peut voir sur cet animal fabuleux (telle est du moins aujourd'hui l'opinion à peu près générale) un intéressant article de M. E. Desmarest dans le *Dictionnaire d'histoire naturelle* de Ch. d'Orbigny.

6. Seront traitées d'extravagances. « Les Petites-Maisons étaient un hôpital fondé par la ville de Paris en 1497, et désigné d'abord sous le nom de *Maladrerie de Saint-Germain.* On lui donna le nom de *Petites-Maisons,* parce que les cours qui le composaient étaient entourées de petites maisons fort basses qui servaient de logement à plus de quatre cents vieillards entretenus par le grand bureau des pauvres. Cet hôpital était aussi destiné à recevoir des fous, et l'expression *Petites-Maisons* devint synonyme d'*hôpital de fous.* » (M. CHÉRUEL, *Dictionnaire historique des Institutions, mœurs et coutumes de la France*, 2ᵉ partie, p. 977.) — « Et Dieu veuille, dit encore M. Saint-Marc Girardin à l'endroit cité (tome I, p. 232 et 233), que ce soient seulement le dire et les raisons qui aillent à l'hôpital des fous, et non pas la personne ! » Il confirme ensuite cette crainte par un navrant récit emprunté à l'histoire de Venise sous la domination autrichienne. — Voici la morale de Faërne (vers 12 et 13) :

Cui vita sub tyranno agenda contigit,
Insons licet sit, plectitur sæpe ut nocens.

FABLE V.

LE RENARD AYANT LA QUEUE COUPÉE[1].

Ésope, fab. 7, Ἀλώπεκες, Ἀλώπηξ κόλουρος (Coray, p. 7, p. 284).
— Faërne, fab. 61, *Vulpes*. — Haudent, 2ᵉ partie, fab. 4, *d'un Regnard sans queue*. — Corrozet, fab. 72, *du Regnard sans queue*.
Mythologia æsopica Neveleti, p. 92, p. 526 (voyez ci-après la note 7).

    Un vieux Renard, mais des plus fins,
Grand croqueur de poulets, grand preneur de lapins,
      Sentant son renard d'une lieue[2],
        Fut enfin au piége attrapé.
    Par grand hasard en étant échappé,   5

1. Un mot suffit à notre vieille langue pour rendre « ayant la queue coupée; » *le Renard escoué*, dit Corrozet. C'est le latin *excaudis*, mot que nous ne trouvons employé qu'au figuré, comme terme de métrique. Haudent, Benserade et notre poëte lui-même, au vers 17, se sont servis, dans le même sens, d'*écourté (escourté)*. Les Grecs, comme on le voit par l'un des titres donnés dans la notice, expriment aussi l'idée par le seul adjectif κόλουρος.

2. C'est une nouvelle imitation du vers de Marot cité plus haut (p. 342, fin de la note 2). — L'abbé Batteux, dans ses *Principes de la littérature (Traité de l'apologue*, chapitre 1), allègue les trois premiers vers comme exemple de description de mœurs. Lessing, dans sa IVᵉ dissertation (*du Style des fables*, tome V des Œuvres, p. 413, édition Lachmann, Berlin, 1838), les critique comme un développement oiseux, contraire, dit-il, à la nature même de la fable, le nom seul du Renard suffisant pour éveiller en nous tout ce que contient cette description. Mais pourquoi, je le demande, cette règle étroite? De quel droit peut-on défendre au fabuliste de donner à ses personnages, outre les qualités du genre ou de l'espèce, un caractère individuel, qui peut être, par exemple, comme ici, de porter ces qualités au plus haut degré?

Non pas franc[3], car pour gage il y laissa sa queue[4];
S'étant, dis-je, sauvé sans queue, et tout honteux[5],
Pour avoir des pareils[6] (comme il étoit habile),
Un jour que les Renards tenoient conseil entre eux :
« Que faisons-nous, dit-il, de ce poids inutile[7],   10

3. *Franc*, c'est-à-dire sans avoir souffert de dommage. Voyez le *Lexique*.

4. Chez Corrozet, le Renard, pris au piége, se mutile lui-même :

    Pour eschapper, il la trenche et la couppe.

5. « S'étant échappé la queue coupée, dit la fable grecque, il lui semblait que la honte lui rendait désormais la vie impossible; » ἀποκοπείσης τῆς οὐρᾶς διαδρᾶσα, ἀβίωτον ὑπ' αἰσχύνης ἡγεῖτο τὸν βίον.

6. Dans la fable grecque : ὡς ἂν τῷ κοινῷ πάθει τὸ ἴδιον συγκαλύψειεν αἶσχος, « pour cacher par le commun dommage sa propre honte. » — Chez Faërne (vers 8) :

    Ita publico dedecore tectum iri suum.

7. *Onus molestum incommodumque*, dit encore Faërne (vers 7); et le fabuliste grec : ὡς οὐκ ἀπρεπὲς μόνον τοῦτο τὸ μέλος ὄν, ἀλλὰ καὶ περιττὸν βάρος προσηρτημένον, « ce n'était pas seulement un membre malséant, mais encore un poids superflu, une vaine annexe. » — L'idée rendue dans le vers suivant se trouve dans une fable d'un tout autre sujet, *le Singe et le Renard*, dont nous avons plusieurs versions diverses. Le Singe, priant le Renard de lui céder une portion de sa queue, lui dit : *Quid enim.... utile est tibi tantum pondus.... sine causa, tantæque longitudinis cauda quam per terram trahis?* (ROMULUS, livre III, *fable* XVII.) — Dans l'*Appendice des fables ésopiques* (*fable* XXII) :

    Quid enim, inquit, cauda tantæ longitudinis
    Prodest? quo tantum pondus per terram trahis?

— Dans le fabuliste *Anonyme* (*fable* LVI, Nevelet, p. 526.)

    Quid prodest nimia campos insculpere cauda?

Le Renard dans cette dernière fable répond :

    Malo verrat humum...;

et dans les *Fables nouvelles de Phèdre* (voyez le *Phèdre* de la collection Lemaire, tome II, p. 501 et 502) :

    .... Longior fiat licet,
  Tamen illam citius per lutum et spinas traham,
  Quam parvam quamvis partem impertiar tibi.

Et qui va balayant tous les sentiers fangeux?
Que nous sert cette queue? Il faut qu'on se la coupe :
   Si l'on me croit, chacun s'y résoudra.
— Votre avis est fort bon, dit quelqu'un de la troupe;
Mais tournez-vous, de grâce, et l'on vous répondra[8]. »
A ces mots il se fit une telle huée,
Que le pauvre écourté ne put être entendu.
Prétendre ôter la queue eût été temps perdu :
   La mode en fut continuée.

8. Mme de Sévigné cite ce vers fort à propos, dans sa *Lettre* à Mme de Grignan, du 1er avril 1689 (tome IX, p. 4). — « Molière n'auroit pas dit la chose d'une manière plus comique. » (CHAMFORT.) — Molière (c'est un rapprochement indiqué par Geruzez et par M. Soullié, p. 283 et 284) a en effet rendu une idée analogue dans la 1re scène de *l'Amour médecin*, sans se piquer de lui donner un tour aussi plaisant : « Tous ces conseils sont admirables assurément, dit Sganarelle à ceux qui lui donnent des conseils selon leur état, mais je les trouve un peu intéressés, et trouve que vous me conseillez fort bien pour vous.... Vous êtes orfèvre, Monsieur Josse, et votre conseil sent son homme qui a envie de se défaire de sa marchandise.... Quoique tous vos conseils soient les meilleurs du monde, vous trouverez bon, s'il vous plaît, que je n'en suive aucun. Voilà de mes donneurs de conseils à la mode. » Le mot de Molière : « Vous êtes orfèvre, » est devenu proverbe, aussi bien que le vers de la Fontaine. Celui-ci, comme le fait remarquer Geruzez, « s'applique à ceux qui dénigrent ce qu'ils n'ont pas; » l'autre « à ceux qui vantent ce qu'ils ont. » — La fable ésopique dit tout simplement : « Si ce n'était pas ton intérêt, tu ne nous donnerais pas ce conseil; » et Faërne (vers 12 et 13) :

An tu, quia istud expedit, soror, tibi,
Idcirco, ait, das ceteris hoc consili?

FABLE VI.

LA VIEILLE ET LES DEUX SERVANTES.

Ésope, fab. 79, Γυνὴ καὶ Θεράπαιναι (Coray, p. 47, p. 316). — Haudent, 1ʳᵉ partie, fab. 62, *d'un Coq et des Chamberieres*. — Corrozet, fab. 66, *de la Vieille et de ses Chambrieres*. — Pantaleo Candidus a aussi traité ce sujet en vers latins ïambiques ; c'est sa fable 55.
Mythologia æsopica Neveleti, p. 154.

« Voici une fable, dit Chamfort, où la Fontaine retrouve ses pinceaux et sa poésie, ce mélange de tours et cette variété de style qui lui est propre. La peinture du travail des Servantes, celle de l'instant de leur réveil, sont parfaites. » — Voyez la fin de la note 9.

Il étoit une Vieille [1] ayant deux chambrières [2] :
Elles filoient si bien que les sœurs filandières [3]
Ne faisoient que brouiller [4] au prix de celles-ci.
La Vieille n'avoit point de plus pressant souci
Que de distribuer aux Servantes leur tâche.   5
Dès que Téthys [5] chassoit Phébus aux crins dorés,

---

1. « Une femme veuve amie du travail, » disent les fables grecques : Γυνὴ χῆρα φιλεργός.

2. *Chambrières* est, comme on le voit dans la notice, le mot qu'employent aussi Haudent et Corrozet.

3. Les Parques. — M. Taine (p. 225 et suivantes) fait, à l'occasion de ce passage et d'autres semblables, d'ingénieuses remarques sur le goût de la Fontaine pour la mythologie ; sur sa dévotion aux Dieux, dont « il parle.... sans cesse et souvent sans besoin, comme Homère ; » sur la manière, habile à la fois et naïve, dont il a su accommoder son « tout petit Olympe » au genre de la fable.

4. *Brouiller*, absolument, travailler d'une façon irrégulière, faire de la mauvaise besogne, des ouvrages où les fils se brouillent.

5. Déesse de la mer, femme d'Oceanus. Il ne faut pas la confondre avec *Thétis*, la mère d'Achille, divinité marine également, mais d'un rang inférieur. Les poëtes anciens nous représentent fré-

Tourets⁶ entroient en jeu, fuseaux étoient tirés ;
  Deçà, delà, vous en aurez⁷ :
  Point de cesse, point de relâche.
Dès que l'Aurore, dis-je, en son char remontoit, 10
Un misérable Coq à point nommé chantoit ;
Aussitôt notre Vieille, encor plus misérable,
S'affubloit d'un jupon crasseux et détestable⁸,
Allumoit une lampe, et couroit droit au lit
Où, de tout leur pouvoir, de tout leur appétit, 15
  Dormoient les deux pauvres Servantes.
L'une entr'ouvroit un œil, l'autre étendoit un bras ;
  Et toutes deux, très-malcontentes,
Disoient entre leurs dents : « Maudit Coq, tu mourras⁹. »

quemment Phébus (le soleil) sortant de l'Océan le matin, et s'y replongeant le soir : voyez l'*Iliade*, livre VII, vers 422. Chez Ovide (*Métamorphoses*, livre II, vers 155-157), c'est Téthys elle-même qui le matin lui ouvre la barrière. — L'ancienne langue, comme dit M. Littré dans son *Dictionnaire*, à la fin de l'article CAIN, employait ce mot dans le meilleur style pour signifier les cheveux de l'homme ou de la femme.

6. *Touret*, qui, dans divers métiers, signifie une sorte de petite roue, et, en termes de cordier, une espèce de bobine (voyez le *Dictionnaire de Trévoux*), s'emploie quelquefois, dit l'Académie dans ses deux dernières éditions (le mot manque dans les précédentes), pour dire un rouet à filer.

7. « Deçà, delà, » de tous côtés, en tous sens. Nous retrouverons cette locution au vers 14 de la *fable* IX du livre V, où elle est expliquée par l'addition de *partout*. — « Vous en aurez, » on vous en donnera, à savoir de l'ouvrage ; dans cette familière apostrophe il y a encore une de ces vives ellipses qui abondent chez la Fontaine et dont nous avons déjà relevé plusieurs exemples.

8. Au sujet de ce vers on peut remarquer encore une fois, avec M. Taine (p. 299), comme notre fabuliste applique *intrépidement* aux « objets vulgaires » les « expressions vulgaires. »

9. Dans Corrozet la menace est rendue de même en discours direct :

  Voyantz doncques ce fascheux tour
  Et ce tres ennuyeux resueil

Comme elles l'avoient dit, la bête fut grippée[10] : 20
Le réveille-matin[11] eut la gorge coupée.
Ce meurtre n'amenda nullement leur marché[12] :
Notre couple, au contraire, à peine étoit couché,
Que la Vieille, craignant de laisser passer l'heure,
Couroit comme un lutin par toute sa demeure. 25
    C'est ainsi que le plus souvent,
Quand on pense sortir d'une mauvaise affaire,
    On s'enfonce encor plus avant :
    Témoin ce couple et son salaire.
La Vieille, au lieu du Coq, les fit tomber par là 30

> Qui les excitoit du sommeil,
> Dont le Coq chantoit la vraye heure,
> Dirent ensemble : « Il fault qu'il meure. »
> Lors selon leur conclusion
> Du Coq feirent occision ;
> Mais leur malice en vain labeure.

— M. Taine (p. 246 et 247), comparant le joli morceau qui s'étend du vers 10 au vers 19, à la *froide peinture* d'Ésope, voit dans celle-ci, non pas un tableau, mais le sujet d'un tableau, et ajoute : « La Fontaine l'a fait (*ce tableau*) avec des couleurs aussi vraies, aussi familières, aussi franches, que Van Ostade et Téniers. » Puis il dit encore très-justement en note : « Le poëte remplace ici les couleurs du peintre par des mots passionnés qui font plaindre *les pauvres Servantes*. Il montre l'âme au lieu du corps ; c'est la différence de la poésie et de la peinture. »

10. Saisie (avec la griffe, ou comme avec la griffe, dit M. Littré). « Quand la Fontaine vous dit que le Coq fut *grippé*, involontairement vous écartez les doigts et vous en faites des crochets comme pour saisir. » C'est encore une remarque de M. Taine (p. 297) ; le spirituel critique a donné, on le voit, une attention toute particulière à cette fable.

11. Dans le second vers du *Moretum*, poëme attribué, fort anciennement déjà, à Virgile, le coq est nommé, par une autre figure, « l'oiseau sentinelle, » *excubitor ales*. Voyez le *Lexique*.

12. N'améliora nullement leur condition. *Marché* dans le sens général d'affaire, de rapports avec autrui, de la position que nous font ces rapports.

De Charybde en Scylla[13].

13. La Fontaine paraît avoir emprunté l'application qu'il fait ici de ce proverbe à Corrozet. On lit au bas de la gravure qui accompagne la fable de celui-ci (*de la Vieille et de ses Chambrieres*) : « Qui veult fuyr et euiter le gouffre de Caribdis, quand il vient pres de la, souuent il tumbe au gouffre de Silla, auquel plus grand danger et peril souffre. » — Walckenaer met ici en note :

« *Incidit in Scyllam cupiens vitare Charybdim.*

« Ce vers, si souvent cité comme étant d'un ancien, est de Gauthier de Châtillon, poëte du douzième siècle. » — « C'est, dit M. Édouard Fournier (*l'Esprit des autres*, 4ᵉ édition, p. 34), le 301ᵉ du livre V de *l'Alexandréide.* » Nous avons eu occasion de parler de ce poëme dans la notice de la *fable* xii du livre IV, ci-dessus, p. 312. — L'adage, dont la source première est le vers 235 du livre XII de l'*Odyssée*, est cité en grec dans les *Proverbes* de Michael Apostolius (centurie xvi, n° 49) : Τὴν Χάρυβδιν ἐκφυγὼν, τῇ Σκύλλῃ περιέπεσον. On peut voir dans le commentaire de M. de Leutsch (*Parœmiographi græci*, Gœttingue, 1851, tome II, p. 672 et 673) divers passages d'auteurs grecs et latins où sont prises au figuré soit Charybde et Scylla, comme dans notre fable, soit Charybde et les Syrtes.

FABLE VII.

LE SATYRE ET LE PASSANT.

Ésope, fab. 126, Ἄνθρωπος καὶ Σάτυρος (Coray, p. 68, p. 329). — Avianus, fab. 29, *Satyrus et Viator.* — Faërne, fab. 58, *Satyrus et Homo.* — Haudent, 1ʳᵉ partie, fab. 22, *d'un Satire et d'un Homme.* — Le Noble, fab. 80, *du Pitaud et du Bouquin. La langue double.* — *Mythologia æsopica Neveleti*, p. 189, p. 476.

 Cet apologue est raconté dans les *Proverbes* d'Érasme, sous la rubrique *Inconstantiæ, Perfidiæ, Versutiæ* (édition de Genève, 1606, col. 894), et dans *l'Étymologie ou Explication des proverbes françois*, par Fleury de Bellingen (la Haye, 1656, p. 171 et 172, livre II, chapitre XIV); l'affabulation, qui forme, dans ce dernier ouvrage, le titre du chapitre, est : « Il ne se faut point fier à ceux qui soufflent le froid et le chaud. » — Voltaire, comme nous l'avons déjà vu faire plus d'une fois, semble reprocher à la Fontaine l'invention même de la fable, quoique le cadre et les personnages en montrent bien l'antique origine. Sans considérer que ce vieux conte roule tout entier sur ce jeu de mots par antithèse : « Souffler le froid et le chaud, » et que la présence même du Satyre, avec sa rude et primitive ignorance[1], du Sauvage, comme dit la Fontaine (vers 23), nous avertit de ne point passer la fable au crible d'une rigoureuse et pédante vérité, il la juge d'après les lois de la physique et de l'humaine expérience : « Un Satyre qui reçoit chez lui un passant, dit-il dans le *Dictionnaire philosophique* (tome XXIX des Œuvres, p. 301), ne doit point le renvoyer sur ce qu'il souffle d'abord dans ses doigts parce qu'il a trop froid, et qu'ensuite, en prenant *l'écuelle aux dents*, il souffle sur son potage qui est trop chaud. L'Homme avait très-grande raison, et le Satyre était un sot. » — Chamfort prend la chose au sérieux comme Voltaire, par le côté exact et logique : « Cette fable, dit-il, est visi-

---

[1]. Γένος οὐτιδανῶν Σατύρων καὶ ἀμηχανοεργῶν, dit Hésiode (fragment 94, édition Gœttling, p. 225), « la race des Satyres, sans valeur, sans aptitude aucune. » — Benserade (*quatrain* CCXX) remplace le Satyre par un Villageois.

blement une des plus mauvaises de la Fontaine. On a déjà remarqué que le Passant fait une chose très-sensée en se servant de son haleine pour réchauffer ses doigts, et en soufflant sur sa soupe afin de la refroidir ; que la duplicité d'un homme qui dit tantôt une chose et tantôt une autre, n'a rien de commun avec cette conduite, et qu'ainsi il fallait trouver un autre emblème, une autre allégorie pour exprimer ce que la duplicité a de vil et d'odieux. »

> Au fond d'un antre sauvage [2]
> Un Satyre et ses enfants
> Alloient manger leur potage,
> Et prendre l'écuelle aux dents [3].
>
> On les eût vus sur la mousse,   5
> Lui, sa femme, et maint petit [4] :
> Ils n'avoient tapis ni housse [5],

2. Avianus est le seul, avec la Fontaine, qui place ainsi le Satyre dans un antre (vers 5 et 6) :

Hunc nemorum custos fertur miseratus in antro
Exceptum Satyrus continuisse suo.

Sa fable et celle de le Noble sont les seules où le mauvais temps, comme dans notre strophe 3, force le Passant de chercher un refuge. Dans les autres fables, ce n'est pas une rencontre fortuite ; elles mettent en scène un Homme et un Satyre qui sont liés d'amitié.

3. « On ne prend point l'écuelle aux dents, » dit sévèrement Voltaire à l'endroit cité. Mais cette locution signifie simplement, comme l'explique M. Littré, « se mettre à manger. » On peut ajouter, je crois, à son explication : « en portant l'écuelle à sa bouche. » Dans la fable de le Noble, les choses se passent d'une manière moins primitive : il n'a garde d'oublier « napes, serviette, plats, cuillère à pot. »

4. Dans l'apologue de le Noble, la femme du Satyre (« Dame Bouquine, Caprine ») figure également, et joue même un grand rôle. — Quant aux *petits*, ils nous rappellent les satyres enfants, vigoureux, rondelets, qui sont représentés dans diverses œuvres d'art antiques : voyez le *Manuel de l'Archéologie de l'art* de C. O. Müller, 3e partie, I, B, b, § 385.

5. Ni tapis couvrant le sol, ni housse couvrant les meubles, c'est-à-dire ni siéges couverts de housses.

Mais tous fort bon appétit.

Pour se sauver de la pluie,
Entre un Passant morfondu.   10
Au brouet on le convie :
Il n'étoit pas attendu.

Son hôte n'eut pas la peine
De le semondre[6] deux fois.
D'abord avec son haleine   15
Il se réchauffe les doigts.

Puis sur le mets[7] qu'on lui donne,
Délicat, il souffle aussi[8].
Le Satyre s'en étonne :
« Notre hôte, à quoi bon ceci?   20

— L'un refroidit mon potage ;
L'autre réchauffe ma main[9].
— Vous pouvez, dit le Sauvage,
Reprendre votre chemin.

---

6. De l'inviter. Voyez le *Lexique*.
7. *Sur les mets*, au pluriel, dans l'édition de 1729.
8. Chez Haudent, c'est sur ses doigts que l'Homme souffle les deux fois : la première pour les réchauffer ; la seconde pour les refroidir parce qu'il s'est brûlé.
9. *Uno halitu friget pultis digitique tepescunt*,

dit le Noble, avec une faute de quantité (*hălĭtū*), dans le distique placé en tête de sa fable. — Aristote cherche à rendre compte de ce double effet. Sans garantir l'explication qu'il en donne dans ses *Problèmes* (section XXXIV, n° 7), nous pouvons y renvoyer les esprits difficiles qui veulent de l'exactitude et ne goûtent pas la naïveté populaire. Aristote pose la question en ces termes, qui rappellent ceux de la fable grecque que nous citons ci-après (note 10) : Διὰ τί ἐκ τοῦ στόματος καὶ θερμὸν καὶ ψυχρὸν πνέουσι; « Pourquoi souffle-t-on de la bouche et le chaud et le froid? »

> Ne plaise aux Dieux que je couche 25
> Avec vous sous même toit !
> Arrière ceux dont la bouche
> Souffle le chaud et le froid[10] ! »

10. Dans Faërne (vers 14) :

Qui mihi uno eodemque fundis ore calidum et frigidum.

— Dans la fable grecque : Ὅτι ἐκ τοῦ αὐτοῦ στόματος τὸ θερμὸν καὶ τὸ ψυχρὸν ἐξάγεις. — Chez le Noble, le Satyre s'écrie :

> Quoi, coquin ?...
> Souffler de même bouche et le chaud et le froid !

Puis un peu plus loin :

> Et je ne souffre point un homme à double haleine.

— Le même le Noble, par deux fois, applique la moralité de la fable aux avocats qu'on voit

> Soutenir le pour et le contre.

— Dans le recueil d'Érasme cité plus haut, elle est dirigée de même *'n jureconsultos qui causam eamdem nunc tuentur, nunc impugnant; et in rhetores qui eadem norunt laudare et vituperare, elevare atque attollere.* Ce recueil contient en outre le rapprochement que voici : *Ex ipso (eodem) ore procedit benedictio et maledictio. Non oportet, fratres mei, hæc ita fieri. Numquid fons de eodem foramine emanat dulcem et amaram aquam?* (*Épître de saint Jacques,* chapitre III, versets 10 et 11.) — L'affabulation de Faërne est :

Quem bilinguem nosti, amicum ne tibi hunc adsciscito.

— « L'homme, dit Charron, est l'animal de tous le plus difficile à sonder et cognoistre, car c'est le plus double et contrefaict, le plus couuert et artificiel, et y a chez luy tant de cabinets et d'arrière-boutiques, dont il sort tantost homme, tantost satyre ; tant de souspirails, dont il souffle tantost le chaud, tantost le froid, et d'où il sort tant de fumée. » (*De la Sagesse,* livre I, chapitre v, p. 33, Paris, 1657, in-12; dans d'autres éditions, livre I, chapitre XL.)

FABLE VIII.

LE CHEVAL ET LE LOUP.

Esope, fab. 259, Ὄνος καὶ Λύκος (Coray, p. 170 et 171, p. 390 et 391, sous cinq formes; la cinquième est la version d'Aphthonius, dont le titre suit). — Babrius, fab. 122, *même titre*. — Aphthonius, fab. 9, *Fabula Asini, non esse benefaciendum malis admonens*. — Romulus, livre III, fab. 2, *Leo et Equus*. — Faërne, fab. 4, *Asinus et Lupus*. — Haudent, 1re partie, fab. 12, *d'un Asne et d'un Leon;* fab. 143, *d'un Lyon et d'un Cheual*. — Corrozet, fab. 32, *du Lyon et du Cheual*. — Le Noble, fab. 16, *du Cheval et du Loup. Le fourbe fourbé*. Voyez la comparaison que fait M. Soullié (p. 232-237) de la fable de le Noble avec celle de la Fontaine.

Mythologia æsopica Neveleti, p. 298, p. 328, p. 376, p. 516.

On a pu remarquer que plusieurs des fabulistes antérieurs à la Fontaine mettent en scène, au lieu du Loup, le Lion, et presque tous l'Ane, au lieu du Cheval. Une autre différence, c'est que le Cheval ou l'Ane, dans la plupart des fables dont nous venons de donner les titres, est réellement boiteux et souffrant et a besoin du médecin. Il s'est enfoncé une épine ou une écharde, « ung gros estoc de boys, » dit Haudent, ou un clou dans le pied. Il veut bien, dit-il, que le Loup ou le Lion le dévore, mais après lui avoir d'abord ôté son mal, « afin que son âme ne descende pas malade aux enfers : »

Ὣς μου κατέλθῃ πνεῦμ' ἀναλγὲς εἰς Ἄιδου. (Babrius, vers 8.)

La cinquième des fables grecques de Coray se rapproche de la nôtre; l'Ane y feint de boiter (χωλαίνειν προσεποιεῖτο). Le Cheval a de même recours à la ruse, et son mal est une feinte, dans *le Roman du Renart* (édition Méon, vers 7521-7610); dans les deux fables d'*Ysopet I* et d'*Ysopet II*, citées par Robert; et dans celles de Benserade et de le Noble. Le Noble lui fait dire :

Je me mis en courant un clou dans la fourchette.

Benserade tourne ainsi son *quatrain* (le LXVIe) :

L'Ane disoit au Loup : « Je suis estropié

D'une épine, et voyez de quel air je chemine. »
Comme à l'Ane le Loup vouloit tirer l'épine,
L'Ane au milieu du front lui tire un coup de pié. »

— Haudent, comme on le voit dans la notice, a traité deux fois le sujet; dans sa première version l'Ane ne ruse point; dans sa seconde le Cheval ruse. — La fable est indiquée en ces termes, plutôt que racontée, dans la *Satyre des Loups ravissants* de Robert Gobin, qui écrivait à la fin du quinzième siècle (voyez M. Soullié, p. 193) : « De ceci raconte Isopet que le Lion voyant un Cheual paistre, par ypocrisie feignit estre medecin, et le cuidoit prendre...; mais le Cheual y obuia et lui bailla un coup de pié. » — Enfin J. Grimm, dans son *Reinhart Fuchs* (p. 423 et 424), donne une fable latine, composée probablement en France au quatorzième siècle et intitulée *Mulus, Vulpes et Lupus*, dans laquelle le sujet est ainsi modifié : Le Loup, à l'instigation du Renard, va demander au Mulet : « Qui es-tu? — Je ne sais, répond le Mulet; j'étais trop petit quand mon père est mort; mais il a écrit mon nom au-dessous de mon pied gauche. » Le Loup veut le lire. On devine le reste.

  Un certain Loup, dans la saison
Que les tièdes zéphyrs ont l'herbe rajeunie,
Et que les animaux quittent tous la maison
   Pour s'en aller chercher leur vie :
Un Loup, dis-je, au sortir des rigueurs de l'hiver,   5
Aperçut un Cheval qu'on avoit mis au vert.
   Je laisse à penser quelle joie[1].
« Bonne chasse, dit-il, qui l'auroit[2] à son croc[3] !
Eh ! que n'es-tu mouton ! car tu me serois hoc[4],

---

1. Voyez livre I, *fable* IX, vers 7.
2. Encore une de ces ellipses si familières à notre poëte : « Bonne chasse pour qui l'aurait. » — Quant au mot *croc*, qui suit, voyez livre XII, *fable* IX, vers 36.
3.   Le Lion qui grant fain auoit
  Si pense, quant le Cheual voit,
  Que il en fera sa cuisine. (YSOPET I.)
4. C'est-à-dire, tu me serais assuré, une proie assurée. On appelait *hoc* un jeu dans lequel certaines cartes, à savoir, les quatre rois,

Au lieu qu'il faut ruser pour avoir cette proie.   10
Rusons donc⁵. » Ainsi dit, il vient à pas comptés;
    Se dit écolier d'Hippocrate⁶;
Qu'il connoît les vertus et les propriétés
    De tous les simples de ces prés;
    Qu'il sait guérir, sans qu'il se flatte,   15
Toutes sortes de maux⁷. Si dom Coursier vouloit
    Ne point celer sa maladie,
    Lui Loup gratis le guériroit;

la dame de pique et le valet de carreau, étaient assurées de faire la levée, et en les abattant, on disait : *hoc*, de même qu'en abattant une carte quelconque au-dessus de laquelle il n'y en avait plus dans le jeu, un six, par exemple, quand tous les sept étaient joués. — Dans *les Femmes savantes*, acte V, scène III, Molière emploie aussi le mot dans le sens d'assuré :

    .... Mon congé cent fois me fût-il hoc,
    La poule ne doit point chanter devant le coq.

5. Et comme de droit fil la chose étoit peu sûre,
    Il falloit le prendre en rusant. (LE NOBLE.)

— Le même fabuliste imite ainsi, assez gauchement, la fin du vers :

    Le Loup donc d'une grave patte
    Marche droit au Cheval....

6. *Medicum professus*, dit Faërne (vers 3). — Dans la fable latine de Romulus : *Se subtiliter approximavit, veluti familiaris, qui se diceret medicum.*

    — En médecin par feincte s'acoustra,

dit Corrozet. — Le Noble parle aussi d'Hippocrate :

    Mais, direz-vous, un Loup se feindre un Hippocrate :
    Quelle idée!...

—Voyez livre III, *fable* VIII, vers 19.

7.   Pour très bon mire (*médecin*) sui tenu :
    Si sui de Salerne venu
    Pour vous guerir de vostre mal. (YSOPET I.)

— Le Loup de le Noble nomme deux autres écoles :

    Padoue et Montpellier n'ont rien que je ne passe.

Voyez ci-dessus, p. 230, note 8.

Car le voir en cette prairie
Paître ainsi, sans être lié, 20
Témoignoit[8] quelque mal, selon la médecine[9].
« J'ai, dit la bête chevaline,
Une apostume[10] sous le pied[11].
— Mon fils, dit le docteur, il n'est point de partie
Susceptible de tant de maux. 25
J'ai l'honneur de servir Nosseigneurs les Chevaux,
Et fais aussi la chirurgie. »
Mon galand ne songeoit qu'à bien prendre son temps,
Afin de happer son malade.
L'autre, qui s'en doutoit, lui lâche une ruade[12], 30
Qui vous lui met en marmelade
Les mandibules[13] et les dents[14].

8. L'édition de 1678 écrit : *témoigne*; mais, dans l'*Errata*, elle corrige, et remet *témoignoit*, qui se trouve dans la première édition, et que donnent également celles de 1682 et de 1708.

9. Voyez ce que M. Taine (p. 147 et 148) dit, à propos de ces vers, du caractère et du langage que la Fontaine prête aux médecins.

10. Les éditeurs modernes écrivent presque tous « un apostume; » mais les éditions originales ou contemporaines, de même que les dictionnaires du dix-septième siècle, font le mot du féminin.

11. Dans *Ysopet II* :

> Sire, dit le Cheual,
> Long tems a que i'ai mal
> En un des piés derriere.

12. Le Noble emploie le même mot :

> Il vous lui sangle par le nez
> Une épouvantable ruade.

13. Les mâchoires. « A l'aultre feut demanchée la mandibule superieure. » (RABELAIS, livre IV, chapitre xv, tome II, p. 40.)

14. Dans l'une des fables de Coray, le coup de pied arrache les dents; dans une autre, comme dans celle de Babrius (vers 13), il brise nez, front, molaires :

Ῥῖνας, μέτωπα, γομφίους τ' ἀλοιήσας.

— Chez la plupart des anciens fabulistes, le Loup reçoit le coup

« C'est bien fait, dit le Loup en soi-même fort triste ;
Chacun à son métier doit toujours s'attacher[15].
    Tu veux faire ici l'arboriste[16],   35
    Et ne fus jamais que boucher[17]. »

après avoir extrait l'épine du pied de l'Ane, et dans la seconde version de Coray, c'est le pied guéri qui frappe le médecin :

Τῷ σωθέντι ποδὶ τὸν ἰασάμενον ἔπληττεν.

— Dans la fable de Neckam, *de Leone et Equo* (*Poésies inédites du moyen âge*, p. 195 et 196), le Cheval, après avoir lâché sa ruade, dit plaisamment au Lion :

Nunc,... medice, quod mediceris habes.

15. *Quisquis hæc audis, quod es esto, et mentiri noli.* (ROMULUS.)
16. Ce mot est écrit ainsi dans toutes les éditions données par la Fontaine. C'est, dit M. Littré, « une forme ancienne rejetée par l'usage et conservée encore parmi le peuple. » Voyez le *Lexique*.

17. *Ibi Lupus :* « *Jure, inquit, hoc mihi accidit ;
Neque enim, coquus qui sim, agere medicum debui.*
Quam quisque norit artem, in hac se exerceat.
                                    (FAËRNE, vers 7-9.)

Faërne a pris ce dernier vers dans Cicéron (*Tusculanes*, livre I, chapitre XVIII), qui l'a traduit des *Guêpes* d'Aristophane (vers 1453) :

Ἔρδοι τις ἣν ἕκαστος εἰδείη τέχνην.

— Comparez Horace, livre I, épître XIV, vers 44. — Les fables grecques emploient le mot μάγειρος, qui signifie à la fois *cuisinier* (*coquus*, comme dit Faërne) et *boucher.* « Après avoir appris, dit l'une, à être boucher (ou cuisinier), j'ai voulu devenir vétérinaire (ἱππίατρος, médecin de chevaux). » Et Babrius (vers 15 et 16) : « Pourquoi me suis-je mis tout à l'heure à traiter les boiteux, n'ayant d'abord rien appris que la boucherie (ou la cuisine)? »

Τί γὰρ ἄρτι χωλοὺς ἠρξάμην ἰατρεύειν,
Μαθὼν ἀπ' ἀρχῆς οὐδὲν ἢ μαγειρεύειν;

FABLE IX.

LE LABOUREUR ET SES ENFANTS.

Ésope, fab. 22, Γεωργὸς καὶ Παῖδες αὐτοῦ (Coray, p. 16 et 17, p. 291, sous trois formes). — Faërne, fab. 35, *Pater et Filii*. — Haudent, 2ᵉ partie, fab. 11, *d'un Vigneron et de ses Enfans*. — Corrozet, fab. 79, *du Laboureur et de ses Enfantz*.
Mythologia æsopica Neveleti, p. 106.

   Travaillez, prenez de la peine :
   C'est le fonds qui manque le moins[1].

Un riche Laboureur, sentant sa mort prochaine,
Fit venir ses Enfants, leur parla sans témoins[2].
« Gardez-vous, leur dit-il, de vendre l'héritage   5
   Que nous ont laissé nos parents :
   Un trésor est caché dedans.
Je ne sais pas l'endroit[3]; mais un peu de courage
Vous le fera trouver : vous en viendrez à bout.

---

1. « Le poëte, dit l'abbé Guillon qui trouve ces deux vers peu clairs, veut dire que le défaut de succès ne vient point de la terre, mais de l'homme, et que le produit est toujours en raison de la culture. » — « Il y a à parier, ajoute Geruzez, qui cite cette phrase de l'abbé Guillon, que la Fontaine serait bien surpris d'avoir voulu dire cela. »

2. Haudent commence à peu près de même :

  Un Vigneron, se voyant presque mort,
  Tous ses Enfans vers luy feist conuenir.
  Eulx assemblez, leur dict....

3.   .... *Liberis rogantibus*
 Ut ederet qua parte tandem vineæ
 Aurum lateret, nil locutus amplius,
 Desiderati liquit incertos loci. (FAËRNE, vers 5-8.)

Remuez votre champ dès qu'on aura fait l'oût[4] :   10
Creusez, fouillez, bêchez; ne laissez nulle place
    Où la main ne passe et repasse. »
Le Père mort, les Fils vous retournent le champ[5],
Deçà, delà[6], partout[7] : si bien qu'au bout de l'an
    Il en rapporta davantage.   15
D'argent, point de caché[8]. Mais le père fut sage
    De leur montrer, avant sa mort,
    Que le travail est un trésor[9].

    4. Voyez livre I, *fable* I, vers 13.
    5. Chez tous les autres fabulistes le Laboureur est un Vigneron, le champ une vigne.
    6. Nous avons déjà vu cette locution au vers 8 de la *fable* VI de ce livre.
    7. Faërne (vers 10-12) peint ainsi l'ardeur des enfants au travail :

        Versare duris vineam ligonibus,
        Et hic et illic scrobibus effossis, humum
        Cœpere glebas in minutas frangere

    8.   En ceste vigne ont houé et fouy,
        L'un d'une houe, et l'autre d'un picquoys,
        Mais par nul d'eulx onc ne fut deffouy
        D'or ou d'argent seullement une croix. (HAUDENT.)

    9. Dans les fables grecques : Ὁ κάματος θησαυρός ἐστι τοῖς ἀνθρώποις. — On a rapproché de cette moralité ce fragment d'Épicharme, cité par Xénophon, au livre II des *Mémorables*, chapitre I (20) :

        Τῶν πόνων πωλοῦσιν ἡμῖν πάντα τἀγάθ' οἱ Θεοί,

« Les Dieux nous font acheter tous les biens par nos travaux; » et le vers 308 des *Travaux et les Jours* d'Hésiode :

        Ἐξ ἔργων δ'ἄνδρες πολύμηλοί τ'ἀφνειοί τε,

« Par les travaux les hommes deviennent et riches en troupeaux (ou en fruits) et opulents. » — Benserade, dans son CLXIX[e] *quatrain*, amène élégamment l'affabulation :

        Un Vigneron mourant dit qu'un trésor insigne
        Étoit pour ses enfants dans le fond de sa vigne.
        A force d'y fouiller, sans y trouver de l'or,
        Il en vint des raisins, et ce fut le trésor.

FABLE X.

LA MONTAGNE QUI ACCOUCHE.

Phèdre, livre IV, fab. 22, *Mons parturiens*. — Romulus, livre II, fab. 5, *Mons parturiens*. — Haudent, 1re partie, fab. 132, *des Montaignes enflées*. — Corrozet, fab. 21, *de l'enfantement des Montaignes*. — Boursault, *les Fables d'Ésope*, acte V, scène IV, *la Montagne qui accouche*. — Le Noble, fab. 81, *de la Montagne qui accouche. L'avortement*.

Mythologia æsopica Neveleti, p. 441, p. 504.

M. le comte de Lurde nous a obligeamment communiqué un texte manuscrit de cette fable, qu'il croit autographe.

La fable est résumée dans ce vers grec (Érasme, *Chiliades des proverbes*, col. 666, Genève, 1606) :

Ὤδινεν οὖρος, εἶτα μῦν ἀπέκτεκεν.

— Le roi d'Égypte Tachos, étonné à la vue de la petite taille d'Agésilas, qui lui amenait des auxiliaires, l'accueillit par ces mots :

Ὤδινεν ὄρος, Ζεὺς δ'ἐφοβεῖτο, τὸ δ' ἔτεκεν μῦν,

« La montagne était en travail, et Jupiter avait peur; elle enfanta une souris. » Entendant ces mots, Agésilas irrité lui dit : Φανήσομαί σοί ποτε καὶ λέων, « Je te paraîtrai aussi lion quelque jour. » Voyez Athénée, livre XIV, § 6 (p. 616 D). — Lucien, dans son traité *de la Manière d'écrire l'histoire*, § 23 (édition Lehmann, tome IV, p. 194), compare de maigres histoires commençant par de longs et solennels débuts à des Cupidons portant de grands masques d'Hercule ou de Titan; quand on entend de tels débuts, dit-il, on s'écrie : Ὤδινεν ὄρος. — Rabelais (livre III, chapitre XXIV, tome I, p. 445) applique de même l'apologue à une narration diffuse consacrée par Enguerrand (de Monstrelet) à un fait insignifiant : « La mocquerie est telle, dit-il, que de la Montaigne d'Horace, laquelle crioit et lamentoit enormement, comme femme en trauail d'enfant. A son cry et lamentation accourut tout le voisinaige, en expectation de veoir quelque admirable et monstreux enfantement; mais enfin ne nasquit d'elle qu'une petite souris. » — Nodier cite une élégante imitation du poëte allemand Hagedorn ntitulée : *la Montagne et le Poëte* (*OEuvres poétiques*, 1769, 2ᵉ partie, p. 97), et il en donne cette traduction partielle et libre : « Dieux, secourez-nous ; hommes, fuyez ! une Montagne en travail va accoucher ; elle jettera autour d'elle, avant qu'on ne soit sur ses gardes, et le sable et les rochers. Sufférus[1] sue, il rugit, il écume, il frappe du pied, il grince des dents ; Sufférus est en fureur. Il rime, il veut couvrir Homère de honte. Qu'arrive-t-il ? Sufférus enfante un sonnet, et la Montagne une souris. » — Un autre poëte allemand, Gleim (livre IV, *fable* III), a traité le sujet en six vers d'un tour très-piquant. — Dans l'une des deux vieilles fables données par Robert, celle d'*Ysopet II*, la Montagne menaçante est un volcan :

.... Une grant Montaigne
. . . .
Dont souuent naist fumée.

— L'*Anonyme* de Nevelet (p. 504) intitule la sienne : *de Terra tumente*. — Le Romulus de Nilantius (*fable* XXII) substitue ridiculement à la Montagne un Homme (*Homo parturiens*), dont la grossesse contre nature excite l'attente et l'effroi. — Le Noble, soucieux des bonnes mœurs, fait précéder l'accouchement d'un hymen de Montagnes :

Deux Montagnes un jour, s'entend mâle et femelle,
Un Grec les nommeroit Hémus et Rhodopé,...
Scellèrent d'un hymen leur ardeur mutuelle.

— Voyez les vers d'Horace et de Boileau cités dans la dernière note.

Une Montagne en mal d'enfant
Jetoit[2] une clameur si haute,
Que chacun, au bruit accourant,
Crut qu'elle accoucheroit sans faute
D'une cité plus grosse que Paris :   5
Elle accoucha d'une Souris[3].

1. Nom d'un mauvais poëte raillé par Catulle dans sa XXIIᵉ *poésie*.
2. Dans le manuscrit de M. le comte de Lurde : « poussoit. »
3. *Mons parturibat, gemitus immanes ciens,*

> Quand je songe à cette fable,
> Dont le récit est menteur
> Et le sens est véritable,
> Je me figure un auteur
> Qui dit : « Je chanterai la guerre
> Que firent les Titans⁴ au maître du tonnerre. »
> C'est promettre beaucoup : mais qu'en sort-il souvent ?
> Du vent⁵.

> *Eratque in terris maxima exspectatio.*
> *At ille Murem peperit....* (PHÈDRE, vers 1-3.)

— Le Noble emploie ici la coupe imitative que la Fontaine a gardée pour la fin de la fable :

> A la fin elle accouche ; et que met-elle au monde ?
> Un Rat.

— Boursault cherche aussi à peindre par la construction de sa période l'attente déçue :

> Mais ce colosse affreux, dont l'orgueilleuse tête
> Alloit jusques au ciel défier la tempête....
> Trompant des spectateurs l'ardeur impatiente,
> Après une longue attente,
> Accoucha d'une Souris.

— L'*Anonyme* de Nevelet ajoute un trait assez bien rendu :

> .... *Turgida Murem*
> *Terra parit ; jocus est quod fuit ante timor.*

4. *Les Tirans*, par erreur, dans l'édition de 1678.
5. Cette affabulation est imitée d'Horace (*Art poétique*, vers 136-139) :

> *Nec sic incipies, ut scriptor cyclicus olim :*
> *« Fortunam Priami cantabo et nobile bellum. »*
> *Quid dignum tanto feret hic promissor hiatu ?*
> *Parturiunt Montes, nascetur ridiculus Mus.*

— Boileau dit, de son côté, dans l'*Art poétique* (chant III, vers 270-274) :

> N'allez pas dès l'abord, sur Pégase monté,
> Crier à vos lecteurs, d'une voix de tonnerre :
> « Je chante le vainqueur des vainqueurs de la terre. »

Que produira l'auteur après tous ces grands cris ?
La Montagne en travail enfante une Souris.

— Voyez dans la notice de la fable les applications analogues faites par Lucien et Rabelais. — Dans la vieille fable d'*Ysopet I*, citée par Robert, la moralité, prise en un sens très-général, se résume en ce vers :

Le sage de l'anflé se moque.

FABLE XI.

LA FORTUNE ET LE JEUNE ENFANT.

Ésope, fab. 252, Ὁδοιπόρος καὶ Τύχη, Παῖς καὶ Τύχη (Coray, p. 165, p. 387 et 388, sous quatre formes). — Babrius, fab. 49, Ἐργάτης καὶ Τύχη. — Haudent, 2ᵉ partie, fab. 19, *d'un Ieune homme et de Fortune*. — Corrozet, fab. 83, *de l'Enfant et de Fortune*. — Regnier, *satire* XIV, vers 85-92 (voyez la dernière note de la fable).
Mythologia æsopica Neveleti, p. 293.

Dans deux des fables de Coray, c'est un Enfant, comme dans la nôtre, qui s'endort au bord du puits; dans les deux autres, c'est un Voyageur; dans celle de Babrius, un Ouvrier, un Laboureur. — La fable 33 d'Abstemius, *de Anu Dæmonem accusante* (*Mythologia æsopica Neveleti*, p. 548), a la même morale que celle de la Fontaine, mais l'action est différente : c'est une Vieille qui grimpe à un arbre et se laisse choir; le Destin (*Dæmon*) déclare, invoquant des témoins, qu'il a prévu, mais non causé sa chute. — M. Saint-Marc Girardin, dans sa XVᵉ leçon, *de la Destinée de l'homme* (tome II, p. 41 et 42), cite cet apologue en entier, et le fait précéder de sages réflexions sur le rôle de la Fortune dans notre vie, et sur celui que lui donne le fabuliste : « La Fontaine, dit-il en commençant, aime à défendre la Fortune, ou plutôt il aime à renvoyer aux hommes les reproches qu'ils lui font. »

    Sur le bord d'un puits très-profond
    Dormoit, étendu de son long,
    Un Enfant alors dans ses classes[1].
Tout est aux écoliers couchette et matelas.
    Un honnête homme, en pareil cas,   5
    Auroit fait un saut de vingt brasses.
    Près de là tout heureusement
La Fortune passa, l'éveilla doucement,
Lui disant : « Mon mignon, je vous sauve la vie;

1. Voyez le *Lexique*.

Soyez une autre fois plus sage, je vous prie. 10
Si vous fussiez tombé, l'on s'en fût pris à moi ;
    Cependant c'étoit votre faute.
    Je vous demande, en bonne foi,
    Si cette imprudence si haute
Provient de mon caprice. » Elle part à ces mots. 15

    Pour moi, j'approuve son propos.
    Il n'arrive rien dans le monde
    Qu'il ne faille qu'elle en réponde[2] :
    Nous la faisons de tous écots[3] ;
Elle est prise à garant de toutes aventures. 20
Est-on sot, étourdi, prend-on mal ses mesures ;
On pense en être quitte en accusant son sort :
    Bref, la Fortune a toujours tort[4].

2. « Quelque malheur que chacun s'attire à soi-même, dit la Fortune chez Babrius, c'est moi, en somme, qu'on accuse de tout ; »

'Εμοὶ γὰρ ἐγκαλοῦσι πάντα συλλήβδην,
Ὅσ᾽ ἂν παρ᾽ αὑτοῦ δυστυχῇ τις.... (Vers 6 et 7.)

3. Nous lui attribuons une part de tout ce qui arrive ; nous la faisons responsable de tout. — *Écots (escots)* est l'orthographe de l'édition de 1668 in-4° ; il y a *échos* dans les autres éditions du dix-septième siècle, y compris celle de 1678 ; le texte de 1729 porte *écots*:
4. Voici le passage de Regnier auquel renvoie la notice :

A ce point le malheur, amy, comme ennemy,
Trouuant au bord d'un puits un enfant endormy,
En risque d'y tomber, à son aide s'auance,
Et luy parlant ainsi le resueille et le tance :
« Sus, badin, leuez-vous ; si vous tombiez dedans,
De douleur vos parens, comme vous imprudens,
Croyans en leur esprit que de tout ie dispose,
Diroient en me blasmant que i'en serois la cause. »
Ainsy nous seduisant d'une fausse couleur,
Souuent nous imputons nos fautes au malheur,
Qui n'en peut mais ; mais quoy ? l'on le prend à partie,
Et chacun de son tort cherche la garantie.

FABLE XII.

LES MÉDECINS.

Ésope, fab. 31, Ἰατρὸς καὶ Νοσῶν (Coray, sous deux formes, p. 21); fab. 43, Νοσῶν καὶ Ἰατρός (Coray, p. 27, p. 302). Aucune de ces fables grecques ne se rapporte exactement à celle de la Fontaine. La première, qui a été mise en français par Haudent (2ᵉ partie, fab. 25, *d'un Medecin et des hommes portant un corps mort*), développe le trait final : « S'il m'eût cru, etc. » (Voyez la dernière note de la fable.) La seconde met en scène un médecin Tant-mieux. Benserade consacre aussi un *quatrain* (le CXXIIᵉ) au médecin Tant-mieux; son CXLVIᵉ raille le médecin Tant-pis.

« Cette fable, dit Chamfort, est moins un apologue qu'une épigramme. Comme telle, elle est même parfaite, et elle figurerait très-bien parmi les épigrammes de Rousseau. »

Le médecin Tant-pis alloit voir un malade
Que visitoit aussi son confrère Tant-mieux[1].
Ce dernier espéroit, quoique son camarade
Soutînt que le gisant[2] iroit voir ses aïeux.
Tous deux s'étant trouvés différents pour la cure,   5
Leur malade paya le tribut à nature[3],

1. Dans le premier des *quatrains* de Benserade indiqués ci-dessus, *Tant-mieux* n'est pas le nom, mais, bien moins plaisamment, le propos constant du médecin :

> Un de ces médecins qui font tant de visites
> Au malade gisant disoit toujours : « Tant mieux. »

2. Benserade a employé le même mot, mais adjectivement : voyez la note précédente.

3. Boileau, dans sa Xᵉ *satire* (vers 412-418), nous montre deux médecins « mandés au secours » d'une malade, qui

> Lui *donnent* sagement le mal qu'elle n'a point,

et

> Au tombeau mérité la *mettent* dans les formes.

Après qu'en ses conseils Tant-pis eut été cru.
Ils triomphoient encor sur cette maladie.
L'un disoit : « Il est mort; je l'avois bien prévu [4].
— S'il m'eût cru, disoit l'autre, il seroit plein de vie [5]. »

4. Dans le *quatrain* CXLVI de Benserade, le médecin dit au fossoyeur enterrant le malade :

> C'est dommage d'un tel, mais je me persuade
> Qu'il ne pouvoit guérir, tant il étoit malsain.

5. Voyez la notice en tête de la fable. Coray pense que Démosthène fait allusion à la première des deux fables ésopiques (la 31ᵉ), lorsque, dans son *Discours de la Couronne* (édition Reiske, 1770, tome I, p. 307 et 308), il fait dire au médecin accompagnant le malade qu'on porte au tombeau : « Si cet homme avait fait ceci et cela, il ne serait pas mort : » Εἰ τὸ καὶ τὸ ἐποίησεν ἄνθρωπος οὑτοσὶ, οὐκ ἂν ἀπέθανεν.

FABLE XIII.

LA POULE AUX OEUFS D'OR.

Ésope, fab. 136, Ὄρνις χρυσοτόκος, Ἀνὴρ καὶ Ὄρνις (Coray, p. 77 et 78, sous trois formes, et p. 335 et 336). La fable 24, Γυνὴ καὶ Ὄρνις (Coray, p. 17 et 18, p. 292 et 293), est pareille pour la moralité, mais différente pour le récit. — Babrius, fab. 123, Ὄρνις χρυσοτόκος. — Avianus, fab. 33, *Anser et Rusticus*. — Haudent, 1ʳᵉ partie, fab. 109, *d'un Homme et de sa Poulle*. — Corrozet, fab. 91, *de la Femme et de la Geline*.

Mythologia æsopica Neveleti, p. 198, p. 365, p. 478.

Le manuscrit de M. le comte de Lurde que nous avons mentionné plus haut (p. 396) porte, au verso de la *fable* x de ce livre, cette fable-ci, écrite de la même main, sans aucune variante qui la distingue de notre texte. — Elle est aussi au *Manuscrit de Sainte-Geneviève*.

Benserade a sur ce sujet un *quatrain* bien tourné (le cxxᵉ) :

> Un Homme avoit une Oie, et c'étoit son trésor,
> Car elle lui pondoit tous les jours un œuf d'or.
> La croyant pleine d'œufs, le fou s'impatiente,
> La tue, et d'un seul coup perd le fonds et la rente.

Pour les fables orientales qu'on a rapprochées de celle-ci, on peut consulter le *Mémoire* de M. Wagener, p. 81-87; les *Études indiennes* de M. Weber, tome III, p. 340 et 341; et le tome I du *Pantschatantra* de M. Benfey, p. 360 et 361, p. 378-380. Le rapport nous paraît trop peu frappant pour qu'il soit à propos de l'indiquer ici. Voyez ci-après note 2. — Une affabulation analogue se tire de la fable de l'arbre qu'on abat ou veut abattre pour en manger plus commodément les fruits. Desmay, dans *l'Ésope du temps* (1677, *fable* XIII), l'a mise en vers, sous ce titre : *les Loirs ou la Débauche funeste*. Il vaudrait beaucoup mieux mettre le chêne à bas, dit l'un des Loirs.

> Rien ne seroit si commode au repas :
> Il faudroit seulement se baisser pour en prendre.

Mais un autre mieux avisé s'oppose à ce funeste dessein et montre à

ses compagnons que ce serait folie de « faire mourir leur nourrice. »
— On trouvera à l'*Appendice* de ce volume une fable latine de Milton, où l'arbre, au lieu d'être abattu, est transplanté, et dont la moralité est à peu près la même.

L'avarice perd tout en voulant tout gagner[1].
 Je ne veux, pour le témoigner,
Que celui dont la Poule, à ce que dit la fable,
 Pondoit tous les jours un œuf d'or[2].
Il crut que dans son corps elle avoit un trésor[3] : 5
Il la tua, l'ouvrit, et la trouva semblable
A celles dont les œufs ne lui rapportoient rien,
S'étant lui-même ôté le plus beau de son bien.

 Belle leçon pour les gens chiches[4] !

1. Chez Babrius (vers 7), la morale, appliquée au fait particulier raconté dans la fable, est ainsi rendue :

  Πλείονος ἔρως.... ἐστέρησε τῶν ὄντων,

« Le désir de plus le priva de ce qu'il avait. » — Pantaleo Candidus (Weiss), qui, dans sa *fable* 54 : *Mulier et Gallina auripara*, a traité le sujet d'une des fables ésopiques (la 24ᵉ), termine ainsi son apologue :

  Magna appetens amittit et mediocria.

2. Dans une fable de Lockman, c'est, au lieu d'un œuf d'or, un œuf d'argent. M. Éd. du Méril (*Poésies inédites du moyen âge*, p. 22 et note 2) conclut de là que la fable a très-vraisemblablement une origine sémitique. Dans celle des fables ésopiques que nous avons indiquée, dans la notice, sous le titre de *la Femme et la Poule* (Γυνὴ καὶ Ὄρνις), il est question d'un œuf ordinaire. En arabe, et cela peut expliquer que dans la tradition l'œuf ordinaire se soit changé en œuf d'argent, les mots *blanc* et *œuf* ont la même racine, et l'adjectif qui signifie *blanc* se prend substantivement pour dire *argent*.

3. L'une des versions de la fable ésopique (n° 136) dit de même : « Car il croyait que dans ses entrailles il trouverait un trésor, » ἐδόκει γὰρ ἐν τοῖς ἐγκάτοις αὐτῆς θησαυρῷ τινι ἐντυχεῖν. — Dans la version la plus connue, on lit : ὄγκον χρυσίου, ce que Haudent traduit par « une masse d'or fin. »

4. *Chiche*, dont la vraie signification est « mesquin, parcimo-

Pendant ces derniers temps⁵, combien en a-t-on vus 10
Qui du soir au matin sont pauvres devenus,
    Pour vouloir trop tôt être riches!

nieux, » est pris ici au sens d'*avare*, *avare* dans l'acception étendue du latin *avarus*, qui veut dire *avide* en général, et surtout *avide d'argent*, *cupide*. Au premier vers, *avarice* est employé avec cette même extension de sens. — Dans l'édition de 1729, on a imprimé par erreur, au lieu de *chiches*, le mot qui est déjà à la rime : *riches*.

5. Les exemples qui confirment cette leçon ne manquent en aucun temps. Est-ce une nouvelle allusion à ceux dont il est parlé ci-dessus, p. 252, note 7?

FABLE XIV.

L'ÂNE PORTANT[1] DES RELIQUES.

Ésope, fab. 257, Ὄνος βαστάζων Εἴδωλον, Ὄνος βαστάζων Ἄγαλμα (Coray, p. 168, p. 169, p. 389, sous trois formes). — Faërne, fab. 95, *Asinus simulacrum gestans*.
Mythologia æsopica Neveleti, p. 297, p. 357.

Cette fable est la troisième et dernière du manuscrit de M. le comte de Lurde dont nous avons parlé dans les notices des *fables* x et xiii de ce livre. Voyez ci-après la note 1.

« L'Ane portant les mystères, » est un proverbe grec. On se servait d'ânes, dit-on, pour transporter d'Athènes à Éleusis les objets nécessaires à la célébration des mystères. « Par Jupiter! dit l'esclave Xanthias dans les *Grenouilles* d'Aristophane (vers 159 et 160), je suis donc l'âne qui porte les mystères ; mais je ne les porterai pas davantage ; »

> Νὴ τὸν Δί', ἔγωγ' οὖν ὄνος ἄγων μυστήρια·
> Ἀτὰρ οὐ καθέξω ταῦτα τὸν πλείω χρόνον.

— Cet apologue fait le sujet du viie *emblème* d'Alciat, qui est précédé de ces mots : *Non tibi, sed religioni*. Claude Mignault, plus connu sous le nom de Minos, cite, dans le commentaire qu'il a fait de cet emblème, le distique suivant du savant Jean Mercier, successeur de Vatable dans la chaire d'hébreu du Collége royal :

> *Quid sibi vult Asinus tergo mysteria portans?*
> *Indoctos videas sæpe præesse sacris.*

— « Voici l'Ane qui passe gravement, dit M. Saint-Marc Girardin (xive leçon, tome II, p. 2), portant des reliques, et tout le monde le salue. L'Ane prend pour lui ces hommages. Quelqu'un l'avertit :

> Ce n'est pas vous, c'est l'idole,
> A qui cet honneur se rend.

Ce quelqu'un est assurément un mal-appris : pourquoi détromper

---

1. Dans le manuscrit de M. de Lurde, *portant* est précédé de

l'Ane? pourquoi lui ôter l'illusion qui faisait son bonheur? De plus, j'y trouve un inconvénient : l'Ane dorénavant portera moins bien les reliques; il aura l'air moins grave et moins solennel. Il faut croire en ce monde aux reliques qu'on porte. Il y a cependant aussi un autre inconvénient : c'est d'y trop croire, ou plutôt de croire en soi-même à cause des reliques qu'on porte. Faut-il un exemple? Nous avons relevé le principe d'autorité, qui était tombé par terre, et nous avons eu raison; nous le portons avec révérence, et en cela encore nous avons raison. Mais ne croyons pas que ce principe puisse rendre vénérables et sacrés tous ceux qui le portent. Sans cela, gare à la fable de l'Ane qui porte des reliques! » — L'apologue de Boursault, *le Jardinier et l'Ane*, qui se trouve dans l'acte II (scène 1) de la comédie d'*Ésope à la cour*, a un sujet tout différent; mais la morale n'est pas sans quelque analogie avec celle qu'enseigne notre fable. L'Ane porte des fleurs, on le recherche et le suit; il porte du fumier, on le maudit et le fuit.

   Un Baudet chargé de reliques[2]
    S'imagina qu'on l'adoroit :
   Dans ce penser il se carroit[3],
Recevant comme siens l'encens et les cantiques.
    Quelqu'un[4] vit l'erreur, et lui dit :   5
  « Maître Baudet, ôtez-vous de l'esprit
    Une vanité si folle.
   Ce n'est pas vous, c'est l'idole[5],

---

charg, biffé. On voit qu'on avait d'abord voulu écrire : « l'Ane chargé de reliques. »

2. Les autres fabulistes, même les modernes, ont laissé le sujet tout païen. L'Ane porte la statue d'un dieu, ξόανον, ἀργυροῦν βρέτας, *simulacrum argenteum* (dit Faërne), *Isidis effigiem* (Alciat), *une idole de bois* (Benserade, *quatrain* CVIII).

3. Dans la fable ésopique, il saute de joie, et peu s'en faut qu'il ne jette à terre la statue : σκιρτῶν ἤμελλε τὸν θεὸν ῥῖψαι.

4. Ce *quelqu'un*, dans les autres fables, c'est son maître, c'est l'Anier, qui lui enseigne la modestie à coups de bâton.

5. La Fontaine mêle sans scrupule le langage païen et le langage chrétien. On sait au reste que le mot *idole*, dont le sens étymologique

A qui cet honneur se rend⁶,
Et que⁷ la gloire en est due. »   10

D'un magistrat ignorant
C'est la robe qu'on salue⁸.

est *image,* s'emploie très-souvent au figuré pour tout objet de culte et d'adoration.

6. Dans le quatrain grec de Gabrias, donné par Nevelet et Coray :

.... Οὐ θεὸς σύ, τὸν θεὸν δ'ἄγεις.

— Dans l'*emblème* d'Alciat (vers 7 et 8) :

Donec eum flagris compescens dixit agaso :
« *Non es Deus tu, Aselle, sed Deum vehis.* »

7. *Que* remplace *à qui.* C'est un changement de tour. Le second membre relatif est construit comme si la phrase commençait par : « Ce n'est pas à vous. »

8. Montaigne a dit (livre III, chapitre VIII, tome III, p. 421) : « J'estois sur ce poinct, qu'il ne fault que veoir un homme esleué en dignité : quand nous l'aurions cogneu, trois iours deuant, homme de peu, il coule insensiblement en nos opinions une image de grandeur et de suffisance; et nous persuadons que, croissant de train et de credit, il est creu de merite : nous iugeons de luy, non selon sa valeur, mais à la mode des iectons, selon la prerogatiue de son reng. Que la chance tourne aussy, qu'il retumbe et se mesle à la presse, chascun s'enquiert auecques admiration de la cause qui l'auoit guindé si hault : « Est ce luy? faict on; n'y sçauoit il aultre chose quand il « y estoit? Les princes se contentent ils de si peu? Nous estions vraye- « ment en bonnes mains! » — Bouchet, dans sa IX⁰ *serée* (livre I, p. 293, Rouen, 1635), parle d'un magistrat qui « se persuadoit que sa robbe d'escarlatte l'auoit transformé en une autre espece. » — La moralité en prose qui suit la fable de Gabrias recommande aux personnes en dignité de se souvenir, quand on les honore, qu'elles sont hommes : τοὺς ἐν ἀξιώμασι τιμωμένους δεῖ γινώσκειν ὅτι ἄνθρωποί εἰσιν, ce que Faërne traduit ainsi (vers 8) :

Se norit hominem, qui magistratum gerit.

— Voyez la notice en tête de la fable.

FABLE XV.

LE CERF ET LA VIGNE.

Ésope, fab. 65, Ἔλαφος καὶ Ἄμπελος (Coray, p. 39, p. 314). — Faërne, fab. 70, *Cerva et Vitis.* — Haudent, 1re partie, fab. 48, *d'une Biche et des Veneurs.*

Mythologia æsopica Neveleti, p. 143, p. 359.

M. Chambry a, dans sa belle collection d'autographes, un manuscrit de cette fable, signé DE LA FONTAINE, qu'il nous a communiqué fort obligeamment; il n'offre que deux variantes d'orthographe insignifiantes : *void* et *azile*, et deux ou trois de ponctuation, qui n'affectent point le sens.

Un Cerf, à la faveur d'une vigne fort haute,
Et telle qu'on en voit en de certains climats[1],
S'étant mis à couvert et sauvé du trépas,
Les veneurs, pour ce coup, croyoient leurs chiens en faute[2];
Ils les rappellent donc. Le Cerf, hors de danger[3], 5
Broute sa bienfaitrice[4] : ingratitude extrême !

1. En Italie, par exemple, ou du moins dans la plus grande partie de l'Italie, où la vigne n'est pas taillée comme dans nos pays, mais s'élève et se marie aux arbres. Les allusions à cette manière de cultiver la vigne abondent chez les poëtes latins. *Quam altissimam vineam facito*, dit Caton, cité par Pline au livre XVII de l'*Histoire naturelle*, chapitre xxxv, § 34. — Faërne, qui écrivait en Italie au seizième siècle, peint ainsi l'abri touffu du Cerf (vers 2 et 3) :

> *Frondea ramosæ subiens umbracula vitis,*
> *Delituit....*

2. C'est-à-dire, ayant manqué la bête, ayant perdu la voie.
3. Faërne rend la même idée (vers 4) :

> *Se rata jam tutam defunctamque esse periclo.*

4. « Expression très hardie, mais amenée si naturellement, qu'on

On l'entend, on retourne⁵, on le fait déloger :
  Il vient mourir en ce lieu même.
« J'ai mérité, dit-il, ce juste châtiment⁶ :
Profitez-en, ingrats. » Il tombe en ce moment.   10
La meute en fait curée : il lui fut inutile
De pleurer⁷ aux veneurs à sa mort arrivés.

Vraie image de ceux qui profanent l'asile
  Qui les a conservés⁸.

ne songe point à cette hardiesse. » (Champort.) — Haudent dit sans figure, et fort platement :

  Elle a brousté à bonnes dentz
  Les feuilles qui l'auoient couuerte.

5. La fable ésopique et celle de Faërne sont ici moins brèves, et nous disent comment et pourquoi on entend le Cerf. C'est l'agitation des feuilles qui fait retourner les chasseurs : Τούτων δὲ (τῶν φύλλων) σειομένων, οἱ κυνηγοὶ ἐπιστραφέντες....

6. C'est le même tour que dans la fable grecque; le Cerf y dit aussi : « J'ai mérité mon sort, » Δίκαια πέπονθα.

7. Voyez ci-dessus, livre IV, *fable* XXI, vers 34.

8. La moralité est plus générale et plus nette, ce nous semble, dans les fables d'Ésope et de Faërne (vers 14) : « Les ingrats, ceux qui font du mal à leurs bienfaiteurs, sont punis de Dieu, » Οἱ ἀδικοῦντες τοὺς εὐεργέτας ὑπὸ Θεοῦ κολάζονται.

  Divina ingratos homines ulciscitur ira.

FABLE XVI.

LE SERPENT ET LA LIME.

Ésope, fab. 81, Γαλῆ (Coray, p. 48, p. 317, sous trois formes); fab. 184, Ἔχις καὶ 'Ρίνη (Coray, p. 114). — Phèdre, livre IV, fab. 8, *Vipera et Lima*. — Romulus, livre III, fab. 12, *Vipera et Lima*. — Haudent, 1re partie, fab. 148, *d'une Couleuvre et d'une Lyme*. — Corrozet, fab. 37, *du Serpent et de la Lime*. — Le Noble, conte 72, *du Serrurier et de la Couleuvre. La satire insolente*.

Mythologia æsopica Neveleti, p. 155, p. 240, p. 433, p. 523.

Le sujet de cet apologue est aussi celui du xxxvie *emblème* de l'*Hécatongraphie* de Corrozet. — Il a été traité dans la fable 28 de Lokman, dans la 16e de Neckam (voyez les *Poésies inédites du moyen âge* de M. Éd. du Méril, p. 189), dans la 105e de Pantaleo Candidus (Weiss). Il était représenté dans le *Labyrinthe* de Versailles, et Benserade en a fait son xlvie *quatrain* (xe de l'édition de 1676). Enfin Robert (tome I, p. 338-342) cite deux vieilles fables d'*Ysopet I* et d'*Ysopet II*. — C'est de Phèdre et de Romulus que la Fontaine se rapproche le plus. — Dans la première des fables ésopiques (n° 81), et de même dans celles de Lokman et de Weiss, c'est, au lieu du Serpent, un Chat ou une Belette qui s'attaque à la Lime. La seconde d'Ésope (n° 184) ressemble plus à la nôtre, mais la morale en est toute différente. La Lime dit à la Vipère : « Tu es bien simple de croire emporter de moi quelque chose; ma coutume n'est pas de donner, mais de prendre de tous : » Εὐήθης εἶ παρ' ἐμοῦ τι ἀπoίσεσθαι οἰόμενος, ἥτις οὐ διδόναι, ἀλλὰ λαμβάνειν παρὰ πάντων εἴωθα. « Ceci s'adresse, ajoute le fabuliste, à qui espère recevoir quelque chose des avares. » — On peut voir une allusion à la fable, prise au sens où la prend la Fontaine, dans la 1re *satire* du livre II d'Horace (vers 77 et 78) :

> *Invidia.... fragili quærens illidere dentem,*
> *Offendet solido....*

— Cette fable a été imprimée en tête d'une des premières éditions de *Télémaque*, celle qui fut publiée à la Haye, par Adrien Moetjens,

1701, in-12. C'était une sorte d'avertissement au lecteur, une espèce de sauvegarde pour l'ouvrage contre les critiques ignorants ou malintentionnés. Le titre en est ainsi commenté, pour qu'on ne se trompe pas sur l'intention de l'éditeur : « LE SERPENT ET LA LIME, *fable de Monsieur de la Fontaine, adressée aux auteurs qui ont critiqué les Aventures de Télémaque.* »

On conte qu'un Serpent, voisin d'un Horloger
(C'étoit pour l'Horloger un mauvais voisinage),
Entra dans sa boutique, et cherchant à manger,
  N'y rencontra pour tout potage
Qu'une Lime d'acier, qu'il se mit à ronger[1]. 5
Cette Lime lui dit, sans se mettre en colère[2] :
« Pauvre ignorant ! et[3] que prétends-tu faire ?
  Tu te prends à plus dur[4] que toi.
  Petit Serpent à tête folle[5],
  Plutôt que d'emporter de moi 10

---

1. *In officinam fabri venit Vipera.*
 Hæc quum tentaret si qua res esset cibi,
 Limam momordit.... (PHÈDRE, vers 3-5.)

2. Dans la fable de Romulus, c'est en riant que la Lime parle à la Vipère : *Tunc Lima ridens ait ad Viperam :* « *Quid vis, improba, tuos lædere dentes?* » — Dans l'emblème de Corrozet, le Serpent mord une épée ; chez le Noble, qui ne sait jamais se borner, un crampon de fer, puis une lime, puis l'enclume.

3. Toutes les éditions originales ont ici la conjonction *et*, qui du reste s'emploierait encore fort bien aujourd'hui après l'exclamation « Pauvre ignorant ! » La plupart des éditeurs modernes ont remplacé *et* par *eh* !

4. Phèdre dit (vers 1) « plus mordant, »

 Mordaciorem qui improbo dente appetit;

et Romulus : *Cum acriore nihil certandum est.* — Nous suivons la ponctuation de l'édition de 1678. Celle de 1668 met une virgule à la fin du vers 8, et un point et virgule après le vers 9.

5. Le Noble s'exprime à peu près de même :

 Couleuvre de fort petit sens.

> Seulement le quart d'une obole[6],
> Tu te romprois toutes les dents[7].
> Je ne crains que celles du temps[8]. »

Ceci s'adresse à vous, esprits du dernier ordre,
Qui, n'étant bons à rien, cherchez sur tout à mordre[9].
Vous vous tourmentez vainement.
Croyez-vous que vos dents impriment leurs outrages
Sur tant de beaux ouvrages?

6. L'édition de 1678 porte : *d'un obole*, ainsi que celles de 1688 et de Londres 1708. Nous pensons que c'est simplement une faute d'impression. L'édition de 1668 donne : *une obole*, et celle de 1678 elle-même écrit ainsi ces mots au dernier vers de la *fable* XII du livre II. Nous devons toutefois faire remarquer que le mot *obole* a été autrefois du masculin, comme le grec ὄβολος. Le *Dictionnaire* de Nicot le fait de ce genre en 1606, et Ménage, tout en déclarant qu'il est du féminin, le range encore dans la liste des noms de genre douteux : voyez ses *Observations sur la langue françoise* (édition de 1675, p. 156).

7. La pensée est ainsi développée dans la *fable d'Ysopet I :*

> Ta dent de riens ne me puet nuire,
> Mais ie puis les tienez destruire.
> Bien say, tu ne me cognois mie :
> Es dent le fer use et esmie,
> Et fais farine deuenir.

8. « Cette idée très-philosophique, jetée dans le discours que la Fontaine prête à la Lime, fait beaucoup d'effet, parce qu'elle est entièrement inattendue. » (Chamfort.) — « Les dents du temps » rappellent le *tempus edax rerum* et l'*edax vetustas* d'Ovide (livre XV des *Métamorphoses*, vers 234 et 872). Ailleurs (*Pontiques*, livre IV, *épître* VIII, vers 49 et 50) le même poëte rend ainsi l'idée, que nous avons ici, du fer même consumé par le temps :

> *Tabida consumit ferrum lapidemque vetustas ;*
> *Nullaque res majus tempore robur habet.*

9. « Cette couleuvre est la figure du satirique insolent, » dit le Noble dans la morale en prose qu'il a placée à la suite de sa fable.

Ils sont pour vous d'airain, d'acier, de diamant[10].

> 10. *Exegi monumentum ære perennius,*
> *Regalique situ Pyramidum altius.*
> (HORACE, livre III, *ode* xxx, vers 1.)

— Geruzez fait remarquer que Lebrun (livre VI, *ode* xxIII) dit, lui aussi, de son recueil d'*Odes*, mais avec moins de raison qu'Horace :

> Grâce à la muse qui m'inspire,
> Il est fini ce monument....
> Plus hardi que les Pyramides,
> Et plus durable que l'airain.

— Pantaleo Candidus termine par une tout autre affabulation :

> *Multi cupitis sic adhærent mordicus,*
> *Ut damna quæ patiuntur haud curent sua.*

— Voyez encore d'autres applications de l'allégorie dans a notice en tête de la fable.

FABLE XVII.

LE LIÈVRE ET LA PERDRIX.

Phèdre, livre I, fab. 9, *Passer et Lepus*. — Neckam, fab. 14, de *Lepore et Accipitre et Passere* (Éd. du Méril, *Poésies inédites du moyen âge*, p. 187 et 188). — On retrouve la même moralité, avec un sujet et des personnages différents, dans la fable 141 d'Abstemius, *de Lupo in fossam lapso et Vulpe irridente* (voyez ci-après la note 1).
Mythologia æsopica Neveleti, p. 394, p. 595.
Dans Phèdre, dans Neckam, et dans la vieille fable d'*Ysopet II* citée par Robert (tome I, p. 344-346), le cadre n'est pas tout à fait le même. Le Moineau se moque du Lièvre pris par un Aigle, et il est lui-même pris par un Épervier.

Il ne se faut jamais moquer des misérables :
Car qui peut s'assurer d'être toujours heureux [1] ?
   Le sage Ésope dans ses fables

---

1. Ces deux vers traduisent à peu près la morale de la fable d'Abstemius mentionnée dans la notice : *Fabula indicat aliorum calamitatibus nunquam insultandum, quum in easdem nos quoque incidere possimus.* — « Cette raison de ne pas se moquer des misérables a l'air d'être peu noble et peu généreuse. En effet, une âme honnête ne se moquerait pas des misérables, quand même elle serait assurée d'être toujours dans le bonheur. Mais la Fontaine se contente de nous renvoyer au simple bon sens, et fonde sa morale sur la nature commune et sur la raison vulgaire. On a remarqué qu'il n'était pas le poëte de l'héroïsme, c'est assez pour lui d'être celui de la nature et de la raison. » (CHAMFORT.) — Voici l'affabulation d'*Ysopet II*, presque identique aussi pour l'idée :

     Peschié est et folie
     De dire vilonie
     A hom desconforté.
     Tel est or hui en vie,

LIVRE V.

Nous en donne un exemple ou deux[2].
Celui qu'en ces vers je propose,
Et les siens, ce sont même chose.

Le Lièvre et la Perdrix, concitoyens d'un champ[3],
Vivoient dans un état, ce semble, assez tranquille,
 Quand une meute s'approchant
Oblige le premier à chercher un asile :
Il s'enfuit dans son fort[4], met les chiens en défaut,
 Sans même en excepter Brifaut[5].
 Enfin il se trahit lui-même

> Et demain n'y est mie;
> Ains perdra la santé.

— Celle de Phèdre (vers 1 et 2) :

> *Sibi non cavere, et aliis consilium dare,*
> *Stultum esse....*

nous semble sortir moins directement du récit.

2. On voit par la notice que dans les fables grecques dites d'Ésope nous ne trouvons pas de fable qui corresponde à celle-ci. — Dans les manuscrits de Conrart, dont nous avons parlé déjà plusieurs fois, au milieu d'un certain nombre de fables de la Fontaine il s'en rencontre une (tome XI, p. 535), intitulée *le Renard et l'Écureuil*, qui commence par ces quatre vers :

> Il ne se faut jamais moquer des misérables, etc.

M. Édouard Fournier l'a insérée dans son livre de *l'Esprit des autres* (p. 114 et 115, 4ᵉ édition, 1861); et M. Paul Lacroix l'a placée en tête de ses *OEuvres inédites de J. de la Fontaine* (Paris, L. Hachette, 1863, in-8°, p. 3 et 4). Nous y reviendrons ailleurs.

3. Au sujet du complément qu'a ici le mot *concitoyens*, voyez le Lexique.

4. M. Littré définit *fort*, terme de chasse : « Le plus épais du bois et des buissons où les bêtes sauvages se retirent. » Voyez encore le *Lexique*; et en outre ci-dessus, p. 173, note 9.

5. Ce nom de chien, que nous retrouverons dans la *fable* XIV du livre IX (vers 27), vient du verbe *brifer*, « manger avidement, » et

Par les esprits⁶ sortants⁷ de son corps échauffé.
Miraut⁸, sur leur odeur ayant philosophé,   15
Conclut que c'est son Lièvre, et d'une ardeur extrême
Il le pousse; et Rustaut⁹, qui n'a jamais menti,
     Dit que le Lièvre est reparti.
Le pauvre malheureux vient mourir à son gîte.
     La Perdrix le raille, et lui dit :   20
     « Tu te vantois d'être si vite !
Qu'as-tu fait de tes pieds¹⁰ ? » Au moment qu'elle rit,
Son tour vient; on la trouve. Elle croit que ses ailes
La sauront garantir à toute extrémité;

signifie proprement « goulu, gourmand. » — Rabelais (livre I, chapitre LIV, tome I, p. 177) l'applique aux usuriers :

    « Cy n'entrez pas vous usuriers, chichars,
    Briffaulx, leschars, qui tousiours amassés. »

— Dans le 13ᵉ des *Contes et Discours d'Eutrapel* (Rennes, 1585, p. 66 verso), *Brifaut* est le nom d'un valet de chasse « distributeur des levriers. »

6. *Esprits*, corps légers et subtils, émanations.
7. *Sortant*, sans accord, dans les éditions de 1668 in-4° et de 1729.
8. Nous avons déjà vu ce nom dans la *fable* IV du livre IV (vers 15), ci-dessus, p. 278 et note 7.
9. *Rustaut* est le texte de 1678. Dans les deux éditions, in-4° et in-12, de 1668, ainsi que dans celle de 1669, copiées par les éditions de 1679 (Amsterdam), de 1682 et de 1729, on lit : *Tayaut*.
10. Dans Phèdre (vers 4 et 5) :

         .... *Ubi pernicitas*
    Nota, inquit, illa est ? Quid ita cessarunt pedes ?

— Dans Neckam (vers 9) :

    Quid prodest cursu volucres æquasse ?

— Dans *Ysopet II*, la raillerie sur la vitesse est longuement développée :

         Tu estois ia saillant,
         Et leger et courant
         Aussi comme un oisel :
         Or es cy attrapé,
         Et honni et maté,

Mais la pauvrette [11] avoit compté 25
Sans l'autour aux serres cruelles.

   Et y lairras la pel (*peau*).
   Que t'ont valu tes saus,
   Tes tours? etc.

11. « La Perdrix, dit Nodier, a joué un rôle odieux dans cette fable, mais le malheur réconcilie la Fontaine avec elle, et ce retour est extrêmement touchant. Il a fait la même chose à la *fable* xvi du livre IV :

   On assomma la pauvre bête,

dit-il en parlant du Loup, car l'infortune même d'un méchant a sa pitié, et un loup que l'on tue est aussi une *pauvre bête*. » — Dans les fables de Phèdre et de Neckam, le Lièvre mourant se console en exprimant à la Perdrix la joie que lui cause le juste châtiment de sa dureté.

FABLE XVIII.

L'AIGLE ET LE HIBOU.

Abstemius, fab. 114, *de Bubone dicente Aquilæ filios suos ceterarum avium filiis esse formosiores* : même moralité, mêmes personnages ; mais la fable est conçue autrement. — Verdizotti, fab. 4, *dell' Aquila e 'l Guffo*.

Mythologia æsopica Neveleti, p. 583.

La fable 56 de Babrius, Ζεὺς καὶ Πίθηκος (*Jupiter et le Singe*), la 14° d'Avianus, *Simia et Jupiter*, et la 7° d'*Ysopet-Avionnet*, citée par Robert (tome I, p. 352-354), et intitulée : *du Singe qui disoit que ses Singios estoient li plus biaux*, enseignent toutes trois la même vérité que celle de la Fontaine, mais les circonstances du récit et, comme on le voit, les personnages sont tout autres. Ce sujet du *Singe et Jupiter* a été traité également par Camerarius, sous le titre de *Simia* (Leipzig, 1564, p. 208); par Pantaleo Candidus (Weiss), fab. 1; par Haudent, 1re partie, fab. 179, *de Iuppiter et d'un Singe*; et par le Noble, conte 17, *du Singe et de ses Petits. L'amour de ses ouvrages*. La fable 74 de Marie de France, où est peinte *la Singesse* qui

> .... aleit mustrant
> A tutes bestes sun enfant,

paraît découler de la même source ; mais le cadre est librement modifié. — Robert (p. 348-352) cite encore un extrait de *Regnard le Contrefait*, où l'action est à peu près semblable à celle de la Fontaine ; seulement le Renard est substitué à l'Aigle, et le Corbeau au Hibou. — Voyez ce que M. Taine (p. 193 et 194) dit du caractère du Hibou chez notre fabuliste.

L'Aigle et le Chat-huant leurs querelles[1] cessèrent,

---

1. C'est un fait connu que l'antipathie des rapaces ou oiseaux de proie diurnes pour les nocturnes. Wagner (*Historia naturalis Helvetiæ curiosa*, p. 195) raconte qu'il vit, aux environs de Zurich, le combat

Et firent tant qu'ils s'embrassèrent.
L'un jura foi de roi, l'autre foi de hibou,
Qu'ils ne se goberoient leurs petits peu ni prou².
« Connoissez-vous les miens? dit l'oiseau de Minerve³.
— Non, dit l'Aigle. —Tant pis, reprit le triste Oiseau :
  Je crains en ce cas pour leur peau :
  C'est hasard si je les conserve.
Comme vous êtes roi, vous ne considérez
Qui ni quoi⁴ : rois et dieux mettent, quoi qu'on leur die,
  Tout en même catégorie⁵.
Adieu mes nourrissons, si vous les rencontrez.

d'un aigle et d'un grand-duc, dans lequel l'aigle fut vaincu et tué. Voyez le *Dictionnaire d'histoire naturelle* de Ch. d'Orbigny, à l'article *Chouette*, tome III, p. 632 et 634.

2. *Prou*, beaucoup. « Peu ni prou, » locution familière, qui équivaut à « pas du tout, en aucune façon. »

3. *Palladis ales*, comme dit Ovide, au livre II des *Fastes* (vers 89). La chouette est parfois représentée sur le casque de Minerve, parfois sur sa main. Phidias l'avait aussi donnée pour attribut à la Déesse, avec le serpent. Voyez Otfried Müller, *Manuel de l'Archéologie de l'art*, 3ᵉ partie, 1, A, § 371, 9 ; et le *Dictionnaire*, déjà cité, de Ch. d'Orbigny, tome III, p. 636 et 637.

4. Sur les coupes de vers de la Fontaine, imitant la liberté et la hardiesse de la conversation familière, voyez M. Taine, p. 311 et 312.

5. « N'est-il pas plaisant de supposer que ce soit un effet nécessaire et une suite naturelle de la royauté, de n'avoir d'égard ni pour les choses ni pour les personnes ? Ce tour est très-satirique, et sa simplicité même ajoute à ce qu'il a de piquant. » (CHAMFORT.) — « Souvent, dit M. Saint-Marc Girardin dans sa xivᵉ leçon (tome II, p. 3), il y a plusieurs défauts ou plusieurs hommes raillés sous la figure d'un seul animal : le Lion ou l'Aigle, par exemple, suffit à peindre toutes les sortes d'orgueils, de fiertés, de duretés instinctives et presque involontaires qui sont propres aux princes. Quelle définition de l'égoïsme des rois que ces mots adressés à l'Aigle par le Hibou ! » — M. Taine (p. 193 et 194) se place à un autre point de vue et fait remarquer, au sujet de ce passage, que le Chat-huant « n'est pas assez respectueux avec les puissances. Il parle à l'Aigle comme ferait un homme de l'opposition, d'un air aigre, avec les sentences maussades et le ton trivial d'un plébéien opprimé. »

— Peignez-les-moi, dit l'Aigle, ou bien me les montrez;
   Je n'y toucherai de ma vie. »
Le Hibou repartit : « Mes petits sont mignons,   15
Beaux, bien faits, et jolis sur tous leurs compagnons :
Vous les reconnoîtrez sans peine à cette marque⁶.
N'allez pas l'oublier; retenez-la si bien
   Que chez moi la maudite Parque
   N'entre point par votre moyen. »   20
Il avint qu'au Hibou Dieu donna géniture :
De façon qu'un beau soir qu'il étoit en pâture,
   Notre Aigle aperçut d'aventure,
   Dans les coins d'une roche dure,
   Ou dans les trous d'une masure⁷   25
   (Je ne sais pas lequel des deux),
   De petits monstres fort hideux,
Rechignés, un air triste, une voix de Mégère⁸.

---

6. Dans *Regnard le Contrefait* :

   Scez tu comment les coguoistras?
   Les plus beaux que tu trouueras
   Sont mes oiseaulx, sans nulle faille (*sans faute*).

— Deux mots suffisent au dialogue des deux oiseaux dans la fable d'Abstemius, où l'Aigle, il est vrai, interroge avec une tout autre intention que dans la nôtre : *Qua forma, inquit Aquila, sunt filii tui ?* — *Qua ego sum.*

7. Au sujet des cinq rimes en *ure* qui se suivent, Nodier dit, bien sévèrement : « Licence tolérée tout au plus dans le burlesque. »

8. « Les jeunes sont, dans les premiers temps, couverts d'un duvet fin et léger qui les rend d'une laideur insupportable.... Les jeunes chouettes-effraies, dont les ailes et les pattes sont à peine apparentes, ressemblent tout à fait à une houppe de perruquier. » (*Dictionnaire d'histoire naturelle* de Ch. d'Orbigny, tome III, p. 634). — Mme de Sévigné, dans sa *lettre* du 23 mai 1671 (tome II, p. 224), applique ce vers à deux petites filles du marquis de Lavardin et fait ensuite allusion aux trois vers suivants. Dans sa *lettre* du 2 février 1689 (tome VIII, p. 448), elle cite encore le vers 28 à propos d'une mode du temps, de petites chouettes noires mises dans la coiffure.

« Ces enfants ne sont pas, dit l'Aigle, à notre ami [9].
Croquons-les. » Le galand n'en fit pas à demi :   30
Ses repas ne sont point repas à la légère.|
Le Hibou, de retour, ne trouve que les pieds
De ses chers nourrissons, hélas! pour toute chose.
Il se plaint; et les Dieux sont par lui suppliés
De punir le brigand qui de son deuil est cause.   35
Quelqu'un lui dit alors : « N'en accuse que toi [10],
         Ou plutôt la commune loi
        Qui veut qu'on trouve son semblable
        Beau, bien fait, et sur tous aimable [11].
Tu fis de tes enfants à l'Aigle ce portrait :   40
        En avoient-ils le moindre trait? »

    9. Dans *Regnard le Contrefait*, où, comme nous l'avons dit, le Corbeau remplace le Hibou :

> Ce ne sont pas ceulx du Corbel
> Qui m'a tant dit qu'ils sont si bel.
> Ce sont icy diables d'enfer.

    10.   A toy t'en prens et bas ta coulpe. (*Ibidem*.)

    11. Babrius dit de même (vers 9) : « Chacun juge le sien beau, »

> Τὸν αὐτὸς αὑτοῦ πᾶς τις εὐπρεπῆ κρίνει.

Et Abstemius : *Fabula indicat neminem natum adeo deformem qui parentibus suis non videatur esse formosus.* — La moralité est plus générale chez Camerarius et chez Weiss; le second la rend ainsi :

> *Qui proprio laudes proprias ebuccinat ore,*
> *Propinat ille ceteris se risui.*

— Le Noble la réduit à cette application particulière : « Le Singe entêté de la beauté de ses petits magots est la figure d'un poëte infatué du mérite de ses ouvrages. »

FABLE XIX.

LE LION S'EN ALLANT EN GUERRE[1].

Abstemius, fab. 95, *de Asino tubicine et Lepore tabellario* (voyez la fin de la note 8). — Haudent, 2º partie, fab. 152, *de l'Asne esleu trompette des Bestes et du Lieure eslu messager.*
Mythologia æsopica Neveleti, p. 574.

Le Lion dans sa tête avoit une entreprise[2] :
Il tint conseil de guerre, envoya ses prévôts[3],
    Fit avertir les animaux.
Tous furent du dessein[4], chacun selon sa guise[5] :
    L'Éléphant devoit sur son dos   5
    Porter l'attirail nécessaire,
    Et combattre à son ordinaire ;
    L'Ours, s'apprêter pour les assauts ;

1. Dans l'édition de 1679 (Amsterdam) : « LE LION S'EN ALLANT A LA GUERRE. »
2. Dans les fables d'Abstemius et de Haudent il s'agit de la guerre des « animaulx et bestes de la terre » contre les oiseaux. Chez le premier, le Lion range déjà son armée en bataille.
3. « Le Lion de la Fontaine, dit M. Taine (p. 89), sait les affaires ; il est prévoyant, calculateur ; il administre, enrégimente, organise, et sait même se passer d'un Louvois. Il tient conseil de guerre, euvoie ses prévôts, assigne à chacun son poste, connaît les divers talents et tire usage de ses moindres sujets. » — Le nom de *prévôt*, tiré du latin *præpositus (præpostus)*, avait de nombreuses applications. Il désignait des magistrats ou officiers, des délégués et des agents d'ordre et de rang très-divers. Voyez le *Lexique*.
4. De l'entreprise.
5. Chacun à sa manière, selon ses talents. Dans le sens qu'on donne habituellement au mot *guise* aujourd'hui, l'expression « selon sa guise » ou plutôt « à sa guise » signifierait : « comme il voulut, comme il lui plut. »

Le Renard, ménager de secrètes pratiques;
Et le Singe, amuser l'ennemi par ses tours.   10
« Renvoyez, dit quelqu'un[6], les Anes, qui sont lourds[7],
Et les Lièvres, sujets à des terreurs paniques.
— Point du tout, dit le Roi; je les veux employer :
Notre troupe sans eux ne seroit pas complète.
L'Ane effraiera les gens, nous servant de trompette;   15
Et le Lièvre pourra nous servir de courrier[8]. »

   Le monarque prudent et sage
De ses moindres sujets sait tirer quelque usage,
  Et connoît les divers talents[9].
Il n'est rien d'inutile aux personnes de sens[10].   20

 6. Ce quelqu'un, chez Abstemius, c'est l'Ours. Chez Haudent, le Lion lui-même veut renvoyer l'Ane et le Lièvre, et c'est l'Ours qui lui dit le parti qu'on pourra tirer d'eux.

 7. .... L'Asne à tout (avec) ses grandz aureilles
    Est paresseus et tardif à merueilles. (HAUDENT.)

 8. Voyez la *fable* xix du livre II (vers 8), — *Asinus tubæ suæ clangore milites ad pugnam concitabit; Lepus vero ob pedum celeritatem tabellarii fungetur officio.* (ABSTEMIUS.) — Le mot *tabellarius* a été plusieurs fois employé par Cicéron pour dire « porteur de tablettes, de lettres, messager. »

  — .... Quant au Lieure, en tant qu'il est agile,
  Legier du corps et de courir habile,
  Bien nous pourra aider et soullager
  Par nous seruir d'un loyal messager. (HAUDENT.)

 9. « Leurs divers talents, » dans l'édition de 1688.
 10. « La manière dont le Roi distribue les emplois de son armée est très-ingénieuse. Ces quatre vers qui expriment la moralité de cette fable sont excellents, et le dernier surtout est parfait. » (CHAMFORT.) — L'idée de ce dernier vers est dans Abstemius : *Neminem adeo contemptibilem qui aliqua re nobis prodesse non possit.*

FABLE XX.

L'OURS ET LES DEUX COMPAGNONS.

Ésope, fab. 249, Ὁδοιπόροι καὶ Ἄρκτος (Coray, p. 163 et 164, p. 386 et 387, sous trois formes). — Avianus, fab. 9, *Viatores.* — Abstemius, fab. 49, *de Coriario emente pellem Ursi a Venatore nondum capti.* — Commines, *Mémoires*, livre IV, chapitre III. — Haudent, 1re partie, fab 7, *de deux Compagnons;* 2e partie, fab. 108, *d'un Veneur et d'un Courrieur* (Corroyeur). — Corrozet, fab. 85, *de deux Amys et de l'Ourse.*

Mythologia æsopica Neveleti, p. 291, p. 460, p. 554.

Parmi les fables que mentionne la notice, trois seulement ont tout à fait le même sujet que la nôtre : ce sont celle d'Abstemius, la seconde de Haudent, et celle de Commines. Dans les autres il ne s'agit pas d'une peau d'ours vendue d'avance. Deux voyageurs, rencontrant un ours, échappent au péril de la même manière que nos deux Compagnons, et celui qui a fait le mort conte à l'autre que la bête lui a dit à l'oreille : « Il ne faut pas faire route avec des amis qui ne vous assistent pas dans le danger. » — Commines met l'apologue dans la bouche de l'empereur d'Allemagne, Frédéric III, répondant aux ambassadeurs du roi Louis XI, qui étaient venus lui proposer de la part de leur maître « de s'engager mutuellement à ne faire ni paix ni trêve l'un sans l'autre, et à confisquer les seigneuries du Duc (de Bourgogne), lui celles qui relevoient de l'Empire, le Roi celles qui étoient tenues du royaume de France. » Voyez l'*Histoire des ducs de Bourgogne* du baron de Barante, *Charles le Téméraire*, livre V, année 1475. On trouvera à l'*Appendice* la fable de Commines. M. Saint-Marc Girardin, dans sa XVIe leçon (tome II, p. 73-76), la donne en entier, et dit : « La Fontaine n'a eu qu'à traduire. Il a ajouté seulement, en vrai poëte comique, tout ce qui met le mieux en relief la présomption des deux Compagnons. » Après ces mots, l'éminent critique cite à l'appui les dix premiers vers de notre fable.

Deux Compagnons[1], pressés d'argent,

1: Commines emploie de même le mot *Compagnons.* Seulement il y

A leur voisin fourreur vendirent
 La peau d'un Ours encor vivant,
Mais qu'ils tueroient bientôt, du moins à ce qu'ils dirent[2].
C'étoit le roi des ours au compte de ces gens.   5
Le marchand à sa peau devoit faire fortune[3];
Elle garantiroit des froids les plus cuisants:
On en pourroit fourrer plutôt deux robes qu'une[4].
Dindenaut[5] prisoit moins ses moutons qu'eux leur Ours :
Leur, à leur compte, et non à celui de la bête.   10
S'offrant de la livrer au plus tard dans deux jours,
Ils conviennent de prix, et se mettent en quête,

à trois compagnons, au lieu de deux, et c'est à un tavernier qu'ils vendent la peau; ils lui doivent de l'argent et le prient de leur faire encore crédit d'un écot; ils le payeront avant deux jours : car ils prendront cet ours, « dont la peau valloit beaucoup d'argent, sans les presens qui leur seroient faictz des bonnes gens. » — Chez Abstemius, et chez Haudent (2ᵉ partie, *fable* 108), qui l'a traduit, ils font marché, comme ici, avec un corroyeur, un fourreur, qui leur donne l'argent d'avance.

2. « Cette suspension fait un effet charmant. Jusqu'à ce mot on croirait que l'Ours est mort, ou du moins pris et enchaîné. » (CHAMFORT.)

3. Quelques éditions modernes ponctuent ces deux vers ainsi :

C'étoit le roi des ours : au compte de ces gens,
Le marchand à sa peau devoit faire fortune.

Notre ponctuation est celle de toutes les éditions originales.

4. M. Taine (p. 152 et 153) cite ce vers et les trois précédents, et compare la discrétion et la mesure de notre poëte avec la faconde intarissable de Dindenaut chez Rabelais : voyez la note suivante.

5. C'est ce marchand goguenard qui se moque de Panurge en vantant si fort ses moutons, et dont Panurge se venge si plaisamment et si cruellement. Il finit par lui acheter un mouton qu'il jette à la mer, et tous les moutons sautent à l'eau pour faire comme leur camarade; et le marchand lui-même, en voulant les retenir, est entraîné et se noie avec ses bêtes. De là vient le mot si connu : « les moutons de Panurge. » On aurait dû dire, pour être exact, « les moutons de Dindenaut. » Voyez Rabelais, livre IV, chapitres V-VIII.

Trouvent l'Ours qui s'avance et vient vers eux au trot⁶.
Voilà mes gens frappés comme d'un coup de foudre.
Le marché ne tint pas; il fallut le résoudre⁷ :   15
D'intérêts⁸ contre l'Ours, on n'en dit pas un mot.
L'un des deux Compagnons grimpe au faîte d'un arbre ;
    L'autre, plus froid que n'est un marbre,
Se couche sur le nez, fait le mort, tient son vent⁹,
    Ayant quelque part ouï dire   20
    Que l'ours s'acharne peu souvent
Sur un corps qui ne vit, ne meut, ni ne respire¹⁰.

  6. Dans la fable d'Abstemius, il n'y a qu'un chasseur; le Fourreur l'accompagne dans la forêt, et grimpe sur un arbre

    Pour voir de l'homme et de l'ours les combats,

dit Haudent, dont le récit (*fable* 108 de la 2ᵉ partie) est à peu près semblable à celui du fabuliste latin. Le Chasseur fait sortir l'Ours de son antre ; la bête, évitant le coup qu'il lui porte, le renverse à terre ; il fait le mort, etc.
  7. Terme de jurisprudence, « le rompre. » C'est le latin *resolvere*.
  8. *D'intérêts*, de dommages-intérêts.
  9. Dans le récit de Commines, l'un des trois Compagnons gagne un arbre, l'autre fuit vers la ville, le troisième se couche contre terre tout à plat et fait le mort, comme dans la fable ésopique : ἑαυτὸν νεκρὸν προσεποιεῖτο. — Chez Corrozet :

    Se couche bas, faict du mort en grand peine,
    Sans retirer aulcun vent ny allaine.

— Τὰς ἀναπνοὰς συνεῖχε, dit encore la fable grecque ; et Abstemius : *anhelitu retento*.
  10.   Car aux corps mortz jamais elle (*l'Ourse*) ne mord,
dit Corrozet ; et Haudent (1ʳᵉ partie, *fable* VII) :
    Car d'un corps mort il n'a cure en effect.

De même dans la fable grecque : Φασὶ γὰρ νεκροῦ μὴ ἅπτεσθαι τὸ ζῶον. — La Fontaine a raison d'être moins affirmatif, de remplacer *jamais* par *peu souvent*. « Il paraît certain, dit Buffon, que les ours rouges, roux ou bruns, qui se trouvent non-seulement en Savoie, mais dans les hautes montagnes, dans les vastes forêts, et dans presque tous les déserts de la terre, dévorent les animaux vivants, et mangent même

Seigneur Ours, comme un sot, donna dans ce panneau :
Il voit ce corps gisant, le croit privé de vie ;
    Et de peur de supercherie,   25
Le tourne, le retourne, approche son museau,
    Flaire aux passages de l'haleine[11].
« C'est, dit-il, un cadavre ; ôtons-nous, car il sent[12]. »

les voiries les plus infectées. » (*Histoire naturelle*, tome VIII, p. 253, Paris, Imprimerie royale, 1760, in-4º.) — « S'acharne » (vers 21) traduit Abstemius : *Venator sciens hanc feram in cadavera non sævire.*

11. *Et miserum curvis unguibus ante levat.* (AVIANUS, vers 12.)

— La fable grecque montre l'Ourse approchant son museau et flairant tout autour : Τῆς δὲ Ἄρκτου προσενεγκούσης αὐτῷ τὸ ῥύγχος, καὶ περιοσφραινομένης....

12. M. Taine, parlant (p. 111-114) du caractère donné à l'Ours par la Fontaine dans les diverses fables où il l'a fait figurer, relève ce mot, et la judicieuse invention de cette raison de partir. — Le trait est en germe dans Avianus (vers 15 et 16) :

    Tunc olidum credens, quamvis jejuna, cadaver
    Deserit, et lustris conditur Ursa suis.

— On lit aussi dans la vieille fable d'*Ysopet Avionnet*, citée par Robert :

    Aux ongles le va tournoyant.
    Quant voit qu'il ne bouge neant,
    Si cuide qu'il soit mort pieça,
    Ne le mordi ne le bleça,
    Car il se doute qu'il ne pue.

— « Peut-on peindre mieux, dit Chamfort, l'effet de la prévention ? Cela me rappelle une farce dans laquelle Arlequin est représenté couchant dans la rue. Il se plaint du froid ; Scapin fait avec sa bouche le bruit d'un rideau qu'on tire le long de sa tringle ; il demande à Arlequin comment il se trouve à présent : « Oh ! dit celui-ci, il n'y a « pas de comparaison. » — Le même Chamfort, dans une note de la 1re partie de son *Éloge de la Fontaine* (tome I des *OEuvres*, p. 39), où il le compare à Molière : « Qui peint le mieux, dit-il, les effets de la prévention, ou M. de Sottenville repoussant un homme à jeun, en lui disant : « Retirez-vous, vous puez le vin » (*George Dandin*, scène VII, acte III), ou l'Ours qui, s'écartant d'un corps qu'il prend pour un cadavre, se dit à lui-même : « Otons-nous, car

A ces mots, l'Ours s'en va dans la forêt prochaine.
L'un de nos deux marchands de son arbre descend,   30
Court à son compagnon, lui dit que c'est merveille
Qu'il n'ait eu seulement que la peur pour tout mal.
« Eh bien ! ajouta-t-il, la peau de l'animal ?
  Mais que t'a-t-il dit à l'oreille ?
  Car il s'approchoit[13] de bien près[14],   35
  Te retournant avec sa serre.
  — Il m'a dit qu'il ne faut jamais
Vendre la peau de l'ours qu'on ne l'ait mis par terre[15]. »

il sent » ? L'abbé Guillon, Nodier, Walckenaer, daus son *Histoire de la Fontaine*, tome II, p. 63, ont reproduit ce rapprochement.

13. « Il t'approchoit, » dans les deux éditions de 1668, dans celle de 1679 (Amsterdam), dans la petite édition de Barbin (1682), et dans celle de 1729. Dans l'édition de 1678, on lit : « s'approchoit, » et c'est la leçon reproduite par l'édition de Londres 1708.

14. .... Cest Ours de luy approchant prez,
  Sentir son corps est venu tout exprez. (HAUDENT.)

15. *Interrogavit deinde quid ad aurem ei Ursus loquutus esset. Cui Venator* : « *Monuit me, inquit, ne deinceps Ursi pellem vendere velim, nisi eum prius ceperim.* » *Hæc fabula indicat incerta pro certis non habenda.* (ABSTEMIUS.) — Nous avons parlé dans la notice de la moralité toute différente d'une partie des autres fables. Dans la première des deux fables de Haudent, le conseil de l'Ours a été, dit le Compagnon, que

  .... D'euiter eusse soing
 Celuy qui laisse un autre au grand besoing.

— C'est de la manière diverse dont les deux amis échappent au danger que Benserade (*quatrain* CII) tire une leçon, pauvre et banale :

  On se sauve souvent par différents détours.

FABLE XXI.

L'ÂNE VÊTU DE LA PEAU DU LION.

Ésope, fab. 113, Ὄνος καὶ Ἀλώπηξ, Ὄνος λεοντῆν φέρων (Coray, p. 62 et 63, p. 321 et 322); fab. 258, Ὄνος καὶ Λεοντῇ (Coray, p. 169 et 170, sous six formes, dont la seconde est la version d'Aphthonius mentionnée ci-après; la troisième, la cinquième et la sixième, celles de Thémistius, de Gabrias et de Tzetzès). — Aphthonius, fab. 10, *Fabula Asini, docens ne quis majora appetat quam deceat.* — Avianus, fab. 5, *Rusticus et Asinus.* — Faërne, fab. 88, *Asinus et Vulpes.* — Haudent, 1re partie, fab. 95, *d'un Asne vestu de la peau d'un Lyon;* 2e partie, fab. 53, même titre. — Corrozet, fab. 104, *de l'Asne vestu de la peau du Lyon* (une des quatre fables en prose ajoutées dans l'édition de 1587).

Mythologia æsopica Neveleti, p. 180, p. 296, p. 329, p. 361, p. 457.

Cette fable, dont le récit chez la Fontaine se rapproche, au moins quant à la brièveté, de la manière antique, paraît remonter très-haut chez les Grecs. Dans le *Cratyle* (p. 411), Socrate fait allusion à la peau de lion de notre Ane [1], lorsqu'il dit : « Puisque j'ai revêtu la peau de lion, il ne faut pas que j'aie peur, » Ἐπειδήπερ τὴν λεοντῆν ἐνδέδυκα, οὐκ ἀποδειλιατέον. Lucien la raconte dans *le Pêcheur* (§ 32, édition Lehmann, tome III, p. 163); chez lui, de même que chez Tzetzès, l'histoire se passe à Cyme ou Cume en Éolie [2]; un étranger qui a vu beaucoup d'ânes et de lions survient et détrompe les habitants, qui s'étaient laissé prendre à l'apparence. Le même Lucien parle encore de l'Ane de Cume dans le *Pseudologista* (§ 3, tome VIII, p. 59), et dans *les Fugitifs* (§ 13, tome VIII, p. 304). Ailleurs,

---

1. Ou peut-être aux *Grenouilles* d'Aristophane, où paraît *Bacchus* vêtu de la peau de lion d'Hercule et armé de sa massue.

2. Les habitants de la Cume d'Éolie étaient renommés, dit-on, pour leur stupidité. Haudent place la scène à Cume en Eubée, « en la terre Euboïque, » dit-il, dans la seconde fable que nous avons mentionnée de lui.

dans le *Philopseudes* (§ 5, tome VII, p. 243), ce n'est pas un âne, mais un singe ridicule (γελοῖόν τινα πίθηκον), qu'il cache sous la peau du lion. La fable a donné lieu à divers proverbes grecs : Ὄνος παρὰ Κυμαίοις, « l'âne chez les gens de Cume; » Ἐνδύετέ μοι τὴν λεοντῆν, « vous me mettez la peau du lion. » Voyez Érasme, *les Chiliades des Proverbes* (Genève, 1606, col. 447, 699 et 1668). — Ce sujet a été traité souvent et partout, comme « *satire* de la vanité » (voyez M. Saint-Marc Girardin, xvi⁼ leçon, tome II, p. 71). Il y a deux cadres principaux. Dans l'un, qui est celui de la fable ésopique 113, de la fable de Faërné, de la première des deux de Haudent, l'Ane, craint partout à la ronde, veut effrayer aussi le Renard; mais celui-ci, par malheur, l'a entendu braire. L'autre cadre est celui de la Fontaine et, à quelques différences près, de la plupart des autres versions indiquées au commencement de cette notice. — A ces indications on peut joindre une longue fable allemande de 64 vers, du temps des Minnesinger (n° 67 du recueil de Zürich, 1757); la fable latine (74) de Pantaleo Candidus (Weiss); trois fables, latines aussi, du moyen âge (toutes trois en distiques, la troisième assez longue, de 38 vers), publiées par M. Éd. du Méril (p. 266, p. 270, p. 274 et 275). M. du Méril donne en outre, dans une note (p. 140), une version curieuse, assez barbare, d'Odo de Cerington, et, après Robert, une allusion d'Alanus Insulanus. Une autre allusion, d'Eusèbe de Césarée, dans son écrit contre Héraclès, est citée dans le recueil d'Érasme, aux deux premiers endroits marqués plus haut. — La fable se trouve encore, sous plusieurs formes, en Orient, où, selon toute vraisemblance, elle a été transportée de Grèce. Voyez le *Mémoire* de Loiseleur Deslongchamps, p. 51; celui de M. Wagener (p. 63-66), qui regarde encore comme une variation de cette allégorie l'histoire du roi Midas; les *Études indiennes* de M. Weber, tome III, p. 337 et 338; et l'*Introduction* au *Pantschatantra* de M. Benfey, p. 462 et 463. Dans le *Pantschatantra* (livre IV, vii° récit, édition de M. Benfey, tome II, p. 308), la peau de lion est remplacée par une peau de tigre; de même que dans l'*Hitopadeça* (livre III, fable iii, traduction de M. Lancereau, p. 125), où le narrateur nous donne pour lieu de la scène la ville de Hastinapoura. De l'Inde la fable a passé en Chine : voyez les *Avadânas* de M. Stanislas Julien, tome II, p. 59 et 60. — Nous avons vu Lucien, dans un des passages dont nous avons parlé, mettre le Singe à la place de l'Ane. Robert (*Introduction*, p. c) cite une vieille fable où c'est un

Bélier qui se revêt de la peau, non du Lion, mais du Chien, pour effrayer les loups; mais qui, son masque tombé, est reconnu et dévoré.

De la peau du Lion l'Ane s'étant vêtu [3],
  Étoit craint partout à la ronde [4];
  Et bien qu'animal sans vertu [5],
  Il faisoit trembler tout le monde.
Un petit bout d'oreille échappé par malheur   5
  Découvrit la fourbe et l'erreur [6] :

3. Avianus (vers 5 et 6) développe ainsi ce premier trait du tableau :

Exuvias Asinus Gætuli forte leonis
Reperit, et spoliis induit ora novis.

4. L'idée d'« à la ronde » est comme indiquée dans la fable grecque (113) : Ὄνος, ἐνδυσάμενος λεοντῆν, περιῄει (*circulait, allait de côté et d'autre*) τἄλλα τῶν ζώων ἐκφοβῶν. — Dans Faërne (vers 2) :

Reliquas quadrupedes territans vagabatur.

5. C'est-à-dire, comme dit M. Soullié (p. 297), « sans courage ni générosité; » c'est le *virtus* des Latins.

6. Chez Avianus (vers 13) :

Rusticus lunc magna postquam deprendit ab aure.

— Chez Haudent (*fable* LIII de la 2ᵉ partie) :

Un estranger (*le* ξένος *de Lucien*) l'a congnu aux aureilles.

— Dans la seconde fable du moyen âge de M. du Méril : *auribus inventis;* dans la troisième :

Ingenium fraudis detexit longior auris.

— Ce sont aussi les oreilles qui trahissent l'Ane dans la longue fable allemande que mentionne la notice. Dans la plupart des autres fables, c'est ou le braire, ou la vue de tout le corps de la bête, quand le vent lui a enlevé sa fausse peau. — Chez Odo de Cerington, où ce sont les Anes en général qui se déguisent, « les hommes, est-il dit, s'approchèrent après avoir entendu leur voix, *et viderunt caudas illorum ac pedes, et dixerunt :* « *Certe isti sunt asini, non leones.* »

Martin⁷ fit alors son office⁸.
Ceux qui ne savoient pas la ruse et la malice
S'étonnoient de voir que Martin
Chassât les lions au moulin⁹.   10

Force gens font du bruit en France¹⁰,
Par qui cet apologue est rendu familier.
Un équipage cavalier
Fait les trois quarts de leur vaillance¹¹.

7. Ailleurs : « Martin-bâton. » Voyez livre IV, *fable* v, ci-dessus, p. 284, note 10.
8. Le Paysan, chez Avianus, dit à l'Ane en le frappant (vers 17 et 18) :

> *Forsitan ignotos mutato tegmine fallas,*
> *At mihi, qui quondam, semper asellus eris.*

— Le Renard, chez Faërne (vers 8), tourne plus finement son compliment : « J'aurais eu peur, si je n'avais reconnu, t'entendant braire, quel lion tu étais. »

> *Nisi qui leo esses, te rudente, cognossem.*

— C'est le trait que la Fontaine a reproduit dans la *fable* xix du livre II, vers 20-22.

9. Le moulin est dans l'une des fables grecques (258) :

> Τοῦτον μυλὼν ἔμνησε τῆς ἀταξίας,

« le moulin l'avertit (et le châtia) de son déréglement. »

10. La Fontaine dira plus loin (livre VIII, *fable* xv, vers 1) :

> Se croire un personnage est fort commun en France.

11. Benserade termine ainsi son *quatrain* (le xcvii⁸) :

> .... Son maître lui dit, le connoissant au ton :
> « Vous faites le vaillant? » Que de coups de bâton !

— Voici la morale de Faërne (vers 9 et 10) :

> *Indoctus idem atque adrogans suo semet*
> *Sermone et ignorantiam suam prodit;*

et celle de la première des trois fables du moyen âge données par M. du Méril (p. 266) :

> *Est asinus, quamvis indutus pelle leonis,*
> *Indignus magno quisquis honore tumet.*

APPENDICE

APPENDICE.

I. — Page 80, note 10.

(Livre I, fable VII.)

Vous savez que nous avons deux poches ou deux besaces : la poche de derrière, où nous mettons tous nos défauts, et celle de devant, où nous mettons les défauts d'autrui.

Lynx envers nos pareils, et taupes envers nous,

dit la Fontaine,

> Nous nous pardonnons tout, et rien aux autres hommes :
> On se voit d'un autre œil qu'on ne voit son prochain.
> Le fabricateur souverain
> Nous créa besaciers tous de même manière,
> Tant ceux du temps passé que du temps d'aujourd'hui :
> Il fit pour nos défauts la poche de derrière,
> Et celle de devant pour les défauts d'autrui.

Le mérite de l'allégorie, de la fable ou de la parabole, est de savoir se servir à merveille de cette heureuse disposition de notre nature. L'allégorie prend dans la poche de devant, où sont les défauts d'autrui, les exemples qu'elle veut mettre sous nos yeux ; elle nous les fait regarder sans répugnance et même avec un certain plaisir ; puis, quand, grâce à ces exemples d'autrui, notre attention est éveillée, l'allégorie se dissipe comme un brouillard placé un instant devant nos yeux, et le moraliste, tournant brusquement les deux poches et mettant devant celle de derrière, s'écrie :

.... *Mutato nomine, de te*
Fabula narratur [1]....

« C'est toi, sauf le changement de nom, c'est toi que touche la

---

1. Horace, livre I, *satire* I, vers 69 et 70.

fable; » ou, plus hardiment encore, comme le prophète Nathan au roi David : *Tu es ille vir*[1]! « C'est toi qui es cet homme! »

(Saint-Marc Girardin, *la Fontaine et les Fabulistes*, ive leçon, tome I, p. 91 et 92.)

II. — Page 80, note 10.

(Livre I, fable vii.)

QUE LA CONSIDÉRATION DE NOS PROPRES FAUTES NOUS DOIT EMPÊCHER DE JUGER TROP FACILEMENT DE CELLES D'AUTRUI.

Un solitaire de Sceté ayant commis une faute, les anciens s'assemblèrent et envoyèrent prier l'abbé Moïse de vouloir venir. Ce qu'ayant refusé, ils l'en firent presser une seconde fois par un prêtre, qui lui dit qu'ils l'attendoient tous. Il vint donc, portant sur son dos une vieille corbeille pleine de sable. Étant allés au-devant de lui et en le voyant en cet état, ils lui dirent : « Que veut dire cela, mon père ? — Ce sont, leur répondit-il, mes péchés que je ne vois pas parce qu'ils sont derrière moi; et vous me faites venir ici pour être juge de ceux d'autrui. » Ce qu'ayant entendu, ils pardonnèrent à ce frère, sans lui parler davantage de la faute qu'il avoit faite.

(*Les Vies des saints Pères des déserts et de quelques saintes, écrites par des Pères de l'Église*, etc., traduites en françois par Arnauld d'Andilly. Paris, 1701, tome II, p. 635.)

III. — Page 80, note 10.

(Livre I, fable vii.)

Chose bien commune et vulgaire entre les humains est le malheur d'aultruy entendre, preuoir, congnoistre, et predire. Mais ô que chose rare est son malheur propre predire, congnoistre, preuoir et entendre! Et que prudemment le figura Esope en ses apologues, disant chascun homme en ce monde naissant une bezace au col por-

1. Livre II des *Rois*, chapitre xii, verset 7.

ter, au sachet de laquelle deuant pendant sont les faultes et malheurs[1] d'aultrui, tousiours exposées à nostre veue et congnoissance : au sachet derriere pendant sont les faultes et malheurs propres ; et iamais ne sont veuës ny entenduës, fors de ceulx qui des cieulx ont le beneuole aspect.

(RABELAIS, livre III, chapitre xv, à la fin, tome I, p. 418.)

IV. — Page 118.

(Livre I, fable xx.)

LE COQ ET LE DIAMANT.

« Mieux il vaudroit trouver grain de froment
Dans ce fumier que riche diamant,
Disoit le Coq transporté de colère.
D'un tel bijou qu'est-ce que je puis faire ?
Quoi ? m'en parer ? ridicule ornement !

« Sur mes ergots un brillant agrément
Ne peut avoir de prix assurément.
Entre les mains d'un savant lapidaire
    Mieux il vaudroit.

« Ah ! que le sort me traite indignement !
Je meurs de faim près d'un tel aliment. »
Ainsi l'avare, à soi-même contraire,
Languit dans l'or qui ne peut satisfaire
Sa soif ardente ; et qu'il fît autrement
    Mieux il vaudroit.

(*Nouvelles fables choisies et mises en vers par les plus célèbres auteurs françois de ce temps*. Recueil publié par Daniel de la Feuille, Amsterdam et la Haye, 1694-1695, quatre parties en un tome in-12, 3ᵉ partie, *fable* XXIII, p. 53.)

1. La fable ésopique ne parle que des fautes et des défauts. Rabelais y joint les malheurs. Au chapitre XLV du livre V (tome II, p. 303), il interprète autrement encore l'ancienne allégorie : « Comme est l'apologue d'Esope, touts humains naissent ung sac au col, souffreteux par nature, et mendians l'ung de l'aultre. »

V. — Page 124.

(Livre I, fable XXII.)

D'UN CHESNE ET D'UN ROSEAU.

Un Chesne dur, puissant, robuste et fort,
Contre un Roseau foyble, debile et tendre,
Pour demonstrer sa puissance et effort,
Iadis voulut quereller et contendre,
En soubstenant qu'il n'oseroit pretendre
Se comparer à luy quant en puissance;
Car, s'il le faict, luy offre sans attendre
Liurer assault et luy porter nuysance.
Quand le Roseau eust ouy les contends
Et les propos de ce Chesne orgueilleux,
Il lui a dict : « On pourra voir en temps
Lequel sera le plus fort de nous deux. »
Or cependant qu'ils deuisoient entre eulx
De leur pouoir, voicy venir un erre[1]
De vent de bise, aspre et impetueux,
Qui faict tomber le Chesne sur la terre.
Quand il se veist en ce poinct abbatu
Et le Roseau estre debout encoire,
Il demanda par quel' force et vertu
Il auoit peu obtenir la victoire.
Il lui a dict pour raison peremptoire
Que ce a esté pour auoir obey
A cestuy vent, car luy estoit notoire
Qu'il fust rompu, s'il eust desobey.

(GUILLAUME HAUDENT, *Apologues*, 2º partie, *fable* CLXXX.)

VI. — Page 141.

(Livre II, fable v.)

Cette fable est propre aux temps de révolution, et la Fontaine, qui avait vu la Fronde, avait dû y voir je ne sais combien de sages di-

1. Tourbillon.

sant, selon les gens : « Vive le Roi! Vive la Ligue! » Peut-être, par exemple, était-il à Paris, dans la foule, le jour où la grande Mademoiselle, quoique frondeuse, « alla chez Mme de Choisy, dont le logis avoit une fenêtre donnant sur la place du Louvre, pour voir passer le Roi, » qui rentrait triomphant dans Paris après la défaite de la Fronde. « Il y avoit un homme qui vendoit des lanternes pour mettre aux fenêtres, comme l'on fait les jours de réjouissances, et qui crioit : *Lanternes à la royale*. Je lui criai étourdiment : « N'en « avez-vous point *à la Fronde?* » Mme de Choisy me dit : « Vous « me voulez faire assommer¹? »

Ces bourgeois de Paris qui avaient illuminé *à la Fronde* et qui illuminent aujourd'hui *à la royale*, et le peuple prêt à assommer ceux qui n'illuminent pas avec les lanternes du moment, tous sages, selon la Fontaine, tous gens prudents et qui ne se font pas d'affaire pour une cocarde. Mais, si nous voulons rire de la Chauve-souris, qui se fait tantôt oiseau, tantôt souris, ou de ces bourgeois qui crient tour à tour : « Vive le Roi! Vive la Ligue! » la Fontaine est tout prêt à rire avec nous. Rions-en donc à notre aise, mais au besoin imitons-les : voilà, hélas! selon la Fontaine, la morale de la fable.

(SAINT-MARC GIRARDIN, XIIIᵉ leçon, tome I, p. 431 et 432.)

VII. — Page 141.

(Livre II, fable v.)

LE PHÉNIX ET LA CHAUVE-SOURIS.

Un jour que le Phénix célébrait sa naissance, les Oiseaux vinrent lui faire la cour et le féliciter. La Chauve-souris seule ne vint pas. Le Phénix lui en fit des reproches et lui dit : « Vous faites partie de mes sujets, pourquoi vous montrez-vous si fière? »

— J'ai quatre pieds, répondit la Chauve-souris, et j'appartiens à la classe des quadrupèdes. A quoi bon vous féliciter? »

Un autre jour, comme le *Ki-lin* célébrait aussi l'anniversaire de sa naissance, la Chauve-souris s'absenta encore. Le *Ki-lin* la réprimanda à son tour. « J'ai des ailes, dit la Chauve-souris, et j'appartiens à la classe des oiseaux. Pourquoi vous aurais-je félicité? »

1. *Mémoires de Mademoiselle de Montpensier*, édition de Maëstricht, tome II, p. 288.

Le *Ki-lin* raconta à l'assemblée des quadrupèdes la conduite de la Chauve-souris. Ils se dirent en gémissant : « Dans le monde, il y a aujourd'hui beaucoup de gens, au cœur sec et froid, qui ressemblent à cette méchante bête ; ils ne sont ni oiseaux ni quadrupèdes, et, en vérité, on ne sait qu'en faire. »

(*Les Avaddnas, contes et apologues indiens*, traduits du chinois par M. Stanislas Julien, tome II, p. 154 et 155.)

VIII. — Page 146.

(Livre II, fable vii.)

Mortuo rege Nanno Segobrigiorum, a quo locus acceptus condendæ urbis fuerat, quum regno filius ejus Comanus successisset, adfirmat Ligur quidam, « *quandoque Massiliam exitio finitimis populis futuram, opprimendamque in ipso ortu, ne mox validior ipsum obrueret.* » *Subnectit et illam fabulam :* « *Canem aliquando partu gravidam locum a pastore precario petisse, in quo pareret : quo obtento, iterato petisse ut sibi educare eodem in loco catulos liceret ; ad postremum adultis catulis, fultam domestico præsidio, proprietatem loci sibi vindicasse. Non aliter Massilienses, qui nunc inquilini videantur, quandoque dominos regionum futuros.* » *His incitatus rex insidias Massiliensibus struit.*

(JUSTIN, livre XLIII, chapitre IV, p. 518.)

IX. — Page 154.

(Livre II, fable ix.)

Un jour, le Moucheron trop présomptueux s'étant adressé au Lion : « Sans mentir, lui dit-il, tu es bien trompé, si tu penses être au-dessus de moi, comme tu crois surpasser tout le reste des animaux, vu qu'il est très-véritable que tu ne me surmontes ni en beauté, ni en force, ni en bonté, combien qu'il faille avouer que tu parois assez robuste de corps, et même que tu n'es pas sans adresse. Tu as des dents et des ongles, qui savent mordre et déchirer, il est vrai ; mais, après tout, où trouvera-t-on la femme, quelque foible qu'elle soit, qui n'en fasse autant si on l'attaque? Voyons un peu maintenant ce qu'il y a en toi de grandeur et de beauté. Tu as la poitrine large, et les épaules aussi, outre que ton col est hérissé d'un crin épais, et qui donne de la peur; mais tu ne vois pas combien tu es laid par derrière. J'ai bien d'autres avantages, si tu le sais considérer, en ce que ma grandeur consiste en la vaste étendue de l'air que mes ailes environnent, et ma beauté en l'agréable verdure des prairies qui me tiennent lieu d'habillement, puisque je m'y repose quand il me plaît, lorsque je suis lassé de voler. Quant à ma force, elle est telle qu'il n'y a pas de quoi s'en moquer, vu que tout mon corps ne se peut mieux appeler qu'un vrai instrument de guerre, avec lequel j'entre toujours au champ de bataille. Ainsi ma bouche me servant de trompe et de dard, je suis ensemble et trompette et archer : joint que je me rends moi-même et arc et flèche, pource que mes ailes me portent en l'air, d'où je m'élance comme un trait, et blesse en même temps. Que si quelqu'un en reçoit la plaie, elle n'est pas si petite qu'elle ne le contraigne de s'écrier à l'instant et de chercher l'auteur de ce mal. Cependant je suis absent, ou présent, si bon me semble; car je m'arrête ou m'enfuis à ma volonté, voltigeant à tire-d'aile autour de celui que j'ai blessé, duquel je me moque, comme je vois qu'il se débat et se tourmente, ayant senti ma piqûre. Mais, conclut-il, à quoi sont bonnes tant de paroles? Venons-en tout maintenant à l'épreuve, et nous verrons ce qui en arrivera. » Ce disant, il s'en vint fondre sur le Lion, qu'il assaillit par les yeux et par les autres parties de la tête, où il n'avoit point de poil, ne cessant de bourdonner à l'entour. Le Lion cependant, irrité de ces bravades, se tournoit de tous côtés, sans se pouvoir revancher, et ne faisoit que dévorer l'air. A quoi le Moucheron se plaisoit de plus en plus; et comme s'il eût fait trophée de mettre en colère son ennemi, qu'il assailloit sur le muffle, il faisoit qu'il se tournoit toujours en vain vers l'endroit où il se sentoit piqué. Mais cet insecte volant ne cessoit de gauchir du corps, qu'il ne rendoit pas moins souple que pourroit faire un bon lutteur, et s'écouloit d'entre les dents, voire même il s'échappoit de la gueule close du Lion, qui, se voyant frustré de sa proie, se débattoit des mâchoires. Comme ce combat eut duré long-temps, le Lion, fâché de n'en pouvoir venir à bout, et lassé de sa propre colère, se coucha par terre, et se mit à reposer, tandis que le Moucheron, volant autour de sa jambe, se plaisoit à bourdonner, comme si, en signe de victoire, il eût sonné de la trompette. Mais lorsque, enflé de cette bonne fortune, il voulut étendre son vol en l'air, et s'égayer avec plus d'audace que de coutume, le malheur voulut qu'il tomba dans une toile d'un (*sic*) araignée, qui le saisit et l'enveloppa tout à l'instant. Voyant donc qu'il ne pouvoit point fuir, ni s'échapper de ce danger, il se mit à détester sa folie, et s'en prenant à soi-même : « Ne suis-je pas bien misérable, dit-il, d'avoir eu naguère le courage de provoquer le Lion au combat, et de ne pouvoir maintenant me sauver de la toile d'une araignée, qui est si facile à rompre et si déliée ? »

(ACHILLES TATIUS, *les Amours de Clitophon et de Leucippe*, traduction de Jean Baudoin, édition de 1635, p. 123 et suivantes.)

X. — Page 162.

(Livre II, fable XI.)

MAROT A SON AMY LYON JAMET.

Ie ne t'escry de l'amour vaine et folle,
Tu vois assez s'elle sert ou affolle ;
Ie ne t'escry ne d'armes ne de guerre,
Tu vois qui peult bien ou mal y acquerre ;
Ie ne t'escry de fortune puissante,
Tu vois assez s'elle est ferme ou glissante ;
Ie ne t'escry d'abus trop abusant,
Tu en sçais prou, et si n'en vas usant ;
Ie ne t'escry de Dieu ne sa puissance,
C'est à luy seul t'en donner cognoissance ;
Ie ne t'escry des dames de Paris,
Tu en sçais plus que leurs propres maris ;
Ie ne t'escry qui est rude ou affable ;
Mais ie te veux dire une belle fable :
C'est à sçauoir du Lyon et du Rat,

Cestuy Lyon, plus fort qu'un vieil verrat,
Vid une fois que le Rat ne sçauoit
Sortir d'un lieu, pour autant qu'il auoit
Mangé le lard et la chair toute cruë.
Mais ce Lyon (qui iamais ne fut gruë)
Trouua moyen, et maniere, et matiere
D'ongles et dents, de rompre la ratiere,
Dont maistre Rat eschappa vistement,
Puis mit à terre un genoïl gentement,
Et en ostant son bonnet de la teste,
A mercié mille fois la grand' beste,
Iurant le dieu des souris et des rats
Qu'il luy rendroit. Maintenant tu verras
Le bon du conte. Il aduint d'aduenture

APPENDICE.

Que le Lyon, pour chercher sa pasture,
Saillit dehors sa cauerne et son siege,
Dont (par malheur) se trouua pris au piege,
Et fut lié contre un ferme poteau.
Adonc le Rat, sans serpe ne couteau,
Y arriua ioyeux et esbaudy,
. . . .
Pour secourir le Lyon secourable,
Auquel a dit : « Tais-toy, Lyon lié ;
Par moy seras maintenant deslié ;
Tu le vaux bien, car le cœur ioly as :
Bien y parut quand tu me deslias.
Secouru m'as fort lyonneusement ;
Or secouru seras rateusement. »
Lors le Lyon ses deux grands yeux vertit,
Et vers le Rat les torna un petit
En luy disant : « O pauure verminiere !
Tu n'as sur toy instrument ne maniere,
Tu n'as couteau, serpe ne serpillon,
Qui sceut coupper cordes ne cordillon,
Pour me ietter de ceste estroite voye.
Va te cacher, que le chat ne te voye.
— Sire Lyon, dit le fils de souris,
De ton propos (certes) ie me sousris ;
I'ai des couteaux assez, ne te soucie,
De bel os blanc plus trenchant qu'une sie ;
Leur gaine, c'est ma genciue et ma bouche :
Bien couperont la corde qui te touche
De si tres-pres, car i'y mettray bon ordre. »
Lors sire Rat va commencer à mordre
Ce gros lien : vray est qu'il y rongea
Assez long temps, mais il le vous rongea
Souuent et tant qu'à la parfin tout rompt,
Et le Lyon de s'en aller fut prompt,
Disant en soy : « Nul plaisir (en effect)
Ne se perd point, quelque part où soit fait. »
Voila le conte en termes rimassez :
Il est bien long, mais il est vieil assez,
Tesmoin Esope et plus d'un million.
Or viens me voir pour faire le Lyon ;
Et ie mettray peine, sens et estude
D'estre le Rat, exempt d'ingratitude :
I'enten, si Dieu te donne autant d'affaire
Qu'au grand Lyon, ce qu'il ne vueille faire.

(*Les OEuures de Clement Marot*, édition de Lion, 1597, p. 159-162.)

XI. — Page 164.

(Livre II, fable XII.)

DE LA FOURMI, DE L'OISELEUR ET DU RAMIER.

On voit dans le siècle où nous sommes
Moins de vrais amis que de faux,
Et le bienfait se perd plus souvent chez les hommes
Que chez les animaux.
Mais parmi tant d'ingrats quelquefois il se trouve
De la pâte qu'il faut pour faire des amis ;
Et c'est au besoin qu'on éprouve
S'ils tiennent ce qu'ils ont promis.

Un soir une Fourmi lassée
D'avoir durant le jour voituré du froment,
Pour étancher la soif dont elle étoit pressée,
Aux bords d'un clair ruisseau s'étoit fort proprement
Sur un bout d'écorce placée.
Mais s'étant par malheur un peu trop avancée,
La caboche emporta le cu,
Et sans que la pauvrette eût bu,
La voilà dans l'eau renversée.
De boire elle n'eut plus, croyez-moi, la pensée ;
Autre chose l'inquiétoit.
Sans se troubler pourtant, elle nage et s'efforce
De regrimper sur son écorce,
Et déjà presque y remontoit,
Quand par un coup de vent, de ce port écartée,
Soudain en pleine mer elle se vit jetée.
En vain elle combat les flots,
En vain ses yeux mouillés se tournent au rivage :
Elle sent succomber sa force et son courage
Sous l'onde qui déjà lui passe sur le dos.
Rien ne flattoit son espérance,
Et prête de passer sur le lugubre bord,
Ses yeux étoient troublés des horreurs de la mort,
Quand par un coup de Providence,
Des branches d'un peuplier qui couvroit le ruisseau
Un Ramier secourable à la petite bête
Rompt du bec un tendre rameau,
Qu'il jette, et fait tomber razibus de sa tête.
A l'accrocher l'insecte prête
Fit si bien, à force de bras,

APPENDICE.

Qu'elle grimpa dessus et n'en démarra pas.
    Un vent frais aussitôt s'élève,
    Qui de bouline [1] la poussa
    Jusqu'au rivage, où sur la grève
    D'un prompt saut elle s'élança.
La voilà donc sauvée. Un Anglois, à sa place,
Auroit tout sur-le-champ oublié ce bienfait;
Car du cœur d'un ingrat bientôt plaisir s'efface.
Mais la petite bête avoit le cœur mieux fait.
La voilà donc enfin du naufrage échappée,
Comme le Tékéli [2] du lacet ottoman,
Quand par de faux avis la Porte étant trompée
    Il eût vu sa trame coupée
Si le soleil françois n'eût lui dans le Divan.
    Mais à peine elle est sur la rive,
Que promenant partout une vue attentive,
    Elle remarque tout auprès
Un certain oiseleur qui tendoit ses filets,
    Filets tendus avec adresse
    Et qu'elle voit avec tristesse
    A prendre le Ramier tout prêts.
« Quoi donc? ce bon oiseau m'aura sauvé la vie,
    Dit-elle, et je pourrois souffrir
De voir jusqu'à mes yeux sa liberté ravie?
    Non, non, il faut le secourir
    Ou périr.
Mais que peut, dira-t-on, une si mince bête?
    Quoi? contre un homme une fourmi?
Contre un grand empereur un comte Tékéli?
Eh! que ne peut-on point, quand on s'est mis en tête,
Quelque petit qu'on soit, de servir un ami?
Faute de force, il faut employer la prudence :
Prudence vaut la force, et je n'en manque pas. »
Elle dit, et soudain, sans bruit, au petit pas,
    Vers l'oiseleur elle s'avance,
    Et de son cuisant aiguillon
    Vivement le pique au talon.

---

1. De côté, de biais. « *Bouline*, dit M. Littré, terme de marine. Nom longues cordes, qui tiennent la voile de biais, lorsqu'on fait route avec vent de côté.... *Aller à la bouline*, se servir d'un vent de biais qui n'est pas vorable à la route. »

2. Le comte Tékéli, Hongrois, s'était uni aux Turcs, en 1683, lor siége de Vienne. Après l'insuccès de cette campagne, les plaintes de K Mustapha, qui prétendit l'en rendre responsable, et les négociation Comte avec l'Autriche en faveur de ses compatriotes, le rendirent suspi la Porte, et le firent arrêter. Il parvint à se justifier, et fut remis en li Mais nous croyons qu'il serait difficile de dire quelle part la France p cette affaire.

FABLES.

Du trait dont la douleur le frappe
Il lâche le filet, et le Ramier échappe.

C'est ainsi que sensible aux services reçus,
Un esprit généreux les paie avec usure.
François, ingrats François, Ésope là-dessus
Vous eût fait, de son temps, une rude censure.

(Recueil de Daniel de la Feuille, 2ᵉ partie, *fable* xxiv, p. 54.)

XII. — Page 191.

(Livre II, fable xx.)

TESTAMENT INTERPRÉTÉ PAR ÉSOPE.

C'est une erreur (à mon sens très-grossière)
Que de compter les hommes par les doigts:
Les faut peser, car on voit quelquefois
Un homme seul avoir plus de lumière
Que tout un peuple. Ésope ne l'a dit,
Mais l'a fait voir par son subtil esprit,
En expliquant clause testamentaire.
Voici le fait. Un jour un certain père
Filles laissa jusqu'au nombre de trois.
L'une étoit belle et tenoit sous ses lois
Bien des messieurs à la crinière blonde;
Passoit ses jours à filer la seconde;
La tierce laide étoit, et par-dessus
Aimoit bien mieux la liqueur de Bacchus
Qu'eau de fontaine, ou cidre, ou de la bière.
Ce père donc fait sa femme héritière,
Met toutefois pour clause au testament
Que partagé seroit également
Le bien aux trois, et défend à chacune
De posséder son bien ni prou ni peu;
Portoit encor la clause non commune
Que n'ayant plus le bien qu'elle a reçu,
Départiroit cent écus à sa mère.
Ce n'étoit point une cause légère :
Il s'agissoit d'expliquer testament
Bien embrouillé. Le bruit court dans Athènes
Du cas nouveau mis si confusément
Que le grand diable auroit perdu ses peines
A l'éclaircir (du moins il le sembloit).

APPENDICE.

La mère alors avocats assembloit,
Des plus fameux elle en avoit de reste :
Ils feuilletoient le Code et le Digeste,
Point ne trouvoient dans tout le corps des lois
Un cas pareil. « Quant aux filles sont trois,
C'est bien certain, disoit un personnage
Plus que très-grand ; égal est le partage
De tous les biens, cela s'entend aussi.
Mais vous, Messieurs, expliquez-moi ceci :
Homme mourant, en même temps qu'il donne
A ses enfants, ensuite leur ordonne
De se garder de ces biens-là jouir ;
Je mets en fait qu'on ne sauroit ouïr
Cas plus obscur ; débrouille les ténèbres
Qui le pourra. » Les consultants célèbres
Lui répondoient : « Nous sommes comme vous,
Ce testament n'aura point d'interprètes ;
En vain, en vain nous chaussons nos lunettes,
N'y voyons clair, Madame, excusez-nous. »
Que fit la mère en cette obscurité ?
Force lui fut d'observer l'équité ;
Elle combla notre belle amoureuse
De beaux habits ; puis donne à la fileuse
Maison des champs, et puis à la laidron
Célier rempli de vin, je dis très-bon.
Le peuple sot approuve le partage :
Alors, alors paroît notre homme sage,
J'entends Ésope, et vous lui parle ainsi :
« Quoi donc, Messieurs, dans cette ville-ci
Nul avocat n'a la vue assez claire
Pour découvrir le cas du testament ?
Pour Dieu pourtant, ce n'est point une affaire
De grand travail ; on peut facilement
Le démêler. » Le peuple s'en étonne,
Tout ébahi le prie à jointes mains
D'interpréter ce que le père ordonne.
« Tous vos savants ont fait des efforts vains
Pour l'expliquer, dit lors notre homme habile,
Vous allez voir s'il est fort difficile.
Donnez, dit-il, le vin à celle-là
Qui veut filer, et puis donnez à celle
Qui boit très-bien habits et tout cela
Dont on se sert pour parer damoiselle ;
Vignes et champs donnerez à la belle.
Mais vous direz : qu'arrive-t-il de là ?
Écoutez donc : nulle dans ce partage
Ne trouvera qu'il soit à son desir ;
Elles vendront, pour avoir leur plaisir,
Les biens reçus de tout cet héritage.

Vous voyez donc que par ce seul moyen
Pas une alors jouira de son bien;
Que sur la vente elle prendra la somme
Qu'à la maman chacune d'elles doit. »
Lors nos docteurs furent montrés au doigt;
Ésope seul fut appelé grand homme.

(*OEuvres de Monsieur* ***, *contenant plusieurs fables d'Ésope mises en vers*[1]. Paris, Cl. Barbin, 1670, in-12, *fable* XXIX, p. 135-140.)

XIII. — Page 198.

(Livre III, fable 1.)

La connoissance qu'avoit eue Racan avec M. de Malherbe étoit lorsqu'il étoit page de la chambre chez M. de Bellegarde, âgé au plus de dix-sept ans; c'est pourquoi il respectoit toujours M. de Malherbe comme son père, et M. de Malherbe vivoit avec lui comme avec son fils. Cela donna sujet à Racan, à son retour de Calais, où il fut porter les armes en sortant de page, de demander avis à M. de Malherbe de quelle sorte il se devoit conduire dans le monde, et lui fit la déduction de quatre ou cinq sortes de vie qu'il pouvoit faire. La première et la plus honorable étoit de suivre les armes; mais d'autant qu'il n'y avoit alors point de guerre qu'en Suède ou en Hongrie, il n'avoit pas moyen de la chercher si loin, à moins que de vendre tout son bien pour faire son équipage et les frais de son voyage.

La seconde étoit de demeurer dans Paris pour liquider ses affaires, qui étoient fort brouillées, et celle-là lui plaisoit le moins.

La troisième étoit de se marier, sur la créance qu'il avoit de trouver un bon parti dans l'espérance que l'on auroit de la succession de Mme de Bellegarde, qui ne lui pouvoit manquer : à cela il disoit que cette succession seroit peut-être longue à venir, et que cependant, épousant une femme qui l'obligeroit, si elle étoit de mauvaise humeur il seroit contraint d'en souffrir.

Il lui proposoit aussi de se retirer aux champs à faire petit pot : ce qui n'eût pas été séant à un homme de son âge, et ce n'eût pas aussi été vivre selon sa condition.

---

1. Ces *OEuvres* anonymes, dit Brunet, dans le *Manuel du libraire* (tome IV, col. 165), sont attribuées à Saint-Glas, abbé de Saint-Ussans.

APPENDICE. 451

Sur toutes ces propositions dont Racan lui demandoit conseil, M. de Malherbe, au lieu de lui répondre directement à sa demande, commença par une fable en ces mots :

« Il y avoit, dit-il, un bonhomme, âgé d'environ cinquante ans, qui avoit un fils qui n'en avoit que treize ou quatorze. Ils n'avoient, pour tous deux, qu'un petit âne pour les porter en un long voyage qu'ils entreprenoient. Le premier qui monta sur l'âne, ce fut le père ; mais après deux ou trois lieues de chemin, le fils commençant à se lasser, il le suivit à pied de loin, et avec beaucoup de peine, ce qui donna sujet à ceux qui les voyoient passer de dire que ce bonhomme avoit tort de laisser aller à pied cet enfant qui étoit encore jeune, et qu'il eût mieux porté cette fatigue-là que lui. Le bonhomme mit donc son fils sur l'âne et se mit à le suivre à pied. Cela fut encore trouvé étrange par ceux qui les virent, lesquels disoient que ce fils étoit bien ingrat et de mauvais naturel, d'aller sur l'âne et de laisser aller son père à pied. Ils s'avisèrent donc de monter tous deux sur l'âne, et alors on y trouvoit encore à dire : « Ils sont bien cruels, disoient « les passants, de monter ainsi tous deux sur cette pauvre petite « bête, qui à peine seroit suffisante d'en porter un seul. » Comme ils eurent ouï cela, ils descendirent tous deux de dessus l'âne et le touchèrent devant eux. Ceux qui les voyoient aller de cette sorte se moquoient d'eux d'aller à pied, se pouvant soulager d'aller l'un ou l'autre sur le petit âne. Ainsi ils ne surent jamais aller au gré de tout le monde ; c'est pourquoi ils se résolurent de faire à leur volonté, et laisser au monde la liberté d'en juger à sa fantaisie. Faites-en de même, dit M. de Malherbe à Racan pour toute conclusion ; car quoi que vous puissiez faire, vous ne serez jamais généralement approuvé de tout le monde, et l'on trouvera toujours à redire en votre conduite. »

(Extrait de la *Vie de Malherbe*, par Racan, tome I des *OEuvres de Malherbe*, édition de M. Lalanne, p. LXXXI et LXXXII.)

Robert (tome I, p. 168) cite cet élégant résumé, extrait de la *Vie de Malherbe*, de Caramuel : *Erant senex, puer et equus. Si neuter equitat, rident homines ; si uterque, occlamant ; si puer solus, senis imprudentiam ; si senex solus, patris inclementiam accusant ; et incriminantur quidquid fieret.*

XIV. — Page 205.

(Livre III, fable II.)

Placuit igitur oratorem ad plebem mitti Menenium Agrippam, facundum virum, et, quod inde oriundus erat, plebi carum. Is intromissus in castra, prisco illo dicendi et horrido modo, nihil aliud quam hoc narrasse fertur : « *Tempore quo in homine non, ut nunc, omnia in unum consentiebant, sed singulis membris suum cuique consilium, suus sermo fuerat, indignatas reliquas partes sua cura, suo labore ac ministerio ventri omnia quæri; ventrem in medio quietum, nihil aliud quam datis voluptatibus frui. Conspirasse inde, ne manus ad os cibum ferrent, nec os acciperet datum, nec dentes conficerent: hac ira dum ventrem fame domare vellent, ipsa una membra totumque corpus ad extremam tabem venisse. Inde apparuisse ventris quoque haud segne ministerium esse; nec magis ali, quam alere eum, reddentem in omnes corporis partes hunc quo vivimus vigemusque, divisum pariter in venas, maturum confecto cibo, sanguinem.* » *Comparando hinc quam intestina corporis seditio similis esset iræ plebis in Patres, flexisse mentes hominum.* (Tite Live, livre II, chapitre XXXII.)

XV. — Page 205.

(Livre III, fable II.)

Ménénius. .... Je vais vous conter une jolie fable; il se peut que vous l'ayez déjà entendue. Mais, comme elle sert à mes fins, je me risquerai à la débiter encore.

2ᵉ Citoyen. Soit! je l'entendrai, Monsieur; mais ne croyez pas leurrer notre misère avec une fable. N'importe! si ça vous plaît, narrez toujours.

Ménénius. Un jour, tous les membres du corps humain se mutinèrent contre le ventre, l'accusant et se plaignant de ce que lui seul il demeurait au milieu du corps, paresseux et inactif, absorbant comme un gouffre la nourriture, sans jamais porter sa part du labeur commun, là où tous les autres organes s'occupaient de voir, d'entendre, de penser, de diriger, de marcher, de sentir, et de subvenir, par leur mutuel concours, aux appétits et aux désirs communs du corps entier. Le ventre répondit....

2ᵉ Citoyen. Voyons, Monsieur, quelle réponse fit le ventre?

Ménénius. Je vais vous dire, Monsieur. Avec une espèce de sourire qui ne venait pas de la rate, mais de certaine région (car, après tout, je puis aussi bien faire sourire le ventre que le faire parler), il répondit dédaigneusement aux membres mécontents, à ces mutins qui se récriaient contre ses accaparements, exactement comme vous récriminez contre nos sénateurs parce qu'ils ne sont pas traités comme vous....

2ᵉ Citoyen. Voyons la réponse du ventre.... Quoi? si la tête portant couronne royale, l'œil vigilant, le cœur, notre conseiller, le bras, notre soldat, le pied, notre coursier, notre trompette, la langue, et tant d'autres menus auxiliaires qui défendent notre constitution, si tous....

Ménénius. Eh bien, après? (ce gaillard-là ne veut-il pas me couper la parole?) Eh bien, après? eh bien, après?

2ᵉ Citoyen. Si tous étaient molestés par le ventre vorace, qui est la sentine du corps....

Ménénius. Eh bien, après?

2ᵉ Citoyen. Si tous ces organes se plaignaient, que pouvait répondre le ventre?

Ménénius. Je vais vous le dire. Si vous voulez m'accorder un peu de ce que vous n'avez guère, un moment de patience, vous allez entendre la réponse du ventre.

2ᵉ Citoyen. Vous mettez le temps à la dire!

Ménénius. Notez bien ceci, l'ami! Votre ventre, toujours fort grave, gardant son calme, sans s'emporter comme ses accusateurs, répondit ainsi : « Il est bien vrai, mes chers conjoints, que je reçois le premier toute la nourriture qui vous fait vivre; et c'est chose juste, puisque je suis le grenier et le magasin du corps entier. Mais si vous vous souvenez, je renvoie tout par les rivières du sang, jusqu'au palais du cœur, jusqu'au trône de la raison; et, grâce aux conduits sinueux du corps humain, les nerfs les plus forts et les moindres veines reçoivent de moi ce simple nécessaire qui les fait vivre. Et, bien que tous à la fois, mes bons amis.... » c'est le ventre qui parle, remarquez bien.

2ᵉ Citoyen. Oui, Monsieur. Parfaitement, parfaitement!

Ménénius. « Bien que tous à la fois vous ne puissiez voir ce que je fournis à chacun de vous, je puis vous prouver, par un compte rigoureux, que je vous transmets toute la farine et ne garde pour moi que le son. » Qu'en dites-vous?

454   FABLES.

2° Citoyen. C'était une réponse. Quelle application en faites-vous?
Ménénius. Le sénat de Rome est cet excellent ventre, et vous êtes les membres révoltés. Car, ses conseils et ses mesures étant bien examinés, les affaires étant dûment digérées dans l'intérêt de la chose publique, vous reconnaîtrez que les bienfaits généraux que vous recueillez procèdent ou viennent de lui, et nullement de vous-mêmes.... Qu'en pensez-vous, vous le gros orteil de cette assemblée?
(Shakespeare, *Coriolan*, acte I, scène 1. Traduction de Fr. V. Hugo, tome IX, p. 80-83.)

XVI. — Page 242.

(Livre III, fable xiv.)

Fabula æsopia. Ἀέτιον γῆρας κορύδου νεότητος ἄμεινον.

Magna jacebat pœnus in silva Leo,
Senio confectus, et defectus robore.
Circum jacentem belluam stabant canes,
Stabant catelli, non illi venatici,
Clamore magno qui nemora circumtonant;
Non pastorales, fida vis balantibus;
Non divitum altas fidi qui servant domos;
Sed qui immerentes dente vexant hospites,
Ignavi adversum fures, adversum lupos.
Imbelli turbæ jocus est infirmus Leo.
Hos inter unus, crispulus, venustulus,
Puellularum qui nutritus in sinu,
Qui delenitus, corpus fecerat nitens,
Latrare procul : defecto viribus seni
Senium exprobrare, objicere deciduas jubas.
Nec his contentus crispulus conviciis,
Accedit propius, meiens conspurcat femur,
Et mordet caudam, et barbam vellicat seni.
Animum jacenti revocat indignatio;
Vires infirmus colligit superstites,
Et pede sublato frangit latranti caput.
Fugiunt paventes, cauda demissa, canes;
Senem Leonem deridere desinunt.

(Ægidii Menagii *Poëmata.* 7ᵉ édition, Paris, 1680, p. 14 et 15.)

Un vieux Lion d'Afrique gisait couché dans la forêt, accablé par les ans et dépourvu de force. Autour de lui s'étaient rassemblés les chiens petits et grands, non pas ces braves chiens de chasse qui font retentir les forêts de leurs aboiements, non pas ces bons chiens de berger qui défendent les moutons, non pas ces chiens fidèles qui veillent à la porte des riches ; mais ces chiens hargneux, toujours prêts à mordre les hôtes de leur maître, timides contre les voleurs et contre les loups. Le Lion est devenu le jouet de cette troupe de lâches. Un d'entre eux, tout frisé et tout paré, nourri dans le sein des dames, sans cesse caressé, au poil brillant et poli, aboyait de loin contre le Lion ; il reprochait au vieillard épuisé de forces sa vieillesse, son col chauve et sans crinière ; puis, non content de ces outrages, il s'approche, lève sa jambe, salit la cuisse du Lion, lui mord la queue et lui arrache les poils de la barbe. L'indignation rend le courage au vieux Lion, et, rassemblant ce qui lui restait de force, il étend la griffe et brise la tête de l'aboyeur. Aussitôt tous les chiens s'enfuient, la queue entre les jambes, et cessent d'insulter le vieux Lion.

(Traduction de M. SAINT-MARC GIRARDIN, XXIIe leçon, tome II, p. 217 et 218.)

XVII. — Page 270.

(Livre IV, fable III.)

DE LA MOUCHE ET DE LA FOURMI.

LE SUJET FIDÈLE.

Quid, Musca, aut proprium laudas, Formica, decorem?
Regi si fida es, hinc erit omne decus.

C'est en vain qu'un homme se vante
Que sa naissance est éclatante,
Qu'il est riche, bien fait, en cour accrédité,
Et que de toutes parts on lui rend mille hommages,
J'estime peu ces avantages,
S'il n'est homme de probité.
Mais montre-t-il un cœur et fidèle et sincère,
Tant pour son Dieu, que pour son roi,
Je l'honore, je le révère,
Fût-il un roturier et du plus bas aloi.
Qui m'ose démentir, je saurai lui répondre

Par ce conte qu'adroitement
Je fis tirer étant à Londres
Des archives du Parlement.

Une Mouche bien demoiselle,
Fille d'un mylord duc séant parmi les pairs,
Avec sa petite cervelle
Se donnoit partout de gros airs.
Dans son vol arrogant, dans sa démarche fière,
Elle traitoit de haut en bas
Certaine Fourmi roturière
Qui dans la chambre basse alloit son petit pas.
Pleine de sa grandeur, fatigante, importune,
Elle vantoit cent fois le jour
Les honneurs éclatants qu'elle avoit à la cour,
Et son illustre sang et sa bonne fortune.
Les petits animaux sont souvent bilieux
Et glorieux :
La Fourmi l'entendant dauber sur son chapitre,
Dauba de même sur le sien,
Et procès s'étant mû, toutes deux pour arbitre
Prirent le Bossu phrygien.
Sur le théâtre italien
En Ésope Arlequin il leur donne audience[1].
La Mouche la première orgueilleuse s'avance,
Et d'un œil de mépris regardant la Fourmi :
« Vil insecte rampant que la terre a vomi,
Lui dit-elle d'un ton superbe,
Tu prétends avec moi faire comparaison,
Toi qui n'as qu'un trou pour maison,
Qui vis dans un cachot, et te traînes sous l'herbe,
Toi qui dans ta soif et ta faim
Fais ta boisson d'un peu d'eau claire,
Et ta nourriture d'un grain,
Tu t'égales à moi, rivale téméraire?
A moi que le soleil par un sort glorieux
Du feu de ses rayons a voulu faire naître.
Ne puis-je pas entrer d'un vol audacieux
Dans les palais des rois, dans les temples des Dieux?
Sur leurs tables je vais repaître
Des mets les plus délicieux,
Et je pourrois aller, dans mon bonheur suprême,
Me camper sur le trône même.

---

1. Allusion à la comédie de Boursault, *les Fables d'Ésope* ou *Ésope à la ville*, qui avait été représentée pour la première fois en 1690. Son autre comédie, *Ésope à la cour*, ne le fut qu'après sa mort, en 1701, c'est-à-dire postérieurement à la publication des *Fables* de le Noble, dont la première édition est de 1697.

APPENDICE.

— La grandeur, lui répond le petit animal,
Quand on la prône tant, est toujours fort suspecte,
Et je crois entre nous qu'insecte pour insecte,
Être mouche ou fourmi sur ce point est égal.
  Vous tirez de votre noblesse
  Une excessive vanité,
  Et pour braver ma pauvreté
  Vous m'étalez votre richesse.
Sur les bancs les plus hauts vous pouvez vous asseoir;
Moi je ne puis ramper que dans la chambre basse;
Mais avec tout l'éclat de votre illustre race,
Peut-être avez-vous moins que je n'ai de pouvoir.
Si petite à vos yeux que je puisse paroître,
N'est-ce pas moi qui fais et qui défais vos rois,
  Moi qui règle et soutiens vos droits?
Et moi qui sur le trône ai placé votre maître
  En dépit de toutes les lois?
— Ce n'est pas là, leur dit le juge magnanime,
  Ce que de vous je veux savoir.
Quelqu'une de vous deux pour son roi légitime
A-t-elle le cœur prêt à faire son devoir?
C'est là ce qui peut seul mériter mon estime;
  Vous auriez toute autre vertu,
  Que si vos cœurs toujours rebelles
  A votre roi sont infidèles,
Je ferois moins de cas de vous que d'un fétu. »
Ésope par ces mots mit fin au sage conte;
  J'ignore quel en fut le fruit;
  La Mouche s'envola de honte,
Et la Fourmi se fut cacher dans son réduit.

MORALE.

Ésope, par cette décision, montre que le mérite d'un sujet, soit qu'il soit d'une haute ou d'une basse naissance, consiste dans la fidélité qu'il doit à son roi, que c'est sur cela que les sujets doivent disputer entre eux à qui l'emportera, et que c'est l'unique moyen de mériter une juste estime.

(LE NOBLE, *Contes et Fables*, tome II, p. 57-61, conte LXIII.)

XVIII. — Page 312.

(Livre IV, fable XII.)

DE JOVIS AMMONIS ORACULO.

Divulgata per orbem erat fama oraculi quod ab Jove Ammone prodierat, Alexandrum Macedonem brevi ad se venturum, quem filium esse confitebatur suum : sollicitari hinc ad obsequium terræ reges principesque, ut sibi conciliarent inter se certare muneribus. Præcipue Ptolomæus, Ægypti rex, dei sui filium veneraturus magnam pecuniæ vim parat, quantum vectigalis una die ex Nili ostiis et Memphiticæ urbis portoriis collegisset. Erant vero cujusque generis pecuniæ ex rebus omnibus hinc inde collatæ ad aliquot talentorum millia : id totum sine delectu, xenii nomine, ad Alexandrum deferri curat. Obtulerunt sponte veterinam operam mulus, equus, asinus et camelus, qui pecuniam cum fide convectandam suscepere. Hi vix biduum a Memphi progressi, facti sunt obviam Leoni, qui et ipse, intellecto Herculis cultu quem Macedo suscepisset, dum rebus studet suis, regem salutaturus in Macedoniam tendebat. Data itaque et accepta hinc inde salute, quum destinatum, ut fit, omnes iter enarrassent, adsciscitur comes Leo quasi custos atque præsidium adversus latrocinantes affuturus. Hic de pecuniis certior factus, habere dixit se quoque certam drachmarum summam quas pro commeatu ferret, sed esse illas sibi plurimum incommodas, quod oneribus gestandis nequaquam assuetus esset. Rogat itaque oneris additamentum, leve singulis futurum, inter se departitum suscipiant, magni hoc beneficii loco habiturus. Obsequuntur illi officiosissime, ac paucas admodum illas Leonis drachmas inter se divisas in sacculos quisque suos admiscent, iterque mox continuant suum. Venerant in pingues Asiæ campos, cum Leo, armentorum multitudine conspecta, dies aliquot ibi commorari e re sua fore designavit; simulataque lassitudine, aliquot dierum quiete sibi opus necesse dixit, quasque deposuerat pecunias reposcit. Illi, adapertis confestim sacculis, ipsum quæ sua essent sibi desumere licere inquiunt. Leo quum plerasque alias magno numero drachmas eadem nota signatas in unoquoque sacculo conspexisset, læto magnoque rugitu edito : « *Drachmæ, inquit, meæ multas admodum drachmas singulæ peperere.* » *Atque mox quotquot erant suis similes abstulit pro suis.*

(GILBERTI COGNATI *Narrationum sylva*, p. 98.)

XIX. — Page 318.

(Livre IV, fable XIII.)

Que j'en ai rencontré, dans l'histoire de nos troubles civils, anciens et modernes, de chevaux qui ont voulu se venger du Cerf et qui s'en sont vengés! Mais leur vengeance leur a coûté la liberté. Que leur avait fait le Cerf? Je ne sais. Peut-être les avait-il heurtés de ses cornes. Le Cerf est un animal hardi et fier; il porte haut la tête. Vous savez que déjà un jour

> Un animal cornu blessa de quelques coups
> Le Lion, qui, plein de courroux[1],

bannit de ses États tous les animaux cornus. S'étant fait une affaire avec le Lion, le Cerf a bien pu s'en faire une avec le Cheval, et comme celui-ci ne pouvait pas se venger par lui-même, il s'est adressé à l'Homme : grande faute. La charité nous prescrit de remettre les offenses qui nous sont faites; la politique, d'accord avec la charité, par un autre motif nous prescrit aussi de remettre les offenses qui nous sont faites, celles surtout que nous ne pouvons pas venger nous-mêmes. La vengeance est funeste à qui l'emprunte. Je sais bien ce que vous m'allez répondre : Le parti contraire au nôtre est insupportable, injuste, violent, déprédateur. — Si nous pouvons le vaincre, vainquons-le; mais si nous ne pouvons pas le vaincre nous-mêmes, contentons-nous de lutter contre lui. — Non, il faut l'anéantir. — Et comment? — Créer un dictateur, lui confier un pouvoir absolu, suspendre toutes les lois. — J'entends :

> L'Homme lui mit un frein, etc.

Enfin nous l'emportons, notre ennemi est vaincu; et maintenant remercions le dictateur à l'aide duquel nous avons remporté la victoire :

> Et cela fait, le Cheval remercie
> L'Homme son bienfaiteur, etc.

Cheval, mon ami, vous êtes un bel et brillant animal; mais vous êtes trop naïf, si vous avez cru que celui que vous preniez pour votre sauveur ne voudrait pas être votre maître. Vous avez voulu

---

1. Livre V, *fable* IV, vers 1 et 2.

satisfaire votre haine : soit! vous n'avez plus d'ennemi ; mais vous avez un maître, et le fabuliste vous dira une autre fois que

<blockquote>Notre ennemi, c'est notre maître[1].</blockquote>

D'ailleurs, Cheval, mon ami, vous étiez fait, par vos bonnes et par vos mauvaises qualités, pour le métier que vous allez faire. Vous aimez le luxe des harnachements, vous portez la selle à merveille ; vous vous redressez d'un air magnifique ; vous savez enfin mieux caracoler que vous cabrer : Cheval, mon ami, vous étiez né pour avoir un cavalier. De plus, vous aimez la bonne litière et la bonne nourriture. Vindicatif, vaniteux et voluptueux, trois causes pour vous de domesticité. L'Homme vous eût fait tort, s'il vous eût laissé retourner en votre *séjour sauvage*. (M. Saint-Marc Girardin, XVIe leçon, tome II, p. 68-70.)

XX. — Page 329.

(Livre IV, fable XVI.)

DIABOLUS ET FENERATOR.

Fenoris exactor simul et malus angelus ibant,
  Ferret ut hic homines, ferret ut alter opes ;
Prætereuntque domum qua flenti irata puello,
  « *Trux ferat ut Dæmon te modo,* » *mater ait.*
Ille monet Genium : « *Tibi deditur, i, puerum aufer.* »
  Cui cunctabundo sic ait ore Satan :
« *Quæ dixit nato, non dixit seria, mater ;*
  Cor aliud sentit, vox aliudque sonat. »
Perrexere. Venit cerdo, quem debita poscit ;
  Debitor huic animis exstimulatus ait :
« *Te malus ut Dæmon rapiat cum fenore ad auras !* »
  Tunc comiti Genius sic ait ore malus :
« *Hic vero loquitur modo seria, deditus es mi.* »
  Dixit, eum medio corripuitque virum
Luctantem, et stygias secum raptavit ad undas ;
  Sicque sua præda prædo potitus abit.

(Pantaleo Candidus, *fable* VII. — *Deliciæ poetarum germanorum,* pars II, p. 107, Francfort, 1612.)

---

1. Livre VI, *fable* VIII, vers 15.

XXI. — Page 353.

(Livre IV, fable xxii.)

APOLOGUS ÆSOPI PHRYGIS, MEMORATU NON INUTILIS.

Æsopus ille e Phrygia fabulator haud immerito sapiens existimatus est, quum, quæ utilia monitu suasuque erant, non severe, neque imperiose præcepit et censuit, ut philosophis mos est, sed festivos delectabilesque apologos commentus, res salubriter ac prospicienter animadversas in mentes animosque hominum cum audiendi quadam illecebra induit. Velut hæc eius fabula de aviculæ nidulo lepide atque jucunde præmonet, spem fiduciamque rerum, quas efficere quis possit, haud unquam in alio, sed in semetipso habendam. Avicula, inquit, est parva. Nomen est cassita. Habitat nidulaturque in segetibus, id ferme temporis, ut appetit messis, pullis jam jam plumantibus. Ea Cassita in sementes forte congesserat tempestiviores. Propterea frumentis flavescentibus Pulli etiam tunc involucres erant. Cum igitur ipsa iret cibum Pullis quæsitum, monet eos ut, si quid ibi rei novæ fieret diceretureve, animadverterent, idque sibi, ubi redisset, renuntiarent. Dominus postea segetum illarum Filium adolescentem vocat, et : « Videsne, inquit, hæc ematuruisse, et manus jam postulare ? Idcirco die crastini, ubi primum diluculabit, fac amicos eas et roges, veniant, operamque mutuam dent, et messem hanc nobis adjuvent. Hæc ubi ille dixit, discessit, atque ubi rediit cassita, Pulli trepiduli circumstrepere, orareque Matrem ut statim jam properet, inque alium locum sese asportet : « Nam Dominus, inquiunt, misit qui amicos rogaret, uti luce oriente veniant et metant. » Mater jubet eos animo otioso esse : « Si enim Dominus, inquit, messem ad amicos rejicit, crastino seges non metetur; neque necesse est hodie uti vos auferam. » Die igitur postero Mater in pabulum volat. Dominus quos rogaverat opperitur. Sol fervit, et fit nihil; et amici nulli erant. Tum ille rursum ad Filium : « Amici isti magnam partem, inquit, cessatores sunt. Quin potius imus, et cognatos, affines vicinosque nostros oramus, ut adsint cras tempori ad metendum? » Itidem hoc Pulli pavefacti Matri nuntiant. Mater hortatur ut tum quoque sine metu ac sine cura sint : cognatos affinesque nullos ferme tam esse obsequibiles ait, ut ad laborem capessendum nihil contentur, et statim dicto obediant. « Vos modo, inquit, advertite, si modo quid denuo dicetur. » Alia luce orta, Avis in pastum profecta est. Cognati et affines operam quam dare rogati sunt supersederunt. Ad postremum igitur Dominus Filio : « Valeant inquit, amici cum propinquis. Afferes prima luce falces duas : unam egomet mihi, et tu tibi capies alte-

ram; et frumentum nosmetipsi manibus nostris cras metemus. » *Id ubicx Pullis dixisse Dominum Mater audivit : «Tempus, inquit, est cedendi et abeundi : fiet nunc, dubio procul, quod futurum dixit. In ipso enim jam vertitur, cuja est res, non in alio, unde petitur.* » *Atque ita Cassita nidum migravit, et seges a Domino demessa est. Hæc quidem est Æsopi fabula de amicorum et propinquorum levi plerumque et inani fiducia. Sed quid aliud sanctiores libri philosophorum monent, quam ut in nobis tantum ipsis nitamur; alia autem omnia, quæ extra nos extraque nostrum arbitrium sunt, neque pro nostris, neque pro nobis ducamus? Hunc Æsopi apologum Q. Ennius in satiris scite admodum et venuste versibus quadratis composuit : quorum duo postremi isti sunt, quos habere cordi et memoriæ operæ pretium esse hercle puto :*

> *Hoc erit tibi argumentum semper in promtu situm :*
> *Ne quid exspectes amicos, quod tute agere possies.*

(AULU-GELLE, livre II, chapitre XXIX.)

XXII. — Page 353.

(Livre IV, fable XXII.)

Ales est cassita summum pileata verticem,
In segetibus nidulari sueta et ova excudere,
Ferme in anni tempus illud, filios ut puberes,
Adpetente messe, primis instruat volatibus.
Forte tempestiviora legit hæc quondam sata :
Itaque, flavescente segete, Pulli adhuc implumibus
Egredi materna tecta non valebant artubus.
Igitur ad cibum parandum fœta proficiscens foras
Monuit hos, si quid viderent, si quid audirent novi,
Sedulo ut renunciare cuncta meminissent sibi.
Ecce Dominus segetis illuc venit, et Gnatum vocans :
« Cernis hæc maturuisse, et postulare jam manus ;
Proinde cras, ubi diurnum fulserit crepusculum,
Ito, ait, rogato amicos mutuam, in messem hanc, opem. »
Anxii Pulli reversæ Matri id ipsum nunciant.
Illa eos esse otiosos atque securos jubet :
Non enim messem futuram, dum ille amicis fideret.
Postero die profecta rursus ad pastum Alite,
Dominus opperitur illos quos vocari jusscrat :
Sol inardescit : nihil fit; præsto amicus nullus est.
Tum ille suo Gnato : « Isti amici nostri, ait, sunt desides :
Quin ad affines rogandos et propinquos pergimus,
Tempori cras ad metendum præsto uti nobis sient ? »

Rursus hoc Pulli Parenti territi renunciant.
Mater illos tum quoque esse sine metu et cura imperat.
« *Vos modo, inquit, adnotate diligenter omnia,*
Quæque dicentur per illum, quæque fient denuo. »
Alia lux exoritur : Ales pabulatum provolat.
Ille vir bonus propinquos frustra et affines manet.
Quos jubens tandem valere, Filio edixit suo
Ut duas deferret illuc luce falces postera :
« *Tu tibi unam sumito, inquit; alteram ipse sumpsero :*
Rem geremus marte nostro et copiis domesticis. »
Hoc ubi rescivit Ales, ilicet Pullis ait :
« *Nunc profecto providendum est vos ut alio transferam ;*
Nam seges cras demetetur ista certo certius,
Quando is ipse cuja res est illam agendam suscipit. »
Hoc erit tibi argumentum semper in promptu situm,
Ne quid exspectes amicos, quod tute agere possies.

(FAËRNE, *fable* XCVI.)

XXIII. — Page 368.

(Livre V, fable II.)

Au demeurant ne hante ou frequente familierement ceux qui sont ou se veulent faire plus grands que toy, s'ils n'ont la teste et ceruelle si bien faictes qu'ils sachent bien conduire leur grandeur et n'en abuser. L'apologue d'Esope, lequel vray-semblablement il a emprunté de l'Ecclesiastic, faict bien à ce propos : C'estoient deux pots, l'un de fer, l'autre de terre, qui deliberoient aller en voiage et commission. Celui de fer soustenoit qu'ils deuroient aller ensemble et de compagnie, *væ homini soli!* ils s'esbatroient, deuiseroient, et gausseroient ensemble. « Monsieur de fer, respondit celuy de terre, vous m'excuserez s'il vous plaist ; ie suis un pauure compagnon, qui n'ay brebis ny mouton ; mais ie n'iray point auec vous, car il ne faut que un moins de rien, ou demie cholere pour me casser, et puis, adieu Fouquet! allez vostre chemin, et moy le mien : le premier arriué fera le logis à l'autre. » Vouloit le bon Esope moustrer par cest exemple comme il est malaisé et plus dangereux hanter les grands et ceux qui se veulent preualoir sur les autres, et encore beaucoup plus de faire du compagnon, et trop familiariser auec eux.

(*Les Contes et Discours d'Eutrapel*, par le feu seigneur de la Herissaye, gentilhomme breton. Rennes, 1585, folio 17 verso.)

XXIV. — Page 405.

(Livre V, fable xiii.)

APOLOGUS DE RUSTICO ET HERO.

Rusticus ex malo sapidissima poma quotannis
Legit, et urbano lecta dedit domino :
Hinc, incredibili fructus dulcedine captus,
Malum ipsam in proprias transtulit areolas.
Hactenus illa ferax, sed longo debilis ævo,
Mota solo assueto, protinus aret iners.
Quod tandem ut patuit domino, spe lusus inani,
Damnavit celeres in sua damna manus ;
Atque ait : « Heu! quanto satius fuit illa, coloni,
Parva licet, grato dona tulisse animo!
Possem ego avaritiam frœnare gulamque voracem :
Nunc periere mihi et fœtus et ipse parens. »

(MILTON, *Epigrammatum liber*, xII. — *The Poetical works*, Londres, 1842, tome IV, p. 428.)

XXV. — Page 427.

(Livre V, fable xx.)

Pour lors auoit le Roy[1] deuers l'Empereur[2] Jehan Tiercelin seigneur de Brosse, pour trauailler qu'il ne se appoinctast auec le duc de Bourgongne[3], et pour faire excuse de ce qu'il n'auoit enuoyé ses gens d'armes, comme il auoit promis, asseurant touiours le faire, et faisant les exploictz et dommaiges qu'il faisoit audict duc bien grans, tant es marches de Bourgongne que de Picardie. Et oultre luy ouurit ung party nouueau, qui estoit qu'ilz s'asseurassent bien l'ung de l'aultre de ne faire paix, ny trefues l'ung sans l'aultre ; et que l'Empereur prinst toutes les seigneuries que ledict duc tenoit de l'Empire, et qui par raison en debuoient estre tenues, et qu'il les feist desclarer confisquees à luy ; et que le Roy prendroit celles qui estoient tenues

1. Louis XI. — 2. Frédéric III. — 3. Charles le Téméraire.

de la couronne de France, comme Flandres, Arthois, Bourgongne, et plusieurs aultres. Combien que cest empereur ait esté toute sa vie homme de très peu de vertu, si estoit il bien entendu, et pour le long temps qu'il a vescu a veu beaucoup d'experience. Et puis ce partis, entre nous, luy auoient beaucoup duré; et il estoit las de la guerre, combien qu'elle ne luy coustast riens; car tous ses seigneurs d'Allemaigne y estoient à leurs despens, comme il est de coustume quand il touche le faict de l'Empire.

Ledict Empereur respondit que empres d'une ville d'Allemaigne y auoit ung grant ours, qui faisoit beaucoup de mal. Trois compaignons de ladicte ville, qui hantoient les tauernes, vindrent à ung tauernier, à qui ilz debuoient, prier qu'il leur acreust encores ung escot, et que auant deux iours le payeroient du tout; car ilz prendroient cest ours, qui faisoit tant de mal, dont la peau valloit beaucoup d'argent, sans les presens qui leur seroient faictz des bonnes gens. Ledict hoste acomplit leur demande; et quand ilz eurent disné, ilz allerent au lieu où hantoit cest ours; et comme ilz approcherent de la cauerne, ilz le trouuerent plus pres d'eulx qu'ilz ne pensoient. Ilz eurent paour, et se misrent en fuyte. L'ung gaigna ung arbre; l'aultre fuyt vers la ville; le tiers, l'ours le print, et le foulla fort soubz luy, en luy approchant le museau fort pres de l'oreille. Le poure homme estoit couché tout plat contre terre, et faisoit le mort. Or ceste beste est de telle nature que quant ce qu'elle tient, soit homme ou beste, des ce qu'il ne se remue plus, elle le laisse là, cuydant qu'il soit mort. Et ainsi cedict ours laissa ce poure homme, sans luy auoir faict gueres de mal; et se retira en sa cauerne. Des que le poure homme se veit desliuré, il se leua, tirant vers la ville. Son compaignon qui estoit sur l'arbre, lequel auoit veu ce mystere, descent, court et crye apres l'aultre, qui alloit deuant, qu'il l'attendist; lequel se tourna, et l'attendit. Quant ilz furent ioinctz, celluy qui auoit esté dessus l'arbre demanda à son compaignon, par serment, ce que l'ours luy auoit dict en conseil, qui si long temps luy auoit tenu le museau contre l'oreille. A quoy son compaignon luy respondit: « Il me disoit que iamais ie ne marchandasse de la peau de l'ours, iusques à ce que la beste fust morte. » Et auec ceste fable paya l'Empereur nostre homme, sans faire aultre responce, sinon en conseil, comme s'il vouloit dire : « Venez vous en icy, comme vous auez promis, et tuons cest homme, si nous pouuons; et puis despartons ses biens. »

(*Mémoires de Philippe de Commynes*, Paris, Jules Renouard, 1840, livre IV, chapitre III, année 1475, tome I, p. 328-330.)

TABLE DES MATIÈRES

CONTENUES DANS LE PREMIER VOLUME.

AVERTISSEMENT.
Notice biographique sur La Fontaine................. I
Pièces justificatives..................................... CCV
Appendice... CCXI

FABLES.

A Monseigneur le Dauphin............................ 1
Préface... 8
La Vie d'Ésope le Phrygien........................... 23
A Monseigneur le Dauphin............................ 55

LIVRE PREMIER.

Fable I.	La Cigale et la Fourmi............................	57
Fable II.	Le Corbeau et le Renard..........................	61
Fable III.	La Grenouille qui se veut faire aussi grosse que le Bœuf....................................	65
Fable IV.	Les deux Mulets...................................	68
Fable V.	Le Loup et le Chien...............................	70
Fable VI.	La Génisse, la Chèvre, et la Brebis, en société avec le Lion..................................	74

Fable VII.	La Besace.............................	77
Fable VIII.	L'Hirondelle et les petits Oiseaux.......	81
Fable IX.	Le Rat de ville et le Rat des champs....	85
Fable X.	Le Loup et l'Agneau.................	88
Fable XI.	L'Homme et son Image..............	91
Fable XII.	Le Dragon à plusieurs têtes, et le Dragon à plusieurs queues....................	94
Fable XIII.	Les Voleurs et l'Ane.................	96
Fable XIV.	Simonide préservé par les Dieux........	98
Fables XV et XVI.	La Mort et le Malheureux.............	103
	La Mort et le Bûcheron..............	106
Fable XVII.	L'Homme entre deux âges, et ses deux Maîtresses........................	109
Fable XVIII.	Le Renard et la Cicogne.............	112
Fable XIX.	L'Enfant et le Maître d'école..........	115
Fable XX.	Le Coq et la Perle...................	118
Fable XXI.	Les Frelons et les Mouches à miel......	120
Fable XXII.	Le Chêne et le Roseau...............	124

LIVRE DEUXIÈME.

Fable I.	Contre ceux qui ont le goût difficile.....	129
Fable II.	Conseil tenu par les Rats.............	133
Fable III.	Le Loup plaidant contre le Renard par-devant le Singe......................	136
Fable IV.	Les deux Taureaux et une Grenouille....	139
Fable V.	La Chauve-souris et les deux Belettes....	141
Fable VI.	L'Oiseau blessé d'une flèche...........	144
Fable VII.	La Lice et sa Compagne...............	146
Fable VIII.	L'Aigle et l'Escarbot.................	148
Fable IX.	Le Lion et le Moucheron.............	154
Fable X.	L'Ane chargé d'éponges, et l'Ane chargé de sel.............................	158
Fables XI et XII.	Le Lion et le Rat.....................	161
	La Colombe et la Fourmi.............	164
Fable XIII.	L'Astrologue qui se laisse tomber dans un puits............................	166

TABLE DES MATIÈRES.

Fable XIV.	Le Lièvre et les Grenouilles...............	171
Fable XV.	Le Coq et le Renard......................	175
Fable XVI.	Le Corbeau voulant imiter l'Aigle.........	178
Fable XVII.	Le Paon se plaignant à Junon.............	181
Fable XVIII.	La Chatte métamorphosée en femme.......	184
Fable XIX.	Le Lion et l'Ane chassant................	188
Fable XX.	Testament expliqué par Ésope............	191

LIVRE TROISIÈME.

Fable I.	Le Meunier, son Fils, et l'Ane............	197
Fable II.	Les Membres et l'Estomac................	205
Fable III.	Le Loup devenu berger...................	210
Fable IV.	Les Grenouilles qui demandent un Roi.....	213
Fable V.	Le Renard et le Bouc.....................	217
Fable VI.	L'Aigle, la Laie et la Chatte..............	220
Fable VII.	L'Ivrogne et sa Femme	223
Fable VIII.	La Goutte et l'Araignée..................	225
Fable IX.	Le Loup et la Cicogne....................	228
Fable X.	Le Lion abattu par l'Homme..............	231
Fable XI.	Le Renard et les Raisins.................	233
Fable XII.	Le Cygne et le Cuisinier..................	235
Fable XIII.	Les Loups et les Brebis...................	239
Fable XIV.	Le Lion devenu vieux....................	242
Fable XV.	Philomèle et Progné.....................	244
Fable XVI.	La Femme noyée........................	247
Fable XVII.	La Belette entrée dans un grenier.........	250
Fable XVIII.	Le Chat et un vieux Rat..................	254

LIVRE QUATRIÈME.

Fable I.	Le Lion amoureux.......................	261
Fable II.	Le Berger et la Mer.....................	267
Fable III.	La Mouche et la Fourmi..................	270
Fable IV.	Le Jardinier et son Seigneur..............	276
Fable V.	L'Ane et le petit Chien...................	281

Fable VI.	Le combat des Rats et des Belettes......	286
Fable VII.	Le Singe et le Dauphin................	290
Fable VIII.	L'Homme et l'Idole de bois...........	295
Fable IX.	Le Geai paré des plumes du Paon......	298
Fable X.	Le Chameau et les Bâtons flottants.....	302
Fable XI.	La Grenouille et le Rat...............	306
Fable XII.	Tribut envoyé par les Animaux à Alexandre.	312
Fable XIII.	Le Cheval s'étant voulu venger du Cerf..	318
Fable XIV.	Le Renard et le Buste................	323
Fables XV et XVI.	Le Loup, la Chèvre, et le Chevreau....	326
	Le Loup, la Mère, et l'Enfant.........	329
Fable XVII.	Parole de Socrate....................	333
Fable XVIII.	Le Vieillard et ses Enfants............	335
Fable XIX.	L'Oracle et l'Impie...................	341
Fable XX.	L'Avare qui a perdu son trésor........	344
Fable XXI.	L'OEil du Maître.....................	348
Fable XXII.	L'Alouette et ses Petits, avec le Maître d'un champ.........................	353

LIVRE CINQUIÈME.

Fable I.	Le Bûcheron et Mercure..............	361
Fable II.	Le Pot de terre et le Pot de fer........	368
Fable III.	Le petit Poisson et le Pêcheur.........	372
Fable IV.	Les Oreilles du Lièvre...............	375
Fable V.	Le Renard ayant la queue coupée......	378
Fable VI.	La Vieille et les deux Servantes.......	381
Fable VII.	Le Satyre et le Passant...............	385
Fable VIII.	Le Cheval et le Loup................	389
Fable IX.	Le Laboureur et ses Enfants..........	394
Fable X.	La Montagne qui accouche..........	396
Fable XI.	La Fortune et le jeune Enfant.........	400
Fable XII.	Les Médecins.......................	402
Fable XIII.	La Poule aux œufs d'or..............	404
Fable XIV.	L'Ane portant des reliques...........	407
Fable XV.	Le Cerf et la Vigne..................	410

TABLE DES MATIÈRES.

Fable XVI.	Le Serpent et la Lime....................	412
Fable XVII.	Le Lièvre et la Perdrix............	416
Fable XVIII.	L'Aigle et le Hibou.......	420
Fable XIX.	Le Lion s'en allant en guerre	424
Fable XX.	L'Ours et les deux Compagnons...........	426
Fable XXI.	L'Ane vêtu de la peau du Lion	431

Appendice......... 435

FIN DE LA TABLE DES MATIÈRES.

PARIS. — IMPRIMERIE A. LAHURE
Rue de Fleurus, 9

PARIS. — TYPOGRAPHIE A. LAHURE
Rue de Fleurus, 9

www.ingramcontent.com/pod-product-compliance
Lightning Source LLC
Chambersburg PA
CBHW061953300426
44117CB00010B/1319